מחזור קורן ליום העצמאות וליום ירושלים

נוסח אשכנז

קורֵן ירושלים

מחזור קורן
ליום העצמאות וליום ירושלים

את שיבת ציון היינו כחולמים

עורכים
הרב בנימין לאו והד״ר יואל רפל

•

הוצאת קורן ירושלים

המחזור מוקדש לזכרו המבורך של מורה, חכם, חלוץ

הרב פרופ׳ דב רפל

יוזם ועורך המחזור הראשון לתפילות יום העצמאות

מחזור קורן ליום העצמאות וליום ירושלים
מהדורה ראשונה © 2013
הוצאת קורן ירושלים
ת״ד 4044 ירושלים 91040
www.korenpub.com

© כל הזכויות שמורות על גופן תנ״ך קורן, 1962. הוצאת קורן ירושלים בע״מ, 2013
© כל הזכויות שמורות על גופן סידור קורן, 1981. הוצאת קורן ירושלים בע״מ, 2013

אין לשכפל, להעתיק, לצלם, להקליט, לאחסן במאגר מידע, לשדר או לקלוט בכל דרך או בכל אמצעי אלקטרוני, אופטי, מכני או אחר כל חלק שהוא מן החומר שבספר זה. שימוש מסחרי מכל סוג שהוא בחומר הכלול בספר זה אסור בהחלט אלא ברשות מפורשת בכתב מהמו״ל.

אשכנז, מהדורה אישית, כריכה קשה, מסת״ב: 978-965-301-247-9

מיעא1

תוכן עניינים

ז פתיחה
ט הקדמה
יא מבוא למחזור יום העצמאות ויום ירושלים

יום העצמאות

1 מנחה ליום הזיכרון
לחללי מערכות ישראל
ולנפגעי פעולות האיבה

19 תפילת ערבית
19 קבלת החג
32 ברכו
33 קריאת שמע
37 עמידה
45 סדר הלל
54 ספירת העומר
59 קידוש לבנה

67 תפילת שחרית
69 השכמת הבוקר
73 עטיפת טלית
74 הנחת תפילין

80 ברכות השחר
94 קדיש דרבנן
96 קדיש יתום
97 פסוקי דזמרה
113 ברכו
117 קריאת שמע
122 עמידה
132 סדר הלל
136 קריאת התורה
166 שיר של יום

173 תפילת מנחה

189 תפילת ערבית למוצאי
יום העצמאות ויום ירושלים
202 ספירת העומר

206 קריאת שמע שעל המיטה

יום ירושלים

215 תפילת ערבית
215 קבלת החג
217 ברכו
218 קריאת שמע
222 עמידה
230 ויהי נועם

233 ספירת העומר
235 ויתן לך

243 תפילת שחרית
243 קריאת התורה
261 שיר של יום

סדר ברכות

267 ברכות
269 ברכת המזון
276 ברכה מעין שלוש
277 סדר ברית מילה

283 סדר פדיון הבן
285 סדר תפילה ליולדת
286 סדר זבד הבת
288 סדר קידושין ונישואין

זמירות

293 זמירות ליום העצמאות ויום ירושלים

נספח

303 הצעות לנוסח 'על הנסים'

305 זהותו של מחבר התפילה לשלום המדינה
ד"ר יואל רפל

312 התקווה
אליהו הכהן

316 המנורה – סמל יהודי
ד"ר יואל רפל

319 דגל כחול־לבן
ד"ר יואל רפל

326 הגדה של יום העצמאות
ד"ר יואל רפל

329 על עיצוב דמותו הרוחנית של יום העצמאות
בידי הרבנות הראשית בשנת ה'תש"ט –
שיקולים נימוקים והחלטות
הרב שמואל כ"ץ

337 החזרת השלטון היהודי וקיבוץ נידחי ישראל –
הם קיום חזון הנביאים
הרב יצחק נסים

340 כי גדול יום ירושלים
הרב יצחק נסים

345 ירושלים בסידור התפילה
הרב פרופ' דב רפל

351 ירושלים בתפארתה
ד"ר יואל רפל

פתיחה

שִׁיר הַמַּעֲלוֹת לְדָוִד, שָׂמַחְתִּי בְּאֹמְרִים לִי בֵּית ה׳ נֵלֵךְ: עֹמְדוֹת הָיוּ רַגְלֵינוּ, בִּשְׁעָרַיִךְ יְרוּשָׁלִָם: יְרוּשָׁלִַם הַבְּנוּיָה, כְּעִיר שֶׁחֻבְּרָה־לָּהּ יַחְדָּו: שֶׁשָּׁם עָלוּ שְׁבָטִים שִׁבְטֵי־יָהּ, עֵדוּת לְיִשְׂרָאֵל, לְהֹדוֹת לְשֵׁם ה׳: כִּי שָׁמָּה יָשְׁבוּ כִסְאוֹת לְמִשְׁפָּט, כִּסְאוֹת לְבֵית דָּוִד: שַׁאֲלוּ שְׁלוֹם יְרוּשָׁלִָם, יִשְׁלָיוּ אֹהֲבָיִךְ: יְהִי־שָׁלוֹם בְּחֵילֵךְ, שַׁלְוָה בְּאַרְמְנוֹתָיִךְ: לְמַעַן אַחַי וְרֵעָי, אֲדַבְּרָה־נָּא שָׁלוֹם בָּךְ: לְמַעַן בֵּית־ה׳ אֱלֹהֵינוּ, אֲבַקְשָׁה טוֹב לָךְ:
(תהלים קכב)

הוצאת קורן שמחה להגיש בפני ציבור המתפללים מחזור תפילה ליום העצמאות וליום ירושלים. מטרת מחזור זה לתת ביטוי רוחני לתוקפו של יום, ולשוות מעמד חגיגי לתפילת יום העצמאות ויום ירושלים.

למן דור התקומה נוספו לימים אלו תפילות מיוחדות, כגון: מזמורי תהלים, הלל ו׳על הנסים׳. אף על פי שימים אלו הם ימי שמחה והודאה חדשים בישראל, אין בהם מנהג אחיד וכל קהילה וקהילה נוהגת בהם מנהגים שונים. במחזור זה הבאנו את כל המנהגים על מקורותיהם. נוסח הפנים מושתת על סידור קורן על כל מעלותיו. סדר התפילה, שנקבע בהחלטות הרבנות הראשית, מובא ברצף בלי דילוג. תוספות שנתקבלו במקצת קהילות מופיעות במקומן ברקע תכלת.

בגופו של המחזור שילבנו אוסף של אמרות הנוגעות לעניינם הרוחני של ימים אלה, ובסופו צירפנו אוסף מאמרים הנוגעים לתקומה הלאומית והרוחנית של עם ישראל בארצו, ולסמלי המדינה. תודתנו נתונה לד״ר יואל רפל על עבודתו הרבה.

עבודה ברוכה זו היא פרי עמלם המשותף של הרב בנימין לאו והד״ר יואל רפל, שנתנו מחילם להוצאת מחזור חגיגי זה, ישלם ה׳ פועלם.

אני תקווה כי מחזור זה יעצים את הרגשת ההודיה והתודה לקב״ה שֶדלה אותנו מבור הגלות והביאנו אל המקום הזה.

זֶה־הַיּוֹם עָשָׂה ה׳ נָגִילָה וְנִשְׂמְחָה בוֹ (תהלים קיח).

מאיר מילר, מו״ל

ערב יום העצמאות, ה׳תשע״ג

הקדמה

עצתי האחת היא: חוגו את חגי אבותיכם והוסיפו עליהם קצת משלכם לפי כוחכם ולפי מסיבתכם. העיקר, שתעשו הכול באמונה ומתוך הרגשה חיה וצורך נפשי, ואל תתחכמו הרבה.

(ח״נ ביאליק, תר״ץ 1930)

סודו ויסודו של חג הוא שיש לו הלכות, מסורות ומנהגים המייחדים אותו והמבדילים אותו משאר ימות השנה. לרוב חגי ישראל נוצקו תפילות, מסורות ומנהגים במהלך אלפי שנות חיים של עם ישראל בכל תפוצות הגולה. זכינו אנו, בני דור תקומה, לראות בהתחדשות חג בישראל, הוא חג העצמאות.

יום זה הפך לחג של ממש במדינת ישראל בכל מה שקשור לפרהסיה ולאורחות החיים הציבוריים. כמו בחגי חודש תשרי המלווים ב״עשרת ימי תשובה״ כך גם נשמעים צלילי הימים שבין פסח לעצמאות בישראל. מיום כ״ז בניסן (יום הזיכרון לשואה ולגבורה) ועד ליום הזיכרון לחללי צה״ל ולנפגעי פעולות האיבה משתנה האקלים הציבורי בישראל: בכל מקום מעלים את זכר הנופלים ואת סיפורי משפחתם, מחברים בין שואה לתקומה, מנמיכים את מפלס המחלוקת ומגבירים את תחושת השייכות. ביום הזיכרון לחללי צה״ל עוצרים אזרחי המדינה וזוכרים בדממה את הנופלים, ומתוך תחושת עומק זו נכנסים לחגיגת יום העצמאות.

למרות התבססות החג בתודעה הלאומית, עדיין לא הסכימו הדעות על סידור תפילה מאחד לכל בתי הכנסיות בישראל. מחזור ׳את שיבת ציון היינו כחולמים׳ מבקש לתת בידיו של המתפלל סידור תפילה המיוחד ליום העצמאות כיום חג. יש בו סדר שלם של תפילות המעוטרות בדברי הגות ופרשנות.

במהלך עשרות שנות המדינה התעוררו ספקות בעולמה של תורה באשר למנהגים שונים בתפילה. השתדלנו לתת ביטוי לדעות המגוונות בציבור המבקש להודות ולהלל לה׳ על כל הטוב שגמלנו ביום זה. עיקרו של מחזור התפילה מבוסס על פסקי הרבנות הראשית לדורותיה ובתוספת מנהגים ופסיקות של גדולי ישראל.

זכה דורנו לתוספת שמחה עם שחרור ירושלים בשנת תשכ״ז. במחזור התפילה יוחד מקום לתפילות יום שחרור ירושלים כהנהגת הרבנות הראשית.

במשך השנים נכתבו עשרות מאמרים והתפרסמו חוברות וסדרי תפילה על ידי רבנים ממקומות שונים ומקהילות מגוונות. השתדלנו, עד כמה שהשיגה ידינו,

לאסוף וללמוד את תורתם של כל מי שקדמונו במלאכה. לא נוכל לפרט את כולם כי רבים הם. תורתם והנהגותיהם משוקעים בתוך דפי המחזור. חלוצי מיסוד התפילה של יום העצמאות היו אנשי הקיבוץ הדתי, שבאופן טבעי ומיידי חשו בצורך לבטא את התודה בסדר תפילה. הרב שלמה גורן זצ״ל הנהיג את סדרי התפילה בהיותו הרב הראשי לצה״ל ולאחר מכן ביושבו על כס הרב הראשי לישראל. ישיבת מרכז הרב בהנהגתו של הרב צבי יהודה קוק זצ״ל הייתה הרוח הפועמת בלב דור שלם של תלמידים, שהפכו להיות קברניטי הרוח והתורה בציונות הדתית שבדורנו. רבנים אלה, גידולי הישיבה, פרסמו את סדרי התפילה שלהם בקהילותיהם, כל אחד בסגנונו הוא. רבים מהדיונים בין חכמי ישראל על תפילות יום העצמאות רוכזו בספרו החשוב של הרב פרופ׳ נחום רקובר: הלכות יום העצמאות ויום ירושלים, ירושלים תשמ״ה.

תודה מיוחדת לרב שמואל כ״ץ מירושלים. מחקריו היסודיים על העיצוב התוכני והתוכן הדתי של יום העצמאות ויום ירושלים כפי שנקבעו על ידי מועצת הרבנות הראשית במרוצת שנות המדינה, היו נר לעבודתנו. מחקריו פורסמו בשלושת הכרכים: הרבנות הראשית לישראל – שבעים שנה לייסודה, ירושלים תשס״ג. הרב כ״ץ הואיל גם לעבור על המחזור והעיר הערות רבות ומועילות. נודה לצוות של בית ההוצאה ׳קורן׳, לאסתר באר ולאפרת גרוס על עבודתם המסורה במחזור. תודה מקרב לב לעורך הראשי של בית ההוצאה מר רפאל פרימן, ולמו״ל מר מאיר מילר, על החזון ועל הנכונות להשקיע במחזור זה.

אמר להם הקדוש ברוך הוא לישראל:
חייכם, איני מחסר אתכם ימים טובים
אלא מוסיף לכם מועדות כדי שתשמחו בהם (תנחומא, במדבר טז)

תפילתנו, שדברי המדרש יחולו על יום העצמאות ועל יום ירושלים,
שיהיו לחג בכל בית בישראל באהבת חנם ובשמחת עולם.

הרב ד״ר בנימין לאו וד״ר יואל רפל
ירושלים, ה׳תשע״ג
שישים וחמש שנה לתקומת מדינת ישראל

מבוא למחזור יום העצמאות ויום ירושלים

בה׳ באייר תש״ח הכריז דוד בן גוריון על הקמת מדינה לעם היהודי, היא מדינת ישראל. שנה לאחר מכן נקבע בכנסת ישראל, כי ״יום ה׳ באייר יהיה ׳יום העצמאות׳ שיוחג מדי שנה בשנה כחג המדינה״. יום חגה של המדינה מבטא את רחשי הלב הטבעיים שפיעמו בלב כל היהודים בראותם במו עיניהם את המדינה שקמה לעם היהודי בארץ ישראל. גיבושו של החג בבתי הכנסת התמהמה. לאחר אלפי שנים שבהן לא נתחדש אף לא חג אחד בלוח השנה העברי, עמדו קברניטי התורה והיססו אם לפרוץ את החומה הבצורה הזאת. כיום, שישים וחמש שנה לאחר ההכרזה על המדינה, ברור לכל העולם כולו שהקמת המדינה היא המאורע החשוב ביותר שהתרחש לעם היהודי מימי חורבן הבית השני. כמעט אין יהודי בעולם כולו שאינו חש את מרכזיותה של מדינת ישראל בלב האומה. כמעט אין איש בעולם כולו שאינו מזהה את היהדות עם מדינת ישראל. גם שונאי ישראל שביקשו להשמיד את עמנו, ממקדים היום את שנאתם במדינה המסמלת עבור העולם כולו את נצח ישראל. ב״ה, שזכינו להוציא לאור מחזור תפילה המבטא את ההודיה לקב״ה על כל הטוב אשר גמלנו, ועל שזיכה אותנו לחוות את נס קיבוץ הגלויות והקמת מדינה יהודית בארץ ישראל.

מחזור התפילה שלפניכם מבוסס על שתי הודאות שהן בבחינת ׳כלל ופרט׳: האחת – הודאה על שחזו עינינו בשוב ה׳ את שיבת ציון; השנייה – על נס ההצלה של מאות אלפי בני ישראל ממוות, עת קמו עלינו לכלותינו כל מדינות ערב.

חלק א: בשוב ה׳ את שיבת ציון היינו כחולמים

אָחוֹת לָנוּ קְטַנָּה וְשָׁדַיִם אֵין לָהּ
מַה־נַּעֲשֶׂה לַאֲחֹתֵנוּ בַּיּוֹם שֶׁיְּדֻבַּר־בָּהּ:
אִם־חוֹמָה הִיא – נִבְנֶה עָלֶיהָ טִירַת כָּסֶף
וְאִם־דֶּלֶת הִיא – נָצוּר עָלֶיהָ לוּחַ אָרֶז:

(שיר השירים ח, ח-ט)

אלפי שנים הייתה כנסת ישראל אבודה ולא מצאה את דרכה חזרה הביתה. הישיבה באדמת נכר בארץ לא להם הפכה מעונש וגלות למציאות ודימוי של בית.

כך קרה כבר בירידה הראשונה של בני יעקב למצרים. יוסף הביא את אביו ואת אחיו לגור בארץ גושן בשנות הרעב. בתוך שנים ספורות הם היו אמורים לחזור לארץ

המובטחת לאברהם, ליצחק וליעקב. אמנם הרעב עבר מן העולם אך בני ישראל התאקלמו יפה בנחלתם החדשה (בראשית מז, כז): "וישב ישראל בארץ מצרים בארץ גֹּשן ויֵאחזו בה ויפרו וירבו מאד".

למרות היובש והתמציתיות שבסיפור הדברים בפסוק זה, נשמעת ממנו צעקה גדולה. המילים "ויֵאחזו בה" מלמדות על יכולת ההסתגלות של האדם למקום חדש, להיאחז בו ולהשתייך אליו גם אם אין הוא שלו. ההיאחזות של ישראל בארץ גושן לא הייתה צריכה להתרחש. הם היו אמורים לעקור את עצמם מיד בסיום שנות הרעב ולחזור לביתם שבארץ כנען. אך מצרים שאבה אותם לעומקה והם נאחזו בה. רבי צדוק הכהן מלובלין כתב בלשונו הציורית: "שנעשו נאחזים ונקלטים בקליפת מצרים...כעובר במעי אמו" ('פרי צדיק' ויחי, ב ד"ה ואיתא בזוה"ק).

הדימוי הזה מעורר למחשבות על הגדרת ישראל בתוך מצרים ועל משמעות היציאה משם. אחד מפלאי עולם הוא אותו רגע של התעוררות העובר המבקש לצאת מרחם אמו. יש מועד המתוכנן ליציאה מרגע היווצרות העובר, אך כל עוד לא מגיע הרגע הנכון הוא שוכן בתוככי אמו. אם העובר מתעכב לצאת מרחם אמו, הרפואה מתערבת. כך היה גם ביציאת מצרים, לפי המסורת, היא לא התרחשה בהתעוררות עצמית של העובר אלא בהחלטה של ה' להתערב ולבצע מעין 'ניתוח קיסרי': "ויוצא ישראל מתוכם" (תהלים קלו, יא).

הדפוס הזה של התבססות במקום זמני שהגעת אליו באונס והפיכת המקום לאידאל ומקום ישיבה קבוע, חוזר בתולדות ישראל פעמים רבות.

לפני חורבן בית המקדש הראשון גלו רבבות יהודים מארץ ישראל לבבל עם המלך יכניה (597 לפנה"ס). ירמיהו הנביא שולח איגרות אל היהודים היושבים על נהרות בבל ומפציר בהם להשתקע במקומם החדש, כי הגלות אמורה להימשך שבעים שנה. נבואתו של ירמיהו באה כתגובה לזרמים משיחיים אקטיביים שביקשו לעורר רוח ישראלית למרוד באימפריה הבבלית. אותם זרמים טיפחו את האשליה שבתוך זמן קצר בבל תיעלם, והיהודים יחזרו לשבת בירושלים בעצמאות מלאה. כנגדם אומר ירמיהו את נבואתו (כט, ד-ז):

> כה אמר ה' צבאות אלהי ישראל לכל הגולה אשר הגליתי מירושלִם בבלה. בנו בתים ושבו ונטעו גַנות ואִכלו את פרין. קחו נשים והולידו בנים ובנות וקחו לבניכם נשים ואת בנותיכם תנו לאנשים ותלדנה בנים ובנות ורבו שם ואל תמעטו. ודרשו את שלום העיר אשר הגליתי אתכם שמה והתפללו בעדה אל ה' כי בשלומה יהיה לכם שלום.

נראה שירמיהו הצליח בנבואתו. החברה היהודית בבבל התבססה. שוב זכה העם היהודי לברכה המקוללת שנאמרה לישראל במצרים (בראשית מז, כז): "ויאחזו בה ויפרו וירבו מאד".

באמצע המאה השישית לפנה"ס עלה כורש מלך פרס, היא האימפריה החדשה, ושינה את המדיניות ביחס לעמים הכבושים תחתיו. אשור (ובעקבותיה גם בבל) הצליחה לשלוט באמצעות הגליית העמים ויצירת תרבות של מהגרים. תחושת הזרות מבטיחה לעם השולט שהתושבים יתרכזו בקיום היום־יומי שלהם ולא במרידה. מהגר אינו מוצא עניין בשלטון כל עוד הוא מצליח לשרוד כלכלית ונפשית. כורש האמין במתן חופש מנהלי ותרבותי לכל העמים הכבושים, ויצר תלות באימפריה באמצעות העמדת חיל מצב בערי האימפריה וקביעת סדרי מס המבטיחים את הבסיס הכלכלי היסודי והקבוע של השלטון. באותה העת הודיע כורש על שינוי מעמדה של ישראל וכיוון את היהודים בחזרה לאדמתם (עזרא א, א-ג):

> ובשנת אחת לכורש מלך פרס לכלות דבר ה' מפי ירמיה העיר ה' את רוח כרש מלך פרס ויעבר קול בכל מלכותו וגם במכתב לאמר. כה אמר כרש מלך פרס כל ממלכות הארץ נתן לי ה' אלהי השמים והוא פקד עלי לבנות לו בית בירושלִם אשר בִּיהודה. מי בכם מכל עמו יהי אלהיו עמו ויעל לירושלִם אשר ביהודה ויבן את בית ה' אלהי ישראל הוא האלהים אשר בירושלִם.

ימי העלייה הראשונה היו ימים של תקווה לגאולה. הנביאים חשו שה' שב לציון. כך אנו קוראים את נבואות זכריה (ב, יד-יז):

> רני ושמחי בת ציון כי הנני בא ושכנתי בתוכך נאם ה'. ונלוו גוים רבים אל ה' ביום ההוא והיו לי לעם ושכנתי בתוכך וידעת כי ה' צבאות שלחני אליך. ונחל ה' את יהודה חלקו על אדמת הקדש ובחר עוד בירושלִם. הס כל בשר מפני ה' כי נעור ממעון קדשו.

כמה אופטימיות יש בנבואה זו. הנה אני בא, "הנה זה עומד אחר כתלנו משגיח מן החלונות מציץ מן החרכים" (שיר השירים ב, ט). ואנחנו ערים, שומעים ומתבשרים בבשורת הגאולה. אולם העלייה הראשונה הייתה קטנה ומזערית, מעטים מאוד באו. העם היושב על נהרות בבל ובוכה בזוכרו את ציון, התקשה להינתק מעל אדמתו. קשתה עליהם הפֵּרדה מאחוזתם החדשה. אימא אדמה חדשה הכניסה אותם לרחמה וטוב וחם היה להם שם. שום סיבה לא הייתה להם להיפרד מה'רחם' הבבלי ולעקור לארץ ישראל השוממה. רק מעטים נשמעו לקול הקורא לשוב

הביתה. רובם, המבוססים והחזקים שבחברה, המשיכו להתפלל לשיבת ציון ונשארו בבבל.

בימי הבית השני בתקופת החשמונאים היו מעט שנות עצמאות, רובן שנות שעבוד לעם זר על אדמת ישראל. לאחר חורבן הבית השני התעורר פרץ רגעי של גאווה ריבונית, והוא הפך למרד בהנהגתו של בר כוכבא. חכמי ישראל נחלקו ביחס להתעוררות זו. תלמידי רבן יוחנן בן זכאי, ביקשו לשמר את רוח ישראל ולהסתפק בהתעצמות של לימוד תורה וגמילות חסדים. חכמים אחרים ובראשם רבי עקיבא טענו, שתעודת ישראל היא להיות ממלכה עצמאית שאינה משועבדת לעם זר. קשה לשחזר היום את מאזן הכוחות שתמכו או שללו את המרד, אך על תוצאותיו אין עוררין. חמת וזעמו של השליט אדריאנוס הביאה לימי חורבן ושמד שלא ידענו כמותם בתולדות ישראל, עד לשואה של הדור האחרון.

לאחר המרד, עת נשפך דמם של ישראל כמים בגזרות אדריאנוס, דממו קולות הקוראים לעצמאות מדינית. רבים ירדו מן הארץ וישיבות בבל החלו להתעצם עד שהפכו עצמן למרכז הרוחני של העם היהודי – ירושלים החדשה.

במאה השלישית לסה"נ ישב בטבריה חכם ארצישראלי בשם רבי שמעון בן לקיש, וזעק בקול רם את עלבונה של ארץ ישראל על סירוב בניה לשוב לתוכה. על הפסוק בשיר השירים (ח, ט), "אם חומה היא... ואם דלת היא", דרש ר"ש בן לקיש (יומא ט ע"ב): "אם חומה היא נבנה עליה טירת כסף ואם דלת היא נצור עליה לוח ארז, אם עשיתם עצמכם כחומה ועליתם כולכם בימי עזרא – נמשלתם ככסף, שאין רקב שולט בו, עכשיו שעליתם כדלתות נמשלתם כארז שהרקב שולט בו".

הזעקה של רבי שמעון שיקפה לעם ישראל בימיו את המציאות שהעם היה יכול להיות בה, לו היה שומע לקול הדוד הדופק בימי הצהרת כורש. העלייה בחומה מסמלת את העלייה המשותפת של עם ישראל המואס בגלות. הדלת נפתחת ונסגרת לפרקים. דלתות – רבות הן, חומה – יש רק אחת. עם ישראל היה אמור לעלות כ"חומה" – כאיש אחד בלב אחד. אך הוא בחר להיות "דלת". העלייה המבישה הזו יצרה לדברי ר"ש בן לקיש את הריקבון של הארז.

בסוף המאה האחת־עשרה ישב רבי יהודה הלוי בספרד המוסלמית. מסביבו ראה יהודים משולבים בתרבות הנאורה של החצרנים ומיוצבים היטב בכלכלה המקומית. בספרו הקלסי 'הכוזרי' רבי יהודה הלוי מתאר את ארץ ישראל בצבעים רומנטיים, ומבטא את הקשר הבלעדי של ישראל לארצו. אז פונה אליו מלך כוזר

בשאלה: אם הארץ המיוחדת ההיא נועדה לך ולעמך, מה אתה עושה כאן, בספרד? על זה עונה החבר, הוא רבי יהודה הלוי (ב, כד):

> הובשתני מלך כוזר, והעוון הזה הוא אשר מנענו מהשלמת מה שיעדנו בו הא־להים בבית שני, כמה שאמר (זכריה, ב יד): "רני ושמחי בת ציון", כי כבר היה הענין הא־להי מזומן לחול כאשר בתחילה אלו היו מסכימים כולם לשוב בנפש חפצה, אבל שבו מקצתם ונשארו רובם וגדוליהם בבבל, רוצים בגלות ובעבודה שלא יפרדו ממשכנותיהם ועניניהם...

כמה עוגמת נפש יש כאן נוכח עוצמת הציפייה והכמיהה לגאולה. איזה מפח נפש. העם לא התעורר. שוב נכזבה התוחלת. שוב סותמים את בשורת הגאולה. רבי יהודה הלוי מושך חוט מימי גלות בבל ועד לימיו - אלף חמש מאות שנות היסטוריה יהודית. הצהרת כורש הייתה, להבנתו, הזמנה מא־להים לשיבת ציון: "הענין הא־להי מזומן לחול". היה רגע של סיכוי לחזור למעמד שבו עם ישראל מבוסס על אדמתו ומלווה ברוח א־להית מגביהה. אך רוב היהודים בחרו להישאר בגולה "שלא יפרדו ממשכנותיהם ועניניהם". גם היום, אומר רבי יהודה הלוי, הגולה שואבת אותנו עם כל מחמדיה. התפילה של יהודי היושב בחוץ לארץ, על ירושלים ועל ארץ ישראל אינה אלא "כצפצוף הזרזיר" (שם).

יהודי הגולה הצליחו במשך אלפי שנות הישרדות להקים קהילות לתפארת, מערכות חינוך לכל ילדי ישראל, מערכות גמילות חסדים לבל יידח מקרב עמנו נידח (על פי שמואל ב׳ יד, יד), ובתי כנסיות המפארים את שמו יתברך. ככל שעברו השנים נתחזקה הקהילה בחוץ לארץ ונשתכחה ארץ ישראל. השפתיים עוד מלמלו את התפילה "ותחזינה עינינו" אך הלב כבר לא היה שם. כדי לעורר את העם היה צריך כוח אחר, חיצוני, שיזכיר ליושבי חושך את ביתם האמיתי.

מדי כמה דורות הדוד דופק על דלת רעייתו וקורא לה "פתחי לי" (שיר השירים ה, ב), ועלינו מוטל לשמוע את הדפיקות ולפתוח את הדלת בזמן כדי לא להחמיץ את הקריאה. שיר השירים מבטא את החמצת השעה: "קמתי אני לפתוח לדודי ודודי חמק עבר" (שיר השירים ה, ה).

גם בראשית ההתעוררות של ישראל לשיבת ציון בעת החדשה התרחשה הטרגדיה הזו. העם נרדם ולא שמע את קול הדוד הדופק. גדולי ישראל בתחילת המאה התשע־עשרה שמעו את 'קול התור' בארצנו וביקשו לעורר את לבות בני ישראל לעלייה - תלמידי הבעש"ט מכאן ותלמידי הגר"א מכאן, תלמידי החת"ם

סופר ותלמידי אור החיים הקדוש ממרוקו, וחבריהם מצפון אפריקה ומן המזרח. הם חשו את השעה הגדולה והבינו ש"אם לא עכשיו – אימתי" (אבות א, יד). אך רבים סירבו להקשיב לקריאה הגדולה ולא נתנו יד למפעל המתחדש של שיבת ציון. התנועה הציונית מרדה בתרדמת הגולה. היא עוררה את עצמה כי הבינה את גודל השעה. רבנים כמו הרב צבי הירש קאלישר, הרב שמואל מוהליבר, הרב יהודה חי אלקלעי ועוד, בישרו את ההתעוררות הלאומית מתוך חוויה רוחנית דתית. כמו בימי כורש מעטים התעוררו לשמוע את קול הדוד הדופק. כנגד כל אחד שהתעורר בסוף המאה התשע־עשרה לשיבת ציון הלכו חמישים ויותר לגולת ארצות הברית – למדינת הזהב. הציונות כמעט שלא נחשבה. רובה של העלייה השנייה לארץ ישראל הייתה של עולים המורדים בקול ה' ומלאים ברוח לאומית של חידוש החיים היהודיים בארץ ישראל.

ההתעוררות לשיבת ציון בעת החדשה התקבלה ברגשות מעורבים. העולם הדתי חש שהלאומיות, אין לה דבר עם הדת, והתנועה הלאומית ביקשה לאשר את התודעה הזו בהתנערות מהעולם היהודי הישן. דמויות מרי לאומי מתולדות ישראל חזרו לתחייה והפכו למקור השראה. התנועה הציונית בחרה בדמויות המכבים הלוחמים ובדמות בר כוכבא המורד כמקורות השראה להתחדשות הרוח של האומה. גדולי ישראל העדיפו לספר את סיפור המכבים באופן רוחני יותר ולהשכיח את מרידתו של בר כוכבא שהכזיב. כמעט יחיד בדור היה הראי"ה קוק זצ"ל. הוא תבע לאמץ את חזון הגאולה ולראות את הלאומיות כחלק מתורת ישראל. לשיטתו, הלאומיות יונקת את לשד חייה מן הדת וזו מתעוררת לחיים מצמיחתה של הלאומיות. בסמוך לעלייתו ארצה בשנת תרס"ד (1904) נדרש הרב קוק להספיד את הרצל. ההספד שנשא הפך להיות לקריאת כיוון המבארת לכול את עוצמת החיבור בין התעוררות לאומית־מדינית לבין התעוררות לאומית־רוחנית היונקת מכוחה של תורה. תהליך שיבת ציון התרחש לאט, כפי שהובטח לנו על ידי חכמים: "קמעא קמעא" (ראו עמ' 154). לא בפתע פתאום גאל ה' את ישראל בזמננו, אלא במהלך ארוך שראשיתו בעליית קבוצות קטנות כאפיקים בנגב. שנים בודדות לפני ראשית ההתיישבות של תנועת ביל"ו (1867) ביקר בארץ הסופר מארק טווין. בספרו 'מסע תענוגות לארץ הקודש' הוא מתאר את מה שראו עיניו: "ארץ שממה...שאפילו הדמיון אינו יכול להעניק לה תפארת חיים ומעש. בשום מקום כמעט לא היה עץ או שיח... ארץ ישראל יושבת בשק ואפר". כך נראתה ארץ ישראל כעשור לפני הקמת פתח תקווה. קשה לדור הרואה את מדינת ישראל בשגשוגה להבין את גודל השינוי הזה.

זוהי מציאות שבה ארץ ישראל מקבלת באהבה את בניה השבים אליה מהגולה. לדברי רבי אבא (סנהדרין צח ע״א): ״אין לך קץ מגולה מזה, שנאמר (יחזקאל לו, ח): ׳ואתם הרי ישראל ענפכם תתנו ופֶרְיְכֶם תשאו לעמי ישראל כי קֵרבו לבוא׳״. הנביא יחזקאל מלמד, שכשיתעוררו הבנים לשוב והארץ תיענה לביאתם – אז תתעורר עת הגאולה.

ועדיין לא הייתה התעוררות לעלייה כ״חומה״. טפטופי עלייה הגיעו לארץ, ראו את גאולת אדמתה אך לא שמעו את קול הדוד הדופק. אפילו הצהרת בלפור לא עוררה את היהודים באירופה. רק אחרי השואה הנוראה ששרפה וכמעט כילתה את בתינו, התעורר פתאום הדוד בקריאתו המחודשת. כך מתאר זאת הרי״ד הלוי סולובייצ׳יק, במסתו ״קול דודי דופק״:

> לפני שמונה שנים, בעצם ליל בלהות מלא זוועות מיידנק, טרבלינקה ובוכנוולד, בליל של תאי גז וכבשנים; בליל של הסתר פנים מוחלט, בליל שלטון שטן הספקות והשמד, אשר רצה לסחוב את הרעיה מביתה לכנסייה הנוצרית; בליל חיפושים בלי הרף ובקשת הדוד – בליל זה גופו צץ ועלה הדוד. האל המסתתר בשפריר חביון הופיע פתאום, והתחיל לדפוק בפתח אוהלה של הרעיה הסחופה והדוויה, שהתהפכה על משכבה מתוך פרפורים וייסורי גיהינום. עקב ההכאות והדפיקות בפתח הרעיה עטופת אבל, נולדה מדינת ישראל!

פתאום, לאחר שגוף האומה כמעט הוכחד בשואה הרעה, פרצה מדינת ישראל. חזון העצמות היבשות של יחזקאל (לז, יב) התממש אל מול עינינו במלוא נוראותו והדרו: ״כה אמר ה׳ א־להים, הנה אני פֹתח את קברותיכם והעליתי אתכם מקברותיכם עמי והבאתי אתכם אל אדמת ישראל״ (יחזקאל לז, יב).

מדינת ישראל שפתחה שעריה לכל יהודי באשר הוא, על פי חוק (=חוק השבות) היא התגשמות חלומם של כל הדורות. היום, כשרוב העם היהודי חי במדינת ישראל, רוב עולם התורה פועל מכוחם של תלמידי חכמים בארץ ישראל וכל זהותם של יהודי התפוצות נקשר למדינת ישראל – אי־אפשר להתכחש יותר למהלך ההיסטורי החד־פעמי שמתחולל מול עינינו. הקמת מדינת ישראל היא תחיית המתים של האומה הישראלית. בעת שאנו שרים את מזמור קז בתהלים: ״יאמרו גאולי ה׳״ – על אודות גאולה זו אנו שרים. שירת העצמאות שאנו שרים כאן היא שירת הגאולה שעליה נאמר: ״שירה חדשה שיבחו גאולים״.

חלק ב: "ולכשנגאלים – אומרים ההלל על גאולתם"

חובת ההודאה על גאולה מצרה היא מושכל ראשון בעבודת ה'. בסוגיה התלמודית המבארת את מקומו של ההלל בתפילה, מופיעים כמה וכמה חכמים בעלי דעות שונות ביחס לאירוע שבעקבותיו נקבעה שירת ההלל (פסחים קיז ע"א):

רבי אליעזר אומר: משה וישראל אמרוהו בשעה שעמדו על הים,
רבי יהודה אומר: יהושע וישראל אמרוהו בשעה שעמדו עליהן מלכי כנען,
רבי אלעזר המודעי אומר: דבורה וברק אמרוהו בשעה שעמד עליהם סיסרא.
רבי אלעזר בן עזריה אומר: חזקיה וסייעתו אמרוהו, בשעה שעמד עליהם סנחריב.
רבי עקיבא אומר: חנניה מישאל ועזריה אמרוהו בשעה שעמד עליהם נבוכדנצר הרשע,
רבי יוסי הגלילי אומר: מרדכי ואסתר אמרוהו בשעה שעמד עליהם המן הרשע,
וחכמים אומרים: נביאים שביניהן תיקנו להם לישראל שיהו אומרים אותו על כל פרק ופרק, ועל כל צרה וצרה שלא תבא עליהם לישראל, ולכשנגאלין אומרים אותו על גאולתן.

כל ההיסטוריה של ימי התנ"ך מקופלת בשיחתם של חכמי המשנה. החוויה הנפשית של הכרת הטוב מעוררת את השירה הבוקעת מלב פתוח. רק סתימת לב ועצימת עין עשויה לגרום לאדם המכיר ביד ה' הפועל במציאות להימנע מאמירת שירה על הצלת רבים ממוות.

אחד התיאורים הקשים בתלמוד הוא המדרש המבקש לטעון, בניגוד לפסקה התלמודית לעיל, שחזקיהו מלך יהודה נמנע מלומר שירה לאחר הצלתו מידי סנחריב. הדרשה מבוססת על פסוק בספר ישעיה שבו הנביא שר שיר נפלא המתאר את המלך העתיד לשבת על כיסא דוד, כמי שיהפוך את עם ישראל לממלכה יציבה ברוח ימות המשיח. אלא שבפסוק הנדרש יש תופעה לשונית מעוררת פליאה: "לםרבה המשׂרה ולשלום אין קץ על כִּסא דוד ועל ממלכתו להכין אֹתה ולסעדהּ במשפט ובצדקה מעתה ועד עולם קנאת ה' צבאות תעשה זאת" (ישעיה ט, ו).

המילה הראשונה בפסוק, "למרבה", מופיעה במ"ם סופית באמצע מילה. הפתרון של המדרש לתופעה חריגה זו הוא, ששירת הגאולה שביקש הנביא לשיר על מלכות חזקיהו, השתבשה, וחלון ההזדמנות לייסד ממלכה איתנה נסגר. כך מתאר בר קפרא (מחכמי המאה השלישית בארץ ישראל) את ההחמצה הגדולה (סנהדרין צד ע"א):

דרש בר קפרא בציפורי: מפני מה כל מ"ם שבאמצע תיבה פתוח, וזה סתום? ביקש הקדוש ברוך הוא לעשות חזקיהו משיח, וסנחריב גוג ומגוג. אמרה מדת

הדין לפני הקדוש ברוך הוא: רבונו של עולם! ומה דוד מלך ישראל שאמר כמה שירות ותשבחות לפניך – לא עשיתו משיח, חזקיה שעשית לו כל הנסים הללו ולא אמר שירה לפניך – תעשהו משיח? לכך נסתתם.

הדרשן בא חשבון עם המלך חזקיהו על הנס הגדול שחווה במסע סנחריב, עת עמד על ספף חורבן וברגע האחרון זכה להצלה גדולה. מסע אשור לארץ ישראל בימי חזקיהו היה מהכיבושים הקשים שידעה הארץ. במקום אחר מתאר הנביא ישעיהו את מצבה של ארץ ישראל במסע זה: "ארצכם שממה עריכם שרופות אש" (א, ז). ירושלים הלכה ונחנקה במצור וכמעט פסה תקווה מן הארץ. רבשקה שבר את האנשים העומדים על החומות והבכי עלה מחלונות הבתים. פתע פתאום חולל ה' נס ותשועה בנוגפו את צבא אשור והוא נסוג לארצו והותיר את ירושלים על תִלה. בר קפרא שם לבו לכך שלאחר הנס הגדול לא הייתה תגובה מאת המלך. אולי כאב את חורבן ערי השפלה ואת מותם של רבבות מבני עמנו? אולי היה עסוק בשיקום ירושלים שלאחר המצור? מכל מקום בר קפרא בא ללמדנו שיעור חשוב בפרקי הלל. אמירת ההלל אינה על גאולה שלמה. אמירת ההלל היא על ההכרה שהקב"ה התערב במציאות והושיע את ישראל ממוות. הימנעות חזקיהו מלומר שירה שללה ממנו את הזכות להפוך למלך המשיח. המ"ם נסתתמה.

עשרות שנים חלפו מימי מלחמת השחרור והקוממיות, ולעתים משתכח מן הלב גודל השעה ועוצמת התשועה שחולל ה' לאבותינו במלחמה זו. בערב המלחמה הכריזו כל מדינות ערב על חיסולה של "הישות הציונית" בארץ ישראל בתוך ימים בודדים. אכן, רבים נהרגו במלחמה במסרם את נפשם על קדושת העם והארץ, אך עם ישראל הצליח כנגד כל הסיכויים לעמוד על משמר חייו ולהעצים את כוחו ואת אחיזתו בנחלת אבותיו. בעקבות הקמת המדינה קם צבא ההגנה לישראל והפך את העם היהודי לעם לוחם שאינו מאפשר לשונאיו להתעלל בו ולדכא את גופו ואת רוחו. פלפולים שונים נכתבו מתוך רפיון וחולשת הרוח ומתוך התחמקות מהחובה להודות ולהלל לקב"ה על כל הטוב אשר גמלנו. אך אין בכוחם של אלה לערער את גודל הנס ואת חובת ההודאה עליו אפילו כמלוא הנימה. התלמוד (מגילה יד ע"א) דורש 'קל וחומר' באשר לקביעת מועד בימי הפורים – "מה מעבדות לחרות אומרים שירה, ממיתה לחיים לא כל שכן!"

על סמך פסקה זו קבע החת"ם סופר (שו"ת ח"א, רח), שקביעת החג בפורים היא 'מדאורייתא', כי יסודה הוא בדרשה של המידה העיקרית מהמידות שהתורה נדרשת בהן. כך גם אנו, תושבי מדינת ישראל, חייבים מדין 'קל וחומר' לומר את

ההלל בשמחת הלב ללא תנאי וסייג. כך פסק הרב משולם ראטה, מגדולי הדור
הקודם, בשו״ת ׳קול מבשר׳ (א, כא), שהקמת מדינת ישראל מחייבת אותנו בקביעת
יום טוב, כי יש בה הצלה ממוות.

יש המנסים לחבל בשמחת החג מתוך ראיית צללים וכתמים באור הזורח
של מדינת ישראל. בוודאי מהלך התיקון של העם היושב על אדמתו ארוך וקשה.
עדיין דרושים תיקונים רבים בחיי החברה לצמצום פערים, לחיזוק נחשלים, ליחס
המקפיד על שיווי זכויות לבני מיעוטים, להעצמת הקשר בין העם לתורתו, לחיסון
הזהות וליצירת הזדהות עמוקה בין כל חלקי העם. יש המבטאים תסכולים בגלל
מהלכים פוליטיים שאינם עולים בקנה אחד עם חלומם הגדול לשיבת העם לארצו
בכל חלקי הארץ המובטחת. אולם אין בכל הצללים הללו כוח לעמעם את האור
הגדול שנגה עלינו מאת ה׳. יש לנו אחריות לתקן אך בלי לפגוע בקיים. הסרת
כתמים אינה נעשית באמצעות קריעת הבגד, הנסת הצללים אינה נעשית באמצעות
החשכת העולם. רק הוספת אור וטוב תאיר את שמי מדינתנו ואור ה׳ ימשיך ויאיר
על ציון, כי היא בית חיינו.

כִּי־עִמְּךָ מְקוֹר חַיִּים, בְּאוֹרְךָ נִרְאֶה־אוֹר (תהלים לו, י).

הרב בנימין לאו
אייר ה׳תשע״ג

מנחה ליום הזיכרון
לחללי מערכות ישראל
ולנפגעי פעולות האיבה

מנחה ליום הזיכרון
לחללי מערכות ישראל ולנפגעי פעולות האיבה

ראוי לומר לפני תפילת מנחה את פרשת קרבן התמיד.
ויש אומרים את כל סדר הקרבנות שלפני תפילת שחרית (עמ' 87–91)
פרט לפרשת תרומת הדשן ולסדר המערכה.

אַשְׁרֵי יוֹשְׁבֵי בֵיתֶךָ, עוֹד יְהַלְלוּךָ סֶּלָה: תהלים פד
אַשְׁרֵי הָעָם שֶׁכָּכָה לּוֹ, אַשְׁרֵי הָעָם שֶׁיהוה אֱלֹהָיו: תהלים קמד
תְּהִלָּה לְדָוִד תהלים קמה
אֲרוֹמִמְךָ אֱלוֹהַי הַמֶּלֶךְ, וַאֲבָרְכָה שִׁמְךָ לְעוֹלָם וָעֶד:
בְּכָל־יוֹם אֲבָרְכֶךָּ, וַאֲהַלְלָה שִׁמְךָ לְעוֹלָם וָעֶד:

יום הזיכרון לחללי מערכות ישראל ולנפגעי פעולות האיבה

יום הזיכרון חל יום לפני יום העצמאות. יום זה מבטא את מסירות הנפש של בני עמנו שהקריבו חייהם לתקומת העם והארץ. ליום הזיכרון לחללי מערכות ישראל נוסף גם זיכרונם של נפגעי פעולות האיבה שנהרגו על ידי שונאי עמנו המבקשים לעקור שם ישראל מנחלתו.

בכל רחבי המדינה נשמעת צפירת אזכרה (בערב ובבוקר). בזמן הצפירה נעצרת המדינה כולה מכל פעילות: עבודה, תחבורה, לימוד – הכול עוצרים ומתייחדים עם זכרם של הנופלים שבמותם ציוו לנו את החיים. רבים נוהגים להדליק בביתם נר זיכרון.

בשעות היום נהגו רבים (לא רק בני משפחות הנופלים) לפקוד את בתי העלמין של חללי צה"ל ולערוך אזכרות במקום. הנהירה לבתי העלמין מבטאת את השותפות והערבות, המשמשות עבור העם היהודי מקור לחוסן ולביטחון לאומי.

בסמוך לצפירות מתקיימים טכסי זיכרון בכל מוסדות החינוך, במחנות צה"ל ובבתי העלמין הצבאיים. דגלי ישראל מורדים לחצי התורן. כל הרבנים הראשיים לישראל הקפידו לפרסם ברבים את החובה של כל הציבור לעמוד בזמן הצפירה ולהשתתף עם הציבור באבלו.

היה מי שביקש לטעון שמנהג העמידה בצפירה אסור על פי ההלכה, היות שהוא מועתק מתרבות הגויים. לטענה זו, חל על העמידה איסור של "ובחֻקֹּתיהם לא תלֵכו" (ויקרא יח, ג). אולם כבר עמדו על כך גדולי ישראל בדורות האחרונים והוכיחו, שאיסור זה חל רק על דבר מנהג שאין בו שום עניין, אלא שהוא נובע כולו מתוך אמונתם הזרה של אומות העולם. העמידה בזמן הצפירה אינה קשורה כלל לאמונה אלא מבטאת את הרגש המאחד את כל חלקי האומה המוסרים נפשם לתקומת העם והארץ (ראו על כך בתשובתו של הרב יעקב אריאל בספרו: אהלה של תורה א, כג). הרב צ"י הכהן קוק ראה בעמידה בצפירה "מצוה קדושה של זיכרון כבוד הקדושים" (תחומין, ג, עמ' 388). הרב י"מ לאו, בהיותו רבה הראשי של מדינת ישראל (תשס"א), אף עורר את הציבור שלא להתעלם מן הצפירה, להיזהר מפלגנות ביום הזה ולהקפיד הקפדה יתרה שלא לחלל את זכרם של הנופלים.

גָּדוֹל יהוה וּמְהֻלָּל מְאֹד, וְלִגְדֻלָּתוֹ אֵין חֵקֶר:
דּוֹר לְדוֹר יְשַׁבַּח מַעֲשֶׂיךָ, וּגְבוּרֹתֶיךָ יַגִּידוּ:
הֲדַר כְּבוֹד הוֹדֶךָ, וְדִבְרֵי נִפְלְאֹתֶיךָ אָשִׂיחָה:
וֶעֱזוּז נוֹרְאֹתֶיךָ יֹאמֵרוּ, וּגְדוּלָּתְךָ אֲסַפְּרֶנָּה:
זֵכֶר רַב־טוּבְךָ יַבִּיעוּ, וְצִדְקָתְךָ יְרַנֵּנוּ:
חַנּוּן וְרַחוּם יהוה, אֶרֶךְ אַפַּיִם וּגְדָל־חָסֶד:
טוֹב־יהוה לַכֹּל, וְרַחֲמָיו עַל־כָּל־מַעֲשָׂיו:
יוֹדוּךָ יהוה כָּל־מַעֲשֶׂיךָ, וַחֲסִידֶיךָ יְבָרְכוּכָה:
כְּבוֹד מַלְכוּתְךָ יֹאמֵרוּ, וּגְבוּרָתְךָ יְדַבֵּרוּ:
לְהוֹדִיעַ לִבְנֵי הָאָדָם גְּבוּרֹתָיו, וּכְבוֹד הֲדַר מַלְכוּתוֹ:
מַלְכוּתְךָ מַלְכוּת כָּל־עֹלָמִים, וּמֶמְשַׁלְתְּךָ בְּכָל־דּוֹר וָדֹר:
סוֹמֵךְ יהוה לְכָל־הַנֹּפְלִים, וְזוֹקֵף לְכָל־הַכְּפוּפִים:
עֵינֵי־כֹל אֵלֶיךָ יְשַׂבֵּרוּ, וְאַתָּה נוֹתֵן־לָהֶם אֶת־אָכְלָם בְּעִתּוֹ:
פּוֹתֵחַ אֶת־יָדֶךָ, וּמַשְׂבִּיעַ לְכָל־חַי רָצוֹן:
צַדִּיק יהוה בְּכָל־דְּרָכָיו, וְחָסִיד בְּכָל־מַעֲשָׂיו:
קָרוֹב יהוה לְכָל־קֹרְאָיו, לְכֹל אֲשֶׁר יִקְרָאֻהוּ בֶאֱמֶת:
רְצוֹן־יְרֵאָיו יַעֲשֶׂה, וְאֶת־שַׁוְעָתָם יִשְׁמַע, וְיוֹשִׁיעֵם:
שׁוֹמֵר יהוה אֶת־כָּל־אֹהֲבָיו, וְאֵת כָּל־הָרְשָׁעִים יַשְׁמִיד:
◂ תְּהִלַּת יהוה יְדַבֶּר פִּי, וִיבָרֵךְ כָּל־בָּשָׂר שֵׁם קָדְשׁוֹ לְעוֹלָם וָעֶד:
וַאֲנַחְנוּ נְבָרֵךְ יָהּ מֵעַתָּה וְעַד־עוֹלָם, הַלְלוּיָהּ: תהלים קטו

מי שמתפלל מנחה בעוד היום גדול (מנחה גדולה), יאמר בתפילתו וידוי ונפילת אפיים. מי שמתפלל בסמוך לערבו של יום לא יאמר, כדין ערבי חג.

לקראת החג עצמו יש לגלח וללבוש בגדי מועד. אף שיום העצמאות חל בימי ספירת העומר, הורו הרבנים הראשיים לישראל, הרב יצחק נסים, הרב אונטרמן והרב גורן, וכן רבה של ירושלים הרב צ"פ פרנק, להסתפר ולהתגלח לכבודו של היום.

חצי קדיש

ש״ץ: יִתְגַּדַּל וְיִתְקַדַּשׁ שְׁמֵהּ רַבָּא (קהל: אָמֵן)
בְּעָלְמָא דִּי בְרָא כִרְעוּתֵהּ
וְיַמְלִיךְ מַלְכוּתֵהּ בְּחַיֵּיכוֹן וּבְיוֹמֵיכוֹן וּבְחַיֵּי דְכָל בֵּית יִשְׂרָאֵל
בַּעֲגָלָא וּבִזְמַן קָרִיב, וְאִמְרוּ אָמֵן. (קהל: אָמֵן)

קהל וש״ץ: יְהֵא שְׁמֵהּ רַבָּא מְבָרַךְ לְעָלַם וּלְעָלְמֵי עָלְמַיָּא.

ש״ץ: יִתְבָּרַךְ וְיִשְׁתַּבַּח וְיִתְפָּאַר וְיִתְרוֹמַם וְיִתְנַשֵּׂא
וְיִתְהַדָּר וְיִתְעַלֶּה וְיִתְהַלָּל
שְׁמֵהּ דְּקֻדְשָׁא בְּרִיךְ הוּא (קהל: בְּרִיךְ הוּא)
לְעֵלָּא מִן כָּל בִּרְכָתָא וְשִׁירָתָא, תֻּשְׁבְּחָתָא וְנֶחֱמָתָא
דַּאֲמִירָן בְּעָלְמָא, וְאִמְרוּ אָמֵן. (קהל: אָמֵן)

עמידה

״המתפלל צריך שיכוין בלבו פירוש המלות שמוציא בשפתיו; ויחשוב כאלו שכינה כנגדו ויסיר כל המחשבות הטורדות אותו עד שתשאר מחשבתו וכוונתו זכה בתפלתו״.

פוסע שלוש פסיעות לפנים כמי שנכנס לפני המלך.

עומד ומתפלל בלחש מכאן ועד ׳וּכְשָׁנִים קַדְמֹנִיּוֹת׳ בעמ׳ 12.

כורע במקומות המסומנים ב׳, קד לפנים במילה הבאה וזוקף בשם.

כִּי שֵׁם יהוה אֶקְרָא, הָבוּ גֹדֶל לֵאלֹהֵינוּ: דברים לב
אֲדֹנָי, שְׂפָתַי תִּפְתָּח, וּפִי יַגִּיד תְּהִלָּתֶךָ: תהלים נא

אבות

׳בָּרוּךְ אַתָּה יהוה, אֱלֹהֵינוּ וֵאלֹהֵי אֲבוֹתֵינוּ
אֱלֹהֵי אַבְרָהָם, אֱלֹהֵי יִצְחָק, וֵאלֹהֵי יַעֲקֹב
הָאֵל הַגָּדוֹל הַגִּבּוֹר וְהַנּוֹרָא, אֵל עֶלְיוֹן
גּוֹמֵל חֲסָדִים טוֹבִים, וְקוֹנֵה הַכֹּל, וְזוֹכֵר חַסְדֵי אָבוֹת
וּמֵבִיא גוֹאֵל לִבְנֵי בְנֵיהֶם, לְמַעַן שְׁמוֹ בְּאַהֲבָה.
מֶלֶךְ עוֹזֵר וּמוֹשִׁיעַ וּמָגֵן.
׳בָּרוּךְ אַתָּה יהוה, מָגֵן אַבְרָהָם.

גבורות

אַתָּה גִּבּוֹר לְעוֹלָם, אֲדֹנָי
מְחַיֵּה מֵתִים אַתָּה, רַב לְהוֹשִׁיעַ
מוֹרִיד הַטָּל
מְכַלְכֵּל חַיִּים בְּחֶסֶד, מְחַיֵּה מֵתִים בְּרַחֲמִים רַבִּים
סוֹמֵךְ נוֹפְלִים, וְרוֹפֵא חוֹלִים, וּמַתִּיר אֲסוּרִים
וּמְקַיֵּם אֱמוּנָתוֹ לִישֵׁנֵי עָפָר.
מִי כָמוֹךָ, בַּעַל גְּבוּרוֹת, וּמִי דּוֹמֶה לָּךְ
מֶלֶךְ, מֵמִית וּמְחַיֶּה וּמַצְמִיחַ יְשׁוּעָה.
וְנֶאֱמָן אַתָּה לְהַחֲיוֹת מֵתִים.
בָּרוּךְ אַתָּה יהוה, מְחַיֵּה הַמֵּתִים.

בתפילת לחש ממשיך 'אַתָּה קָדוֹשׁ' בעמוד הבא.

קדושה

בחזרת הש"ץ הקהל עומד ואומר קדושה.
במקומות המסומנים ב־˄, המתפלל מתרומם על קצות אצבעותיו.

קהל ואחריו שליח הציבור:

נְקַדֵּשׁ אֶת שִׁמְךָ בָּעוֹלָם, כְּשֵׁם שֶׁמַּקְדִּישִׁים אוֹתוֹ בִּשְׁמֵי מָרוֹם
ישעיהו ו כַּכָּתוּב עַל יַד נְבִיאֶךָ, וְקָרָא זֶה אֶל־זֶה וְאָמַר

קהל ואחריו שליח הציבור:

˄קָדוֹשׁ, ˄קָדוֹשׁ, ˄קָדוֹשׁ, יהוה צְבָאוֹת, מְלֹא כָל־הָאָרֶץ כְּבוֹדוֹ:
לְעֻמָּתָם בָּרוּךְ יֹאמֵרוּ

קהל ואחריו שליח הציבור:

יחזקאל ג ˄בָּרוּךְ כְּבוֹד־יהוה מִמְּקוֹמוֹ:
וּבְדִבְרֵי קָדְשְׁךָ כָּתוּב לֵאמֹר

קהל ואחריו שליח הציבור:

תהלים קמו ˄יִמְלֹךְ יהוה לְעוֹלָם, אֱלֹהַיִךְ צִיּוֹן לְדֹר וָדֹר, הַלְלוּיָהּ:

מנחה ליום הזיכרון לחללי מערכות ישראל · עמידה

שליח הציבור:
לְדוֹר וָדוֹר נַגִּיד גָּדְלֶךָ, וּלְנֵצַח נְצָחִים קְדֻשָּׁתְךָ נַקְדִּישׁ
וְשִׁבְחֲךָ אֱלֹהֵינוּ מִפִּינוּ לֹא יָמוּשׁ לְעוֹלָם וָעֶד
כִּי אֵל מֶלֶךְ גָּדוֹל וְקָדוֹשׁ אָתָּה.
בָּרוּךְ אַתָּה יהוה, הָאֵל הַקָּדוֹשׁ.

שליח הציבור ממשיך 'אַתָּה חוֹנֵן' למטה.

קדושת השם
אַתָּה קָדוֹשׁ וְשִׁמְךָ קָדוֹשׁ
וּקְדוֹשִׁים בְּכָל יוֹם יְהַלְלוּךָ סֶּלָה.
בָּרוּךְ אַתָּה יהוה, הָאֵל הַקָּדוֹשׁ.

דעת
אַתָּה חוֹנֵן לְאָדָם דַּעַת וּמְלַמֵּד לֶאֱנוֹשׁ בִּינָה.
חָנֵּנוּ מֵאִתְּךָ דֵּעָה בִּינָה וְהַשְׂכֵּל.
בָּרוּךְ אַתָּה יהוה, חוֹנֵן הַדָּעַת.

תשובה
הֲשִׁיבֵנוּ אָבִינוּ לְתוֹרָתֶךָ וְקָרְבֵנוּ מַלְכֵּנוּ לַעֲבוֹדָתֶךָ
וְהַחֲזִירֵנוּ בִּתְשׁוּבָה שְׁלֵמָה לְפָנֶיךָ.
בָּרוּךְ אַתָּה יהוה, הָרוֹצֶה בִּתְשׁוּבָה.

סליחה
נוהגים להכות כנגד הלב במקומות המסומנים ב°.
סְלַח לָנוּ אָבִינוּ כִּי °חָטָאנוּ
מְחַל לָנוּ מַלְכֵּנוּ כִּי °פָשָׁעְנוּ
כִּי מוֹחֵל וְסוֹלֵחַ אָתָּה.
בָּרוּךְ אַתָּה יהוה, חַנּוּן הַמַּרְבֶּה לִסְלֹחַ.

גאולה

רְאֵה בְעָנְיֵנוּ, וְרִיבָה רִיבֵנוּ, וּגְאָלֵנוּ מְהֵרָה לְמַעַן שְׁמֶךָ
כִּי גוֹאֵל חָזָק אָתָּה.
בָּרוּךְ אַתָּה יהוה, גּוֹאֵל יִשְׂרָאֵל.

רפואה

רְפָאֵנוּ יהוה וְנֵרָפֵא, הוֹשִׁיעֵנוּ וְנִוָּשֵׁעָה
כִּי תְהִלָּתֵנוּ אָתָּה
וְהַעֲלֵה רְפוּאָה שְׁלֵמָה לְכָל מַכּוֹתֵינוּ

המתפלל על חולה מוסיף:

יְהִי רָצוֹן מִלְּפָנֶיךָ יהוה אֱלֹהַי וֵאלֹהֵי אֲבוֹתַי, שֶׁתִּשְׁלַח מְהֵרָה
רְפוּאָה שְׁלֵמָה מִן הַשָּׁמַיִם רְפוּאַת הַנֶּפֶשׁ וּרְפוּאַת הַגּוּף לַחוֹלֶה/
לַחוֹלָה פלוני/ת בֶּן/בַּת פלונית בְּתוֹךְ שְׁאָר חוֹלֵי יִשְׂרָאֵל

כִּי אֵל מֶלֶךְ רוֹפֵא נֶאֱמָן וְרַחֲמָן אָתָּה.
בָּרוּךְ אַתָּה יהוה, רוֹפֵא חוֹלֵי עַמּוֹ יִשְׂרָאֵל.

ברכת השנים

בָּרֵךְ עָלֵינוּ יהוה אֱלֹהֵינוּ אֶת הַשָּׁנָה הַזֹּאת
וְאֶת כָּל מִינֵי תְבוּאָתָהּ, לְטוֹבָה
וְתֵן בְּרָכָה עַל פְּנֵי הָאֲדָמָה, וְשַׂבְּעֵנוּ מִטּוּבָהּ
וּבָרֵךְ שְׁנָתֵנוּ כַּשָּׁנִים הַטּוֹבוֹת.
בָּרוּךְ אַתָּה יהוה, מְבָרֵךְ הַשָּׁנִים.

קיבוץ גלויות

תְּקַע בְּשׁוֹפָר גָּדוֹל לְחֵרוּתֵנוּ, וְשָׂא נֵס לְקַבֵּץ גָּלֻיּוֹתֵינוּ
וְקַבְּצֵנוּ יַחַד מֵאַרְבַּע כַּנְפוֹת הָאָרֶץ.
בָּרוּךְ אַתָּה יהוה, מְקַבֵּץ נִדְחֵי עַמּוֹ יִשְׂרָאֵל.

השבת המשפט

הָשִׁיבָה שׁוֹפְטֵינוּ כְּבָרִאשׁוֹנָה
וְיוֹעֲצֵינוּ כְּבַתְּחִלָּה
וְהָסֵר מִמֶּנּוּ יָגוֹן וַאֲנָחָה
וּמְלֹךְ עָלֵינוּ אַתָּה יהוה לְבַדְּךָ בְּחֶסֶד וּבְרַחֲמִים
וְצַדְּקֵנוּ בַּמִּשְׁפָּט.
בָּרוּךְ אַתָּה יהוה, מֶלֶךְ אוֹהֵב צְדָקָה וּמִשְׁפָּט.

ברכת המינים

וְלַמַּלְשִׁינִים אַל תְּהִי תִקְוָה
וְכָל הָרִשְׁעָה כְּרֶגַע תֹּאבֵד
וְכָל אוֹיְבֵי עַמְּךָ מְהֵרָה יִכָּרֵתוּ
וְהַזֵּדִים מְהֵרָה תְעַקֵּר וּתְשַׁבֵּר וּתְמַגֵּר וְתַכְנִיעַ
בִּמְהֵרָה בְיָמֵינוּ.
בָּרוּךְ אַתָּה יהוה, שׁוֹבֵר אוֹיְבִים וּמַכְנִיעַ זֵדִים.

על הצדיקים

עַל הַצַּדִּיקִים וְעַל הַחֲסִידִים
וְעַל זִקְנֵי עַמְּךָ בֵּית יִשְׂרָאֵל
וְעַל פְּלֵיטַת סוֹפְרֵיהֶם
וְעַל גֵּרֵי הַצֶּדֶק, וְעָלֵינוּ
יֶהֱמוּ רַחֲמֶיךָ יהוה אֱלֹהֵינוּ
וְתֵן שָׂכָר טוֹב לְכָל הַבּוֹטְחִים בְּשִׁמְךָ בֶּאֱמֶת
וְשִׂים חֶלְקֵנוּ עִמָּהֶם
וּלְעוֹלָם לֹא נֵבוֹשׁ כִּי בְךָ בָטָחְנוּ.
בָּרוּךְ אַתָּה יהוה, מִשְׁעָן וּמִבְטָח לַצַּדִּיקִים.

בניין ירושלים
וְלִירוּשָׁלַיִם עִירְךָ בְּרַחֲמִים תָּשׁוּב
וְתִשְׁכֹּן בְּתוֹכָהּ כַּאֲשֶׁר דִּבַּרְתָּ
וּבְנֵה אוֹתָהּ בְּקָרוֹב בְּיָמֵינוּ בִּנְיַן עוֹלָם
וְכִסֵּא דָוִד מְהֵרָה לְתוֹכָהּ תָּכִין.
בָּרוּךְ אַתָּה יהוה, בּוֹנֵה יְרוּשָׁלָיִם.

משיח בן דוד
אֶת צֶמַח דָּוִד עַבְדְּךָ מְהֵרָה תַצְמִיחַ
וְקַרְנוֹ תָּרוּם בִּישׁוּעָתֶךָ
כִּי לִישׁוּעָתְךָ קִוִּינוּ כָּל הַיּוֹם.
בָּרוּךְ אַתָּה יהוה, מַצְמִיחַ קֶרֶן יְשׁוּעָה.

שומע תפילה
שְׁמַע קוֹלֵנוּ יהוה אֱלֹהֵינוּ
חוּס וְרַחֵם עָלֵינוּ, וְקַבֵּל בְּרַחֲמִים וּבְרָצוֹן אֶת תְּפִלָּתֵנוּ
כִּי אֵל שׁוֹמֵעַ תְּפִלּוֹת וְתַחֲנוּנִים אָתָּה
וּמִלְּפָנֶיךָ מַלְכֵּנוּ רֵיקָם אַל תְּשִׁיבֵנוּ
כִּי אַתָּה שׁוֹמֵעַ תְּפִלַּת עַמְּךָ יִשְׂרָאֵל בְּרַחֲמִים.
בָּרוּךְ אַתָּה יהוה, שׁוֹמֵעַ תְּפִלָּה.

עבודה
רְצֵה יהוה אֱלֹהֵינוּ בְּעַמְּךָ יִשְׂרָאֵל, וּבִתְפִלָּתָם
וְהָשֵׁב אֶת הָעֲבוֹדָה לִדְבִיר בֵּיתֶךָ
וְאִשֵּׁי יִשְׂרָאֵל וּתְפִלָּתָם בְּאַהֲבָה תְקַבֵּל בְּרָצוֹן
וּתְהִי לְרָצוֹן תָּמִיד עֲבוֹדַת יִשְׂרָאֵל עַמֶּךָ.

וְתֶחֱזֶינָה עֵינֵינוּ בְּשׁוּבְךָ לְצִיּוֹן בְּרַחֲמִים.
בָּרוּךְ אַתָּה יהוה, הַמַּחֲזִיר שְׁכִינָתוֹ לְצִיּוֹן.

הודאה

כורע ב׳מודים׳ ואינו זוקף עד אמירת השם.

ימוֹדִים אֲנַחְנוּ לָךְ
שָׁאַתָּה הוּא יהוה אֱלֹהֵינוּ
וֵאלֹהֵי אֲבוֹתֵינוּ לְעוֹלָם וָעֶד.
צוּר חַיֵּינוּ, מָגֵן יִשְׁעֵנוּ
אַתָּה הוּא לְדוֹר וָדוֹר.
נוֹדֶה לְּךָ וּנְסַפֵּר תְּהִלָּתֶךָ
עַל חַיֵּינוּ הַמְּסוּרִים בְּיָדֶךָ
וְעַל נִשְׁמוֹתֵינוּ הַפְּקוּדוֹת לָךְ
וְעַל נִסֶּיךָ שֶׁבְּכָל יוֹם עִמָּנוּ
וְעַל נִפְלְאוֹתֶיךָ וְטוֹבוֹתֶיךָ
שֶׁבְּכָל עֵת, עֶרֶב וָבֹקֶר וְצָהֳרָיִם.
הַטּוֹב, כִּי לֹא כָלוּ רַחֲמֶיךָ
וְהַמְרַחֵם, כִּי לֹא תַמּוּ חֲסָדֶיךָ
מֵעוֹלָם קִוִּינוּ לָךְ.

כששליח הציבור אומר ׳מוֹדים׳,
הקהל אומר בלחש:

ימוֹדִים אֲנַחְנוּ לָךְ
שָׁאַתָּה הוּא יהוה אֱלֹהֵינוּ
וֵאלֹהֵי אֲבוֹתֵינוּ
אֱלֹהֵי כָל בָּשָׂר
יוֹצְרֵנוּ, יוֹצֵר בְּרֵאשִׁית.
בְּרָכוֹת וְהוֹדָאוֹת
לְשִׁמְךָ הַגָּדוֹל וְהַקָּדוֹשׁ
עַל שֶׁהֶחֱיִיתָנוּ וְקִיַּמְתָּנוּ.
כֵּן תְּחַיֵּנוּ וּתְקַיְּמֵנוּ
וְתֶאֱסֹף גָּלֻיּוֹתֵינוּ
לְחַצְרוֹת קָדְשֶׁךָ
לִשְׁמֹר חֻקֶּיךָ וְלַעֲשׂוֹת רְצוֹנֶךָ
וּלְעָבְדְּךָ בְּלֵבָב שָׁלֵם
עַל שֶׁאֲנַחְנוּ מוֹדִים לָךְ.
בָּרוּךְ אֵל הַהוֹדָאוֹת.

וְעַל כֻּלָּם יִתְבָּרַךְ וְיִתְרוֹמַם שִׁמְךָ מַלְכֵּנוּ תָּמִיד לְעוֹלָם וָעֶד.
וְכֹל הַחַיִּים יוֹדוּךָ סֶּלָה, וִיהַלְלוּ אֶת שִׁמְךָ בֶּאֱמֶת
הָאֵל יְשׁוּעָתֵנוּ וְעֶזְרָתֵנוּ סֶלָה.
יבָּרוּךְ אַתָּה יהוה, הַטּוֹב שִׁמְךָ וּלְךָ נָאֶה לְהוֹדוֹת.

שלום

שָׁלוֹם רָב עַל יִשְׂרָאֵל עַמְּךָ תָּשִׂים לְעוֹלָם

כִּי אַתָּה הוּא מֶלֶךְ אָדוֹן לְכָל הַשָּׁלוֹם.

וְטוֹב בְּעֵינֶיךָ לְבָרֵךְ אֶת עַמְּךָ יִשְׂרָאֵל

בְּכָל עֵת וּבְכָל שָׁעָה בִּשְׁלוֹמֶךָ.

בָּרוּךְ אַתָּה יהוה, הַמְבָרֵךְ אֶת עַמּוֹ יִשְׂרָאֵל בַּשָּׁלוֹם.

שליח הציבור מסיים באמירת הפסוק הבא בלחש,
ויש הנוהגים לאומרו גם בסוף תפילת לחש של יחיד.

תהלים יט יִהְיוּ לְרָצוֹן אִמְרֵי־פִי וְהֶגְיוֹן לִבִּי לְפָנֶיךָ, יהוה צוּרִי וְגֹאֲלִי:

ברכות יז. אֱלֹהַי

נְצֹר לְשׁוֹנִי מֵרָע וּשְׂפָתַי מִדַּבֵּר מִרְמָה

וְלִמְקַלְלַי נַפְשִׁי תִדֹּם, וְנַפְשִׁי כֶּעָפָר לַכֹּל תִּהְיֶה.

פְּתַח לִבִּי בְּתוֹרָתֶךָ, וּבְמִצְוֹתֶיךָ תִּרְדֹּף נַפְשִׁי.

וְכָל הַחוֹשְׁבִים עָלַי רָעָה

מְהֵרָה הָפֵר עֲצָתָם וְקַלְקֵל מַחֲשַׁבְתָּם.

עֲשֵׂה לְמַעַן שְׁמֶךָ, עֲשֵׂה לְמַעַן יְמִינֶךָ

עֲשֵׂה לְמַעַן קְדֻשָּׁתֶךָ, עֲשֵׂה לְמַעַן תּוֹרָתֶךָ.

תהלים ס לְמַעַן יֵחָלְצוּן יְדִידֶיךָ, הוֹשִׁיעָה יְמִינְךָ וַעֲנֵנִי:

תהלים יט יִהְיוּ לְרָצוֹן אִמְרֵי־פִי וְהֶגְיוֹן לִבִּי לְפָנֶיךָ, יהוה צוּרִי וְגֹאֲלִי:

כורע ופוסע שלוש פסיעות לאחור. קד לשמאל, לימין ולפנים באמירת:

עֹשֶׂה שָׁלוֹם בִּמְרוֹמָיו

הוּא יַעֲשֶׂה שָׁלוֹם עָלֵינוּ וְעַל כָּל יִשְׂרָאֵל, וְאִמְרוּ אָמֵן.

יְהִי רָצוֹן מִלְּפָנֶיךָ יהוה אֱלֹהֵינוּ וֵאלֹהֵי אֲבוֹתֵינוּ

שֶׁיִּבָּנֶה בֵּית הַמִּקְדָּשׁ בִּמְהֵרָה בְיָמֵינוּ,

וְתֵן חֶלְקֵנוּ בְּתוֹרָתֶךָ

וְשָׁם נַעֲבָדְךָ בְּיִרְאָה כִּימֵי עוֹלָם וּכְשָׁנִים קַדְמוֹנִיּוֹת.

מלאכי ג וְעָרְבָה לַיהוה מִנְחַת יְהוּדָה וִירוּשָׁלָםִ כִּימֵי עוֹלָם וּכְשָׁנִים קַדְמוֹנִיּוֹת:

בתפילת מנחה הנאמרת בעוד היום גדול (מנחה גדולה), יאמר בתפילתו וידוי ונפילת אפיים.
בתפילת מנחה הנאמרת בסמוך לערבו של יום, שליח הציבור אומר קדיש שלם בעמוד הבא, כדין ערבי חג.

סדר תחנון

נפילת אפיים

יושבים, ובמקום שיש בו ספר תורה, נופלים אפיים:
משעינים את הראש על יד שמאל ומכסים את הפנים.

ב׳קיצור של״ה׳ כתוב לומר את הפסוק ׳וַיֹּאמֶר דָּוִד אֶל־גָּד׳, והגר״א כתב שאין לאומרו.

וַיֹּאמֶר דָּוִד אֶל־גָּד, צַר־לִי מְאֹד שמואל ב׳ כד
נִפְּלָה־נָּא בְיַד־יהוה, כִּי־רַבִּים רַחֲמָו, וּבְיַד־אָדָם אַל־אֶפֹּלָה:

רַחוּם וְחַנּוּן, חָטָאתִי לְפָנֶיךָ. יהוה מָלֵא רַחֲמִים, רַחֵם עָלַי וְקַבֵּל תַּחֲנוּנָי.

תהלים ו
יהוה, אַל־בְּאַפְּךָ תוֹכִיחֵנִי, וְאַל־בַּחֲמָתְךָ תְיַסְּרֵנִי: חָנֵּנִי יהוה, כִּי אֻמְלַל
אָנִי, רְפָאֵנִי יהוה, כִּי נִבְהֲלוּ עֲצָמָי: וְנַפְשִׁי נִבְהֲלָה מְאֹד, וְאַתָּ יהוה,
עַד־מָתָי: שׁוּבָה יהוה, חַלְּצָה נַפְשִׁי, הוֹשִׁיעֵנִי לְמַעַן חַסְדֶּךָ: כִּי אֵין
בַּמָּוֶת זִכְרֶךָ, בִּשְׁאוֹל מִי יוֹדֶה־לָּךְ: יָגַעְתִּי בְּאַנְחָתִי, אַשְׂחֶה בְכָל־
לַיְלָה מִטָּתִי, בְּדִמְעָתִי עַרְשִׂי אַמְסֶה: עָשְׁשָׁה מִכַּעַס עֵינִי, עָתְקָה
בְּכָל־צוֹרְרָי: סוּרוּ מִמֶּנִּי כָּל־פֹּעֲלֵי אָוֶן, כִּי־שָׁמַע יהוה קוֹל בִּכְיִי: שָׁמַע
יהוה תְּחִנָּתִי, יהוה תְּפִלָּתִי יִקָּח: יֵבֹשׁוּ וְיִבָּהֲלוּ מְאֹד כָּל־אֹיְבָי, יָשֻׁבוּ
יֵבֹשׁוּ רָגַע:

כאן מרימים את הראש.

שׁוֹמֵר יִשְׂרָאֵל, שְׁמֹר שְׁאֵרִית יִשְׂרָאֵל, וְאַל יֹאבַד יִשְׂרָאֵל
הָאוֹמְרִים שְׁמַע יִשְׂרָאֵל.
שׁוֹמֵר גּוֹי אֶחָד, שְׁמֹר שְׁאֵרִית עַם אֶחָד, וְאַל יֹאבַד גּוֹי אֶחָד
הַמְיַחֲדִים שִׁמְךָ, יהוה אֱלֹהֵינוּ יהוה אֶחָד.
שׁוֹמֵר גּוֹי קָדוֹשׁ, שְׁמֹר שְׁאֵרִית עַם קָדוֹשׁ, וְאַל יֹאבַד גּוֹי קָדוֹשׁ
הַמְשַׁלְּשִׁים בְּשָׁלֹשׁ קְדֻשּׁוֹת לְקָדוֹשׁ.
מִתְרַצֶּה בְּרַחֲמִים וּמִתְפַּיֵּס בְּתַחֲנוּנִים, הִתְרַצֶּה וְהִתְפַּיֵּס לְדוֹר עָנִי
כִּי אֵין עוֹזֵר.
אָבִינוּ מַלְכֵּנוּ, חָנֵּנוּ וַעֲנֵנוּ, כִּי אֵין בָּנוּ מַעֲשִׂים
עֲשֵׂה עִמָּנוּ צְדָקָה וָחֶסֶד וְהוֹשִׁיעֵנוּ.

עומדים במקום המסומן בּ.

דברי הימים ב׳ כ וַאֲנַחְנוּ לֹא נֵדַע ׳מַה־נַּעֲשֶׂה, כִּי עָלֶיךָ עֵינֵינוּ: זְכֹר־רַחֲמֶיךָ יהוה וַחֲסָדֶיךָ,
תהלים כה תהלים לג כִּי מֵעוֹלָם הֵמָּה: יְהִי־חַסְדְּךָ יהוה עָלֵינוּ, כַּאֲשֶׁר יִחַלְנוּ לָךְ: אַל־תִּזְכָּר־
תהלים עט תהלים קכג לָנוּ עֲוֹנֹת רִאשֹׁנִים, מַהֵר יְקַדְּמוּנוּ רַחֲמֶיךָ, כִּי דַלּוֹנוּ מְאֹד: חָנֵּנוּ יהוה
חבקוק ג תהלים קג חָנֵּנוּ, כִּי־רַב שָׂבַעְנוּ בוּז: בְּרֹגֶז רַחֵם תִּזְכּוֹר: כִּי־הוּא יָדַע יִצְרֵנוּ, זָכוּר
תהלים עט כִּי־עָפָר אֲנָחְנוּ: ׳ עָזְרֵנוּ אֱלֹהֵי יִשְׁעֵנוּ עַל־דְּבַר כְּבוֹד־שְׁמֶךָ, וְהַצִּילֵנוּ
וְכַפֵּר עַל־חַטֹּאתֵינוּ לְמַעַן שְׁמֶךָ:

קדיש שלם

ש״ץ: יִתְגַּדַּל וְיִתְקַדַּשׁ שְׁמֵהּ רַבָּא (קהל: אָמֵן)
בְּעָלְמָא דִּי בְרָא כִרְעוּתֵהּ
וְיַמְלִיךְ מַלְכוּתֵהּ, בְּחַיֵּיכוֹן וּבְיוֹמֵיכוֹן וּבְחַיֵּי דְכָל בֵּית יִשְׂרָאֵל
בַּעֲגָלָא וּבִזְמַן קָרִיב, וְאִמְרוּ אָמֵן. (קהל: אָמֵן)

קהל וש״ץ: יְהֵא שְׁמֵהּ רַבָּא מְבָרַךְ לְעָלַם וּלְעָלְמֵי עָלְמַיָּא.

ש״ץ: יִתְבָּרַךְ וְיִשְׁתַּבַּח וְיִתְפָּאַר וְיִתְרוֹמַם וְיִתְנַשֵּׂא
וְיִתְהַדָּר וְיִתְעַלֶּה וְיִתְהַלָּל
שְׁמֵהּ דְּקֻדְשָׁא בְּרִיךְ הוּא (קהל: בְּרִיךְ הוּא)
לְעֵלָּא מִן כָּל בִּרְכָתָא, וְשִׁירָתָא תֻּשְׁבְּחָתָא וְנֶחֱמָתָא
דַּאֲמִירָן בְּעָלְמָא, וְאִמְרוּ אָמֵן. (קהל: אָמֵן)

תִּתְקַבַּל צְלוֹתְהוֹן וּבָעוּתְהוֹן דְּכָל יִשְׂרָאֵל
קֳדָם אֲבוּהוֹן דִּי בִשְׁמַיָּא, וְאִמְרוּ אָמֵן. (קהל: אָמֵן)

יְהֵא שְׁלָמָא רַבָּא מִן שְׁמַיָּא
וְחַיִּים, עָלֵינוּ וְעַל כָּל יִשְׂרָאֵל, וְאִמְרוּ אָמֵן. (קהל: אָמֵן)

כורע ופוסע שלוש פסיעות לאחור. קד לשמאל, לימין ולפנים באמירת:
עֹשֶׂה שָׁלוֹם בִּמְרוֹמָיו
הוּא יַעֲשֶׂה שָׁלוֹם עָלֵינוּ וְעַל כָּל יִשְׂרָאֵל, וְאִמְרוּ אָמֵן. (קהל: אָמֵן)

אומרים ׳עָלֵינוּ׳ בעמידה ומשתחווים במקום המסומן ב׳.

עָלֵינוּ לְשַׁבֵּחַ לַאֲדוֹן הַכֹּל, לָתֵת גְּדֻלָּה לְיוֹצֵר בְּרֵאשִׁית
שֶׁלֹּא עָשָׂנוּ כְּגוֹיֵי הָאֲרָצוֹת, וְלֹא שָׂמָנוּ כְּמִשְׁפְּחוֹת הָאֲדָמָה
שֶׁלֹּא שָׂם חֶלְקֵנוּ כָּהֶם וְגוֹרָלֵנוּ כְּכָל הֲמוֹנָם.
שֶׁהֵם מִשְׁתַּחֲוִים לְהֶבֶל וָרִיק וּמִתְפַּלְּלִים אֶל אֵל לֹא יוֹשִׁיעַ.
׳וַאֲנַחְנוּ כּוֹרְעִים וּמִשְׁתַּחֲוִים וּמוֹדִים
לִפְנֵי מֶלֶךְ מַלְכֵי הַמְּלָכִים, הַקָּדוֹשׁ בָּרוּךְ הוּא
שֶׁהוּא נוֹטֶה שָׁמַיִם וְיוֹסֵד אָרֶץ, וּמוֹשַׁב יְקָרוֹ בַּשָּׁמַיִם מִמַּעַל
וּשְׁכִינַת עֻזּוֹ בְּגָבְהֵי מְרוֹמִים.
הוּא אֱלֹהֵינוּ, אֵין עוֹד.
אֱמֶת מַלְכֵּנוּ, אֶפֶס זוּלָתוֹ
כַּכָּתוּב בְּתוֹרָתוֹ, וְיָדַעְתָּ הַיּוֹם וַהֲשֵׁבֹתָ אֶל־לְבָבֶךָ דברים ד
כִּי יהוה הוּא הָאֱלֹהִים בַּשָּׁמַיִם מִמַּעַל וְעַל־הָאָרֶץ מִתָּחַת, אֵין עוֹד:

עַל כֵּן נְקַוֶּה לְּךָ יהוה אֱלֹהֵינוּ, לִרְאוֹת מְהֵרָה בְּתִפְאֶרֶת עֻזֶּךָ
לְהַעֲבִיר גִּלּוּלִים מִן הָאָרֶץ, וְהָאֱלִילִים כָּרוֹת יִכָּרֵתוּן
לְתַקֵּן עוֹלָם בְּמַלְכוּת שַׁדַּי.
וְכָל בְּנֵי בָשָׂר יִקְרְאוּ בִשְׁמֶךָ לְהַפְנוֹת אֵלֶיךָ כָּל רִשְׁעֵי אָרֶץ.
יַכִּירוּ וְיֵדְעוּ כָּל יוֹשְׁבֵי תֵבֵל
כִּי לְךָ תִּכְרַע כָּל בֶּרֶךְ, תִּשָּׁבַע כָּל לָשׁוֹן.
לְפָנֶיךָ יהוה אֱלֹהֵינוּ יִכְרְעוּ וְיִפֹּלוּ, וְלִכְבוֹד שִׁמְךָ יְקָר יִתֵּנוּ
וִיקַבְּלוּ כֻלָּם אֶת עֹל מַלְכוּתֶךָ
וְתִמְלֹךְ עֲלֵיהֶם מְהֵרָה לְעוֹלָם וָעֶד.
כִּי הַמַּלְכוּת שֶׁלְּךָ הִיא וּלְעוֹלְמֵי עַד תִּמְלֹךְ בְּכָבוֹד
כַּכָּתוּב בְּתוֹרָתֶךָ, יהוה יִמְלֹךְ לְעֹלָם וָעֶד: שמות טו
◂ וְנֶאֱמַר, וְהָיָה יהוה לְמֶלֶךְ עַל־כָּל־הָאָרֶץ זכריה יד
בַּיּוֹם הַהוּא יִהְיֶה יהוה אֶחָד וּשְׁמוֹ אֶחָד:

יש מוסיפים:

משלי ג אַל־תִּירָא מִפַּחַד פִּתְאֹם וּמִשֹּׁאַת רְשָׁעִים כִּי תָבֹא:

ישעיה ח עֻצוּ עֵצָה וְתֻפָר, דַּבְּרוּ דָבָר וְלֹא יָקוּם, כִּי עִמָּנוּ אֵל:

ישעיה מו וְעַד־זִקְנָה אֲנִי הוּא, וְעַד־שֵׂיבָה אֲנִי אֶסְבֹּל אֲנִי עָשִׂיתִי וַאֲנִי אֶשָּׂא וַאֲנִי אֶסְבֹּל וַאֲמַלֵּט:

קדיש יתום

אבל: יִתְגַּדַּל וְיִתְקַדַּשׁ שְׁמֵהּ רַבָּא (קהל: אָמֵן)
בְּעָלְמָא דִּי בְרָא כִרְעוּתֵהּ
וְיַמְלִיךְ מַלְכוּתֵהּ, בְּחַיֵּיכוֹן וּבְיוֹמֵיכוֹן וּבְחַיֵּי דְכָל בֵּית יִשְׂרָאֵל
בַּעֲגָלָא וּבִזְמַן קָרִיב, וְאִמְרוּ אָמֵן. (קהל: אָמֵן)

קהל ואבל: יְהֵא שְׁמֵהּ רַבָּא מְבָרַךְ לְעָלַם וּלְעָלְמֵי עָלְמַיָּא.

אבל: יִתְבָּרַךְ וְיִשְׁתַּבַּח וְיִתְפָּאַר וְיִתְרוֹמַם וְיִתְנַשֵּׂא
וְיִתְהַדָּר וְיִתְעַלֶּה וְיִתְהַלָּל שְׁמֵהּ דְּקֻדְשָׁא בְּרִיךְ הוּא (קהל: בְּרִיךְ הוּא)
לְעֵלָּא מִן כָּל בִּרְכָתָא וְשִׁירָתָא, תֻּשְׁבְּחָתָא וְנֶחֱמָתָא
דַּאֲמִירָן בְּעָלְמָא, וְאִמְרוּ אָמֵן. (קהל: אָמֵן)

יְהֵא שְׁלָמָא רַבָּא מִן שְׁמַיָּא
וְחַיִּים, עָלֵינוּ וְעַל כָּל יִשְׂרָאֵל, וְאִמְרוּ אָמֵן. (קהל: אָמֵן)

כורע ופוסע שלוש פסיעות לאחור, קד לשמאל, לימין ולפנים באמירת:

עֹשֶׂה שָׁלוֹם בִּמְרוֹמָיו
הוּא יַעֲשֶׂה שָׁלוֹם עָלֵינוּ וְעַל כָּל יִשְׂרָאֵל, וְאִמְרוּ אָמֵן. (קהל: אָמֵן)

ערבית ליום ירושלים בעמ׳ 215.

מעבר מיום הזיכרון ליום העצמאות

ישנן קהילות המתכנסות לאחר תפילת מנחה ברחבת בית הכנסת לקיום טכס מעבר מיום הזיכרון ליום העצמאות:

לומדים משנה ואומרים פרק תהלים לזכר הנופלים.

מזכירים את שמות החללים של חברי הקהילה שנפלו במערכות ישראל.

נציג של משפחות הנופלים נושא דברים.

נציג הקהילה (הרב או אחד מראשי הקהל) נושא דברים על המעבר מיום הזיכרון ליום העצמאות.

מעלים את הדגל לראש התורן לשירת ׳התקווה׳.

לאחר שירת ׳התקווה׳ ו׳אני מאמין׳ נכנסים לבית הכנסת לתפילת ערבית של חג.

תפילת ערבית
ליום העצמאות

קבלת החג 19

תפילת ערבית 32

סדר הלל 45

סדר ספירת העומר 54

קידוש לבנה 59

ערבית ליום העצמאות

לפני תפילת ערבית נוהגים לומר מזמורים אלה במנגינה של יום טוב:

תהלים קז

הֹדוּ לַיהוה כִּי־טוֹב, כִּי לְעוֹלָם חַסְדּוֹ:
יֹאמְרוּ גְּאוּלֵי יהוה, אֲשֶׁר גְּאָלָם מִיַּד־צָר:
וּמֵאֲרָצוֹת קִבְּצָם, מִמִּזְרָח וּמִמַּעֲרָב, מִצָּפוֹן וּמִיָּם:

שיר מזמור ליום עצמאותנו הרב יואל בן־נון

מזמור קז בתהלים, הפותח את החלק החמישי של הספר לפי חלוקת המסורה, נאמר על ידי עדות המזרח בפסח, ונתקן להיאמר בפתיחת תפילות ליל יום העצמאות על ידי הרבנות הראשית בראשותם של הרב הרצוג והרב עוזיאל. קביעה זו של הרבנות הראשית חשפה את כוונתו של משורר תהלים, שייעד מזמור זה להיות שיר הלל לימי העצמאות של העם היהודי השב לארצו.

במזמור שבעה בתים הנחלקים לשלוש קבוצות: הבית הפותח, ארבעה בתים אמצעיים ושני בתים מסיימים. נדון בכל בית בנפרד, לפי סדר המזמור.[1]

מזמור קיבוץ הגלויות – בית א

הדו לה׳ כי טוב, כי לעולם חסדו
יאמרו גאולי ה׳, אשר גאלם מיד צר
ומארצות קבצם, ממזרח וממערב, מצפון ומִיָּם (פסוקים א-ג)

בפתיחת המזמור מתייחס המשורר ל"גאולי ה׳ אשר גאלם מיד צר". ללא הסבר, יכול היה כל קורא לפרש את הגאולה שעליה מדובר, בהתאם לתפיסת הגאולה שלו: הקמת בית המקדש, תחיית המתים, המלכת מלך, מלך המשיח או תיקון עולם במלכות שדי. אולם במזמור אף אחת מאפשרויות אלה אינה מוזכרת, אלא מיד מפרש את הגאולה שהוא מתכוון אליה: "מארצות קבצם" – קיבוץ גלויות המוני.

בכל ימי עם ישראל ובכל תולדות העולם מעולם לא היה קיבוץ גלויות המוני בממדים שעליהם מדבר המזמור. ממצרים ומבבל יצאו בני ישראל בקבוצה אחת ובכיוון אחד, ולא מארבע כנפות הארץ או באניות דרך ים. רק בקיבוץ הגלויות האחרון, זה של התנועה הציונית, התגשמה הגאולה האמורה במזמור בכל עוצמתה: קיבוץ גלויות מארבע כנפות הארץ, בנתיבי המדבר, במטוסים ובאניות בדרך הים. בניגוד לסדר בנבואת ישעיהו, שלפיו ביאת המשיח,

1. הפניות סתמיות מתייחסות לתהלים קז. פירוש מילולי למילות המזמור, לרוב לפי פירוש 'דעת מקרא', מופיע בסוגריים מרובעים.

תָּעוּ בַמִּדְבָּר, בִּישִׁימוֹן דָּרֶךְ, עִיר מוֹשָׁב לֹא מָצָאוּ:
רְעֵבִים גַּם־צְמֵאִים, נַפְשָׁם בָּהֶם תִּתְעַטָּף:
וַיִּצְעֲקוּ אֶל־יהוה בַּצַּר לָהֶם, מִמְּצוּקוֹתֵיהֶם יַצִּילֵם:
וַיַּדְרִיכֵם בְּדֶרֶךְ יְשָׁרָה, לָלֶכֶת אֶל־עִיר מוֹשָׁב:
יוֹדוּ לַיהוה חַסְדּוֹ, וְנִפְלְאוֹתָיו לִבְנֵי אָדָם:
כִּי־הִשְׂבִּיעַ נֶפֶשׁ שֹׁקֵקָה, וְנֶפֶשׁ רְעֵבָה מִלֵּא־טוֹב:

"וְיָצָא חֹטֶר מִגֶּזַע יִשָׁי" (ישעיה יא, ב), קודמת לקיבוץ הגלויות, "ואסף נדחי ישראל ונְפֻצוֹת יהודה יקבץ מארבע כנפות הארץ" (שם שם, יב), במזמור זה המשורר אינו מזכיר את מלך המשיח.

נראה, שמזמור קז מצטרף לפרשת התשובה בדברים – "אם יהיה נִדחך בקצה השמים, משם יקבצך ה׳ א־להיך ומשם יקחֶך" (דברים ל, ד), כפרק נבואה המתייחס באופן מובהק לתקופתנו. גם ליהודים דתיים וגם ליהודים שאינם דתיים קשה להאמין, אך "מארצות קבצם" מתאר את תקופתנו שלנו.

ההולכים בדרך הגאולים – בית ב

תעו במדבר בישימון דרך, עיר מושב לא מצאו
רעבים גם צמאים, נפשם בהם תתעטף [=תתעלף]
ויצעקו אל ה׳ בצר להם, ממצוקותיהם יצילם
וידריכם בדרך ישרה, ללכת אל עיר מושב
יודו לה׳ חסדו, ונפלאותיו לבני אדם
כי השביע נפש שקקה [=צמאה], ונפש רעבה מִלא טוב (פסוקים ד-ט)

ארבעת הבתים במרכזו של המזמור (מבית ב עד בית ה) מתארים ארבעה סוגים שונים של "גאולי ה׳ אשר גאלם מיד צר": התועים במדבר, "ישבי חשך וצלמָוֶת", "ויגיעו עד שערי מות" ו"יורדי הים באניות". ההלכה למדה מבתים אלו ש"ארבעה צריכין להודות", וקבעה את ברכת "הגומל" לתועים בדרך, לאסירים שהשתחררו, לחולים שהתרפאו וליורדי הים שהגיעו אל מחוז חפצם (ברכות נד ע״ב). לעומת זאת, קריאת המזמור בהקשרו המקראי יכולה לפרש פסוקים אלו כמתייחסים דווקא להולכים בדרך הגאולים. בקריאה כזו, המזמור מתייחס לכמאה אלף היהודים שעלו לארץ מראשית הציונות ועד לאחר מלחמת העולם הראשונה, ולא לשלושת המיליונים שהיגרו בתקופה זו ממזרח אירופה לאמריקה. בהסתכלות הלכתית גם יהודים אלו, שהצילו את נפשם בהגירה לארצות נכר, חייבים להודות. אך בהקשרו המקראי המזמור מתייחס רק לגאולי ה׳ שהתקבצו מארצות העולם ועלו לארץ. לאלו שהלכו בדרך המדבר מתימן לעדן ומבגדד לארץ ישראל, לאלו ש'יצאו ממצרים' והלכו מאות קילומטרים במדבריות, לאלו שהלכו מאתיופיה לסודן, קברו מאות בדרכם והשאירו רבים מאחוריהם, כדי לעלות על המטוסים שהביאו אותם לארץ דרך ים סוף והים התיכון. אלו הם "גאולי ה׳" ש"תעו במדבר בישימון דרך".

יֹשְׁבֵי חֹשֶׁךְ וְצַלְמָוֶת, אֲסִירֵי עֳנִי וּבַרְזֶל:
כִּי־הִמְרוּ אִמְרֵי־אֵל, וַעֲצַת עֶלְיוֹן נָאָצוּ:
וַיַּכְנַע בֶּעָמָל לִבָּם, כָּשְׁלוּ וְאֵין עֹזֵר:
וַיִּזְעֲקוּ אֶל־יהוה בַּצַּר לָהֶם, מִמְּצֻקוֹתֵיהֶם יוֹשִׁיעֵם:
יוֹצִיאֵם מֵחֹשֶׁךְ וְצַלְמָוֶת, וּמוֹסְרוֹתֵיהֶם יְנַתֵּק:
יוֹדוּ לַיהוה חַסְדּוֹ, וְנִפְלְאוֹתָיו לִבְנֵי אָדָם:
כִּי־שִׁבַּר דַּלְתוֹת נְחֹשֶׁת, וּבְרִיחֵי בַרְזֶל גִּדֵּעַ:

אֱוִלִים מִדֶּרֶךְ פִּשְׁעָם, וּמֵעֲוֺנֹתֵיהֶם יִתְעַנּוּ:
כָּל־אֹכֶל תְּתַעֵב נַפְשָׁם, וַיַּגִּיעוּ עַד־שַׁעֲרֵי מָוֶת:
וַיִּזְעֲקוּ אֶל־יהוה בַּצַּר לָהֶם, מִמְּצֻקוֹתֵיהֶם יוֹשִׁיעֵם:
יִשְׁלַח דְּבָרוֹ וְיִרְפָּאֵם, וִימַלֵּט מִשְּׁחִיתוֹתָם:
יוֹדוּ לַיהוה חַסְדּוֹ, וְנִפְלְאוֹתָיו לִבְנֵי אָדָם:
וְיִזְבְּחוּ זִבְחֵי תוֹדָה וִיסַפְּרוּ מַעֲשָׂיו בְּרִנָּה:

"כי המרו אמרי א־ל ועצת עליון נאצו" – בית ג

ישבי חשך וצלמָוֶת, אסירי עֳני וברזל
כי המרו אמרי א־ל, ועצת עליון נָאָצו
ויכנע בעמל [=בייסורים] לִבם, כשלו ואין עֹזר
ויזעקו אל ה׳ בצר להם, ממצֻקותיהם יושיעם
יוציאם מחשך וצלמָוֶת, ומוסרותיהם ינתק
יודו לה׳ חסדו, ונפלאותיו לבני אדם
כי שִׁבַּר דלתות נחשת, ובריחי ברזל גִדֵעַ (פסוקים י-טז)

בית ד

אֱוִלים מדרך פשעם, ומעוֺנֹתיהם יתענו
כל אֹכֶל תתעב נפשם, ויגיעו עד שערי מָוֶת
ויזעקו אל ה׳ בצר להם, ממצֻקותיהם יושיעם
ישלח דברו וירפאם, וימלט משחיתותם
יודו לה׳ חסדו, ונפלאותיו לבני אדם
ויזבחו זבחי תודה, ויספרו מעשיו בִרנה (פסוקים יז-כב)

יוֹרְדֵי הַיָּם בָּאֳנִיּוֹת, עֹשֵׂי מְלָאכָה בְּמַיִם רַבִּים:
הֵמָּה רָאוּ מַעֲשֵׂי יהוה, וְנִפְלְאוֹתָיו בִּמְצוּלָה:
וַיֹּאמֶר, וַיַּעֲמֵד רוּחַ סְעָרָה, וַתְּרוֹמֵם גַּלָּיו:
יַעֲלוּ שָׁמַיִם, יֵרְדוּ תְהוֹמוֹת, נַפְשָׁם בְּרָעָה תִתְמוֹגָג:

כדי לעמוד על משמעותם של בתים אלו, עלינו לעמוד על הקבלה כיאסטית הקיימת בין הבתים המרכזיים במזמור. בעוד שהבתים השני והחמישי מתארים את ההולכים בדרך קיבוץ הגלויות, מתארים הבתים השלישי והרביעי את אלו שלא הלכו באותה הדרך ונשארו בגלות. בבתים המרכזיים מופיעים ביטויים חזקים יותר – ה'צעקה' הופכת ל'זעקה', וה'הצלה' הופכת ל'ישועה', כמובן, מתוך המשבר העמוק.

משורר תהלים ראה בחזונו מחנות מוות נוראים בכתיבת פרקים אלה: "חשך וצלמות" ו"שערי מות". אלה התקיימו בדמות מחנות המוות של הארורים הנאצים ימ"ש ושל הקומוניסטים ימ"ש – מחנות השמדה וגולָגים מלאים בהמוני אדם. מראות אלו, שהתממשו לנגד עינינו באופן כה מזעזע, צפו ועלו למול עיניו של המשורר כאשר כתב: "ישבי חשך וצלמות, אסרי עני וברזל". מעולם לא התממשה בדרך נוראה כל כך המציאות של "כל אכל תתעב נפשם, ויגיעו עד שערי מות". אמנם, משורר תהלים לא תיאר את כל אלה שאבדו, שהושמדו ושנרצחו, הוא תיאר רק את הניצולים. אולי לא היה יכול, אולי לא רצה, ואולי גם אופק החזון הנבואי שבמזמור יש לו גבול, והמשורר לא היה יכול לחזות שואה שכזאת.[2]

הסיבות לכך שהמוני אדם לא הלכו בדרך הגאולים מגוונות. היו בהם רבים שלא הלכו מתוך התנגדות מלאה ומודעת ל"עצת עליון" – בהם גדולים שהאמינו כי לא זו היא "עצת עליון". ארה"ב סגרה את שעריה כבר בשנות העשרים, לאחר שקלטה שלושה מיליוני מהגרים יהודים, ויהודי פולין פחדו לעלות ל"פלסטינה" כי "הערבים הורגים שם יהודים". מצד אחד הבריטים הגבילו את העלייה מפאת רצונם לפייס את הערבים, ומצד אחר גם התנועה הציונית לא ששה לפתוח את שערי הארץ לרווחה: המנהיגות הציונית העדיפה להעלות ארצה יהודים צעירים ובריאים, שיקימו בארץ תשתית למדינה יהודית, ולהותיר באירופה את הזקנים ואת המשפחות לשלב מאוחר יותר. גם אלה שרצו לבוא, כמו סבי הי"ד, איחרו את המועד. סבי, שאני קרוי על שמו, נהרג בגטו רוהאטין ערב שבועות התש"ג. מעטים ראו את הנולד.

"יורדי הים באניות" – בית ה

יורדי הים באניות, עשֵׂי מלאכה במים רבים
המה ראו מעשי ה', ונפלאותיו במצולה
ויאמר: ויעמד רוח סערה, ותרומם גליו
יעלו שמים ירדו תהומות, נפשם ברעה תתמוגג [=תישבר]

2. "אפילו רוח הקודש ששורה על הנביאים אינו שורה אלא במשקל" (ויקרא רבה טו, ב). וראה גם: הראי"ה קוק, אורות, אורות התחיה, יח.

יָחוֹגּוּ וְיָנוּעוּ כַּשִּׁכּוֹר, וְכָל־חָכְמָתָם תִּתְבַּלָּע:
וַיִּצְעֲקוּ אֶל־יהוה בַּצַּר לָהֶם, וּמִמְּצוּקֹתֵיהֶם יוֹצִיאֵם:
יָקֵם סְעָרָה לִדְמָמָה, וַיֶּחֱשׁוּ גַּלֵּיהֶם:
וַיִּשְׂמְחוּ כִי־יִשְׁתֹּקוּ, וַיַּנְחֵם אֶל־מְחוֹז חֶפְצָם:
יוֹדוּ לַיהוה חַסְדּוֹ, וְנִפְלְאוֹתָיו לִבְנֵי אָדָם:
וִירֹמְמוּהוּ בִּקְהַל־עָם, וּבְמוֹשַׁב זְקֵנִים יְהַלְלוּהוּ:

יָשֵׂם נְהָרוֹת לְמִדְבָּר, וּמֹצָאֵי מַיִם לְצִמָּאוֹן:
אֶרֶץ פְּרִי לִמְלֵחָה, מֵרָעַת יוֹשְׁבֵי בָהּ:

יחוגו וינועו כשכור, וכל חכמתם תתבלע
ויצעקו אל ה׳ בצר להם, וממצוקֹתיהם יוציאם
יקם סערה לדממה, ויחשו גליהם
וישמחו כי יִשְׁתֹּקוּ, וַיַּנחם אל מחוז חפצם
יודו לה׳ חסדו, ונפלאותיו לבני אדם
וירוממוהו בקהל עם, ובמושב זקנים יהללוהו (פסוקים כג-לב)

בבית זה חוזר המשורר לעסוק בגאולים העולים לארץ ישראל, והפעם בדרך הים. ביחס לבתים האחרים תיאורי הצרה וההצלה בבית זה כפולים ונפרשים על פסוקים רבים. המסורה הוסיפה בין פסוקי בית זה נו"נין הפוכות, אשר לפי חז"ל הן מציינות ׳פרשה שאינה במקומה׳.[3] אכן, נראה שהמשורר השתמש במזמור קדום, שתיאר את הצלתם של יורדי הים, וערך ועיבד אותו לצורך מזמור הגאולים. המאפיינים המיוחדים של בית זה מלמדים על החשיבות שייחס משורר המזמור לגאולה בדרך הים. קיבוץ גלויות בדרך זו לא התרחש מעולם, והוא ייחודי לגאולה המתוארת במזמור. בקריאת בית זה, נראה כאילו שמות אניות המעפילים מתרוצצים בין פסוקי הבית. גם ניצולי המחנות, ששרדו את אימתם של הבתים הקודמים, ממלאים את אניות הגאולים. אניות אלו שנבנו למשימות אחרות, מולאו פי עשרה או עשרים מקיבולְתן ועלו לארץ ישראל בדרך ההעפלה. השלטון הבריטי ניסה לעצור אותן, ובסופו של דבר גזר בכך את קִצו.

הגאולה מצרות הארץ והעם – בית ו

העולים בדרך המדבר ובדרך הים עתידים למצוא במחוז חפצם, בארץ ישראל, ארץ שוממה:
ישם נהרות למדבר, ומֹצָאֵי [=מקורות] מים, לצמאון
ארץ פרי למלחה, מֵרעת ישבי בה

3. שבת קטו ע"ב – קטז ע"א, על הפסוקים בספר במדבר י, לד-לה.

יָשֵׂם מִדְבָּר לַאֲגַם־מַיִם, וְאֶרֶץ צִיָּה לְמֹצָאֵי מָיִם:
וַיּוֹשֶׁב שָׁם רְעֵבִים, וַיְכוֹנְנוּ עִיר מוֹשָׁב:
וַיִּזְרְעוּ שָׂדוֹת, וַיִּטְּעוּ כְרָמִים, וַיַּעֲשׂוּ פְּרִי תְבוּאָה:
וַיְבָרְכֵם וַיִּרְבּוּ מְאֹד, וּבְהֶמְתָּם לֹא יַמְעִיט:

וַיִּמְעֲטוּ וַיָּשֹׁחוּ, מֵעֹצֶר רָעָה וְיָגוֹן:
שֹׁפֵךְ בּוּז עַל־נְדִיבִים, וַיַּתְעֵם בְּתֹהוּ לֹא־דָרֶךְ:
◂ וַיְשַׂגֵּב אֶבְיוֹן מֵעוֹנִי, וַיָּשֶׂם כַּצֹּאן מִשְׁפָּחוֹת:
יִרְאוּ יְשָׁרִים וְיִשְׂמָחוּ, וְכָל־עַוְלָה קָפְצָה פִּיהָ:
מִי־חָכָם וְיִשְׁמָר־אֵלֶּה, וְיִתְבּוֹנְנוּ חַסְדֵי יהוה:

ישם מדבר לאגם מים, וארץ ציה למֹצָאי מים
ויושב שם רעבים, ויכוננו עיר מושב
ויזרעו שדות ויטעו כרמים, ויעשו פרי תבואה
ויברכם, וירבו מאד, ובהמתם לא ימעיט (פסוקים לג-לח)

הבית פותח בתיאור שפע – נהרות ומוצאי מים שהפכו לשממה, למדבר צימאון. השיממון המתואר במזמור מזכיר את תיאור הארץ לפני 130 שנה, כתיאורו של מארק טווין בספרו 'מסע תענוגות לארץ הקודש'. העולים הראשונים לארץ ישראל מצאו בה מדבר, טרשים וביצות קדחת. הם הפריחו את הארץ, תיקנו את מקורות המים, בנו מושבים ומושבות, נטעו כרמים, זרעו שדות והקימו משקי בהמות. זו המהפכה החקלאית, "הקץ המגולה".[4]

הצרה האחרונה המצפה לגאולים השבים למולדתם, מתוארת בבית המסיים של המזמור – בית ז

וימעטו וַיָּשׁחו [=הושפלו], מֵעֹצֶר [=שלטון] רעה ויגון
שֹׁפֵך בוז על נדיבים [=שרים], וַיַּתְעֵם בתֹהו לא דרך
וישגב אביון מעוני, וישם כצאן משפחות
יראו ישרים וישמחו, וכל עַוְלָה קפצה [=חסמה] פיה
מי חכם וישמר אלה, ויתבוננו חסדי ה' (פסוקים לט-מג)

בבית זה, המזמור אינו מתאר את האסון, אלא רק באופן כללי – התמעטות קשה עם רעה

4. ראו סנהדרין צח ע"א.

ויגון. שוב מוסיפה המסורה נו"ן הפוכה, הרומזת, כזכור, לשיר קדום, אך ייתכן שבמקרה זה אנו יכולים לזהות אותו. שני חלקי הפסוק "שפך בוז על נדיבים – ויתעם בתהו לא דרך". מוזכרים גם בדבריו של איוב. איוב מתלונן גם הוא על אובדן דרך של המנהיגים, אך תולה את הקולר בקב"ה, שהביאם לידי כך:

עִמּוֹ עֹז וְתוּשִׁיָּה, לוֹ שֹׁגֵג [=מרומה] וּמַשְׁגֶּה [=מרמה]
מוליך יועצים שוֹלָל, ושפטים יהוֹלֵל [=ישגע]
מוסר [=חגורה] מלכים פִּתֵּחַ [=התיר], ויאסר [=ויחגור] אזור (של עבדים) במתניהם
מוליך כֹּהנים שולל, ואֵיתָנִים [=שליטים] יְסַלֵּף [=יעוות]
מסיר שפה לנאמנים, וטעם [=בינה] זקנים יקח
שופך בוז על נדיבים, ומזיח [=חגורה] אפיקים [=כובשים] רִפָּה
מְגַלֶּה עֲמֻקוֹת מִנִּי חֹשֶׁךְ, וַיֹּצֵא לָאוֹר צַלְמָוֶת
מַשְׂגִּיא [=מגביה] לגוים ויאבדם, שֹׁטֵחַ [=צד] לגוים וַיַּנְחֵם [=וילכדם]
מסיר לב ראשי עם הארץ, **ויתעם בתהו לא דרך**
ימששו חֹשך ולא אור, ויתעם כשכור (איוב יב, טז-כה)

בניגוד לצרות הקודמות, משורר תהלים אינו מתאר את ההצלה מצרת העם. כנגד "וימעטו וישׂחו", הוא רק מזכיר לנו את הגאולה מהצרות הקודמות ואת ריבוי הצאצאים – "וישגב אביון מעני, וישם כצאן משפחות". כולנו מכירים משפחות רבות כצאן אדם, כל כינוס משפחתי ממלא אולם, ויסודם בפליט או בפליטה שהגיעו לבדם מאירופה לאחר שהותירו שם את כל משפחתם. כנגד אובדן הדרך של המנהיגים מתאר המזמור את תגובתם של יחידי סגולה, היודעים להודות לה' על חסדו: "יראו ישרים וישמחו...ויתבוננו חסדי ה'".

* * *

בכל שנותיי בישיבת 'מרכז הרב' היה ראש הישיבה, הרב צבי יהודה הכהן קוק זצ"ל, פותח את שיחתו בליל יום העצמאות בשני הפסוקים האחרונים של המזמור. את כוונתו המלאה הבנתי רק כאשר למדתי לראשונה את המזמור, לפני שנים רבות, בהיותי בישיבת 'הר עציון' באלון שבות. הרצי"ה פתח בשאלה מתבקשת – מדוע מכנה המשורר את המתבוננים בחסדי ה' "ישרים" ולא "צדיקים"? תשובתו התבססה על הגמרא הידועה, המפרשת את הפסוק בזכריה כמתייחס לצדיקים לעתיד לבוא: "מאי דכתיב 'מי בז ליום קְטַנּוֹת? 'מי גרם לצדיקים שיתבזבז (גרסת רש"י: שיתבזה) שולחנן לעתיד לבוא? קַטְנוּת שהיה בהן, שלא האמינו בהקב"ה" (סוטה מח ע"ב).

הרצי"ה השתומם על גמרא זו: וכי ייתכנו אנשים שהגמרא מכנה אותם "צדיקים" והם אינם מאמינים בקב"ה? 'צדיקים שאינם מאמינים'?! תשובתו הייתה חד־משמעית: כן, ישנם צדיקים שאינם מאמינים. ישנם צדיקים במידות, צדיקים בעולמם הפנימי, שאינם מתבוננים בחסדי ה'. יחידי הסגולה שעליהם דיבר המזמור הם אלה היודעים להודות לה' על חסדו, גם כאשר כולם מתלוננים: "יראו ישרים וישמחו".[5]

5. בהקשר זה הזכיר הרצי"ה את דברי הנצי"ב בהקדמה לפירושו לספר בראשית, שהאבות היו ישרים.

הרצי"ה היה אחד מ"ישרים" אלו. בערב מלחמת ששת הימים, הוא תיאר באמצעות הדרשה המפורסמת שלו על 'מזמור יט' את הקרע בנשמתו לאחר ששמע את הכרזת האו"ם על חלוקת הארץ עם כינון מדינה יהודית. אף שהיה בכל גופו ונשמתו איש ארץ ישראל על כל מרחביה ועל כל רגב מאדמתה, ידע להודות לה' על חסדיו בהקמת המדינה (מתוך ספר 'ארץ הצבי', שיחות הרצי"ה):

"לא יכולתי לצאת ולהצטרף לשמחה עם הנוער שלנו...כי אכן נתקיים דבר ה' בנבואה בתרי עשר 'ואת ארצי חילקו'...באותו מצב, מזועזע בכל גופי, פצוע כולי וחתוך לגזרים –

איפה שכם שלנו? ואנחנו שוכחים את זה?
איפה חברון שלנו? ואנחנו שוכחים את זה?
ואיפה יריחו שלנו? ואנחנו שוכחים את זה?
ואיפה עבר הירדן שלנו? ואנחנו שוכחים את זה?
ואיפה כל רגב ורגב מאדמת בית חיינו... לא יכולתי אז לשמוח".

הרצי"ה הלך לרב חרל"פ, "מזועזעים ישבנו ודמומים, לבסוף התאוששנו, ואמרנו שנינו כאחד – 'מאת ה' היתה זאת, היא נפלָאת בעינינו'".

אף שלא פילל למדינה קרועה כזו – הבין שזוהי החלטה שמימית ושמח בכל מאודו על המדינה: "מאת ה' היתה זאת, היא נפלאת בעינינו". בהספדו על הרצי"ה בישיבת 'הר עציון' אמר הרב עמיטל, שלארץ ישראל יש עוד הרבה דואגים, אבל לקדושת מדינת ישראל היה רק דואג אחד – הרב צבי יהודה!

כדי להתגבר על הרהורים קשים ומייאשים כדאי להביט על העיתונים מלפני מלחמת ששת הימים, ולא רק על העיתונים של היום. העיתונים של אז היו מלאים באווירה קודרת ובדברי ייאוש ותסכול.

הייאוש – ימיו כימי הציונות וכימי העם היהודי. הייאוש הוא הצל של האמונה. אפשר לקרוא אותו בשירתו של ביאליק ובכתביו של ברנר, בהכרזת "העם היהודי – אֵיכָה" של חיים ויצמן, במכתב הפרידה של ב"ז הרצל, בשירי העצב של רחל מכינרת על הרעב בתרפ"ז, ובאווירת הייאוש והפחד של טרום ששת הימים. לא קל להתבונן בחסדי ה'. אפילו משה רבינו, גדול הנביאים, שאל "למה זה שלחתני" (שמות ה, כב) וביקש "הרגני נא הרֹג" (במדבר יא, טו) כשראה משברים בתהליך הגאולה שנשלח להוביל.

מזמור קז בתהלים, מזמור קיבוץ הגלויות, גם הוא קשה ומיוסר. אין בו גאולה של פחות מ־24 שעות, אלא גאולה דומה ליציאת מצרים, שנמשכה 480 שנה עד בניין בית המקדש בחסדי ה'. גם אין אנו עוברים ולוּ אחד מרבבה, מהמצוקות שעברו על בני עמנו בדור הקודם ובדור שלפניו. בה' באייר תש"ח התקיים חזונו של משורר המזמור: בפעם הראשונה מאז ומעולם יכלה אנייה להיכנס באופן חוקי ורשמי לנמל חיפה עם פליטי שואה ויהודים נרדפים מהעולם כולו. זהו חזון הגאולה של מזמור קז, וזוהי פתיחתה של תפילת ערב העצמאות של המדינה היהודית המתחדשת בארץ ישראל.

יהי רצון שנהיה ראויים לשיר את שיר הגאולה, שירת ישרים,
ולדעת להתבונן חסדי ה'.

יהוה מָלָךְ תָּגֵל הָאָרֶץ, יִשְׂמְחוּ אִיִּים רַבִּים: תהלים צז
עָנָן וַעֲרָפֶל סְבִיבָיו, צֶדֶק וּמִשְׁפָּט מְכוֹן כִּסְאוֹ:
אֵשׁ לְפָנָיו תֵּלֵךְ, וּתְלַהֵט סָבִיב צָרָיו:
הֵאִירוּ בְרָקָיו תֵּבֵל, רָאֲתָה וַתָּחֵל הָאָרֶץ:
הָרִים כַּדּוֹנַג נָמַסּוּ מִלִּפְנֵי יהוה, מִלִּפְנֵי אֲדוֹן כָּל־הָאָרֶץ:
הִגִּידוּ הַשָּׁמַיִם צִדְקוֹ, וְרָאוּ כָל־הָעַמִּים כְּבוֹדוֹ:
יֵבֹשׁוּ כָּל־עֹבְדֵי פֶסֶל הַמִּתְהַלְלִים בָּאֱלִילִים
הִשְׁתַּחֲווּ־לוֹ כָּל־אֱלֹהִים:
שָׁמְעָה וַתִּשְׂמַח צִיּוֹן, וַתָּגֵלְנָה בְּנוֹת יְהוּדָה
לְמַעַן מִשְׁפָּטֶיךָ יהוה:
כִּי־אַתָּה יהוה עֶלְיוֹן עַל־כָּל־הָאָרֶץ
מְאֹד נַעֲלֵיתָ עַל־כָּל־אֱלֹהִים:
אֹהֲבֵי יהוה שִׂנְאוּ רָע, שֹׁמֵר נַפְשׁוֹת חֲסִידָיו
מִיַּד רְשָׁעִים יַצִּילֵם:
▸ אוֹר זָרֻעַ לַצַּדִּיק, וּלְיִשְׁרֵי־לֵב שִׂמְחָה:
שִׂמְחוּ צַדִּיקִים בַּיהוה, וְהוֹדוּ לְזֵכֶר קָדְשׁוֹ:

שליח הציבור והקהל אומרים פסוק פסוק בקול רם.

מִזְמוֹר, שִׁירוּ לַיהוה שִׁיר חָדָשׁ כִּי־נִפְלָאוֹת עָשָׂה תהלים צח
הוֹשִׁיעָה־לּוֹ יְמִינוֹ וּזְרוֹעַ קָדְשׁוֹ:
הוֹדִיעַ יהוה יְשׁוּעָתוֹ, לְעֵינֵי הַגּוֹיִם גִּלָּה צִדְקָתוֹ:
זָכַר חַסְדּוֹ וֶאֱמוּנָתוֹ לְבֵית יִשְׂרָאֵל
רָאוּ כָל־אַפְסֵי־אָרֶץ אֵת יְשׁוּעַת אֱלֹהֵינוּ:
הָרִיעוּ לַיהוה כָּל־הָאָרֶץ, פִּצְחוּ וְרַנְּנוּ וְזַמֵּרוּ:

זַמְּרוּ לַיהוה בְּכִנּוֹר, בְּכִנּוֹר וְקוֹל זִמְרָה:
בַּחֲצֹצְרוֹת וְקוֹל שׁוֹפָר, הָרִיעוּ לִפְנֵי הַמֶּלֶךְ יהוה:
► יִרְעַם הַיָּם וּמְלֹאוֹ, תֵּבֵל וְיֹשְׁבֵי בָהּ:
נְהָרוֹת יִמְחֲאוּ־כָף, יַחַד הָרִים יְרַנֵּנוּ:
לִפְנֵי־יהוה כִּי בָא לִשְׁפֹּט הָאָרֶץ
יִשְׁפֹּט־תֵּבֵל בְּצֶדֶק, וְעַמִּים בְּמֵישָׁרִים:

נוהגים לשיר:

הִתְעוֹרְרִי הִתְעוֹרְרִי
כִּי בָא אוֹרֵךְ קוּמִי אוֹרִי
עוּרִי עוּרִי, שִׁיר דַּבֵּרִי
כְּבוֹד יהוה עָלַיִךְ נִגְלָה.

זֶה הַיּוֹם עָשָׂה יהוה נָגִילָה וְנִשְׂמְחָה בוֹ. דברים כו

מדינת ישראל – יסוד כיסא ה'

"'אין המדינה האושר היותר עליון של האדם' – זה ניתן להיאמר במדינה רגילה, שאינה עולה לערך יותר גדול מחברת אחריות (חברת ביטוח) גדולה, שנשארו המון האידיאות, שהן עטרת החיים של האנושיות, מרחפים ממעל לה, ואינם נוגעים לה.

מה שאין כן מדינה שהיא בייסודה אידיאלית, שחקוק בהווייתה התוכן האידיאלי היותר עליון, שהוא באמת האושר היותר גדול של היחיד. מדינה זו היא באמת היותר עליונה בסולם האושר. ומדינה זו היא מדינתנו מדינת ישראל, יסוד כסא ה' בעולם. שכל חפצה הוא שיהיה ה' אחד ושמו אחד, שזהו באמת האושר היותר עליון".

(הראי"ה קוק, אורות הקודש, ג, מוסר הקודש, קלו)

"לכה דודי"

פיוט זה, חיברו באמצע המאה השש־עשרה ר' שלמה הלוי אלקבץ, מחוג מקובלי צפת, והוא נקלט במהירות בסידור התפילה של כל קהילות ישראל אף שסידור התפילה כבר היה חתום. דבר זה מעיד על עוצמתו של פיוט מופלא זה, שנכתב ברבדים של פשט וסוד גם יחד. הפיוט הפך להיות הפיוט המרכזי בקבלת השבת, ובאמצעותו מזמינים המתפללים את השבת אל נפשם ואת הגאולה לציון. פיוט זה מלווה את רגעי המעבר שבין ימי החולין המסתלקים לבין השבת היורדת.

לֹא תֵבֹשִׁי וְלֹא תִכָּלְמִי
מַה תִּשְׁתּוֹחֲחִי וּמַה תֶּהֱמִי
בָּךְ יֶחֱסוּ עֲנִיֵּי עַמִּי
וְנִבְנְתָה עִיר עַל תִּלָּהּ.

זֶה הַיּוֹם עָשָׂה יהוה נָגִילָה וְנִשְׂמְחָה בוֹ.

"קומי אורי כי בא אורך"
"אמר הקדוש ברוך הוא לישראל:
הואיל ואורי הוא אורכם, ואורכם הוא אורי —
אני ואתם נלך ונאיר לציון,
שנאמר (ישעיה ס, א): 'קומי אורי כי בא אורך'" (ילקוט שמעוני, ישעיה תצט).

"התנערי מעפר קומי"
מבוסס על פסוק בנבואות הנחמה של ישעיהו: "התנערי מעפר קומי שבי ירושלים" (נב, ב), ונדרש על הגאולה כפי שנאמר בפסיקתא רבתי (מהד' איש שלום) פרשה כו: "ועליך הוא אומר 'התנערי מעפר קומי שבי ירושלים', בשר ודם בנה אותך, בשר ודם החריבך, אבל לעתיד לבוא אני בונה אותך שכן כתוב 'בונה ירושלים'". ובזוהר: "בגלות אדום יבקש הקב"ה להתכבד בעולם ולבוא הוא בעצמו להקים את המטרונית ולנער אותה מעפר. אוי למי שייקרה לפניו שעה שיאמר: 'התנערי מעפר קומי שבי ירושלים'" (זוהר, שמות ז, א).

ועוד אומר הזוהר: "אמר ר' יוסי עתיד הקב"ה להכריז על כנסת ישראל ולאמר התנערי מעפר קומי שבי ירושלים כמי שאוחז ביד חברו ואומר התנער, קום. כך הקב"ה יחזיק בה ויאמר התנערי, קומי" (זוהר, ויקרא ו, ב).

המילה "קומי" מקשרת אותנו גם לפסוק "קומי אורי כי בא אורך" המביא את רעיון הגאולה. הזוהר מלמד אותנו שנפילתה של כנסת ישראל לארץ קשה כל כך, עד שרק הקב"ה יוכל להקימה ולהעמידה.

"התעוררי התעוררי
כי בא אורך קומי אורי
עורי עורי שיר דברי
כבוד ה' עליך נגלה".

כמה פסוקים עומדים בבסיס הבית הזה:
"התעוררי התעוררי קומי ירושלים" – ישעיה נא, יז.
"קומי אורי כי בא אורך וכבוד ה' עליך זרח" – ישעיה ס, א.
"עורי עורי דבורה עורי עורי שיר דברי" – שופטים ה, יב.
"ונגלה כבוד ה' וראו כל בשר יחדיו" – ישעיה מ, ה.

יָמִין וּשְׂמֹאל תִּפְרֹצִי
וְאֶת יהוה תַּעֲרִיצִי
עַל יַד אִישׁ בֶּן פַּרְצִי
וְנִשְׂמְחָה וְנָגִילָה.

זֶה הַיּוֹם עָשָׂה יהוה נָגִילָה וְנִשְׂמְחָה בוֹ.

שליח ציבור וקהל בנעימה:

תהלים קיח

קוֹל רִנָּה וִישׁוּעָה בְּאָהֳלֵי צַדִּיקִים
יְמִין יהוה עֹשָׂה חָיִל:
יְמִין יהוה רוֹמֵמָה
יְמִין יהוה עֹשָׂה חָיִל:

מובן שכל פסוק תורם את תרומתו למחרוזת ולייחודה. המדרש דורש פסוקים אלה על העתיד לבוא ומחזק את פירוש המילה "אור" כמשל לגאולה.

"אמר רבי אבא סרונגיא ונהורה עמיא שרא זו מלך המשיח, שנאמר: 'קומי אורי' וגו' (בראשית רבה, וילנא פרשה א, ו) 'ויהי אור' – הרי בנוי ומשוכלל לעתיד לרוא היאך מה דאת אמר, 'קומי אורי'" (שם, פרשה ב, ה).

פרקי "לכה דודי"

את קטעי "לכה דודי" המושרים ביום העצמאות בבית החוזר "זה היום עשה ה' נגילה ונשמחה בו" בחרו הרבנים ש' ישראלי ומ"צ נריה, שהיו הראשונים להציע למועצת הרבנות הראשית סדר תפילות ליום העצמאות. בסדר התפילה שהציעו, נכללו קטעים המוכרים לציבור המתפללים מתפילות השבת, הימים הנוראים, חנוכה וההגדה של פסח. כנגד בחירת קטעים מתוך התפילות טענה הוועדה לענייני דת של הקיבוץ הדתי, שהם מבטלים לחלוטין את ייחודו של יום העצמאות, ואינם יוצרים ייחוד לתפילה ביום זה, למשל, "לכה דודי" הקשור קשר בל יינתק עם תפילות השבת. קטעי התפילה שנבחרו נועדו להבהיר, כי יום העצמאות הוא רק 'אתחלתא דגאולה' ויש להמשיך ולהאמין בביאת המשיח. הרב ש' ישראלי העיד, כי לא הוצעו ברכות חדשות כדי לא להיכנס לספק באמירת שם ה' (ראו על כך בהרחבה במאמרו של הרב שמואל כץ, הרבנות הראשית ויום העצמאות, הרבנות הראשית – שבעים שנה לייסודה, עמ' 329).

יש מברכים ברכת 'שֶׁהֶחֱיָנוּ':

בָּרוּךְ אַתָּה יהוה אֱלֹהֵינוּ מֶלֶךְ הָעוֹלָם שֶׁהֶחֱיָנוּ וְקִיְּמָנוּ, וְהִגִּיעָנוּ לַזְּמַן הַזֶּה.

חיוב ברכת "שהחיינו" ביום העצמאות

א. על פי המסורת התלמודית (עירובין מ ע"ב) נקבעה הלכה, שאמירת ברכת "שהחיינו" אינה קשורה דווקא לקידוש ואינה צמודה דווקא לשלוש הרגלים. הקביעה לומר "שהחיינו" גם בראש השנה וביום הכיפורים היא מפני שזהו חג הבא מזמן לזמן.

ב. גם בחגים שאינם מן התורה נקבעה הלכה לומר "שהחיינו". על פי זה נקבעה אמירת הברכה בחנוכה ובפורים. אמנם בחנוכה הברכה צמודה להדלקת הנר ובפורים למקרא מגילה, אך כבר פסקו הלכה שאפשר לברך ברכה זו בימים אלה גם במהלך היום כולו (ראו דברי משנ"ב תרעו; בה"ל ושעה"צ, ג).

ג. ברכת "שהחיינו" נחשבת גם לברכת רשות. כך מסבירים את דברי התלמוד (שם), המצטט את אחד האמוראים שהיה מברך "שהחיינו" על ירק חדש כברכת רשות. על פי זה, כתב הריב"ש בתשובה (תקה) על אמירת "שהחיינו" ביום שני של ראש השנה: "כיון שמזמן לזמן קאתי, דומיא דקרא חדתא, וליכא משום ברכה שאינה צריכה".

ד. ברכת "שהחיינו" ביום העצמאות – כבר שאל על כך הרב י"ל מימון (שר הדתות הראשון במדינת ישראל) את הרב משולם ראטה, ותשובתו נמצאת בספרו של הרב ראטה 'קול מבשר' (ח"א, כא). לדעתו, הואיל ויום העצמאות הוא יום טוב שבו נעשתה תשועה לישראל, ראוי לברך "שהחיינו" על היום כשם שמברכים "שהחיינו" בכל החגים ובכללם פורים וחנוכה. לדעתו, החובה לברך "שהחיינו" תלויה בשמחה, ולכן מי שאינו שמח במיוחד רשאי לברך "שהחיינו" ביום העצמאות אבל אינו חייב, ומי שנהנה ושמח מתקומת המדינה – חייב לברך "שהחיינו" ביום העצמאות (וראו גם מאמרו של הרב ח"ד הלוי 'יום העצמאות, משמעותו והלכותיו' בתוך ספרו דת ומדינה).

ה. רבנים אחרים חלקו על פסיקה זו וקבעו שאין לברך "שהחיינו" ביום העצמאות, מפני שתיקנו חכמים לברך "שהחיינו" רק על ימים טובים שיש בהם איסור מלאכה, כגון: רגלים וראש השנה ויום הכיפורים. ומה שמברכים "שהחיינו" בפורים וחנוכה שאין בהם איסור מלאכה, אינו על עיצומו של יום אלא על המצווה המיוחדת שבהם, בפורים על מקרא מגילה, ובחנוכה על הדלקת נרות. אבל על עיצומו של יום טוב שאין בו איסור מלאכה, אין לברך "שהחיינו".

ו. והרוצה להדר לצאת ידי חובת כולם, ילבש בגד חדש ויברך עליו "שהחיינו" ויכוון גם על היום. ואם הוא חזן, טוב שיברך "שהחיינו" על הבגד לפני ההלל, וכך יצאו ידי חובה גם השומעים.

32 קריאת שמע וברכותיה • ערבית ליום העצמאות

יש שאינם אומרים 'וְהוּא רַחוּם'.

תהלים עח וְהוּא רַחוּם, יְכַפֵּר עָוֹן וְלֹא־יַשְׁחִית

וְהִרְבָּה לְהָשִׁיב אַפּוֹ, וְלֹא־יָעִיר כָּל־חֲמָתוֹ:

תהלים כ יהוה הוֹשִׁיעָה, הַמֶּלֶךְ יַעֲנֵנוּ בְיוֹם־קָרְאֵנוּ:

קריאת שמע וברכותיה

שליח הציבור ממשיך במנגינה של יום טוב.

שליח הציבור כורע ב'בָּרְכוּ' וזוקף בשם. הקהל כורע ב'בָּרוּךְ' וזוקף בשם,
ושליח הציבור כורע שוב כאשר הוא חוזר אחריהם.

ש״ץ: בָּרְכוּ

אֶת יהוה הַמְבֹרָךְ.

קהל: בָּרוּךְ יהוה הַמְבֹרָךְ לְעוֹלָם וָעֶד.

ש״ץ: בָּרוּךְ יהוה הַמְבֹרָךְ לְעוֹלָם וָעֶד.

בָּרוּךְ אַתָּה יהוה אֱלֹהֵינוּ מֶלֶךְ הָעוֹלָם
אֲשֶׁר בִּדְבָרוֹ מַעֲרִיב עֲרָבִים
בְּחָכְמָה פּוֹתֵחַ שְׁעָרִים
וּבִתְבוּנָה מְשַׁנֶּה עִתִּים וּמַחֲלִיף אֶת הַזְּמַנִּים
וּמְסַדֵּר אֶת הַכּוֹכָבִים בְּמִשְׁמְרוֹתֵיהֶם בָּרָקִיעַ כִּרְצוֹנוֹ.
בּוֹרֵא יוֹם וָלָיְלָה, גּוֹלֵל אוֹר מִפְּנֵי חֹשֶׁךְ וְחֹשֶׁךְ מִפְּנֵי אוֹר
◂ וּמַעֲבִיר יוֹם וּמֵבִיא לָיְלָה, וּמַבְדִּיל בֵּין יוֹם וּבֵין לָיְלָה
יהוה צְבָאוֹת שְׁמוֹ.
אֵל חַי וְקַיָּם תָּמִיד, יִמְלֹךְ עָלֵינוּ לְעוֹלָם וָעֶד.
בָּרוּךְ אַתָּה יהוה, הַמַּעֲרִיב עֲרָבִים.

אַהֲבַת עוֹלָם בֵּית יִשְׂרָאֵל עַמְּךָ אָהָבְתָּ
תּוֹרָה וּמִצְוֹת, חֻקִּים וּמִשְׁפָּטִים, אוֹתָנוּ לִמַּדְתָּ
עַל כֵּן יהוה אֱלֹהֵינוּ בְּשָׁכְבֵנוּ וּבְקוּמֵנוּ נָשִׂיחַ בְּחֻקֶּיךָ
וְנִשְׂמַח בְּדִבְרֵי תוֹרָתֶךָ וּבְמִצְוֹתֶיךָ לְעוֹלָם וָעֶד
‣ כִּי הֵם חַיֵּינוּ וְאֹרֶךְ יָמֵינוּ, וּבָהֶם נֶהְגֶּה יוֹמָם וָלָיְלָה.
וְאַהֲבָתְךָ אַל תָּסִיר מִמֶּנּוּ לְעוֹלָמִים.
בָּרוּךְ אַתָּה יהוה, אוֹהֵב עַמּוֹ יִשְׂרָאֵל.

המתפלל ביחידות אומר:

אֵל מֶלֶךְ נֶאֱמָן

מכסה את עיניו בידו ואומר בכוונה ובקול רם:

שְׁמַע יִשְׂרָאֵל, יהוה אֱלֹהֵינוּ, יהוה ׀ אֶחָד: דברים ו

בלחש: בָּרוּךְ שֵׁם כְּבוֹד מַלְכוּתוֹ לְעוֹלָם וָעֶד.

וְאָהַבְתָּ אֵת יהוה אֱלֹהֶיךָ, בְּכָל־לְבָבְךָ וּבְכָל־נַפְשְׁךָ וּבְכָל־מְאֹדֶךָ: דברים ו
וְהָיוּ הַדְּבָרִים הָאֵלֶּה, אֲשֶׁר אָנֹכִי מְצַוְּךָ הַיּוֹם, עַל־לְבָבֶךָ: וְשִׁנַּנְתָּם
לְבָנֶיךָ וְדִבַּרְתָּ בָּם, בְּשִׁבְתְּךָ בְּבֵיתֶךָ וּבְלֶכְתְּךָ בַדֶּרֶךְ, וּבְשָׁכְבְּךָ
וּבְקוּמֶךָ: וּקְשַׁרְתָּם לְאוֹת עַל־יָדֶךָ וְהָיוּ לְטֹטָפֹת בֵּין עֵינֶיךָ:
וּכְתַבְתָּם עַל־מְזֻזוֹת בֵּיתֶךָ וּבִשְׁעָרֶיךָ:

וְהָיָה אִם־שָׁמֹעַ תִּשְׁמְעוּ אֶל־מִצְוֹתַי אֲשֶׁר אָנֹכִי מְצַוֶּה אֶתְכֶם דברים יא
הַיּוֹם, לְאַהֲבָה אֶת־יהוה אֱלֹהֵיכֶם וּלְעָבְדוֹ, בְּכָל־לְבַבְכֶם וּבְכָל־
נַפְשְׁכֶם: וְנָתַתִּי מְטַר־אַרְצְכֶם בְּעִתּוֹ, יוֹרֶה וּמַלְקוֹשׁ, וְאָסַפְתָּ דְגָנֶךָ
וְתִירֹשְׁךָ וְיִצְהָרֶךָ: וְנָתַתִּי עֵשֶׂב בְּשָׂדְךָ לִבְהֶמְתֶּךָ, וְאָכַלְתָּ וְשָׂבָעְתָּ:
הִשָּׁמְרוּ לָכֶם פֶּן־יִפְתֶּה לְבַבְכֶם, וְסַרְתֶּם וַעֲבַדְתֶּם אֱלֹהִים אֲחֵרִים
וְהִשְׁתַּחֲוִיתֶם לָהֶם: וְחָרָה אַף־יהוה בָּכֶם, וְעָצַר אֶת־הַשָּׁמַיִם

וְלֹא־יִהְיֶה מָטָר, וְהָאֲדָמָה לֹא תִתֵּן אֶת־יְבוּלָהּ, וַאֲבַדְתֶּם מְהֵרָה מֵעַל הָאָרֶץ הַטֹּבָה אֲשֶׁר יהוה נֹתֵן לָכֶם: וְשַׂמְתֶּם אֶת־דְּבָרַי אֵלֶּה עַל־לְבַבְכֶם וְעַל־נַפְשְׁכֶם, וּקְשַׁרְתֶּם אֹתָם לְאוֹת עַל־יֶדְכֶם, וְהָיוּ לְטוֹטָפֹת בֵּין עֵינֵיכֶם: וְלִמַּדְתֶּם אֹתָם אֶת־בְּנֵיכֶם לְדַבֵּר בָּם, בְּשִׁבְתְּךָ בְּבֵיתֶךָ, וּבְלֶכְתְּךָ בַדֶּרֶךְ וּבְשָׁכְבְּךָ וּבְקוּמֶךָ: וּכְתַבְתָּם עַל־מְזוּזוֹת בֵּיתֶךָ וּבִשְׁעָרֶיךָ: לְמַעַן יִרְבּוּ יְמֵיכֶם וִימֵי בְנֵיכֶם עַל הָאֲדָמָה אֲשֶׁר נִשְׁבַּע יהוה לַאֲבֹתֵיכֶם לָתֵת לָהֶם, כִּימֵי הַשָּׁמַיִם עַל־הָאָרֶץ:

במדבר טו וַיֹּאמֶר יהוה אֶל־מֹשֶׁה לֵּאמֹר: דַּבֵּר אֶל־בְּנֵי יִשְׂרָאֵל וְאָמַרְתָּ אֲלֵהֶם, וְעָשׂוּ לָהֶם צִיצִת עַל־כַּנְפֵי בִגְדֵיהֶם לְדֹרֹתָם, וְנָתְנוּ עַל־צִיצִת הַכָּנָף פְּתִיל תְּכֵלֶת: וְהָיָה לָכֶם לְצִיצִת, וּרְאִיתֶם אֹתוֹ, וּזְכַרְתֶּם אֶת־כָּל־מִצְוֺת יהוה וַעֲשִׂיתֶם אֹתָם, וְלֹא תָתֻרוּ אַחֲרֵי לְבַבְכֶם וְאַחֲרֵי עֵינֵיכֶם, אֲשֶׁר־אַתֶּם זֹנִים אַחֲרֵיהֶם: לְמַעַן תִּזְכְּרוּ וַעֲשִׂיתֶם אֶת־כָּל־מִצְוֺתָי, וִהְיִיתֶם קְדֹשִׁים לֵאלֹהֵיכֶם: אֲנִי יהוה אֱלֹהֵיכֶם, אֲשֶׁר הוֹצֵאתִי אֶתְכֶם מֵאֶרֶץ מִצְרַיִם, לִהְיוֹת לָכֶם לֵאלֹהִים, אֲנִי יהוה אֱלֹהֵיכֶם:

אֱמֶת

שליח הציבור חוזר ואומר:

◂ יהוה אֱלֹהֵיכֶם אֱמֶת

וֶאֱמוּנָה כָּל זֹאת וְקַיָּם עָלֵינוּ
כִּי הוּא יהוה אֱלֹהֵינוּ וְאֵין זוּלָתוֹ
וַאֲנַחְנוּ יִשְׂרָאֵל עַמּוֹ.
הַפּוֹדֵנוּ מִיַּד מְלָכִים
מַלְכֵּנוּ הַגּוֹאֲלֵנוּ מִכַּף כָּל הֶעָרִיצִים.

הָאֵל הַנִּפְרָע לָֽנוּ מִצָּרֵֽינוּ
וְהַמְשַׁלֵּם גְּמוּל לְכָל אוֹיְבֵי נַפְשֵֽׁנוּ.
הָעוֹשֶׂה גְדוֹלוֹת עַד אֵין חֵֽקֶר, וְנִפְלָאוֹת עַד אֵין מִסְפָּר.
הַשָּׂם נַפְשֵֽׁנוּ בַּחַיִּים, וְלֹא־נָתַן לַמּוֹט רַגְלֵֽנוּ: תהלים סו
הַמַּדְרִיכֵֽנוּ עַל בָּמוֹת אוֹיְבֵֽינוּ
וַיָּֽרֶם קַרְנֵֽנוּ עַל כָּל שׂוֹנְאֵֽינוּ.
הָעוֹשֶׂה לָּֽנוּ נִסִּים וּנְקָמָה בְּפַרְעֹה
אוֹתוֹת וּמוֹפְתִים בְּאַדְמַת בְּנֵי חָם.
הַמַּכֶּה בְעֶבְרָתוֹ כָּל בְּכוֹרֵי מִצְרָֽיִם
וַיּוֹצֵא אֶת עַמּוֹ יִשְׂרָאֵל מִתּוֹכָם לְחֵרוּת עוֹלָם.
הַמַּעֲבִיר בָּנָיו בֵּין גִּזְרֵי יַם סוּף
אֶת רוֹדְפֵיהֶם וְאֶת שׂוֹנְאֵיהֶם בִּתְהוֹמוֹת טִבַּע
וְרָאוּ בָנָיו גְּבוּרָתוֹ, שִׁבְּחוּ וְהוֹדוּ לִשְׁמוֹ
▸ וּמַלְכוּתוֹ בְּרָצוֹן קִבְּלוּ עֲלֵיהֶם.
מֹשֶׁה וּבְנֵי יִשְׂרָאֵל
לְךָ עָנוּ שִׁירָה בְּשִׂמְחָה רַבָּה
וְאָמְרוּ כֻלָּם
מִי־כָמֹֽכָה בָּאֵלִם יהוה שמות טו
מִי כָּמֹֽכָה נֶאְדָּר בַּקֹּֽדֶשׁ
נוֹרָא תְהִלֹּת עֹֽשֵׂה פֶֽלֶא:

▸ מַלְכוּתְךָ רָאוּ בָנֶֽיךָ, בּוֹקֵֽעַ יָם לִפְנֵי מֹשֶׁה
זֶה אֵלִי עָנוּ, וְאָמְרוּ
יהוה יִמְלֹךְ לְעֹלָם וָעֶד: שם
▸ וְנֶאֱמַר
כִּי־פָדָה יהוה אֶת־יַעֲקֹב, וּגְאָלוֹ מִיַּד חָזָק מִמֶּֽנּוּ: ירמיה לא
בָּרוּךְ אַתָּה יהוה, גָּאַל יִשְׂרָאֵל.

הַשְׁכִּיבֵנוּ יהוה אֱלֹהֵינוּ לְשָׁלוֹם
וְהַעֲמִידֵנוּ מַלְכֵּנוּ לְחַיִּים
וּפְרֹשׂ עָלֵינוּ סֻכַּת שְׁלוֹמֶךָ
וְתַקְּנֵנוּ בְּעֵצָה טוֹבָה מִלְּפָנֶיךָ
וְהוֹשִׁיעֵנוּ לְמַעַן שְׁמֶךָ.
וְהָגֵן בַּעֲדֵנוּ, וְהָסֵר מֵעָלֵינוּ אוֹיֵב, דֶּבֶר וְחֶרֶב וְרָעָב וְיָגוֹן
וְהָסֵר שָׂטָן מִלְּפָנֵינוּ וּמֵאַחֲרֵינוּ
וּבְצֵל כְּנָפֶיךָ תַּסְתִּירֵנוּ, כִּי אֵל שׁוֹמְרֵנוּ וּמַצִּילֵנוּ אָתָּה
כִּי אֵל מֶלֶךְ חַנּוּן וְרַחוּם אָתָּה.
▸ וּשְׁמֹר צֵאתֵנוּ וּבוֹאֵנוּ לְחַיִּים וּלְשָׁלוֹם מֵעַתָּה וְעַד עוֹלָם.
בָּרוּךְ אַתָּה יהוה, שׁוֹמֵר עַמּוֹ יִשְׂרָאֵל לָעַד.

חצי קדיש

ש״ץ: יִתְגַּדַּל וְיִתְקַדַּשׁ שְׁמֵהּ רַבָּא (קהל: אָמֵן)
בְּעָלְמָא דִּי בְרָא כִרְעוּתֵהּ
וְיַמְלִיךְ מַלְכוּתֵהּ
בְּחַיֵּיכוֹן וּבְיוֹמֵיכוֹן וּבְחַיֵּי דְכָל בֵּית יִשְׂרָאֵל
בַּעֲגָלָא וּבִזְמַן קָרִיב
וְאִמְרוּ אָמֵן. (קהל: אָמֵן)

קהל וש״ץ: יְהֵא שְׁמֵהּ רַבָּא מְבָרַךְ לְעָלַם וּלְעָלְמֵי עָלְמַיָּא.

ש״ץ: יִתְבָּרַךְ וְיִשְׁתַּבַּח וְיִתְפָּאַר וְיִתְרוֹמַם וְיִתְנַשֵּׂא
וְיִתְהַדָּר וְיִתְעַלֶּה וְיִתְהַלָּל
שְׁמֵהּ דְּקֻדְשָׁא בְּרִיךְ הוּא (קהל: בְּרִיךְ הוּא)
לְעֵלָּא מִן כָּל בִּרְכָתָא וְשִׁירָתָא
תֻּשְׁבְּחָתָא וְנֶחֱמָתָא, דַּאֲמִירָן בְּעָלְמָא
וְאִמְרוּ אָמֵן. (קהל: אָמֵן)

עמידה

„המתפלל צריך שיכוין בלבו פירוש המלות שמוציא בשפתיו; ויחשוב כאלו שכינה כנגדו
ויסיר כל המחשבות הטורדות אותו עד שתשאר מחשבתו וכוונתו זכה בתפלתו".

פוסע שלוש פסיעות לפנים, כמי שנכנס לפני המלך. עומד ומתפלל
בלחש מכאן ועד 'וּכְשָׁנִים קַדְמֹנִיּוֹת' בעמ' 44.

כורע במקומות המסומנים ב׳, קד לפנים במילה הבאה וזוקף בשם.

אֲדֹנָי, שְׂפָתַי תִּפְתָּח, וּפִי יַגִּיד תְּהִלָּתֶךָ: תהלים נא

אבות

׳בָּרוּךְ אַתָּה יהוה, אֱלֹהֵינוּ וֵאלֹהֵי אֲבוֹתֵינוּ
אֱלֹהֵי אַבְרָהָם, אֱלֹהֵי יִצְחָק, וֵאלֹהֵי יַעֲקֹב
הָאֵל הַגָּדוֹל הַגִּבּוֹר וְהַנּוֹרָא, אֵל עֶלְיוֹן
גּוֹמֵל חֲסָדִים טוֹבִים, וְקוֹנֵה הַכֹּל, וְזוֹכֵר חַסְדֵי אָבוֹת
וּמֵבִיא גוֹאֵל לִבְנֵי בְנֵיהֶם, לְמַעַן שְׁמוֹ בְּאַהֲבָה.
מֶלֶךְ עוֹזֵר וּמוֹשִׁיעַ וּמָגֵן.
׳בָּרוּךְ אַתָּה יהוה, מָגֵן אַבְרָהָם.

גבורות

אַתָּה גִּבּוֹר לְעוֹלָם, אֲדֹנָי
מְחַיֵּה מֵתִים אַתָּה, רַב לְהוֹשִׁיעַ
מוֹרִיד הַטָּל
מְכַלְכֵּל חַיִּים בְּחֶסֶד, מְחַיֵּה מֵתִים בְּרַחֲמִים רַבִּים
סוֹמֵךְ נוֹפְלִים, וְרוֹפֵא חוֹלִים, וּמַתִּיר אֲסוּרִים
וּמְקַיֵּם אֱמוּנָתוֹ לִישֵׁנֵי עָפָר.
מִי כָמוֹךָ, בַּעַל גְּבוּרוֹת, וּמִי דּוֹמֶה לָּךְ
מֶלֶךְ, מֵמִית וּמְחַיֶּה וּמַצְמִיחַ יְשׁוּעָה.
וְנֶאֱמָן אַתָּה לְהַחֲיוֹת מֵתִים.
בָּרוּךְ אַתָּה יהוה, מְחַיֵּה הַמֵּתִים.

קדושת השם

אַתָּה קָדוֹשׁ וְשִׁמְךָ קָדוֹשׁ
וּקְדוֹשִׁים בְּכָל יוֹם יְהַלְלוּךָ סֶּלָה.
בָּרוּךְ אַתָּה יהוה, הָאֵל הַקָּדוֹשׁ.

דעת

אַתָּה חוֹנֵן לְאָדָם דַּעַת
וּמְלַמֵּד לֶאֱנוֹשׁ בִּינָה.
חָנֵּנוּ מֵאִתְּךָ דֵּעָה בִּינָה וְהַשְׂכֵּל.
בָּרוּךְ אַתָּה יהוה, חוֹנֵן הַדָּעַת.

תשובה

הֲשִׁיבֵנוּ אָבִינוּ לְתוֹרָתֶךָ, וְקָרְבֵנוּ מַלְכֵּנוּ לַעֲבוֹדָתֶךָ
וְהַחֲזִירֵנוּ בִּתְשׁוּבָה שְׁלֵמָה לְפָנֶיךָ.
בָּרוּךְ אַתָּה יהוה, הָרוֹצֶה בִּתְשׁוּבָה.

סליחה

נוהגים להכות כנגד הלב במקומות המסומנים ב°.

סְלַח לָנוּ אָבִינוּ כִּי °חָטָאנוּ
מְחַל לָנוּ מַלְכֵּנוּ כִּי °פָשָׁעְנוּ
כִּי מוֹחֵל וְסוֹלֵחַ אָתָּה.
בָּרוּךְ אַתָּה יהוה, חַנּוּן הַמַּרְבֶּה לִסְלֹחַ.

גאולה

רְאֵה בְעָנְיֵנוּ, וְרִיבָה רִיבֵנוּ
וּגְאָלֵנוּ מְהֵרָה לְמַעַן שְׁמֶךָ
כִּי גוֹאֵל חָזָק אָתָּה.
בָּרוּךְ אַתָּה יהוה, גּוֹאֵל יִשְׂרָאֵל.

רפואה

רְפָאֵנוּ יהוה וְנֵרָפֵא
הוֹשִׁיעֵנוּ וְנִוָּשֵׁעָה, כִּי תְהִלָּתֵנוּ אָתָּה
וְהַעֲלֵה רְפוּאָה שְׁלֵמָה לְכָל מַכּוֹתֵינוּ

המתפלל על חולה מוסיף:

יְהִי רָצוֹן מִלְּפָנֶיךָ יהוה אֱלֹהַי וֵאלֹהֵי אֲבוֹתַי, שֶׁתִּשְׁלַח מְהֵרָה רְפוּאָה
שְׁלֵמָה מִן הַשָּׁמַיִם רְפוּאַת הַנֶּפֶשׁ וּרְפוּאַת הַגּוּף לַחוֹלֶה פלוני בֶּן פלונית/
לַחוֹלָה פלונית בַּת פלונית בְּתוֹךְ שְׁאָר חוֹלֵי יִשְׂרָאֵל

כִּי אֵל מֶלֶךְ רוֹפֵא נֶאֱמָן וְרַחֲמָן אָתָּה.
בָּרוּךְ אַתָּה יהוה, רוֹפֵא חוֹלֵי עַמּוֹ יִשְׂרָאֵל.

ברכת השנים

בָּרֵךְ עָלֵינוּ יהוה אֱלֹהֵינוּ אֶת הַשָּׁנָה הַזֹּאת
וְאֶת כָּל מִינֵי תְבוּאָתָהּ, לְטוֹבָה
וְתֵן בְּרָכָה עַל פְּנֵי הָאֲדָמָה, וְשַׂבְּעֵנוּ מִטּוּבָהּ
וּבָרֵךְ שְׁנָתֵנוּ כַּשָּׁנִים הַטּוֹבוֹת.
בָּרוּךְ אַתָּה יהוה, מְבָרֵךְ הַשָּׁנִים.

קיבוץ גלויות

תְּקַע בְּשׁוֹפָר גָּדוֹל לְחֵרוּתֵנוּ
וְשָׂא נֵס לְקַבֵּץ גָּלֻיּוֹתֵינוּ
וְקַבְּצֵנוּ יַחַד מֵאַרְבַּע כַּנְפוֹת הָאָרֶץ.
בָּרוּךְ אַתָּה יהוה, מְקַבֵּץ נִדְחֵי עַמּוֹ יִשְׂרָאֵל.

המצפים למלכות ה׳

״אמרו לפניו (האבות): ריבונו של עולם, שמא אין חזרה לבנים? אמר להם: אל תאמרו כך! יש דור שהוא מצפה למלכותי, מיד הם נגאלים״. **(ילקוט שמעוני, איכה תתקצז)**

השבת המשפט

הָשִׁיבָה שׁוֹפְטֵינוּ כְּבָרִאשׁוֹנָה
וְיוֹעֲצֵינוּ כְּבַתְּחִלָּה
וְהָסֵר מִמֶּנּוּ יָגוֹן וַאֲנָחָה
וּמְלֹךְ עָלֵינוּ אַתָּה יהוה לְבַדְּךָ
בְּחֶסֶד וּבְרַחֲמִים, וְצַדְּקֵנוּ בַּמִּשְׁפָּט.
בָּרוּךְ אַתָּה יהוה, מֶלֶךְ אוֹהֵב צְדָקָה וּמִשְׁפָּט.

ברכת המינים

וְלַמַּלְשִׁינִים אַל תְּהִי תִקְוָה
וְכָל הָרִשְׁעָה כְּרֶגַע תֹּאבֵד
וְכָל אוֹיְבֵי עַמְּךָ מְהֵרָה יִכָּרֵתוּ
וְהַזֵּדִים מְהֵרָה תְעַקֵּר וּתְשַׁבֵּר וּתְמַגֵּר וְתַכְנִיעַ
בִּמְהֵרָה בְיָמֵינוּ.
בָּרוּךְ אַתָּה יהוה, שׁוֹבֵר אוֹיְבִים וּמַכְנִיעַ זֵדִים.

על הצדיקים

עַל הַצַּדִּיקִים וְעַל הַחֲסִידִים
וְעַל זִקְנֵי עַמְּךָ בֵּית יִשְׂרָאֵל
וְעַל פְּלֵיטַת סוֹפְרֵיהֶם
וְעַל גֵּרֵי הַצֶּדֶק, וְעָלֵינוּ
יֶהֱמוּ רַחֲמֶיךָ יהוה אֱלֹהֵינוּ
וְתֵן שָׂכָר טוֹב לְכָל הַבּוֹטְחִים בְּשִׁמְךָ בֶּאֱמֶת
וְשִׂים חֶלְקֵנוּ עִמָּהֶם
וּלְעוֹלָם לֹא נֵבוֹשׁ כִּי בְךָ בָטָחְנוּ.
בָּרוּךְ אַתָּה יהוה, מִשְׁעָן וּמִבְטָח לַצַּדִּיקִים.

בניין ירושלים

וְלִירוּשָׁלַיִם עִירְךָ בְּרַחֲמִים תָּשׁוּב, וְתִשְׁכֹּן בְּתוֹכָהּ כַּאֲשֶׁר דִּבַּרְתָּ
וּבְנֵה אוֹתָהּ בְּקָרוֹב בְּיָמֵינוּ בִּנְיַן עוֹלָם
וְכִסֵּא דָוִד מְהֵרָה לְתוֹכָהּ תָּכִין.
בָּרוּךְ אַתָּה יהוה, בּוֹנֵה יְרוּשָׁלָיִם.

משיח בן דוד

אֶת צֶמַח דָּוִד עַבְדְּךָ מְהֵרָה תַצְמִיחַ
וְקַרְנוֹ תָּרוּם בִּישׁוּעָתֶךָ
כִּי לִישׁוּעָתְךָ קִוִּינוּ כָּל הַיּוֹם.
בָּרוּךְ אַתָּה יהוה, מַצְמִיחַ קֶרֶן יְשׁוּעָה.

שומע תפילה

שְׁמַע קוֹלֵנוּ יהוה אֱלֹהֵינוּ
חוּס וְרַחֵם עָלֵינוּ, וְקַבֵּל בְּרַחֲמִים וּבְרָצוֹן אֶת תְּפִלָּתֵנוּ
כִּי אֵל שׁוֹמֵעַ תְּפִלּוֹת וְתַחֲנוּנִים אָתָּה
וּמִלְּפָנֶיךָ מַלְכֵּנוּ רֵיקָם אַל תְּשִׁיבֵנוּ
כִּי אַתָּה שׁוֹמֵעַ תְּפִלַּת עַמְּךָ יִשְׂרָאֵל בְּרַחֲמִים.
בָּרוּךְ אַתָּה יהוה, שׁוֹמֵעַ תְּפִלָּה.

"מתוך קטסטרופה היסטורית שהחריב טיטוס מלך רומי את ירושלים וגלה ישראל מארצו נולדתי אני באחת מערי הגולה. אבל בכל עת תמיד הייתי עלי כמי שנולד בירושלים. בחלום בחזון לילה, ראיתי את עצמי עומד עם אחיי הלויים בבית־המקדש כשאני שר עימהם שירי דוד מלך ישראל. נעימות שכאלה לא שמעה כל אוזן מיום שחרבה עירנו והלך עמה בגולה. חושד אני את המלאכים הממונים על היכל השירה שמיראתם שאשיר בהקיץ מה ששרתי בחלום השכיחוני ביום מה ששרתי בלילה, שאם אחי בני עמי שומעים לא היו יכולים לעמוד בצערם מחמת אותה הטובה שאבדה להם.

כדי לפייס אותי על שנטלו ממני לשיר בפה נתנו לי לעשות שירים בכתב".

(ש"י עגנון, נאום בטכס קבלת פרס נובל לספרות)

עבודה

רְצֵה יהוה אֱלֹהֵינוּ בְּעַמְּךָ יִשְׂרָאֵל, וּבִתְפִלָּתָם
וְהָשֵׁב אֶת הָעֲבוֹדָה לִדְבִיר בֵּיתֶךָ
וְאִשֵּׁי יִשְׂרָאֵל וּתְפִלָּתָם בְּאַהֲבָה תְקַבֵּל בְּרָצוֹן
וּתְהִי לְרָצוֹן תָּמִיד עֲבוֹדַת יִשְׂרָאֵל עַמֶּךָ.
וְתֶחֱזֶינָה עֵינֵינוּ בְּשׁוּבְךָ לְצִיּוֹן בְּרַחֲמִים.
בָּרוּךְ אַתָּה יהוה, הַמַּחֲזִיר שְׁכִינָתוֹ לְצִיּוֹן.

הודאה

כורע ב׳מוֹדִים׳ ואינו זוקף עד אמירת השם.

מוֹדִים אֲנַחְנוּ לָךְ.
שָׁאַתָּה הוּא יהוה אֱלֹהֵינוּ וֵאלֹהֵי אֲבוֹתֵינוּ לְעוֹלָם וָעֶד.
צוּר חַיֵּינוּ, מָגֵן יִשְׁעֵנוּ, אַתָּה הוּא לְדוֹר וָדוֹר.
נוֹדֶה לְּךָ וּנְסַפֵּר תְּהִלָּתֶךָ עַל חַיֵּינוּ הַמְּסוּרִים בְּיָדֶךָ
וְעַל נִשְׁמוֹתֵינוּ הַפְּקוּדוֹת לָךְ וְעַל נִסֶּיךָ שֶׁבְּכָל יוֹם עִמָּנוּ
וְעַל נִפְלְאוֹתֶיךָ וְטוֹבוֹתֶיךָ שֶׁבְּכָל עֵת, עֶרֶב וָבֹקֶר וְצָהֳרָיִם.
הַטּוֹב, כִּי לֹא כָלוּ רַחֲמֶיךָ, וְהַמְרַחֵם, כִּי לֹא תַמּוּ חֲסָדֶיךָ
מֵעוֹלָם קִוִּינוּ לָךְ.

הרוצה להוסיף בתפילת הלחש ׳עַל הַנִּסִּים׳ רשאי לעשות כן בכל נוסח.
הנוסח המיוחס לרב נריה מובא כאן (נוסחים נוספים בעמ׳ 303-304).
עַל הַנִּסִּים וְעַל הַפֻּרְקָן וְעַל הַגְּבוּרוֹת וְעַל הַתְּשׁוּעוֹת וְעַל הַמִּלְחָמוֹת שֶׁעָשִׂיתָ
לַאֲבוֹתֵינוּ בַּיָּמִים הָהֵם בַּזְּמַן הַזֶּה.

על הנסים: "על הנסים" נמצא בברכת ההודאה ומשלים אותה. מוסיפים אותו בימי החנוכה ובימי הפורים, שבהם מודים לקב"ה על נסיו הגלויים שהציל את עם ישראל מכליון גוף ורוח. התוספת הזו מוזכרת כבר בתוספתא (מסכת מגילה פרק ג, ד) הקובעת, ש"בחנוכה ובפורים אומרים מעין המאורע בברכת ההודאה". הנוסח של "על הנסים" הרגיל בסידורים הופיע לראשונה בסידורי הגאונים.

כְּשֶׁעָמְדוּ צִבְאוֹת עֲרָב עַל עַמְּךָ יִשְׂרָאֵל, וּבִקְשׁוּ לְהַשְׁמִיד לַהֲרֹג וּלְאַבֵּד אֶת יוֹשְׁבֵי אַרְצֶךָ, מִנַּעַר וְעַד זָקֵן טַף וְנָשִׁים, וּבָהֶם עִם שְׂרִידֵי חֶרֶב אֲשֶׁר נִצְּלוּ מִתֹּפֶת הָאֵשׁ שֶׁל שׂוֹנְאֶיךָ, אֶחָד מֵעִיר וּשְׁנַיִם מִמִּשְׁפָּחָה, וְשִׁבְרוּ לִמְצֹא מָנוֹחַ לְכַף רַגְלָם בְּאַרְצְךָ אֲשֶׁר הִבְטַחְתָּ לָהֶם. וְאַתָּה בְּרַחֲמֶיךָ הָרַבִּים עָמַדְתָּ לָנוּ בְּעֵת צָרָתֵנוּ, הֵפַרְתָּ אֶת עֲצָתָם וְקִלְקַלְתָּ אֶת מַחֲשַׁבְתָּם, זָקַפְתָּ קוֹמָתֵנוּ וְקוֹמַמְתָּ אֶת חֵרוּתֵנוּ, רַבְתָּ אֶת רִיבֵנוּ, דַּנְתָּ אֶת דִּינֵנוּ, נָקַמְתָּ אֶת נִקְמָתֵנוּ, מָסַרְתָּ רַבִּים בְּיַד מְעַטִּים, טְמֵאִים בְּיַד קְדוֹשִׁים, וְעָשִׂיתָ לְךָ שֵׁם גָּדוֹל וְקָדוֹשׁ בְּעוֹלָמֶךָ, וּלְעַמְּךָ יִשְׂרָאֵל עָשִׂיתָ תְּשׁוּעָה גְדוֹלָה וּפֻרְקָן כְּהַיּוֹם הַזֶּה, הִדְבַּרְתָּ עַמִּים תַּחְתֵּנוּ וּלְאֻמִּים תַּחַת רַגְלֵנוּ, וְנָתַתָּ לָנוּ אֶת נַחֲלָתֵנוּ, אֶרֶץ כְּנַעַן לִגְבוּלוֹתֶיהָ, וְהֶחֱזַרְתָּנוּ אֶל מְקוֹם מִקְדַּשׁ הֵיכָלֶךָ.

(כֵּן עֲשֵׂה עִמָּנוּ נֵס וָפֶלֶא לְטוֹבָה, הָפֵר עֲצַת אוֹיְבֵינוּ, וְדַשְּׁנֵנוּ בִּנְאוֹת אַרְצֶךָ, וּנְפוּצוֹתֵינוּ מֵאַרְבַּע כַּנְפוֹת הָאָרֶץ תְּקַבֵּץ, וְנִשְׂמַח בְּבִנְיַן עִירֶךָ וּבְתִקּוּן הֵיכָלֶךָ וּבִצְמִיחַת קֶרֶן לְדָוִד עַבְדֶּךָ בִּמְהֵרָה בְיָמֵינוּ, וְנוֹדֶה לְשִׁמְךָ הַגָּדוֹל).

וממשיך ׳וְעַל כֻּלָּם׳ בעמוד הבא.

על פי זה, היה מי שביקש לקבוע גם בתפילת העמידה ובברכת המזון ביום העצמאות אמירת "על הנסים", כיום שבו מזכירים מעין המאורע.

יש המסתייגים מהוספת הפיסקה "על הנסים" בתוך שלוש הברכות האחרונות, על פי דברי השולחן ערוך (או"ח קיט, א): "אם רצה להוסיף בכל ברכה מהאמצעיות מעין הברכה – מוסיף". מכאן ביקשו ללמוד שרק בברכות האמצעיות אפשר להוסיף ולא בשלוש ראשונות ובשלוש אחרונות. אולם כבר בדיון של מרן המחבר בספרו 'בית יוסף' (או"ח תרצג) הוא מעיר על אמירת "על הנסים" בט"ו באדר למי שכתב שאסור לאמרו: "איני יודע מה איסור יש בהזכרת 'על הנסים'". הכוונה בדבריו היא, שאם משתמש אדם במטבע שטבעו חכמים אינו נחשב להפסק או לקלקול בברכה. אמנם האחרונים חלקו עליו וקבעו שאין לומר "על הנסים" שלא בזמן הפורים (הפרוזים, ששם חיו), וכך גם מכריע המשנ"ב (קח, לח) שהפסק כזה פוגם בתפילה, כדין משוחח שיחת חולין.

הרב שמואל דוד, רבה של עפולה (ולשעבר רב הקיבוץ ראש צורים), השיב למסתייגים וקבע, שאין מקום לאסור את התוספת הזו ואף יש מקום לתקן את אמירת ההודאה בנוסח "על הנסים" (קונטרס "ופרוס עליה סוכת שלומך", עפולה תש"ס, עמ' מט-נא).

בסדר תפילות של הקיבוץ הדתי (מהדורת תשכ"ח) מופיעה הערה: "יש אומרים על הנסים בתפילת שמונה עשרה ובברכת המזון". הערה זו מיוסדת על פי מנהג בית הכנסת האיטלקי בירושלים וכן על פי דברי החכם רבי ע"צ מלמד (בספרו 'מנהג והלכה', ירושלים תש"ך, עמ' 192). בסידורים מאוחרים יותר של הקיבוץ הדתי הושמטה תוספת זו, כנראה מפני שהתוספת לא קנתה לה אחיזה בציבור, "פוק חזי מאי עמא דבר" (צא וראה מה עושה הציבור). אולי פני הדברים הם כך מפני שהנוסח המוצע ארוך מדיי אולי מסיבה אחרת. כך או כך, היא מופיעה בסידורים תחת הכותרת "יש אומרים", אך בפועל אין אומרים.

עמידה · ערבית ליום העצמאות _____ **44**

וְעַל כֻּלָּם יִתְבָּרַךְ וְיִתְרוֹמַם שִׁמְךָ מַלְכֵּנוּ תָּמִיד לְעוֹלָם וָעֶד.
וְכֹל הַחַיִּים יוֹדוּךָ סֶּלָה, וִיהַלְלוּ אֶת שִׁמְךָ בֶּאֱמֶת
הָאֵל יְשׁוּעָתֵנוּ וְעֶזְרָתֵנוּ סֶלָה.
בָּרוּךְ אַתָּה יהוה, הַטּוֹב שִׁמְךָ וּלְךָ נָאֶה לְהוֹדוֹת.

שלום

שָׁלוֹם רָב עַל יִשְׂרָאֵל עַמְּךָ תָּשִׂים לְעוֹלָם
כִּי אַתָּה הוּא מֶלֶךְ אָדוֹן לְכָל הַשָּׁלוֹם.
וְטוֹב בְּעֵינֶיךָ לְבָרֵךְ אֶת עַמְּךָ יִשְׂרָאֵל
בְּכָל עֵת וּבְכָל שָׁעָה בִּשְׁלוֹמֶךָ.
בָּרוּךְ אַתָּה יהוה, הַמְבָרֵךְ אֶת עַמּוֹ יִשְׂרָאֵל בַּשָּׁלוֹם.

שליח הציבור מסיים באמירת הפסוק הבא בלחש,
ויש הנוהגים לאומרו גם בסוף תפילת לחש של יחיד.

תהלים יט יִהְיוּ לְרָצוֹן אִמְרֵי־פִי וְהֶגְיוֹן לִבִּי לְפָנֶיךָ, יהוה צוּרִי וְגֹאֲלִי:

ברכות יז אֱלֹהַי, נְצֹר לְשׁוֹנִי מֵרָע וּשְׂפָתַי מִדַּבֵּר מִרְמָה
וְלִמְקַלְלַי נַפְשִׁי תִדֹּם, וְנַפְשִׁי כֶּעָפָר לַכֹּל תִּהְיֶה.
פְּתַח לִבִּי בְּתוֹרָתֶךָ, וּבְמִצְוֹתֶיךָ תִּרְדֹּף נַפְשִׁי.
וְכָל הַחוֹשְׁבִים עָלַי רָעָה, מְהֵרָה הָפֵר עֲצָתָם וְקַלְקֵל מַחֲשַׁבְתָּם.
עֲשֵׂה לְמַעַן שְׁמֶךָ, עֲשֵׂה לְמַעַן יְמִינֶךָ
עֲשֵׂה לְמַעַן קְדֻשָּׁתֶךָ, עֲשֵׂה לְמַעַן תּוֹרָתֶךָ.

תהלים ס לְמַעַן יֵחָלְצוּן יְדִידֶיךָ, הוֹשִׁיעָה יְמִינְךָ וַעֲנֵנִי:

תהלים יט יִהְיוּ לְרָצוֹן אִמְרֵי־פִי וְהֶגְיוֹן לִבִּי לְפָנֶיךָ, יהוה צוּרִי וְגֹאֲלִי:

כורע ופוסע שלוש פסיעות לאחור. קד לשמאל, לימין ולפנים באמירת:

עֹשֶׂה שָׁלוֹם בִּמְרוֹמָיו, הוּא יַעֲשֶׂה שָׁלוֹם עָלֵינוּ וְעַל כָּל יִשְׂרָאֵל
וְאִמְרוּ אָמֵן.

יְהִי רָצוֹן מִלְּפָנֶיךָ יהוה אֱלֹהֵינוּ וֵאלֹהֵי אֲבוֹתֵינוּ, שֶׁיִּבָּנֶה בֵּית הַמִּקְדָּשׁ בִּמְהֵרָה
בְיָמֵינוּ, וְתֵן חֶלְקֵנוּ בְּתוֹרָתֶךָ, וְשָׁם נַעֲבָדְךָ בְּיִרְאָה כִּימֵי עוֹלָם וּכְשָׁנִים קַדְמֹנִיּוֹת.

מלאכי ג וְעָרְבָה לַיהוה מִנְחַת יְהוּדָה וִירוּשָׁלָםִ כִּימֵי עוֹלָם וּכְשָׁנִים קַדְמֹנִיּוֹת:

סדר הלל

יש הנוהגים לומר הלל גם בליל יום העצמאות, ויש המוסיפים גם ברכה.

בָּרוּךְ אַתָּה יהוה אֱלֹהֵינוּ מֶלֶךְ הָעוֹלָם
אֲשֶׁר קִדְּשָׁנוּ בְּמִצְוֹתָיו וְצִוָּנוּ לִקְרֹא אֶת הַהַלֵּל.

הלל של יום העצמאות

א. על פי המסורת התלמודית תיקנו הנביאים לישראל לומר הלל "על כל צרה וצרה שלא תבוא עליהן, ולכשנגאלין אומרים אותו על גאולתן" (פסחים קיז ע"א). גם בימים שלאחר הסתלקות הנבואה נקבעו ימי הלל, כמו ימי החנוכה, שקבעו חכמי הדור שלאחר המרד החשמונאי. קביעה זו נעשתה מכוחם של נביאים שקבעו את הכלל והותירו לחכמי הדורות להחליט אם אירועי זמנם נחשבים לגאולה מצרה המחייבת אמירת הלל.

ב. ביחס לאמירת ההלל ביום העצמאות נחלקו הדעות. יש אומרים שמקור החיוב לאמירה זו הוא החלטת הרבנות הראשית לישראל בראשית שנות המדינה בראשות הרב הרצוג והרב עוזיאל שהם חכמי הדור (בדומה לחכמי ימי החשמונאים). ויש אומרים שהמקור לחיוב אינו דווקא החלטת מועצת הרבנות אלא מנהג שהתפתח מקהילות ישראל שחגגו בבתי הכנסת את יום העצמאות, ובמהלך השנים נתקבע המנהג להיות 'מנהג ותיקין'.

ג. נחלקו הדעות באשר לברכה על ההלל. אם ההלל הוא מתקנת נביאים, הרי שיש לו תוקף חזק כמו לאמירתו בימי החנוכה, וכפי שמברכים בשמונת ימי החנוכה כן מברכים גם ביום העצמאות. אולם אם החיוב של אמירת ההלל הוא מתוקף היותו מנהג – הרי שנכנסנו למחלוקת ביחס לאמירת ברכה על מנהג. דעת ר"ת (תוספות, ברכות יד ע"א) ובעקבותיו כל פוסקי אשכנז וחלק מפוסקי ספרד וצפון אפריקה היא, שיש לברך גם על המנהג. לדעת הספרדים מקהילות המזרח (בעקבות הרמב"ם, הלכות חנוכה פ"ג ה"ז) כנ"ל, אין לברך על המנהג (ראו מקורות ודיון על מחלוקת זו אצל הרב שמואל דוד, אסופת שאלות ותשובות בהלכות יום העצמאות, עפולה תש"ס; וכן אצל הרב אורי שרקי, סידור בית מלוכה, קונטרס 'בא אורך' שצידד באמירת ברכה גם לבני קהילות המזרח).

בעולמם של רבים מעולי צפון אפריקה ויהדות המזרח לא עסקו בדרך כלל בשאלות הגות על יחסם אל הציונות מבחינה עקרונית. הציבור הרגיש שותף למימוש החזון של שיבת ציון והיה שם באופן מעשי ולא מצא שום סתירה בין עולם בית הכנסת לחוויית הגאולה של שיבת ציון. באיגרת קצרה וחריפה ענה הרב יוסף משאש למי ששאל אותו אם לומר הלל ביום העצמאות: "אין לך לסכסך דעתך בעניינים אלו. אתה ספרדי חרד – עשה מה שאנחנו עושים. עושים אותו יום טוב בהלל גמור ובהודאה למלך הכבוד ברוך הוא ואוכלים ושותים ושמחים ואין לנו עסק עם אחרים" (אוצר המכתבים, ג, סימן אלף תשסט).

ד. יש אומרים, כי אף שיש להודות לה' ביום העצמאות, מכל מקום אין לומר בו הלל בברכה. יש פוסקים הקובעים שהלל בברכה אפשר לומר רק כאשר נעשה נס לכל ישראל, ובארץ ישראל בשנת תש"ח היו רק מקצת ישראל. יש הקובעים, שאין לומר הלל אלא כאשר

תהלים קיג

הַלְלוּיָהּ, הַלְלוּ עַבְדֵי יהוה, הַלְלוּ אֶת־שֵׁם יהוה: יְהִי שֵׁם יהוה מְבֹרָךְ, מֵעַתָּה וְעַד־עוֹלָם: מִמִּזְרַח־שֶׁמֶשׁ עַד־מְבוֹאוֹ, מְהֻלָּל שֵׁם יהוה: רָם עַל־כָּל־גּוֹיִם יהוה, עַל־הַשָּׁמַיִם כְּבוֹדוֹ: מִי כַּיהוה אֱלֹהֵינוּ, הַמַּגְבִּיהִי לָשָׁבֶת: הַמַּשְׁפִּילִי לִרְאוֹת, בַּשָּׁמַיִם וּבָאָרֶץ: ◂ מְקִימִי מֵעָפָר דָּל, מֵאַשְׁפֹּת יָרִים אֶבְיוֹן: לְהוֹשִׁיבִי עִם־נְדִיבִים, עִם נְדִיבֵי עַמּוֹ: מוֹשִׁיבִי עֲקֶרֶת הַבַּיִת, אֵם־הַבָּנִים שְׂמֵחָה, הַלְלוּיָהּ:

נעשה נס גלוי דוגמת נס פך השמן, לעומת זאת הקמת המדינה הייתה נס טבעי. ספקות אלו היו לנגד עיניהם של חברי הרבנות הראשית בשנותיה הראשונות. אך בשנת תשל"ד (לאחר נס ההצלה של מלחמת יום הכיפורים) נתכנסה הרבנות הראשית בראשות הרב שלמה גורן ז"ל והחליטה להורות לומר את ההלל באותה שנה בברכה.

ה. נחלקו הפוסקים בעניין הברכה. הרב עובדיה הדאיה (שו"ת ישכיל עבדי ח"ו, י) כתב שאין לברך על ההלל ויאמרוהו בדילוג ובסוף התפילה (ע"פ דברי החיד"א, שאין להפסיק באמירת הלל בין חלקי התפילה אלא היכן שתיקנו חז"ל). הרב עובדיה יוסף נר"ו סבור שאפשר לומר הלל בדילוג אף אחרי תפילת העמידה כבשאר המועדים, אך מכל מקום אין לברך על קריאתו ('יביע אומר' ח"ו, מא-מב). הרב ח"ד הלוי כתב שראוי לומר ביום זה הלל שלם בברכה, אך רק בהסכמת מועצת הרבנות הראשית. רבי שלום משאש כתב לומר ביום זה הלל גמור, אולם לעניין הברכה, מי שלא נהגו לברך לא יברכו ('שמ"ש ומגן' ח"ג, סא ג). ויש אומרים שיש לומר הלל גמור בברכה (הרב אורי שרקי, סידור בית מלוכה, 'בא אורך' ב).

ו. הרבנות הראשית תיקנה את אמירת ההלל רק בתפילת שחרית ולא בערבית. יש מקומות שנהגו לומר בהם את ההלל גם בליל יום העצמאות, בדומה לליל חג הפסח. המקור העיקרי לשיטה זו הוא הרב שלמה גורן ז"ל (בספרו 'תורת השבת והמועד'). לשיטתו, אמירת ההלל בלילה מחויבת, כי על נס שאירע בלילה (כיציאת מצרים) אומרים הלל בלילה, ונסי מלחמת השחרור היו בעיקרם בלילה. רבים חלקו על קביעתו של הרב גורן ונחלקו הקהילות. רובן אינן אומרות הלל בברכה בלילה, חלקן אומרות הלל בלא ברכה ומיעוטן אומרות את ההלל, כתקנת הרב גורן. ועל כל קהילה לקבוע את מנהגה ולא לפצל את עצמה במנהג המקום.

לחיזוק עמדתו של הרב גורן נוסיף עוד נימוק, והוא "פרסומי ניסא" ברוב עם. במסכת ברכות (יד ע"א) נשאל רבי חייא: "בהלל ובמגילה מהו שיפסיק? מי אמרינן קל וחומר: קריאת שמע דאורייתא פוסק, הלל דרבנן מיבעיא? או דילמא – פירסומי ניסא עדיף". לשואל את רבי חייא ברורים שני דברים. האחד, הלל הוא מדרבנן. השני, ההלל הוא "פרסומי ניסא". משמעות "פרסום הנס" בהלל מתבררת גם מסוגיה במסכת מגילה (ג ע"א) ולפיה "כהנים בעבודתן, לווים בדוכנן וישראל במעמדן – כולן מבטלין עבודתן ובאין לשמוע מקרא מגילה". מכאן סמכו החכמים לבטל את כל תלמודי התורה בזמן קריאת המגילה. בעלי התוספות (שם) מעלים אפשרות שיסיימו קודם את עבודתם ויקראו מגילה

בְּצֵאת יִשְׂרָאֵל מִמִּצְרָיִם, בֵּית יַעֲקֹב מֵעַם לֹעֵז: הָיְתָה יְהוּדָה לְקָדְשׁוֹ, יִשְׂרָאֵל מַמְשְׁלוֹתָיו: הַיָּם רָאָה וַיָּנֹס, הַיַּרְדֵּן יִסֹּב לְאָחוֹר: הֶהָרִים רָקְדוּ כְאֵילִים, גְּבָעוֹת כִּבְנֵי־צֹאן: ‹ מַה־לְּךָ הַיָּם כִּי תָנוּס, הַיַּרְדֵּן תִּסֹּב לְאָחוֹר: הֶהָרִים תִּרְקְדוּ כְאֵילִים, גְּבָעוֹת כִּבְנֵי־צֹאן: מִלִּפְנֵי אָדוֹן חוּלִי אָרֶץ, מִלִּפְנֵי אֱלוֹהַּ יַעֲקֹב: הַהֹפְכִי הַצּוּר אֲגַם־מָיִם, חַלָּמִישׁ לְמַעְיְנוֹ־מָיִם: תהלים קיד

לֹא לָנוּ יהוה לֹא לָנוּ, כִּי־לְשִׁמְךָ תֵּן כָּבוֹד, עַל־חַסְדְּךָ עַל־אֲמִתֶּךָ: לָמָּה יֹאמְרוּ הַגּוֹיִם אַיֵּה־נָא אֱלֹהֵיהֶם: וֵאלֹהֵינוּ בַשָּׁמָיִם, כֹּל אֲשֶׁר־חָפֵץ עָשָׂה: עֲצַבֵּיהֶם כֶּסֶף וְזָהָב, מַעֲשֵׂה יְדֵי אָדָם: פֶּה־לָהֶם וְלֹא יְדַבֵּרוּ, עֵינַיִם לָהֶם וְלֹא יִרְאוּ: אָזְנַיִם לָהֶם וְלֹא יִשְׁמָעוּ, אַף לָהֶם וְלֹא יְרִיחוּן: יְדֵיהֶם וְלֹא יְמִישׁוּן, רַגְלֵיהֶם וְלֹא יְהַלֵּכוּ, לֹא־יֶהְגּוּ בִּגְרוֹנָם: כְּמוֹהֶם יִהְיוּ עֹשֵׂיהֶם, כֹּל אֲשֶׁר־בֹּטֵחַ בָּהֶם: ‹ יִשְׂרָאֵל בְּטַח בַּיהוה, עֶזְרָם וּמָגִנָּם הוּא: בֵּית אַהֲרֹן בִּטְחוּ בַיהוה, עֶזְרָם וּמָגִנָּם הוּא: יִרְאֵי יהוה בִּטְחוּ בַיהוה, עֶזְרָם וּמָגִנָּם הוּא: תהלים קטו

יהוה זְכָרָנוּ יְבָרֵךְ, יְבָרֵךְ אֶת־בֵּית יִשְׂרָאֵל, יְבָרֵךְ אֶת־בֵּית אַהֲרֹן: יְבָרֵךְ יִרְאֵי יהוה, הַקְּטַנִּים עִם־הַגְּדֹלִים: יֹסֵף יהוה עֲלֵיכֶם, עֲלֵיכֶם וְעַל־בְּנֵיכֶם: בְּרוּכִים אַתֶּם לַיהוה, עֹשֵׂה שָׁמַיִם וָאָרֶץ: ‹ הַשָּׁמַיִם שָׁמַיִם לַיהוה, וְהָאָרֶץ נָתַן לִבְנֵי־אָדָם: לֹא הַמֵּתִים יְהַלְלוּ־יָהּ, וְלֹא כָּל־יֹרְדֵי דוּמָה: וַאֲנַחְנוּ נְבָרֵךְ יָהּ, מֵעַתָּה וְעַד־עוֹלָם, הַלְלוּיָהּ:

ביחידות. ותשובתם – "טוב לקרוא עם הציבור משום דהוי טפי פרסומי ניסא" (שם). כל מי שמכיר את בתי הכנסיות בימי העצמאות יודע ש"פרסומי ניסא" של ממש יש בעיקר בליל החג. הציבור בהמוניו נוהר לתפילת החג – גברים, נשים וטף, זקנים עם נערים גודשים את בתי הכנסיות כדי להיכנס לחג באווירת קודש. תפילת ההלל ברוב עם היא "פרסומי ניסא" של ממש, וממילא יש משמעות גדולה לאמירתו של ההלל במיוחד בלילה, בכניסת החג.

תהלים קטז אָהַבְתִּי, כִּי־יִשְׁמַע יהוה, אֶת־קוֹלִי תַּחֲנוּנָי: כִּי־הִטָּה אָזְנוֹ לִי,
וּבְיָמַי אֶקְרָא: אֲפָפוּנִי חֶבְלֵי־מָוֶת, וּמְצָרֵי שְׁאוֹל מְצָאוּנִי, צָרָה
וְיָגוֹן אֶמְצָא: וּבְשֵׁם־יהוה אֶקְרָא, אָנָּה יהוה מַלְּטָה נַפְשִׁי:
חַנּוּן יהוה וְצַדִּיק, וֵאלֹהֵינוּ מְרַחֵם: שֹׁמֵר פְּתָאיִם יהוה, דַּלּוֹתִי
וְלִי יְהוֹשִׁיעַ: שׁוּבִי נַפְשִׁי לִמְנוּחָיְכִי, כִּי־יהוה גָּמַל עָלָיְכִי: כִּי
חִלַּצְתָּ נַפְשִׁי מִמָּוֶת, אֶת־עֵינִי מִן־דִּמְעָה, אֶת־רַגְלִי מִדֶּחִי:
‹ אֶתְהַלֵּךְ לִפְנֵי יהוה, בְּאַרְצוֹת הַחַיִּים: הֶאֱמַנְתִּי כִּי אֲדַבֵּר,
אֲנִי עָנִיתִי מְאֹד: אֲנִי אָמַרְתִּי בְחָפְזִי, כָּל־הָאָדָם כֹּזֵב:

מָה־אָשִׁיב לַיהוה, כָּל־תַּגְמוּלוֹהִי עָלָי: כּוֹס־יְשׁוּעוֹת אֶשָּׂא,
וּבְשֵׁם יהוה אֶקְרָא: נְדָרַי לַיהוה אֲשַׁלֵּם, נֶגְדָה־נָּא לְכָל־עַמּוֹ:
יָקָר בְּעֵינֵי יהוה, הַמָּוְתָה לַחֲסִידָיו: אָנָּה יהוה כִּי־אֲנִי עַבְדֶּךָ,
אֲנִי־עַבְדְּךָ בֶּן־אֲמָתֶךָ, פִּתַּחְתָּ לְמוֹסֵרָי: ‹ לְךָ־אֶזְבַּח זֶבַח
תּוֹדָה, וּבְשֵׁם יהוה אֶקְרָא: נְדָרַי לַיהוה אֲשַׁלֵּם, נֶגְדָה־נָּא
לְכָל־עַמּוֹ: בְּחַצְרוֹת בֵּית יהוה, בְּתוֹכֵכִי יְרוּשָׁלָםִ, הַלְלוּיָהּ:

תהלים קיז הַלְלוּ אֶת־יהוה כָּל־גּוֹיִם, שַׁבְּחוּהוּ כָּל־הָאֻמִּים:
כִּי גָבַר עָלֵינוּ חַסְדּוֹ, וֶאֱמֶת־יהוה לְעוֹלָם, הַלְלוּיָהּ:

שליח הציבור אומר את ארבעת הפסוקים הבאים בקול,
והקהל עונה אחריו ׳הוֹדוּ לַיהוה כִּי־טוֹב כִּי לְעוֹלָם חַסְדּוֹ׳.

תהלים קיח הוֹדוּ לַיהוה כִּי־טוֹב כִּי לְעוֹלָם חַסְדּוֹ:
יֹאמַר־נָא יִשְׂרָאֵל כִּי לְעוֹלָם חַסְדּוֹ:
יֹאמְרוּ־נָא בֵית־אַהֲרֹן כִּי לְעוֹלָם חַסְדּוֹ:
יֹאמְרוּ־נָא יִרְאֵי יהוה כִּי לְעוֹלָם חַסְדּוֹ:

מִן־הַמֵּצַר קָרָאתִי יָּהּ, עָנָנִי בַמֶּרְחָב יָהּ: יהוה לִי לֹא אִירָא,
מַה־יַּעֲשֶׂה לִי אָדָם: יהוה לִי בְּעֹזְרָי, וַאֲנִי אֶרְאֶה בְשֹׂנְאָי:
טוֹב לַחֲסוֹת בַּיהוה, מִבְּטֹחַ בָּאָדָם: טוֹב לַחֲסוֹת בַּיהוה,
מִבְּטֹחַ בִּנְדִיבִים: כָּל־גּוֹיִם סְבָבֽוּנִי, בְּשֵׁם יהוה כִּי אֲמִילַם:
סַבּֽוּנִי גַם־סְבָבֽוּנִי, בְּשֵׁם יהוה כִּי אֲמִילַם: סַבּֽוּנִי כִדְבֹרִים,
דֹּעֲכוּ כְּאֵשׁ קוֹצִים, בְּשֵׁם יהוה כִּי אֲמִילַם: דָּחֹה דְחִיתַֽנִי
לִנְפֹּל, וַיהוה עֲזָרָֽנִי: עָזִּי וְזִמְרָת יָהּ, וַיְהִי־לִי לִישׁוּעָה: קוֹל
רִנָּה וִישׁוּעָה בְּאָהֳלֵי צַדִּיקִים, יְמִין יהוה עֹשָׂה חָֽיִל: יְמִין
יהוה רוֹמֵמָה, יְמִין יהוה עֹשָׂה חָֽיִל: לֹא־אָמוּת כִּי־אֶחְיֶה,
וַאֲסַפֵּר מַעֲשֵׂי יָהּ: יַסֹּר יִסְּרַֽנִּי יָּהּ, וְלַמָּֽוֶת לֹא נְתָנָֽנִי: ‹ פִּתְחוּ־לִי
שַׁעֲרֵי־צֶֽדֶק, אָבֹא־בָם אוֹדֶה יָהּ: זֶה־הַשַּׁעַר לַיהוה, צַדִּיקִים
יָבֹֽאוּ בוֹ:

אוֹדְךָ כִּי עֲנִיתָֽנִי, וַתְּהִי־לִי לִישׁוּעָה:
אוֹדְךָ כִּי עֲנִיתָֽנִי, וַתְּהִי־לִי לִישׁוּעָה:

אֶבֶן מָאֲסוּ הַבּוֹנִים, הָיְתָה לְרֹאשׁ פִּנָּה:
אֶבֶן מָאֲסוּ הַבּוֹנִים, הָיְתָה לְרֹאשׁ פִּנָּה:

מֵאֵת יהוה הָיְתָה זֹּאת, הִיא נִפְלָאת בְּעֵינֵֽינוּ:
מֵאֵת יהוה הָיְתָה זֹּאת, הִיא נִפְלָאת בְּעֵינֵֽינוּ:

זֶה־הַיּוֹם עָשָׂה יהוה, נָגִֽילָה וְנִשְׂמְחָה בוֹ:
זֶה־הַיּוֹם עָשָׂה יהוה, נָגִֽילָה וְנִשְׂמְחָה בוֹ:

הפסוק 'אָנָּא יהוה הוֹשִׁיעָה נָּא, אָנָּא יהוה הַצְלִיחָה נָא' מחולק לשניים.
ונוהגים ששליח הציבור אומרו ואחריו הקהל.

אָנָּא יהוה הוֹשִׁיעָה נָּא:

אָנָּא יהוה הוֹשִׁיעָה נָּא:

אָנָּא יהוה הַצְלִיחָה נָא:

אָנָּא יהוה הַצְלִיחָה נָא:

בָּרוּךְ הַבָּא בְּשֵׁם יהוה, בֵּרַכְנוּכֶם מִבֵּית יהוה:

בָּרוּךְ הַבָּא בְּשֵׁם יהוה, בֵּרַכְנוּכֶם מִבֵּית יהוה:

אֵל יהוה וַיָּאֶר לָנוּ, אִסְרוּ־חַג בַּעֲבֹתִים עַד־קַרְנוֹת הַמִּזְבֵּחַ:

אֵל יהוה וַיָּאֶר לָנוּ, אִסְרוּ־חַג בַּעֲבֹתִים עַד־קַרְנוֹת הַמִּזְבֵּחַ:

אֵלִי אַתָּה וְאוֹדֶךָּ, אֱלֹהַי אֲרוֹמְמֶךָּ:

אֵלִי אַתָּה וְאוֹדֶךָּ, אֱלֹהַי אֲרוֹמְמֶךָּ:

הוֹדוּ לַיהוה כִּי־טוֹב, כִּי לְעוֹלָם חַסְדּוֹ:

הוֹדוּ לַיהוה כִּי־טוֹב, כִּי לְעוֹלָם חַסְדּוֹ:

יְהַלְלְוּךָ יהוה אֱלֹהֵינוּ כָּל מַעֲשֶׂיךָ
וַחֲסִידֶיךָ צַדִּיקִים עוֹשֵׂי רְצוֹנֶךָ
וְכָל עַמְּךָ בֵּית יִשְׂרָאֵל בְּרִנָּה
יוֹדוּ וִיבָרְכוּ וִישַׁבְּחוּ וִיפָאֲרוּ וִירוֹמְמוּ
וְיַעֲרִיצוּ וְיַקְדִּישׁוּ וְיַמְלִיכוּ אֶת שִׁמְךָ מַלְכֵּנוּ
◂ כִּי לְךָ טוֹב לְהוֹדוֹת וּלְשִׁמְךָ נָאֶה לְזַמֵּר
כִּי מֵעוֹלָם וְעַד עוֹלָם אַתָּה אֵל.
בָּרוּךְ אַתָּה יהוה, מֶלֶךְ מְהֻלָּל בַּתִּשְׁבָּחוֹת.

קדיש שלם

ש״ץ: יִתְגַּדַּל וְיִתְקַדַּשׁ שְׁמֵהּ רַבָּא (קהל: אָמֵן)
בְּעָלְמָא דִּי בְרָא כִרְעוּתֵהּ
וְיַמְלִיךְ מַלְכוּתֵהּ
בְּחַיֵּיכוֹן וּבְיוֹמֵיכוֹן וּבְחַיֵּי דְכָל בֵּית יִשְׂרָאֵל
בַּעֲגָלָא וּבִזְמַן קָרִיב
וְאִמְרוּ אָמֵן. (קהל: אָמֵן)

קהל וש״ץ: יְהֵא שְׁמֵהּ רַבָּא מְבָרַךְ לְעָלַם וּלְעָלְמֵי עָלְמַיָּא.

ש״ץ: יִתְבָּרַךְ וְיִשְׁתַּבַּח וְיִתְפָּאַר וְיִתְרוֹמַם וְיִתְנַשֵּׂא
וְיִתְהַדָּר וְיִתְעַלֶּה וְיִתְהַלָּל
שְׁמֵהּ דְּקֻדְשָׁא בְּרִיךְ הוּא (קהל: בְּרִיךְ הוּא)
לְעֵלָּא מִן כָּל בִּרְכָתָא
וְשִׁירָתָא, תֻּשְׁבְּחָתָא וְנֶחֱמָתָא
דַּאֲמִירָן בְּעָלְמָא
וְאִמְרוּ אָמֵן. (קהל: אָמֵן)

תִּתְקַבַּל צְלוֹתְהוֹן וּבָעוּתְהוֹן דְּכָל יִשְׂרָאֵל
קֳדָם אֲבוּהוֹן דִּי בִשְׁמַיָּא
וְאִמְרוּ אָמֵן. (קהל: אָמֵן)

יְהֵא שְׁלָמָא רַבָּא מִן שְׁמַיָּא
וְחַיִּים, עָלֵינוּ וְעַל כָּל יִשְׂרָאֵל
וְאִמְרוּ אָמֵן. (קהל: אָמֵן)

כורע ופוסע שלוש פסיעות לאחור. קד לשמאל, לימין ולפנים באמירת:

עֹשֶׂה שָׁלוֹם בִּמְרוֹמָיו
הוּא יַעֲשֶׂה שָׁלוֹם עָלֵינוּ וְעַל כָּל יִשְׂרָאֵל
וְאִמְרוּ אָמֵן. (קהל: אָמֵן)

פותחים את ארון הקודש, ושליח הציבור אומר 'שְׁמַע יִשְׂרָאֵל' ואחריו הקהל.

שְׁמַע יִשְׂרָאֵל, יהוה אֱלֹהֵינוּ, יהוה אֶחָד:

שלוש פעמים:

יהוה הוּא הָאֱלֹהִים.

שליח הציבור ואחריו הקהל:

מִי שֶׁעָשָׂה נִסִּים לַאֲבוֹתֵינוּ וְלָנוּ, וּגְאָלָנוּ מֵעַבְדוּת לְחֵרוּת, הוּא יִגְאָלֵנוּ גְּאֻלָּה שְׁלֵמָה בְּקָרוֹב, וִיקַבֵּץ נִדָּחֵינוּ מֵאַרְבַּע כַּנְפוֹת הָאָרֶץ, חֲבֵרִים כָּל יִשְׂרָאֵל, וְנֹאמַר אָמֵן.

סוגרים את ארון הקודש.

שליח הציבור אומר:

במדבר י **וְכִי־תָבֹאוּ מִלְחָמָה בְּאַרְצְכֶם עַל־הַצַּר הַצֹּרֵר אֶתְכֶם, וַהֲרֵעֹתֶם בַּחֲצֹצְרֹת, וְנִזְכַּרְתֶּם לִפְנֵי יהוה אֱלֹהֵיכֶם, וְנוֹשַׁעְתֶּם מֵאֹיְבֵיכֶם: וּבְיוֹם שִׂמְחַתְכֶם וּבְמוֹעֲדֵיכֶם וּבְרָאשֵׁי חָדְשֵׁכֶם, וּתְקַעְתֶּם בַּחֲצֹצְרֹת עַל עֹלֹתֵיכֶם וְעַל זִבְחֵי שַׁלְמֵיכֶם, וְהָיוּ לָכֶם לְזִכָּרוֹן לִפְנֵי אֱלֹהֵיכֶם, אֲנִי יהוה אֱלֹהֵיכֶם:**

מי שעשה נסים יסודו של קטע זה בברכת החודש הנאמרת בשבת בבית הכנסת. שני השינויים הבולטים נקשרים לשורש גא"ל. בתפילת החודש נאמר "וגאל אותם" — את אבותינו, ואילו כאן "וגאלנו" — אותנו בלשון הווה מתמשך, וכך גם השינוי הנוסף. בתפילת החודש "הוא יגאל אותנו" ואילו כאן "יגאלנו גאולה **שלמה** בקרוב". תהליך הגאולה הוא בעיצומו והשלמתו תהא בקרוב, ולא במרחק זמן ומקום.

ישראל וארצו

"אמר הקדוש ברוך הוא למשה: הן הארץ חביבה עלי, שנאמר (דברים יא, יב): 'ארץ אשר ה' אלהיך דורש אותה תמיד'; וישראל חביבין עלי, שנאמר (שם ז, ח): 'כי מאהבת ה' אתכם'. אמר הקדוש ברוך הוא: אני אכניס את ישראל שהן חביבין עלי לארץ שחביבה עלי, שנאמר (במדבר לד, ב): 'כי אתם באים אל הארץ כנען'". (במדבר רבה כג, ז)

"וכי תבֹאו מלחמה בארצכם – אני ה' א־להיכם" טעם אקטואלי נלווה לקביעה לקרוא כבר מיום העצמאות של שנת תש"ט קטע זה מחומש במדבר. הסמיכות באותה שנה בין מלחמה "וכי תבֹאו מלחמה" לגאולה, כפי שנכתב "ונושעתם מאֹיביכם", נקשרה באופן ישיר להקמת מדינה יהודית בארץ ישראל והביאה לקביעת קריאת פסוקים אלה. **"וביום שמחתכם ובמועדיכם"** (שם, י), פירש אבן עזרא — "ששבתם מארץ אויב או ניצחתם האויב הבא עליכם, וקבעתם יום שמחה".

תוקעים תקיעה גדולה ואומרים בקול רם:

לְשָׁנָה הַבָּאָה בִּירוּשָׁלַיִם הַבְּנוּיָה.

יְהִי רָצוֹן מִלְּפָנֶיךָ יהוה אֱלֹהֵינוּ וֵאלֹהֵי אֲבוֹתֵינוּ, שֶׁכְּשֵׁם שֶׁזָּכִינוּ לְאַתְחַלְתָּא דִּגְאֻלָּה, כֵּן נִזְכֶּה לִשְׁמֹעַ קוֹל שׁוֹפָרוֹ שֶׁל מְשִׁיחַ צִדְקֵנוּ בִּמְהֵרָה בְּיָמֵינוּ.

נוהגים לשיר במנגינת 'התקווה':

שִׁיר הַמַּעֲלוֹת, בְּשׁוּב יהוה אֶת־שִׁיבַת צִיּוֹן, הָיִינוּ כְּחֹלְמִים: אָז יִמָּלֵא שְׂחוֹק פִּינוּ וּלְשׁוֹנֵנוּ רִנָּה, אָז יֹאמְרוּ בַגּוֹיִם הִגְדִּיל יהוה לַעֲשׂוֹת עִם־אֵלֶּה: הִגְדִּיל יהוה לַעֲשׂוֹת עִמָּנוּ, הָיִינוּ שְׂמֵחִים: שׁוּבָה יהוה אֶת־שְׁבִיתֵנוּ, כַּאֲפִיקִים בַּנֶּגֶב: הַזֹּרְעִים בְּדִמְעָה בְּרִנָּה יִקְצֹרוּ: הָלוֹךְ יֵלֵךְ וּבָכֹה נֹשֵׂא מֶשֶׁךְ־הַזָּרַע, בֹּא־יָבֹא בְרִנָּה נֹשֵׂא אֲלֻמֹּתָיו: תהלים קכו

ירושלים היא הראש (מיוסד על תהלים קכו)

"כל ישראל שמחים 'בשוב ה' את שיבת ציון', ו'ירושלים, על ראש שמחתי'. ירושלים היא הראש. חזרנו אל ארצנו, אל מקומנו, כולנו שמחים. אבל עיקר השמחה — בירושלים. 'אז ימלא שחוק פינו'. הגענו עד ה'אז' שהולך ומתמלא שחוק פינו, ולשוננו רינה. 'אז יאמרו בגויים'. ב"ה, הגענו, שהגויים שמסביב אומרים 'הגדיל ה' לעשות עם אלה'. ומכאן אנחנו אומרים 'הגדיל ה' לעשות עמנו היינו שמחים', ואנחנו מבקשים 'שובה ה' את שביתנו כאפיקים בנגב...בוא יבוא ברינה נושא אלומותיו'. ב"ה, הולכים ובולטים האלומות, בשוב ה' את שיבת ציון המלאה והשלמה והגדולה". (הרצי"ה קוק, התורה הגואלת, ד, ק-קח)

שיר המעלות הקשר הישיר בין יום העצמאות לשיר המעלות עולה מתוכנו של המזמור, שעניינו גאולת ישראל וירושלים בימי שיבת ציון ותחושת השמחה שתיפול בחלקם של הנגאלים. המילים הראשונות "בשוב ה' את שיבת ציון היינו כחולמים", כמי שאינם מאמינים בהתרחשות הנגלית לעיניהם. אך כנגדם "אז יאמרו בגויים", הגויים הם הראשונים שמבינים את גודל המאורע — "הגדיל ה' לעשות עם אלה". הרב אלחנן סמט בפירושו למזמורי תהלים כותב: "אין כמזמור זה...לבטא את החוויה הלאומית הקשורה בהקמת המדינה ובימים שבאו לאחריה (עד היום). בימי הקמת המדינה נתקיים בנו התיאור של מזמורנו 'היינו כחולמים', רבתה השמחה בין היהודים כולם, ואמרנו 'הגדיל ה' לעשות עמנו'. אך מיד עם הקמתה נקלעה המדינה שנולדה, ובה כשש מאות אלף יהודים, למלחמה קשה עם הצרים המקיפים אותה... אולם תפילתם של שבי ציון (מקימי המדינה) 'שובה ה' את שביתנו כאפיקים בנגב' נענתה. נחשולים עצומים של עולים 'הציפו' את המדינה בשנים שלאחר הקמתה וגם בהמשך השנים". הרב י"ל מימון שר הדתות הראשון הציע את שיר המעלות כהמנון למדינת ישראל. נראה כי מכאן בא המנהג לשיר ביום העצמאות את שיר המעלות במנגינת 'התקווה'.

סדר ספירת העומר

לפני ספירת העומר יש אומרים:

לְשֵׁם יִחוּד קֻדְשָׁא בְּרִיךְ הוּא וּשְׁכִינְתֵּהּ בִּדְחִילוּ וּרְחִימוּ
לְיַחֵד שֵׁם י״ה בו״ה בְּיִחוּדָא שְׁלִים בְּשֵׁם כָּל יִשְׂרָאֵל.

הִנְנִי מוּכָן וּמְזֻמָּן לְקַיֵּם מִצְוַת עֲשֵׂה שֶׁל סְפִירַת הָעֹמֶר. כְּמוֹ שֶׁכָּתוּב בַּתּוֹרָה,
ויקרא כג וּסְפַרְתֶּם לָכֶם מִמָּחֳרַת הַשַּׁבָּת, מִיּוֹם הֲבִיאֲכֶם אֶת־עֹמֶר הַתְּנוּפָה, שֶׁבַע
שַׁבָּתוֹת תְּמִימֹת תִּהְיֶינָה: עַד מִמָּחֳרַת הַשַּׁבָּת הַשְּׁבִיעִת תִּסְפְּרוּ חֲמִשִּׁים
תהלים צ יוֹם, וְהִקְרַבְתֶּם מִנְחָה חֲדָשָׁה לַיהוה: וִיהִי נֹעַם אֲדֹנָי אֱלֹהֵינוּ עָלֵינוּ, וּמַעֲשֵׂה
יָדֵינוּ כּוֹנְנָה עָלֵינוּ, וּמַעֲשֵׂה יָדֵינוּ כּוֹנְנֵהוּ:

בָּרוּךְ אַתָּה יהוה אֱלֹהֵינוּ מֶלֶךְ הָעוֹלָם
אֲשֶׁר קִדְּשָׁנוּ בְּמִצְוֹתָיו וְצִוָּנוּ עַל סְפִירַת הָעֹמֶר.

ג׳ באייר: הַיּוֹם שְׁמוֹנָה עָשָׂר יוֹם
שֶׁהֵם שְׁנֵי שָׁבוּעוֹת וְאַרְבָּעָה יָמִים בָּעֹמֶר. נצח שבתפארת

ד׳ באייר: הַיּוֹם תִּשְׁעָה עָשָׂר יוֹם
שֶׁהֵם שְׁנֵי שָׁבוּעוֹת וַחֲמִשָּׁה יָמִים בָּעֹמֶר. הוד שבתפארת

ה׳ באייר: הַיּוֹם עֶשְׂרִים יוֹם
שֶׁהֵם שְׁנֵי שָׁבוּעוֹת וְשִׁשָּׁה יָמִים בָּעֹמֶר. יסוד שבתפארת

ו׳ באייר: הַיּוֹם אֶחָד וְעֶשְׂרִים יוֹם
שֶׁהֵם שְׁלֹשָׁה שָׁבוּעוֹת בָּעֹמֶר. מלכות שבתפארת

הָרַחֲמָן הוּא יַחֲזִיר לָנוּ עֲבוֹדַת בֵּית הַמִּקְדָּשׁ לִמְקוֹמָהּ
בִּמְהֵרָה בְיָמֵינוּ, אָמֵן סֶלָה.

יום העצמאות יכול לחול בימים ג׳-ו׳ באייר.

יש מוסיפים:

תהלים סז לַמְנַצֵּחַ בִּנְגִינֹת, מִזְמוֹר שִׁיר: אֱלֹהִים יְחָנֵּנוּ וִיבָרְכֵנוּ, יָאֵר פָּנָיו אִתָּנוּ סֶלָה:
לָדַעַת בָּאָרֶץ דַּרְכֶּךָ, בְּכָל־גּוֹיִם יְשׁוּעָתֶךָ: יוֹדוּךָ עַמִּים אֱלֹהִים, יוֹדוּךָ עַמִּים
כֻּלָּם: יִשְׂמְחוּ וִירַנְּנוּ לְאֻמִּים, כִּי־תִשְׁפֹּט עַמִּים מִישֹׁר, וּלְאֻמִּים בָּאָרֶץ תַּנְחֵם
סֶלָה: יוֹדוּךָ עַמִּים אֱלֹהִים, יוֹדוּךָ עַמִּים כֻּלָּם: אֶרֶץ נָתְנָה יְבוּלָהּ, יְבָרְכֵנוּ
אֱלֹהִים אֱלֹהֵינוּ: יְבָרְכֵנוּ אֱלֹהִים, וְיִירְאוּ אוֹתוֹ כָּל־אַפְסֵי־אָרֶץ:

אָנָּא, בְּכֹחַ גְּדֻלַּת יְמִינְךָ, תַּתִּיר צְרוּרָה. קַבֵּל רִנַּת עַמְּךָ, שַׂגְּבֵנוּ, טַהֲרֵנוּ, נוֹרָא.
נָא גִבּוֹר, דּוֹרְשֵׁי יִחוּדְךָ כְּבָבַת שָׁמְרֵם. בָּרְכֵם, טַהֲרֵם, רַחֲמֵם, צִדְקָתְךָ תָּמִיד
גָּמְלֵם. חֲסִין קָדוֹשׁ, בְּרֹב טוּבְךָ נַהֵל עֲדָתֶךָ. יָחִיד גֵּאֶה, לְעַמְּךָ פְּנֵה, זוֹכְרֵי
קְדֻשָּׁתֶךָ. שַׁוְעָתֵנוּ קַבֵּל וּשְׁמַע צַעֲקָתֵנוּ, יוֹדֵעַ תַּעֲלוּמוֹת. בָּרוּךְ שֵׁם כְּבוֹד
מַלְכוּתוֹ לְעוֹלָם וָעֶד.

רִבּוֹנוֹ שֶׁל עוֹלָם, אַתָּה צִוִּיתָנוּ עַל יְדֵי מֹשֶׁה עַבְדְּךָ לִסְפֹּר סְפִירַת הָעֹמֶר, כְּדֵי
ויקרא כג לְטַהֲרֵנוּ מִקְּלִפּוֹתֵינוּ וּמִטֻּמְאוֹתֵינוּ. כְּמוֹ שֶׁכָּתַבְתָּ בְּתוֹרָתֶךָ: וּסְפַרְתֶּם לָכֶם
מִמָּחֳרַת הַשַּׁבָּת, מִיּוֹם הֲבִיאֲכֶם אֶת־עֹמֶר הַתְּנוּפָה, שֶׁבַע שַׁבָּתוֹת תְּמִימֹת
תִּהְיֶינָה: עַד מִמָּחֳרַת הַשַּׁבָּת הַשְּׁבִיעִת תִּסְפְּרוּ חֲמִשִּׁים יוֹם: כְּדֵי שֶׁיִּטָּהֲרוּ
נַפְשׁוֹת עַמְּךָ יִשְׂרָאֵל מִזֻּהֲמָתָם. וּבְכֵן יְהִי רָצוֹן מִלְּפָנֶיךָ יהוה אֱלֹהֵינוּ וֵאלֹהֵי
אֲבוֹתֵינוּ, שֶׁבִּזְכוּת סְפִירַת הָעֹמֶר שֶׁסָּפַרְתִּי הַיּוֹם, יְתֻקַּן מַה שֶּׁפָּגַמְתִּי בִּסְפִירָה
(פלונית השייכת לאותו היום) וְאֶטָּהֵר וְאֶתְקַדֵּשׁ בִּקְדֻשָּׁה שֶׁל מַעְלָה, וְעַל יְדֵי זֶה
יֻשְׁפַּע שֶׁפַע רַב בְּכָל הָעוֹלָמוֹת, לְתַקֵּן אֶת נַפְשׁוֹתֵינוּ וְרוּחוֹתֵינוּ וְנִשְׁמוֹתֵינוּ
מִכָּל סִיג וּפְגָם, וּלְטַהֲרֵנוּ וּלְקַדְּשֵׁנוּ בִּקְדֻשָּׁתְךָ הָעֶלְיוֹנָה, אָמֵן סֶלָה.

אומרים ׳עָלֵינוּ׳ בעמידה, ומשתחווים במקום המסומן ב׳.

עָלֵינוּ לְשַׁבֵּחַ לַאֲדוֹן הַכֹּל, לָתֵת גְּדֻלָּה לְיוֹצֵר בְּרֵאשִׁית
שֶׁלֹּא עָשָׂנוּ כְּגוֹיֵי הָאֲרָצוֹת, וְלֹא שָׂמָנוּ כְּמִשְׁפְּחוֹת הָאֲדָמָה
שֶׁלֹּא שָׂם חֶלְקֵנוּ כָּהֶם וְגוֹרָלֵנוּ כְּכָל הֲמוֹנָם.
שֶׁהֵם מִשְׁתַּחֲוִים לְהֶבֶל וָרִיק וּמִתְפַּלְלִים אֶל אֵל לֹא יוֹשִׁיעַ.
׳וַאֲנַחְנוּ כּוֹרְעִים וּמִשְׁתַּחֲוִים וּמוֹדִים
לִפְנֵי מֶלֶךְ מַלְכֵי הַמְּלָכִים, הַקָּדוֹשׁ בָּרוּךְ הוּא

שֶׁהוּא נוֹטֶה שָׁמַיִם וְיוֹסֵד אָרֶץ
וּמוֹשַׁב יְקָרוֹ בַּשָּׁמַיִם מִמַּעַל
וּשְׁכִינַת עֻזּוֹ בְּגָבְהֵי מְרוֹמִים.
הוּא אֱלֹהֵינוּ, אֵין עוֹד.
אֱמֶת מַלְכֵּנוּ, אֶפֶס זוּלָתוֹ
דברים ד כַּכָּתוּב בְּתוֹרָתוֹ, וְיָדַעְתָּ הַיּוֹם וַהֲשֵׁבֹתָ אֶל־לְבָבֶךָ
כִּי יהוה הוּא הָאֱלֹהִים בַּשָּׁמַיִם מִמַּעַל וְעַל־הָאָרֶץ מִתָּחַת
אֵין עוֹד:

עַל כֵּן נְקַוֶּה לְּךָ יהוה אֱלֹהֵינוּ, לִרְאוֹת מְהֵרָה בְּתִפְאֶרֶת עֻזֶּךָ
לְהַעֲבִיר גִּלּוּלִים מִן הָאָרֶץ, וְהָאֱלִילִים כָּרוֹת יִכָּרֵתוּן
לְתַקֵּן עוֹלָם בְּמַלְכוּת שַׁדַּי.
וְכָל בְּנֵי בָשָׂר יִקְרְאוּ בִשְׁמֶךָ, לְהַפְנוֹת אֵלֶיךָ כָּל רִשְׁעֵי אָרֶץ.
יַכִּירוּ וְיֵדְעוּ כָּל יוֹשְׁבֵי תֵבֵל
כִּי לְךָ תִּכְרַע כָּל בֶּרֶךְ, תִּשָּׁבַע כָּל לָשׁוֹן.
לְפָנֶיךָ יהוה אֱלֹהֵינוּ יִכְרְעוּ וְיִפֹּלוּ, וְלִכְבוֹד שִׁמְךָ יְקָר יִתֵּנוּ
וִיקַבְּלוּ כֻלָּם אֶת עֹל מַלְכוּתֶךָ
וְתִמְלֹךְ עֲלֵיהֶם מְהֵרָה לְעוֹלָם וָעֶד.
כִּי הַמַּלְכוּת שֶׁלְּךָ הִיא וּלְעוֹלְמֵי עַד תִּמְלֹךְ בְּכָבוֹד
שמות טו כַּכָּתוּב בְּתוֹרָתֶךָ, יהוה יִמְלֹךְ לְעֹלָם וָעֶד:
זכריה יד ◄ וְנֶאֱמַר, וְהָיָה יהוה לְמֶלֶךְ עַל־כָּל־הָאָרֶץ
בַּיּוֹם הַהוּא יִהְיֶה יהוה אֶחָד וּשְׁמוֹ אֶחָד:

יש מוסיפים:
משלי ג אַל־תִּירָא מִפַּחַד פִּתְאֹם וּמִשֹּׁאַת רְשָׁעִים כִּי תָבֹא:
ישעיה ח עֻצוּ עֵצָה וְתֻפָר, דַּבְּרוּ דָבָר וְלֹא יָקוּם, כִּי עִמָּנוּ אֵל:
ישעיה מו וְעַד־זִקְנָה אֲנִי הוּא, וְעַד־שֵׂיבָה אֲנִי אֶסְבֹּל
אֲנִי עָשִׂיתִי וַאֲנִי אֶשָּׂא וַאֲנִי אֶסְבֹּל וַאֲמַלֵּט:

קדיש יתום

אבל: יִתְגַּדַּל וְיִתְקַדַּשׁ שְׁמֵהּ רַבָּא (קהל: אָמֵן)
בְּעָלְמָא דִּי בְרָא כִרְעוּתֵהּ
וְיַמְלִיךְ מַלְכוּתֵהּ
בְּחַיֵּיכוֹן וּבְיוֹמֵיכוֹן וּבְחַיֵּי דְכָל בֵּית יִשְׂרָאֵל
בַּעֲגָלָא וּבִזְמַן קָרִיב
וְאִמְרוּ אָמֵן. (קהל: אָמֵן)

קהל ואבל: יְהֵא שְׁמֵהּ רַבָּא מְבָרַךְ לְעָלַם וּלְעָלְמֵי עָלְמַיָּא.

אבל: יִתְבָּרַךְ וְיִשְׁתַּבַּח וְיִתְפָּאַר וְיִתְרוֹמַם וְיִתְנַשֵּׂא
וְיִתְהַדַּר וְיִתְעַלֶּה וְיִתְהַלָּל
שְׁמֵהּ דְּקֻדְשָׁא בְּרִיךְ הוּא (קהל: בְּרִיךְ הוּא)
לְעֵלָּא מִן כָּל בִּרְכָתָא וְשִׁירָתָא
תֻּשְׁבְּחָתָא וְנֶחֱמָתָא, דַּאֲמִירָן בְּעָלְמָא
וְאִמְרוּ אָמֵן. (קהל: אָמֵן)

יְהֵא שְׁלָמָא רַבָּא מִן שְׁמַיָּא
וְחַיִּים, עָלֵינוּ וְעַל כָּל יִשְׂרָאֵל
וְאִמְרוּ אָמֵן. (קהל: אָמֵן)

כורע ופוסע שלוש פסיעות לאחור. קד לשמאל, לימין ולפנים באמירת:

עֹשֶׂה שָׁלוֹם בִּמְרוֹמָיו
הוּא יַעֲשֶׂה שָׁלוֹם עָלֵינוּ וְעַל כָּל יִשְׂרָאֵל
וְאִמְרוּ אָמֵן. (קהל: אָמֵן)

האומר קדיש מוסיף: בָּרְכוּ אֶת יהוה הַמְבֹרָךְ.

הקהל עונה: בָּרוּךְ יהוה הַמְבֹרָךְ לְעוֹלָם וָעֶד.

והאומר קדיש חוזר: בָּרוּךְ יהוה הַמְבֹרָךְ לְעוֹלָם וָעֶד.

יִגְדַּל אֱלֹהִים חַי וְיִשְׁתַּבַּח, נִמְצָא וְאֵין עֵת אֶל מְצִיאוּתוֹ.
אֶחָד וְאֵין יָחִיד כְּיִחוּדוֹ, נֶעְלָם וְגַם אֵין סוֹף לְאַחְדּוּתוֹ.
אֵין לוֹ דְּמוּת הַגּוּף וְאֵינוֹ גוּף, לֹא נַעֲרֹךְ אֵלָיו קְדֻשָּׁתוֹ.
קַדְמוֹן לְכָל דָּבָר אֲשֶׁר נִבְרָא, רִאשׁוֹן וְאֵין רֵאשִׁית לְרֵאשִׁיתוֹ.
הִנּוֹ אֲדוֹן עוֹלָם, וְכָל נוֹצָר יוֹרֶה גְדֻלָּתוֹ וּמַלְכוּתוֹ.
שֶׁפַע נְבוּאָתוֹ נְתָנוֹ אֶל־אַנְשֵׁי סְגֻלָּתוֹ וְתִפְאַרְתּוֹ.
לֹא קָם בְּיִשְׂרָאֵל כְּמֹשֶׁה עוֹד נָבִיא וּמַבִּיט אֶת תְּמוּנָתוֹ.
תּוֹרַת אֱמֶת נָתַן לְעַמּוֹ אֵל עַל יַד נְבִיאוֹ נֶאֱמַן בֵּיתוֹ.
לֹא יַחֲלִיף הָאֵל וְלֹא יָמִיר דָּתוֹ לְעוֹלָמִים לְזוּלָתוֹ.
צוֹפֶה וְיוֹדֵעַ סְתָרֵינוּ, מַבִּיט לְסוֹף דָּבָר בְּקַדְמָתוֹ.
גּוֹמֵל לְאִישׁ חֶסֶד כְּמִפְעָלוֹ, נוֹתֵן לְרָשָׁע רָע כְּרִשְׁעָתוֹ.
יִשְׁלַח לְקֵץ יָמִין מְשִׁיחֵנוּ לִפְדּוֹת מְחַכֵּי קֵץ יְשׁוּעָתוֹ.
מֵתִים יְחַיֶּה אֵל בְּרֹב חַסְדּוֹ, בָּרוּךְ עֲדֵי עַד שֵׁם תְּהִלָּתוֹ.

ושרים:

אֲנִי מַאֲמִין בֶּאֱמוּנָה שְׁלֵמָה
בְּבִיאַת הַמָּשִׁיחַ
וְאַף עַל פִּי שֶׁיִּתְמַהְמֵהַּ
עִם כָּל זֶה אֲחַכֶּה לוֹ בְּכָל יוֹם שֶׁיָּבוֹא.

יש הנוהגים לברך:

מוֹעֲדִים לְשִׂמְחָה לִגְאֻלָּה שְׁלֵמָה

נוהגים לערוך סעודה חגיגית בליל יום העצמאות. ראו עמ' 65.

קידוש לבנה

אומרים קידוש לבנה תחת כיפת השמים בזמן שהלבנה נראית, משלושה ימים לאחר המולד.

תהלים קמח

הַלְלוּיָהּ
הַלְלוּ אֶת־יהוה מִן־הַשָּׁמַיִם
הַלְלוּהוּ בַּמְּרוֹמִים:
הַלְלוּהוּ כָל־מַלְאָכָיו
הַלְלוּהוּ כָּל־צְבָאָו:
הַלְלוּהוּ שֶׁמֶשׁ וְיָרֵחַ
הַלְלוּהוּ כָּל־כּוֹכְבֵי אוֹר:
הַלְלוּהוּ שְׁמֵי הַשָּׁמָיִם, וְהַמַּיִם אֲשֶׁר מֵעַל הַשָּׁמָיִם:
יְהַלְלוּ אֶת־שֵׁם יהוה, כִּי הוּא צִוָּה וְנִבְרָאוּ:
וַיַּעֲמִידֵם לָעַד לְעוֹלָם, חָק־נָתַן וְלֹא יַעֲבוֹר:

אמירת ברכת הלבנה בליל יום העצמאות

על פי המסורת התלמודית, ברכת הלבנה נאמרת סמוך לחידושה. המקדימים ביותר לברכה זו הם יוצאי תימן האוחזים במסורת הפסיקה של הרמב"ם, ולפיה יש לומר את הברכה מיום א' בחודש (הלכות ברכות פ"י הט"ז). מסורת אשכנז וליטא היא לחכות עד יום ג' בחודש כדי ליהנות מאורה (על פי פסיקתם של תלמידי רבינו יונה בברכות כא ע"ב). בעקבות המקובלים נהגו רבים להמתין עד מלאות ז' ימים לחודש (כך פוסק המחבר בשו"ע, או"ח תכו, ב).

כמו כן ישנה מסורת, המקובלת על רוב קהילות ישראל, לומר את ברכת הלבנה ברוב עם ובבגדים חגיגיים במוצאי שבת. מסורת זו, מקורה במסכת סופרים (פי"ט ה"י): "ואין מברכין על הירח אלא במוצאי שבת, כשהוא מבושם, ובכלים (בגדים) נאים".

בספר תרומת הדשן (סימן לה) המחבר דן בשאלת ההצמדה של הברכה למוצאי שבת דווקא. בתשובתו הוא מחלק בין מוצאי שבת הסמוך לשלושה ימים ראשונים לחודש לבין מוצאי שבת הרחוק מהם בימי החורף, שבהם יש חשש להפסיד את הברכה מפני העננים המכסים את הלבנה. לשיטתו, כשיש חשש להפסד ברכה אין להמתין למוצאי שבת אפילו כדי לקיים את הברכה בהידור. גם פוסקים אחרים זירזו את הציבור שלא יתעכבו לברך את הברכה דווקא במוצאי שבת, כי בסיבות שונות עלול האדם להפסיד ללא סיבה מספיקה ברכה חשובה (ראו, למשל, 'ספר המנוחה' לר"מ מנרבונה, הלכות ברכות פ"י הי"ז).

ברכת הלבנה קיבלה מעמד של טכס חגיגי המבטא הרבה יותר מברכת השבח על הלבנה

יש הנוהגים להוסיף פסוקים אלה, בעקבות מנהג הספרדים.

כִּי־אֶרְאֶה שָׁמֶיךָ מַעֲשֵׂה אֶצְבְּעֹתֶיךָ תהלים ח
יָרֵחַ וְכוֹכָבִים אֲשֶׁר כּוֹנָנְתָּה:
מָה־אֱנוֹשׁ כִּי־תִזְכְּרֶנּוּ
וּבֶן־אָדָם כִּי תִפְקְדֶנּוּ:

מסתכל בלבנה ומברך:

בָּרוּךְ אַתָּה יהוה אֱלֹהֵינוּ מֶלֶךְ הָעוֹלָם, אֲשֶׁר בְּמַאֲמָרוֹ בָּרָא שְׁחָקִים, וּבְרוּחַ פִּיו כָּל צְבָאָם, חֹק וּזְמַן נָתַן לָהֶם שֶׁלֹּא יְשַׁנּוּ אֶת תַּפְקִידָם. שָׂשִׂים וּשְׂמֵחִים לַעֲשׂוֹת רְצוֹן קוֹנָם, פּוֹעֵל אֱמֶת שֶׁפְּעֻלָּתוֹ אֱמֶת. וְלַלְּבָנָה אָמַר שֶׁתִּתְחַדֵּשׁ, עֲטֶרֶת תִּפְאֶרֶת לַעֲמוּסֵי בָטֶן, שֶׁהֵם עֲתִידִים לְהִתְחַדֵּשׁ כְּמוֹתָהּ וּלְפָאֵר לְיוֹצְרָם עַל שֵׁם כְּבוֹד מַלְכוּתוֹ. בָּרוּךְ אַתָּה יהוה, מְחַדֵּשׁ חֳדָשִׁים.

בחידושה. בנוסח הברכה שבירושלמי (ברכות פ"ט ה"ב) אין דבר מלבד שבח לבורא על חידוש החודשים. גם בנוסחים של כתבי היד שבבבלי (ברכות נט ע"ב) נמצאת ברכה גרעינית זו – שבח לבורא על בריאת איתני הטבע. אולם כבר בדפוסים המקובלים של התלמוד הבבלי (סנהדרין מב ע"א) נקבע הטכס של אמירת ברכת הלבנה באופן חגיגי וציבורי, המשנה לגמרי את מעמדה של הברכה. התלמוד קובע להוסיף בברכה את ההשוואה בין כנסת ישראל ללבנה: "עטרת תפארת לעמוסי בטן שהם עתידים להתחדש כמותה". החכמים שתיקנו ברכה מיוחדת זו ראו בפגימת הלבנה ובחידושה את סיפורו של עם ישראל הגולה מביתו, מתמעט ומסתלק ממקור האור שלו, אך בעת הגאולה שב ומאיר לעולם בהתחדשות מופלאה. מכאן הפכה ברכת הלבנה לטכס שבו עומדים קהל יהודים בבגדי חג ובהשתוקקות הלב להתחדשות מלכות ה' שתתגלה על ידי מלכות בית דוד. הקריאות המלוות את המעמד המיוחד הזה: "דוד מלך ישראל חי וקיים" (ראש השנה כה ע"א); "קול דודי הנה זה בא" (שיר השירים ב, ח) ועוד, נוספו לטכס ברכת הלבנה בתקופתו של רבי יהודה החסיד, שהתעורר לשיבת ציון והיה ממבשרי הציונות הראשונים.

לאור כל זאת, נראה אך טבעי לסיים את מעמד התפילה הציבורית של ליל העצמאות באמירת ברכת הלבנה ברוב עם, בחגיגיות ובשמחה. כל תוכנה של הברכה מלמד עד כמה השתוקקו בני עמנו לראות את חידושה של עצמאות ישראל ושיבת ציון. וכעת, שעה שאנו עומדים בתפילת הודיה על הקמת המדינה, נוכל לעמוד ולומר את ברכת הלבנה בשמחה כפולה של שבח והודאה.

ערבית ליום העצמאות • קידוש לבנה

אומר שלוש פעמים כל פסוק מן הפסוקים הבאים (מסכת סופרים):

בָּרוּךְ יוֹצְרֵךְ, בָּרוּךְ עוֹשֵׂךְ, בָּרוּךְ קוֹנֵךְ, בָּרוּךְ בּוֹרְאֵךְ.

מרקד כנגד הלבנה שלוש פעמים, ובכל פעם אומר:

כְּשֵׁם שֶׁאֲנִי רוֹקֵד כְּנֶגְדֵּךְ

וְאֵינִי יָכוֹל לִנְגֹּעַ בָּךְ

כָּךְ לֹא יוּכְלוּ כָּל אוֹיְבַי לִנְגֹּעַ בִּי לְרָעָה.

שמות טו
תִּפֹּל עֲלֵיהֶם אֵימָתָה וָפַחַד, בִּגְדֹל זְרוֹעֲךָ יִדְּמוּ כָּאָבֶן:

אומר את הפסוק הקודם גם בסדר הפוך (סידור הרוקח):

כָּאֶבֶן יִדְּמוּ זְרוֹעֲךָ בִּגְדֹל, וָפַחַד אֵימָתָה עֲלֵיהֶם תִּפֹּל.

ומזכיר את מלכות דוד, שנמשלה ללבנה (רמ"א תקכו, א, על פי רבינו בחיי לבראשית לח, ל):

דָּוִד מֶלֶךְ יִשְׂרָאֵל חַי וְקַיָּם.

מברך שלוש פעמים את חברו או שלושה אנשים שונים (מסכת סופרים):

שָׁלוֹם עֲלֵיכֶם.

ועונים לו:

עֲלֵיכֶם שָׁלוֹם.

ואומר שלוש פעמים:

סִימָן טוֹב וּמַזָּל טוֹב יְהֵא לָנוּ וּלְכָל יִשְׂרָאֵל, אָמֵן.

נהגו להוסיף פסוקים אלה, על פי מנהג ר׳ יהודה החסיד (מובא במג"א, תכו, י).

שיר
השירים ב
קוֹל דּוֹדִי הִנֵּה־זֶה בָּא

מְדַלֵּג עַל־הֶהָרִים, מְקַפֵּץ עַל־הַגְּבָעוֹת:

דּוֹמֶה דוֹדִי לִצְבִי אוֹ לְעֹפֶר הָאַיָּלִים

הִנֵּה־זֶה עוֹמֵד אַחַר כָּתְלֵנוּ

מַשְׁגִּיחַ מִן־הַחַלֹּנוֹת, מֵצִיץ מִן־הַחֲרַכִּים:

נוהגים להוסיף שני מזמורים אלה (מג״א שם בשם השל״ה):

תהלים קכא שִׁיר לַמַּעֲלוֹת, אֶשָּׂא עֵינַי אֶל־הֶהָרִים, מֵאַיִן יָבֹא עֶזְרִי: עֶזְרִי מֵעִם יהוה, עֹשֵׂה שָׁמַיִם וָאָרֶץ: אַל־יִתֵּן לַמּוֹט רַגְלֶךָ, אַל־יָנוּם שֹׁמְרֶךָ: הִנֵּה לֹא־יָנוּם וְלֹא יִישָׁן, שׁוֹמֵר יִשְׂרָאֵל: יהוה שֹׁמְרֶךָ, יהוה צִלְּךָ עַל־יַד יְמִינֶךָ: יוֹמָם הַשֶּׁמֶשׁ לֹא־יַכֶּכָּה, וְיָרֵחַ בַּלָּיְלָה: יהוה יִשְׁמָרְךָ מִכָּל־רָע, יִשְׁמֹר אֶת־נַפְשֶׁךָ: יהוה יִשְׁמָר־צֵאתְךָ וּבוֹאֶךָ, מֵעַתָּה וְעַד־עוֹלָם:

תהלים קנ הַלְלוּיָהּ, הַלְלוּ־אֵל בְּקָדְשׁוֹ, הַלְלוּהוּ בִּרְקִיעַ עֻזּוֹ: הַלְלוּהוּ בִגְבוּרֹתָיו, הַלְלוּהוּ כְּרֹב גֻּדְלוֹ: הַלְלוּהוּ בְּתֵקַע שׁוֹפָר, הַלְלוּהוּ בְּנֵבֶל וְכִנּוֹר: הַלְלוּהוּ בְתֹף וּמָחוֹל, הַלְלוּהוּ בְּמִנִּים וְעֻגָב: הַלְלוּהוּ בְצִלְצְלֵי־שָׁמַע, הַלְלוּהוּ בְּצִלְצְלֵי תְרוּעָה: כֹּל הַנְּשָׁמָה תְּהַלֵּל יָהּ, הַלְלוּיָהּ:

סנהדרין מב. תָּנָא דְבֵי רַבִּי יִשְׁמָעֵאל: אִלְמָלֵי לֹא זָכוּ יִשְׂרָאֵל אֶלָּא לְהַקְבִּיל פְּנֵי אֲבִיהֶם שֶׁבַּשָּׁמַיִם פַּעַם אַחַת בַּחֹדֶשׁ, דַּיָּם. אָמַר אַבַּיֵי: הִלְכָּךְ צָרִיךְ לְמֵימְרָא מְעֻמָּד. מִי זֹאת עֹלָה מִן־הַמִּדְבָּר, מִתְרַפֶּקֶת עַל־דּוֹדָהּ:

שיר השירים ח

וִיהִי רָצוֹן מִלְּפָנֶיךָ יהוה אֱלֹהַי וֵאלֹהֵי אֲבוֹתַי, לְמַלֹּאת פְּגִימַת הַלְּבָנָה וְלֹא יִהְיֶה בָּהּ שׁוּם מִעוּט. וִיהִי אוֹר הַלְּבָנָה כְּאוֹר הַחַמָּה וּכְאוֹר שִׁבְעַת יְמֵי בְרֵאשִׁית, כְּמוֹ שֶׁהָיְתָה קֹדֶם מִעוּטָהּ,
בראשית א שֶׁנֶּאֱמַר: אֶת־שְׁנֵי הַמְּאֹרֹת הַגְּדֹלִים: וְיִתְקַיֵּם בָּנוּ מִקְרָא שֶׁכָּתוּב:
הושע ג וּבִקְשׁוּ אֶת־יהוה אֱלֹהֵיהֶם וְאֵת דָּוִיד מַלְכָּם: אָמֵן.

תהלים סז לַמְנַצֵּחַ בִּנְגִינֹת, מִזְמוֹר שִׁיר: אֱלֹהִים יְחָנֵּנוּ וִיבָרְכֵנוּ, יָאֵר פָּנָיו אִתָּנוּ סֶלָה: לָדַעַת בָּאָרֶץ דַּרְכֶּךָ, בְּכָל־גּוֹיִם יְשׁוּעָתֶךָ: יוֹדוּךָ עַמִּים אֱלֹהִים, יוֹדוּךָ עַמִּים כֻּלָּם: יִשְׂמְחוּ וִירַנְּנוּ לְאֻמִּים, כִּי־תִשְׁפֹּט עַמִּים מִישֹׁר, וּלְאֻמִּים בָּאָרֶץ תַּנְחֵם סֶלָה: יוֹדוּךָ עַמִּים אֱלֹהִים, יוֹדוּךָ עַמִּים כֻּלָּם: אֶרֶץ נָתְנָה יְבוּלָהּ, יְבָרְכֵנוּ אֱלֹהִים אֱלֹהֵינוּ: יְבָרְכֵנוּ אֱלֹהִים, וְיִירְאוּ אוֹתוֹ כָּל־אַפְסֵי־אָרֶץ:

אומרים 'עָלֵינוּ' בעמידה, ומשתחווים במקום המסומן ב°.

עָלֵינוּ לְשַׁבֵּחַ לַאֲדוֹן הַכֹּל, לָתֵת גְּדֻלָּה לְיוֹצֵר בְּרֵאשִׁית
שֶׁלֹּא עָשָׂנוּ כְּגוֹיֵי הָאֲרָצוֹת, וְלֹא שָׂמָנוּ כְּמִשְׁפְּחוֹת הָאֲדָמָה
שֶׁלֹּא שָׂם חֶלְקֵנוּ כָּהֶם וְגוֹרָלֵנוּ כְּכָל הֲמוֹנָם.
שֶׁהֵם מִשְׁתַּחֲוִים לְהֶבֶל וָרִיק וּמִתְפַּלְלִים אֶל אֵל לֹא יוֹשִׁיעַ.
°וַאֲנַחְנוּ כּוֹרְעִים וּמִשְׁתַּחֲוִים וּמוֹדִים
לִפְנֵי מֶלֶךְ מַלְכֵי הַמְּלָכִים, הַקָּדוֹשׁ בָּרוּךְ הוּא
שֶׁהוּא נוֹטֶה שָׁמַיִם וְיוֹסֵד אָרֶץ, וּמוֹשַׁב יְקָרוֹ בַּשָּׁמַיִם מִמַּעַל
וּשְׁכִינַת עֻזּוֹ בְּגָבְהֵי מְרוֹמִים.
הוּא אֱלֹהֵינוּ, אֵין עוֹד.
אֱמֶת מַלְכֵּנוּ, אֶפֶס זוּלָתוֹ
כַּכָּתוּב בְּתוֹרָתוֹ, וְיָדַעְתָּ הַיּוֹם וַהֲשֵׁבֹתָ אֶל־לְבָבֶךָ דברים ד
כִּי יהוה הוּא הָאֱלֹהִים בַּשָּׁמַיִם מִמַּעַל וְעַל־הָאָרֶץ מִתָּחַת, אֵין עוֹד:

עַל כֵּן נְקַוֶּה לְּךָ יהוה אֱלֹהֵינוּ, לִרְאוֹת מְהֵרָה בְּתִפְאֶרֶת עֻזֶּךָ
לְהַעֲבִיר גִּלּוּלִים מִן הָאָרֶץ, וְהָאֱלִילִים כָּרוֹת יִכָּרֵתוּן
לְתַקֵּן עוֹלָם בְּמַלְכוּת שַׁדַּי.
וְכָל בְּנֵי בָשָׂר יִקְרְאוּ בִשְׁמֶךָ, לְהַפְנוֹת אֵלֶיךָ כָּל רִשְׁעֵי אָרֶץ.
יַכִּירוּ וְיֵדְעוּ כָּל יוֹשְׁבֵי תֵבֵל
כִּי לְךָ תִּכְרַע כָּל בֶּרֶךְ, תִּשָּׁבַע כָּל לָשׁוֹן.
לְפָנֶיךָ יהוה אֱלֹהֵינוּ יִכְרְעוּ וְיִפֹּלוּ, וְלִכְבוֹד שִׁמְךָ יְקָר יִתֵּנוּ
וִיקַבְּלוּ כֻלָּם אֶת עֹל מַלְכוּתֶךָ
וְתִמְלֹךְ עֲלֵיהֶם מְהֵרָה לְעוֹלָם וָעֶד.
כִּי הַמַּלְכוּת שֶׁלְּךָ הִיא וּלְעוֹלְמֵי עַד תִּמְלֹךְ בְּכָבוֹד
כַּכָּתוּב בְּתוֹרָתֶךָ, יהוה יִמְלֹךְ לְעֹלָם וָעֶד: שמות טו
◂ וְנֶאֱמַר, וְהָיָה יהוה לְמֶלֶךְ עַל־כָּל־הָאָרֶץ זכריה יד
בַּיּוֹם הַהוּא יִהְיֶה יהוה אֶחָד וּשְׁמוֹ אֶחָד:

יש מוסיפים:

משלי ג אַל־תִּירָא מִפַּחַד פִּתְאֹם וּמִשֹּׁאַת רְשָׁעִים כִּי תָבֹא:
ישעיה ח עֻצוּ עֵצָה וְתֻפָר, דַּבְּרוּ דָבָר וְלֹא יָקוּם, כִּי עִמָּנוּ אֵל:
ישעיה מו וְעַד־זִקְנָה אֲנִי הוּא, וְעַד־שֵׂיבָה אֲנִי אֶסְבֹּל
אֲנִי עָשִׂיתִי וַאֲנִי אֶשָּׂא וַאֲנִי אֶסְבֹּל וַאֲמַלֵּט:

קדיש יתום

אם יש מניין, האבלים אומרים קדיש.

אבל: יִתְגַּדַּל וְיִתְקַדַּשׁ שְׁמֵהּ רַבָּא (קהל: אָמֵן)
בְּעָלְמָא דִּי בְרָא כִרְעוּתֵהּ
וְיַמְלִיךְ מַלְכוּתֵהּ
בְּחַיֵּיכוֹן וּבְיוֹמֵיכוֹן וּבְחַיֵּי דְכָל בֵּית יִשְׂרָאֵל
בַּעֲגָלָא וּבִזְמַן קָרִיב, וְאִמְרוּ אָמֵן. (קהל: אָמֵן)

קהל ואבל: יְהֵא שְׁמֵהּ רַבָּא מְבָרַךְ לְעָלַם וּלְעָלְמֵי עָלְמַיָּא.

אבל: יִתְבָּרַךְ וְיִשְׁתַּבַּח וְיִתְפָּאַר וְיִתְרוֹמַם וְיִתְנַשֵּׂא
וְיִתְהַדָּר וְיִתְעַלֶּה וְיִתְהַלָּל
שְׁמֵהּ דְּקֻדְשָׁא בְּרִיךְ הוּא (קהל: בְּרִיךְ הוּא)
לְעֵלָּא מִן כָּל בִּרְכָתָא וְשִׁירָתָא
תֻּשְׁבְּחָתָא וְנֶחֱמָתָא
דַּאֲמִירָן בְּעָלְמָא, וְאִמְרוּ אָמֵן. (קהל: אָמֵן)

יְהֵא שְׁלָמָא רַבָּא מִן שְׁמַיָּא
וְחַיִּים, עָלֵינוּ וְעַל כָּל יִשְׂרָאֵל, וְאִמְרוּ אָמֵן. (קהל: אָמֵן)

כורע ופוסע שלוש פסיעות לאחור. קד לשמאל, לימין ולפנים באמירת:

עֹשֶׂה שָׁלוֹם בִּמְרוֹמָיו
הוּא יַעֲשֶׂה שָׁלוֹם עָלֵינוּ
וְעַל כָּל יִשְׂרָאֵל, וְאִמְרוּ אָמֵן. (קהל: אָמֵן)

נוהגים לשיר:

טוֹבִים מְאוֹרוֹת שֶׁבָּרָא אֱלֹהֵינוּ, יְצָרָם בְּדַעַת בְּבִינָה וּבְהַשְׂכֵּל
כֹּחַ וּגְבוּרָה נָתַן בָּהֶם, לִהְיוֹת מוֹשְׁלִים בְּקֶרֶב תֵּבֵל.

מְלֵאִים זִיו וּמְפִיקִים נֹגַהּ, נָאֶה זִיוָם בְּכָל הָעוֹלָם
שְׂמֵחִים בְּצֵאתָם וְשָׂשִׂים בְּבוֹאָם, עוֹשִׂים בְּאֵימָה רְצוֹן קוֹנָם.

פְּאֵר וְכָבוֹד נוֹתְנִים לִשְׁמוֹ, צָהֳלָה וְרִנָּה לְזֵכֶר מַלְכוּתוֹ
קָרָא לַשֶּׁמֶשׁ וַיִּזְרַח אוֹר, רָאָה וְהִתְקִין צוּרַת הַלְּבָנָה.

סעודת חג העצמאות – מסורת בית אבא ואימא

בבית הוריי נוהגים לערוך שולחן חג ליום העצמאות בחזרה מבית הכנסת בליל החג. השולחן ערוך ומעוטר בדגלי ישראל קטנים, אימא מדליקה נרות ומברכת "שהחיינו", נוטלים ידיים ויושבים לסעודה. במשך השנים נהג אבא לקיים מצוות "והגדת", על פי מסורת ליל הסדר – "מתחיל בגנות ומסיים בשבח" (משנה, פסחים קטז ע"א). מזכיר לילדים, לנכדים ולנינים היכן היה עם ישראל בדורות הקודמים, והיכן העם נמצא היום. כזמירות לחג אנו משלבים שירים ישנים וחדשים של אהבת ארץ ישראל.

כשהגעתי לגור בקיבוץ סעד שבנגב מצאתי את מנהג סעודת החג בקהל עם. כל חברי הקיבוץ היו יוצאים לאחר התפילה בריקודי שמחה ומתכנסים לחדר האוכל לסעודת חג דומה מאוד לסעודה בביתי בהבדל אחד, חברי הקיבוץ הדתי הוסיפו קידוש בראש הסעודה. מבדיקה שערכתי, התברר לי שאת המנהג הזה תיקן הרב אלימלך בר שאול ז"ל שהיה פוסק ההלכה לקיבוץ יבנה בשנותיו הראשונות.

לימים נתוודעתי למנהג שהנהיג אביו של הרב יואל בן נון, ד"ר יחיאל בן נון ז"ל, שהיה קורא בפתח סעודת החג פסוקי מקרא ביכורים (דברים כו) במקום קידוש. קריאה זו נמצאת בהגדה של פסח בלי הפסוקים האחרונים "ויבאנו אל המקום הזה ויתן לנו את הארץ הזאת ארץ זבת חלב ודבש" (שם כו, ט). ייתכן שבגלויות ישראל השמיטו את האמירה השמחה הזו, וכעת, עם שובנו אל הארץ, מצאנו לנכון להשיבה למקומה. בסיום אמירת פסוקי הביכורים הוא היה מברך ברכת הגפן ו"שהחיינו".

הרב יואל בן נון חידש עוד לבצוע בסעודת העצמאות מצה וחמץ יחדיו כדי לבטא את אופי הזמן שבין פסח (שכולו מצה) לשבועות (שכולו חמץ).

מכל המנהגים הללו ישנה שאלה הלכתית רק ביחס לברכת "שהחיינו", וכפי שראינו, דנו עליה גדולי ישראל בראשית שנות המדינה. ומכל מקום מי שמברך על הברכה בבית הכנסת אינו חוזר לברכה בביתו (להלכות "שהחיינו" ראו עמ' 31).

(הרב בנימין לאו)

תפילת שחרית

השכמת הבוקר 69
פסוקי דזמרה 97
סדר הלל 132
סדר קריאת התורה 136

שחרית

השכמת הבוקר

מיד כשמתעורר אדם משנתו, עוד בטרם נוטל את ידיו, אומר:

מוֹדֶה/ נשים אומרות: מוֹדָה/ אֲנִי לְפָנֶיךָ מֶלֶךְ חַי וְקַיָּם
שֶׁהֶחֱזַרְתָּ בִּי נִשְׁמָתִי בְּחֶמְלָה
רַבָּה אֱמוּנָתֶךָ.

אחרי שנטל את ידיו, מברך:

בָּרוּךְ אַתָּה יהוה אֱלֹהֵינוּ מֶלֶךְ הָעוֹלָם
אֲשֶׁר קִדְּשָׁנוּ בְּמִצְוֹתָיו
וְצִוָּנוּ עַל נְטִילַת יָדָיִם.

בָּרוּךְ אַתָּה יהוה אֱלֹהֵינוּ מֶלֶךְ הָעוֹלָם
אֲשֶׁר יָצַר אֶת הָאָדָם בְּחָכְמָה
וּבָרָא בוֹ נְקָבִים נְקָבִים, חֲלוּלִים חֲלוּלִים.
גָּלוּי וְיָדוּעַ לִפְנֵי כִסֵּא כְבוֹדֶךָ
שֶׁאִם יִפָּתֵחַ אֶחָד מֵהֶם אוֹ יִסָּתֵם אֶחָד מֵהֶם
אִי אֶפְשָׁר לְהִתְקַיֵּם וְלַעֲמֹד לְפָנֶיךָ.
בָּרוּךְ אַתָּה יהוה
רוֹפֵא כָל בָּשָׂר וּמַפְלִיא לַעֲשׂוֹת.

אֱלֹהַי
נְשָׁמָה שֶׁנָּתַתָּ בִּי טְהוֹרָה הִיא.
אַתָּה בְרָאתָהּ, אַתָּה יְצַרְתָּהּ, אַתָּה נְפַחְתָּהּ בִּי
וְאַתָּה מְשַׁמְּרָהּ בְּקִרְבִּי
וְאַתָּה עָתִיד לִטְּלָהּ מִמֶּנִּי
וּלְהַחֲזִירָהּ בִּי לֶעָתִיד לָבוֹא.
כָּל זְמַן שֶׁהַנְּשָׁמָה בְקִרְבִּי, מוֹדֶה/ נשים אומרות: מוֹדָה/ אֲנִי לְפָנֶיךָ
יהוה אֱלֹהַי וֵאלֹהֵי אֲבוֹתַי
רִבּוֹן כָּל הַמַּעֲשִׂים
אֲדוֹן כָּל הַנְּשָׁמוֹת.
בָּרוּךְ אַתָּה יהוה
הַמַּחֲזִיר נְשָׁמוֹת לִפְגָרִים מֵתִים.

לבישת ציצית

לפני שלובש טלית קטן, מברך 'עַל מִצְוַת צִיצִית'.
ואם תיכף יתעטף בטלית, לא יברך.

בָּרוּךְ אַתָּה יהוה אֱלֹהֵינוּ מֶלֶךְ הָעוֹלָם
אֲשֶׁר קִדְּשָׁנוּ בְּמִצְוֹתָיו
וְצִוָּנוּ עַל מִצְוַת צִיצִית.

אחרי שלבש, אומר:

יְהִי רָצוֹן מִלְּפָנֶיךָ, יהוה אֱלֹהַי וֵאלֹהֵי אֲבוֹתַי
שֶׁתְּהֵא חֲשׁוּבָה מִצְוַת צִיצִית לְפָנֶיךָ
כְּאִלּוּ קִיַּמְתִּיהָ בְּכָל פְּרָטֶיהָ וְדִקְדּוּקֶיהָ וְכַוָּנוֹתֶיהָ
וְתַרְיַ"ג מִצְוֹת הַתְּלוּיוֹת בָּהּ
אָמֵן סֶלָה.

ברכות התורה

בָּרוּךְ אַתָּה יהוה אֱלֹהֵינוּ מֶלֶךְ הָעוֹלָם
אֲשֶׁר קִדְּשָׁנוּ בְּמִצְוֹתָיו
וְצִוָּנוּ לַעֲסֹק בְּדִבְרֵי תוֹרָה.
וְהַעֲרֶב נָא יהוה אֱלֹהֵינוּ אֶת דִּבְרֵי תוֹרָתְךָ
בְּפִינוּ וּבְפִי עַמְּךָ בֵּית יִשְׂרָאֵל
וְנִהְיֶה אֲנַחְנוּ וְצֶאֱצָאֵינוּ (וְצֶאֱצָאֵי צֶאֱצָאֵינוּ)
וְצֶאֱצָאֵי עַמְּךָ בֵּית יִשְׂרָאֵל
כֻּלָּנוּ יוֹדְעֵי שְׁמֶךָ
וְלוֹמְדֵי תוֹרָתְךָ לִשְׁמָהּ.
בָּרוּךְ אַתָּה יהוה
הַמְלַמֵּד תּוֹרָה לְעַמּוֹ יִשְׂרָאֵל.

בָּרוּךְ אַתָּה יהוה אֱלֹהֵינוּ מֶלֶךְ הָעוֹלָם
אֲשֶׁר בָּחַר בָּנוּ מִכָּל הָעַמִּים
וְנָתַן לָנוּ אֶת תּוֹרָתוֹ.
בָּרוּךְ אַתָּה יהוה
נוֹתֵן הַתּוֹרָה.

יְבָרֶכְךָ יהוה וְיִשְׁמְרֶךָ: במדבר ו
יָאֵר יהוה פָּנָיו אֵלֶיךָ וִיחֻנֶּךָּ:
יִשָּׂא יהוה פָּנָיו אֵלֶיךָ וְיָשֵׂם לְךָ שָׁלוֹם:

ברכות התורה • שחרית

משנה פאה
א, א

אֵלּוּ דְבָרִים שֶׁאֵין לָהֶם שִׁעוּר

הַפֵּאָה וְהַבִּכּוּרִים וְהָרֵאָיוֹן

וּגְמִילוּת חֲסָדִים

וְתַלְמוּד תּוֹרָה.

שבת קכז.

אֵלּוּ דְבָרִים שֶׁאָדָם אוֹכֵל פֵּרוֹתֵיהֶם בָּעוֹלָם הַזֶּה

וְהַקֶּרֶן קַיֶּמֶת לוֹ לָעוֹלָם הַבָּא

וְאֵלּוּ הֵן

כִּבּוּד אָב וָאֵם

וּגְמִילוּת חֲסָדִים

וְהַשְׁכָּמַת בֵּית הַמִּדְרָשׁ שַׁחֲרִית וְעַרְבִית

וְהַכְנָסַת אוֹרְחִים

וּבִקּוּר חוֹלִים

וְהַכְנָסַת כַּלָּה

וּלְוָיַת הַמֵּת

וְעִיּוּן תְּפִלָּה

וַהֲבָאַת שָׁלוֹם בֵּין אָדָם לַחֲבֵרוֹ

וְתַלְמוּד תּוֹרָה כְּנֶגֶד כֻּלָּם.

עטיפת טלית

לפני עטיפה בטלית גדול נוהגים לומר:

בָּרְכִי נַפְשִׁי אֶת־יהוה, יהוה אֱלֹהַי גָּדַלְתָּ מְּאֹד, הוֹד וְהָדָר לָבָשְׁתָּ: תהלים קד
עֹטֶה־אוֹר כַּשַּׂלְמָה, נוֹטֶה שָׁמַיִם כַּיְרִיעָה:

יש אומרים:

לְשֵׁם יִחוּד קֻדְשָׁא בְּרִיךְ הוּא וּשְׁכִינְתֵּהּ בִּדְחִילוּ וּרְחִימוּ, לְיַחֵד שֵׁם י״ה בו״ה בְּיִחוּדָא שְׁלִים בְּשֵׁם כָּל יִשְׂרָאֵל.

הֲרֵינִי מִתְעַטֵּף בְּצִיצִית. כֵּן תִּתְעַטֵּף נִשְׁמָתִי וּרְמַ״ח אֵבָרַי וּשְׁסַ״ה גִּידַי בְּאוֹר הַצִּיצִית הָעוֹלֶה תַּרְיַ״ג. וּכְשֵׁם שֶׁאֲנִי מִתְכַּסֶּה בְּטַלִּית בָּעוֹלָם הַזֶּה, כָּךְ אֶזְכֶּה לַחֲלוּקָא דְרַבָּנָן וּלְטַלִּית נָאָה לָעוֹלָם הַבָּא בְּגַן עֵדֶן. וְעַל יְדֵי מִצְוַת צִיצִית תִּנָּצֵל נַפְשִׁי רוּחִי וְנִשְׁמָתִי וּתְפִלָּתִי מִן הַחִיצוֹנִים.
וְהַטַּלִּית תִּפְרֹשׂ כְּנָפֶיהָ עֲלֵיהֶם וְתַצִּילֵם, כְּנֶשֶׁר יָעִיר קִנּוֹ עַל־גּוֹזָלָיו יְרַחֵף: דברים לב
וּתְהֵא חֲשׁוּבָה מִצְוַת צִיצִית לִפְנֵי הַקָּדוֹשׁ בָּרוּךְ הוּא, כְּאִלּוּ קִיַּמְתִּיהָ בְּכָל פְּרָטֶיהָ וְדִקְדּוּקֶיהָ וְכַוָּנוֹתֶיהָ וְתַרְיַ״ג מִצְוֹת הַתְּלוּיוֹת בָּהּ, אָמֵן סֶלָה.

עומד ומברך:

בָּרוּךְ אַתָּה יהוה אֱלֹהֵינוּ מֶלֶךְ הָעוֹלָם
אֲשֶׁר קִדְּשָׁנוּ בְּמִצְוֹתָיו וְצִוָּנוּ לְהִתְעַטֵּף בַּצִּיצִית.

נוהגים להתעטף בטלית אחר הברכה.

מתעטף ואומר:

מַה־יָּקָר חַסְדְּךָ אֱלֹהִים, וּבְנֵי אָדָם בְּצֵל כְּנָפֶיךָ יֶחֱסָיוּן: תהלים לו
יִרְוְיֻן מִדֶּשֶׁן בֵּיתֶךָ, וְנַחַל עֲדָנֶיךָ תַשְׁקֵם:
כִּי־עִמְּךָ מְקוֹר חַיִּים, בְּאוֹרְךָ נִרְאֶה־אוֹר:
מְשֹׁךְ חַסְדְּךָ לְיֹדְעֶיךָ, וְצִדְקָתְךָ לְיִשְׁרֵי־לֵב:

הנחת תפילין

לפני הנחת תפילין יש אומרים:

לְשֵׁם יִחוּד קֻדְשָׁא בְּרִיךְ הוּא וּשְׁכִינְתֵּהּ בִּדְחִילוּ וּרְחִימוּ, לְיַחֵד שֵׁם י״ה בו״ה בְּיִחוּדָא שְׁלִים בְּשֵׁם כָּל יִשְׂרָאֵל.

הִנְנִי מְכַוֵּן בְּהַנָּחַת תְּפִלִּין לְקַיֵּם מִצְוַת בּוֹרְאִי, שֶׁצִּוָּנוּ לְהָנִיחַ תְּפִלִּין, כַּכָּתוּב
דברים ו בְּתוֹרָתוֹ: וּקְשַׁרְתָּם לְאוֹת עַל־יָדֶךָ, וְהָיוּ לְטֹטָפֹת בֵּין עֵינֶיךָ: וְהֵן אַרְבַּע
פָּרָשִׁיּוֹת אֵלּוּ, שְׁמַע, וְהָיָה אִם שָׁמֹעַ, קַדֶּשׁ לִי, וְהָיָה כִּי יְבִאֲךָ, שֶׁיֵּשׁ בָּהֶם
יִחוּדוֹ וְאַחְדוּתוֹ יִתְבָּרַךְ שְׁמוֹ בָּעוֹלָם, וְשֶׁנִּזְכֹּר נִסִּים וְנִפְלָאוֹת שֶׁעָשָׂה עִמָּנוּ
בְּהוֹצִיאוֹ אוֹתָנוּ מִמִּצְרַיִם, וַאֲשֶׁר לוֹ הַכֹּחַ וְהַמֶּמְשָׁלָה בָּעֶלְיוֹנִים וּבַתַּחְתּוֹנִים
לַעֲשׂוֹת בָּהֶם כִּרְצוֹנוֹ. וְצִוָּנוּ לְהָנִיחַ עַל הַיָּד לְזִכְרוֹן זְרוֹעַ הַנְּטוּיָה, וְשֶׁהִיא
נֶגֶד הַלֵּב, לְשַׁעְבֵּד בָּזֶה תַּאֲווֹת וּמַחְשְׁבוֹת לִבֵּנוּ לַעֲבוֹדָתוֹ יִתְבָּרַךְ שְׁמוֹ.
וְעַל הָרֹאשׁ נֶגֶד הַמֹּחַ, שֶׁהַנְּשָׁמָה שֶׁבְּמֹחִי עִם שְׁאָר חוּשַׁי וְכֹחוֹתַי כֻּלָּם יִהְיוּ
מְשֻׁעְבָּדִים לַעֲבוֹדָתוֹ יִתְבָּרַךְ שְׁמוֹ. וּמִשֶּׁפַע מִצְוַת תְּפִלִּין יִתְמַשֵּׁךְ עָלַי לִהְיוֹת
לִי חַיִּים אֲרוּכִים וְשֶׁפַע קֹדֶשׁ וּמַחֲשָׁבוֹת קְדוֹשׁוֹת בְּלִי הִרְהוּר חֵטְא וְעָוֹן כְּלָל,
וְשֶׁלֹּא יְפַתֵּנוּ וְלֹא יִתְגָּרֶה בָּנוּ יֵצֶר הָרָע, וְיַנִּיחֵנוּ לַעֲבֹד אֶת יהוה כַּאֲשֶׁר עִם
לְבָבֵנוּ.

וִיהִי רָצוֹן מִלְּפָנֶיךָ, יהוה אֱלֹהֵינוּ וֵאלֹהֵי אֲבוֹתֵינוּ, שֶׁתְּהֵא חֲשׁוּבָה מִצְוַת הֲנָחַת תְּפִלִּין לִפְנֵי הַקָּדוֹשׁ בָּרוּךְ הוּא, כְּאִלּוּ קִיַּמְתִּיהָ בְּכָל פְּרָטֶיהָ וְדִקְדּוּקֶיהָ וְכַוָּנוֹתֶיהָ וְתַרְיַ״ג מִצְוֹת הַתְּלוּיוֹת בָּהּ, אָמֵן סֶלָה.

עומד, מניח תפילין של יד על השריר העליון של הזרוע השמאלית (איטר מניחן על זרועו הימנית) ומברך:

בָּרוּךְ אַתָּה יהוה אֱלֹהֵינוּ מֶלֶךְ הָעוֹלָם
אֲשֶׁר קִדְּשָׁנוּ בְּמִצְוֹתָיו
וְצִוָּנוּ לְהָנִיחַ תְּפִלִּין.

מהדק את הרצועה, כורך אותה שבע פעמים סביב זרועו, ומיד מניח תפילין של ראש.
מקום תפילין של ראש הוא מעל עיקרי השערות שבמרכז המצח.
מניח ומברך:

בָּרוּךְ אַתָּה יהוה אֱלֹהֵינוּ מֶלֶךְ הָעוֹלָם
אֲשֶׁר קִדְּשָׁנוּ בְּמִצְוֹתָיו
וְצִוָּנוּ עַל מִצְוַת תְּפִלִּין.

מהדק את הרצועה ואומר:

בָּרוּךְ שֵׁם כְּבוֹד מַלְכוּתוֹ לְעוֹלָם וָעֶד

יש אומרים: וּמֵחָכְמָתְךָ אֵל עֶלְיוֹן תַּאֲצִיל עָלַי, וּמִבִּינָתְךָ תְּבִינֵנִי, וּבְחַסְדְּךָ
תַּגְדִּיל עָלַי, וּבִגְבוּרָתְךָ תַּצְמִית אוֹיְבַי וְקָמַי. וְשֶׁמֶן הַטּוֹב תָּרִיק עַל
שִׁבְעָה קְנֵי הַמְּנוֹרָה, לְהַשְׁפִּיעַ טוּבְךָ לִבְרִיּוֹתֶיךָ. פּוֹתֵחַ אֶת־יָדֶךָ תהלים קמה
וּמַשְׂבִּיעַ לְכָל־חַי רָצוֹן:

כורך ברצועה של יד שלוש כריכות סביב האצבע האמצעית ואומר:

וְאֵרַשְׂתִּיךְ לִי לְעוֹלָם הושע ב
וְאֵרַשְׂתִּיךְ לִי בְּצֶדֶק וּבְמִשְׁפָּט וּבְחֶסֶד וּבְרַחֲמִים:
וְאֵרַשְׂתִּיךְ לִי בֶּאֱמוּנָה, וְיָדַעַתְּ אֶת־יהוה:

לאחר הנחת התפילין נוהגים לומר שתי פרשות אלה, שנזכרת בהן מצוות הנחת תפילין:

וַיְדַבֵּר יהוה אֶל־מֹשֶׁה לֵּאמֹר: קַדֶּשׁ־לִי כָל־בְּכוֹר, פֶּטֶר כָּל־רֶחֶם שמות יג
בִּבְנֵי יִשְׂרָאֵל, בָּאָדָם וּבַבְּהֵמָה, לִי הוּא: וַיֹּאמֶר מֹשֶׁה אֶל־הָעָם,
זָכוֹר אֶת־הַיּוֹם הַזֶּה, אֲשֶׁר יְצָאתֶם מִמִּצְרַיִם מִבֵּית עֲבָדִים, כִּי
בְּחֹזֶק יָד הוֹצִיא יהוה אֶתְכֶם מִזֶּה, וְלֹא יֵאָכֵל חָמֵץ: הַיּוֹם אַתֶּם
יֹצְאִים, בְּחֹדֶשׁ הָאָבִיב: וְהָיָה כִי־יְבִיאֲךָ יהוה אֶל־אֶרֶץ הַכְּנַעֲנִי
וְהַחִתִּי וְהָאֱמֹרִי וְהַחִוִּי וְהַיְבוּסִי, אֲשֶׁר נִשְׁבַּע לַאֲבֹתֶיךָ לָתֶת

לָךְ, אֶרֶץ זָבַת חָלָב וּדְבָשׁ, וְעָבַדְתָּ אֶת־הָעֲבֹדָה הַזֹּאת בַּחֹדֶשׁ
הַזֶּה: שִׁבְעַת יָמִים תֹּאכַל מַצֹּת, וּבַיּוֹם הַשְּׁבִיעִי חַג לַיהוה:
מַצּוֹת יֵאָכֵל אֵת שִׁבְעַת הַיָּמִים, וְלֹא־יֵרָאֶה לְךָ חָמֵץ וְלֹא־יֵרָאֶה
לְךָ שְׂאֹר, בְּכָל־גְּבֻלֶךָ: וְהִגַּדְתָּ לְבִנְךָ בַּיּוֹם הַהוּא לֵאמֹר, בַּעֲבוּר
זֶה עָשָׂה יהוה לִי בְּצֵאתִי מִמִּצְרָיִם: וְהָיָה לְךָ לְאוֹת עַל־יָדְךָ
וּלְזִכָּרוֹן בֵּין עֵינֶיךָ, לְמַעַן תִּהְיֶה תּוֹרַת יהוה בְּפִיךָ, כִּי בְּיָד חֲזָקָה
הוֹצִאֲךָ יהוה מִמִּצְרָיִם: וְשָׁמַרְתָּ אֶת־הַחֻקָּה הַזֹּאת לְמוֹעֲדָהּ,
מִיָּמִים יָמִימָה:

וְהָיָה כִּי־יְבִאֲךָ יהוה אֶל־אֶרֶץ הַכְּנַעֲנִי כַּאֲשֶׁר נִשְׁבַּע לְךָ וְלַאֲבֹתֶיךָ,
וּנְתָנָהּ לָךְ: וְהַעֲבַרְתָּ כָל־פֶּטֶר־רֶחֶם לַיהוה, וְכָל־פֶּטֶר שֶׁגֶר
בְּהֵמָה אֲשֶׁר יִהְיֶה לְךָ הַזְּכָרִים, לַיהוה: וְכָל־פֶּטֶר חֲמֹר תִּפְדֶּה
בְשֶׂה, וְאִם־לֹא תִפְדֶּה וַעֲרַפְתּוֹ, וְכֹל בְּכוֹר אָדָם בְּבָנֶיךָ תִּפְדֶּה:
וְהָיָה כִּי־יִשְׁאָלְךָ בִנְךָ מָחָר, לֵאמֹר מַה־זֹּאת, וְאָמַרְתָּ אֵלָיו,
בְּחֹזֶק יָד הוֹצִיאָנוּ יהוה מִמִּצְרַיִם מִבֵּית עֲבָדִים: וַיְהִי כִּי־הִקְשָׁה
פַרְעֹה לְשַׁלְּחֵנוּ, וַיַּהֲרֹג יהוה כָּל־בְּכוֹר בְּאֶרֶץ מִצְרַיִם, מִבְּכֹר
אָדָם וְעַד־בְּכוֹר בְּהֵמָה, עַל־כֵּן אֲנִי זֹבֵחַ לַיהוה כָּל־פֶּטֶר רֶחֶם
הַזְּכָרִים, וְכָל־בְּכוֹר בָּנַי אֶפְדֶּה: וְהָיָה לְאוֹת עַל־יָדְכָה וּלְטוֹטָפֹת
בֵּין עֵינֶיךָ, כִּי בְּחֹזֶק יָד הוֹצִיאָנוּ יהוה מִמִּצְרָיִם:

הכנה לתפילה

כאשר נכנס לבית הכנסת אומר:

מַה־טֹּבוּ במדבר כד

אֹהָלֶיךָ יַעֲקֹב, מִשְׁכְּנֹתֶיךָ יִשְׂרָאֵל:
וַאֲנִי בְּרֹב חַסְדְּךָ אָבוֹא בֵיתֶךָ תהלים ה
אֶשְׁתַּחֲוֶה אֶל־הֵיכַל־קָדְשְׁךָ
בְּיִרְאָתֶךָ:
יהוה אָהַבְתִּי מְעוֹן בֵּיתֶךָ תהלים כו
וּמְקוֹם מִשְׁכַּן כְּבוֹדֶךָ:

וַאֲנִי אֶשְׁתַּחֲוֶה

וְאֶכְרָעָה
אֶבְרְכָה לִפְנֵי יהוה עֹשִׂי.

וַאֲנִי תְפִלָּתִי־לְךָ יהוה תהלים סט

עֵת רָצוֹן
אֱלֹהִים בְּרָב־חַסְדֶּךָ
עֲנֵנִי בֶּאֱמֶת יִשְׁעֶךָ:

אֲדוֹן עוֹלָם

אֲשֶׁר מָלַךְ בְּטֶרֶם כָּל־יְצִיר נִבְרָא.
לְעֵת נַעֲשָׂה בְחֶפְצוֹ כֹּל אֲזַי מֶלֶךְ שְׁמוֹ נִקְרָא.
וְאַחֲרֵי כִּכְלוֹת הַכֹּל לְבַדּוֹ יִמְלֹךְ נוֹרָא.
וְהוּא הָיָה וְהוּא הֹוֶה וְהוּא יִהְיֶה בְּתִפְאָרָה.
וְהוּא אֶחָד וְאֵין שֵׁנִי לְהַמְשִׁיל לוֹ לְהַחְבִּירָה.
בְּלִי רֵאשִׁית בְּלִי תַכְלִית וְלוֹ הָעֹז וְהַמִּשְׂרָה.
וְהוּא אֵלִי וְחַי גֹּאֲלִי וְצוּר חֶבְלִי בְּעֵת צָרָה.
וְהוּא נִסִּי וּמָנוֹס לִי מְנָת כּוֹסִי בְּיוֹם אֶקְרָא.
בְּיָדוֹ אַפְקִיד רוּחִי בְּעֵת אִישַׁן וְאָעִירָה.
וְעִם רוּחִי גְּוִיָּתִי יהוה לִי וְלֹא אִירָא.

יִגְדַּל

אֱלֹהִים חַי וְיִשְׁתַּבַּח, נִמְצָא וְאֵין עֵת אֶל מְצִיאוּתוֹ.

אֶחָד וְאֵין יָחִיד כְּיִחוּדוֹ, נֶעְלָם וְגַם אֵין סוֹף לְאַחְדוּתוֹ.

אֵין לוֹ דְּמוּת הַגּוּף וְאֵינוֹ גוּף, לֹא נַעֲרֹךְ אֵלָיו קְדֻשָּׁתוֹ.

קַדְמוֹן לְכָל דָּבָר אֲשֶׁר נִבְרָא, רִאשׁוֹן וְאֵין רֵאשִׁית לְרֵאשִׁיתוֹ.

הִנּוֹ אֲדוֹן עוֹלָם, וְכָל נוֹצָר יוֹרֶה גְדֻלָּתוֹ וּמַלְכוּתוֹ.

שֶׁפַע נְבוּאָתוֹ נְתָנוֹ אֶל־אַנְשֵׁי סְגֻלָּתוֹ וְתִפְאַרְתּוֹ.

לֹא קָם בְּיִשְׂרָאֵל כְּמֹשֶׁה עוֹד נָבִיא וּמַבִּיט אֶת תְּמוּנָתוֹ.

תּוֹרַת אֱמֶת נָתַן לְעַמּוֹ אֵל עַל יַד נְבִיאוֹ נֶאֱמַן בֵּיתוֹ.

לֹא יַחֲלִיף הָאֵל וְלֹא יָמִיר דָּתוֹ לְעוֹלָמִים לְזוּלָתוֹ.

צוֹפֶה וְיוֹדֵעַ סְתָרֵינוּ, מַבִּיט לְסוֹף דָּבָר בְּקַדְמָתוֹ.

גּוֹמֵל לְאִישׁ חֶסֶד כְּמִפְעָלוֹ, נוֹתֵן לְרָשָׁע רָע כְּרִשְׁעָתוֹ.

יִשְׁלַח לְקֵץ יָמִין מְשִׁיחֵנוּ לִפְדּוֹת מְחַכֵּי קֵץ יְשׁוּעָתוֹ.

מֵתִים יְחַיֶּה אֵל בְּרֹב חַסְדּוֹ, בָּרוּךְ עֲדֵי עַד שֵׁם תְּהִלָּתוֹ.

ברכות השחר

בבתי כנסת רבים שליח הציבור מתחיל כאן.
ויש מקומות שבהם נוהגים ששליח הציבור מתחיל בברייתא דרבי ישמעאל (עמ' 93)
או במזמור שלפני פסוקי דזמרה (עמ' 96).

בָּרוּךְ אַתָּה יהוה אֱלֹהֵינוּ מֶלֶךְ הָעוֹלָם
אֲשֶׁר נָתַן לַשֶּׂכְוִי בִינָה
לְהַבְחִין בֵּין יוֹם וּבֵין לָיְלָה.

בָּרוּךְ אַתָּה יהוה אֱלֹהֵינוּ מֶלֶךְ הָעוֹלָם
שֶׁלֹּא עָשַׂנִי גּוֹי.

בָּרוּךְ אַתָּה יהוה אֱלֹהֵינוּ מֶלֶךְ הָעוֹלָם
שֶׁלֹּא עָשַׂנִי עָבֶד.

בָּרוּךְ אַתָּה יהוה אֱלֹהֵינוּ מֶלֶךְ הָעוֹלָם
גברים: שֶׁלֹּא עָשַׂנִי אִשָּׁה. / נשים: שֶׁעָשַׂנִי כִּרְצוֹנוֹ.

בָּרוּךְ אַתָּה יהוה אֱלֹהֵינוּ מֶלֶךְ הָעוֹלָם
פּוֹקֵחַ עִוְרִים.

בָּרוּךְ אַתָּה יהוה אֱלֹהֵינוּ מֶלֶךְ הָעוֹלָם
מַלְבִּישׁ עֲרֻמִּים.

בָּרוּךְ אַתָּה יהוה אֱלֹהֵינוּ מֶלֶךְ הָעוֹלָם
מַתִּיר אֲסוּרִים.

בָּרוּךְ אַתָּה יהוה אֱלֹהֵינוּ מֶלֶךְ הָעוֹלָם
זוֹקֵף כְּפוּפִים.

בָּרוּךְ אַתָּה יהוה אֱלֹהֵינוּ מֶלֶךְ הָעוֹלָם
רוֹקַע הָאָרֶץ עַל הַמָּיִם.

בָּרוּךְ אַתָּה יהוה אֱלֹהֵינוּ מֶלֶךְ הָעוֹלָם
שֶׁעָשָׂה לִי כָּל צָרְכִּי.
בָּרוּךְ אַתָּה יהוה אֱלֹהֵינוּ מֶלֶךְ הָעוֹלָם
הַמֵּכִין מִצְעֲדֵי גָבֶר.
בָּרוּךְ אַתָּה יהוה אֱלֹהֵינוּ מֶלֶךְ הָעוֹלָם
אוֹזֵר יִשְׂרָאֵל בִּגְבוּרָה.
בָּרוּךְ אַתָּה יהוה אֱלֹהֵינוּ מֶלֶךְ הָעוֹלָם
עוֹטֵר יִשְׂרָאֵל בְּתִפְאָרָה.
בָּרוּךְ אַתָּה יהוה אֱלֹהֵינוּ מֶלֶךְ הָעוֹלָם
הַנּוֹתֵן לַיָּעֵף כֹּחַ.

בָּרוּךְ אַתָּה יהוה אֱלֹהֵינוּ מֶלֶךְ הָעוֹלָם, הַמַּעֲבִיר שֵׁנָה מֵעֵינַי וּתְנוּמָה מֵעַפְעַפָּי. וִיהִי רָצוֹן מִלְּפָנֶיךָ יהוה אֱלֹהֵינוּ וֵאלֹהֵי אֲבוֹתֵינוּ, שֶׁתַּרְגִּילֵנוּ בְּתוֹרָתֶךָ, וְדַבְּקֵנוּ בְּמִצְוֹתֶיךָ, וְאַל תְּבִיאֵנוּ לֹא לִידֵי חֵטְא, וְלֹא לִידֵי עֲבֵרָה וְעָוֹן, וְלֹא לִידֵי נִסָּיוֹן וְלֹא לִידֵי בִזָּיוֹן, וְאַל תַּשְׁלֶט בָּנוּ יֵצֶר הָרָע, וְהַרְחִיקֵנוּ מֵאָדָם רָע וּמֵחָבֵר רָע, וְדַבְּקֵנוּ בְּיֵצֶר הַטּוֹב וּבְמַעֲשִׂים טוֹבִים, וְכֹף אֶת יִצְרֵנוּ לְהִשְׁתַּעְבֶּד לָךְ, וּתְנֵנוּ הַיּוֹם וּבְכָל יוֹם לְחֵן וּלְחֶסֶד וּלְרַחֲמִים, בְּעֵינֶיךָ, וּבְעֵינֵי כָל רוֹאֵינוּ, וְתִגְמְלֵנוּ חֲסָדִים טוֹבִים. בָּרוּךְ אַתָּה יהוה, גּוֹמֵל חֲסָדִים טוֹבִים לְעַמּוֹ יִשְׂרָאֵל.

יְהִי רָצוֹן מִלְּפָנֶיךָ יהוה אֱלֹהַי וֵאלֹהֵי אֲבוֹתַי, שֶׁתַּצִּילֵנִי הַיּוֹם וּבְכָל יוֹם מֵעַזֵּי פָנִים וּמֵעַזּוּת פָּנִים, מֵאָדָם רָע, וּמֵחָבֵר רָע, וּמִשָּׁכֵן רָע, וּמִפֶּגַע רָע, וּמִשָּׂטָן הַמַּשְׁחִית, מִדִּין קָשֶׁה, וּמִבַּעַל דִּין קָשֶׁה בֵּין שֶׁהוּא בֶן בְּרִית וּבֵין שֶׁאֵינוֹ בֶן בְּרִית. ברכות טז:

פרשת העקדה

רבים נוהגים לקרוא בכל בוקר את פרשת העקדה
כדי לזכור את מסירות הנפש של האבות ולהזכיר את זכותם.

לפני פרשה זו ואחריה נוהגים לומר תחינה המבוססת על ברכת 'זכרונות'
בתפילת מוסף לראש השנה.

אֱלֹהֵינוּ וֵאלֹהֵי אֲבוֹתֵינוּ, זׇכְרֵנוּ בְּזִכְרוֹן טוֹב לְפָנֶיךָ, וּפׇקְדֵנוּ בִּפְקֻדַּת יְשׁוּעָה וְרַחֲמִים מִשְּׁמֵי שְׁמֵי קֶדֶם, וּזְכׇר לָנוּ יהוה אֱלֹהֵינוּ, אַהֲבַת הַקַּדְמוֹנִים אַבְרָהָם יִצְחָק וְיִשְׂרָאֵל עֲבָדֶיךָ, אֶת הַבְּרִית וְאֶת הַחֶסֶד וְאֶת הַשְּׁבוּעָה שֶׁנִּשְׁבַּעְתָּ לְאַבְרָהָם אָבִינוּ בְּהַר הַמּוֹרִיָּה, וְאֶת הָעֲקֵדָה שֶׁעָקַד אֶת יִצְחָק בְּנוֹ עַל גַּבֵּי הַמִּזְבֵּחַ, כַּכָּתוּב בְּתוֹרָתֶךָ:

בראשית כב
וַיְהִי אַחַר הַדְּבָרִים הָאֵלֶּה, וְהָאֱלֹהִים נִסָּה אֶת־אַבְרָהָם, וַיֹּאמֶר אֵלָיו אַבְרָהָם, וַיֹּאמֶר הִנֵּנִי: וַיֹּאמֶר קַח־נָא אֶת־בִּנְךָ אֶת־יְחִידְךָ אֲשֶׁר־אָהַבְתָּ, אֶת־יִצְחָק, וְלֶךְ־לְךָ אֶל־אֶרֶץ הַמֹּרִיָּה, וְהַעֲלֵהוּ שָׁם לְעֹלָה עַל אַחַד הֶהָרִים אֲשֶׁר אֹמַר אֵלֶיךָ: וַיַּשְׁכֵּם אַבְרָהָם בַּבֹּקֶר, וַיַּחֲבֹשׁ אֶת־חֲמֹרוֹ, וַיִּקַּח אֶת־שְׁנֵי נְעָרָיו אִתּוֹ וְאֵת יִצְחָק בְּנוֹ, וַיְבַקַּע עֲצֵי עֹלָה, וַיָּקׇם וַיֵּלֶךְ אֶל־הַמָּקוֹם אֲשֶׁר־אָמַר־לוֹ הָאֱלֹהִים: בַּיּוֹם הַשְּׁלִישִׁי וַיִּשָּׂא אַבְרָהָם אֶת־עֵינָיו וַיַּרְא אֶת־הַמָּקוֹם מֵרָחֹק: וַיֹּאמֶר אַבְרָהָם אֶל־נְעָרָיו, שְׁבוּ־לָכֶם פֹּה עִם־הַחֲמוֹר, וַאֲנִי וְהַנַּעַר נֵלְכָה עַד־כֹּה, וְנִשְׁתַּחֲוֶה וְנָשׁוּבָה אֲלֵיכֶם: וַיִּקַּח אַבְרָהָם אֶת־עֲצֵי הָעֹלָה וַיָּשֶׂם עַל־יִצְחָק בְּנוֹ, וַיִּקַּח בְּיָדוֹ אֶת־הָאֵשׁ וְאֶת־הַמַּאֲכֶלֶת, וַיֵּלְכוּ שְׁנֵיהֶם יַחְדָּו: וַיֹּאמֶר יִצְחָק אֶל־אַבְרָהָם אָבִיו, וַיֹּאמֶר אָבִי, וַיֹּאמֶר הִנֶּנִּי בְנִי, וַיֹּאמֶר, הִנֵּה הָאֵשׁ וְהָעֵצִים, וְאַיֵּה הַשֶּׂה לְעֹלָה: וַיֹּאמֶר אַבְרָהָם, אֱלֹהִים יִרְאֶה־לּוֹ הַשֶּׂה לְעֹלָה, בְּנִי, וַיֵּלְכוּ שְׁנֵיהֶם יַחְדָּו: וַיָּבֹאוּ אֶל־

הַמָּקוֹם אֲשֶׁר אָמַר־לוֹ הָאֱלֹהִים, וַיִּבֶן שָׁם אַבְרָהָם אֶת־הַמִּזְבֵּחַ וַיַּעֲרֹךְ אֶת־הָעֵצִים, וַיַּעֲקֹד אֶת־יִצְחָק בְּנוֹ, וַיָּשֶׂם אֹתוֹ עַל־הַמִּזְבֵּחַ מִמַּעַל לָעֵצִים: וַיִּשְׁלַח אַבְרָהָם אֶת־יָדוֹ, וַיִּקַּח אֶת־הַמַּאֲכֶלֶת, לִשְׁחֹט אֶת־בְּנוֹ: וַיִּקְרָא אֵלָיו מַלְאַךְ יהוה מִן־הַשָּׁמַיִם, וַיֹּאמֶר אַבְרָהָם אַבְרָהָם, וַיֹּאמֶר הִנֵּנִי: וַיֹּאמֶר אַל־תִּשְׁלַח יָדְךָ אֶל־הַנַּעַר, וְאַל־תַּעַשׂ לוֹ מְאוּמָה, כִּי עַתָּה יָדַעְתִּי כִּי־יְרֵא אֱלֹהִים אַתָּה, וְלֹא חָשַׂכְתָּ אֶת־בִּנְךָ אֶת־יְחִידְךָ מִמֶּנִּי: וַיִּשָּׂא אַבְרָהָם אֶת־עֵינָיו, וַיַּרְא וְהִנֵּה־אַיִל, אַחַר נֶאֱחַז בַּסְּבַךְ בְּקַרְנָיו, וַיֵּלֶךְ אַבְרָהָם וַיִּקַּח אֶת־הָאַיִל, וַיַּעֲלֵהוּ לְעֹלָה תַּחַת בְּנוֹ: וַיִּקְרָא אַבְרָהָם שֵׁם־הַמָּקוֹם הַהוּא יהוה יִרְאֶה, אֲשֶׁר יֵאָמֵר הַיּוֹם בְּהַר יהוה יֵרָאֶה: וַיִּקְרָא מַלְאַךְ יהוה אֶל־אַבְרָהָם שֵׁנִית מִן־הַשָּׁמָיִם: וַיֹּאמֶר, בִּי נִשְׁבַּעְתִּי נְאֻם־יהוה, כִּי יַעַן אֲשֶׁר עָשִׂיתָ אֶת־הַדָּבָר הַזֶּה, וְלֹא חָשַׂכְתָּ אֶת־בִּנְךָ אֶת־יְחִידֶךָ: כִּי־בָרֵךְ אֲבָרֶכְךָ, וְהַרְבָּה אַרְבֶּה אֶת־זַרְעֲךָ כְּכוֹכְבֵי הַשָּׁמַיִם, וְכַחוֹל אֲשֶׁר עַל־שְׂפַת הַיָּם, וְיִרַשׁ זַרְעֲךָ אֵת שַׁעַר אֹיְבָיו: וְהִתְבָּרְכוּ בְזַרְעֲךָ כֹּל גּוֹיֵי הָאָרֶץ, עֵקֶב אֲשֶׁר שָׁמַעְתָּ בְּקֹלִי: וַיָּשָׁב אַבְרָהָם אֶל־נְעָרָיו, וַיָּקֻמוּ וַיֵּלְכוּ יַחְדָּו אֶל־בְּאֵר שָׁבַע, וַיֵּשֶׁב אַבְרָהָם בִּבְאֵר שָׁבַע:

רִבּוֹנוֹ שֶׁל עוֹלָם, כְּמוֹ שֶׁכָּבַשׁ אַבְרָהָם אָבִינוּ אֶת רַחֲמָיו לַעֲשׂוֹת רְצוֹנְךָ
בְּלֵבָב שָׁלֵם, כֵּן יִכְבְּשׁוּ רַחֲמֶיךָ אֶת כַּעַסְךָ מֵעָלֵינוּ וְיִגֹּלּוּ רַחֲמֶיךָ עַל מִדּוֹתֶיךָ.
וְתִתְנַהֵג עִמָּנוּ יהוה אֱלֹהֵינוּ בְּמִדַּת הַחֶסֶד וּבְמִדַּת הָרַחֲמִים, וּבְטוּבְךָ הַגָּדוֹל
יָשׁוּב חֲרוֹן אַפְּךָ מֵעַמְּךָ וּמֵעִירְךָ וּמֵאַרְצְךָ וּמִנַּחֲלָתֶךָ. וְקַיֶּם לָנוּ יהוה אֱלֹהֵינוּ
אֶת הַדָּבָר שֶׁהִבְטַחְתָּנוּ בְּתוֹרָתֶךָ עַל יְדֵי מֹשֶׁה עַבְדֶּךָ, כָּאָמוּר: וְזָכַרְתִּי ויקרא כו
אֶת־בְּרִיתִי יַעֲקוֹב וְאַף אֶת־בְּרִיתִי יִצְחָק, וְאַף אֶת־בְּרִיתִי אַבְרָהָם אֶזְכֹּר,
וְהָאָרֶץ אֶזְכֹּר:

קבלת עול מלכות שמים

לְעוֹלָם יְהֵא אָדָם יְרֵא שָׁמַיִם בְּסֵתֶר וּבְגָלוּי
וּמוֹדֶה עַל הָאֱמֶת, וְדוֹבֵר אֱמֶת בִּלְבָבוֹ
וְיַשְׁכֵּם וְיֹאמַר
רִבּוֹן כָּל הָעוֹלָמִים
דניאל ט לֹא עַל־צִדְקוֹתֵינוּ אֲנַחְנוּ מַפִּילִים תַּחֲנוּנֵינוּ לְפָנֶיךָ
כִּי עַל־רַחֲמֶיךָ הָרַבִּים:

מָה אָנוּ, מֶה חַיֵּינוּ, מֶה חַסְדֵּנוּ, מַה צִּדְקוֹתֵינוּ
מַה יְּשׁוּעָתֵנוּ, מַה כֹּחֵנוּ, מַה גְּבוּרָתֵנוּ
מַה נֹּאמַר לְפָנֶיךָ, יהוה אֱלֹהֵינוּ וֵאלֹהֵי אֲבוֹתֵינוּ
הֲלֹא כָּל הַגִּבּוֹרִים כְּאַיִן לְפָנֶיךָ
וְאַנְשֵׁי הַשֵּׁם כְּלֹא הָיוּ
וַחֲכָמִים כִּבְלִי מַדָּע
וּנְבוֹנִים כִּבְלִי הַשְׂכֵּל
כִּי רֹב מַעֲשֵׂיהֶם תֹּהוּ
וִימֵי חַיֵּיהֶם הֶבֶל לְפָנֶיךָ
קהלת ג וּמוֹתַר הָאָדָם מִן־הַבְּהֵמָה אָיִן
כִּי הַכֹּל הָבֶל:

אֲבָל אֲנַחְנוּ עַמְּךָ בְּנֵי בְרִיתֶךָ
בְּנֵי אַבְרָהָם אֹהַבְךָ שֶׁנִּשְׁבַּעְתָּ לּוֹ בְּהַר הַמּוֹרִיָּה
זֶרַע יִצְחָק יְחִידוֹ שֶׁנֶּעֱקַד עַל גַּבֵּי הַמִּזְבֵּחַ
עֲדַת יַעֲקֹב בִּנְךָ בְּכוֹרֶךָ
שֶׁמֵּאַהֲבָתְךָ שֶׁאָהַבְתָּ אוֹתוֹ, וּמִשִּׂמְחָתְךָ שֶׁשָּׂמַחְתָּ בּוֹ
קָרָאתָ אֶת שְׁמוֹ יִשְׂרָאֵל וִישֻׁרוּן.

לְפִיכָךְ אֲנַחְנוּ חַיָּבִים
לְהוֹדוֹת לְךָ וּלְשַׁבֵּחֲךָ וּלְפָאֶרְךָ
וּלְבָרֵךְ וּלְקַדֵּשׁ וְלָתֵת שֶׁבַח וְהוֹדָיָה לִשְׁמֶךָ.
אַשְׁרֵינוּ, מַה טּוֹב חֶלְקֵנוּ
וּמַה נָּעִים גּוֹרָלֵנוּ, וּמַה יָּפָה יְרֻשָּׁתֵנוּ.

◄ אַשְׁרֵינוּ, שֶׁאֲנַחְנוּ מַשְׁכִּימִים וּמַעֲרִיבִים עֶרֶב וָבֹקֶר
וְאוֹמְרִים פַּעֲמַיִם בְּכָל יוֹם

שְׁמַע יִשְׂרָאֵל, יהוה אֱלֹהֵינוּ, יהוה אֶחָד: דברים ו

בלחש: בָּרוּךְ שֵׁם כְּבוֹד מַלְכוּתוֹ לְעוֹלָם וָעֶד.

יש הקוראים כאן את הפרשה הראשונה בקריאת שמע (מהרש״ל),
והמנהג הנפוץ הוא להמשיך ב׳אַתָּה הוּא עַד שֶׁלֹּא נִבְרָא הָעוֹלָם׳.
אם חושש שיעבור זמן קריאת שמע, קורא את כל שלוש הפרשות 117.

וְאָהַבְתָּ אֵת יהוה אֱלֹהֶיךָ, בְּכָל־לְבָבְךָ, וּבְכָל־נַפְשְׁךָ, וּבְכָל־מְאֹדֶךָ: וְהָיוּ הַדְּבָרִים הָאֵלֶּה, אֲשֶׁר אָנֹכִי מְצַוְּךָ הַיּוֹם, עַל־לְבָבֶךָ: וְשִׁנַּנְתָּם לְבָנֶיךָ, וְדִבַּרְתָּ בָּם, בְּשִׁבְתְּךָ בְּבֵיתֶךָ, וּבְלֶכְתְּךָ בַדֶּרֶךְ, וּבְשָׁכְבְּךָ וּבְקוּמֶךָ: וּקְשַׁרְתָּם לְאוֹת עַל־יָדֶךָ וְהָיוּ לְטֹטָפֹת בֵּין עֵינֶיךָ: וּכְתַבְתָּם עַל־מְזֻזוֹת בֵּיתֶךָ וּבִשְׁעָרֶיךָ:

אַתָּה הוּא עַד שֶׁלֹּא נִבְרָא הָעוֹלָם
אַתָּה הוּא מִשֶּׁנִּבְרָא הָעוֹלָם.
אַתָּה הוּא בָּעוֹלָם הַזֶּה
וְאַתָּה הוּא לָעוֹלָם הַבָּא.

◄ קַדֵּשׁ אֶת שִׁמְךָ עַל מַקְדִּישֵׁי שְׁמֶךָ
וְקַדֵּשׁ אֶת שִׁמְךָ בְּעוֹלָמֶךָ
וּבִישׁוּעָתְךָ תָּרוּם וְתַגְבִּיהַּ קַרְנֵנוּ.
בָּרוּךְ אַתָּה יהוה, הַמְקַדֵּשׁ אֶת שִׁמְךָ בָּרַבִּים.

אַתָּה הוּא יהוה אֱלֹהֵינוּ

בַּשָּׁמַיִם וּבָאָרֶץ

וּבִשְׁמֵי הַשָּׁמַיִם הָעֶלְיוֹנִים.

אֱמֶת, אַתָּה הוּא רִאשׁוֹן

וְאַתָּה הוּא אַחֲרוֹן

וּמִבַּלְעָדֶיךָ אֵין אֱלֹהִים.

קַבֵּץ קֹוֶיךָ מֵאַרְבַּע כַּנְפוֹת הָאָרֶץ.

יַכִּירוּ וְיֵדְעוּ כָּל בָּאֵי עוֹלָם

כִּי אַתָּה־הוּא הָאֱלֹהִים לְבַדְּךָ לְכֹל מַמְלְכוֹת הָאָרֶץ

מלכים ב׳ יט

אַתָּה עָשִׂיתָ אֶת־הַשָּׁמַיִם וְאֶת־הָאָרֶץ:

אֶת־הַיָּם וְאֶת־כָּל־אֲשֶׁר־בָּם:

שמות כ

וּמִי בְּכָל מַעֲשֵׂי יָדֶיךָ בָּעֶלְיוֹנִים אוֹ בַתַּחְתּוֹנִים

שֶׁיֹּאמַר לְךָ מַה תַּעֲשֶׂה.

אָבִינוּ שֶׁבַּשָּׁמַיִם

עֲשֵׂה עִמָּנוּ חֶסֶד

בַּעֲבוּר שִׁמְךָ הַגָּדוֹל שֶׁנִּקְרָא עָלֵינוּ

וְקַיֵּם לָנוּ יהוה אֱלֹהֵינוּ

מַה שֶׁכָּתוּב:

בָּעֵת הַהִיא אָבִיא אֶתְכֶם

צפניה ג

וּבָעֵת קַבְּצִי אֶתְכֶם

כִּי־אֶתֵּן אֶתְכֶם לְשֵׁם וְלִתְהִלָּה בְּכֹל עַמֵּי הָאָרֶץ

בְּשׁוּבִי אֶת־שְׁבוּתֵיכֶם לְעֵינֵיכֶם

אָמַר יהוה:

סדר הקרבנות

יש לומר את פרשת קרבן התמיד (בעמוד הבא) בכל יום.
ונוהגים לומר לפניה את פרשות הכיור ותרומת הדשן,
ולאחריה את פרשת הקטורת (שו״ע א, ט).

פרשת הכיור

שמות ל וַיְדַבֵּר יהוה אֶל־מֹשֶׁה לֵּאמֹר: וְעָשִׂיתָ כִּיּוֹר נְחֹשֶׁת וְכַנּוֹ נְחֹשֶׁת לְרָחְצָה, וְנָתַתָּ אֹתוֹ בֵּין־אֹהֶל מוֹעֵד וּבֵין הַמִּזְבֵּחַ, וְנָתַתָּ שָׁמָּה מָיִם: וְרָחֲצוּ אַהֲרֹן וּבָנָיו מִמֶּנּוּ אֶת־יְדֵיהֶם וְאֶת־רַגְלֵיהֶם: בְּבֹאָם אֶל־אֹהֶל מוֹעֵד יִרְחֲצוּ־מַיִם, וְלֹא יָמֻתוּ, אוֹ בְגִשְׁתָּם אֶל־הַמִּזְבֵּחַ לְשָׁרֵת, לְהַקְטִיר אִשֶּׁה לַיהוה: וְרָחֲצוּ יְדֵיהֶם וְרַגְלֵיהֶם וְלֹא יָמֻתוּ, וְהָיְתָה לָהֶם חָק־עוֹלָם, לוֹ וּלְזַרְעוֹ לְדֹרֹתָם:

פרשת תרומת הדשן

ויקרא ו וַיְדַבֵּר יהוה אֶל־מֹשֶׁה לֵּאמֹר: צַו אֶת־אַהֲרֹן וְאֶת־בָּנָיו לֵאמֹר, זֹאת תּוֹרַת הָעֹלָה, הִוא הָעֹלָה עַל מוֹקְדָה עַל־הַמִּזְבֵּחַ כָּל־הַלַּיְלָה עַד־הַבֹּקֶר, וְאֵשׁ הַמִּזְבֵּחַ תּוּקַד בּוֹ: וְלָבַשׁ הַכֹּהֵן מִדּוֹ בַד, וּמִכְנְסֵי־בַד יִלְבַּשׁ עַל־בְּשָׂרוֹ, וְהֵרִים אֶת־הַדֶּשֶׁן אֲשֶׁר תֹּאכַל הָאֵשׁ אֶת־הָעֹלָה, עַל־הַמִּזְבֵּחַ, וְשָׂמוֹ אֵצֶל הַמִּזְבֵּחַ: וּפָשַׁט אֶת־בְּגָדָיו, וְלָבַשׁ בְּגָדִים אֲחֵרִים, וְהוֹצִיא אֶת־הַדֶּשֶׁן אֶל־מִחוּץ לַמַּחֲנֶה, אֶל־מָקוֹם טָהוֹר: וְהָאֵשׁ עַל־הַמִּזְבֵּחַ תּוּקַד־בּוֹ, לֹא תִכְבֶּה, וּבִעֵר עָלֶיהָ הַכֹּהֵן עֵצִים בַּבֹּקֶר בַּבֹּקֶר, וְעָרַךְ עָלֶיהָ הָעֹלָה, וְהִקְטִיר עָלֶיהָ חֶלְבֵי הַשְּׁלָמִים: אֵשׁ, תָּמִיד תּוּקַד עַל־הַמִּזְבֵּחַ, לֹא תִכְבֶּה:

יְהִי רָצוֹן מִלְּפָנֶיךָ יהוה אֱלֹהֵינוּ וֵאלֹהֵי אֲבוֹתֵינוּ, שֶׁתְּרַחֵם עָלֵינוּ, וְתִמְחֹל לָנוּ עַל כָּל חַטֹּאתֵינוּ וּתְכַפֵּר לָנוּ עַל כָּל עֲוֹנוֹתֵינוּ וְתִסְלַח לָנוּ עַל כָּל פְּשָׁעֵינוּ, וְתִבְנֶה בֵּית הַמִּקְדָּשׁ בִּמְהֵרָה בְיָמֵינוּ, וְנַקְרִיב לְפָנֶיךָ קָרְבַּן הַתָּמִיד שֶׁיְּכַפֵּר בַּעֲדֵנוּ, כְּמוֹ שֶׁכָּתַבְתָּ עָלֵינוּ בְּתוֹרָתֶךָ עַל יְדֵי מֹשֶׁה עַבְדֶּךָ מִפִּי כְבוֹדֶךָ, כָּאָמוּר

סדר הקרבנות · שחרית

פרשת קרבן התמיד

במדבר כח

וַיְדַבֵּר יהוה אֶל־מֹשֶׁה לֵּאמֹר: צַו אֶת־בְּנֵי יִשְׂרָאֵל וְאָמַרְתָּ
אֲלֵהֶם, אֶת־קָרְבָּנִי לַחְמִי לְאִשַּׁי, רֵיחַ נִיחֹחִי, תִּשְׁמְרוּ
לְהַקְרִיב לִי בְּמוֹעֲדוֹ: וְאָמַרְתָּ לָהֶם, זֶה הָאִשֶּׁה אֲשֶׁר תַּקְרִיבוּ
לַיהוה, כְּבָשִׂים בְּנֵי־שָׁנָה תְמִימִם שְׁנַיִם לַיּוֹם, עֹלָה תָמִיד:
אֶת־הַכֶּבֶשׂ אֶחָד תַּעֲשֶׂה בַבֹּקֶר, וְאֵת הַכֶּבֶשׂ הַשֵּׁנִי תַּעֲשֶׂה
בֵּין הָעַרְבָּיִם: וַעֲשִׂירִית הָאֵיפָה סֹלֶת לְמִנְחָה, בְּלוּלָה בְּשֶׁמֶן
כָּתִית רְבִיעִת הַהִין: עֹלַת תָּמִיד, הָעֲשֻׂיָה בְּהַר סִינַי, לְרֵיחַ
נִיחֹחַ אִשֶּׁה לַיהוה: וְנִסְכּוֹ רְבִיעִת הַהִין לַכֶּבֶשׂ הָאֶחָד,
בַּקֹּדֶשׁ הַסֵּךְ נֶסֶךְ שֵׁכָר לַיהוה: וְאֵת הַכֶּבֶשׂ הַשֵּׁנִי תַּעֲשֶׂה
בֵּין הָעַרְבָּיִם, כְּמִנְחַת הַבֹּקֶר וּכְנִסְכּוֹ תַּעֲשֶׂה, אִשֵּׁה רֵיחַ
נִיחֹחַ לַיהוה:

ויקרא א

וְשָׁחַט אֹתוֹ עַל יֶרֶךְ הַמִּזְבֵּחַ צָפֹנָה לִפְנֵי יהוה, וְזָרְקוּ בְּנֵי
אַהֲרֹן הַכֹּהֲנִים אֶת־דָּמוֹ עַל־הַמִּזְבֵּחַ, סָבִיב:

יְהִי רָצוֹן מִלְּפָנֶיךָ, יהוה אֱלֹהֵינוּ וֵאלֹהֵי אֲבוֹתֵינוּ, שֶׁתְּהֵא אֲמִירָה זוֹ חֲשׁוּבָה
וּמְקֻבֶּלֶת וּמְרֻצָּה לְפָנֶיךָ, כְּאִלּוּ הִקְרַבְנוּ קָרְבַּן הַתָּמִיד בְּמוֹעֲדוֹ וּבִמְקוֹמוֹ וּכְהִלְכָתוֹ.

אַתָּה הוּא יהוה אֱלֹהֵינוּ שֶׁהִקְטִירוּ אֲבוֹתֵינוּ לְפָנֶיךָ אֶת קְטֹרֶת הַסַּמִּים בִּזְמַן
שֶׁבֵּית הַמִּקְדָּשׁ הָיָה קַיָּם, כַּאֲשֶׁר צִוִּיתָ אוֹתָם עַל יְדֵי מֹשֶׁה נְבִיאֶךָ, כַּכָּתוּב
בְּתוֹרָתֶךָ:

פרשת הקטורת

שמות ל

וַיֹּאמֶר יהוה אֶל־מֹשֶׁה, קַח־לְךָ סַמִּים נָטָף וּשְׁחֵלֶת וְחֶלְבְּנָה, סַמִּים
וּלְבֹנָה זַכָּה, בַּד בְּבַד יִהְיֶה: וְעָשִׂיתָ אֹתָהּ קְטֹרֶת, רֹקַח מַעֲשֵׂה רוֹקֵחַ,
מְמֻלָּח, טָהוֹר קֹדֶשׁ: וְשָׁחַקְתָּ מִמֶּנָּה הָדֵק, וְנָתַתָּה מִמֶּנָּה לִפְנֵי הָעֵדֻת
בְּאֹהֶל מוֹעֵד אֲשֶׁר אִוָּעֵד לְךָ שָׁמָּה, קֹדֶשׁ קָדָשִׁים תִּהְיֶה לָכֶם:

וְנֶאֱמַר
וְהִקְטִיר עָלָיו אַהֲרֹן קְטֹרֶת סַמִּים, בַּבֹּקֶר בַּבֹּקֶר בְּהֵיטִיבוֹ
אֶת־הַנֵּרֹת יַקְטִירֶנָּה: וּבְהַעֲלֹת אַהֲרֹן אֶת־הַנֵּרֹת בֵּין הָעַרְבַּיִם
יַקְטִירֶנָּה, קְטֹרֶת תָּמִיד לִפְנֵי יהוה לְדֹרֹתֵיכֶם:

תָּנוּ רַבָּנָן: פִּטּוּם הַקְּטֹרֶת כֵּיצַד, שְׁלֹשׁ מֵאוֹת וְשִׁשִּׁים וּשְׁמוֹנָה מָנִים הָיוּ בָהּ. שְׁלֹשׁ כריתות ו.
מֵאוֹת וְשִׁשִּׁים וַחֲמִשָּׁה כְּמִנְיַן יְמוֹת הַחַמָּה, מָנֶה לְכָל יוֹם, פְּרַס בְּשַׁחֲרִית וּפְרַס
בֵּין הָעַרְבַּיִם, וּשְׁלֹשָׁה מָנִים יְתֵרִים שֶׁמֵּהֶם מַכְנִיס כֹּהֵן גָּדוֹל מְלֹא חָפְנָיו בְּיוֹם
הַכִּפּוּרִים, וּמַחֲזִירָן לְמַכְתֶּשֶׁת בְּעֶרֶב יוֹם הַכִּפּוּרִים וְשׁוֹחֲקָן יָפֶה יָפֶה, כְּדֵי שֶׁתְּהֵא
דַקָּה מִן הַדַּקָּה. וְאַחַד עָשָׂר סַמָּנִים הָיוּ בָהּ, וְאֵלּוּ הֵן: הַצֳּרִי, וְהַצִּפֹּרֶן, וְהַחֶלְבְּנָה,
וְהַלְּבוֹנָה מִשְׁקַל שִׁבְעִים שִׁבְעִים מָנֶה, מֹר, וּקְצִיעָה, שִׁבֹּלֶת נֵרְדְּ, וְכַרְכֹּם מִשְׁקַל
שִׁשָּׁה עָשָׂר שִׁשָּׁה עָשָׂר מָנֶה, הַקֹּשְׁטְ שְׁנֵים עָשָׂר, קִלּוּפָה שְׁלֹשָׁה וְקִנָּמוֹן תִּשְׁעָה,
בּוֹרִית כַּרְשִׁינָה תִּשְׁעָה קַבִּין, יֵין קַפְרִיסִין סְאִין תְּלָת וְקַבִּין תְּלָתָא, וְאִם אֵין לוֹ
יֵין קַפְרִיסִין, מֵבִיא חֲמַר חִוַּרְיָן עַתִּיק. מֶלַח סְדוֹמִית רֹבַע, מַעֲלֶה עָשָׁן כָּל שֶׁהוּא.
רַבִּי נָתָן הַבַּבְלִי אוֹמֵר: אַף כִּפַּת הַיַּרְדֵּן כָּל שֶׁהוּא, וְאִם נָתַן בָּהּ דְּבַשׁ פְּסָלָהּ,
וְאִם חִסַּר אֶחָד מִכָּל סַמָּנֶיהָ, חַיָּב מִיתָה.

רַבָּן שִׁמְעוֹן בֶּן גַּמְלִיאֵל אוֹמֵר: הַצֳּרִי אֵינוֹ אֶלָּא שְׂרָף הַנּוֹטֵף מֵעֲצֵי הַקְּטָף. בּוֹרִית
כַּרְשִׁינָה שֶׁשָּׁפִין בָּהּ אֶת הַצִּפֹּרֶן כְּדֵי שֶׁתְּהֵא נָאָה, יֵין קַפְרִיסִין שֶׁשּׁוֹרִין בּוֹ אֶת
הַצִּפֹּרֶן כְּדֵי שֶׁתְּהֵא עַזָּה, וַהֲלֹא מֵי רַגְלַיִם יָפִין לָהּ, אֶלָּא שֶׁאֵין מַכְנִיסִין מֵי רַגְלַיִם
בַּמִּקְדָּשׁ מִפְּנֵי הַכָּבוֹד.

תַּנְיָא, רַבִּי נָתָן אוֹמֵר: כְּשֶׁהוּא שׁוֹחֵק אוֹמֵר, הָדֵק הֵיטֵב הֵיטֵב הָדֵק, מִפְּנֵי
שֶׁהַקּוֹל יָפֶה לַבְּשָׂמִים. פִּטְּמָהּ לַחֲצָאִין כְּשֵׁרָה, לִשְׁלִישׁ וְלִרְבִיעַ לֹא שָׁמַעְנוּ.
אָמַר רַבִּי יְהוּדָה: זֶה הַכְּלָל, אִם כְּמִדָּתָהּ כְּשֵׁרָה לַחֲצָאִין, וְאִם חִסַּר אֶחָד מִכָּל
סַמָּנֶיהָ חַיָּב מִיתָה.

תַּנְיָא, בַּר קַפָּרָא אוֹמֵר: אַחַת לְשִׁשִּׁים אוֹ לְשִׁבְעִים שָׁנָה הָיְתָה בָאָה שֶׁל שִׁירַיִם ירושלמי
לַחֲצָאִין. וְעוֹד תָּנֵי בַּר קַפָּרָא: אִלּוּ הָיָה נוֹתֵן בָּהּ קוֹרְטוֹב שֶׁל דְּבַשׁ אֵין אָדָם יומא ד, הלכה ה
יָכוֹל לַעֲמֹד מִפְּנֵי רֵיחָהּ, וְלָמָּה אֵין מְעָרְבִין בָּהּ דְּבַשׁ, מִפְּנֵי שֶׁהַתּוֹרָה אָמְרָה: כִּי ויקרא ב
כָל־שְׂאֹר וְכָל־דְּבַשׁ לֹא־תַקְטִירוּ מִמֶּנּוּ אִשֶּׁה לַיהוה:

נוהגים לומר שלושה פסוקים אלה אחרי פרשת הקטורת
והשל״ה כתב לומר כל פסוק שלוש פעמים.

תהלים מו יהוה צְבָאוֹת עִמָּנוּ, מִשְׂגָּב לָנוּ אֱלֹהֵי יַעֲקֹב סֶלָה:
תהלים פד יהוה צְבָאוֹת, אַשְׁרֵי אָדָם בֹּטֵחַ בָּךְ:
תהלים כ יהוה הוֹשִׁיעָה, הַמֶּלֶךְ יַעֲנֵנוּ בְיוֹם־קָרְאֵנוּ:

תהלים לב אַתָּה סֵתֶר לִי, מִצַּר תִּצְּרֵנִי, רָנֵּי פַלֵּט תְּסוֹבְבֵנִי סֶלָה:
מלאכי ג וְעָרְבָה לַיהוה מִנְחַת יְהוּדָה וִירוּשָׁלָםִ
כִּימֵי עוֹלָם וּכְשָׁנִים קַדְמֹנִיּוֹת:

סדר המערכה

יומא לג. אַבַּיֵּי הֲוָה מְסַדֵּר סֵדֶר הַמַּעֲרָכָה מִשְּׁמָא דִגְמָרָא, וְאַלִּבָּא דְאַבָּא שָׁאוּל:
מַעֲרָכָה גְדוֹלָה קוֹדֶמֶת לְמַעֲרָכָה שְׁנִיָּה שֶׁל קְטֹרֶת, וּמַעֲרָכָה שְׁנִיָּה שֶׁל
קְטֹרֶת קוֹדֶמֶת לְסִדּוּר שְׁנֵי גִזְרֵי עֵצִים, וְסִדּוּר שְׁנֵי גִזְרֵי עֵצִים קוֹדֵם לְדִשּׁוּן
מִזְבֵּחַ הַפְּנִימִי, וְדִשּׁוּן מִזְבֵּחַ הַפְּנִימִי קוֹדֵם לַהֲטָבַת חָמֵשׁ נֵרוֹת, וַהֲטָבַת
חָמֵשׁ נֵרוֹת קוֹדֶמֶת לְדַם הַתָּמִיד, וְדַם הַתָּמִיד קוֹדֵם לַהֲטָבַת שְׁתֵּי
נֵרוֹת, וַהֲטָבַת שְׁתֵּי נֵרוֹת קוֹדֶמֶת לִקְטֹרֶת, וּקְטֹרֶת קוֹדֶמֶת לְאֵבָרִים,
וְאֵבָרִים לְמִנְחָה, וּמִנְחָה לַחֲבִתִּין, וַחֲבִתִּין לִנְסָכִין, וּנְסָכִין לְמוּסָפִין,
וּמוּסָפִין לְבָזִיכִין, וּבָזִיכִין קוֹדְמִין לְתָמִיד שֶׁל בֵּין הָעַרְבַּיִם. שֶׁנֶּאֱמַר:
ויקרא ו וְעָרַךְ עָלֶיהָ הָעֹלָה, וְהִקְטִיר עָלֶיהָ חֶלְבֵי הַשְּׁלָמִים: עָלֶיהָ הַשְׁלֵם כָּל
הַקָּרְבָּנוֹת כֻּלָּם.

אָנָּא, בְּכֹחַ גְּדֻלַּת יְמִינְךָ, תַּתִּיר צְרוּרָה.
קַבֵּל רִנַּת עַמְּךָ, שַׂגְּבֵנוּ, טַהֲרֵנוּ, נוֹרָא.
נָא גִבּוֹר, דּוֹרְשֵׁי יִחוּדְךָ כְּבָבַת שָׁמְרֵם.
בָּרְכֵם, טַהֲרֵם, רַחֲמֵם, צִדְקָתְךָ תָּמִיד גָּמְלֵם.
חֲסִין קָדוֹשׁ, בְּרֹב טוּבְךָ נַהֵל עֲדָתֶךָ.
יָחִיד גֵּאֶה, לְעַמְּךָ פְּנֵה, זוֹכְרֵי קְדֻשָּׁתֶךָ.
שַׁוְעָתֵנוּ קַבֵּל וּשְׁמַע צַעֲקָתֵנוּ, יוֹדֵעַ תַּעֲלוּמוֹת.
בָּרוּךְ שֵׁם כְּבוֹד מַלְכוּתוֹ לְעוֹלָם וָעֶד.

רִבּוֹן הָעוֹלָמִים, אַתָּה צִוִּיתָנוּ לְהַקְרִיב קָרְבַּן הַתָּמִיד בְּמוֹעֲדוֹ
וְלִהְיוֹת כֹּהֲנִים בַּעֲבוֹדָתָם וּלְוִיִּם בְּדוּכָנָם וְיִשְׂרָאֵל בְּמַעֲמָדָם,
וְעַתָּה בַּעֲוֹנוֹתֵינוּ חָרַב בֵּית הַמִּקְדָּשׁ וּבָטַל הַתָּמִיד וְאֵין לָנוּ לֹא
כֹהֵן בַּעֲבוֹדָתוֹ וְלֹא לֵוִי בְּדוּכָנוֹ וְלֹא יִשְׂרָאֵל בְּמַעֲמָדוֹ, וְאַתָּה
אָמַרְתָּ: וּנְשַׁלְּמָה פָרִים שְׂפָתֵינוּ: לָכֵן יְהִי רָצוֹן מִלְּפָנֶיךָ יהוה אֱלֹהֵינוּ הושע יד
וֵאלֹהֵי אֲבוֹתֵינוּ, שֶׁיְּהֵא שִׂיחַ שִׂפְתוֹתֵינוּ חָשׁוּב וּמְקֻבָּל וּמְרֻצֶּה
לְפָנֶיךָ, כְּאִלּוּ הִקְרַבְנוּ קָרְבַּן הַתָּמִיד בְּמוֹעֲדוֹ וּבִמְקוֹמוֹ וּכְהִלְכָתוֹ.

דיני זבחים

אֵיזֶהוּ מְקוֹמָן שֶׁל זְבָחִים. קָדְשֵׁי קָדָשִׁים שְׁחִיטָתָן בַּצָּפוֹן. פַּר וְשָׂעִיר זבחים פרק ה
שֶׁל יוֹם הַכִּפּוּרִים, שְׁחִיטָתָן בַּצָּפוֹן, וְקִבּוּל דָּמָן בִּכְלֵי שָׁרֵת בַּצָּפוֹן,
וְדָמָן טָעוּן הַזָּיָה עַל בֵּין הַבַּדִּים, וְעַל הַפָּרֹכֶת, וְעַל מִזְבַּח הַזָּהָב.
מַתָּנָה אַחַת מֵהֶן מְעַכֶּבֶת. שְׁיָרֵי הַדָּם הָיָה שׁוֹפֵךְ עַל יְסוֹד מַעֲרָבִי
שֶׁל מִזְבֵּחַ הַחִיצוֹן, אִם לֹא נָתַן לֹא עִכֵּב.

פָּרִים הַנִּשְׂרָפִים וּשְׂעִירִים הַנִּשְׂרָפִים, שְׁחִיטָתָן בַּצָּפוֹן, וְקִבּוּל דָּמָן
בִּכְלֵי שָׁרֵת בַּצָּפוֹן, וְדָמָן טָעוּן הַזָּיָה עַל הַפָּרֹכֶת וְעַל מִזְבַּח הַזָּהָב.
מַתָּנָה אַחַת מֵהֶן מְעַכֶּבֶת. שְׁיָרֵי הַדָּם הָיָה שׁוֹפֵךְ עַל יְסוֹד מַעֲרָבִי
שֶׁל מִזְבֵּחַ הַחִיצוֹן, אִם לֹא נָתַן לֹא עִכֵּב. אֵלּוּ וָאֵלּוּ נִשְׂרָפִין בְּבֵית
הַדָּשֶׁן.

חַטֹּאת הַצִּבּוּר וְהַיָּחִיד. אֵלּוּ הֵן חַטֹּאת הַצִּבּוּר: שְׂעִירֵי רָאשֵׁי
חֳדָשִׁים וְשֶׁל מוֹעֲדוֹת. שְׁחִיטָתָן בַּצָּפוֹן, וְקִבּוּל דָּמָן בִּכְלֵי שָׁרֵת
בַּצָּפוֹן, וְדָמָן טָעוּן אַרְבַּע מַתָּנוֹת עַל אַרְבַּע קְרָנוֹת. כֵּיצַד, עָלָה
בַכֶּבֶשׁ, וּפָנָה לַסּוֹבֵב, וּבָא לוֹ לְקֶרֶן דְּרוֹמִית מִזְרָחִית, מִזְרָחִית
צְפוֹנִית, צְפוֹנִית מַעֲרָבִית, מַעֲרָבִית דְּרוֹמִית. שְׁיָרֵי הַדָּם הָיָה שׁוֹפֵךְ
עַל יְסוֹד דְּרוֹמִי. וְנֶאֱכָלִין לִפְנִים מִן הַקְּלָעִים, לְזִכְרֵי כְהֻנָּה, בְּכָל
מַאֲכָל, לְיוֹם וָלַיְלָה עַד חֲצוֹת.

הָעוֹלָה קֹדֶשׁ קָדָשִׁים. שְׁחִיטָתָהּ בַּצָּפוֹן, וְקִבּוּל דָּמָהּ בִּכְלִי שָׁרֵת בַּצָּפוֹן, וְדָמָהּ טָעוּן שְׁתֵּי מַתָּנוֹת שֶׁהֵן אַרְבַּע, וּטְעוּנָה הֶפְשֵׁט וְנִתּוּחַ, וְכָלִיל לָאִשִּׁים.

זִבְחֵי שַׁלְמֵי צִבּוּר וַאֲשָׁמוֹת. אֵלּוּ הֵן אֲשָׁמוֹת: אֲשַׁם גְּזֵלוֹת, אֲשַׁם מְעִילוֹת, אֲשַׁם שִׁפְחָה חֲרוּפָה, אֲשַׁם נָזִיר, אֲשַׁם מְצֹרָע, אָשָׁם תָּלוּי. שְׁחִיטָתָן בַּצָּפוֹן, וְקִבּוּל דָּמָן בִּכְלִי שָׁרֵת בַּצָּפוֹן, וְדָמָן טָעוּן שְׁתֵּי מַתָּנוֹת שֶׁהֵן אַרְבַּע. וְנֶאֱכָלִין לִפְנִים מִן הַקְּלָעִים, לְזִכְרֵי כְהֻנָּה, בְּכָל מַאֲכָל, לְיוֹם וָלַיְלָה עַד חֲצוֹת.

הַתּוֹדָה וְאֵיל נָזִיר קָדָשִׁים קַלִּים. שְׁחִיטָתָן בְּכָל מָקוֹם בָּעֲזָרָה, וְדָמָן טָעוּן שְׁתֵּי מַתָּנוֹת שֶׁהֵן אַרְבַּע, וְנֶאֱכָלִין בְּכָל הָעִיר, לְכָל אָדָם, בְּכָל מַאֲכָל, לְיוֹם וָלַיְלָה עַד חֲצוֹת. הַמּוּרָם מֵהֶם כַּיּוֹצֵא בָהֶם, אֶלָּא שֶׁהַמּוּרָם נֶאֱכָל לַכֹּהֲנִים, לִנְשֵׁיהֶם, וְלִבְנֵיהֶם וּלְעַבְדֵיהֶם.

שְׁלָמִים קָדָשִׁים קַלִּים. שְׁחִיטָתָן בְּכָל מָקוֹם בָּעֲזָרָה, וְדָמָן טָעוּן שְׁתֵּי מַתָּנוֹת שֶׁהֵן אַרְבַּע, וְנֶאֱכָלִין בְּכָל הָעִיר, לְכָל אָדָם, בְּכָל מַאֲכָל, לִשְׁנֵי יָמִים וְלַיְלָה אֶחָד. הַמּוּרָם מֵהֶם כַּיּוֹצֵא בָהֶם, אֶלָּא שֶׁהַמּוּרָם נֶאֱכָל לַכֹּהֲנִים, לִנְשֵׁיהֶם, וְלִבְנֵיהֶם וּלְעַבְדֵיהֶם.

הַבְּכוֹר וְהַמַּעֲשֵׂר וְהַפֶּסַח קָדָשִׁים קַלִּים. שְׁחִיטָתָן בְּכָל מָקוֹם בָּעֲזָרָה, וְדָמָן טָעוּן מַתָּנָה אֶחָת, וּבִלְבָד שֶׁיִּתֵּן כְּנֶגֶד הַיְסוֹד. שִׁנָּה בַאֲכִילָתָן, הַבְּכוֹר נֶאֱכָל לַכֹּהֲנִים וְהַמַּעֲשֵׂר לְכָל אָדָם, וְנֶאֱכָלִין בְּכָל הָעִיר, בְּכָל מַאֲכָל, לִשְׁנֵי יָמִים וְלַיְלָה אֶחָד. הַפֶּסַח אֵינוֹ נֶאֱכָל אֶלָּא בַלַּיְלָה, וְאֵינוֹ נֶאֱכָל אֶלָּא עַד חֲצוֹת, וְאֵינוֹ נֶאֱכָל אֶלָּא לִמְנוּיָו, וְאֵינוֹ נֶאֱכָל אֶלָּא צָלִי.

יש בתי כנסת המתחילים את התפילה בציבור כאן.

ברייתא דרבי ישמעאל

רַבִּי יִשְׁמָעֵאל אוֹמֵר: בִּשְׁלֹשׁ עֶשְׂרֵה מִדּוֹת הַתּוֹרָה נִדְרֶשֶׁת

א מִקַּל וָחֹמֶר

ב וּמִגְּזֵרָה שָׁוָה

ג מִבִּנְיַן אָב מִכָּתוּב אֶחָד, וּמִבִּנְיַן אָב מִשְּׁנֵי כְתוּבִים

ד מִכְּלָל וּפְרָט

ה מִפְּרָט וּכְלָל

ו כְּלָל וּפְרָט וּכְלָל, אִי אַתָּה דָן אֶלָּא כְּעֵין הַפְּרָט

ז מִכְּלָל שֶׁהוּא צָרִיךְ לִפְרָט, וּמִפְּרָט שֶׁהוּא צָרִיךְ לִכְלָל

ח כָּל דָּבָר שֶׁהָיָה בִּכְלָל, וְיָצָא מִן הַכְּלָל לְלַמֵּד

לֹא לְלַמֵּד עַל עַצְמוֹ יָצָא

אֶלָּא לְלַמֵּד עַל הַכְּלָל כֻּלּוֹ יָצָא

ט כָּל דָּבָר שֶׁהָיָה בִּכְלָל, וְיָצָא לִטְעֹן טֹעַן אֶחָד שֶׁהוּא כְעִנְיָנוֹ

יָצָא לְהָקֵל וְלֹא לְהַחֲמִיר

י כָּל דָּבָר שֶׁהָיָה בִּכְלָל, וְיָצָא לִטְעֹן טֹעַן אַחֵר שֶׁלֹּא כְעִנְיָנוֹ

יָצָא לְהָקֵל וּלְהַחֲמִיר

יא כָּל דָּבָר שֶׁהָיָה בִּכְלָל, וְיָצָא לִדּוֹן בַּדָּבָר הֶחָדָשׁ

אִי אַתָּה יָכוֹל לְהַחֲזִירוֹ לִכְלָלוֹ

עַד שֶׁיַּחֲזִירֶנּוּ הַכָּתוּב לִכְלָלוֹ בְּפֵרוּשׁ

◂יב דָּבָר הַלָּמֵד מֵעִנְיָנוֹ, וְדָבָר הַלָּמֵד מִסּוֹפוֹ

יג וְכֵן שְׁנֵי כְתוּבִים הַמַּכְחִישִׁים זֶה אֶת זֶה

עַד שֶׁיָּבוֹא הַכָּתוּב הַשְּׁלִישִׁי וְיַכְרִיעַ בֵּינֵיהֶם.

יְהִי רָצוֹן מִלְּפָנֶיךָ, יהוה אֱלֹהֵינוּ וֵאלֹהֵי אֲבוֹתֵינוּ, שֶׁיִּבָּנֶה בֵּית הַמִּקְדָּשׁ בִּמְהֵרָה בְיָמֵינוּ, וְתֵן חֶלְקֵנוּ בְּתוֹרָתֶךָ, וְשָׁם נַעֲבָדְךָ בְּיִרְאָה כִּימֵי עוֹלָם וּכְשָׁנִים קַדְמוֹנִיּוֹת.

קדיש דרבנן • שחרית _____ 94

קדיש דרבנן

אם יש מנין, האבלים עומדים ואומרים קדיש דרבנן.

אבל:

יִתְגַּדַּל וְיִתְקַדַּשׁ שְׁמֵהּ רַבָּא (קהל: אָמֵן)   יתגדל ויתקדש שמו הגדול

בְּעָלְמָא דִּי בְרָא כִרְעוּתֵהּ   בעולם אשר ברא כרצונו

וְיַמְלִיךְ מַלְכוּתֵהּ   וימליך מלכותו

בְּחַיֵּיכוֹן וּבְיוֹמֵיכוֹן   בחייכם ובימיכם

וּבְחַיֵּי דְכָל בֵּית יִשְׂרָאֵל   ובחיי כל בית ישראל

בַּעֲגָלָא וּבִזְמַן קָרִיב   במהרה ובזמן קרוב

וְאִמְרוּ אָמֵן. (קהל: אָמֵן)   ואמרו אמן.

קהל ואבל:

יְהֵא שְׁמֵהּ רַבָּא מְבָרַךְ   יהא שמו הגדול מבורך

לְעָלַם וּלְעָלְמֵי עָלְמַיָּא.   לעולם ולעולמי עולמים

אבל:

יִתְבָּרַךְ וְיִשְׁתַּבַּח וְיִתְפָּאַר   יתברך וישתבח ויתפאר

וְיִתְרוֹמַם וְיִתְנַשֵּׂא   ויתרומם ויתנשא

וְיִתְהַדָּר וְיִתְעַלֶּה וְיִתְהַלָּל   ויתהדר ויתעלה ויתהלל

שְׁמֵהּ דְּקֻדְשָׁא   שמו של הקדוש

בְּרִיךְ הוּא (קהל: בְּרִיךְ הוּא)   ברוך הוא

לְעֵלָּא מִן כָּל בִּרְכָתָא   למעלה מכל הברכות

וְשִׁירָתָא   והשירות

תֻּשְׁבְּחָתָא וְנֶחֱמָתָא   התשבחות והנחמות

דַּאֲמִירָן בְּעָלְמָא   האמורות בעולם

וְאִמְרוּ אָמֵן. (קהל: אָמֵן)   ואמרו אמן.

על ישראל ועל רבותינו	עַל יִשְׂרָאֵל וְעַל רַבָּנָן
ועל תלמידיהם	וְעַל תַּלְמִידֵיהוֹן
ועל כל תלמידי תלמידיהם	וְעַל כָּל תַּלְמִידֵי תַלְמִידֵיהוֹן
ועל כל מי שעוסקים בתורה	וְעַל כָּל מָאן דְּעָסְקִין בְּאוֹרַיְתָא
שבמקום הקדוש הזה	דִּי בְּאַתְרָא קַדִּישָׁא הָדֵין
ושבכל מקום ומקום	וְדִי בְּכָל אֲתַר וַאֲתַר
יהא להם ולכם שלום רב	יְהֵא לְהוֹן וּלְכוֹן שְׁלָמָא רַבָּא
חן וחסד, ורחמים	חִנָּא וְחִסְדָּא, וְרַחֲמֵי
וחיים ארוכים, ומזונות רווחים	וְחַיֵּי אֲרִיכֵי, וּמְזוֹנֵי רְוִיחֵי
וישועה מלפני אביהם שבשמים	וּפֻרְקָנָא מִן קֳדָם אֲבוּהוֹן דִּי בִשְׁמַיָּא
ואמרו אמן.	וְאִמְרוּ אָמֵן. (קהל: אָמֵן)
יהא שלום רב מן השמים	יְהֵא שְׁלָמָא רַבָּא מִן שְׁמַיָּא
וחיים (טובים) עלינו	וְחַיִּים (טוֹבִים) עָלֵינוּ
ועל כל ישראל	וְעַל כָּל יִשְׂרָאֵל
ואמרו אמן.	וְאִמְרוּ אָמֵן. (קהל: אָמֵן)

כורע ופוסע שלוש פסיעות לאחור.
קד לשמאל, לימין ולפנים באמירת:

עֹשֶׂה שָׁלוֹם בִּמְרוֹמָיו
הוּא יַעֲשֶׂה בְרַחֲמָיו שָׁלוֹם
עָלֵינוּ וְעַל כָּל יִשְׂרָאֵל
וְאִמְרוּ אָמֵן. (קהל: אָמֵן)

מזמור לפני פסוקי דזמרה

תהלים ל מִזְמוֹר שִׁיר־חֲנֻכַּת הַבַּיִת לְדָוִד: אֲרוֹמִמְךָ יהוה כִּי דִלִּיתָנִי, וְלֹא־שִׂמַּחְתָּ אֹיְבַי לִי: יהוה אֱלֹהָי, שִׁוַּעְתִּי אֵלֶיךָ וַתִּרְפָּאֵנִי: יהוה, הֶעֱלִיתָ מִן־שְׁאוֹל נַפְשִׁי, חִיִּיתַנִי מִיָּרְדִי־בוֹר: זַמְּרוּ לַיהוה חֲסִידָיו, וְהוֹדוּ לְזֵכֶר קָדְשׁוֹ: כִּי רֶגַע בְּאַפּוֹ, חַיִּים בִּרְצוֹנוֹ, בָּעֶרֶב יָלִין בֶּכִי וְלַבֹּקֶר רִנָּה: וַאֲנִי אָמַרְתִּי בְשַׁלְוִי, בַּל־אֶמּוֹט לְעוֹלָם: יהוה, בִּרְצוֹנְךָ הֶעֱמַדְתָּה לְהַרְרִי עֹז, הִסְתַּרְתָּ פָנֶיךָ הָיִיתִי נִבְהָל: אֵלֶיךָ יהוה אֶקְרָא, וְאֶל־אֲדֹנָי אֶתְחַנָּן: מַה־בֶּצַע בְּדָמִי, בְּרִדְתִּי אֶל שָׁחַת, הֲיוֹדְךָ עָפָר, הֲיַגִּיד אֲמִתֶּךָ: שְׁמַע־יהוה וְחָנֵּנִי, יהוה הֱיֵה־עֹזֵר לִי: ◂ הָפַכְתָּ מִסְפְּדִי לְמָחוֹל לִי, פִּתַּחְתָּ שַׂקִּי, וַתְּאַזְּרֵנִי שִׂמְחָה: לְמַעַן יְזַמֶּרְךָ כָבוֹד וְלֹא יִדֹּם, יהוה אֱלֹהַי, לְעוֹלָם אוֹדֶךָּ:

קדיש יתום

אם יש מניין, האבלים עומדים ואומרים קדיש יתום.

אבל: יִתְגַּדַּל וְיִתְקַדַּשׁ שְׁמֵהּ רַבָּא (קהל: אָמֵן)
בְּעָלְמָא דִּי בְרָא כִרְעוּתֵהּ
וְיַמְלִיךְ מַלְכוּתֵהּ, בְּחַיֵּיכוֹן וּבְיוֹמֵיכוֹן וּבְחַיֵּי דְכָל בֵּית יִשְׂרָאֵל
בַּעֲגָלָא וּבִזְמַן קָרִיב, וְאִמְרוּ אָמֵן. (קהל: אָמֵן)

קהל ואבל: יְהֵא שְׁמֵהּ רַבָּא מְבָרַךְ לְעָלַם וּלְעָלְמֵי עָלְמַיָּא.

אבל: יִתְבָּרַךְ וְיִשְׁתַּבַּח וְיִתְפָּאַר וְיִתְרוֹמַם וְיִתְנַשֵּׂא
וְיִתְהַדָּר וְיִתְעַלֶּה וְיִתְהַלָּל
שְׁמֵהּ דְּקֻדְשָׁא בְּרִיךְ הוּא (קהל: בְּרִיךְ הוּא)
לְעֵלָּא מִן כָּל בִּרְכָתָא וְשִׁירָתָא
תֻּשְׁבְּחָתָא וְנֶחֱמָתָא דַּאֲמִירָן בְּעָלְמָא, וְאִמְרוּ אָמֵן. (קהל: אָמֵן)

יְהֵא שְׁלָמָא רַבָּא מִן שְׁמַיָּא
וְחַיִּים, עָלֵינוּ וְעַל כָּל יִשְׂרָאֵל, וְאִמְרוּ אָמֵן. (קהל: אָמֵן)

כורע ופוסע שלוש פסיעות לאחור. קד לשמאל, לימין ולפנים באמירת:

עֹשֶׂה שָׁלוֹם בִּמְרוֹמָיו
הוּא יַעֲשֶׂה שָׁלוֹם עָלֵינוּ וְעַל כָּל יִשְׂרָאֵל, וְאִמְרוּ אָמֵן. (קהל: אָמֵן)

פסוקי דזמרה

נהוג לומר 'בָּרוּךְ שֶׁאָמַר' בעמידה, והמתפלל אוחז שתי ציציות לפניו ומנשקן בסוף הברכה.

יש אומרים:

הֲרֵינִי מְזַמֵּן אֶת פִּי לְהוֹדוֹת וּלְהַלֵּל וּלְשַׁבֵּחַ אֶת בּוֹרְאִי, לְשֵׁם יִחוּד קֻדְשָׁא בְּרִיךְ הוּא וּשְׁכִינְתֵהּ עַל יְדֵי הַהוּא טָמִיר וְנֶעְלָם בְּשֵׁם כָּל יִשְׂרָאֵל.

בָּרוּךְ שֶׁאָמַר וְהָיָה הָעוֹלָם, בָּרוּךְ הוּא.

בָּרוּךְ עוֹשֶׂה בְרֵאשִׁית
בָּרוּךְ אוֹמֵר וְעוֹשֶׂה
בָּרוּךְ גּוֹזֵר וּמְקַיֵּם
בָּרוּךְ מְרַחֵם עַל הָאָרֶץ
בָּרוּךְ מְרַחֵם עַל הַבְּרִיּוֹת
בָּרוּךְ מְשַׁלֵּם שָׂכָר טוֹב לִירֵאָיו
בָּרוּךְ חַי לָעַד וְקַיָּם לָנֶצַח
בָּרוּךְ פּוֹדֶה וּמַצִּיל
בָּרוּךְ שְׁמוֹ

בָּרוּךְ אַתָּה יהוה אֱלֹהֵינוּ מֶלֶךְ הָעוֹלָם, הָאֵל הָאָב הָרַחֲמָן
הַמְהֻלָּל בְּפִי עַמּוֹ, מְשֻׁבָּח וּמְפֹאָר בִּלְשׁוֹן חֲסִידָיו וַעֲבָדָיו
וּבְשִׁירֵי דָוִד עַבְדֶּךָ, נְהַלֶּלְךָ יהוה אֱלֹהֵינוּ.
בִּשְׁבָחוֹת וּבִזְמִירוֹת נְגַדֶּלְךָ וּנְשַׁבֵּחֲךָ וּנְפָאֶרְךָ
וְנַזְכִּיר שִׁמְךָ וְנַמְלִיכְךָ מַלְכֵּנוּ אֱלֹהֵינוּ, ‣ יָחִיד חֵי הָעוֹלָמִים
מֶלֶךְ, מְשֻׁבָּח וּמְפֹאָר עֲדֵי עַד שְׁמוֹ הַגָּדוֹל
בָּרוּךְ אַתָּה יהוה, מֶלֶךְ מְהֻלָּל בַּתִּשְׁבָּחוֹת.

דברי הימים א׳ טז

הוֹדוּ לַיהוה קִרְאוּ בִשְׁמוֹ, הוֹדִיעוּ בָעַמִּים עֲלִילֹתָיו: שִׁירוּ לוֹ, זַמְּרוּ־לוֹ, שִׂיחוּ בְּכָל־נִפְלְאוֹתָיו: הִתְהַלְלוּ בְּשֵׁם קָדְשׁוֹ, יִשְׂמַח לֵב מְבַקְשֵׁי יהוה: דִּרְשׁוּ יהוה וְעֻזּוֹ, בַּקְּשׁוּ פָנָיו תָּמִיד: זִכְרוּ נִפְלְאֹתָיו אֲשֶׁר עָשָׂה, מֹפְתָיו וּמִשְׁפְּטֵי־פִיהוּ: זֶרַע יִשְׂרָאֵל עַבְדּוֹ, בְּנֵי יַעֲקֹב בְּחִירָיו: הוּא יהוה אֱלֹהֵינוּ בְּכָל־הָאָרֶץ מִשְׁפָּטָיו: זִכְרוּ לְעוֹלָם בְּרִיתוֹ, דָּבָר צִוָּה לְאֶלֶף דּוֹר: אֲשֶׁר כָּרַת אֶת־אַבְרָהָם, וּשְׁבוּעָתוֹ לְיִצְחָק: וַיַּעֲמִידֶהָ לְיַעֲקֹב לְחֹק, לְיִשְׂרָאֵל בְּרִית עוֹלָם: לֵאמֹר, לְךָ אֶתֵּן אֶרֶץ־כְּנָעַן, חֶבֶל נַחֲלַתְכֶם: בִּהְיוֹתְכֶם מְתֵי מִסְפָּר, כִּמְעַט וְגָרִים בָּהּ: וַיִּתְהַלְּכוּ מִגּוֹי אֶל־גּוֹי, וּמִמַּמְלָכָה אֶל־עַם אַחֵר: לֹא־הִנִּיחַ לְאִישׁ לְעָשְׁקָם, וַיּוֹכַח עֲלֵיהֶם מְלָכִים: אַל־תִּגְּעוּ בִּמְשִׁיחָי, וּבִנְבִיאַי אַל־תָּרֵעוּ: שִׁירוּ לַיהוה כָּל־הָאָרֶץ, בַּשְּׂרוּ מִיּוֹם־אֶל־יוֹם יְשׁוּעָתוֹ: סַפְּרוּ בַגּוֹיִם אֶת־כְּבוֹדוֹ, בְּכָל־הָעַמִּים נִפְלְאֹתָיו: כִּי גָדוֹל יהוה וּמְהֻלָּל מְאֹד, וְנוֹרָא הוּא עַל־כָּל־אֱלֹהִים: › כִּי כָּל־אֱלֹהֵי הָעַמִּים אֱלִילִים, וַיהוה שָׁמַיִם עָשָׂה:

הוֹד וְהָדָר לְפָנָיו, עֹז וְחֶדְוָה בִּמְקֹמוֹ: הָבוּ לַיהוה מִשְׁפְּחוֹת עַמִּים, הָבוּ לַיהוה כָּבוֹד וָעֹז: הָבוּ לַיהוה כְּבוֹד שְׁמוֹ, שְׂאוּ מִנְחָה וּבֹאוּ לְפָנָיו, הִשְׁתַּחֲווּ לַיהוה בְּהַדְרַת־קֹדֶשׁ: חִילוּ מִלְּפָנָיו כָּל־הָאָרֶץ, אַף־תִּכּוֹן תֵּבֵל בַּל־תִּמּוֹט: יִשְׂמְחוּ הַשָּׁמַיִם וְתָגֵל הָאָרֶץ, וְיֹאמְרוּ בַגּוֹיִם יהוה מָלָךְ: יִרְעַם הַיָּם וּמְלוֹאוֹ, יַעֲלֹץ הַשָּׂדֶה וְכָל־אֲשֶׁר־בּוֹ: אָז יְרַנְּנוּ עֲצֵי הַיָּעַר, מִלִּפְנֵי יהוה, כִּי־בָא לִשְׁפּוֹט אֶת־הָאָרֶץ: הוֹדוּ לַיהוה כִּי טוֹב, כִּי לְעוֹלָם חַסְדּוֹ: וְאִמְרוּ, הוֹשִׁיעֵנוּ אֱלֹהֵי יִשְׁעֵנוּ, וְקַבְּצֵנוּ וְהַצִּילֵנוּ מִן־הַגּוֹיִם, לְהֹדוֹת לְשֵׁם קָדְשֶׁךָ, לְהִשְׁתַּבֵּחַ בִּתְהִלָּתֶךָ: בָּרוּךְ יהוה אֱלֹהֵי יִשְׂרָאֵל מִן־הָעוֹלָם וְעַד־הָעֹלָם, וַיֹּאמְרוּ כָל־הָעָם אָמֵן, וְהַלֵּל לַיהוה:

רוֹמְמוּ יהוה אֱלֹהֵינוּ וְהִשְׁתַּחֲווּ לַהֲדֹם רַגְלָיו, קָדוֹשׁ הוּא:
רוֹמְמוּ יהוה אֱלֹהֵינוּ וְהִשְׁתַּחֲווּ לְהַר קָדְשׁוֹ, כִּי־קָדוֹשׁ יהוה אֱלֹהֵינוּ:
וְהוּא רַחוּם, יְכַפֵּר עָוֹן וְלֹא־יַשְׁחִית, וְהִרְבָּה לְהָשִׁיב אַפּוֹ, תהלים עח
וְלֹא־יָעִיר כָּל־חֲמָתוֹ: אַתָּה יהוה לֹא־תִכְלָא רַחֲמֶיךָ מִמֶּנִּי, חַסְדְּךָ תהלים מ
וַאֲמִתְּךָ תָּמִיד יִצְּרוּנִי: זְכֹר־רַחֲמֶיךָ יהוה וַחֲסָדֶיךָ, כִּי מֵעוֹלָם הֵמָּה: תהלים כה
תְּנוּ עֹז לֵאלֹהִים, עַל־יִשְׂרָאֵל גַּאֲוָתוֹ, וְעֻזּוֹ בַּשְּׁחָקִים: נוֹרָא אֱלֹהִים תהלים סח
מִמִּקְדָּשֶׁיךָ, אֵל יִשְׂרָאֵל הוּא נֹתֵן עֹז וְתַעֲצֻמוֹת לָעָם, בָּרוּךְ אֱלֹהִים:
אֵל־נְקָמוֹת יהוה, אֵל נְקָמוֹת הוֹפִיעַ: הִנָּשֵׂא שֹׁפֵט הָאָרֶץ, הָשֵׁב תהלים צד
גְּמוּל עַל־גֵּאִים: לַיהוה הַיְשׁוּעָה, עַל־עַמְּךָ בִרְכָתֶךָ סֶּלָה: ‣ יהוה תהלים ג תהלים מו
צְבָאוֹת עִמָּנוּ, מִשְׂגָּב לָנוּ אֱלֹהֵי יַעֲקֹב סֶלָה: יהוה צְבָאוֹת, אַשְׁרֵי תהלים פד
אָדָם בֹּטֵחַ בָּךְ: יהוה הוֹשִׁיעָה, הַמֶּלֶךְ יַעֲנֵנוּ בְיוֹם־קָרְאֵנוּ: תהלים כ
הוֹשִׁיעָה אֶת־עַמֶּךָ, וּבָרֵךְ אֶת־נַחֲלָתֶךָ, וּרְעֵם וְנַשְּׂאֵם עַד־ תהלים כח
הָעוֹלָם: נַפְשֵׁנוּ חִכְּתָה לַיהוה, עֶזְרֵנוּ וּמָגִנֵּנוּ הוּא: כִּי־בוֹ יִשְׂמַח תהלים לג
לִבֵּנוּ, כִּי בְשֵׁם קָדְשׁוֹ בָטָחְנוּ: יְהִי־חַסְדְּךָ יהוה עָלֵינוּ, כַּאֲשֶׁר יִחַלְנוּ
לָךְ: הַרְאֵנוּ יהוה חַסְדֶּךָ, וְיֶשְׁעֲךָ תִּתֶּן־לָנוּ: קוּמָה עֶזְרָתָה לָּנוּ, תהלים פה תהלים מד
וּפְדֵנוּ לְמַעַן חַסְדֶּךָ: אָנֹכִי יהוה אֱלֹהֶיךָ הַמַּעַלְךָ מֵאֶרֶץ מִצְרָיִם, תהלים פא
הַרְחֶב־פִּיךָ וַאֲמַלְאֵהוּ: אַשְׁרֵי הָעָם שֶׁכָּכָה לּוֹ, אַשְׁרֵי הָעָם שֶׁיהוה תהלים קמד
אֱלֹהָיו: ‣ וַאֲנִי בְּחַסְדְּךָ בָטַחְתִּי, יָגֵל לִבִּי בִּישׁוּעָתֶךָ, אָשִׁירָה לַיהוה, תהלים יג
כִּי גָמַל עָלָי:

נחלקו המקובלים אם לומר 'מִזְמוֹר לְתוֹדָה' בישיבה או בעמידה, והמנהג הנפוץ לאומרו בעמידה.

מִזְמוֹר לְתוֹדָה, הָרִיעוּ לַיהוה כָּל־הָאָרֶץ: עִבְדוּ אֶת־יהוה תהלים ק
בְּשִׂמְחָה, בֹּאוּ לְפָנָיו בִּרְנָנָה: דְּעוּ כִּי־יהוה הוּא אֱלֹהִים, הוּא
עָשָׂנוּ וְלוֹ אֲנַחְנוּ, עַמּוֹ וְצֹאן מַרְעִיתוֹ: בֹּאוּ שְׁעָרָיו בְּתוֹדָה,
חֲצֵרֹתָיו בִּתְהִלָּה, הוֹדוּ לוֹ, בָּרְכוּ שְׁמוֹ: ‣ כִּי־טוֹב יהוה, לְעוֹלָם
חַסְדּוֹ, וְעַד־דֹּר וָדֹר אֱמוּנָתוֹ:

תהלים יט לַמְנַצֵּחַ מִזְמוֹר לְדָוִד: הַשָּׁמַיִם מְסַפְּרִים כְּבוֹד־אֵל, וּמַעֲשֵׂה יָדָיו מַגִּיד
הָרָקִיעַ: יוֹם לְיוֹם יַבִּיעַ אֹמֶר, וְלַיְלָה לְּלַיְלָה יְחַוֶּה־דָּעַת: אֵין־אֹמֶר
וְאֵין דְּבָרִים, בְּלִי נִשְׁמָע קוֹלָם: בְּכָל־הָאָרֶץ יָצָא קַוָּם, וּבִקְצֵה תֵבֵל
מִלֵּיהֶם, לַשֶּׁמֶשׁ שָׂם־אֹהֶל בָּהֶם: וְהוּא כְּחָתָן יֹצֵא מֵחֻפָּתוֹ, יָשִׂישׂ
כְּגִבּוֹר לָרוּץ אֹרַח: מִקְצֵה הַשָּׁמַיִם מוֹצָאוֹ, וּתְקוּפָתוֹ עַל־קְצוֹתָם,
וְאֵין נִסְתָּר מֵחַמָּתוֹ: תּוֹרַת יהוה תְּמִימָה, מְשִׁיבַת נָפֶשׁ, עֵדוּת
יהוה נֶאֱמָנָה, מַחְכִּימַת פֶּתִי: פִּקּוּדֵי יהוה יְשָׁרִים, מְשַׂמְּחֵי־לֵב,
מִצְוַת יהוה בָּרָה, מְאִירַת עֵינָיִם: יִרְאַת יהוה טְהוֹרָה, עוֹמֶדֶת
לָעַד, מִשְׁפְּטֵי־יהוה אֱמֶת, צָדְקוּ יַחְדָּו: הַנֶּחֱמָדִים מִזָּהָב וּמִפַּז
רָב, וּמְתוּקִים מִדְּבַשׁ וְנֹפֶת צוּפִים: גַּם־עַבְדְּךָ נִזְהָר בָּהֶם, בְּשָׁמְרָם
עֵקֶב רָב: שְׁגִיאוֹת מִי־יָבִין, מִנִּסְתָּרוֹת נַקֵּנִי: גַּם מִזֵּדִים חֲשֹׂךְ עַבְדֶּךָ,
אַל־יִמְשְׁלוּ־בִי אָז אֵיתָם, וְנִקֵּיתִי מִפֶּשַׁע רָב: ‹ יִהְיוּ לְרָצוֹן אִמְרֵי־פִי
וְהֶגְיוֹן לִבִּי לְפָנֶיךָ, יהוה, צוּרִי וְגֹאֲלִי:

תהלים לד לְדָוִד, בְּשַׁנּוֹתוֹ אֶת־טַעְמוֹ לִפְנֵי אֲבִימֶלֶךְ, וַיְגָרְשֵׁהוּ וַיֵּלַךְ: אֲבָרְכָה
אֶת־יהוה בְּכָל־עֵת, תָּמִיד תְּהִלָּתוֹ בְּפִי: בַּיהוה תִּתְהַלֵּל נַפְשִׁי,
יִשְׁמְעוּ עֲנָוִים וְיִשְׂמָחוּ: גַּדְּלוּ לַיהוה אִתִּי, וּנְרוֹמְמָה שְׁמוֹ יַחְדָּו:
דָּרַשְׁתִּי אֶת־יהוה וְעָנָנִי, וּמִכָּל־מְגוּרוֹתַי הִצִּילָנִי: הִבִּיטוּ אֵלָיו
וְנָהָרוּ, וּפְנֵיהֶם אַל־יֶחְפָּרוּ: זֶה עָנִי קָרָא, וַיהוה שָׁמֵעַ, וּמִכָּל־צָרוֹתָיו
הוֹשִׁיעוֹ: חֹנֶה מַלְאַךְ־יהוה סָבִיב לִירֵאָיו, וַיְחַלְּצֵם: טַעֲמוּ וּרְאוּ
כִּי־טוֹב יהוה, אַשְׁרֵי הַגֶּבֶר יֶחֱסֶה־בּוֹ: יְראוּ אֶת־יהוה קְדֹשָׁיו, כִּי־
אֵין מַחְסוֹר לִירֵאָיו: כְּפִירִים רָשׁוּ וְרָעֵבוּ, וְדֹרְשֵׁי יהוה לֹא־יַחְסְרוּ
כָל־טוֹב: לְכוּ־בָנִים שִׁמְעוּ־לִי, יִרְאַת יהוה אֲלַמֶּדְכֶם: מִי־הָאִישׁ

תוספת פסוקי דזמרה ליום העצמאות

עצם ההוספה של פרקי תהלים בפסוקי דזמרה אינם מעוררים שום בעיה הלכתית. הוספה זו היא בבחינת "כל המוסיף – הרי זה משובח". כדי לתת תוקף לתפילת יום העצמאות כיום חג קבעה הרבנות הראשית לומר את פסוקי דזמרה המקובלים בשבתות ובחגים.

הֶחָפֵץ חַיִּים, אֹהֵב יָמִים לִרְאוֹת טוֹב: נְצֹר לְשׁוֹנְךָ מֵרָע, וּשְׂפָתֶיךָ מִדַּבֵּר מִרְמָה: סוּר מֵרָע וַעֲשֵׂה־טוֹב, בַּקֵּשׁ שָׁלוֹם וְרָדְפֵהוּ: עֵינֵי יהוה אֶל־צַדִּיקִים, וְאָזְנָיו אֶל־שַׁוְעָתָם: פְּנֵי יהוה בְּעֹשֵׂי רָע, לְהַכְרִית מֵאֶרֶץ זִכְרָם: צָעֲקוּ וַיהוה שָׁמֵעַ, וּמִכָּל־צָרוֹתָם הִצִּילָם: קָרוֹב יהוה לְנִשְׁבְּרֵי־לֵב, וְאֶת־דַּכְּאֵי־רוּחַ יוֹשִׁיעַ: רַבּוֹת רָעוֹת צַדִּיק, וּמִכֻּלָּם יַצִּילֶנּוּ יהוה: שֹׁמֵר כָּל־עַצְמוֹתָיו, אַחַת מֵהֵנָּה לֹא נִשְׁבָּרָה: תְּמוֹתֵת רָשָׁע רָעָה, וְשֹׂנְאֵי צַדִּיק יֶאְשָׁמוּ: ‹ פּוֹדֶה יהוה נֶפֶשׁ עֲבָדָיו, וְלֹא יֶאְשְׁמוּ כָּל־הַחֹסִים בּוֹ:

תְּפִלָּה לְמֹשֶׁה אִישׁ־הָאֱלֹהִים, אֲדֹנָי, מָעוֹן אַתָּה הָיִיתָ לָּנוּ בְּדֹר וָדֹר: תהלים צ
בְּטֶרֶם הָרִים יֻלָּדוּ, וַתְּחוֹלֵל אֶרֶץ וְתֵבֵל, וּמֵעוֹלָם עַד־עוֹלָם אַתָּה אֵל: תָּשֵׁב אֱנוֹשׁ עַד־דַּכָּא, וַתֹּאמֶר שׁוּבוּ בְנֵי־אָדָם: כִּי אֶלֶף שָׁנִים בְּעֵינֶיךָ, כְּיוֹם אֶתְמוֹל כִּי יַעֲבֹר, וְאַשְׁמוּרָה בַלָּיְלָה: זְרַמְתָּם, שֵׁנָה יִהְיוּ, בַּבֹּקֶר כֶּחָצִיר יַחֲלֹף: בַּבֹּקֶר יָצִיץ וְחָלָף, לָעֶרֶב יְמוֹלֵל וְיָבֵשׁ: כִּי־כָלִינוּ בְאַפֶּךָ, וּבַחֲמָתְךָ נִבְהָלְנוּ: שַׁתָּ עֲוֹנֹתֵינוּ לְנֶגְדֶּךָ, עֲלֻמֵנוּ לִמְאוֹר פָּנֶיךָ: כִּי כָל־יָמֵינוּ פָּנוּ בְעֶבְרָתֶךָ, כִּלִּינוּ שָׁנֵינוּ כְמוֹ־הֶגֶה: יְמֵי־שְׁנוֹתֵינוּ בָהֶם שִׁבְעִים שָׁנָה, וְאִם בִּגְבוּרֹת שְׁמוֹנִים שָׁנָה, וְרָהְבָּם עָמָל וָאָוֶן, כִּי־גָז חִישׁ וַנָּעֻפָה: מִי־יוֹדֵעַ עֹז אַפֶּךָ, וּכְיִרְאָתְךָ עֶבְרָתֶךָ: לִמְנוֹת יָמֵינוּ כֵּן הוֹדַע, וְנָבִא לְבַב חָכְמָה: שׁוּבָה יהוה עַד־מָתָי, וְהִנָּחֵם עַל־עֲבָדֶיךָ: שַׂבְּעֵנוּ בַבֹּקֶר חַסְדֶּךָ, וּנְרַנְּנָה וְנִשְׂמְחָה בְּכָל־יָמֵינוּ: שַׂמְּחֵנוּ כִּימוֹת עִנִּיתָנוּ, שְׁנוֹת רָאִינוּ רָעָה: יֵרָאֶה אֶל־עֲבָדֶיךָ פָעֳלֶךָ, וַהֲדָרְךָ עַל־בְּנֵיהֶם: ‹ וִיהִי נֹעַם אֲדֹנָי אֱלֹהֵינוּ עָלֵינוּ, וּמַעֲשֵׂה יָדֵינוּ כּוֹנְנָה עָלֵינוּ, וּמַעֲשֵׂה יָדֵינוּ כּוֹנְנֵהוּ:

יֹשֵׁב בְּסֵתֶר עֶלְיוֹן, בְּצֵל שַׁדַּי יִתְלוֹנָן: אֹמַר לַיהוה מַחְסִי וּמְצוּדָתִי, תהלים צא
אֱלֹהַי אֶבְטַח־בּוֹ: כִּי הוּא יַצִּילְךָ מִפַּח יָקוּשׁ, מִדֶּבֶר הַוּוֹת: בְּאֶבְרָתוֹ יָסֶךְ לָךְ, וְתַחַת־כְּנָפָיו תֶּחְסֶה, צִנָּה וְסֹחֵרָה אֲמִתּוֹ: לֹא־תִירָא מִפַּחַד

לַיְלָה, מֵחֵץ יָעוּף יוֹמָם: מִדֶּבֶר בָּאֹפֶל יַהֲלֹךְ, מִקֶּטֶב יָשׁוּד צׇהֳרָיִם:
יִפֹּל מִצִּדְּךָ אֶלֶף, וּרְבָבָה מִימִינֶךָ, אֵלֶיךָ לֹא יִגָּשׁ: רַק בְּעֵינֶיךָ תַבִּיט,
וְשִׁלֻּמַת רְשָׁעִים תִּרְאֶה: כִּי־אַתָּה יהוה מַחְסִי, עֶלְיוֹן שַׂמְתָּ מְעוֹנֶךָ:
לֹא־תְאֻנֶּה אֵלֶיךָ רָעָה, וְנֶגַע לֹא־יִקְרַב בְּאׇהֳלֶךָ: כִּי מַלְאָכָיו יְצַוֶּה־
לָּךְ, לִשְׁמׇרְךָ בְּכׇל־דְּרָכֶיךָ: עַל־כַּפַּיִם יִשָּׂאוּנְךָ, פֶּן־תִּגֹּף בָּאֶבֶן רַגְלֶךָ:
עַל־שַׁחַל וָפֶתֶן תִּדְרֹךְ, תִּרְמֹס כְּפִיר וְתַנִּין: כִּי בִי חָשַׁק וַאֲפַלְּטֵהוּ,
אֲשַׂגְּבֵהוּ כִּי־יָדַע שְׁמִי: יִקְרָאֵנִי וְאֶעֱנֵהוּ, עִמּוֹ אָנֹכִי בְצָרָה, אֲחַלְּצֵהוּ
וַאֲכַבְּדֵהוּ: ◂ אֹרֶךְ יָמִים אַשְׂבִּיעֵהוּ, וְאַרְאֵהוּ בִּישׁוּעָתִי:
אֹרֶךְ יָמִים אַשְׂבִּיעֵהוּ, וְאַרְאֵהוּ בִּישׁוּעָתִי:

תהלים קלה הַלְלוּיָהּ, הַלְלוּ אֶת־שֵׁם יהוה, הַלְלוּ עַבְדֵי יהוה: שֶׁעֹמְדִים בְּבֵית
יהוה, בְּחַצְרוֹת בֵּית אֱלֹהֵינוּ: הַלְלוּיָהּ כִּי־טוֹב יהוה, זַמְּרוּ לִשְׁמוֹ
כִּי נָעִים: כִּי־יַעֲקֹב בָּחַר לוֹ יָהּ, יִשְׂרָאֵל לִסְגֻלָּתוֹ: כִּי אֲנִי יָדַעְתִּי
כִּי־גָדוֹל יהוה, וַאֲדֹנֵינוּ מִכׇּל־אֱלֹהִים: כֹּל אֲשֶׁר־חָפֵץ יהוה עָשָׂה,
בַּשָּׁמַיִם וּבָאָרֶץ, בַּיַּמִּים וְכׇל־תְּהֹמוֹת: מַעֲלֶה נְשִׂאִים מִקְצֵה הָאָרֶץ,
בְּרָקִים לַמָּטָר עָשָׂה, מוֹצֵא־רוּחַ מֵאוֹצְרוֹתָיו: שֶׁהִכָּה בְּכוֹרֵי מִצְרָיִם,
מֵאָדָם עַד־בְּהֵמָה: שָׁלַח אוֹתֹת וּמֹפְתִים בְּתוֹכֵכִי מִצְרָיִם, בְּפַרְעֹה
וּבְכׇל־עֲבָדָיו: שֶׁהִכָּה גּוֹיִם רַבִּים, וְהָרַג מְלָכִים עֲצוּמִים: לְסִיחוֹן מֶלֶךְ
הָאֱמֹרִי, וּלְעוֹג מֶלֶךְ הַבָּשָׁן, וּלְכֹל מַמְלְכוֹת כְּנָעַן: וְנָתַן אַרְצָם נַחֲלָה,
נַחֲלָה לְיִשְׂרָאֵל עַמּוֹ: יהוה שִׁמְךָ לְעוֹלָם, יהוה זִכְרְךָ לְדֹר־וָדֹר:
כִּי־יָדִין יהוה עַמּוֹ, וְעַל־עֲבָדָיו יִתְנֶחָם: עֲצַבֵּי הַגּוֹיִם כֶּסֶף וְזָהָב,
מַעֲשֵׂה יְדֵי אָדָם: פֶּה־לָהֶם וְלֹא יְדַבֵּרוּ, עֵינַיִם לָהֶם וְלֹא יִרְאוּ: אׇזְנַיִם
לָהֶם וְלֹא יַאֲזִינוּ, אַף אֵין־יֶשׁ־רוּחַ בְּפִיהֶם: כְּמוֹהֶם יִהְיוּ עֹשֵׂיהֶם, כֹּל
אֲשֶׁר־בֹּטֵחַ בָּהֶם: ◂ בֵּית יִשְׂרָאֵל בָּרְכוּ אֶת־יהוה, בֵּית אַהֲרֹן בָּרְכוּ
אֶת־יהוה: בֵּית הַלֵּוִי בָּרְכוּ אֶת־יהוה, יִרְאֵי יהוה בָּרְכוּ אֶת־יהוה:
בָּרוּךְ יהוה מִצִּיּוֹן, שֹׁכֵן יְרוּשָׁלָיִם, הַלְלוּיָהּ:

הוֹדוּ לַיהוה כִּי־טוֹב   כִּי לְעוֹלָם חַסְדּוֹ: תהלים קלו
הוֹדוּ לֵאלֹהֵי הָאֱלֹהִים   כִּי לְעוֹלָם חַסְדּוֹ:
הוֹדוּ לַאֲדֹנֵי הָאֲדֹנִים   כִּי לְעוֹלָם חַסְדּוֹ:
לְעֹשֵׂה נִפְלָאוֹת גְּדֹלוֹת לְבַדּוֹ   כִּי לְעוֹלָם חַסְדּוֹ:
לְעֹשֵׂה הַשָּׁמַיִם בִּתְבוּנָה   כִּי לְעוֹלָם חַסְדּוֹ:
לְרֹקַע הָאָרֶץ עַל־הַמָּיִם   כִּי לְעוֹלָם חַסְדּוֹ:
לְעֹשֵׂה אוֹרִים גְּדֹלִים   כִּי לְעוֹלָם חַסְדּוֹ:
אֶת־הַשֶּׁמֶשׁ לְמֶמְשֶׁלֶת בַּיּוֹם   כִּי לְעוֹלָם חַסְדּוֹ:
אֶת־הַיָּרֵחַ וְכוֹכָבִים לְמֶמְשְׁלוֹת בַּלָּיְלָה   כִּי לְעוֹלָם חַסְדּוֹ:
לְמַכֵּה מִצְרַיִם בִּבְכוֹרֵיהֶם   כִּי לְעוֹלָם חַסְדּוֹ:
וַיּוֹצֵא יִשְׂרָאֵל מִתּוֹכָם   כִּי לְעוֹלָם חַסְדּוֹ:
בְּיָד חֲזָקָה וּבִזְרוֹעַ נְטוּיָה   כִּי לְעוֹלָם חַסְדּוֹ:
לְגֹזֵר יַם־סוּף לִגְזָרִים   כִּי לְעוֹלָם חַסְדּוֹ:
וְהֶעֱבִיר יִשְׂרָאֵל בְּתוֹכוֹ   כִּי לְעוֹלָם חַסְדּוֹ:
וְנִעֵר פַּרְעֹה וְחֵילוֹ בְיַם־סוּף   כִּי לְעוֹלָם חַסְדּוֹ:
לְמוֹלִיךְ עַמּוֹ בַּמִּדְבָּר   כִּי לְעוֹלָם חַסְדּוֹ:
לְמַכֵּה מְלָכִים גְּדֹלִים   כִּי לְעוֹלָם חַסְדּוֹ:
וַיַּהֲרֹג מְלָכִים אַדִּירִים   כִּי לְעוֹלָם חַסְדּוֹ:
לְסִיחוֹן מֶלֶךְ הָאֱמֹרִי   כִּי לְעוֹלָם חַסְדּוֹ:
וּלְעוֹג מֶלֶךְ הַבָּשָׁן   כִּי לְעוֹלָם חַסְדּוֹ:
וְנָתַן אַרְצָם לְנַחֲלָה   כִּי לְעוֹלָם חַסְדּוֹ:
נַחֲלָה לְיִשְׂרָאֵל עַבְדּוֹ   כִּי לְעוֹלָם חַסְדּוֹ:
שֶׁבְּשִׁפְלֵנוּ זָכַר לָנוּ   כִּי לְעוֹלָם חַסְדּוֹ:
וַיִּפְרְקֵנוּ מִצָּרֵינוּ   כִּי לְעוֹלָם חַסְדּוֹ:
◂ נֹתֵן לֶחֶם לְכָל־בָּשָׂר   כִּי לְעוֹלָם חַסְדּוֹ:
הוֹדוּ לְאֵל הַשָּׁמָיִם   כִּי לְעוֹלָם חַסְדּוֹ:

תהלים לג רַנְּנוּ צַדִּיקִים בַּיהוה, לַיְשָׁרִים נָאוָה תְהִלָּה: הוֹדוּ לַיהוה בְּכִנּוֹר,
בְּנֵבֶל עָשׂוֹר זַמְּרוּ־לוֹ: שִׁירוּ־לוֹ שִׁיר חָדָשׁ, הֵיטִיבוּ נַגֵּן בִּתְרוּעָה:
כִּי־יָשָׁר דְּבַר־יהוה, וְכָל־מַעֲשֵׂהוּ בֶּאֱמוּנָה: אֹהֵב צְדָקָה וּמִשְׁפָּט,
חֶסֶד יהוה מָלְאָה הָאָרֶץ: בִּדְבַר יהוה שָׁמַיִם נַעֲשׂוּ, וּבְרוּחַ פִּיו
כָּל־צְבָאָם: כֹּנֵס כַּנֵּד מֵי הַיָּם, נֹתֵן בְּאוֹצָרוֹת תְּהוֹמוֹת: יִירְאוּ
מֵיהוה כָּל־הָאָרֶץ, מִמֶּנּוּ יָגוּרוּ כָּל־יֹשְׁבֵי תֵבֵל: כִּי הוּא אָמַר וַיֶּהִי,
הוּא־צִוָּה וַיַּעֲמֹד: יהוה הֵפִיר עֲצַת־גּוֹיִם, הֵנִיא מַחְשְׁבוֹת עַמִּים:
עֲצַת יהוה לְעוֹלָם תַּעֲמֹד, מַחְשְׁבוֹת לִבּוֹ לְדֹר וָדֹר: אַשְׁרֵי הַגּוֹי
אֲשֶׁר־יהוה אֱלֹהָיו, הָעָם בָּחַר לְנַחֲלָה לוֹ: מִשָּׁמַיִם הִבִּיט יהוה,
רָאָה אֶת־כָּל־בְּנֵי הָאָדָם: מִמְּכוֹן־שִׁבְתּוֹ הִשְׁגִּיחַ, אֶל כָּל־יֹשְׁבֵי
הָאָרֶץ: הַיֹּצֵר יַחַד לִבָּם, הַמֵּבִין אֶל־כָּל־מַעֲשֵׂיהֶם: אֵין־הַמֶּלֶךְ
נוֹשָׁע בְּרָב־חָיִל, גִּבּוֹר לֹא־יִנָּצֵל בְּרָב־כֹּחַ: שֶׁקֶר הַסּוּס לִתְשׁוּעָה,
וּבְרֹב חֵילוֹ לֹא יְמַלֵּט: הִנֵּה עֵין יהוה אֶל־יְרֵאָיו, לַמְיַחֲלִים לְחַסְדּוֹ:
לְהַצִּיל מִמָּוֶת נַפְשָׁם, וּלְחַיּוֹתָם בָּרָעָב: נַפְשֵׁנוּ חִכְּתָה לַיהוה,
עֶזְרֵנוּ וּמָגִנֵּנוּ הוּא: ‹ כִּי־בוֹ יִשְׂמַח לִבֵּנוּ, כִּי בְשֵׁם קָדְשׁוֹ בָטָחְנוּ:
יְהִי־חַסְדְּךָ יהוה עָלֵינוּ, כַּאֲשֶׁר יִחַלְנוּ לָךְ:

תהלים צב מִזְמוֹר שִׁיר לְיוֹם הַשַּׁבָּת: טוֹב לְהֹדוֹת לַיהוה, וּלְזַמֵּר לְשִׁמְךָ עֶלְיוֹן:
לְהַגִּיד בַּבֹּקֶר חַסְדֶּךָ, וֶאֱמוּנָתְךָ בַּלֵּילוֹת: עֲלֵי־עָשׂוֹר וַעֲלֵי־נָבֶל,
עֲלֵי הִגָּיוֹן בְּכִנּוֹר: כִּי שִׂמַּחְתַּנִי יהוה בְּפָעֳלֶךָ, בְּמַעֲשֵׂי יָדֶיךָ אֲרַנֵּן:
מַה־גָּדְלוּ מַעֲשֶׂיךָ יהוה, מְאֹד עָמְקוּ מַחְשְׁבֹתֶיךָ: אִישׁ־בַּעַר לֹא
יֵדָע, וּכְסִיל לֹא־יָבִין אֶת־זֹאת: בִּפְרֹחַ רְשָׁעִים כְּמוֹ עֵשֶׂב, וַיָּצִיצוּ
כָּל־פֹּעֲלֵי אָוֶן, לְהִשָּׁמְדָם עֲדֵי־עַד: וְאַתָּה מָרוֹם לְעֹלָם יהוה:
כִּי הִנֵּה אֹיְבֶיךָ יהוה, כִּי־הִנֵּה אֹיְבֶיךָ יֹאבֵדוּ, יִתְפָּרְדוּ כָּל־פֹּעֲלֵי
אָוֶן: וַתָּרֶם כִּרְאֵים קַרְנִי, בַּלֹּתִי בְּשֶׁמֶן רַעֲנָן: וַתַּבֵּט עֵינִי בְּשׁוּרָי,

בַּקָּמִים עָלַי מְרֵעִים תִּשְׁמַעְנָה אָזְנָי: ‹ צַדִּיק כַּתָּמָר יִפְרָח, כְּאֶרֶז
בַּלְּבָנוֹן יִשְׂגֶּה: שְׁתוּלִים בְּבֵית יהוה, בְּחַצְרוֹת אֱלֹהֵינוּ יַפְרִיחוּ:
עוֹד יְנוּבוּן בְּשֵׂיבָה, דְּשֵׁנִים וְרַעֲנַנִּים יִהְיוּ: לְהַגִּיד כִּי־יָשָׁר יהוה,
צוּרִי, וְלֹא־עַוְלָתָה בּוֹ:

תהלים צג

יהוה מָלָךְ, גֵּאוּת לָבֵשׁ, לָבֵשׁ יהוה עֹז הִתְאַזָּר, אַף־תִּכּוֹן תֵּבֵל
בַּל־תִּמּוֹט: נָכוֹן כִּסְאֲךָ מֵאָז, מֵעוֹלָם אָתָּה: נָשְׂאוּ נְהָרוֹת יהוה,
נָשְׂאוּ נְהָרוֹת קוֹלָם, יִשְׂאוּ נְהָרוֹת דָּכְיָם: ‹ מִקֹּלוֹת מַיִם רַבִּים,
אַדִּירִים מִשְׁבְּרֵי־יָם, אַדִּיר בַּמָּרוֹם יהוה: עֵדֹתֶיךָ נֶאֶמְנוּ מְאֹד
לְבֵיתְךָ נַאֲוָה־קֹדֶשׁ, יהוה לְאֹרֶךְ יָמִים:

תהלים קד
תהלים קיג

יְהִי כְבוֹד יהוה לְעוֹלָם, יִשְׂמַח יהוה בְּמַעֲשָׂיו: יְהִי שֵׁם
יהוה מְבֹרָךְ, מֵעַתָּה וְעַד־עוֹלָם: מִמִּזְרַח־שֶׁמֶשׁ עַד־מְבוֹאוֹ,
מְהֻלָּל שֵׁם יהוה: רָם עַל־כָּל־גּוֹיִם יהוה, עַל הַשָּׁמַיִם כְּבוֹדוֹ:

תהלים קלה
תהלים קג

יהוה שִׁמְךָ לְעוֹלָם, יהוה זִכְרְךָ לְדֹר־וָדֹר: יהוה בַּשָּׁמַיִם
הֵכִין כִּסְאוֹ, וּמַלְכוּתוֹ בַּכֹּל מָשָׁלָה: יִשְׂמְחוּ הַשָּׁמַיִם וְתָגֵל
הָאָרֶץ, וְיֹאמְרוּ בַגּוֹיִם יהוה מָלָךְ: יהוה מֶלֶךְ, יהוה מָלָךְ,

דברי הימים
א' טז

תהלים י

יהוה יִמְלֹךְ לְעוֹלָם וָעֶד: יהוה מֶלֶךְ עוֹלָם וָעֶד, אָבְדוּ גוֹיִם
מֵאַרְצוֹ: יהוה הֵפִיר עֲצַת־גּוֹיִם, הֵנִיא מַחְשְׁבוֹת עַמִּים:

תהלים לג

רַבּוֹת מַחֲשָׁבוֹת בְּלֶב־אִישׁ, וַעֲצַת יהוה הִיא תָקוּם: עֲצַת
יהוה לְעוֹלָם תַּעֲמֹד, מַחְשְׁבוֹת לִבּוֹ לְדֹר וָדֹר: כִּי הוּא אָמַר

משלי יט
תהלים לג

וַיֶּהִי, הוּא־צִוָּה וַיַּעֲמֹד: כִּי־בָחַר יהוה בְּצִיּוֹן, אִוָּהּ לְמוֹשָׁב

תהלים קלב

לוֹ: כִּי־יַעֲקֹב בָּחַר לוֹ יָהּ, יִשְׂרָאֵל לִסְגֻלָּתוֹ: כִּי לֹא־יִטֹּשׁ

תהלים קלה
תהלים צד

יהוה עַמּוֹ, וְנַחֲלָתוֹ לֹא יַעֲזֹב: ‹ וְהוּא רַחוּם, יְכַפֵּר עָוֹן
וְלֹא־יַשְׁחִית, וְהִרְבָּה לְהָשִׁיב אַפּוֹ, וְלֹא־יָעִיר כָּל־חֲמָתוֹ:

תהלים עח

יהוה הוֹשִׁיעָה, הַמֶּלֶךְ יַעֲנֵנוּ בְיוֹם־קָרְאֵנוּ:

תהלים כ

פסוקי דזמרה • שחרית

תהלים פד אַשְׁרֵי יוֹשְׁבֵי בֵיתֶךָ, עוֹד יְהַלְלוּךָ סֶּלָה:

תהלים קמד אַשְׁרֵי הָעָם שֶׁכָּכָה לּוֹ, אַשְׁרֵי הָעָם שֶׁיהוה אֱלֹהָיו:

תהלים קמה תְּהִלָּה לְדָוִד

אֲרוֹמִמְךָ אֱלוֹהַי הַמֶּלֶךְ, וַאֲבָרְכָה שִׁמְךָ לְעוֹלָם וָעֶד:

בְּכָל־יוֹם אֲבָרְכֶךָּ, וַאֲהַלְלָה שִׁמְךָ לְעוֹלָם וָעֶד:

גָּדוֹל יהוה וּמְהֻלָּל מְאֹד, וְלִגְדֻלָּתוֹ אֵין חֵקֶר:

דּוֹר לְדוֹר יְשַׁבַּח מַעֲשֶׂיךָ, וּגְבוּרֹתֶיךָ יַגִּידוּ:

הֲדַר כְּבוֹד הוֹדֶךָ, וְדִבְרֵי נִפְלְאֹתֶיךָ אָשִׂיחָה:

וֶעֱזוּז נוֹרְאֹתֶיךָ יֹאמֵרוּ, וּגְדוּלָּתְךָ אֲסַפְּרֶנָּה:

זֵכֶר רַב־טוּבְךָ יַבִּיעוּ, וְצִדְקָתְךָ יְרַנֵּנוּ:

חַנּוּן וְרַחוּם יהוה, אֶרֶךְ אַפַּיִם וּגְדָל־חָסֶד:

טוֹב־יהוה לַכֹּל, וְרַחֲמָיו עַל־כָּל־מַעֲשָׂיו:

יוֹדוּךָ יהוה כָּל־מַעֲשֶׂיךָ, וַחֲסִידֶיךָ יְבָרְכוּכָה:

כְּבוֹד מַלְכוּתְךָ יֹאמֵרוּ, וּגְבוּרָתְךָ יְדַבֵּרוּ:

לְהוֹדִיעַ לִבְנֵי הָאָדָם גְּבוּרֹתָיו, וּכְבוֹד הֲדַר מַלְכוּתוֹ:

מַלְכוּתְךָ מַלְכוּת כָּל־עֹלָמִים, וּמֶמְשַׁלְתְּךָ בְּכָל־דּוֹר וָדֹר:

סוֹמֵךְ יהוה לְכָל־הַנֹּפְלִים, וְזוֹקֵף לְכָל־הַכְּפוּפִים:

עֵינֵי־כֹל אֵלֶיךָ יְשַׂבֵּרוּ, וְאַתָּה נוֹתֵן־לָהֶם אֶת־אָכְלָם בְּעִתּוֹ:

פּוֹתֵחַ אֶת־יָדֶךָ, וּמַשְׂבִּיעַ לְכָל־חַי רָצוֹן:

צַדִּיק יהוה בְּכָל־דְּרָכָיו, וְחָסִיד בְּכָל־מַעֲשָׂיו:

קָרוֹב יהוה לְכָל־קֹרְאָיו, לְכֹל אֲשֶׁר יִקְרָאֻהוּ בֶאֱמֶת:

רְצוֹן־יְרֵאָיו יַעֲשֶׂה, וְאֶת־שַׁוְעָתָם יִשְׁמַע, וְיוֹשִׁיעֵם:

שׁוֹמֵר יהוה אֶת־כָּל־אֹהֲבָיו, וְאֵת כָּל־הָרְשָׁעִים יַשְׁמִיד:

◂ תְּהִלַּת יהוה יְדַבֶּר פִּי, וִיבָרֵךְ כָּל־בָּשָׂר שֵׁם קָדְשׁוֹ לְעוֹלָם וָעֶד:

תהלים קטו וַאֲנַחְנוּ נְבָרֵךְ יָהּ מֵעַתָּה וְעַד־עוֹלָם, הַלְלוּיָהּ:

תהלים קמו הַלְלוּיָהּ, הַלְלִי נַפְשִׁי אֶת־יהוה: אֲהַלְלָה יהוה בְּחַיָּי, אֲזַמְּרָה לֵאלֹהַי בְּעוֹדִי: אַל־תִּבְטְחוּ בִנְדִיבִים, בְּבֶן־אָדָם שֶׁאֵין לוֹ תְשׁוּעָה: תֵּצֵא רוּחוֹ, יָשֻׁב לְאַדְמָתוֹ, בַּיּוֹם הַהוּא אָבְדוּ עֶשְׁתֹּנֹתָיו: אַשְׁרֵי שֶׁאֵל יַעֲקֹב בְּעֶזְרוֹ, שִׂבְרוֹ עַל־יהוה אֱלֹהָיו: עֹשֶׂה שָׁמַיִם וָאָרֶץ, אֶת־הַיָּם וְאֶת־כָּל־אֲשֶׁר־בָּם, הַשֹּׁמֵר אֱמֶת לְעוֹלָם: עֹשֶׂה מִשְׁפָּט לָעֲשׁוּקִים, נֹתֵן לֶחֶם לָרְעֵבִים, יהוה מַתִּיר אֲסוּרִים: יהוה פֹּקֵחַ עִוְרִים, יהוה זֹקֵף כְּפוּפִים, יהוה אֹהֵב צַדִּיקִים: יהוה שֹׁמֵר אֶת־גֵּרִים, יָתוֹם וְאַלְמָנָה יְעוֹדֵד, וְדֶרֶךְ רְשָׁעִים יְעַוֵּת: ◂ יִמְלֹךְ יהוה לְעוֹלָם, אֱלֹהַיִךְ צִיּוֹן לְדֹר וָדֹר, הַלְלוּיָהּ:

תהלים קמז הַלְלוּיָהּ, כִּי־טוֹב זַמְּרָה אֱלֹהֵינוּ, כִּי־נָעִים נָאוָה תְהִלָּה: בּוֹנֵה יְרוּשָׁלַםִ יהוה, נִדְחֵי יִשְׂרָאֵל יְכַנֵּס: הָרֹפֵא לִשְׁבוּרֵי לֵב, וּמְחַבֵּשׁ לְעַצְּבוֹתָם: מוֹנֶה מִסְפָּר לַכּוֹכָבִים, לְכֻלָּם שֵׁמוֹת יִקְרָא: גָּדוֹל אֲדוֹנֵינוּ וְרַב־כֹּחַ, לִתְבוּנָתוֹ אֵין מִסְפָּר: מְעוֹדֵד עֲנָוִים יהוה, מַשְׁפִּיל רְשָׁעִים עֲדֵי־אָרֶץ: עֱנוּ לַיהוה בְּתוֹדָה, זַמְּרוּ לֵאלֹהֵינוּ בְכִנּוֹר: הַמְכַסֶּה שָׁמַיִם בְּעָבִים, הַמֵּכִין לָאָרֶץ מָטָר, הַמַּצְמִיחַ הָרִים חָצִיר: נוֹתֵן לִבְהֵמָה לַחְמָהּ, לִבְנֵי עֹרֵב אֲשֶׁר יִקְרָאוּ: לֹא בִגְבוּרַת הַסּוּס יֶחְפָּץ, לֹא־בְשׁוֹקֵי הָאִישׁ יִרְצֶה: רוֹצֶה יהוה אֶת־יְרֵאָיו, אֶת־הַמְיַחֲלִים לְחַסְדּוֹ: שַׁבְּחִי יְרוּשָׁלַםִ אֶת־יהוה, הַלְלִי אֱלֹהַיִךְ צִיּוֹן: כִּי־חִזַּק בְּרִיחֵי שְׁעָרָיִךְ, בֵּרַךְ בָּנַיִךְ בְּקִרְבֵּךְ: הַשָּׂם־גְּבוּלֵךְ שָׁלוֹם, חֵלֶב חִטִּים יַשְׂבִּיעֵךְ: הַשֹּׁלֵחַ אִמְרָתוֹ אָרֶץ, עַד־מְהֵרָה יָרוּץ דְּבָרוֹ: הַנֹּתֵן שֶׁלֶג כַּצָּמֶר, כְּפוֹר כָּאֵפֶר יְפַזֵּר: מַשְׁלִיךְ קַרְחוֹ כְפִתִּים, לִפְנֵי קָרָתוֹ מִי יַעֲמֹד: יִשְׁלַח דְּבָרוֹ וְיַמְסֵם, יַשֵּׁב רוּחוֹ יִזְּלוּ־מָיִם: ◂ מַגִּיד דְּבָרָו לְיַעֲקֹב, חֻקָּיו וּמִשְׁפָּטָיו לְיִשְׂרָאֵל: לֹא עָשָׂה כֵן לְכָל־גּוֹי, וּמִשְׁפָּטִים בַּל־יְדָעוּם, הַלְלוּיָהּ:

פסוקי דזמרה • שחרית _____ 108

תהלים קמח

הַלְלוּיָהּ, הַלְלוּ אֶת־יהוה מִן־הַשָּׁמַיִם, הַלְלוּהוּ בַּמְּרוֹמִים:
הַלְלוּהוּ כָל־מַלְאָכָיו, הַלְלוּהוּ כָּל־צְבָאָו: הַלְלוּהוּ שֶׁמֶשׁ וְיָרֵחַ,
הַלְלוּהוּ כָּל־כּוֹכְבֵי אוֹר: הַלְלוּהוּ שְׁמֵי הַשָּׁמַיִם, וְהַמַּיִם אֲשֶׁר מֵעַל
הַשָּׁמַיִם: יְהַלְלוּ אֶת־שֵׁם יהוה, כִּי הוּא צִוָּה וְנִבְרָאוּ: וַיַּעֲמִידֵם
לָעַד לְעוֹלָם, חָק־נָתַן וְלֹא יַעֲבוֹר: הַלְלוּ אֶת־יהוה מִן־הָאָרֶץ,
תַּנִּינִים וְכָל־תְּהֹמוֹת: אֵשׁ וּבָרָד שֶׁלֶג וְקִיטוֹר, רוּחַ סְעָרָה עֹשָׂה
דְבָרוֹ: הֶהָרִים וְכָל־גְּבָעוֹת, עֵץ פְּרִי וְכָל־אֲרָזִים: הַחַיָּה וְכָל־
בְּהֵמָה, רֶמֶשׂ וְצִפּוֹר כָּנָף: מַלְכֵי־אֶרֶץ וְכָל־לְאֻמִּים, שָׂרִים וְכָל־
שֹׁפְטֵי אָרֶץ: בַּחוּרִים וְגַם־בְּתוּלוֹת, זְקֵנִים עִם־נְעָרִים: ‹ יְהַלְלוּ
אֶת־שֵׁם יהוה, כִּי־נִשְׂגָּב שְׁמוֹ לְבַדּוֹ, הוֹדוֹ עַל־אֶרֶץ וְשָׁמָיִם: וַיָּרֶם
קֶרֶן לְעַמּוֹ, תְּהִלָּה לְכָל־חֲסִידָיו, לִבְנֵי יִשְׂרָאֵל עַם קְרֹבוֹ, הַלְלוּיָהּ:

תהלים קמט

הַלְלוּיָהּ, שִׁירוּ לַיהוה שִׁיר חָדָשׁ, תְּהִלָּתוֹ בִּקְהַל חֲסִידִים: יִשְׂמַח
יִשְׂרָאֵל בְּעֹשָׂיו, בְּנֵי־צִיּוֹן יָגִילוּ בְמַלְכָּם: יְהַלְלוּ שְׁמוֹ בְמָחוֹל, בְּתֹף
וְכִנּוֹר יְזַמְּרוּ־לוֹ: כִּי־רוֹצֶה יהוה בְּעַמּוֹ, יְפָאֵר עֲנָוִים בִּישׁוּעָה:
יַעְלְזוּ חֲסִידִים בְּכָבוֹד, יְרַנְּנוּ עַל־מִשְׁכְּבוֹתָם: רוֹמְמוֹת אֵל
בִּגְרוֹנָם, וְחֶרֶב פִּיפִיּוֹת בְּיָדָם: לַעֲשׂוֹת נְקָמָה בַּגּוֹיִם, תּוֹכֵחוֹת
בַּלְאֻמִּים: ‹ לֶאְסֹר מַלְכֵיהֶם בְּזִקִּים, וְנִכְבְּדֵיהֶם בְּכַבְלֵי בַרְזֶל:
לַעֲשׂוֹת בָּהֶם מִשְׁפָּט כָּתוּב, הָדָר הוּא לְכָל־חֲסִידָיו, הַלְלוּיָהּ:

תהלים קנ

הַלְלוּיָהּ, הַלְלוּ־אֵל בְּקָדְשׁוֹ, הַלְלוּהוּ בִּרְקִיעַ עֻזּוֹ: הַלְלוּהוּ
בִגְבוּרֹתָיו, הַלְלוּהוּ כְּרֹב גֻּדְלוֹ: הַלְלוּהוּ בְּתֵקַע שׁוֹפָר, הַלְלוּהוּ
בְּנֵבֶל וְכִנּוֹר: הַלְלוּהוּ בְּתֹף וּמָחוֹל, הַלְלוּהוּ בְּמִנִּים וְעֻגָב:
‹ הַלְלוּהוּ בְצִלְצְלֵי־שָׁמַע, הַלְלוּהוּ בְּצִלְצְלֵי תְרוּעָה: כֹּל הַנְּשָׁמָה
תְּהַלֵּל יָהּ, הַלְלוּיָהּ:   כֹּל הַנְּשָׁמָה תְּהַלֵּל יָהּ, הַלְלוּיָהּ:

בָּרוּךְ יהוה לְעוֹלָם, אָמֵן וְאָמֵן: תהלים פט

בָּרוּךְ יהוה מִצִּיּוֹן, שֹׁכֵן יְרוּשָׁלָםִ, הַלְלוּיָהּ: תהלים קלה

בָּרוּךְ יהוה אֱלֹהִים אֱלֹהֵי יִשְׂרָאֵל, עֹשֵׂה נִפְלָאוֹת לְבַדּוֹ: תהלים עב

◂ וּבָרוּךְ שֵׁם כְּבוֹדוֹ לְעוֹלָם

וְיִמָּלֵא כְבוֹדוֹ אֶת־כָּל־הָאָרֶץ, אָמֵן וְאָמֵן:

נוהגים לעמוד מכאן ועד 'יִשְׁתַּבַּח' (עמ' 112).

וַיְבָרֶךְ דָּוִיד אֶת־יהוה לְעֵינֵי כָּל־הַקָּהָל, וַיֹּאמֶר דָּוִיד, בָּרוּךְ דברי הימים א׳ כט
אַתָּה יהוה, אֱלֹהֵי יִשְׂרָאֵל אָבִינוּ, מֵעוֹלָם וְעַד־עוֹלָם: לְךָ יהוה
הַגְּדֻלָּה וְהַגְּבוּרָה וְהַתִּפְאֶרֶת וְהַנֵּצַח וְהַהוֹד, כִּי־כֹל בַּשָּׁמַיִם
וּבָאָרֶץ, לְךָ יהוה הַמַּמְלָכָה וְהַמִּתְנַשֵּׂא לְכֹל לְרֹאשׁ: וְהָעֹשֶׁר
וְהַכָּבוֹד מִלְּפָנֶיךָ, וְאַתָּה מוֹשֵׁל בַּכֹּל, וּבְיָדְךָ כֹּחַ וּגְבוּרָה, וּבְיָדְךָ
לְגַדֵּל וּלְחַזֵּק לַכֹּל: וְעַתָּה אֱלֹהֵינוּ מוֹדִים אֲנַחְנוּ לָךְ, וּמְהַלְלִים
לְשֵׁם תִּפְאַרְתֶּךָ: אַתָּה־הוּא יהוה לְבַדֶּךָ, אַתְּ עָשִׂיתָ נחמיה ט
אֶת־הַשָּׁמַיִם, שְׁמֵי הַשָּׁמַיִם וְכָל־צְבָאָם, הָאָרֶץ וְכָל־אֲשֶׁר עָלֶיהָ,
הַיַּמִּים וְכָל־אֲשֶׁר בָּהֶם, וְאַתָּה מְחַיֶּה אֶת־כֻּלָּם, וּצְבָא הַשָּׁמַיִם לְךָ
מִשְׁתַּחֲוִים: ◂ אַתָּה הוּא יהוה הָאֱלֹהִים אֲשֶׁר בָּחַרְתָּ בְּאַבְרָם,
וְהוֹצֵאתוֹ מֵאוּר כַּשְׂדִּים, וְשַׂמְתָּ שְּׁמוֹ אַבְרָהָם: וּמָצָאתָ אֶת־
לְבָבוֹ נֶאֱמָן לְפָנֶיךָ, ◂ וְכָרוֹת עִמּוֹ הַבְּרִית לָתֵת אֶת־אֶרֶץ הַכְּנַעֲנִי
הַחִתִּי הָאֱמֹרִי וְהַפְּרִזִּי וְהַיְבוּסִי וְהַגִּרְגָּשִׁי, לָתֵת לְזַרְעוֹ, וַתָּקֶם
אֶת־דְּבָרֶיךָ, כִּי צַדִּיק אָתָּה: וַתֵּרֶא אֶת־עֳנִי אֲבֹתֵינוּ בְּמִצְרָיִם,
וְאֶת־זַעֲקָתָם שָׁמַעְתָּ עַל־יַם־סוּף: וַתִּתֵּן אֹתֹת וּמֹפְתִים בְּפַרְעֹה
וּבְכָל־עֲבָדָיו וּבְכָל־עַם אַרְצוֹ, כִּי יָדַעְתָּ כִּי הֵזִידוּ עֲלֵיהֶם, וַתַּעַשׂ־
לְךָ שֵׁם כְּהַיּוֹם הַזֶּה: ◂ וְהַיָּם בָּקַעְתָּ לִפְנֵיהֶם, וַיַּעַבְרוּ בְתוֹךְ־הַיָּם
בַּיַּבָּשָׁה, וְאֶת־רֹדְפֵיהֶם הִשְׁלַכְתָּ בִמְצוֹלֹת כְּמוֹ־אֶבֶן, בְּמַיִם עַזִּים:

שמות יד

וַיּֽוֹשַׁע יְהֹוָה בַּיּוֹם הַהוּא אֶת־יִשְׂרָאֵל מִיַּד מִצְרָיִם וַיַּרְא יִשְׂרָאֵל
אֶת־מִצְרַיִם מֵת עַל־שְׂפַת הַיָּם: ◄ וַיַּרְא יִשְׂרָאֵל אֶת־הַיָּד
הַגְּדֹלָה אֲשֶׁר עָשָׂה יְהֹוָה בְּמִצְרַיִם וַיִּירְאוּ הָעָם אֶת־יְהֹוָה
וַיַּאֲמִֽינוּ בַּיהֹוָה וּבְמֹשֶׁה עַבְדּֽוֹ:

שמות טו

אָז יָשִֽׁיר־מֹשֶׁה וּבְנֵי יִשְׂרָאֵל אֶת־הַשִּׁירָה הַזֹּאת לַיהֹוָה, וַיֹּאמְרוּ
לֵאמֹר, אָשִֽׁירָה לַיהֹוָה כִּי־גָאֹה גָּאָה, סוּס
וְרֹכְבוֹ רָמָה בַיָּם: עָזִּי וְזִמְרָת יָהּ וַיְהִי־לִי
לִישׁוּעָה, זֶה אֵלִי וְאַנְוֵהוּ, אֱלֹהֵי
אָבִי וַאֲרֹמְמֶֽנְהוּ: יְהֹוָה אִישׁ מִלְחָמָה, יְהֹוָה
שְׁמוֹ: מַרְכְּבֹת פַּרְעֹה וְחֵילוֹ יָרָה בַיָּם, וּמִבְחַר
שָׁלִשָׁיו טֻבְּעוּ בְיַם־סוּף: תְּהֹמֹת יְכַסְיֻמוּ, יָרְדוּ בִמְצוֹלֹת כְּמוֹ־
אָבֶן: יְמִינְךָ יְהֹוָה נֶאְדָּרִי בַּכֹּחַ, יְמִינְךָ
יְהֹוָה תִּרְעַץ אוֹיֵב: וּבְרֹב גְּאוֹנְךָ תַּהֲרֹס
קָמֶיךָ, תְּשַׁלַּח חֲרֹנְךָ יֹאכְלֵמוֹ כַּקַּשׁ: וּבְרוּחַ
אַפֶּיךָ נֶעֶרְמוּ מַיִם, נִצְּבוּ כְמוֹ־נֵד
נֹזְלִים, קָפְאוּ תְהֹמֹת בְּלֶב־יָם: אָמַר
אוֹיֵב אֶרְדֹּף, אַשִּׂיג, אֲחַלֵּק שָׁלָל, תִּמְלָאֵמוֹ
נַפְשִׁי, אָרִיק חַרְבִּי תּוֹרִישֵׁמוֹ יָדִי: נָשַׁפְתָּ
בְרוּחֲךָ כִּסָּמוֹ יָם, צָלֲלוּ כַּעוֹפֶרֶת בְּמַיִם
אַדִּירִים: מִי־כָמֹכָה בָּאֵלִם יְהֹוָה, מִי
כָּמֹכָה נֶאְדָּר בַּקֹּדֶשׁ, נוֹרָא תְהִלֹּת עֹשֵׂה
פֶלֶא: נָטִיתָ יְמִינְךָ תִּבְלָעֵמוֹ אָרֶץ: נָחִיתָ
בְחַסְדְּךָ עַם־זוּ גָּאָלְתָּ, נֵהַלְתָּ בְעָזְּךָ אֶל־נְוֵה

קָדְשֶׁךָ: שָׁמְעוּ עַמִּים יִרְגָּזוּן, חִיל
אָחַז יֹשְׁבֵי פְּלָשֶׁת: אָז נִבְהֲלוּ אַלּוּפֵי
אֱדוֹם, אֵילֵי מוֹאָב יֹאחֲזֵמוֹ רָעַד, נָמֹגוּ
כֹּל יֹשְׁבֵי כְנָעַן: תִּפֹּל עֲלֵיהֶם אֵימָתָה
וָפַחַד, בִּגְדֹל זְרוֹעֲךָ יִדְּמוּ כָּאָבֶן, עַד־
יַעֲבֹר עַמְּךָ יהוה, עַד־יַעֲבֹר עַם־זוּ
קָנִיתָ: תְּבִאֵמוֹ וְתִטָּעֵמוֹ בְּהַר נַחֲלָתְךָ, מָכוֹן
לְשִׁבְתְּךָ פָּעַלְתָּ יהוה, מִקְּדָשׁ אֲדֹנָי כּוֹנְנוּ
יָדֶיךָ: יהוה ׀ יִמְלֹךְ לְעֹלָם וָעֶד:

יהוה יִמְלֹךְ לְעֹלָם וָעֶד.
יהוה מַלְכוּתֵהּ קָאֵם לְעָלַם וּלְעָלְמֵי עָלְמַיָּא.

כִּי
בָא סוּס פַּרְעֹה בְּרִכְבּוֹ וּבְפָרָשָׁיו בַּיָּם, וַיָּשֶׁב יהוה עֲלֵהֶם אֶת־מֵי
הַיָּם, וּבְנֵי יִשְׂרָאֵל הָלְכוּ בַיַּבָּשָׁה בְּתוֹךְ הַיָּם:

◂ כִּי לַיהוה הַמְּלוּכָה וּמשֵׁל בַּגּוֹיִם: תהלים כב
וְעָלוּ מוֹשִׁעִים בְּהַר צִיּוֹן לִשְׁפֹּט אֶת־הַר עֵשָׂו עובדיה א
וְהָיְתָה לַיהוה הַמְּלוּכָה:

וְהָיָה יהוה לְמֶלֶךְ עַל־כָּל־הָאָרֶץ זכריה יד
בַּיּוֹם הַהוּא יִהְיֶה יהוה אֶחָד וּשְׁמוֹ אֶחָד:

(וּבְתוֹרָתְךָ כָּתוּב לֵאמֹר, שְׁמַע יִשְׂרָאֵל, יהוה אֱלֹהֵינוּ יהוה אֶחָד:) דברים ו

פסוקי דזמרה · שחרית

יִשְׁתַּבַּח שִׁמְךָ לָעַד, מַלְכֵּנוּ
הָאֵל הַמֶּלֶךְ הַגָּדוֹל וְהַקָּדוֹשׁ בַּשָּׁמַיִם וּבָאָרֶץ
כִּי לְךָ נָאֶה, יהוה אֱלֹהֵינוּ וֵאלֹהֵי אֲבוֹתֵינוּ
שִׁיר וּשְׁבָחָה, הַלֵּל וְזִמְרָה
עֹז וּמֶמְשָׁלָה, נֶצַח, גְּדֻלָּה וּגְבוּרָה
תְּהִלָּה וְתִפְאֶרֶת, קְדֻשָּׁה וּמַלְכוּת
‹ בְּרָכוֹת וְהוֹדָאוֹת, מֵעַתָּה וְעַד עוֹלָם.
בָּרוּךְ אַתָּה יהוה
אֵל מֶלֶךְ גָּדוֹל בַּתִּשְׁבָּחוֹת
אֵל הַהוֹדָאוֹת
אֲדוֹן הַנִּפְלָאוֹת
הַבּוֹחֵר בְּשִׁירֵי זִמְרָה
מֶלֶךְ, אֵל, חֵי הָעוֹלָמִים.

חצי קדיש

ש״ץ: יִתְגַּדַּל וְיִתְקַדַּשׁ שְׁמֵהּ רַבָּא (קהל: אָמֵן)
בְּעָלְמָא דִּי בְרָא כִרְעוּתֵהּ
וְיַמְלִיךְ מַלְכוּתֵהּ, בְּחַיֵּיכוֹן וּבְיוֹמֵיכוֹן וּבְחַיֵּי דְכָל בֵּית יִשְׂרָאֵל
בַּעֲגָלָא וּבִזְמַן קָרִיב, וְאִמְרוּ אָמֵן. (קהל: אָמֵן)

קהל וש״ץ: יְהֵא שְׁמֵהּ רַבָּא מְבָרַךְ לְעָלַם וּלְעָלְמֵי עָלְמַיָּא.

ש״ץ: יִתְבָּרַךְ וְיִשְׁתַּבַּח וְיִתְפָּאַר וְיִתְרוֹמַם וְיִתְנַשֵּׂא
וְיִתְהַדָּר וְיִתְעַלֶּה וְיִתְהַלָּל
שְׁמֵהּ דְּקֻדְשָׁא בְּרִיךְ הוּא (קהל: בְּרִיךְ הוּא)
לְעֵלָּא מִן כָּל בִּרְכָתָא וְשִׁירָתָא
תֻּשְׁבְּחָתָא וְנֶחֱמָתָא, דַּאֲמִירָן בְּעָלְמָא
וְאִמְרוּ אָמֵן. (קהל: אָמֵן)

שחרית • קריאת שמע וברכותיה 113

קריאת שמע וברכותיה

שליח הציבור כורע ב׳בָּרְכוּ׳ וזוקף בשם.
הקהל כורע ב׳בָּרוּךְ׳ וזוקף בשם,
ושליח הציבור כורע שוב כאשר הוא חוזר אחריהם.

ש״ץ: **בָּרְכוּ**
אֶת יהוה הַמְבֹרָךְ.

קהל: בָּרוּךְ יהוה הַמְבֹרָךְ לְעוֹלָם וָעֶד.

ש״ץ: בָּרוּךְ יהוה הַמְבֹרָךְ לְעוֹלָם וָעֶד.

נוהגים לשבת בקריאת שמע וברכותיה.

בָּרוּךְ אַתָּה יהוה אֱלֹהֵינוּ מֶלֶךְ הָעוֹלָם
יוֹצֵר אוֹר וּבוֹרֵא חֹשֶׁךְ
עֹשֶׂה שָׁלוֹם וּבוֹרֵא אֶת הַכֹּל.

הַמֵּאִיר לָאָרֶץ וְלַדָּרִים עָלֶיהָ בְּרַחֲמִים
וּבְטוּבוֹ מְחַדֵּשׁ בְּכָל יוֹם תָּמִיד מַעֲשֵׂה בְרֵאשִׁית.
מָה־רַבּוּ מַעֲשֶׂיךָ יהוה, כֻּלָּם בְּחָכְמָה עָשִׂיתָ תהלים קד
מָלְאָה הָאָרֶץ קִנְיָנֶךָ:
הַמֶּלֶךְ הַמְרוֹמָם לְבַדּוֹ מֵאָז
הַמְשֻׁבָּח וְהַמְפֹאָר וְהַמִּתְנַשֵּׂא מִימוֹת עוֹלָם.
אֱלֹהֵי עוֹלָם
בְּרַחֲמֶיךָ הָרַבִּים רַחֵם עָלֵינוּ
אֲדוֹן עֻזֵּנוּ, צוּר מִשְׂגַּבֵּנוּ
מָגֵן יִשְׁעֵנוּ, מִשְׂגָּב בַּעֲדֵנוּ.

אֵל בָּרוּךְ גְּדוֹל דֵּעָה, הֵכִין וּפָעַל זָהֳרֵי חַמָּה
טוֹב יָצַר כָּבוֹד לִשְׁמוֹ, מְאוֹרוֹת נָתַן סְבִיבוֹת עֻזּוֹ
פִּנּוֹת צְבָאָיו קְדוֹשִׁים, רוֹמְמֵי שַׁדַּי
תָּמִיד מְסַפְּרִים כְּבוֹד אֵל וּקְדֻשָּׁתוֹ.
תִּתְבָּרַךְ יהוה אֱלֹהֵינוּ, עַל שֶׁבַח מַעֲשֵׂה יָדֶיךָ
וְעַל מְאוֹרֵי אוֹר שֶׁעָשִׂיתָ, יְפָאֲרוּךָ סֶּלָה.

תִּתְבָּרַךְ
צוּרֵנוּ מַלְכֵּנוּ וְגוֹאֲלֵנוּ, בּוֹרֵא קְדוֹשִׁים
יִשְׁתַּבַּח שִׁמְךָ לָעַד
מַלְכֵּנוּ, יוֹצֵר מְשָׁרְתִים
וַאֲשֶׁר מְשָׁרְתָיו כֻּלָּם עוֹמְדִים בְּרוּם עוֹלָם
וּמַשְׁמִיעִים בְּיִרְאָה יַחַד בְּקוֹל
דִּבְרֵי אֱלֹהִים חַיִּים וּמֶלֶךְ עוֹלָם.
כֻּלָּם אֲהוּבִים
כֻּלָּם בְּרוּרִים
כֻּלָּם גִּבּוֹרִים
וְכֻלָּם עוֹשִׂים בְּאֵימָה וּבְיִרְאָה רְצוֹן קוֹנָם
◂ וְכֻלָּם פּוֹתְחִים אֶת פִּיהֶם
בִּקְדֻשָּׁה וּבְטָהֳרָה
בְּשִׁירָה וּבְזִמְרָה
וּמְבָרְכִים וּמְשַׁבְּחִים וּמְפָאֲרִים
וּמַעֲרִיצִים וּמַקְדִּישִׁים וּמַמְלִיכִים ◂
אֶת שֵׁם הָאֵל הַמֶּלֶךְ הַגָּדוֹל, הַגִּבּוֹר וְהַנּוֹרָא
קָדוֹשׁ הוּא.

◂ וְכֻלָּם מְקַבְּלִים עֲלֵיהֶם עֹל מַלְכוּת שָׁמַיִם זֶה מִזֶּה
וְנוֹתְנִים רְשׁוּת זֶה לָזֶה
לְהַקְדִּישׁ לְיוֹצְרָם בְּנַחַת רוּחַ
בְּשָׂפָה בְרוּרָה וּבִנְעִימָה
קְדֻשָּׁה כֻּלָּם כְּאֶחָד
עוֹנִים וְאוֹמְרִים בְּיִרְאָה

יש פוסקים הסבורים שיחיד אינו אומר את הפסוקים ׳קָדוֹשׁ׳ ו׳בָּרוּךְ׳ אלא רק ציבור,
ולכן ראוי שיחיד יאמר אותם בטעמים.

הקהל עונה יחד בקול רם:

קָדוֹשׁ ׀ קָדוֹשׁ, קָדוֹשׁ יהוה צְבָאוֹת ישעיה ו
מְלֹא כָל־הָאָרֶץ כְּבוֹדוֹ:

◂ וְהָאוֹפַנִּים וְחַיּוֹת הַקֹּדֶשׁ
בְּרַעַשׁ גָּדוֹל מִתְנַשְּׂאִים לְעֻמַּת שְׂרָפִים
לְעֻמָּתָם מְשַׁבְּחִים וְאוֹמְרִים

הקהל עונה יחד בקול רם:

בָּרוּךְ כְּבוֹד־יהוה מִמְּקוֹמוֹ: יחזקאל ג

לָאֵל בָּרוּךְ נְעִימוֹת יִתֵּנוּ
לַמֶּלֶךְ אֵל חַי וְקַיָּם
זְמִירוֹת יֹאמֵרוּ וְתִשְׁבָּחוֹת יַשְׁמִיעוּ
כִּי הוּא לְבַדּוֹ
פּוֹעֵל גְּבוּרוֹת, עוֹשֶׂה חֲדָשׁוֹת
בַּעַל מִלְחָמוֹת, זוֹרֵעַ צְדָקוֹת
מַצְמִיחַ יְשׁוּעוֹת, בּוֹרֵא רְפוּאוֹת
נוֹרָא תְהִלּוֹת, אֲדוֹן הַנִּפְלָאוֹת

הַמְחַדֵּשׁ בְּטוּבוֹ בְּכָל יוֹם תָּמִיד מַעֲשֵׂה בְרֵאשִׁית
כָּאָמוּר
תהלים קלו לְעֹשֵׂה אוֹרִים גְּדֹלִים, כִּי לְעוֹלָם חַסְדּוֹ:

► אוֹר חָדָשׁ עַל צִיּוֹן תָּאִיר
וְנִזְכֶּה כֻלָּנוּ מְהֵרָה לְאוֹרוֹ.
בָּרוּךְ אַתָּה יהוה, יוֹצֵר הַמְּאוֹרוֹת.

אַהֲבָה רַבָּה אֲהַבְתָּנוּ, יהוה אֱלֹהֵינוּ
חֶמְלָה גְדוֹלָה וִיתֵרָה חָמַלְתָּ עָלֵינוּ.
אָבִינוּ מַלְכֵּנוּ
בַּעֲבוּר אֲבוֹתֵינוּ שֶׁבָּטְחוּ בְךָ
וַתְּלַמְּדֵם חֻקֵּי חַיִּים
כֵּן תְּחָנֵּנוּ וּתְלַמְּדֵנוּ.
אָבִינוּ, הָאָב הָרַחֲמָן, הַמְרַחֵם
רַחֵם עָלֵינוּ, וְתֵן בְּלִבֵּנוּ לְהָבִין וּלְהַשְׂכִּיל
לִשְׁמֹעַ, לִלְמֹד וּלְלַמֵּד, לִשְׁמֹר וְלַעֲשׂוֹת, וּלְקַיֵּם
אֶת כָּל דִּבְרֵי תַלְמוּד תּוֹרָתֶךָ בְּאַהֲבָה.
וְהָאֵר עֵינֵינוּ בְּתוֹרָתֶךָ, וְדַבֵּק לִבֵּנוּ בְּמִצְוֹתֶיךָ
וְיַחֵד לְבָבֵנוּ לְאַהֲבָה וּלְיִרְאָה אֶת שְׁמֶךָ
וְלֹא נֵבוֹשׁ לְעוֹלָם וָעֶד.
כִּי בְשֵׁם קָדְשְׁךָ הַגָּדוֹל וְהַנּוֹרָא בָּטָחְנוּ
נָגִילָה וְנִשְׂמְחָה בִּישׁוּעָתֶךָ.

מצווה לאחוז הציצית ביד שמאלית כנגד לבו בשעת קריאת שמע כשמגיע ל׳וַהֲבִיאֵנוּ׳.
יש נוהגים לאחוז את ארבעתן ויש נוהגים לאחוז רק שתיים כדי להישאר מסובב במצוות.

וַהֲבִיאֵנוּ לְשָׁלוֹם מֵאַרְבַּע כַּנְפוֹת הָאָרֶץ
וְתוֹלִיכֵנוּ קוֹמְמִיּוּת לְאַרְצֵנוּ.

▸ כִּי אֵל פּוֹעֵל יְשׁוּעוֹת אָתָּה, וּבָנוּ בָחַרְתָּ מִכָּל עַם וְלָשׁוֹן
וְקֵרַבְתָּנוּ לְשִׁמְךָ הַגָּדוֹל סֶלָה, בֶּאֱמֶת
לְהוֹדוֹת לְךָ וּלְיַחֶדְךָ בְּאַהֲבָה.
בָּרוּךְ אַתָּה יהוה, הַבּוֹחֵר בְּעַמּוֹ יִשְׂרָאֵל בְּאַהֲבָה.

במקום המסומן ב° ימשש בתפילין של יד,
ובמקום המסומן ב°° ימשש בתפילין של ראש.

המתפלל ביחידות אומר:

אֵל מֶלֶךְ נֶאֱמָן

מכסה את עיניו בידו ואומר בכוונה ובקול רם:

שְׁמַע יִשְׂרָאֵל, יהוה אֱלֹהֵינוּ, יהוה | אֶחָד: דברים ו

בלחש: בָּרוּךְ שֵׁם כְּבוֹד מַלְכוּתוֹ לְעוֹלָם וָעֶד.

וְאָהַבְתָּ אֵת יהוה אֱלֹהֶיךָ, בְּכָל־לְבָבְךָ וּבְכָל־נַפְשְׁךָ וּבְכָל־מְאֹדֶךָ: דברים ו
וְהָיוּ הַדְּבָרִים הָאֵלֶּה, אֲשֶׁר אָנֹכִי מְצַוְּךָ הַיּוֹם, עַל־לְבָבֶךָ: וְשִׁנַּנְתָּם
לְבָנֶיךָ וְדִבַּרְתָּ בָּם, בְּשִׁבְתְּךָ בְּבֵיתֶךָ וּבְלֶכְתְּךָ בַדֶּרֶךְ, וּבְשָׁכְבְּךָ
וּבְקוּמֶךָ: °וּקְשַׁרְתָּם לְאוֹת עַל־יָדֶךָ °°וְהָיוּ לְטֹטָפֹת בֵּין עֵינֶיךָ:
וּכְתַבְתָּם עַל־מְזֻזוֹת בֵּיתֶךָ וּבִשְׁעָרֶיךָ:

וְהָיָה אִם־שָׁמֹעַ תִּשְׁמְעוּ אֶל־מִצְוֹתַי אֲשֶׁר אָנֹכִי מְצַוֶּה אֶתְכֶם דברים יא
הַיּוֹם, לְאַהֲבָה אֶת־יהוה אֱלֹהֵיכֶם וּלְעָבְדוֹ, בְּכָל־לְבַבְכֶם וּבְכָל־
נַפְשְׁכֶם: וְנָתַתִּי מְטַר־אַרְצְכֶם בְּעִתּוֹ, יוֹרֶה וּמַלְקוֹשׁ, וְאָסַפְתָּ דְגָנֶךָ
וְתִירֹשְׁךָ וְיִצְהָרֶךָ: וְנָתַתִּי עֵשֶׂב בְּשָׂדְךָ לִבְהֶמְתֶּךָ, וְאָכַלְתָּ וְשָׂבָעְתָּ:
הִשָּׁמְרוּ לָכֶם פֶּן־יִפְתֶּה לְבַבְכֶם, וְסַרְתֶּם וַעֲבַדְתֶּם אֱלֹהִים אֲחֵרִים
וְהִשְׁתַּחֲוִיתֶם לָהֶם: וְחָרָה אַף־יהוה בָּכֶם, וְעָצַר אֶת־הַשָּׁמַיִם
וְלֹא־יִהְיֶה מָטָר, וְהָאֲדָמָה לֹא תִתֵּן אֶת־יְבוּלָהּ, וַאֲבַדְתֶּם מְהֵרָה

מֵעַל הָאָרֶץ הַטֹּבָה אֲשֶׁר יְהוָה נֹתֵן לָכֶם: וְשַׂמְתֶּם אֶת־דְּבָרַי אֵלֶּה עַל־לְבַבְכֶם וְעַל־נַפְשְׁכֶם, °וּקְשַׁרְתֶּם אֹתָם לְאוֹת עַל־יֶדְכֶם, °°וְהָיוּ לְטוֹטָפֹת בֵּין עֵינֵיכֶם: וְלִמַּדְתֶּם אֹתָם אֶת־בְּנֵיכֶם לְדַבֵּר בָּם, בְּשִׁבְתְּךָ בְּבֵיתֶךָ, וּבְלֶכְתְּךָ בַדֶּרֶךְ וּבְשָׁכְבְּךָ וּבְקוּמֶךָ: וּכְתַבְתָּם עַל־מְזוּזוֹת בֵּיתֶךָ וּבִשְׁעָרֶיךָ: לְמַעַן יִרְבּוּ יְמֵיכֶם וִימֵי בְנֵיכֶם עַל הָאֲדָמָה אֲשֶׁר נִשְׁבַּע יְהוָה לַאֲבֹתֵיכֶם לָתֵת לָהֶם, כִּימֵי הַשָּׁמַיִם עַל־הָאָרֶץ:

נוהגים להעביר את הציציות ליד ימין ולנשקן במקומות המסומנים ב°.

במדבר טו וַיֹּאמֶר יְהוָה אֶל־מֹשֶׁה לֵּאמֹר: דַּבֵּר אֶל־בְּנֵי יִשְׂרָאֵל וְאָמַרְתָּ אֲלֵהֶם, וְעָשׂוּ לָהֶם °צִיצִת עַל־כַּנְפֵי בִגְדֵיהֶם לְדֹרֹתָם, וְנָתְנוּ °עַל־צִיצִת הַכָּנָף פְּתִיל תְּכֵלֶת: וְהָיָה לָכֶם °לְצִיצִת, וּרְאִיתֶם אֹתוֹ, וּזְכַרְתֶּם אֶת־כָּל־מִצְוֹת יְהוָה וַעֲשִׂיתֶם אֹתָם, וְלֹא תָתוּרוּ אַחֲרֵי לְבַבְכֶם וְאַחֲרֵי עֵינֵיכֶם, אֲשֶׁר־אַתֶּם זֹנִים אַחֲרֵיהֶם: לְמַעַן תִּזְכְּרוּ וַעֲשִׂיתֶם אֶת־כָּל־מִצְוֹתָי, וִהְיִיתֶם קְדֹשִׁים לֵאלֹהֵיכֶם: אֲנִי יְהוָה אֱלֹהֵיכֶם, אֲשֶׁר הוֹצֵאתִי אֶתְכֶם מֵאֶרֶץ מִצְרַיִם, לִהְיוֹת לָכֶם לֵאלֹהִים, אֲנִי יְהוָה אֱלֹהֵיכֶם:

°אֱמֶת

שליח הציבור חוזר ואומר:

◂ יהוה אֱלֹהֵיכֶם אֱמֶת

וְיַצִּיב, וְנָכוֹן וְקַיָּם, וְיָשָׁר וְנֶאֱמָן
וְאָהוּב וְחָבִיב, וְנֶחְמָד וְנָעִים
וְנוֹרָא וְאַדִּיר, וּמְתֻקָּן וּמְקֻבָּל
וְטוֹב וְיָפֶה
הַדָּבָר הַזֶּה עָלֵינוּ לְעוֹלָם וָעֶד.

שחרית · קריאת שמע וברכותיה

אֱמֶת אֱלֹהֵי עוֹלָם מַלְכֵּנוּ
צוּר יַעֲקֹב מָגֵן יִשְׁעֵנוּ
לְדוֹר וָדוֹר הוּא קַיָּם וּשְׁמוֹ קַיָּם
וְכִסְאוֹ נָכוֹן
וּמַלְכוּתוֹ וֶאֱמוּנָתוֹ לָעַד קַיֶּמֶת.

במקום המסומן ב°, מנשק את הציציות ומניחן.

וּדְבָרָיו חָיִים וְקַיָּמִים
נֶאֱמָנִים וְנֶחֱמָדִים
°לָעַד וּלְעוֹלְמֵי עוֹלָמִים
‹ עַל אֲבוֹתֵינוּ וְעָלֵינוּ
עַל בָּנֵינוּ וְעַל דּוֹרוֹתֵינוּ
וְעַל כָּל דּוֹרוֹת זֶרַע יִשְׂרָאֵל עֲבָדֶיךָ. ›

עַל הָרִאשׁוֹנִים וְעַל הָאַחֲרוֹנִים
דָּבָר טוֹב וְקַיָּם לְעוֹלָם וָעֶד

אֱמֶת וֶאֱמוּנָה, חֹק וְלֹא יַעֲבֹר.

אֱמֶת שָׁאַתָּה הוּא יהוה
אֱלֹהֵינוּ וֵאלֹהֵי אֲבוֹתֵינוּ
‹ מַלְכֵּנוּ מֶלֶךְ אֲבוֹתֵינוּ
גּוֹאֲלֵנוּ גּוֹאֵל אֲבוֹתֵינוּ
יוֹצְרֵנוּ צוּר יְשׁוּעָתֵנוּ
פּוֹדֵנוּ וּמַצִּילֵנוּ מֵעוֹלָם שְׁמֶךָ
אֵין אֱלֹהִים זוּלָתֶךָ.

עֶזְרַת אֲבוֹתֵינוּ אַתָּה הוּא מֵעוֹלָם
מָגֵן וּמוֹשִׁיעַ לִבְנֵיהֶם אַחֲרֵיהֶם בְּכָל דּוֹר וָדוֹר.
בְּרוּם עוֹלָם מוֹשָׁבֶךָ
וּמִשְׁפָּטֶיךָ וְצִדְקָתְךָ עַד אַפְסֵי אָרֶץ.
אַשְׁרֵי אִישׁ שֶׁיִּשְׁמַע לְמִצְוֹתֶיךָ
וְתוֹרָתְךָ וּדְבָרְךָ יָשִׂים עַל לִבּוֹ.

אֱמֶת אַתָּה הוּא אָדוֹן לְעַמֶּךָ
וּמֶלֶךְ גִּבּוֹר לָרִיב רִיבָם.

אֱמֶת אַתָּה הוּא רִאשׁוֹן וְאַתָּה הוּא אַחֲרוֹן
וּמִבַּלְעָדֶיךָ אֵין לָנוּ מֶלֶךְ גּוֹאֵל וּמוֹשִׁיעַ.

מִמִּצְרַיִם גְּאַלְתָּנוּ, יהוה אֱלֹהֵינוּ
וּמִבֵּית עֲבָדִים פְּדִיתָנוּ
כָּל בְּכוֹרֵיהֶם הָרָגְתָּ
וּבְכוֹרְךָ גָּאָלְתָּ
וְיַם סוּף בָּקַעְתָּ
וְזֵדִים טִבַּעְתָּ
וִידִידִים הֶעֱבַרְתָּ
וַיְכַסּוּ מַיִם צָרֵיהֶם, אֶחָד מֵהֶם לֹא נוֹתָר.

עַל זֹאת שִׁבְּחוּ אֲהוּבִים, וְרוֹמְמוּ אֵל
וְנָתְנוּ יְדִידִים זְמִירוֹת, שִׁירוֹת וְתִשְׁבָּחוֹת
בְּרָכוֹת וְהוֹדָאוֹת לְמֶלֶךְ אֵל חַי וְקַיָּם
רָם וְנִשָּׂא, גָּדוֹל וְנוֹרָא

מַשְׁפִּיל גֵּאִים וּמַגְבִּיהַּ שְׁפָלִים
מוֹצִיא אֲסִירִים, וּפוֹדֶה עֲנָוִים וְעוֹזֵר דַּלִּים
וְעוֹנֶה לְעַמּוֹ בְּעֵת שַׁוְּעָם אֵלָיו.

כאן נוהגים לעמוד כהכנה לתפילת העמידה
ולפסוע שלוש פסיעות לאחור.

▸ תְּהִלּוֹת לְאֵל עֶלְיוֹן, בָּרוּךְ הוּא וּמְבֹרָךְ
מֹשֶׁה וּבְנֵי יִשְׂרָאֵל
לְךָ עָנוּ שִׁירָה בְּשִׂמְחָה רַבָּה
וְאָמְרוּ כֻלָּם

מִי־כָמֹכָה בָּאֵלִם, יהוה שמות טו
מִי כָּמֹכָה נֶאְדָּר בַּקֹּדֶשׁ
נוֹרָא תְהִלֹּת, עֹשֵׂה פֶלֶא:

▸ שִׁירָה חֲדָשָׁה שִׁבְּחוּ גְאוּלִים
לְשִׁמְךָ עַל שְׂפַת הַיָּם
יַחַד כֻּלָּם הוֹדוּ וְהִמְלִיכוּ
וְאָמְרוּ
יהוה יִמְלֹךְ לְעֹלָם וָעֶד: שם

נחלקו הפוסקים אם יש לענות אמן אחר ברכת ׳גָּאַל יִשְׂרָאֵל׳.
רבים נוהגים לסיים את הברכה עם שליח הציבור כדי לצאת מהמחלוקת.

▸ צוּר יִשְׂרָאֵל
קוּמָה בְּעֶזְרַת יִשְׂרָאֵל
וּפְדֵה כִנְאֻמֶךָ יְהוּדָה וְיִשְׂרָאֵל.
גֹּאֲלֵנוּ יהוה צְבָאוֹת שְׁמוֹ, קְדוֹשׁ יִשְׂרָאֵל: ישעיה מז
בָּרוּךְ אַתָּה יהוה, גָּאַל יִשְׂרָאֵל.

עמידה

"המתפלל צריך שיכוין בלבו פירוש המלות שמוציא בשפתיו; ויחשוב כאלו שכינה כנגדו ויסיר כל המחשבות הטורדות אותו עד שתשאר מחשבתו וכוונתו זכה בתפלתו".

פוסע שלוש פסיעות לפנים כמי שנכנס לפני המלך.
עומד ומתפלל בלחש מכאן ועד 'וּכְשָׁנִים קַדְמֹנִיּוֹת' בעמ' 131.

כורע במקומות המסומנים ב', קד לפנים ב'אַתָּה' וזוקף בשם.

תהלים נא אֲדֹנָי, שְׂפָתַי תִּפְתָּח, וּפִי יַגִּיד תְּהִלָּתֶךָ:

אבות

'בָּרוּךְ אַתָּה יהוה, אֱלֹהֵינוּ וֵאלֹהֵי אֲבוֹתֵינוּ
אֱלֹהֵי אַבְרָהָם, אֱלֹהֵי יִצְחָק, וֵאלֹהֵי יַעֲקֹב
הָאֵל הַגָּדוֹל הַגִּבּוֹר וְהַנּוֹרָא, אֵל עֶלְיוֹן
גּוֹמֵל חֲסָדִים טוֹבִים, וְקוֹנֵה הַכֹּל
וְזוֹכֵר חַסְדֵי אָבוֹת
וּמֵבִיא גוֹאֵל לִבְנֵי בְנֵיהֶם, לְמַעַן שְׁמוֹ בְּאַהֲבָה.
מֶלֶךְ עוֹזֵר וּמוֹשִׁיעַ וּמָגֵן.
'בָּרוּךְ אַתָּה יהוה, מָגֵן אַבְרָהָם.

גבורות

אַתָּה גִּבּוֹר לְעוֹלָם, אֲדֹנָי
מְחַיֵּה מֵתִים אַתָּה, רַב לְהוֹשִׁיעַ
מוֹרִיד הַטָּל
מְכַלְכֵּל חַיִּים בְּחֶסֶד
מְחַיֵּה מֵתִים בְּרַחֲמִים רַבִּים
סוֹמֵךְ נוֹפְלִים, וְרוֹפֵא חוֹלִים, וּמַתִּיר אֲסוּרִים
וּמְקַיֵּם אֱמוּנָתוֹ לִישֵׁנֵי עָפָר.

מִי כָמְוֹךָ, בַּעַל גְּבוּרוֹת, וּמִי דְּוֹמֶה לָּךְ
מֶלֶךְ, מֵמִית וּמְחַיֶּה וּמַצְמִיחַ יְשׁוּעָה.
וְנֶאֱמָן אַתָּה לְהַחֲיוֹת מֵתִים.
בָּרוּךְ אַתָּה יהוה, מְחַיֵּה הַמֵּתִים.

בתפילת לחש ממשיך ׳אַתָּה קָדוֹשׁ׳ בעמוד הבא.

קדושה

בחזרת הש״ץ הקהל עומד ואומר קדושה.

במקומות המסומנים ב°, המתפלל מתרומם על קצות אצבעותיו.

קהל ואחריו שליח הציבור:

נְקַדֵּשׁ אֶת שִׁמְךָ בָּעוֹלָם, כְּשֵׁם שֶׁמַּקְדִּישִׁים אוֹתוֹ בִּשְׁמֵי מָרוֹם
כַּכָּתוּב עַל יַד נְבִיאֶךָ, וְקָרָא זֶה אֶל־זֶה וְאָמַר ישעיה ו

קהל ואחריו שליח הציבור:

°קָדוֹשׁ, °קָדוֹשׁ, °קָדוֹשׁ, יהוה צְבָאוֹת, מְלֹא כָל־הָאָרֶץ כְּבוֹדוֹ:
לְעֻמָּתָם בָּרוּךְ יֹאמֵרוּ

קהל ואחריו שליח הציבור:

°בָּרוּךְ כְּבוֹד־יהוה מִמְּקוֹמוֹ: יחזקאל ג
וּבְדִבְרֵי קָדְשְׁךָ כָּתוּב לֵאמֹר

קהל ואחריו שליח הציבור:

°יִמְלֹךְ יהוה לְעוֹלָם, אֱלֹהַיִךְ צִיּוֹן לְדֹר וָדֹר, הַלְלוּיָהּ: תהלים קמו

שליח הציבור:

לְדוֹר וָדוֹר נַגִּיד גָּדְלֶךָ
וּלְנֵצַח נְצָחִים קְדֻשָּׁתְךָ נַקְדִּישׁ
וְשִׁבְחֲךָ אֱלֹהֵינוּ מִפִּינוּ לֹא יָמוּשׁ לְעוֹלָם וָעֶד
כִּי אֵל מֶלֶךְ גָּדוֹל וְקָדוֹשׁ אָתָּה.
בָּרוּךְ אַתָּה יהוה, הָאֵל הַקָּדוֹשׁ.

שליח הציבור ממשיך ׳אַתָּה חוֹנֵן׳ בעמוד הבא.

קדושת השם

אַתָּה קָדוֹשׁ וְשִׁמְךָ קָדוֹשׁ
וּקְדוֹשִׁים בְּכָל יוֹם יְהַלְלוּךָ סֶּלָה.
בָּרוּךְ אַתָּה יהוה
הָאֵל הַקָּדוֹשׁ.

דעת

אַתָּה חוֹנֵן לְאָדָם דַּעַת
וּמְלַמֵּד לֶאֱנוֹשׁ בִּינָה.
חָנֵּנוּ מֵאִתְּךָ דֵּעָה בִּינָה וְהַשְׂכֵּל.
בָּרוּךְ אַתָּה יהוה
חוֹנֵן הַדָּעַת.

תשובה

הֲשִׁיבֵנוּ אָבִינוּ לְתוֹרָתֶךָ וְקָרְבֵנוּ מַלְכֵּנוּ לַעֲבוֹדָתֶךָ
וְהַחֲזִירֵנוּ בִּתְשׁוּבָה שְׁלֵמָה לְפָנֶיךָ.
בָּרוּךְ אַתָּה יהוה
הָרוֹצֶה בִּתְשׁוּבָה.

סליחה

נוהגים להכות כנגד הלב במקומות המסומנים ב°.

סְלַח לָנוּ אָבִינוּ כִּי °חָטָאנוּ
מְחַל לָנוּ מַלְכֵּנוּ כִּי °פָשָׁעְנוּ
כִּי מוֹחֵל וְסוֹלֵחַ אָתָּה.
בָּרוּךְ אַתָּה יהוה
חַנּוּן הַמַּרְבֶּה לִסְלֹחַ.

גאולה

רְאֵה בְעָנְיֵנוּ
וְרִיבָה רִיבֵנוּ
וּגְאָלֵנוּ מְהֵרָה לְמַעַן שְׁמֶךָ כִּי גוֹאֵל חָזָק אָתָּה.
בָּרוּךְ אַתָּה יהוה, גּוֹאֵל יִשְׂרָאֵל.

רפואה

רְפָאֵנוּ יהוה וְנֵרָפֵא
הוֹשִׁיעֵנוּ וְנִוָּשֵׁעָה כִּי תְהִלָּתֵנוּ אָתָּה
וְהַעֲלֵה רְפוּאָה שְׁלֵמָה לְכָל מַכּוֹתֵינוּ

המתפלל על חולה מוסיף:

יְהִי רָצוֹן מִלְּפָנֶיךָ יהוה אֱלֹהַי וֵאלֹהֵי אֲבוֹתַי, שֶׁתִּשְׁלַח מְהֵרָה רְפוּאָה שְׁלֵמָה מִן הַשָּׁמַיִם רְפוּאַת הַנֶּפֶשׁ וּרְפוּאַת הַגּוּף לַחוֹלֶה פלוני בֶּן פלונית/ לַחוֹלָה פלונית בַּת פלונית בְּתוֹךְ שְׁאָר חוֹלֵי יִשְׂרָאֵל

כִּי אֵל מֶלֶךְ רוֹפֵא נֶאֱמָן וְרַחֲמָן אָתָּה.
בָּרוּךְ אַתָּה יהוה, רוֹפֵא חוֹלֵי עַמּוֹ יִשְׂרָאֵל.

ברכת השנים

בָּרֵךְ עָלֵינוּ יהוה אֱלֹהֵינוּ אֶת הַשָּׁנָה הַזֹּאת
וְאֶת כָּל מִינֵי תְבוּאָתָהּ, לְטוֹבָה
וְתֵן בְּרָכָה עַל פְּנֵי הָאֲדָמָה
וְשַׂבְּעֵנוּ מִטּוּבָהּ
וּבָרֵךְ שְׁנָתֵנוּ כַּשָּׁנִים הַטּוֹבוֹת.
בָּרוּךְ אַתָּה יהוה, מְבָרֵךְ הַשָּׁנִים.

קיבוץ גלויות

תְּקַע בְּשׁוֹפָר גָּדוֹל לְחֵרוּתֵנוּ
וְשָׂא נֵס לְקַבֵּץ גָּלֻיּוֹתֵינוּ
וְקַבְּצֵנוּ יַחַד מֵאַרְבַּע כַּנְפוֹת הָאָרֶץ.
בָּרוּךְ אַתָּה יהוה, מְקַבֵּץ נִדְחֵי עַמּוֹ יִשְׂרָאֵל.

השבת המשפט

הָשִׁיבָה שׁוֹפְטֵינוּ כְּבָרִאשׁוֹנָה, וְיוֹעֲצֵינוּ כְּבַתְּחִלָּה
וְהָסֵר מִמֶּנּוּ יָגוֹן וַאֲנָחָה
וּמְלֹךְ עָלֵינוּ אַתָּה יהוה לְבַדְּךָ
בְּחֶסֶד וּבְרַחֲמִים, וְצַדְּקֵנוּ בַּמִּשְׁפָּט.
בָּרוּךְ אַתָּה יהוה, מֶלֶךְ אוֹהֵב צְדָקָה וּמִשְׁפָּט.

ברכת המינים

וְלַמַּלְשִׁינִים אַל תְּהִי תִקְוָה
וְכָל הָרִשְׁעָה כְּרֶגַע תֹּאבֵד
וְכָל אוֹיְבֵי עַמְּךָ מְהֵרָה יִכָּרֵתוּ
וְהַזֵּדִים מְהֵרָה תְעַקֵּר וּתְשַׁבֵּר
וּתְמַגֵּר וְתַכְנִיעַ בִּמְהֵרָה בְיָמֵינוּ.
בָּרוּךְ אַתָּה יהוה, שׁוֹבֵר אוֹיְבִים וּמַכְנִיעַ זֵדִים.

על הצדיקים

עַל הַצַּדִּיקִים וְעַל הַחֲסִידִים
וְעַל זִקְנֵי עַמְּךָ בֵּית יִשְׂרָאֵל
וְעַל פְּלֵיטַת סוֹפְרֵיהֶם
וְעַל גֵּרֵי הַצֶּדֶק, וְעָלֵינוּ
יֶהֱמוּ רַחֲמֶיךָ יהוה אֱלֹהֵינוּ

וְתֵן שָׂכָר טוֹב לְכָל הַבּוֹטְחִים בְּשִׁמְךָ בֶּאֱמֶת
וְשִׂים חֶלְקֵנוּ עִמָּהֶם
וּלְעוֹלָם לֹא נֵבוֹשׁ כִּי בְךָ בָטָחְנוּ.
בָּרוּךְ אַתָּה יהוה, מִשְׁעָן וּמִבְטָח לַצַּדִּיקִים.

בניין ירושלים

וְלִירוּשָׁלַיִם עִירְךָ בְּרַחֲמִים תָּשׁוּב וְתִשְׁכֹּן בְּתוֹכָהּ כַּאֲשֶׁר דִּבַּרְתָּ
וּבְנֵה אוֹתָהּ בְּקָרוֹב בְּיָמֵינוּ בִּנְיַן עוֹלָם
וְכִסֵּא דָוִד מְהֵרָה לְתוֹכָהּ תָּכִין.
בָּרוּךְ אַתָּה יהוה, בּוֹנֵה יְרוּשָׁלָיִם.

מלכות בית דוד

אֶת צֶמַח דָּוִד עַבְדְּךָ מְהֵרָה תַצְמִיחַ וְקַרְנוֹ תָּרוּם בִּישׁוּעָתֶךָ
כִּי לִישׁוּעָתְךָ קִוִּינוּ כָּל הַיּוֹם.
בָּרוּךְ אַתָּה יהוה, מַצְמִיחַ קֶרֶן יְשׁוּעָה.

שומע תפילה

שְׁמַע קוֹלֵנוּ יהוה אֱלֹהֵינוּ
חוּס וְרַחֵם עָלֵינוּ, וְקַבֵּל בְּרַחֲמִים וּבְרָצוֹן אֶת תְּפִלָּתֵנוּ כִּי אֵל
שׁוֹמֵעַ תְּפִלּוֹת וְתַחֲנוּנִים אָתָּה
וּמִלְּפָנֶיךָ מַלְכֵּנוּ רֵיקָם אַל תְּשִׁיבֵנוּ
כִּי אַתָּה שׁוֹמֵעַ תְּפִלַּת עַמְּךָ יִשְׂרָאֵל בְּרַחֲמִים.
בָּרוּךְ אַתָּה יהוה, שׁוֹמֵעַ תְּפִלָּה.

ירושלים לב לבה של מדינת ישראל

"אנו רואים חובה להצהיר שירושלים היהודית היא חלק אורגני ובלתי נפרד ממדינת ישראל... כשם שהיא חלק בלתי נפרד מההיסטוריה הישראלית, מאמונת ישראל מנשמת עמו. ירושלים היא לב לבה של מדינת ישראל... אומה אשר קיימה בנאמנות במשך אלפיים חמש מאות שנה את השבועה שנשבעו הגולים על נהרות בבל לא לשכוח את ירושלים – אומה זו לא תשלים לעולם עם הפרדת ירושלים". (דוד בן־גוריון, נאום בכנסת, כ"ב בכסלו תש"י)

עבודה

רְצֵה יהוה אֱלֹהֵינוּ בְּעַמְּךָ יִשְׂרָאֵל, וּבִתְפִלָּתָם
וְהָשֵׁב אֶת הָעֲבוֹדָה לִדְבִיר בֵּיתֶךָ
וְאִשֵּׁי יִשְׂרָאֵל וּתְפִלָּתָם בְּאַהֲבָה תְקַבֵּל בְּרָצוֹן
וּתְהִי לְרָצוֹן תָּמִיד עֲבוֹדַת יִשְׂרָאֵל עַמֶּךָ.
וְתֶחֱזֶינָה עֵינֵינוּ בְּשׁוּבְךָ לְצִיּוֹן בְּרַחֲמִים.
בָּרוּךְ אַתָּה יהוה, הַמַּחֲזִיר שְׁכִינָתוֹ לְצִיּוֹן.

הודאה

כורע ב׳מוֹדים׳ ואינו זוקף עד אמירת השם.

מוֹדִים אֲנַחְנוּ לָךְ
שָׁאַתָּה הוּא יהוה אֱלֹהֵינוּ
וֵאלֹהֵי אֲבוֹתֵינוּ לְעוֹלָם וָעֶד.
צוּר חַיֵּינוּ, מָגֵן יִשְׁעֵנוּ
אַתָּה הוּא לְדוֹר וָדוֹר.
נוֹדֶה לְּךָ וּנְסַפֵּר תְּהִלָּתֶךָ
עַל חַיֵּינוּ הַמְּסוּרִים בְּיָדֶךָ
וְעַל נִשְׁמוֹתֵינוּ הַפְּקוּדוֹת לָךְ
וְעַל נִסֶּיךָ שֶׁבְּכָל יוֹם עִמָּנוּ
וְעַל נִפְלְאוֹתֶיךָ וְטוֹבוֹתֶיךָ
שֶׁבְּכָל עֵת, עֶרֶב וָבֹקֶר וְצָהֳרָיִם.
הַטּוֹב, כִּי לֹא כָלוּ רַחֲמֶיךָ
וְהַמְרַחֵם, כִּי לֹא תַמּוּ חֲסָדֶיךָ
מֵעוֹלָם קִוִּינוּ לָךְ.

כשהש״ץ אומר ׳מוֹדים׳,
הקהל אומר בלחש:

מוֹדִים אֲנַחְנוּ לָךְ
שָׁאַתָּה הוּא יהוה אֱלֹהֵינוּ
וֵאלֹהֵי אֲבוֹתֵינוּ
אֱלֹהֵי כָל בָּשָׂר
יוֹצְרֵנוּ, יוֹצֵר בְּרֵאשִׁית.
בְּרָכוֹת וְהוֹדָאוֹת
לְשִׁמְךָ הַגָּדוֹל וְהַקָּדוֹשׁ
עַל שֶׁהֶחֱיִיתָנוּ וְקִיַּמְתָּנוּ.
כֵּן תְּחַיֵּנוּ וּתְקַיְּמֵנוּ
וְתֶאֱסֹף גָּלֻיּוֹתֵינוּ
לְחַצְרוֹת קָדְשֶׁךָ
לִשְׁמֹר חֻקֶּיךָ וְלַעֲשׂוֹת רְצוֹנֶךָ
וּלְעָבְדְּךָ בְּלֵבָב שָׁלֵם
עַל שֶׁאֲנַחְנוּ מוֹדִים לָךְ.
בָּרוּךְ אֵל הַהוֹדָאוֹת.

הרוצה להוסיף בתפילת הלחש 'עַל הַנִּסִּים' רשאי לעשות כן בכל נוסח.
הנוסח המיוחס לרב נריה מובא כאן (נוסחים נוספים בעמ' 303-304).

עַל הַנִּסִּים וְעַל הַפֻּרְקָן וְעַל הַגְּבוּרוֹת וְעַל הַתְּשׁוּעוֹת וְעַל הַמִּלְחָמוֹת שֶׁעָשִׂיתָ לַאֲבוֹתֵינוּ בַּיָּמִים הָהֵם בַּזְּמַן הַזֶּה.

כְּשֶׁעָמְדוּ צִבְאוֹת עֲרָב עַל עַמְּךָ יִשְׂרָאֵל, וּבִקְּשׁוּ לְהַשְׁמִיד לַהֲרֹג וּלְאַבֵּד אֶת יוֹשְׁבֵי אַרְצֶךָ, מִנַּעַר וְעַד זָקֵן טַף וְנָשִׁים, וּבָהֶם עִם שְׂרִידֵי חֶרֶב אֲשֶׁר נִצְּלוּ מִתָּפְתַּת הָאֵשׁ שֶׁל שׂוֹנְאֶיךָ, אֶחָד מֵעִיר וּשְׁנַיִם מִמִּשְׁפָּחָה, וְשִׁבְרוּ לִמְצֹא מָנוֹחַ לְכַף רַגְלָם בְּאַרְצְךָ אֲשֶׁר הִבְטַחְתָּ לָהֶם. וְאַתָּה בְּרַחֲמֶיךָ הָרַבִּים עָמַדְתָּ לָנוּ בְּעֵת צָרָתֵנוּ, הֵפַרְתָּ אֶת עֲצָתָם וְקִלְקַלְתָּ אֶת מַחֲשַׁבְתָּם, זָקַפְתָּ קוֹמָתֵנוּ וְקוֹמַמְתָּ אֶת חֵרוּתֵנוּ, רַבְתָּ אֶת רִיבֵנוּ, דַּנְתָּ אֶת דִּינֵנוּ, נָקַמְתָּ אֶת נִקְמָתֵנוּ, מָסַרְתָּ רַבִּים בְּיַד מְעַטִּים, טְמֵאִים בְּיַד קְדוֹשִׁים, וְעָשִׂיתָ לְךָ שֵׁם גָּדוֹל וְקָדוֹשׁ בְּעוֹלָמֶךָ, וּלְעַמְּךָ יִשְׂרָאֵל עָשִׂיתָ תְּשׁוּעָה גְדוֹלָה וּפֻרְקָן כְּהַיּוֹם הַזֶּה, הִדְבַּרְתָּ עַמִּים תַּחְתֵּינוּ וּלְאֻמִּים תַּחַת רַגְלֵינוּ, וְנָתַתָּ לָנוּ אֶת נַחֲלָתֵנוּ, אֶרֶץ כְּנַעַן לִגְבוּלוֹתֶיהָ, וְהֶחֱזַרְתָּנוּ אֶל מְקוֹם מִקְדַּשׁ הֵיכָלֶךָ.

(כֵּן עֲשֵׂה עִמָּנוּ נֵס וָפֶלֶא לְטוֹבָה, הָפֵר עֲצַת אוֹיְבֵינוּ, וְדַשְּׁנֵנוּ בִּנְאוֹת אַרְצֶךָ, וּנְפוּצוֹתֵינוּ מֵאַרְבַּע כַּנְפוֹת הָאָרֶץ תְּקַבֵּץ, וְנִשְׂמַח בְּבִנְיַן עִירֶךָ וּבְתִקּוּן הֵיכָלֶךָ וּבִצְמִיחַת קֶרֶן לְדָוִד עַבְדֶּךָ בִּמְהֵרָה בְיָמֵינוּ, וְנוֹדֶה לְשִׁמְךָ הַגָּדוֹל).

וממשיך 'וְעַל כֻּלָּם'.

וְעַל כֻּלָּם יִתְבָּרַךְ וְיִתְרוֹמַם שִׁמְךָ מַלְכֵּנוּ
תָּמִיד לְעוֹלָם וָעֶד.
וְכֹל הַחַיִּים יוֹדוּךָ סֶּלָה, וִיהַלְלוּ אֶת שִׁמְךָ בֶּאֱמֶת
הָאֵל יְשׁוּעָתֵנוּ וְעֶזְרָתֵנוּ סֶלָה.
בָּרוּךְ אַתָּה יהוה, הַטּוֹב שִׁמְךָ וּלְךָ נָאֶה לְהוֹדוֹת.

על הנסים על אמירת "על הנסים" בתפילת לחש, ראו הערה בעמ' 42.

ברכת הנסים "הרואה מקום שנעשו בו נסים לישראל...אומר: ברוך אתה ה' א-להינו מלך העולם שעשה נסים לאבותינו במקום הזה". (רמב"ם, הלכות ברכות פ"י ה"ט)

אם יותר מכוהן אחד עולה לדוכן, הגבאי קורא:

כֹּהֲנִים

הכוהנים מברכים:

בָּרוּךְ אַתָּה יהוה אֱלֹהֵינוּ מֶלֶךְ הָעוֹלָם, אֲשֶׁר קִדְּשָׁנוּ בִּקְדֻשָּׁתוֹ שֶׁל אַהֲרֹן, וְצִוָּנוּ לְבָרֵךְ אֶת עַמּוֹ יִשְׂרָאֵל בְּאַהֲבָה.

במדבר ו — הש״ץ מקריא מילה במילה, והכוהנים אחריו:

יְבָרֶכְךָ יהוה וְיִשְׁמְרֶךָ: קהל: אָמֵן

יָאֵר יהוה פָּנָיו אֵלֶיךָ וִיחֻנֶּךָּ: קהל: אָמֵן

יִשָּׂא יהוה פָּנָיו אֵלֶיךָ וְיָשֵׂם לְךָ שָׁלוֹם: קהל: אָמֵן

שליח הציבור ממשיך ׳שִׂים שָׁלוֹם׳.

הכוהנים אומרים:

דברים כו — רִבּוֹנוֹ שֶׁל עוֹלָם, עָשִׂינוּ מַה שֶּׁגָּזַרְתָּ עָלֵינוּ, אַף אַתָּה עֲשֵׂה עִמָּנוּ כְּמוֹ שֶׁהִבְטַחְתָּנוּ. הַשְׁקִיפָה מִמְּעוֹן קָדְשְׁךָ מִן־הַשָּׁמַיִם, וּבָרֵךְ אֶת־עַמְּךָ אֶת־יִשְׂרָאֵל, וְאֵת הָאֲדָמָה אֲשֶׁר נָתַתָּה לָנוּ, כַּאֲשֶׁר נִשְׁבַּעְתָּ לַאֲבֹתֵינוּ, אֶרֶץ זָבַת חָלָב וּדְבָשׁ:

הקהל אומר:

אַדִּיר בַּמָּרוֹם שׁוֹכֵן בִּגְבוּרָה, אַתָּה שָׁלוֹם וְשִׁמְךָ שָׁלוֹם. יְהִי רָצוֹן שֶׁתָּשִׂים עָלֵינוּ וְעַל כָּל עַמְּךָ בֵּית יִשְׂרָאֵל חַיִּים וּבְרָכָה לְמִשְׁמֶרֶת שָׁלוֹם.

אם אין כוהנים העולים לדוכן, שליח הציבור אומר:

אֱלֹהֵינוּ וֵאלֹהֵי אֲבוֹתֵינוּ, בָּרְכֵנוּ בַּבְּרָכָה הַמְשֻׁלֶּשֶׁת בַּתּוֹרָה, הַכְּתוּבָה עַל יְדֵי מֹשֶׁה עַבְדֶּךָ, הָאֲמוּרָה מִפִּי אַהֲרֹן וּבָנָיו כֹּהֲנִים עַם קְדוֹשֶׁיךָ, כָּאָמוּר

במדבר ו — יְבָרֶכְךָ יהוה וְיִשְׁמְרֶךָ: קהל: כֵּן יְהִי רָצוֹן

יָאֵר יהוה פָּנָיו אֵלֶיךָ וִיחֻנֶּךָּ: קהל: כֵּן יְהִי רָצוֹן

יִשָּׂא יהוה פָּנָיו אֵלֶיךָ וְיָשֵׂם לְךָ שָׁלוֹם: קהל: כֵּן יְהִי רָצוֹן

שלום

שִׂים שָׁלוֹם טוֹבָה וּבְרָכָה
חֵן וָחֶסֶד וְרַחֲמִים עָלֵינוּ וְעַל כָּל יִשְׂרָאֵל עַמֶּךָ.
בָּרְכֵנוּ אָבִינוּ כֻּלָּנוּ כְּאֶחָד בְּאוֹר פָּנֶיךָ
כִּי בְאוֹר פָּנֶיךָ נָתַתָּ לָּנוּ יהוה אֱלֹהֵינוּ
תּוֹרַת חַיִּים וְאַהֲבַת חֶסֶד
וּצְדָקָה וּבְרָכָה וְרַחֲמִים וְחַיִּים וְשָׁלוֹם.

וְטוֹב בְּעֵינֶיךָ לְבָרֵךְ אֶת עַמְּךָ יִשְׂרָאֵל
בְּכָל עֵת וּבְכָל שָׁעָה בִּשְׁלוֹמֶךָ.
בָּרוּךְ אַתָּה יהוה, הַמְבָרֵךְ אֶת עַמּוֹ יִשְׂרָאֵל בַּשָּׁלוֹם.

שליח הציבור מסיים באמירת הפסוק הבא בלחש.
יש הנוהגים לאומרו גם בסוף תפילת לחש של יחיד.

יִהְיוּ לְרָצוֹן אִמְרֵי־פִי וְהֶגְיוֹן לִבִּי לְפָנֶיךָ, יהוה צוּרִי וְגֹאֲלִי: תהלים יט

אֱלֹהַי ברכות יז.
נְצֹר לְשׁוֹנִי מֵרָע וּשְׂפָתַי מִדַּבֵּר מִרְמָה
וְלִמְקַלְלַי נַפְשִׁי תִדֹּם, וְנַפְשִׁי כֶּעָפָר לַכֹּל תִּהְיֶה.
פְּתַח לִבִּי בְּתוֹרָתֶךָ, וּבְמִצְוֹתֶיךָ תִּרְדֹּף נַפְשִׁי.
וְכָל הַחוֹשְׁבִים עָלַי רָעָה
מְהֵרָה הָפֵר עֲצָתָם וְקַלְקֵל מַחֲשַׁבְתָּם.
עֲשֵׂה לְמַעַן שְׁמֶךָ, עֲשֵׂה לְמַעַן יְמִינֶךָ
עֲשֵׂה לְמַעַן קְדֻשָּׁתֶךָ, עֲשֵׂה לְמַעַן תּוֹרָתֶךָ.
לְמַעַן יֵחָלְצוּן יְדִידֶיךָ, הוֹשִׁיעָה יְמִינְךָ וַעֲנֵנִי: תהלים ס
יִהְיוּ לְרָצוֹן אִמְרֵי־פִי וְהֶגְיוֹן לִבִּי לְפָנֶיךָ, יהוה צוּרִי וְגֹאֲלִי: תהלים יט
כורע ופוסע שלוש פסיעות לאחור. קד לשמאל, לימין ולפנים באמירת:
עֹשֶׂה שָׁלוֹם בִּמְרוֹמָיו
הוּא יַעֲשֶׂה שָׁלוֹם עָלֵינוּ וְעַל כָּל יִשְׂרָאֵל, וְאִמְרוּ אָמֵן.

יְהִי רָצוֹן מִלְּפָנֶיךָ יהוה אֱלֹהֵינוּ וֵאלֹהֵי אֲבוֹתֵינוּ
שֶׁיִּבָּנֶה בֵּית הַמִּקְדָּשׁ בִּמְהֵרָה בְיָמֵינוּ
וְתֵן חֶלְקֵנוּ בְּתוֹרָתֶךָ
וְשָׁם נַעֲבָדְךָ בְּיִרְאָה כִּימֵי עוֹלָם וּכְשָׁנִים קַדְמוֹנִיּוֹת.
וְעָרְבָה לַיהוה מִנְחַת יְהוּדָה וִירוּשָׁלָםִ כִּימֵי עוֹלָם וּכְשָׁנִים קַדְמֹנִיּוֹת: מלאכי ג

שליח הציבור חוזר על התפילה בקול רם.

סדר הלל

קוראים את ההלל.
יש הנוהגים לגמור את ההלל בברכה, יש הנוהגים לקרוא בלי ברכה,
ויש הנוהגים לקרוא רק חצי הלל.

בָּרוּךְ אַתָּה יהוה אֱלֹהֵינוּ מֶלֶךְ הָעוֹלָם
אֲשֶׁר קִדְּשָׁנוּ בְּמִצְוֹתָיו וְצִוָּנוּ לִקְרֹא אֶת הַהַלֵּל.

תהלים קיג הַלְלוּיָהּ, הַלְלוּ עַבְדֵי יהוה, הַלְלוּ אֶת־שֵׁם יהוה: יְהִי שֵׁם יהוה מְבֹרָךְ, מֵעַתָּה וְעַד־עוֹלָם: מִמִּזְרַח־שֶׁמֶשׁ עַד־מְבוֹאוֹ, מְהֻלָּל שֵׁם יהוה: רָם עַל־כָּל־גּוֹיִם יהוה, עַל־הַשָּׁמַיִם כְּבוֹדוֹ: מִי כַּיהוה אֱלֹהֵינוּ, הַמַּגְבִּיהִי לָשָׁבֶת: הַמַּשְׁפִּילִי לִרְאוֹת, בַּשָּׁמַיִם וּבָאָרֶץ: › מְקִימִי מֵעָפָר דָּל, מֵאַשְׁפֹּת יָרִים אֶבְיוֹן: לְהוֹשִׁיבִי עִם־נְדִיבִים, עִם נְדִיבֵי עַמּוֹ: מוֹשִׁיבִי עֲקֶרֶת הַבַּיִת, אֵם־הַבָּנִים שְׂמֵחָה, הַלְלוּיָהּ:

תהלים קיד בְּצֵאת יִשְׂרָאֵל מִמִּצְרָיִם, בֵּית יַעֲקֹב מֵעַם לֹעֵז: הָיְתָה יְהוּדָה לְקָדְשׁוֹ, יִשְׂרָאֵל מַמְשְׁלוֹתָיו: הַיָּם רָאָה וַיָּנֹס, הַיַּרְדֵּן יִסֹּב לְאָחוֹר: הֶהָרִים רָקְדוּ כְאֵילִים, גְּבָעוֹת כִּבְנֵי־צֹאן: › מַה־לְּךָ הַיָּם כִּי תָנוּס, הַיַּרְדֵּן תִּסֹּב לְאָחוֹר: הֶהָרִים תִּרְקְדוּ כְאֵילִים, גְּבָעוֹת כִּבְנֵי־צֹאן: מִלִּפְנֵי אָדוֹן חוּלִי אָרֶץ, מִלִּפְנֵי אֱלוֹהַּ יַעֲקֹב: הַהֹפְכִי הַצּוּר אֲגַם־מָיִם, חַלָּמִישׁ לְמַעְיְנוֹ־מָיִם:

תהלים קטו לֹא לָנוּ יהוה לֹא לָנוּ, כִּי־לְשִׁמְךָ תֵּן כָּבוֹד, עַל־חַסְדְּךָ עַל־אֲמִתֶּךָ: לָמָּה יֹאמְרוּ הַגּוֹיִם אַיֵּה־נָא אֱלֹהֵיהֶם: וֵאלֹהֵינוּ בַשָּׁמָיִם, כֹּל אֲשֶׁר־חָפֵץ עָשָׂה: עֲצַבֵּיהֶם כֶּסֶף וְזָהָב, מַעֲשֵׂה יְדֵי אָדָם: פֶּה־לָהֶם וְלֹא יְדַבֵּרוּ, עֵינַיִם לָהֶם וְלֹא יִרְאוּ: אָזְנַיִם לָהֶם וְלֹא יִשְׁמָעוּ, אַף לָהֶם וְלֹא יְרִיחוּן: יְדֵיהֶם וְלֹא יְמִישׁוּן, רַגְלֵיהֶם וְלֹא יְהַלֵּכוּ, לֹא־יֶהְגּוּ

הלל על אמירת הלל ביום העצמאות ראו עמ' 45.

בִּגְרוֹנָם: כְּמוֹהֶם יִהְיוּ עֹשֵׂיהֶם, כֹּל אֲשֶׁר־בֹּטֵחַ בָּהֶם: ◂ יִשְׂרָאֵל
בְּטַח בַּיהוה, עֶזְרָם וּמָגִנָּם הוּא: בֵּית אַהֲרֹן בִּטְחוּ בַיהוה, עֶזְרָם
וּמָגִנָּם הוּא: יִרְאֵי יהוה בִּטְחוּ בַיהוה, עֶזְרָם וּמָגִנָּם הוּא:

יהוה זְכָרָנוּ יְבָרֵךְ, יְבָרֵךְ אֶת־בֵּית יִשְׂרָאֵל, יְבָרֵךְ אֶת־בֵּית אַהֲרֹן:
יְבָרֵךְ יִרְאֵי יהוה, הַקְּטַנִּים עִם־הַגְּדֹלִים: יֹסֵף יהוה עֲלֵיכֶם, עֲלֵיכֶם
וְעַל־בְּנֵיכֶם: בְּרוּכִים אַתֶּם לַיהוה, עֹשֵׂה שָׁמַיִם וָאָרֶץ: ◂ הַשָּׁמַיִם
שָׁמַיִם לַיהוה, וְהָאָרֶץ נָתַן לִבְנֵי־אָדָם: לֹא הַמֵּתִים יְהַלְלוּ־יָהּ, וְלֹא
כָּל־יֹרְדֵי דוּמָה: וַאֲנַחְנוּ נְבָרֵךְ יָהּ, מֵעַתָּה וְעַד־עוֹלָם, הַלְלוּיָהּ:

אָהַבְתִּי, כִּי־יִשְׁמַע יהוה, אֶת־קוֹלִי תַּחֲנוּנָי: כִּי־הִטָּה אָזְנוֹ לִי, תהלים קטז
וּבְיָמַי אֶקְרָא: אֲפָפוּנִי חֶבְלֵי־מָוֶת, וּמְצָרֵי שְׁאוֹל מְצָאוּנִי, צָרָה
וְיָגוֹן אֶמְצָא: וּבְשֵׁם־יהוה אֶקְרָא, אָנָּה יהוה מַלְּטָה נַפְשִׁי:
חַנּוּן יהוה וְצַדִּיק, וֵאלֹהֵינוּ מְרַחֵם: שֹׁמֵר פְּתָאיִם יהוה, דַּלּוֹתִי
וְלִי יְהוֹשִׁיעַ: שׁוּבִי נַפְשִׁי לִמְנוּחָיְכִי, כִּי־יהוה גָּמַל עָלָיְכִי: כִּי
חִלַּצְתָּ נַפְשִׁי מִמָּוֶת, אֶת־עֵינִי מִן־דִּמְעָה, אֶת־רַגְלִי מִדֶּחִי:
◂ אֶתְהַלֵּךְ לִפְנֵי יהוה, בְּאַרְצוֹת הַחַיִּים: הֶאֱמַנְתִּי כִּי אֲדַבֵּר, אֲנִי
עָנִיתִי מְאֹד: אֲנִי אָמַרְתִּי בְחָפְזִי, כָּל־הָאָדָם כֹּזֵב:

מָה־אָשִׁיב לַיהוה, כָּל־תַּגְמוּלוֹהִי עָלָי: כּוֹס־יְשׁוּעוֹת אֶשָּׂא, וּבְשֵׁם
יהוה אֶקְרָא: נְדָרַי לַיהוה אֲשַׁלֵּם, נֶגְדָה־נָּא לְכָל־עַמּוֹ: יָקָר בְּעֵינֵי
יהוה, הַמָּוְתָה לַחֲסִידָיו: אָנָּה יהוה כִּי־אֲנִי עַבְדֶּךָ, אֲנִי־עַבְדְּךָ
בֶּן־אֲמָתֶךָ, פִּתַּחְתָּ לְמוֹסֵרָי: ◂ לְךָ־אֶזְבַּח זֶבַח תּוֹדָה, וּבְשֵׁם יהוה
אֶקְרָא: נְדָרַי לַיהוה אֲשַׁלֵּם, נֶגְדָה־נָּא לְכָל־עַמּוֹ: בְּחַצְרוֹת בֵּית
יהוה, בְּתוֹכֵכִי יְרוּשָׁלָםִ, הַלְלוּיָהּ:

הַלְלוּ אֶת־יהוה כָּל־גּוֹיִם, שַׁבְּחוּהוּ כָּל־הָאֻמִּים: תהלים קיז
כִּי גָבַר עָלֵינוּ חַסְדּוֹ, וֶאֱמֶת־יהוה לְעוֹלָם, הַלְלוּיָהּ:

שליח הציבור אומר את ארבעת הפסוקים הבאים בקול,
והקהל עונה אחריו ׳הוֹדוּ לַיהוה כִּי־טוֹב כִּי לְעוֹלָם חַסְדּוֹ׳.

תהלים קיח הוֹדוּ לַיהוה כִּי־טוֹב כִּי לְעוֹלָם חַסְדּוֹ:
יֹאמַר־נָא יִשְׂרָאֵל כִּי לְעוֹלָם חַסְדּוֹ:
יֹאמְרוּ־נָא בֵית־אַהֲרֹן כִּי לְעוֹלָם חַסְדּוֹ:
יֹאמְרוּ־נָא יִרְאֵי יהוה כִּי לְעוֹלָם חַסְדּוֹ:

מִן־הַמֵּצַר קָרָאתִי יָּהּ, עָנָנִי בַמֶּרְחָב יָהּ: יהוה לִי לֹא אִירָא, מַה־יַּעֲשֶׂה לִי אָדָם: יהוה לִי בְּעֹזְרָי, וַאֲנִי אֶרְאֶה בְשֹׂנְאָי: טוֹב לַחֲסוֹת בַּיהוה, מִבְּטֹחַ בָּאָדָם: טוֹב לַחֲסוֹת בַּיהוה, מִבְּטֹחַ בִּנְדִיבִים: כָּל־גּוֹיִם סְבָבוּנִי, בְּשֵׁם יהוה כִּי אֲמִילַם: סַבּוּנִי גַם־סְבָבוּנִי, בְּשֵׁם יהוה כִּי אֲמִילַם: סַבּוּנִי כִדְבֹרִים, דֹּעֲכוּ כְּאֵשׁ קוֹצִים, בְּשֵׁם יהוה כִּי אֲמִילַם: דָּחֹה דְחִיתַנִי לִנְפֹּל, וַיהוה עֲזָרָנִי: עָזִּי וְזִמְרָת יָהּ, וַיְהִי־לִי לִישׁוּעָה: קוֹל רִנָּה וִישׁוּעָה בְּאָהֳלֵי צַדִּיקִים, יְמִין יהוה עֹשָׂה חָיִל: יְמִין יהוה רוֹמֵמָה, יְמִין יהוה עֹשָׂה חָיִל: לֹא־אָמוּת כִּי־אֶחְיֶה, וַאֲסַפֵּר מַעֲשֵׂי יָהּ: יַסֹּר יִסְּרַנִּי יָּהּ, וְלַמָּוֶת לֹא נְתָנָנִי: ◂ פִּתְחוּ־לִי שַׁעֲרֵי־צֶדֶק, אָבֹא־בָם אוֹדֶה יָהּ: זֶה־הַשַּׁעַר לַיהוה, צַדִּיקִים יָבֹאוּ בוֹ:

אוֹדְךָ כִּי עֲנִיתָנִי, וַתְּהִי־לִי לִישׁוּעָה:
אוֹדְךָ כִּי עֲנִיתָנִי, וַתְּהִי־לִי לִישׁוּעָה:

אֶבֶן מָאֲסוּ הַבּוֹנִים, הָיְתָה לְרֹאשׁ פִּנָּה:
אֶבֶן מָאֲסוּ הַבּוֹנִים, הָיְתָה לְרֹאשׁ פִּנָּה:

מֵאֵת יהוה הָיְתָה זֹּאת, הִיא נִפְלָאת בְּעֵינֵינוּ:
מֵאֵת יהוה הָיְתָה זֹּאת, הִיא נִפְלָאת בְּעֵינֵינוּ:

זֶה־הַיּוֹם עָשָׂה יהוה, נָגִילָה וְנִשְׂמְחָה בוֹ:
זֶה־הַיּוֹם עָשָׂה יהוה, נָגִילָה וְנִשְׂמְחָה בוֹ:

הפסוק ׳אָנָּא יהוה הוֹשִׁיעָה נָּא, אָנָּא יהוה הַצְלִיחָה נָא׳ מחולק לשניים.
ונוהגים ששליח הציבור אומרו ואחריו הקהל.

אָנָּא יהוה הוֹשִׁיעָה נָּא:

אָנָּא יהוה הוֹשִׁיעָה נָּא:

אָנָּא יהוה הַצְלִיחָה נָא:

אָנָּא יהוה הַצְלִיחָה נָא:

בָּרוּךְ הַבָּא בְּשֵׁם יהוה, בֵּרַכְנוּכֶם מִבֵּית יהוה:
בָּרוּךְ הַבָּא בְּשֵׁם יהוה, בֵּרַכְנוּכֶם מִבֵּית יהוה:

אֵל יהוה וַיָּאֶר לָנוּ, אִסְרוּ־חַג בַּעֲבֹתִים עַד־קַרְנוֹת הַמִּזְבֵּחַ:
אֵל יהוה וַיָּאֶר לָנוּ, אִסְרוּ־חַג בַּעֲבֹתִים עַד־קַרְנוֹת הַמִּזְבֵּחַ:

אֵלִי אַתָּה וְאוֹדֶךָּ, אֱלֹהַי אֲרוֹמְמֶךָּ:
אֵלִי אַתָּה וְאוֹדֶךָּ, אֱלֹהַי אֲרוֹמְמֶךָּ:

הוֹדוּ לַיהוה כִּי־טוֹב, כִּי לְעוֹלָם חַסְדּוֹ:
הוֹדוּ לַיהוה כִּי־טוֹב, כִּי לְעוֹלָם חַסְדּוֹ:

יְהַלְלְוּךָ יהוה אֱלֹהֵינוּ כָּל מַעֲשֶׂיךָ
וַחֲסִידֶיךָ צַדִּיקִים עוֹשֵׂי רְצוֹנֶךָ
וְכָל עַמְּךָ בֵּית יִשְׂרָאֵל
בְּרִנָּה יוֹדוּ וִיבָרְכוּ וִישַׁבְּחוּ וִיפָאֲרוּ
וִירוֹמְמוּ וְיַעֲרִיצוּ וְיַקְדִּישׁוּ וְיַמְלִיכוּ אֶת שִׁמְךָ מַלְכֵּנוּ
כִּי לְךָ טוֹב לְהוֹדוֹת וּלְשִׁמְךָ נָאֶה לְזַמֵּר
כִּי מֵעוֹלָם וְעַד עוֹלָם אַתָּה אֵל.
בָּרוּךְ אַתָּה יהוה, מֶלֶךְ מְהֻלָּל בַּתִּשְׁבָּחוֹת.

ביום ירושלים ממשיכים בעמ׳ 243.

136 הוצאת ספר תורה • שחרית ליום העצמאות

חצי קדיש

ש״ץ: **יִתְגַּדַּל וְיִתְקַדַּשׁ שְׁמֵהּ רַבָּא** (קהל: אָמֵן)
בְּעָלְמָא דִּי בְרָא כִרְעוּתֵהּ
וְיַמְלִיךְ מַלְכוּתֵהּ, בְּחַיֵּיכוֹן וּבְיוֹמֵיכוֹן וּבְחַיֵּי דְכָל בֵּית יִשְׂרָאֵל
בַּעֲגָלָא וּבִזְמַן קָרִיב, וְאִמְרוּ אָמֵן. (קהל: אָמֵן)

קהל וש״ץ: **יְהֵא שְׁמֵהּ רַבָּא מְבָרַךְ לְעָלַם וּלְעָלְמֵי עָלְמַיָּא.**

ש״ץ: **יִתְבָּרַךְ וְיִשְׁתַּבַּח וְיִתְפָּאַר וְיִתְרוֹמַם וְיִתְנַשֵּׂא**
וְיִתְהַדָּר וְיִתְעַלֶּה וְיִתְהַלָּל
שְׁמֵהּ דְּקֻדְשָׁא בְּרִיךְ הוּא (קהל: בְּרִיךְ הוּא)
לְעֵלָּא מִן כָּל בִּרְכָתָא וְשִׁירָתָא
תֻּשְׁבְּחָתָא וְנֶחֱמָתָא, דַּאֲמִירָן בְּעָלְמָא, וְאִמְרוּ אָמֵן. (קהל: אָמֵן)

הוצאת ספר תורה

לפני קריאת התורה יש אומרים:

תהלים פו **אֵין־כָּמוֹךָ בָאֱלֹהִים, אֲדֹנָי, וְאֵין כְּמַעֲשֶׂיךָ:**
תהלים קמה **מַלְכוּתְךָ מַלְכוּת כָּל־עֹלָמִים, וּמֶמְשַׁלְתְּךָ בְּכָל־דּוֹר וָדֹר:**

קריאת התורה

יום העצמאות יחול תמיד באחד מהימים ג׳, ד׳ או ה׳ בשבוע. לעניין קריאת התורה נתקבלו מנהגים שונים, והם:

א. ביום העצמאות החל ביום ה׳ קוראים את קריאת התורה הקבועה על פי פרשות השבוע לאותו יום (יום העצמאות יכול לחול בשבוע של אחת מהפרשות הבאות: תזריע, אחרי מות, קדושים, אמור, בהר־סיני). לסיום מוסיפים קטע קצר מפרשת 'עקב' (דברים יא, כב-כה), ללא אמירת ברכות לפני הקריאה ואחריה.

ב. כשיום העצמאות חל בימים ג׳ או ד׳ קוראים קטע מפרשת עקב (כנ״ל). יש הנוהגים לקרוא גם בימים אלה לשלושה עולים, בברכה. יש הנוהגים שלא להוסיף על הקריאה הרגילה של ב׳ וה׳.

ג. ביום העצמאות קוראים בתורה רק אם חל ביום ה׳ שבו קבועה קריאה.

יהוה מֶלֶךְ, יהוה מָלָךְ, יהוה יִמְלֹךְ לְעֹלָם וָעֶד.
יהוה עֹז לְעַמּוֹ יִתֵּן, יהוה יְבָרֵךְ אֶת־עַמּוֹ בַשָּׁלוֹם: תהלים כט

אַב הָרַחֲמִים, הֵיטִיבָה בִרְצוֹנְךָ אֶת־צִיּוֹן תִּבְנֶה חוֹמוֹת יְרוּשָׁלָםִ: תהלים נא
כִּי בְךָ לְבַד בָּטָחְנוּ, מֶלֶךְ אֵל רָם וְנִשָּׂא, אֲדוֹן עוֹלָמִים.

פותחים את ארון הקודש. הקהל עומד על רגליו.

וַיְהִי בִּנְסֹעַ הָאָרֹן וַיֹּאמֶר מֹשֶׁה במדבר י
קוּמָה יהוה וְיָפֻצוּ אֹיְבֶיךָ וְיָנֻסוּ מְשַׂנְאֶיךָ מִפָּנֶיךָ:
כִּי מִצִּיּוֹן תֵּצֵא תוֹרָה וּדְבַר־יהוה מִירוּשָׁלָםִ: ישעיה ב
בָּרוּךְ שֶׁנָּתַן תּוֹרָה לְעַמּוֹ יִשְׂרָאֵל בִּקְדֻשָּׁתוֹ.

תרגום לבְּרִיךְ שְׁמֵהּ מתחת לקו.

בְּרִיךְ שְׁמֵהּ דְּמָרֵא עָלְמָא, בְּרִיךְ כִּתְרָךְ וְאַתְרָךְ. יְהֵא רְעוּתָךְ עִם עַמָּךְ זוהר ויקהל
יִשְׂרָאֵל לְעָלַם, וּפֻרְקַן יְמִינָךְ אַחֲזִי לְעַמָּךְ בְּבֵית מַקְדְּשָׁךְ, וּלְאַמְטוּיֵי לַנָא
מִטּוּב נְהוֹרָךְ, וּלְקַבֵּל צְלוֹתַנָא בְּרַחֲמִין. יְהֵא רַעֲוָא קֳדָמָךְ דְּתוֹרִיךְ לַן חַיִּין
בְּטִיבוּ, וְלֶהֱוֵי אֲנָא פְקִידָא בְּגוֹ צַדִּיקַיָּא, לְמִרְחַם עָלַי וּלְמִנְטַר יָתִי וְיַת כָּל
דִּי לִי וְדִי לְעַמָּךְ יִשְׂרָאֵל. אַנְתְּ הוּא זָן לְכֹלָּא וּמְפַרְנֵס לְכֹלָּא, אַנְתְּ הוּא
שַׁלִּיט עַל כֹּלָּא, אַנְתְּ הוּא דְשַׁלִּיט עַל מַלְכַיָּא, וּמַלְכוּתָא דִּילָךְ הִיא. אֲנָא
עַבְדָּא דְקֻדְשָׁא בְּרִיךְ הוּא, דְּסָגֵדְנָא קַמֵּהּ וּמִקַּמֵּי דִּיקַר אוֹרַיְתֵהּ בְּכָל עִדָּן
וְעִדָּן. לָא עַל אֱנָשׁ רְחִיצְנָא וְלָא עַל בַּר אֱלָהִין סְמִיכְנָא, אֶלָּא בֶּאֱלָהָא

תרגום

ברוך שמו של אדון העולם, ברוך כתרך ומקומך. יהי רצונך עם עמך ישראל לעולם, וישועת ימינך הראה לעמך בבית מקדשך, ולהביא לנו מטוב אורך, ולקבל תפילותינו ברחמים. יהי רצון מלפניך שתאריך לנו חיים בטוב, ואהיה אני נמנה בתוך הצדיקים, לרחם עלי ולשמור אותי ואת כל אשר לי ואשר לעמך ישראל. אתה הוא זן לכול ומפרנס לכול, אתה הוא שליט על הכול, אתה הוא השליט על המלכים, והמלכות שלך היא.

דִּשְׁמַיָּא, דְּהוּא אֱלָהָא קְשׁוֹט, וְאוֹרַיְתֵהּ קְשׁוֹט, וּנְבִיאוֹהִי קְשׁוֹט, וּמַסְגֵּא לְמֶעְבַּד טַבְוָן וּקְשׁוֹט. ‹ בֵּהּ אֲנָא רָחִיץ, וְלִשְׁמֵהּ קַדִּישָׁא יַקִּירָא אֲנָא אֵמַר תֻּשְׁבְּחָן. יְהֵא רַעֲוָא קֳדָמָךְ דְּתִפְתַּח לִבַּאי בְּאוֹרַיְתָא, וְתַשְׁלִים מִשְׁאֲלִין דְּלִבַּאי וְלִבָּא דְכָל עַמָּךְ יִשְׂרָאֵל לְטָב וּלְחַיִּין וְלִשְׁלָם.

שליח הציבור מקבל את ספר התורה בימינו, פונה לקהל ואומר 'שְׁמַע יִשְׂרָאֵל', ואחריו הקהל.

דברים ו שְׁמַע יִשְׂרָאֵל, יהוה אֱלֹהֵינוּ, יהוה אֶחָד:

שליח הציבור ואחריו הקהל:

אֶחָד אֱלֹהֵינוּ, גָּדוֹל אֲדוֹנֵינוּ, קָדוֹשׁ שְׁמוֹ.

שליח הציבור פונה לעבר ארון הקודש, קד, מגביה את ספר התורה ואומר:

תהלים לד גַּדְּלוּ לַיהוה אִתִּי וּנְרוֹמְמָה שְׁמוֹ יַחְדָּו:

סוגרים את ארון הקודש. כאשר שליח הציבור הולך אל הבימה, והקהל אומר:

דברי הימים א׳ כט לְךָ יהוה הַגְּדֻלָּה וְהַגְּבוּרָה וְהַתִּפְאֶרֶת וְהַנֵּצַח וְהַהוֹד, כִּי־כֹל בַּשָּׁמַיִם וּבָאָרֶץ, לְךָ יהוה הַמַּמְלָכָה וְהַמִּתְנַשֵּׂא לְכֹל לְרֹאשׁ:

תהלים צט רוֹמְמוּ יהוה אֱלֹהֵינוּ וְהִשְׁתַּחֲווּ לַהֲדֹם רַגְלָיו, קָדוֹשׁ הוּא: רוֹמְמוּ יהוה אֱלֹהֵינוּ וְהִשְׁתַּחֲווּ לְהַר קָדְשׁוֹ, כִּי־קָדוֹשׁ יהוה אֱלֹהֵינוּ:

אַב הָרַחֲמִים הוּא יְרַחֵם עַם עֲמוּסִים, וְיִזְכֹּר בְּרִית אֵיתָנִים, וְיַצִּיל נַפְשׁוֹתֵינוּ מִן הַשָּׁעוֹת הָרָעוֹת, וְיִגְעַר בְּיֵצֶר הָרָע מִן הַנְּשׂוּאִים, וְיָחֹן אוֹתָנוּ לִפְלֵיטַת עוֹלָמִים, וִימַלֵּא מִשְׁאֲלוֹתֵינוּ בְּמִדָּה טוֹבָה יְשׁוּעָה וְרַחֲמִים.

אני עבדו של הקדוש ברוך הוא, משתחוה לפניו ולפני כבוד תורתו בכל עת ועת. לא על אדם אני בטוח ולא על מלאך אני סמוך, אלא באלהי השמים, שהוא אלהים אמת, ותורתו אמת, ונביאיו אמת, ומרבה לעשות חסד ואמת. בו אני בטוח, ולשמו הקדוש הנכבד אני אומר תשבחות. יהי רצון מלפניך שתפתח לבי בתורה, ותמלא משאלות לבי ולב כל עמך ישראל לטובה ולחיים ולשלום.

שחרית ליום העצמאות · קריאת התורה _____ 139

מניח את ספר התורה על הבימה, והגבאי מכריז:

וְתִגָּלֶה וְתֵרָאֶה מַלְכוּתוֹ עָלֵינוּ בִּזְמַן קָרוֹב, וְיָחֹן פְּלֵיטָתֵנוּ וּפְלֵיטַת עַמּוֹ בֵּית
יִשְׂרָאֵל לְחֵן וּלְחֶסֶד וּלְרַחֲמִים וּלְרָצוֹן וְנֹאמַר אָמֵן. הַכֹּל הָבוּ גֹדֶל לֵאלֹהֵינוּ
וּתְנוּ כָבוֹד לַתּוֹרָה. *כֹּהֵן קְרַב, יַעֲמֹד (פלוני בֶּן פלוני) הַכֹּהֵן.

*אם אין כוהן, הגבאי קורא ללוי או לישראל ואומר:

/אֵין כָּאן כֹּהֵן, יַעֲמֹד (פלוני בֶּן פלוני) בִּמְקוֹם כֹּהֵן./

בָּרוּךְ שֶׁנָּתַן תּוֹרָה לְעַמּוֹ יִשְׂרָאֵל בִּקְדֻשָּׁתוֹ.

הקהל ואחריו הגבאי:

וְאַתֶּם הַדְּבֵקִים בַּיהוה אֱלֹהֵיכֶם חַיִּים כֻּלְּכֶם הַיּוֹם: דברים ד

קריאת התורה בעמודים 142-151.

קודם הברכה על העולה לראות היכן קוראים ולנשק את ספר התורה.
בשעת הברכה אוחז בעמודי הספר.

עולה: בָּרְכוּ אֶת יהוה הַמְבֹרָךְ.

קהל: בָּרוּךְ יהוה הַמְבֹרָךְ לְעוֹלָם וָעֶד.

עולה: בָּרוּךְ יהוה הַמְבֹרָךְ לְעוֹלָם וָעֶד.
בָּרוּךְ אַתָּה יהוה, אֱלֹהֵינוּ מֶלֶךְ הָעוֹלָם
אֲשֶׁר בָּחַר בָּנוּ מִכָּל הָעַמִּים
וְנָתַן לָנוּ אֶת תּוֹרָתוֹ.
בָּרוּךְ אַתָּה יהוה, נוֹתֵן הַתּוֹרָה.

לאחר הקריאה העולה מנשק את ספר התורה ומברך:

עולה: בָּרוּךְ אַתָּה יהוה אֱלֹהֵינוּ מֶלֶךְ הָעוֹלָם
אֲשֶׁר נָתַן לָנוּ תּוֹרַת אֱמֶת
וְחַיֵּי עוֹלָם נָטַע בְּתוֹכֵנוּ.
בָּרוּךְ אַתָּה יהוה, נוֹתֵן הַתּוֹרָה.

מי שהיה בסכנה וניצל, מברך 'הגומל':

בָּרוּךְ אַתָּה יהוה אֱלֹהֵינוּ מֶלֶךְ הָעוֹלָם הַגּוֹמֵל לְחַיָּבִים טוֹבוֹת שֶׁגְּמָלַנִי כָּל טוֹב.

והקהל עונה: **אָמֵן. מִי שֶׁגְּמָלְךָ כָּל טוֹב הוּא יִגְמָלְךָ כָּל טוֹב, סֶלָה.**

כאשר נער עולה לתורה בפעם הראשונה במלאות לו שלוש עשרה שנה, אביו מברך:

בָּרוּךְ שֶׁפְּטָרַנִי מֵעָנְשׁוֹ שֶׁלָּזֶה.

מי שברך לעולה לתורה

מִי שֶׁבֵּרַךְ אֲבוֹתֵינוּ אַבְרָהָם יִצְחָק וְיַעֲקֹב, הוּא יְבָרֵךְ אֶת (פלוני בֶּן פלוני), בַּעֲבוּר שֶׁעָלָה לִכְבוֹד הַמָּקוֹם וְלִכְבוֹד הַתּוֹרָה וְלִכְבוֹד יוֹם הָעַצְמָאוּת. בִּשְׂכַר זֶה הַקָּדוֹשׁ בָּרוּךְ הוּא יִשְׁמְרֵהוּ וְיַצִּילֵהוּ מִכָּל צָרָה וְצוּקָה וּמִכָּל נֶגַע וּמַחֲלָה, וְיִשְׁלַח בְּרָכָה וְהַצְלָחָה בְּכָל מַעֲשֵׂה יָדָיו עִם כָּל יִשְׂרָאֵל אֶחָיו, וְנֹאמַר אָמֵן.

מי שברך לחולה

מִי שֶׁבֵּרַךְ אֲבוֹתֵינוּ אַבְרָהָם יִצְחָק וְיַעֲקֹב, מֹשֶׁה וְאַהֲרֹן דָּוִד וּשְׁלֹמֹה הוּא יְבָרֵךְ וִירַפֵּא אֶת הַחוֹלֶה (פלוני בֶּן פלונית) בַּעֲבוּר שֶׁ(פלוני בֶּן פלוני) נוֹדֵר צְדָקָה בַּעֲבוּרוֹ. בִּשְׂכַר זֶה הַקָּדוֹשׁ בָּרוּךְ הוּא יִמָּלֵא רַחֲמִים עָלָיו לְהַחֲלִימוֹ וּלְרַפְּאֹתוֹ וּלְהַחֲזִיקוֹ וּלְהַחֲיוֹתוֹ וְיִשְׁלַח לוֹ מְהֵרָה רְפוּאָה שְׁלֵמָה מִן הַשָּׁמַיִם לִרְמַ״ח אֵבָרָיו וּשְׁסָ״ה גִּידָיו בְּתוֹךְ שְׁאָר חוֹלֵי יִשְׂרָאֵל, רְפוּאַת הַנֶּפֶשׁ וּרְפוּאַת הַגּוּף. שַׁבָּת הִיא מִלִּזְעֹק וּרְפוּאָה קְרוֹבָה לָבוֹא, הַשְׁתָּא בַּעֲגָלָא וּבִזְמַן קָרִיב, וְנֹאמַר אָמֵן.

מי שברך לחולָה

מִי שֶׁבֵּרַךְ אֲבוֹתֵינוּ אַבְרָהָם יִצְחָק וְיַעֲקֹב, מֹשֶׁה וְאַהֲרֹן דָּוִד וּשְׁלֹמֹה הוּא יְבָרֵךְ וִירַפֵּא אֶת הַחוֹלָה (פלונית בַּת פלונית) בַּעֲבוּר שֶׁ(פלוני בֶּן פלוני) נוֹדֵר צְדָקָה בַּעֲבוּרָהּ. בִּשְׂכַר זֶה הַקָּדוֹשׁ בָּרוּךְ הוּא יִמָּלֵא רַחֲמִים עָלֶיהָ לְהַחֲלִימָהּ וּלְרַפְּאֹתָהּ וּלְהַחֲזִיקָהּ וּלְהַחֲיוֹתָהּ וְיִשְׁלַח לָהּ מְהֵרָה רְפוּאָה שְׁלֵמָה מִן הַשָּׁמַיִם לְכָל אֵבָרֶיהָ וּלְכָל גִּידֶיהָ בְּתוֹךְ שְׁאָר חוֹלֵי יִשְׂרָאֵל, רְפוּאַת הַנֶּפֶשׁ

וּרְפוּאַת הַגּוּף. שַׁבָּת הִיא מִלִּזְעֹק וּרְפוּאָה קְרוֹבָה לָבוֹא, הַשְׁתָּא בַּעֲגָלָא וּבִזְמַן קָרִיב, וְנֹאמַר אָמֵן.

מי שברך ליולדת בן

מִי שֶׁבֵּרַךְ אֲבוֹתֵינוּ אַבְרָהָם יִצְחָק וְיַעֲקֹב, מֹשֶׁה וְאַהֲרֹן דָּוִד וּשְׁלֹמֹה, שָׂרָה רִבְקָה רָחֵל וְלֵאָה הוּא יְבָרֵךְ אֶת הָאִשָּׁה הַיּוֹלֶדֶת (פלונית בַּת פלוני) וְאֶת בְּנָהּ שֶׁנּוֹלַד לָהּ לְמַזָּל טוֹב בַּעֲבוּר שֶׁבַּעְלָהּ וְאָבִיו נוֹדֵר צְדָקָה בַּעֲדָם. בִּשְׂכַר זֶה יִזְכּוּ אָבִיו וְאִמּוֹ לְהַכְנִיסוֹ בִּבְרִיתוֹ שֶׁל אַבְרָהָם אָבִינוּ וּלְגַדְּלוֹ לְתוֹרָה וּלְחֻפָּה וּלְמַעֲשִׂים טוֹבִים, וְנֹאמַר אָמֵן.

מי שברך ליולדת בת

מִי שֶׁבֵּרַךְ אֲבוֹתֵינוּ אַבְרָהָם יִצְחָק וְיַעֲקֹב, מֹשֶׁה וְאַהֲרֹן דָּוִד וּשְׁלֹמֹה, שָׂרָה רִבְקָה רָחֵל וְלֵאָה הוּא יְבָרֵךְ אֶת הָאִשָּׁה הַיּוֹלֶדֶת (פלונית בַּת פלוני) וְאֶת בִּתָּהּ שֶׁנּוֹלְדָה לָהּ לְמַזָּל טוֹב וְיִקָּרֵא שְׁמָהּ בְּיִשְׂרָאֵל (פלונית בַּת פלוני), בַּעֲבוּר שֶׁבַּעְלָהּ וְאָבִיהָ נוֹדֵר צְדָקָה בַּעֲדָן. בִּשְׂכַר זֶה יִזְכּוּ אָבִיהָ וְאִמָּהּ לְגַדְּלָהּ לְתוֹרָה וּלְחֻפָּה וּלְמַעֲשִׂים טוֹבִים, וְנֹאמַר אָמֵן.

מי שברך לבר מצווה

מִי שֶׁבֵּרַךְ אֲבוֹתֵינוּ אַבְרָהָם יִצְחָק וְיַעֲקֹב הוּא יְבָרֵךְ אֶת (פלוני בֶּן פלוני) שֶׁמָּלְאוּ לוֹ שְׁלֹשׁ עֶשְׂרֵה שָׁנָה וְהִגִּיעַ לְמִצְוֹת, וְעָלָה לַתּוֹרָה, לָתֵת שֶׁבַח וְהוֹדָיָה לְהַשֵּׁם יִתְבָּרַךְ עַל כָּל הַטּוֹבָה שֶׁגָּמַל אִתּוֹ. יִשְׁמְרֵהוּ הַקָּדוֹשׁ בָּרוּךְ הוּא וִיחַיֵּהוּ, וִיכוֹנֵן אֶת לִבּוֹ לִהְיוֹת שָׁלֵם עִם יהוה וְלָלֶכֶת בִּדְרָכָיו וְלִשְׁמֹר מִצְוֹתָיו כָּל הַיָּמִים, וְנֹאמַר אָמֵן.

מי שברך לבת מצווה

מִי שֶׁבֵּרַךְ אֲבוֹתֵינוּ אַבְרָהָם יִצְחָק וְיַעֲקֹב, שָׂרָה רִבְקָה רָחֵל וְלֵאָה, הוּא יְבָרֵךְ אֶת (פלונית בַּת פלוני) שֶׁמָּלְאוּ לָהּ שְׁתֵּים עֶשְׂרֵה שָׁנָה וְהִגִּיעָה לְמִצְוֹת, וְנוֹתֶנֶת שֶׁבַח וְהוֹדָיָה לְהַשֵּׁם יִתְבָּרַךְ עַל כָּל הַטּוֹבָה שֶׁגָּמַל אִתָּהּ. יִשְׁמְרֶהָ הַקָּדוֹשׁ בָּרוּךְ הוּא וִיחַיֶּהָ, וִיכוֹנֵן אֶת לִבָּהּ לִהְיוֹת שָׁלֵם עִם יהוה וְלָלֶכֶת בִּדְרָכָיו וְלִשְׁמֹר מִצְוֹתָיו כָּל הַיָּמִים, וְנֹאמַר אָמֵן.

קריאת התורה · שחרית ליום העצמאות   142

תזריע

וַיְדַבֵּ֥ר יהוה אֶל־מֹשֶׁ֥ה לֵּאמֹֽר׃ דַּבֵּ֞ר אֶל־בְּנֵ֤י יִשְׂרָאֵל֙ לֵאמֹ֔ר אִשָּׁה֙ כִּ֣י
תַזְרִ֔יעַ וְיָלְדָ֖ה זָכָ֑ר וְטָמְאָה֙ שִׁבְעַ֣ת יָמִ֔ים כִּימֵ֛י נִדַּ֥ת דְּוֺתָ֖הּ תִּטְמָֽא׃ וּבַיּ֖וֹם
הַשְּׁמִינִ֑י יִמּ֖וֹל בְּשַׂ֥ר עׇרְלָתֽוֹ׃ וּשְׁלֹשִׁ֥ים יוֹם֙ וּשְׁלֹ֣שֶׁת יָמִ֔ים תֵּשֵׁ֖ב בִּדְמֵ֣י
טׇהֳרָ֑ה בְּכׇל־קֹ֣דֶשׁ לֹֽא־תִגָּ֗ע וְאֶל־הַמִּקְדָּשׁ֙ לֹ֣א תָבֹ֔א עַד־מְלֹ֖את יְמֵ֥י
טׇהֳרָֽהּ׃ ⁎וְאִם־נְקֵבָ֣ה תֵלֵ֔ד וְטָמְאָ֥ה שְׁבֻעַ֖יִם כְּנִדָּתָ֑הּ וְשִׁשִּׁ֥ים יוֹם֙ וְשֵׁ֣שֶׁת
יָמִ֔ים תֵּשֵׁ֖ב עַל־דְּמֵ֥י טׇהֳרָֽה׃ וּבִמְלֹ֣את ׀ יְמֵ֣י טׇהֳרָ֗הּ לְבֵן֮ א֣וֹ לְבַת֒ תָּבִ֞יא
כֶּ֤בֶשׂ בֶּן־שְׁנָתוֹ֙ לְעֹלָ֔ה וּבֶן־יוֹנָ֥ה אוֹ־תֹ֖ר לְחַטָּ֑את אֶל־פֶּ֥תַח אֹֽהֶל־מוֹעֵ֖ד
אֶל־הַכֹּהֵֽן׃ וְהִקְרִיב֞וֹ לִפְנֵ֤י יהוה֙ וְכִפֶּ֣ר עָלֶ֔יהָ וְטָהֲרָ֖ה מִמְּקֹ֣ר דָּמֶ֑יהָ זֹ֣את
תּוֹרַ֣ת הַיֹּלֶ֔דֶת לַזָּכָ֖ר א֥וֹ לַנְּקֵבָֽה׃ וְאִם־לֹ֨א תִמְצָ֣א יָדָהּ֮ דֵּ֣י שֶׂה֒ וְלָקְחָ֣ה
שְׁתֵּֽי־תֹרִ֗ים א֤וֹ שְׁנֵ֣י בְּנֵ֣י יוֹנָ֔ה אֶחָ֥ד לְעֹלָ֖ה וְאֶחָ֣ד לְחַטָּ֑את וְכִפֶּ֥ר עָלֶ֛יהָ
הַכֹּהֵ֖ן וְטָהֵֽרָה׃

וַיְדַבֵּ֣ר יהוה אֶל־מֹשֶׁ֥ה וְאֶֽל־אַהֲרֹ֖ן לֵאמֹֽר׃ אָדָ֗ם כִּֽי־יִהְיֶ֤ה בְעוֹר־בְּשָׂרוֹ֙
שְׂאֵ֤ת אֽוֹ־סַפַּ֙חַת֙ א֣וֹ בַהֶ֔רֶת וְהָיָ֥ה בְעוֹר־בְּשָׂר֖וֹ לְנֶ֣גַע צָרָ֑עַת וְהוּבָא֙ אֶל־
אַהֲרֹ֣ן הַכֹּהֵ֔ן א֛וֹ אֶל־אַחַ֥ד מִבָּנָ֖יו הַכֹּהֲנִֽים׃ וְרָאָ֣ה הַכֹּהֵ֣ן אֶת־הַנֶּ֣גַע בְּעֽוֹר־
הַבָּשָׂ֡ר וְשֵׂעָר֩ בַּנֶּ֨גַע הָפַ֣ךְ ׀ לָבָ֗ן וּמַרְאֵ֤ה הַנֶּ֙גַע֙ עָמֹק֙ מֵע֣וֹר בְּשָׂר֔וֹ נֶ֥גַע
צָרַ֖עַת ה֑וּא וְרָאָ֥הוּ הַכֹּהֵ֖ן וְטִמֵּ֥א אֹתֽוֹ׃ וְאִם־בַּהֶ֩רֶת֩ לְבָנָ֨ה הִ֜וא בְּע֣וֹר
בְּשָׂר֗וֹ וְעָמֹק֙ אֵין־מַרְאֶ֣הָ מִן־הָע֔וֹר וּשְׂעָרָ֖הּ לֹא־הָפַ֣ךְ לָבָ֑ן וְהִסְגִּ֧יר הַכֹּהֵ֛ן
אֶת־הַנֶּ֖גַע שִׁבְעַ֥ת יָמִֽים׃ וְרָאָ֣הוּ הַכֹּהֵן֮ בַּיּ֣וֹם הַשְּׁבִיעִי֒ וְהִנֵּ֤ה הַנֶּ֙גַע֙ עָמַ֣ד
בְּעֵינָ֔יו לֹֽא־פָשָׂ֥ה הַנֶּ֖גַע בָּע֑וֹר וְהִסְגִּיר֧וֹ הַכֹּהֵ֛ן שִׁבְעַ֥ת יָמִ֖ים שֵׁנִֽית׃

אחרי מות

וַיְדַבֵּ֣ר יהוה אֶל־מֹשֶׁ֔ה אַחֲרֵ֣י מ֔וֹת שְׁנֵ֖י בְּנֵ֣י אַהֲרֹ֑ן בְּקׇרְבָתָ֥ם לִפְנֵי־יהוה
וַיָּמֻֽתוּ׃ וַיֹּ֨אמֶר יהוה אֶל־מֹשֶׁ֗ה דַּבֵּר֮ אֶל־אַהֲרֹ֣ן אָחִיךָ֒ וְאַל־יָבֹ֤א בְכׇל־עֵת֙
אֶל־הַקֹּ֙דֶשׁ֙ מִבֵּ֣ית לַפָּרֹ֔כֶת אֶל־פְּנֵ֤י הַכַּפֹּ֙רֶת֙ אֲשֶׁ֣ר עַל־הָאָרֹ֔ן וְלֹ֣א יָמ֔וּת כִּ֚י
בֶּֽעָנָ֔ן אֵרָאֶ֖ה עַל־הַכַּפֹּֽרֶת׃ בְּזֹ֛את יָבֹ֥א אַהֲרֹ֖ן אֶל־הַקֹּ֑דֶשׁ בְּפַ֧ר בֶּן־בָּקָ֛ר
לְחַטָּ֖את וְאַ֥יִל לְעֹלָֽה׃ כְּתֹֽנֶת־בַּ֨ד קֹ֜דֶשׁ יִלְבָּ֗שׁ וּמִֽכְנְסֵי־בַד֮ יִהְי֣וּ עַל־בְּשָׂרוֹ֒
וּבְאַבְנֵ֥ט בַּד֙ יַחְגֹּ֔ר וּבְמִצְנֶ֥פֶת בַּ֖ד יִצְנֹ֑ף בִּגְדֵי־קֹ֣דֶשׁ הֵ֔ם וְרָחַ֥ץ בַּמַּ֛יִם אֶת־
בְּשָׂר֖וֹ וּלְבֵשָֽׁם׃ וּמֵאֵ֗ת עֲדַת֙ בְּנֵ֣י יִשְׂרָאֵ֔ל יִקַּ֛ח שְׁנֵֽי־שְׂעִירֵ֥י עִזִּ֖ים לְחַטָּ֑את

שחרית ליום העצמאות • קריאת התורה _____ 143

וְאַ֥יִל אֶחָ֖ד לְעֹלָֽה: וְהִקְרִ֧יב אַהֲרֹ֛ן אֶת־פַּ֥ר הַחַטָּ֖את אֲשֶׁר־ל֑וֹ וְכִפֶּ֥ר בַּעֲד֖וֹ
וּבְעַ֥ד בֵּיתֽוֹ: *וְלָקַ֖ח אֶת־שְׁנֵ֣י הַשְּׂעִירִ֑ם וְהֶעֱמִ֤יד אֹתָם֙ לִפְנֵ֣י יהו֔ה פֶּ֖תַח **לוי**
אֹ֥הֶל מוֹעֵֽד: וְנָתַ֧ן אַהֲרֹ֛ן עַל־שְׁנֵ֥י הַשְּׂעִירִ֖ם גֹּרָל֑וֹת גּוֹרָ֤ל אֶחָד֙ לַֽיהו֔ה וְגוֹרָ֥ל
אֶחָ֖ד לַעֲזָאזֵֽל: וְהִקְרִ֤יב אַהֲרֹן֙ אֶת־הַשָּׂעִ֔יר אֲשֶׁ֨ר עָלָ֥ה עָלָ֛יו הַגּוֹרָ֖ל לַֽיהו֑ה
וְעָשָׂ֖הוּ חַטָּֽאת: וְהַשָּׂעִ֗יר אֲשֶׁר֩ עָלָ֨ה עָלָ֤יו הַגּוֹרָל֙ לַעֲזָאזֵ֔ל יׇעֳמַד־חַ֛י לִפְנֵ֥י
יהו֖ה לְכַפֵּ֣ר עָלָ֑יו לְשַׁלַּ֥ח אֹת֛וֹ לַעֲזָאזֵ֖ל הַמִּדְבָּֽרָה: וְהִקְרִ֨יב אַהֲרֹן֙ אֶת־
פַּ֤ר הַחַטָּאת֙ אֲשֶׁר־ל֔וֹ וְכִפֶּ֥ר בַּעֲד֖וֹ וּבְעַ֣ד בֵּית֑וֹ וְשָׁחַ֛ט אֶת־פַּ֥ר הַחַטָּ֖את
אֲשֶׁר־לֽוֹ: *וְלָקַ֣ח מְלֹֽא־הַ֠מַּחְתָּ֠ה גַּֽחֲלֵי־אֵ֞שׁ מֵעַ֤ל הַמִּזְבֵּ֙חַ֙ מִלִּפְנֵ֣י יהו֔ה **ישראל**
וּמְלֹ֣א חׇפְנָ֗יו קְטֹ֤רֶת סַמִּים֙ דַּקָּ֔ה וְהֵבִ֖יא מִבֵּ֥ית לַפָּרֹֽכֶת: וְנָתַ֧ן אֶת־הַקְּטֹ֛רֶת
עַל־הָאֵ֖שׁ לִפְנֵ֣י יהו֑ה וְכִסָּ֣ה ׀ עֲנַ֣ן הַקְּטֹ֗רֶת אֶת־הַכַּפֹּ֛רֶת אֲשֶׁ֥ר עַל־הָעֵד֖וּת
וְלֹ֥א יָמֽוּת: וְלָקַח֙ מִדַּ֣ם הַפָּ֔ר וְהִזָּ֧ה בְאֶצְבָּע֛וֹ עַל־פְּנֵ֥י הַכַּפֹּ֖רֶת קֵ֑דְמָה
וְלִפְנֵ֣י הַכַּפֹּ֗רֶת יַזֶּ֧ה שֶֽׁבַע־פְּעָמִ֛ים מִן־הַדָּ֖ם בְּאֶצְבָּעֽוֹ: וְשָׁחַ֞ט אֶת־שְׂעִ֤יר
הַֽחַטָּאת֙ אֲשֶׁ֣ר לָעָ֔ם וְהֵבִיא֙ אֶת־דָּמ֔וֹ אֶל־מִבֵּ֖ית לַפָּרֹ֑כֶת וְעָשָׂ֣ה אֶת־דָּמ֗וֹ
כַּאֲשֶׁ֤ר עָשָׂה֙ לְדַ֣ם הַפָּ֔ר וְהִזָּ֥ה אֹת֛וֹ עַל־הַכַּפֹּ֖רֶת וְלִפְנֵ֥י הַכַּפֹּֽרֶת: וְכִפֶּ֣ר
עַל־הַקֹּ֗דֶשׁ מִטֻּמְאֹת֙ בְּנֵ֣י יִשְׂרָאֵ֔ל וּמִפִּשְׁעֵיהֶ֖ם לְכׇל־חַטֹּאתָ֑ם וְכֵ֤ן יַעֲשֶׂה֙
לְאֹ֣הֶל מוֹעֵ֔ד הַשֹּׁכֵ֣ן אִתָּ֔ם בְּת֖וֹךְ טֻמְאֹתָֽם: וְכׇל־אָדָ֞ם לֹא־יִהְיֶ֣ה ׀ בְּאֹ֣הֶל
מוֹעֵ֗ד בְּבֹא֛וֹ לְכַפֵּ֥ר בַּקֹּ֖דֶשׁ עַד־צֵאת֑וֹ וְכִפֶּ֤ר בַּעֲדוֹ֙ וּבְעַ֣ד בֵּית֔וֹ וּבְעַ֖ד כׇּל־
קְהַ֥ל יִשְׂרָאֵֽל:

קדושים

וַיְדַבֵּ֥ר יהו֖ה אֶל־מֹשֶׁ֥ה לֵּאמֹֽר: דַּבֵּ֞ר אֶל־כׇּל־עֲדַ֧ת בְּנֵֽי־יִשְׂרָאֵ֛ל וְאָמַרְתָּ֥ **ויקרא**
אֲלֵהֶ֖ם קְדֹשִׁ֣ים תִּהְי֑וּ כִּ֣י קָד֔וֹשׁ אֲנִ֖י יהו֥ה אֱלֹהֵיכֶֽם: אִ֣ישׁ אִמּ֤וֹ וְאָבִיו֙ תִּירָ֔אוּ **יט, א–יד**
וְאֶת־שַׁבְּתֹתַ֖י תִּשְׁמֹ֑רוּ אֲנִ֖י יהו֥ה אֱלֹהֵיכֶֽם: אַל־תִּפְנוּ֙ אֶל־הָ֣אֱלִילִ֔ם וֵאלֹהֵי֙
מַסֵּכָ֔ה לֹ֥א תַעֲשׂ֖וּ לָכֶ֑ם אֲנִ֖י יהו֥ה אֱלֹהֵיכֶֽם: *וְכִ֧י תִזְבְּח֛וּ זֶ֥בַח שְׁלָמִ֖ים לַֽיהו֑ה **לוי**
לִֽרְצֹנְכֶ֖ם תִּזְבָּחֻֽהוּ: בְּי֧וֹם זִבְחֲכֶ֛ם יֵאָכֵ֖ל וּמִֽמׇּחֳרָ֑ת וְהַנּוֹתָר֙ עַד־י֣וֹם הַשְּׁלִישִׁ֔י
בָּאֵ֖שׁ יִשָּׂרֵֽף: וְאִ֛ם הֵאָכֹ֥ל יֵאָכֵ֖ל בַּיּ֣וֹם הַשְּׁלִישִׁ֑י פִּגּ֥וּל ה֖וּא לֹ֥א יֵרָצֶֽה:
וְאֹֽכְלָיו֙ עֲוֺנ֣וֹ יִשָּׂ֔א כִּֽי־אֶת־קֹ֥דֶשׁ יהו֖ה חִלֵּ֑ל וְנִכְרְתָ֛ה הַנֶּ֥פֶשׁ הַהִ֖וא מֵעַמֶּֽיהָ:
וּֽבְקׇצְרְכֶם֙ אֶת־קְצִ֣יר אַרְצְכֶ֔ם לֹ֧א תְכַלֶּ֛ה פְּאַ֥ת שָׂדְךָ֖ לִקְצֹ֑ר וְלֶ֥קֶט קְצִֽירְךָ֖
לֹ֥א תְלַקֵּֽט: וְכַרְמְךָ֙ לֹ֣א תְעוֹלֵ֔ל וּפֶ֥רֶט כַּרְמְךָ֖ לֹ֣א תְלַקֵּ֑ט לֶֽעָנִ֤י וְלַגֵּר֙ תַּעֲזֹ֣ב

ישראל אֹתָם אֲנִי יְהוָה אֱלֹהֵיכֶם: *לֹא תִּגְנֹבוּ וְלֹא־תְכַחֲשׁוּ וְלֹא־תְשַׁקְּרוּ אִישׁ
בַּעֲמִיתוֹ: וְלֹא־תִשָּׁבְעוּ בִשְׁמִי לַשָּׁקֶר וְחִלַּלְתָּ אֶת־שֵׁם אֱלֹהֶיךָ אֲנִי יְהוָה:
לֹא־תַעֲשֹׁק אֶת־רֵעֲךָ וְלֹא תִגְזֹל לֹא־תָלִין פְּעֻלַּת שָׂכִיר אִתְּךָ עַד־בֹּקֶר:
לֹא־תְקַלֵּל חֵרֵשׁ וְלִפְנֵי עִוֵּר לֹא תִתֵּן מִכְשֹׁל וְיָרֵאתָ מֵּאֱלֹהֶיךָ אֲנִי יְהוָה:

אמור

ויקרא כא,א-טו וַיֹּאמֶר יְהוָה אֶל־מֹשֶׁה אֱמֹר אֶל־הַכֹּהֲנִים בְּנֵי אַהֲרֹן וְאָמַרְתָּ אֲלֵהֶם לְנֶפֶשׁ
לֹא־יִטַּמָּא בְּעַמָּיו: כִּי אִם־לִשְׁאֵרוֹ הַקָּרֹב אֵלָיו לְאִמּוֹ וּלְאָבִיו וְלִבְנוֹ וּלְבִתּוֹ
וּלְאָחִיו: וְלַאֲחֹתוֹ הַבְּתוּלָה הַקְּרוֹבָה אֵלָיו אֲשֶׁר לֹא־הָיְתָה לְאִישׁ לָהּ
יקרחו יִטַּמָּא: לֹא יִטַּמָּא בַּעַל בְּעַמָּיו לְהֵחַלּוֹ: לֹא־יקרחה קָרְחָה בְּרֹאשָׁם וּפְאַת
זְקָנָם לֹא יְגַלֵּחוּ וּבִבְשָׂרָם לֹא יִשְׂרְטוּ שָׂרָטֶת: קְדֹשִׁים יִהְיוּ לֵאלֹהֵיהֶם
וְלֹא יְחַלְּלוּ שֵׁם אֱלֹהֵיהֶם כִּי אֶת־אִשֵּׁי יְהוָה לֶחֶם אֱלֹהֵיהֶם הֵם מַקְרִיבִם
לוי וְהָיוּ קֹדֶשׁ: *אִשָּׁה זֹנָה וַחֲלָלָה לֹא יִקָּחוּ וְאִשָּׁה גְּרוּשָׁה מֵאִישָׁהּ לֹא יִקָּחוּ
כִּי־קָדֹשׁ הוּא לֵאלֹהָיו: וְקִדַּשְׁתּוֹ כִּי־אֶת־לֶחֶם אֱלֹהֶיךָ הוּא מַקְרִיב קָדֹשׁ
יִהְיֶה־לָּךְ כִּי קָדוֹשׁ אֲנִי יְהוָה מְקַדִּשְׁכֶם: וּבַת אִישׁ כֹּהֵן כִּי תֵחֵל לִזְנוֹת
אֶת־אָבִיהָ הִיא מְחַלֶּלֶת בָּאֵשׁ תִּשָּׂרֵף: וְהַכֹּהֵן הַגָּדוֹל מֵאֶחָיו
אֲשֶׁר־יוּצַק עַל־רֹאשׁוֹ ׀ שֶׁמֶן הַמִּשְׁחָה וּמִלֵּא אֶת־יָדוֹ לִלְבֹּשׁ אֶת־הַבְּגָדִים
אֶת־רֹאשׁוֹ לֹא יִפְרָע וּבְגָדָיו לֹא יִפְרֹם: וְעַל כָּל־נַפְשֹׁת מֵת לֹא יָבֹא לְאָבִיו
וּלְאִמּוֹ לֹא יִטַּמָּא: וּמִן־הַמִּקְדָּשׁ לֹא יֵצֵא וְלֹא יְחַלֵּל אֵת מִקְדַּשׁ אֱלֹהָיו
ישראל כִּי נֵזֶר שֶׁמֶן מִשְׁחַת אֱלֹהָיו עָלָיו אֲנִי יְהוָה: *וְהוּא אִשָּׁה בִבְתוּלֶיהָ יִקָּח:
אַלְמָנָה וּגְרוּשָׁה וַחֲלָלָה זֹנָה אֶת־אֵלֶּה לֹא יִקָּח כִּי אִם־בְּתוּלָה מֵעַמָּיו
יִקַּח אִשָּׁה: וְלֹא־יְחַלֵּל זַרְעוֹ בְּעַמָּיו כִּי אֲנִי יְהוָה מְקַדְּשׁוֹ:

בהר

ויקרא כה,א-יג וַיְדַבֵּר יְהוָה אֶל־מֹשֶׁה בְּהַר סִינַי לֵאמֹר: דַּבֵּר אֶל־בְּנֵי יִשְׂרָאֵל וְאָמַרְתָּ
אֲלֵהֶם כִּי תָבֹאוּ אֶל־הָאָרֶץ אֲשֶׁר אֲנִי נֹתֵן לָכֶם וְשָׁבְתָה הָאָרֶץ שַׁבָּת
לַיהוָה: שֵׁשׁ שָׁנִים תִּזְרַע שָׂדֶךָ וְשֵׁשׁ שָׁנִים תִּזְמֹר כַּרְמֶךָ וְאָסַפְתָּ אֶת־
לוי תְּבוּאָתָהּ: *וּבַשָּׁנָה הַשְּׁבִיעִת שַׁבַּת שַׁבָּתוֹן יִהְיֶה לָאָרֶץ שַׁבָּת לַיהוָה שָׂדְךָ
לֹא תִזְרָע וְכַרְמְךָ לֹא תִזְמֹר: אֵת סְפִיחַ קְצִירְךָ לֹא תִקְצוֹר וְאֶת־עִנְּבֵי נְזִירֶךָ

לֹא תִבְצֹר שְׁנַת שַׁבָּתוֹן יִהְיֶה לָאָרֶץ: וְהָיְתָה שַׁבַּת הָאָרֶץ לָכֶם לְאָכְלָה
לְךָ וּלְעַבְדְּךָ וְלַאֲמָתֶךָ וְלִשְׂכִירְךָ וּלְתוֹשָׁבְךָ הַגָּרִים עִמָּךְ: וְלִבְהֶמְתְּךָ
וְלַחַיָּה אֲשֶׁר בְּאַרְצֶךָ תִּהְיֶה כָל־תְּבוּאָתָהּ לֶאֱכֹל: *וְסָפַרְתָּ ישראל
לְךָ שֶׁבַע שַׁבְּתֹת שָׁנִים שֶׁבַע שָׁנִים שֶׁבַע פְּעָמִים וְהָיוּ לְךָ יְמֵי שֶׁבַע
שַׁבְּתֹת הַשָּׁנִים תֵּשַׁע וְאַרְבָּעִים שָׁנָה: וְהַעֲבַרְתָּ שׁוֹפַר תְּרוּעָה בַּחֹדֶשׁ
הַשְּׁבִעִי בֶּעָשׂוֹר לַחֹדֶשׁ בְּיוֹם הַכִּפֻּרִים תַּעֲבִירוּ שׁוֹפָר בְּכָל־אַרְצְכֶם:
וְקִדַּשְׁתֶּם אֵת שְׁנַת הַחֲמִשִּׁים שָׁנָה וּקְרָאתֶם דְּרוֹר בָּאָרֶץ לְכָל־יֹשְׁבֶיהָ
יוֹבֵל הִוא תִּהְיֶה לָכֶם וְשַׁבְתֶּם אִישׁ אֶל־אֲחֻזָּתוֹ וְאִישׁ אֶל־מִשְׁפַּחְתּוֹ
תָּשֻׁבוּ: יוֹבֵל הִוא שְׁנַת הַחֲמִשִּׁים שָׁנָה תִּהְיֶה לָכֶם לֹא תִזְרָעוּ וְלֹא
תִקְצְרוּ אֶת־סְפִיחֶיהָ וְלֹא תִבְצְרוּ אֶת־נְזִרֶיהָ: כִּי יוֹבֵל הִוא קֹדֶשׁ תִּהְיֶה
לָכֶם מִן־הַשָּׂדֶה תֹּאכְלוּ אֶת־תְּבוּאָתָהּ: בִּשְׁנַת הַיּוֹבֵל הַזֹּאת תָּשֻׁבוּ אִישׁ
אֶל־אֲחֻזָּתוֹ:

חצי קדיש

לאחר קריאת התורה בעל הקורא אומר חצי קדיש:

בעל קורא: יִתְגַּדַּל וְיִתְקַדַּשׁ שְׁמֵהּ רַבָּא (קהל: אָמֵן)
בְּעָלְמָא דִּי בְרָא כִרְעוּתֵהּ
וְיַמְלִיךְ מַלְכוּתֵהּ
בְּחַיֵּיכוֹן וּבְיוֹמֵיכוֹן וּבְחַיֵּי דְכָל בֵּית יִשְׂרָאֵל
בַּעֲגָלָא וּבִזְמַן קָרִיב
וְאִמְרוּ אָמֵן. (קהל: אָמֵן)

בעל קורא וקהל: יְהֵא שְׁמֵהּ רַבָּא מְבָרַךְ לְעָלַם וּלְעָלְמֵי עָלְמַיָּא.

בעל קורא: יִתְבָּרַךְ וְיִשְׁתַּבַּח וְיִתְפָּאַר וְיִתְרוֹמַם וְיִתְנַשֵּׂא
וְיִתְהַדָּר וְיִתְעַלֶּה וְיִתְהַלָּל
שְׁמֵהּ דְּקֻדְשָׁא בְּרִיךְ הוּא (קהל: בְּרִיךְ הוּא)
לְעֵלָּא מִן כָּל בִּרְכָתָא וְשִׁירָתָא
תֻּשְׁבְּחָתָא וְנֶחֱמָתָא, דַּאֲמִירָן בְּעָלְמָא
וְאִמְרוּ אָמֵן. (קהל: אָמֵן)

הגבהה וגלילה

כאשר מגביהים את ספר התורה הקהל אומר:

דברים ד **וְזֹאת הַתּוֹרָה אֲשֶׁר־שָׂם מֹשֶׁה לִפְנֵי בְּנֵי יִשְׂרָאֵל:**

במדבר ט **עַל־פִּי יהוה בְּיַד־מֹשֶׁה:**

ויש מוסיפים:

משלי ג עֵץ־חַיִּים הִיא לַמַּחֲזִיקִים בָּהּ וְתֹמְכֶיהָ מְאֻשָּׁר:
דְּרָכֶיהָ דַרְכֵי־נֹעַם וְכָל־נְתִיבוֹתֶיהָ שָׁלוֹם:
אֹרֶךְ יָמִים בִּימִינָהּ, בִּשְׂמֹאולָהּ עֹשֶׁר וְכָבוֹד:
ישעיה מב יהוה חָפֵץ לְמַעַן צִדְקוֹ יַגְדִּיל תּוֹרָה וְיַאְדִּיר:

קריאה ליום העצמאות (מספר תורה שני)

הקוראים קריאה זו כקריאת התורה ינהגו לפי החלוקה: כהן, לוי וישראל.
הקוראים כתוספת יקראו ברצף.

דברים ז, יב – ח, יח **וְהָיָה ׀ עֵקֶב תִּשְׁמְעוּן אֵת הַמִּשְׁפָּטִים הָאֵלֶּה וּשְׁמַרְתֶּם וַעֲשִׂיתֶם**
אֹתָם וְשָׁמַר יהוה אֱלֹהֶיךָ לְךָ אֶת־הַבְּרִית וְאֶת־הַחֶסֶד אֲשֶׁר נִשְׁבַּע
לַאֲבֹתֶיךָ: וַאֲהֵבְךָ וּבֵרַכְךָ וְהִרְבֶּךָ וּבֵרַךְ פְּרִי־בִטְנְךָ וּפְרִי־אַדְמָתֶךָ
דְּגָנְךָ וְתִירֹשְׁךָ וְיִצְהָרֶךָ שְׁגַר־אֲלָפֶיךָ וְעַשְׁתְּרֹת צֹאנֶךָ עַל הָאֲדָמָה
אֲשֶׁר־נִשְׁבַּע לַאֲבֹתֶיךָ לָתֶת לָךְ: בָּרוּךְ תִּהְיֶה מִכָּל־הָעַמִּים לֹא־יִהְיֶה
בְךָ עָקָר וַעֲקָרָה וּבִבְהֶמְתֶּךָ: וְהֵסִיר יהוה מִמְּךָ כָּל־חֹלִי וְכָל־מַדְוֵי
מִצְרַיִם הָרָעִים אֲשֶׁר יָדַעְתָּ לֹא יְשִׂימָם בָּךְ וּנְתָנָם בְּכָל־שֹׂנְאֶיךָ:
וְאָכַלְתָּ אֶת־כָּל־הָעַמִּים אֲשֶׁר יהוה אֱלֹהֶיךָ נֹתֵן לָךְ לֹא־תָחוֹס עֵינְךָ

הסבר לקריאת התורה ביום העצמאות

יום טוב זה שנתחדש לישראל, בחסדי ה' עלינו, בוודאי ראוי הוא לגרום לציבור שיהיו מוציאים ספר תורה וקוראים בו מעין המאורע. בדומה למה שתיקנו חז"ל שיהיו קוראים בחנוכה ובפורים מן התורה מעין המאורעות שאירעו אותם בימי בית שני.

"קוראים בפרשת 'והיה עקב' בגלל 'כי ה' אלהיך מביאך' (דברים ח, ז) ושבח ארץ ישראל האמור שם, וההמשך 'השמר לך פן תשכח' (שם ח, יא), ומסיים 'למען הקים את בריתו וכו' כיום הזה'" (שם ח, יח).

(הרב אליעזר אלינר, קריאה בתורה והפטרה ביום העצמאות, שנה בשנה, תשכ"ה)

עֲלֵיהֶם וְלֹא תַעֲבֹד אֶת־אֱלֹהֵיהֶם כִּי־מוֹקֵשׁ הוּא לָךְ׃ כִּי
תֹאמַר בִּלְבָבְךָ רַבִּים הַגּוֹיִם הָאֵלֶּה מִמֶּנִּי אֵיכָה אוּכַל לְהוֹרִישָׁם׃
לֹא תִירָא מֵהֶם זָכֹר תִּזְכֹּר אֵת אֲשֶׁר־עָשָׂה יהוה אֱלֹהֶיךָ לְפַרְעֹה
וּלְכָל־מִצְרָיִם׃ הַמַּסֹּת הַגְּדֹלֹת אֲשֶׁר־רָאוּ עֵינֶיךָ וְהָאֹתֹת וְהַמֹּפְתִים
וְהַיָּד הַחֲזָקָה וְהַזְּרֹעַ הַנְּטוּיָה אֲשֶׁר הוֹצִאֲךָ יהוה אֱלֹהֶיךָ כֵּן־יַעֲשֶׂה
יהוה אֱלֹהֶיךָ לְכָל־הָעַמִּים אֲשֶׁר־אַתָּה יָרֵא מִפְּנֵיהֶם׃ וְגַם אֶת־
הַצִּרְעָה יְשַׁלַּח יהוה אֱלֹהֶיךָ בָּם עַד־אֲבֹד הַנִּשְׁאָרִים וְהַנִּסְתָּרִים
מִפָּנֶיךָ׃ לֹא תַעֲרֹץ מִפְּנֵיהֶם כִּי־יהוה אֱלֹהֶיךָ בְּקִרְבֶּךָ אֵל גָּדוֹל וְנוֹרָא׃
*וְנָשַׁל יהוה אֱלֹהֶיךָ אֶת־הַגּוֹיִם הָאֵל מִפָּנֶיךָ מְעַט מְעָט לֹא תוּכַל לוי
כַּלֹּתָם מַהֵר פֶּן־תִּרְבֶּה עָלֶיךָ חַיַּת הַשָּׂדֶה׃ וּנְתָנָם יהוה אֱלֹהֶיךָ לְפָנֶיךָ
וְהָמָם מְהוּמָה גְדֹלָה עַד הִשָּׁמְדָם׃ וְנָתַן מַלְכֵיהֶם בְּיָדֶךָ וְהַאֲבַדְתָּ
אֶת־שְׁמָם מִתַּחַת הַשָּׁמָיִם לֹא־יִתְיַצֵּב אִישׁ בְּפָנֶיךָ עַד הִשְׁמִדְךָ
אֹתָם׃ פְּסִילֵי אֱלֹהֵיהֶם תִּשְׂרְפוּן בָּאֵשׁ לֹא־תַחְמֹד כֶּסֶף וְזָהָב עֲלֵיהֶם
וְלָקַחְתָּ לָךְ פֶּן תִּוָּקֵשׁ בּוֹ כִּי תוֹעֲבַת יהוה אֱלֹהֶיךָ הוּא׃ וְלֹא־תָבִיא
תוֹעֵבָה אֶל־בֵּיתֶךָ וְהָיִיתָ חֵרֶם כָּמֹהוּ שַׁקֵּץ ׀ תְּשַׁקְּצֶנּוּ וְתַעֵב ׀
תְּתַעֲבֶנּוּ כִּי־חֵרֶם הוּא׃
כָּל־הַמִּצְוָה אֲשֶׁר אָנֹכִי מְצַוְּךָ הַיּוֹם תִּשְׁמְרוּן לַעֲשׂוֹת לְמַעַן תִּחְיוּן

מצוות יישוב הארץ

"שנצטווינו לרשת הארץ אשר נתן האל יתברך ויתעלה לאבותינו, לאברהם ליצחק וליעקב, ולא נעזבה ביד זולתנו מן האומות או לשממה. והוא אמרו להם 'והורשתם את הארץ וישבתם בה, כי לכם נתתי את הארץ לרשת אותה, והתנחלתם את הארץ' (במדבר לג, נג-נד)...וזו היא שהחכמים קורין אותה מלחמת מצווה. וכך אמרו בגמרא סוטה (מד ע"ב): 'אמר רב יהודה: מלחמת יהושע לכבש — דברי הכל חובה, מלחמת דוד להרווחה — דברי הכל רשות'... וממאמרם 'מלחמת יהושע לכבש', תבין כי המצווה הזו היא בכבוש...ואומר אני כי המצווה שהחכמים מפליגין בה, והיא דירת ארץ ישראל, עד שאמרו שכל היוצא ממנה ודר בחוצה לארץ יהא בעיניך כעובד עבודה זרה (ספרא, בהר פ"ה ה"ד)...הכל הוא ממצוות עשה הזה, שנצטווינו לרשת הארץ ולשבת בה. אם כן, היא מצוות עשה לדורות, מתחייב כל יחיד ממנו, ואפילו בזמן גלות, כידוע בתלמוד במקומות הרבה".

(רמב"ן, עשין ששכח הרמב"ם, מצווה ד)

וּרְבִיתֶם וּבָאתֶם וִירִשְׁתֶּם אֶת־הָאָרֶץ אֲשֶׁר־נִשְׁבַּע יהוה לַאֲבֹתֵיכֶם:
וְזָכַרְתָּ אֶת־כָּל־הַדֶּרֶךְ אֲשֶׁר הוֹלִיכְךָ יהוה אֱלֹהֶיךָ זֶה אַרְבָּעִים שָׁנָה
בַּמִּדְבָּר לְמַעַן עַנֹּתְךָ לְנַסֹּתְךָ לָדַעַת אֶת־אֲשֶׁר בִּלְבָבְךָ הֲתִשְׁמֹר
מִצְוֺתָו אִם־לֹא: וַיְעַנְּךָ וַיַּרְעִבֶךָ וַיַּאֲכִלְךָ אֶת־הַמָּן אֲשֶׁר לֹא־יָדַעְתָּ
וְלֹא יָדְעוּן אֲבֹתֶיךָ לְמַעַן הוֹדִיעֲךָ כִּי לֹא עַל־הַלֶּחֶם לְבַדּוֹ יִחְיֶה
הָאָדָם כִּי עַל־כָּל־מוֹצָא פִי־יהוה יִחְיֶה הָאָדָם: *שִׂמְלָתְךָ לֹא בָלְתָה ישראל
מֵעָלֶיךָ וְרַגְלְךָ לֹא בָצֵקָה זֶה אַרְבָּעִים שָׁנָה: וְיָדַעְתָּ עִם־לְבָבֶךָ כִּי
כַּאֲשֶׁר יְיַסֵּר אִישׁ אֶת־בְּנוֹ יהוה אֱלֹהֶיךָ מְיַסְּרֶךָּ: וְשָׁמַרְתָּ אֶת־מִצְוֺת
יהוה אֱלֹהֶיךָ לָלֶכֶת בִּדְרָכָיו וּלְיִרְאָה אֹתוֹ: כִּי יהוה אֱלֹהֶיךָ מְבִיאֲךָ
אֶל־אֶרֶץ טוֹבָה אֶרֶץ נַחֲלֵי מָיִם עֲיָנֹת וּתְהֹמֹת יֹצְאִים בַּבִּקְעָה וּבָהָר:
אֶרֶץ חִטָּה וּשְׂעֹרָה וְגֶפֶן וּתְאֵנָה וְרִמּוֹן אֶרֶץ־זֵית שֶׁמֶן וּדְבָשׁ: אֶרֶץ
אֲשֶׁר לֹא בְמִסְכֵּנֻת תֹּאכַל־בָּהּ לֶחֶם לֹא־תֶחְסַר כֹּל בָּהּ אֶרֶץ אֲשֶׁר
אֲבָנֶיהָ בַרְזֶל וּמֵהֲרָרֶיהָ תַּחְצֹב נְחֹשֶׁת: וְאָכַלְתָּ וְשָׂבָעְתָּ וּבֵרַכְתָּ
אֶת־יהוה אֱלֹהֶיךָ עַל־הָאָרֶץ הַטֹּבָה אֲשֶׁר נָתַן־לָךְ: הִשָּׁמֶר לְךָ
פֶּן־תִּשְׁכַּח אֶת־יהוה אֱלֹהֶיךָ לְבִלְתִּי שְׁמֹר מִצְוֺתָיו וּמִשְׁפָּטָיו וְחֻקֹּתָיו
אֲשֶׁר אָנֹכִי מְצַוְּךָ הַיּוֹם: פֶּן־תֹּאכַל וְשָׂבָעְתָּ וּבָתִּים טֹבִים תִּבְנֶה
וְיָשָׁבְתָּ: וּבְקָרְךָ וְצֹאנְךָ יִרְבְּיֻן וְכֶסֶף וְזָהָב יִרְבֶּה־לָּךְ וְכֹל אֲשֶׁר־לְךָ
יִרְבֶּה: וְרָם לְבָבֶךָ וְשָׁכַחְתָּ אֶת־יהוה אֱלֹהֶיךָ הַמּוֹצִיאֲךָ מֵאֶרֶץ
מִצְרַיִם מִבֵּית עֲבָדִים: הַמּוֹלִיכְךָ בַּמִּדְבָּר ׀ הַגָּדֹל וְהַנּוֹרָא נָחָשׁ ׀ שָׂרָף
וְעַקְרָב וְצִמָּאוֹן אֲשֶׁר אֵין־מָיִם הַמּוֹצִיא לְךָ מַיִם מִצּוּר הַחַלָּמִישׁ:
הַמַּאֲכִלְךָ מָן בַּמִּדְבָּר אֲשֶׁר לֹא־יָדְעוּן אֲבֹתֶיךָ לְמַעַן עַנֹּתְךָ וּלְמַעַן
נַסֹּתֶךָ לְהֵיטִבְךָ בְּאַחֲרִיתֶךָ: וְאָמַרְתָּ בִּלְבָבֶךָ כֹּחִי וְעֹצֶם יָדִי עָשָׂה
לִי אֶת־הַחַיִל הַזֶּה: וְזָכַרְתָּ אֶת־יהוה אֱלֹהֶיךָ כִּי הוּא הַנֹּתֵן לְךָ
כֹּחַ לַעֲשׂוֹת חָיִל לְמַעַן הָקִים אֶת־בְּרִיתוֹ אֲשֶׁר־נִשְׁבַּע לַאֲבֹתֶיךָ
כַּיּוֹם הַזֶּה:

מגביהים את ספר התורה (׳וְזֹאת הַתּוֹרָה׳ בעמ׳ 146).

הפטרה

אין מברכים את ברכות ההפטרה.

עוֹד הַיּוֹם בְּנֹב לַעֲמֹד יְנֹפֵף יָדוֹ הַר בַּת־צִיּוֹן גִּבְעַת יְרוּשָׁלִָם: הִנֵּה ישעיה י,לב–יב,ו
הָאָדוֹן יְהוָה צְבָאוֹת מְסָעֵף פֻּארָה בְּמַעֲרָצָה וְרָמֵי הַקּוֹמָה גְּדֻעִים וְהַגְּבֹהִים

אין מברכים ברכות ההפטרה לפני הקריאה ואחריה

"הפטרה בברכות נראה שאין לקרוא, שכן פסק הרמב"ם: 'ואין מפטירים בנביא אלא בשבתות וימים טובים ותשעה באב בלבד' (הלכות תפילה פ"יב ה"ב). וכל חקירתנו הלוא מבוססת על הדמיון לחנוכה ופורים, שכן אין יום העצמאות יום טוב מקרא קודש, מאותו סוג שאליו התכוון הרמב"ם".

(הרב חיים דוד הלוי, קריאת ספר תורה והפטרה ביום העצמאות, יום העצמאות, משמעותו והלכותיו, דת ומדינה, תשכ"ט)

הפטרת יום העצמאות – "עוד היום בנֹב לעמֹד" (ישעיה י, לב)

מרן הבית יוסף, ר' יוסף קארו ז"ל, כתב בשולחן ערוך (או"ח תכח, ג) שכל חגי ישראל נקבעים על פי ימי הפסח ברמיזת א"ת-ב"ש:

א' דפסח – ת' (=תשעה באב)

ב' דפסח – ש' (=שבועות)

ג' דפסח – ר' (=ראש השנה)

ד' דפסח – ק' (=קריאת התורה בשמחת תורה של חו"ל)

ה' דפסח – צ' (=צום יום הכיפורים)

ו' דפסח – פ' (=פורים שלפני הפסח).

המחבר בשולחן ערוך לא כתב כלום על ז' דפסח (שביעי של פסח). והנה בא בדורנו אחד מגדולי דור התקומה, הרב עמרם אבורביע, שהיה רבה הראשי של פתח תקווה, וחידש סימן ליום זה (נתיבי עם, א, תל אביב תשל"ז, עמ' קפז; נתיבי עם, ב, ירושלים תשכ"ו, עמ' שיז):

"ובימינו זכינו לדעת ז' – ע': שיום השביעי של פסח הוא יום העצמאות".

חידוש מתוק זה מקשר בין יום השביעי של פסח, יום סיום היציאה ממצרים ותחילת דרך הגאולים, ליום העצמאות שמבשר לעם ישראל את ראשית דרך הגאולה של זמננו.

יהודי חו"ל שנוהגים יום טוב שני של גלויות, קוראים ביום 'שמיני של פסח' את ההפטרה מישעיה י, "עוד היום בנֹב לעמֹד". בני ארץ ישראל 'מפסידים' ביום זה את הקריאה שהרי עבורנו הוא אסרו חג. בא יום העצמאות והעניק לנו את הזכות לקרוא את הפרק המתאר את המהפך הגדול שחולל ה' לאבותינו בימים ההם (ימי מסע סנחריב על יהודה) ובזמן הזה.

קהילות הקיבוץ הדתי נהגו לקרוא הפטרה זו בברכותיה, אך למנהג זה קמו עוררין מקצה לקצה. הרב שלמה גורן כתב את הסתייגותו מן הברכה בתוך מחזור התפילות של הקיבוץ הדתי וגם כל הרבנים האחרים שעודדו את קריאת ההפטרה אך לא בברכותיה.

הרב גורן קבע, שבקהילות שבהן נקבע מנהג לומר את ההפטרה בברכותיה, הרי זה כמנהג ותיקין ואין צורך לבטל את המנהג.

יִשְׁפָּלוּ: וְנִקַּף סִבְכֵי הַיַּעַר בַּבַּרְזֶל וְהַלְּבָנוֹן בְּאַדִּיר יִפּוֹל: וְיָצָא
חֹטֶר מִגֵּזַע יִשָׁי וְנֵצֶר מִשָּׁרָשָׁיו יִפְרֶה: וְנָחָה עָלָיו רוּחַ יהוה רוּחַ חָכְמָה
וּבִינָה רוּחַ עֵצָה וּגְבוּרָה רוּחַ דַּעַת וְיִרְאַת יהוה: וַהֲרִיחוֹ בְּיִרְאַת יהוה
וְלֹא־לְמַרְאֵה עֵינָיו יִשְׁפּוֹט וְלֹא־לְמִשְׁמַע אָזְנָיו יוֹכִיחַ: וְשָׁפַט בְּצֶדֶק דַּלִּים
וְהוֹכִיחַ בְּמִישׁוֹר לְעַנְוֵי־אָרֶץ וְהִכָּה־אֶרֶץ בְּשֵׁבֶט פִּיו וּבְרוּחַ שְׂפָתָיו יָמִית
רָשָׁע: וְהָיָה צֶדֶק אֵזוֹר מָתְנָיו וְהָאֱמוּנָה אֵזוֹר חֲלָצָיו: וְגָר זְאֵב עִם־כֶּבֶשׂ
וְנָמֵר עִם־גְּדִי יִרְבָּץ וְעֵגֶל וּכְפִיר וּמְרִיא יַחְדָּו וְנַעַר קָטֹן נֹהֵג בָּם: וּפָרָה
וָדֹב תִּרְעֶינָה יַחְדָּו יִרְבְּצוּ יַלְדֵיהֶן וְאַרְיֵה כַּבָּקָר יֹאכַל־תֶּבֶן: וְשִׁעֲשַׁע
יוֹנֵק עַל־חֻר פָּתֶן וְעַל מְאוּרַת צִפְעוֹנִי גָּמוּל יָדוֹ הָדָה: לֹא־יָרֵעוּ וְלֹא־
יַשְׁחִיתוּ בְּכָל־הַר קָדְשִׁי כִּי־מָלְאָה הָאָרֶץ דֵּעָה אֶת־יהוה כַּמַּיִם לַיָּם
מְכַסִּים: וְהָיָה בַּיּוֹם הַהוּא שֹׁרֶשׁ יִשַׁי אֲשֶׁר עֹמֵד לְנֵס עַמִּים

ביאור ההפטרה "עוד היום"

הפרק בישעיה שהפך להיות הפטרת יום העצמאות מתאר את אחד מרגעי הדרמה הגדולים בימי מסע סנחריב לארץ ישראל. המסע הזה מתועד ומתואר הן בתנ"ך הן בממצאים ארכאולוגיים, ועל פיהם אנו לומדים עד כמה קשים ומאיימים היו הימים הללו בירושלים. רוב ערי השפלה והמישור נפלו בידי צבא אשור. כשהגיעו החדשות על נפילת עשרות ערים ביהודה, נפלה רוחם של יושבי בירת יהודה. כשהחל צבא סנחריב להתקרב אל ירושלים חשו הכול שהקץ מגיע. "עוד היום בנב לעמד, ינפף ידו הר בת ציון" (שם). האויב מגיע כבר לפתחה של ירושלים ויכול בהינף יד לסמן את חורבן העיר. ישעיהו מקבל את האחריות לרומם את רוח העם ולחסן אותו מפני חרבו של סנחריב.

הנבואה מתארת את הרגעים שלפני המצור בלשון מציאותית מאוד. מול הבהלה שאחזה ביושבי העיר, עמד ישעיהו וביקש לרומם את הרוח ולחזק את האמונה בישועת ה׳ שתבוא כהרף עין. נבואה זו נמצאת לפנינו כחלק מדברי ישעיהו המוקדמים על גבהות הלב של האימפריה האשורית עוד מימי תגלת פלאסר:

לָכֵן כֹּה אָמַר ה׳ א־להים צְבָאוֹת (שם י, כד).
עוֹד הַיּוֹם בְּנֹב לַעֲמֹד, יְנֹפֵף יָדוֹ הַר בַּת־צִיּוֹן גִּבְעַת יְרוּשָׁלָם.
הִנֵּה הָאָדוֹן ה׳ צְבָאוֹת מְסָעֵף פֻּארָה בְּמַעֲרָצָה, וְרָמֵי הַקּוֹמָה גְּדוּעִים וְהַגְּבֹהִים יִשְׁפָּלוּ.
וְנִקַּף סִבְכֵי הַיַּעַר בַּבַּרְזֶל, וְהַלְּבָנוֹן בְּאַדִּיר יִפּוֹל (שם י, לב-לד).

כל ההפטרה מתארת איך הקב"ה נלחם את מלחמת עמו ישראל ומוליך אותם לדרך הגאולים. אחרי הכריתה הגדולה של יער המעצמה האשורית ביד ה׳, תופיע צמיחת העץ של בית דוד מחדש משורש ישי ומגזעו. ממנו יעלה הפרי שיהיה מלא ברוח ה׳, ובכוח זה ינהיג את עמו. התוצר של מלכותו יהיה תמונת גן עדן עלי אדמות. הרמוניה בין כל הנבראים, ביטול חיות הטרף מן העולם בבני אדם ובעולם החי, ו"מלאה הארץ דעה את ה׳, כמים לים מכסים" (שם

אֵלָיו גּוֹיִם יִדְרֹשׁוּ וְהָיְתָה מְנֻחָתוֹ כָּבוֹד: וְהָיָה | בַּיּוֹם הַהוּא יוֹסִיף
אֲדֹנָי | שֵׁנִית יָדוֹ לִקְנוֹת אֶת־שְׁאָר עַמּוֹ אֲשֶׁר יִשָּׁאֵר מֵאַשּׁוּר וּמִמִּצְרַיִם
וּמִפַּתְרוֹס וּמִכּוּשׁ וּמֵעֵילָם וּמִשִּׁנְעָר וּמֵחֲמָת וּמֵאִיֵּי הַיָּם: וְנָשָׂא נֵס לַגּוֹיִם
וְאָסַף נִדְחֵי יִשְׂרָאֵל וּנְפֻצוֹת יְהוּדָה יְקַבֵּץ מֵאַרְבַּע כַּנְפוֹת הָאָרֶץ: וְסָרָה
קִנְאַת אֶפְרַיִם וְצֹרְרֵי יְהוּדָה יִכָּרֵתוּ אֶפְרַיִם לֹא־יְקַנֵּא אֶת־יְהוּדָה וִיהוּדָה
לֹא־יָצֹר אֶת־אֶפְרָיִם: וְעָפוּ בְכָתֵף פְּלִשְׁתִּים יָמָּה יַחְדָּו יָבֹזּוּ אֶת־בְּנֵי־קֶדֶם
אֱדוֹם וּמוֹאָב מִשְׁלוֹח יָדָם וּבְנֵי עַמּוֹן מִשְׁמַעְתָּם: וְהֶחֱרִים יהוה אֵת לְשׁוֹן
יָם־מִצְרַיִם וְהֵנִיף יָדוֹ עַל־הַנָּהָר בַּעְיָם רוּחוֹ וְהִכָּהוּ לְשִׁבְעָה נְחָלִים וְהִדְרִיךְ
בַּנְּעָלִים: וְהָיְתָה מְסִלָּה לִשְׁאָר עַמּוֹ אֲשֶׁר יִשָּׁאֵר מֵאַשּׁוּר כַּאֲשֶׁר הָיְתָה
לְיִשְׂרָאֵל בְּיוֹם עֲלֹתוֹ מֵאֶרֶץ מִצְרָיִם: וְאָמַרְתָּ בַּיּוֹם הַהוּא אוֹדְךָ יהוה כִּי
אָנַפְתָּ בִּי יָשֹׁב אַפְּךָ וּתְנַחֲמֵנִי: הִנֵּה אֵל יְשׁוּעָתִי אֶבְטַח וְלֹא אֶפְחָד כִּי־עָזִּי
וְזִמְרָת יָהּ יהוה וַיְהִי־לִי לִישׁוּעָה: וּשְׁאַבְתֶּם־מַיִם בְּשָׂשׂוֹן מִמַּעַיְנֵי הַיְשׁוּעָה:
וַאֲמַרְתֶּם בַּיּוֹם הַהוּא הוֹדוּ לַיהוה קִרְאוּ בִשְׁמוֹ הוֹדִיעוּ בָעַמִּים עֲלִילֹתָיו
הַזְכִּירוּ כִּי נִשְׂגָּב שְׁמוֹ: זַמְּרוּ יהוה כִּי גֵאוּת עָשָׂה מוּדַעַת זֹאת בְּכָל־הָאָרֶץ:
צַהֲלִי וָרֹנִּי יוֹשֶׁבֶת צִיּוֹן כִּי־גָדוֹל בְּקִרְבֵּךְ קְדוֹשׁ יִשְׂרָאֵל:

יא, ט). לאחר שרטוט גן העדן הזה, בא החלק השני של הפרק, ובו תיאור קיבוץ הגלויות (שם יא, יא-טז):

וְהָיָה בַּיּוֹם הַהוּא, יוֹסִיף אֲדֹנָי שֵׁנִית יָדוֹ לִקְנוֹת אֶת־שְׁאָר עַמּוֹ, אֲשֶׁר יִשָּׁאֵר מֵאַשּׁוּר וּמִמִּצְרַיִם, וּמִפַּתְרוֹס וּמִכּוּשׁ, וּמֵעֵילָם וּמִשִּׁנְעָר וּמֵחֲמָת, וּמֵאִיֵּי הַיָּם:

וְנָשָׂא נֵס לַגּוֹיִם, וְאָסַף נִדְחֵי יִשְׂרָאֵל, וּנְפֻצוֹת יְהוּדָה יְקַבֵּץ מֵאַרְבַּע כַּנְפוֹת הָאָרֶץ:

וְסָרָה קִנְאַת אֶפְרַיִם, וְצֹרְרֵי יְהוּדָה יִכָּרֵתוּ, אֶפְרַיִם לֹא־יְקַנֵּא אֶת־יְהוּדָה, וִיהוּדָה לֹא־יָצֹר אֶת־אֶפְרָיִם:

וְעָפוּ בְכָתֵף פְּלִשְׁתִּים יָמָּה, יַחְדָּו יָבֹזּוּ אֶת־בְּנֵי־קֶדֶם, אֱדוֹם וּמוֹאָב מִשְׁלוֹחַ יָדָם, וּבְנֵי עַמּוֹן מִשְׁמַעְתָּם:

וְהֶחֱרִים ה׳ אֵת לְשׁוֹן יָם־מִצְרַיִם, וְהֵנִיף יָדוֹ עַל־הַנָּהָר בַּעְיָם רוּחוֹ (=ברוח עזה), וְהִכָּהוּ לְשִׁבְעָה נְחָלִים, וְהִדְרִיךְ בַּנְּעָלִים (=וסלל דרך לעבור בנעליים):

וְהָיְתָה מְסִלָּה לִשְׁאָר עַמּוֹ אֲשֶׁר יִשָּׁאֵר מֵאַשּׁוּר, כַּאֲשֶׁר הָיְתָה לְיִשְׂרָאֵל בְּיוֹם עֲלֹתוֹ מֵאֶרֶץ מִצְרָיִם:

זהו תיאור תהליך מואץ של קיבוץ גלויות כמו יציאת מצרים בביטול מוחלט של מלחמות ישראל ויהודה וניצחונות גורפים של האומה המאוחדת על כל השכנים. נסי יציאת מצרים הופכים להיות הדגם לגאולה העתידית. פרק הגאולה המופלא הזה בנבואת ישעיהו מסתיים בנבואה מזמורית – זהו מפגש יוצא דופן בין השירה המזמורית של תהלים לבין הנבואה, מפגש ההולם במיוחד את לשונו של ישעיהו, וכמובן, את שירת הגאולה.

תפילה לשלום המדינה

אָבִינוּ שֶׁבַּשָּׁמַיִם, צוּר יִשְׂרָאֵל וְגוֹאֲלוֹ

פירוש התפילה לשלום המדינה ד"ר יואל רפל

סידור התפילה היהודי הוא בית קיבול לזיכרונות השעות הגדולות, הטובות והרעות, אשר עברו על עם ישראל בארץ ישראל ובגולה. הזכרת המאורעות ההיסטוריים איננה באה לשמה, כדי שלא יישכחו מתודעת העם, כי אם לשם מטרה חינוכית, לשמש דוגמה לכוחו של הקב"ה ולאהבתו את עמו ישראל, כפי שנתגלו לעין כל במאורעות הגדולים בעבר, וכפי שהם עתידים להתגלות בעתיד. אִזכור המאורעות הגדולים נועד להצדיק את השבח, ההלל והבקשה שהם נושאי תפילותינו.

בתפילה זו משאלות אחדות, הנוגעות לתחומים שונים הקשורים במדינה ובתושביה. אפשר לראות בהגשמת אותן משאלות תעודת הזהות של המדינה היהודית, כפי שרצו לראותה מחברי התפילה.

הנושאים הם:

א. בקשת שלומה של המדינה.

ב. בקשה על המנהיגות.

ג. בקשה על הצלחתם וביטחונם של העומדים על משמר הארץ והמדינה.

ד. קיבוץ גלויות.

ה. בקשה להתחזקות דתית — שה' יסייע בידינו להאמין בו ולקיים את מצוותיו.

ו. בקשת גאולה וביאת המשיח.

ז. התגלות מלכות ה' וקבלתה על ידי העולם כולו.

במבנה התפילה ניכרים שני חלקים שאוחדו ליצירה אחת:

החלק הראשון מתיבות "אבינו שבשמים" ועד "שמחת עולם ליושביה". חלק זה כתוב בסגנון בן זמננו. יש בחלק זה צירופים לשוניים פיוטיים, אך הם אינם מקובלים בסידור התפילה ("שלח אורך ואמתך"; "הגן עליה באברת חסדך"). תחושת העברית החדשה נובעת לא רק מאוצר המילים, אלא גם מריבוי הפניות בלשון ציווי — ברך, הגן, שלח, חזק, פקוד.

החלק השני של התפילה מהמילים "ואת אחינו כל בית ישראל" מצוטט כמעט כולו מספר דברים ומתפילות הימים הנוראים.

שני החלקים כתובים מבחינה ספרותית באופן שונה. החלק הראשון בנוי משפטים החוזרים על עצמם:

אבינו שבשמים (שהוא) צור ישראל וגואלו
ברך את מדינת ישראל (שהיא) ראשית צמיחת גאולתנו
הגן עליה באברת חסדך / ופרוש עליה סוכת שלומך
והנחילם א־להינו ישועה / ועטרת ניצחון תעטרם
ונתת שלום בארץ / ושמחת עולם ליושביה.

מכאן כתובה התפילה כפרוזה ולא כשירה.

בָּרֵךְ אֶת מְדִינַת יִשְׂרָאֵל, רֵאשִׁית צְמִיחַת גְּאֻלָּתֵנוּ.

אבינו שבשמים

הצירוף הלשוני "אבינו שבשמים" נזכר פעמים לא מעטות בתורה שבעל־פה. בסידור צירוף זה מופיע כחלק מנוסח של שתי תפילות ובפתח התפילה לשלום המדינה. הביטוי בארמית, המקביל לעברית, שכיח מאוד בסידור התפילה והוא מופיע בקדיש תתקבל (ולמנהג האשכנזים גם בקדיש דרבנן) במילים: "קדם אבוהון די בשמיא" — לפני אביהם שבשמים.

במסכת סוטה (מט ע"א) נאמר, "על מי יש לנו להשען — על אבינו שבשמים". ובמסכת ברכות (לב ע"ב) נאמר, "אמר רבי אלעזר: מיום שחרב בית המקדש נפסקה חומת ברזל בין ישראל לאביהם שבשמים". יש לראות את הצירוף "אבינו שבשמים" כייחודי בעברית. אבינו — ביטוי של קרבה; בשמים — ביטוי של ריחוק. אבינו שבשמים הקרוב והרחוק מתחברים.

צור ישראל וגואלו

בפרשת האזינו שבסוף חומש דברים נחשף שם חדש לריבונו של עולם — "צור". שם זה חוזר ונשנה שש פעמים בפרשה. כך בפסוק "הצור תמים פעלו כי כל דרכיו משפט" (לב, ד); וכן "ויטוש אלוה עשהו, וינבל צור ישועתו" (לב, טו); "צור ילדך תשי ותשכח אל מחֹללך" (לב, יח), וכו'.

המילים "צור ישראל" משותפות למגילת העצמאות של מדינת ישראל, שהוקראה בה' באייר, תש"ח (14 במאי 1948), ולתפילה לשלום המדינה.

כאשר פורסמה התפילה לשלום המדינה, נמצאו מילים אלה כבר בפתיחה "צור ישראל וגואלו" במשמעות ההשגחה הא־להית הזהה ל"אבינו שבשמים". מה בין "צור ישראל" לבין "צור ישראל וגואלו"? תשובה נמצאת בנוסחי תפילות קדומים. נוסחת הסיום של ברכת הגאולה (שלאחר קריאת שמע) בארץ ישראל הייתה, "(מלך) צור ישראל וגואלו" (ירושלמי, ברכות פ"א ה"ו). ואילו רבא הבבלי תיקן "גאל ישראל" (פסחים קיז ע"ב). גאולת עם ישראל יכולה להתרחש רק בארץ ישראל. צור ישראל נמצא בכל מקום על פני תבל. מכאן שהמילים "צור ישראל" ראויות להופיע בכל מקום, וחיבורן למילה "גואלנו" תקף ובעל משמעות רק בארץ ישראל.

ברך את מדינת ישראל

הצירוף הלשוני "מדינת ישראל" איננו מצוי בתנ"ך כולו. הצירופים הלשוניים הקיימים הם "ארץ ישראל", "אדמת ישראל". לדעת הרב מ"צ נריה, הראשון אשר השתמש בצירוף "מדינת ישראל" הוא הראי"ה קוק, אשר טבע מטבע לשון זו. "מדינה שהיא ביסודה אידיאלית, שחקוק בהווייתה התוכן האידיאלי היותר עליון, ומדינה זו היא מדינתנו 'מדינת ישראל' יסוד כסא ה' בעולם" (אורות הקודש, ג). השימוש בצירוף הלשוני "מדינת ישראל" יוצר קשר בין מגילת העצמאות, שם הוא מופיע שש פעמים, לבין התפילה לשלום המדינה: קשר בין הממד ההיסטורי והממד הרוחני.

ראשית צמיחת גאולתנו (ישעיהו סא, יא; סנהדרין צח ע"א)

מחבר הביטוי "ראשית צמיחת גאולתנו" הוא, על פי עדותו, הרב הרצוג. למה התכוון? מדוע ראשית? וכיצד מוגדרת ראשית? כיצד מתרחשת צמיחת הגאולה, ומהי הגאולה? ויותר מכל,

הָגֵן עָלֶיהָ בְּאֶבְרַת חַסְדֶּךָ וּפְרֹשׂ עָלֶיהָ סֻכַּת שְׁלוֹמֶךָ וּשְׁלַח אוֹרְךָ וַאֲמִתְּךָ לְרָאשֶׁיהָ, שָׂרֶיהָ וְיוֹעֲצֶיהָ וְתַקְּנֵם בְּעֵצָה טוֹבָה מִלְּפָנֶיךָ.

אם חפץ ה׳ לגאול את ישראל גאולה שלמה, מדוע כרוך מהלך זה בייסורים רבים זמן רב כל כך? היד ה׳ תקצר מלעשות זאת מיד?

התשובה לשאלות אלה מצויה במהות הגאולה. אילו הייתה הגאולה באה רק מידי כוח עליון, בלי שותפות אנושית מצדנו, היינו מקבלים אותה בבחינת ״נהמא דכיסופא״ (ביטוי המופיע ב׳מגיד מישרים׳ לר׳ יוסף קארו) = לחם של חסד, שלא עמלנו ולא יגענו בו. הגאולה הייתה משהו חיצוני ולא פנימי משלנו. כעת, כשאנו שותפים במהלך הגאולה, הרי היא יקרה לנו כפל כפליים, כיוון שטרחנו על השגתה ביגיע כפינו ובמסירות נפשנו.

מכאן למושג השני ״קמעא קמעא״, הלקוח מדברי התלמוד הירושלמי (יומא פ״ג ה״ב): ״רבי חייא רובא [הגדול] ורבי שמעון בר חלפתא הוו מהלכין בהדא בבקעת ארבל בקריצתא [בעלות השחר]. ראו איילת השחר שבקע אורה. אמר רבי חייא רובא לרבי שמעון בר חלפתא: בירבי! כך היא גאולתן של ישראל, בתחילה קמעא קמעא, כל מה שהיא הולכת, היא הולכת ומאירה״.

משמע, שדרך הגאולה מלכתחילה ולא רק בדיעבד, היא כמהלך האור העולה ״קמעא קמעא״. כלום אין הקב״ה יכול להביא את הגאולה בבת אחת? התשובה היא חד־משמעית. ודאי שיכול, אלא שמהלך הגאולה דורש הסתגלות והשתתפות, כשם שאדם היוצא מחושך לאור צריך זמן הסתגלות מפני הסנוור, כך אי־אפשר לצאת מאפלת הגלות לאור הגאולה בלא תהליך הסתגלות.

הגן עליה באברת חסדך ופרוש עליה סוכת שלומך

בקשת ההגנה מורכבת משני חלקים. הביטוי ״באברת חסדך״ הוא מקורי ומופיע לראשונה בתפילה. אברה היא כנף של עוף, הנוצות הגדולות. הקב״ה שומר על עם ישראל היום, כפי ששמר עליו בדרך הקשה במדבר סיני: ״כנשר יעיר קנו על גוזליו ירחף״ (דברים לב, יא) — שלב ראשון שמירה היקפית ממעל; ״יפרוש כנפיו יקחהו״ — אם יחוש שגוזליו בסכנה, ייקחם אליו; ״ישאהו על אברתו״ — יישא אותם על כנפיו, מוגנים מפני כל סכנה. המילה ״חסדך״ נגזרת משורש חס״ד. מעשה ה׳ נעשה מטוב לב, גודל החסד האלהי נעשה גם אם אין המתפללים זכאים לו.

החלק השני של בקשת ההגנה:

״ופרוש עליה סוכת שלומך״ פירש בעל ׳עץ יוסף׳ (נדפס בסידור ׳אוצר התפילות׳) בפירושו לברכת ״השכיבנו״, שברכת ההגנה אינה ברכה למצב יציב, אלא היא יסוד לגאולה.

שלח אורך ואמתך לראשיה שריה ויועציה

הקב״ה ידריך את השלטון בדרך ישרה ונכונה לעשות את כל הדרוש כדי להגשים את היעדים האחרים הנזכרים בתפילה.

״אמתך״ – האמת שלך.

מקור מוקדם לצירוף ״ראשיה שריה ויועציה״ הוא בתפילת ״ריבונו של עולם״, הנאמרת בעת הוצאת ספר התורה בראש השנה וביום הכיפורים. תפילה זו מופיעה לראשונה ב׳שערי ציון׳, ספר ליטורגיה קבלית, לר׳ נתן נטע הנובר מאמצע המאה השבע־עשרה. במקור כתוב:

חַזֵּק אֶת יְדֵי מְגִנֵּי אֶרֶץ קָדְשֵׁנוּ
וְהַנְחִילֵם אֱלֹהֵינוּ יְשׁוּעָה וַעֲטֶרֶת נִצָּחוֹן תְּעַטְּרֵם
וְנָתַתָּ שָׁלוֹם בָּאָרֶץ וְשִׂמְחַת עוֹלָם לְיוֹשְׁבֶיהָ.

וְאֶת אַחֵינוּ כָּל בֵּית יִשְׂרָאֵל
פְּקָד נָא בְּכָל אַרְצוֹת פְּזוּרֵיהֶם
וְתוֹלִיכֵם מְהֵרָה קוֹמְמִיּוּת לְצִיּוֹן עִירֶךָ וְלִירוּשָׁלַיִם מִשְׁכַּן שְׁמֶךָ

"ותן בלב מלכות ויועציו ושריו עלינו לטובה". היו ששינו, "ותן לב המלכות ויועציה ושריה עלינו לטובה", או שינוי בן הזמן, "ותן בלב שרינו ויועציהם עלינו לטובה".

ותקנם בעצה טובה מלפניך

הפיסקה הראשונה בתפילה מסתיימת בבקשה מהקב"ה לתת למנהיגי האומה עצה טובה ומתוקנת, שתהא ראויה גם מלפניו, כי "רבות מחשבות בלב איש ועצת ה' היא תקום" (משלי יט, כא). ומהי העצה הנחוצה כל כך? המחשבה הא־להית על סדרי הופעתה של הגאולה, שתתקיים רק בכוחו של "צור ישראל וגואלו" המחולל את "ראשית צמיחת גאולתנו".

חזק ידי מגני ארץ קדשנו — ושמחת עולם ליושביה

בפסקה השנייה של התפילה נכללות שלוש בקשות לברכה. האחת, שהיא שלוש, עניינה הגנה וביטחון כראוי לימים שבהם נכתבה התפילה: "חזק ידי מגני ארץ קדשנו, והנחילם א־להינו ישועה ועטרת ניצחון תעטרם". הבקשה השנייה לברכה: "ונתת שלום בארץ". הבקשה השלישית לברכה: "ושמחת עולם ליושביה".

התגשמותן של שלוש הבקשות הראשונות ומילואן הן בהשגת השלום, כפי שנאמר בתפילה "ונתת שלום בארץ" (ויקרא כו, ג-ד). וכיצד יתבטא השלום? "ושכבתם ואין מחריד...וחרב לא תעבור בארצכם". ברכת השלום באה בעקבות פועלם של "מגני ארץ קדשנו" ובזכותה חרב לא תעבור בארץ. אם יתעצמו ויתחזקו המגנים ויושג השלום, תגיע השמחה המנחמת מעולה של גלות, ותהא משותפת לכל תושבי הארץ "ושמחת עולם ליושביה".

אחינו כל בית ישראל

תוכן הקטע האחרון תואם מאוד את הנאמר בתפילה לאחר קריאת התורה בימים שאומרים בהם תחנון, "אחינו כל בית ישראל, הנתונים בצרה ובשביה, העומדים בין בים ובין ביבשה ובין באוויר, המקום ירחם עליהם ויוציאם מצרה לרווחה, ומאפלה לאורה, ומשעבוד לגאולה". קטע זה מבטא את השגחת ה' על פזורי ישראל בכל מקום. הקטע בתפילה נותן ביטוי לשלב הבא במילים דומות: לעורר את יהודי התפוצות ולהביאם לעלות לארץ ישראל. למנהג האשכנזים, אין אומרים תחינה זו בימים שאין אומרים בהם תחנון, ולכן גם אם יום העצמאות חל ביום ה' אין אומרים אותו.

ותוליכם מהרה קוממיות לציון עירך ולירושלים משכן שמך

מקורו של משפט זה בברכת אהבה, שלפני קריאת שמע של שחרית. שם נאמר "ותוליכנו

כַּכָּתוּב בְּתוֹרַת מֹשֶׁה עַבְדֶּךָ:
דברים ל אִם־יִהְיֶה נִדַּחֲךָ בִּקְצֵה הַשָּׁמָיִם
מִשָּׁם יְקַבֶּצְךָ יהוה אֱלֹהֶיךָ וּמִשָּׁם יִקָּחֶךָ:
וֶהֱבִיאֲךָ יהוה אֱלֹהֶיךָ אֶל־הָאָרֶץ אֲשֶׁר־יָרְשׁוּ אֲבֹתֶיךָ וִירִשְׁתָּהּ
וְהֵיטִבְךָ וְהִרְבְּךָ מֵאֲבֹתֶיךָ:
וּמָל יהוה אֱלֹהֶיךָ אֶת־לְבָבְךָ וְאֶת־לְבַב זַרְעֶךָ
לְאַהֲבָה אֶת־יהוה אֱלֹהֶיךָ בְּכָל־לְבָבְךָ וּבְכָל־נַפְשְׁךָ
לְמַעַן חַיֶּיךָ:

וְיַחֵד לְבָבֵנוּ לְאַהֲבָה וּלְיִרְאָה אֶת שְׁמֶךָ
וְלִשְׁמֹר אֶת כָּל דִּבְרֵי תוֹרָתֶךָ

קוממיות לארצנו". מקורו של הביטוי "לציון עירך ולירושלים משכן שמך" בברכת המזון, שם נאמר: "על ירושלים עירך ועל ציון משכן כבודך".

בתנ"ך למילה 'ציון' שלוש משמעויות: 'ציון' היא ארץ ישראל, ירושלים ובית המקדש. המושג 'ציון' מבטא את המרחב הגדול ביותר בארץ ישראל מחד גיסא, ואת המרחב המקודש ביותר מאידך גיסא.

קוממיות היא שם עצם, המשמש תואר הפועל והנזכר פעם אחת בלבד במקרא, בחומש ויקרא (כו, יג): "ואולך אתכם קוממיות". ופירש רש"י – "בקומה זקופה", כי כל זמן שעול כבד מוטל על אדם הוא הולך בקומה כפופה, אבל כאשר מסירים ממנו העול הוא יכול להזדקף וללכת ישר ככל אדם (ראו יחזקאל לד, כז).

"ולירושלים משכן שמך", הביטוי "משכן שמך" אינו מוכר ממקורות אחרים והוא שאוב מנוסח תפילת מוסף לראש חודש: "והביאנו לציון עירך ברינה ולירושלים בית מקדשך בשמחת עולם".

אם יהיה נדחך – והטיבך והרבך מאבֹתיך

פסוקים אלה לקוחים מפרק ל בחומש דברים, שבו מתאר משה לבני ישראל במה תהא ישועתם בבואם להיגאל מן הגלות. השלב הראשון בתהליך הגאולה הוא קיבוץ גלויות והתכנסותם של ישראל, השלב השני, התיישבות בארץ ישראל. מעצם שילובם של פסוקים אלה בתפילה, אפשר ללמוד על יסודות התפילה לשלום המדינה. אין זו תפילה לשלום השלטון, כפי שהייתה תפילת "הנותן תשועה", אלא תפילה על הגאולה השזורה כחוט השני בתוכן הנוסח כולו, ואשר תתרחש בארץ ישראל.

ויחד לבבנו לאהבה וליראה את שמך ולשמור כל דברי תורתך

משפט זה בתפילה לקוח מהברכה השנייה שלפני קריאת שמע בתפילת שחרית, "אהבה רבה" ("אהבת עולם" למנהג ספרד והספרדים). נושאה הכללי של תפילה זו הוא בקשה על

וּשְׁלַח לָנוּ מְהֵרָה בֶּן דָּוִד מְשִׁיחַ צִדְקֶךָ
לִפְדּוֹת מְחַכֵּי קֵץ יְשׁוּעָתֶךָ.
וְהוֹפַע בַּהֲדַר גְּאוֹן עֻזֶּךָ עַל כָּל יוֹשְׁבֵי תֵּבֵל אַרְצֶךָ
וְיֹאמַר כֹּל אֲשֶׁר נְשָׁמָה בְאַפּוֹ
יהוה אֱלֹהֵי יִשְׂרָאֵל מֶלֶךְ וּמַלְכוּתוֹ בַּכֹּל מָשָׁלָה
אָמֵן סֶלָה.

קיומו הרוחני של עם ישראל. קיום זה מותנה בקיומה של אהבה הדדית בין ה׳ לישראל. מכאן שלפנינו שתי אהבות בתפילה אחת: אהבת ה׳ לישראל ואהבת ישראל לה׳.

תפילת "אהבה רבה" היא תפילת העם, הפונה אל ה׳ לזכות בחסדו. כזו היא גם התפילה לשלום המדינה, שהגשמת המשאלות הנאמרות בה תיצור את תעודת הזהות הייחודית של המדינה היהודית.

ושלח לנו מהרה בן דוד משיח צדקך

האמונה היהודית מכירה בשתי דמויות של משיח: משיח בן יוסף ומשיח בן דוד. משיח בן יוסף עוסק בבניין הארץ ובהשבת המלכות והריבונות לעם ישראל בארצו. עם ישראל זקוק לכל מערכותיה של מדינה מתוקנת — מערכת שלטונית, מערכת מחוקקת, מערכת שופטת, משטרה ומוסדות מינהל לניהול החברה. על אלה ועל רבות אחרות עמל משיח בן יוסף. המושג משיח בן יוסף הוא כינוי סמלי־כללי למנהיג ולתקופה שבה נבנה עם ישראל בעיקר מבחינה חומרית. נוסח התפילה שנאמר עד משפט זה, הוא בעיקרו תיאור ההתרחשות בימיו של משיח בן יוסף.

משיח בן דוד מופיע רק כאשר תמה פעולתו של משיח בן יוסף. שילובו של משפט זה בקטע האחרון בא לומר, כי עיקר פעולותיו של משיח בן דוד מתכוונות אל העולם הא־להי, שהוא היסוד הרוחני של הממלכה או השלטון היהודי. דמותו של משיח בן דוד מתוארת על ידי הנביא ישעיהו (יא, א-י): "ויצא חוטר מגזע ישי ונצר משרשיו יפרה. ונחה עליו רוח ה׳, רוח חכמה ובינה, רוח עצה וגבורה, רוח דעת ויראת ה׳". משיח בן דוד הוא חלק מעולם הגאולה ואחרית הימים ובכך הוא מתקשר לאופייה של המדינה היהודית, שהיא "ראשית צמיחת ישועתנו", אך הישועה המוחלטת והמלאה תוכל לבוא ולהתגשם רק כאשר משיח בן יוסף ישלים את ייעודו ומשיח בן דוד יופיע. ומכאן אפשר להבין גם את השימוש במילה "צמיחת", כמו בתפילה "את צמח דוד עבדך". השימוש במושג "צמח" בא לתאר את טיבו של משיח בן דוד, שאינו מופיע לפתע פתאום וגואל את עמו, אלא ׳צומח׳ בתהליך אִטי וארוך. בתהליך זה נגאל עם ישראל גאולה רוחנית והתהליך כולו זוכה לכינוי ׳תקופת המשיח׳.

לפדות מחכי קץ ישועתך
והופע בהדר גאון עוזך — ומלכותו בכל משלה

קטע זה, הלקוח מתפילת מלכויות שבמוסף של ראש השנה, הוא אוסף של פסוקים מן התורה ומן הנביאים העוסקים במלכות ה׳ ובכך שא־להי ישראל יתקבל על יושבי תבל כולם.

מי שברך לחיילי צה״ל

מִי שֶׁבֵּרַךְ אֲבוֹתֵינוּ אַבְרָהָם יִצְחָק וְיַעֲקֹב הוּא יְבָרֵךְ אֶת חַיָּלֵי צְבָא
הַהֲגָנָה לְיִשְׂרָאֵל וְאַנְשֵׁי כֹּחוֹת הַבִּטָּחוֹן, הָעוֹמְדִים עַל מִשְׁמַר אַרְצֵנוּ
וְעָרֵי אֱלֹהֵינוּ, מִגְּבוּל הַלְּבָנוֹן וְעַד מִדְבַּר מִצְרַיִם וּמִן הַיָּם הַגָּדוֹל עַד לְבוֹא
הָעֲרָבָה וּבְכָל מָקוֹם שֶׁהֵם, בַּיַּבָּשָׁה, בָּאֲוִיר וּבַיָּם. יִתֵּן יהוה אֶת אוֹיְבֵינוּ
הַקָּמִים עָלֵינוּ נִגָּפִים לִפְנֵיהֶם. הַקָּדוֹשׁ בָּרוּךְ הוּא יִשְׁמֹר וְיַצִּיל אֶת חַיָּלֵינוּ
מִכָּל צָרָה וְצוּקָה וּמִכָּל נֶגַע וּמַחֲלָה, וְיִשְׁלַח בְּרָכָה וְהַצְלָחָה בְּכָל מַעֲשֵׂי
יְדֵיהֶם. יַדְבֵּר שׂוֹנְאֵינוּ תַּחְתֵּיהֶם וִיעַטְּרֵם בְּכֶתֶר יְשׁוּעָה וּבַעֲטֶרֶת נִצָּחוֹן.
דברים כ וִיקֻיַּם בָּהֶם הַכָּתוּב: כִּי יהוה אֱלֹהֵיכֶם הַהֹלֵךְ עִמָּכֶם לְהִלָּחֵם לָכֶם עִם־
אֹיְבֵיכֶם לְהוֹשִׁיעַ אֶתְכֶם: וְנֹאמַר אָמֵן.

מי שברך לשבויים ולנעדרים

מִי שֶׁבֵּרַךְ אֲבוֹתֵינוּ אַבְרָהָם יִצְחָק וְיַעֲקֹב, יוֹסֵף מֹשֶׁה וְאַהֲרֹן, דָּוִד
וּשְׁלֹמֹה, הוּא יְבָרֵךְ וְיִשְׁמֹר וְיִנְצֹר אֶת נֶעְדְּרֵי צְבָא הַהֲגָנָה לְיִשְׂרָאֵל
וּשְׁבוּיָו, וְאֶת כָּל אַחֵינוּ הַנְּתוּנִים בְּצָרָה וּבְשִׁבְיָה, בַּעֲבוּר שֶׁכָּל הַקָּהָל
הַקָּדוֹשׁ הַזֶּה מִתְפַּלֵּל בַּעֲבוּרָם. הַקָּדוֹשׁ בָּרוּךְ הוּא יִמָּלֵא רַחֲמִים עֲלֵיהֶם,
וְיוֹצִיאֵם מֵחֹשֶׁךְ וְצַלְמָוֶת, וּמוֹסְרוֹתֵיהֶם יְנַתֵּק, וּמִמְּצוּקוֹתֵיהֶם יוֹשִׁיעֵם,
תהלים קז וִישִׁיבֵם מְהֵרָה לְחֵיק מִשְׁפְּחוֹתֵיהֶם. יוֹדוּ לַיהוה חַסְדּוֹ וְנִפְלְאוֹתָיו לִבְנֵי
ישעיה לה אָדָם: וִיקֻיַּם בָּהֶם מִקְרָא שֶׁכָּתוּב: וּפְדוּיֵי יהוה יְשֻׁבוּן, וּבָאוּ צִיּוֹן בְּרִנָּה,
וְשִׂמְחַת עוֹלָם עַל־רֹאשָׁם, שָׂשׂוֹן וְשִׂמְחָה יַשִּׂיגוּ, וְנָסוּ יָגוֹן וַאֲנָחָה:
וְנֹאמַר אָמֵן.

אתחלתא דגאולה

״דעת תורה — דבר רבני ישראל אל עם ה׳ בציון ׳נודה לה׳ על שזכינו ברוב רחמיו וחסדיו לראות את הניצנים הראשונים של האתחלתא דגאולה, עם הקמתה של מדינת ישראל.

מאת ה׳ הייתה זאת להראות לנו כי הגיעה שעת רצון המחייבת אותנו לבוא לעזרת ה׳ בגיבורים. כדי שארצנו ומדינתנו תיבנה ותיכונן על טהרת הקודש. תורת ישראל חוקותיה ומשפטיה שניתנו לנו בסיני, הם שעמדו לנו בגלותנו והם שיעמדו לנו לקיים את מדינת ישראל והתמדתה. ומחובתנו על כן לשמור עליהם ביתר שאת בהליכות חיינו בארצנו הקדושה ונזכה להשכנת שכינת ה׳ במדינת ישראל ולביאת משיח צדקנו במהרה בימינו״.

(כרוז שחתמו עליו מאתיים רבנים, המזרחי, הפועל המזרחי, אגודת ישראל לקראת הבחירות לכנסת הראשונה, תש״ט, על פי מ״מ כשר ׳התקופה הגדולה׳, עמ׳ שעד-שעו)

תפילת יזכור לחללי צה״ל והמחתרות

יִזְכֹּר אֱלֹהִים אֶת נִשְׁמוֹת חַיָּלֵי צְבָא הַהֲגָנָה לְיִשְׂרָאֵל וְנִשְׁמוֹת לוֹחֲמֵי הַמַּחְתָּרוֹת, שֶׁמָּסְרוּ נַפְשָׁם עַל קְדֻשַּׁת הַשֵּׁם, הָעָם וְהָאָרֶץ, וְנָפְלוּ בְּמִלְחֲמוֹת יִשְׂרָאֵל לְשִׁחְרוּר אַרְצֵנוּ הַקְּדוֹשָׁה, וּבְעֶזְרַת יהוה צְבָאוֹת אֱלֹהֵי מַעַרְכוֹת יִשְׂרָאֵל הֵבִיאוּ לִתְקוּמַת הַמְּדִינָה, לִגְאֻלַּת הָעָם וְהָאָרֶץ וִירוּשָׁלַיִם עִיר הַקֹּדֶשׁ. מִנְּשָׁרִים קַלּוּ וּמֵאֲרָיוֹת גָּבֵרוּ, בְּהֵחָלְצָם לְעֶזְרַת הָעָם בַּגִּבּוֹרִים וּבְהַנְחִילָם נִצָּחוֹן עוֹלָם לְיִשְׂרָאֵל. זֵכֶר עֲקֵדָתָם וּמַעֲשֵׂי גְּבוּרָתָם לֹא יָסוּפוּ מֵאִתָּנוּ לְעוֹלָמִים. תִּהְיֶינָה נִשְׁמוֹתֵיהֶם צְרוּרוֹת בִּצְרוֹר הַחַיִּים עִם נִשְׁמוֹת אַבְרָהָם, יִצְחָק וְיַעֲקֹב, וְעִם נִשְׁמוֹת שְׁאָר גִּבּוֹרֵי יִשְׂרָאֵל וּקְדוֹשָׁיו שֶׁבְּגַן עֵדֶן, וְנֹאמַר אָמֵן.

אזכרה לקדושי השואה

אֵל מָלֵא רַחֲמִים שׁוֹכֵן בַּמְּרוֹמִים, הַמְצֵא מְנוּחָה נְכוֹנָה תַּחַת כַּנְפֵי הַשְּׁכִינָה בְּמַעֲלוֹת קְדוֹשִׁים וּטְהוֹרִים, כְּזֹהַר הָרָקִיעַ מַזְהִירִים, אֶת כָּל הַנְּשָׁמוֹת שֶׁל שֵׁשֶׁת מִלְיוֹנֵי הַיְּהוּדִים חַלְלֵי הַשּׁוֹאָה בְּאֵירוֹפָּה, שֶׁנֶּהֶרְגוּ, שֶׁנִּשְׁחֲטוּ, שֶׁנִּשְׂרְפוּ וְשֶׁנִּסְפּוּ עַל קִדּוּשׁ הַשֵּׁם, בִּידֵי הַמְרַצְּחִים הַגֶּרְמָנִים וְעוֹזְרֵיהֶם מִשְּׁאָר הָעַמִּים, בַּעֲבוּר שֶׁכָּל הַקָּהָל מִתְפַּלֵּל לְעִלּוּי נִשְׁמוֹתֵיהֶם. לָכֵן בַּעַל הָרַחֲמִים יַסְתִּירֵם בְּסֵתֶר כְּנָפָיו לְעוֹלָמִים וְיִצְרֹר בִּצְרוֹר הַחַיִּים אֶת נִשְׁמוֹתֵיהֶם, יהוה הוּא נַחֲלָתָם, בְּגַן עֵדֶן תְּהֵא מְנוּחָתָם, וְיָנוּחוּ בְשָׁלוֹם עַל מִשְׁכְּבוֹתֵיהֶם, וְיַעַמְדוּ לְגוֹרָלָם לְקֵץ הַיָּמִין, וְנֹאמַר אָמֵן.

הקדושה במדינת ישראל

״לשם מה נחוצים הייסורים המלווים את מדינת ישראל מאז הקמתה? התשובה היא שבמדינת ישראל יש קדושה, והקדושה אינה יכולה להתקיים מבלי שהאדם יהיה שותף לקב״ה. הדגם לשותפות כזאת הוא מצוות מילה, שהנביא התייחס אליה במילים ׳בדמיך חיי׳ (יחזקאל טז, ו). הדם והייסורים הם הערובה להמשך קיומה של מדינת ישראל״.

(רי״ד סולובייצ׳יק, ׳מועדי הרב׳, הרב שלמה זלמן פיק (עורך), אוניברסיטת בר אילן, תשס״ג, עמ׳ 391-861)

״עוד בטרם עלו עשבים על תלי העפר של קברות רבבות אחינו, קהילות ישראל אשר הושמדו בידי הצוררים והנה קם ונהיה הפלא, כשמבירא עמיקתא עלינו לאיגרא רמה, ממשוללי זכויות, מנרדפים עד צוואר, הפכנו להיות עם חופשי ככל העמים, עם דגל משלו, המתנוסס ברמה בין דגלי אומות העולם, עם ארץ משלו — ארצנו העתיקה המחדשת כנשר נעוריה״.

(הרב שאול ישראלי, זה היום עשה ה׳, ברקאי ב, תשמ״ה)

הכנסת ספר תורה

פותחים את ארון הקודש.
שליח הציבור לוקח את ספר התורה בימינו ואומר:

תהלים קמח **יְהַלְלוּ אֶת־שֵׁם יהוה, כִּי־נִשְׂגָּב שְׁמוֹ, לְבַדּוֹ**

הקהל עונה:

הוֹדוֹ עַל־אֶרֶץ וְשָׁמָיִם:
וַיָּרֶם קֶרֶן לְעַמּוֹ, תְּהִלָּה לְכָל־חֲסִידָיו
לִבְנֵי יִשְׂרָאֵל עַם קְרֹבוֹ, הַלְלוּיָהּ:

מלווים את ספר התורה לארון הקודש באמירת:

תהלים כד **לְדָוִד מִזְמוֹר, לַיהוה הָאָרֶץ וּמְלוֹאָהּ, תֵּבֵל וְיֹשְׁבֵי בָהּ: כִּי־הוּא עַל־יַמִּים**
יְסָדָהּ, וְעַל־נְהָרוֹת יְכוֹנְנֶהָ: מִי־יַעֲלֶה בְהַר־יהוה, וּמִי־יָקוּם בִּמְקוֹם
קָדְשׁוֹ: נְקִי כַפַּיִם וּבַר־לֵבָב, אֲשֶׁר לֹא־נָשָׂא לַשָּׁוְא נַפְשִׁי וְלֹא נִשְׁבַּע
לְמִרְמָה: יִשָּׂא בְרָכָה מֵאֵת יהוה, וּצְדָקָה מֵאֱלֹהֵי יִשְׁעוֹ: זֶה דּוֹר דֹּרְשָׁו,
מְבַקְשֵׁי פָנֶיךָ, יַעֲקֹב, סֶלָה: שְׂאוּ שְׁעָרִים רָאשֵׁיכֶם, וְהִנָּשְׂאוּ פִּתְחֵי עוֹלָם,
וְיָבוֹא מֶלֶךְ הַכָּבוֹד: מִי זֶה מֶלֶךְ הַכָּבוֹד, יהוה עִזּוּז וְגִבּוֹר, יהוה גִּבּוֹר
מִלְחָמָה: שְׂאוּ שְׁעָרִים רָאשֵׁיכֶם, וּשְׂאוּ פִּתְחֵי עוֹלָם, וְיָבֹא מֶלֶךְ הַכָּבוֹד:
מִי הוּא זֶה מֶלֶךְ הַכָּבוֹד, יהוה צְבָאוֹת הוּא מֶלֶךְ הַכָּבוֹד, סֶלָה:

מכניסים את ספר התורה לארון הקודש ואומרים:

במדבר י **וּבְנֻחֹה יֹאמַר, שׁוּבָה יהוה רִבְבוֹת אַלְפֵי יִשְׂרָאֵל:**
תהלים קלב **קוּמָה יהוה לִמְנוּחָתֶךָ, אַתָּה וַאֲרוֹן עֻזֶּךָ:**
כֹּהֲנֶיךָ יִלְבְּשׁוּ־צֶדֶק, וַחֲסִידֶיךָ יְרַנֵּנוּ:
בַּעֲבוּר דָּוִד עַבְדֶּךָ אַל־תָּשֵׁב פְּנֵי מְשִׁיחֶךָ:
משלי ד **כִּי לֶקַח טוֹב נָתַתִּי לָכֶם, תּוֹרָתִי אַל־תַּעֲזֹבוּ:**
משלי ג ◂ **עֵץ־חַיִּים הִיא לַמַּחֲזִיקִים בָּהּ, וְתֹמְכֶיהָ מְאֻשָּׁר:**
דְּרָכֶיהָ דַרְכֵי־נֹעַם וְכָל־נְתִיבוֹתֶיהָ שָׁלוֹם:
איכה ה **הֲשִׁיבֵנוּ יהוה אֵלֶיךָ וְנָשׁוּבָה, חַדֵּשׁ יָמֵינוּ כְּקֶדֶם:**

סוגרים את ארון הקודש.

סיום התפילה

יש הנוהגים למשמש בתפילין של יד במקום המסומן ב°, ובתפילין של ראש במקום המסומן ב°°.

אַשְׁרֵי יוֹשְׁבֵי בֵיתֶךָ, עוֹד יְהַלְלוּךָ סֶּלָה: תהלים פד

אַשְׁרֵי הָעָם שֶׁכָּכָה לּוֹ, אַשְׁרֵי הָעָם שֶׁיהוה אֱלֹהָיו: תהלים קמד

תְּהִלָּה לְדָוִד תהלים קמה

אֲרוֹמִמְךָ אֱלוֹהַי הַמֶּלֶךְ, וַאֲבָרְכָה שִׁמְךָ לְעוֹלָם וָעֶד:
בְּכָל־יוֹם אֲבָרְכֶךָּ, וַאֲהַלְלָה שִׁמְךָ לְעוֹלָם וָעֶד:
גָּדוֹל יהוה וּמְהֻלָּל מְאֹד, וְלִגְדֻלָּתוֹ אֵין חֵקֶר:
דּוֹר לְדוֹר יְשַׁבַּח מַעֲשֶׂיךָ, וּגְבוּרֹתֶיךָ יַגִּידוּ:
הֲדַר כְּבוֹד הוֹדֶךָ, וְדִבְרֵי נִפְלְאֹתֶיךָ אָשִׂיחָה:
וֶעֱזוּז נוֹרְאֹתֶיךָ יֹאמֵרוּ, וּגְדוּלָּתְךָ אֲסַפְּרֶנָּה:
זֵכֶר רַב־טוּבְךָ יַבִּיעוּ, וְצִדְקָתְךָ יְרַנֵּנוּ:
חַנּוּן וְרַחוּם יהוה, אֶרֶךְ אַפַּיִם וּגְדָל־חָסֶד:
טוֹב־יהוה לַכֹּל, וְרַחֲמָיו עַל־כָּל־מַעֲשָׂיו:
יוֹדוּךָ יהוה כָּל־מַעֲשֶׂיךָ, וַחֲסִידֶיךָ יְבָרְכוּכָה:
כְּבוֹד מַלְכוּתְךָ יֹאמֵרוּ, וּגְבוּרָתְךָ יְדַבֵּרוּ:
לְהוֹדִיעַ לִבְנֵי הָאָדָם גְּבוּרֹתָיו, וּכְבוֹד הֲדַר מַלְכוּתוֹ:
מַלְכוּתְךָ מַלְכוּת כָּל־עֹלָמִים, וּמֶמְשַׁלְתְּךָ בְּכָל־דּוֹר וָדֹר:
סוֹמֵךְ יהוה לְכָל־הַנֹּפְלִים, וְזוֹקֵף לְכָל־הַכְּפוּפִים:
עֵינֵי־כֹל אֵלֶיךָ יְשַׂבֵּרוּ, וְאַתָּה נוֹתֵן־לָהֶם אֶת־אָכְלָם בְּעִתּוֹ:
°פּוֹתֵחַ אֶת־יָדֶךָ, °°וּמַשְׂבִּיעַ לְכָל־חַי רָצוֹן:
צַדִּיק יהוה בְּכָל־דְּרָכָיו, וְחָסִיד בְּכָל־מַעֲשָׂיו:
קָרוֹב יהוה לְכָל־קֹרְאָיו, לְכֹל אֲשֶׁר יִקְרָאֻהוּ בֶאֱמֶת:
רְצוֹן־יְרֵאָיו יַעֲשֶׂה, וְאֶת־שַׁוְעָתָם יִשְׁמַע, וְיוֹשִׁיעֵם:
שׁוֹמֵר יהוה אֶת־כָּל־אֹהֲבָיו, וְאֵת כָּל־הָרְשָׁעִים יַשְׁמִיד:
◂ תְּהִלַּת יהוה יְדַבֶּר פִּי, וִיבָרֵךְ כָּל־בָּשָׂר שֵׁם קָדְשׁוֹ לְעוֹלָם וָעֶד:
וַאֲנַחְנוּ נְבָרֵךְ יָהּ מֵעַתָּה וְעַד־עוֹלָם, הַלְלוּיָהּ: תהלים קטו

ישעיה נט וּבָא לְצִיּוֹן גּוֹאֵל, וּלְשָׁבֵי פֶשַׁע בְּיַעֲקֹב, נְאֻם יהוה:
וַאֲנִי זֹאת בְּרִיתִי אוֹתָם, אָמַר יהוה, רוּחִי אֲשֶׁר עָלֶיךָ וּדְבָרַי אֲשֶׁר־
שַׂמְתִּי בְּפִיךָ, לֹא־יָמוּשׁוּ מִפִּיךָ וּמִפִּי זַרְעֲךָ וּמִפִּי זֶרַע זַרְעֲךָ, אָמַר יהוה,
מֵעַתָּה וְעַד־עוֹלָם:

תהלים כב ◂ וְאַתָּה קָדוֹשׁ יוֹשֵׁב תְּהִלּוֹת יִשְׂרָאֵל: וְקָרָא זֶה אֶל־זֶה וְאָמַר ◂
ישעיה ו קָדוֹשׁ, קָדוֹשׁ, קָדוֹשׁ, יהוה צְבָאוֹת, מְלֹא כָל־הָאָרֶץ כְּבוֹדוֹ:
תרגום יונתן ישעיה ו וּמְקַבְּלִין דֵּין מִן דֵּין וְאָמְרִין, קַדִּישׁ בִּשְׁמֵי מְרוֹמָא עִלָּאָה בֵּית שְׁכִינְתֵּהּ, קַדִּישׁ
עַל אַרְעָא עוֹבַד גְּבוּרְתֵּהּ, קַדִּישׁ לְעָלַם וּלְעָלְמֵי עָלְמַיָּא, יהוה צְבָאוֹת, מַלְיָא
כָל אַרְעָא זִיו יְקָרֵהּ.

יחזקאל ג ◂ וַתִּשָּׂאֵנִי רוּחַ, וָאֶשְׁמַע אַחֲרַי קוֹל רַעַשׁ גָּדוֹל ◂
בָּרוּךְ כְּבוֹד־יהוה מִמְּקוֹמוֹ:
תרגום יונתן יחזקאל ג וּנְטָלַתְנִי רוּחָא, וּשְׁמָעִית בַּתְרַי קָל זִיעַ סַגִּיא, דִּמְשַׁבְּחִין וְאָמְרִין, בְּרִיךְ יְקָרָא
דַיהוה מֵאֲתַר בֵּית שְׁכִינְתֵּהּ.

שמות טו יהוה יִמְלֹךְ לְעֹלָם וָעֶד:
תרגום אונקלוס שמות טו יהוה מַלְכוּתֵהּ קָאֵם לְעָלַם וּלְעָלְמֵי עָלְמַיָּא.

דברי הימים א׳ כט יהוה אֱלֹהֵי אַבְרָהָם יִצְחָק וְיִשְׂרָאֵל אֲבֹתֵינוּ, שָׁמְרָה־זֹּאת לְעוֹלָם לְיֵצֶר
תהלים עח מַחְשְׁבוֹת לְבַב עַמֶּךָ, וְהָכֵן לְבָבָם אֵלֶיךָ: וְהוּא רַחוּם יְכַפֵּר עָוֹן וְלֹא־
תהלים פו יַשְׁחִית, וְהִרְבָּה לְהָשִׁיב אַפּוֹ, וְלֹא־יָעִיר כָּל־חֲמָתוֹ: כִּי־אַתָּה אֲדֹנָי טוֹב
תהלים קיט וְסַלָּח, וְרַב־חֶסֶד לְכָל־קֹרְאֶיךָ: צִדְקָתְךָ צֶדֶק לְעוֹלָם וְתוֹרָתְךָ אֱמֶת:
מיכה ז תִּתֵּן אֱמֶת לְיַעֲקֹב, חֶסֶד לְאַבְרָהָם, אֲשֶׁר־נִשְׁבַּעְתָּ לַאֲבֹתֵינוּ מִימֵי קֶדֶם:
תהלים סח בָּרוּךְ אֲדֹנָי יוֹם יוֹם יַעֲמָס־לָנוּ, הָאֵל יְשׁוּעָתֵנוּ סֶלָה: יהוה צְבָאוֹת עִמָּנוּ,
תהלים מו מִשְׂגָּב לָנוּ אֱלֹהֵי יַעֲקֹב סֶלָה: יהוה צְבָאוֹת, אַשְׁרֵי אָדָם בֹּטֵחַ בָּךְ: יהוה
תהלים פד
תהלים כ הוֹשִׁיעָה, הַמֶּלֶךְ יַעֲנֵנוּ בְיוֹם־קָרְאֵנוּ:

בָּרוּךְ הוּא אֱלֹהֵינוּ שֶׁבְּרָאָנוּ לִכְבוֹדוֹ, וְהִבְדִּילָנוּ מִן הַתּוֹעִים, וְנָתַן לָנוּ תּוֹרַת אֱמֶת, וְחַיֵּי עוֹלָם נָטַע בְּתוֹכֵנוּ. הוּא יִפְתַּח לִבֵּנוּ בְּתוֹרָתוֹ, וְיָשֵׂם בְּלִבֵּנוּ אַהֲבָתוֹ וְיִרְאָתוֹ וְלַעֲשׂוֹת רְצוֹנוֹ וּלְעָבְדוֹ בְּלֵבָב שָׁלֵם, לְמַעַן לֹא נִיגַע לָרִיק וְלֹא נֵלֵד לַבֶּהָלָה.

יְהִי רָצוֹן מִלְּפָנֶיךָ יהוה אֱלֹהֵינוּ וֵאלֹהֵי אֲבוֹתֵינוּ, שֶׁנִּשְׁמֹר חֻקֶּיךָ בָּעוֹלָם
הַזֶּה, וְנִזְכֶּה וְנִחְיֶה וְנִרְאֶה וְנִירַשׁ טוֹבָה וּבְרָכָה, לִשְׁנֵי יְמוֹת הַמָּשִׁיחַ וּלְחַיֵּי
הָעוֹלָם הַבָּא. לְמַעַן יְזַמֶּרְךָ כָבוֹד וְלֹא יִדֹּם, יהוה אֱלֹהַי, לְעוֹלָם אוֹדֶךָּ: תהלים ל
בָּרוּךְ הַגֶּבֶר אֲשֶׁר יִבְטַח בַּיהוה, וְהָיָה יהוה מִבְטַחוֹ: בִּטְחוּ בַיהוה עֲדֵי־ ירמיה יז ישעיה כו
עַד, כִּי בְּיָהּ יהוה צוּר עוֹלָמִים: › וְיִבְטְחוּ בְךָ יוֹדְעֵי שְׁמֶךָ, כִּי לֹא־עָזַבְתָּ תהלים ט
דֹרְשֶׁיךָ, יהוה: יהוה חָפֵץ לְמַעַן צִדְקוֹ, יַגְדִּיל תּוֹרָה וְיַאְדִּיר: ישעיה מב

קדיש שלם

ש״ץ: יִתְגַּדַּל וְיִתְקַדַּשׁ שְׁמֵהּ רַבָּא (קהל: אָמֵן)
בְּעָלְמָא דִּי בְרָא כִרְעוּתֵהּ
וְיַמְלִיךְ מַלְכוּתֵהּ, בְּחַיֵּיכוֹן וּבְיוֹמֵיכוֹן וּבְחַיֵּי דְכָל בֵּית יִשְׂרָאֵל
בַּעֲגָלָא וּבִזְמַן קָרִיב, וְאִמְרוּ אָמֵן. (קהל: אָמֵן)

קהל וש״ץ: יְהֵא שְׁמֵהּ רַבָּא מְבָרַךְ לְעָלַם וּלְעָלְמֵי עָלְמַיָּא.

ש״ץ: יִתְבָּרַךְ וְיִשְׁתַּבַּח וְיִתְפָּאַר וְיִתְרוֹמַם וְיִתְנַשֵּׂא
וְיִתְהַדָּר וְיִתְעַלֶּה וְיִתְהַלָּל
שְׁמֵהּ דְּקֻדְשָׁא בְּרִיךְ הוּא (קהל: בְּרִיךְ הוּא)
לְעֵלָּא מִן כָּל בִּרְכָתָא וְשִׁירָתָא
תֻּשְׁבְּחָתָא וְנֶחֱמָתָא
דַּאֲמִירָן בְּעָלְמָא, וְאִמְרוּ אָמֵן. (קהל: אָמֵן)

תִּתְקַבַּל צְלוֹתְהוֹן וּבָעוּתְהוֹן דְּכָל יִשְׂרָאֵל
קֳדָם אֲבוּהוֹן דִּי בִשְׁמַיָּא, וְאִמְרוּ אָמֵן. (קהל: אָמֵן)

יְהֵא שְׁלָמָא רַבָּא מִן שְׁמַיָּא
וְחַיִּים, עָלֵינוּ וְעַל כָּל יִשְׂרָאֵל, וְאִמְרוּ אָמֵן. (קהל: אָמֵן)

כורע ופוסע שלוש פסיעות לאחור. קד לשמאל, לימין ולפנים באמירת:

עֹשֶׂה שָׁלוֹם בִּמְרוֹמָיו
הוּא יַעֲשֶׂה שָׁלוֹם עָלֵינוּ וְעַל כָּל יִשְׂרָאֵל, וְאִמְרוּ אָמֵן. (קהל: אָמֵן)

164 סיום התפילה • שחרית ליום העצמאות

עומדים באמירת ׳עָלֵינוּ׳ ומשתחווים במקום המסומן ב־▾.

עָלֵינוּ לְשַׁבֵּחַ לַאֲדוֹן הַכֹּל, לָתֵת גְּדֻלָּה לְיוֹצֵר בְּרֵאשִׁית
שֶׁלֹּא עָשָׂנוּ כְּגוֹיֵי הָאֲרָצוֹת, וְלֹא שָׂמָנוּ כְּמִשְׁפְּחוֹת הָאֲדָמָה
שֶׁלֹּא שָׂם חֶלְקֵנוּ כָּהֶם וְגוֹרָלֵנוּ כְּכָל הֲמוֹנָם.
שֶׁהֵם מִשְׁתַּחֲוִים לְהֶבֶל וָרִיק וּמִתְפַּלְלִים אֶל אֵל לֹא יוֹשִׁיעַ.
▾וַאֲנַחְנוּ כּוֹרְעִים וּמִשְׁתַּחֲוִים וּמוֹדִים
לִפְנֵי מֶלֶךְ מַלְכֵי הַמְּלָכִים, הַקָּדוֹשׁ בָּרוּךְ הוּא
שֶׁהוּא נוֹטֶה שָׁמַיִם וְיוֹסֵד אָרֶץ, וּמוֹשַׁב יְקָרוֹ בַּשָּׁמַיִם מִמַּעַל
וּשְׁכִינַת עֻזּוֹ בְּגָבְהֵי מְרוֹמִים.
הוּא אֱלֹהֵינוּ, אֵין עוֹד.
אֱמֶת מַלְכֵּנוּ, אֶפֶס זוּלָתוֹ
דברים ד כַּכָּתוּב בְּתוֹרָתוֹ, וְיָדַעְתָּ הַיּוֹם וַהֲשֵׁבֹתָ אֶל־לְבָבֶךָ
כִּי יהוה הוּא הָאֱלֹהִים בַּשָּׁמַיִם מִמַּעַל וְעַל־הָאָרֶץ מִתָּחַת
אֵין עוֹד:

עַל כֵּן נְקַוֶּה לְּךָ יהוה אֱלֹהֵינוּ, לִרְאוֹת מְהֵרָה בְּתִפְאֶרֶת עֻזֶּךָ
לְהַעֲבִיר גִּלּוּלִים מִן הָאָרֶץ, וְהָאֱלִילִים כָּרוֹת יִכָּרֵתוּן
לְתַקֵּן עוֹלָם בְּמַלְכוּת שַׁדַּי.
וְכָל בְּנֵי בָשָׂר יִקְרְאוּ בִשְׁמֶךָ, לְהַפְנוֹת אֵלֶיךָ כָּל רִשְׁעֵי אָרֶץ.
יַכִּירוּ וְיֵדְעוּ כָּל יוֹשְׁבֵי תֵבֵל
כִּי לְךָ תִּכְרַע כָּל בֶּרֶךְ, תִּשָּׁבַע כָּל לָשׁוֹן.
לְפָנֶיךָ יהוה אֱלֹהֵינוּ יִכְרְעוּ וְיִפֹּלוּ, וְלִכְבוֹד שִׁמְךָ יְקָר יִתֵּנוּ
וִיקַבְּלוּ כֻלָּם אֶת עֹל מַלְכוּתֶךָ, וְתִמְלֹךְ עֲלֵיהֶם מְהֵרָה לְעוֹלָם וָעֶד.
כִּי הַמַּלְכוּת שֶׁלְּךָ הִיא וּלְעוֹלְמֵי עַד תִּמְלֹךְ בְּכָבוֹד
שמות טו כַּכָּתוּב בְּתוֹרָתֶךָ, יהוה יִמְלֹךְ לְעֹלָם וָעֶד:
זכריה יד ◂ וְנֶאֱמַר, וְהָיָה יהוה לְמֶלֶךְ עַל־כָּל־הָאָרֶץ
בַּיּוֹם הַהוּא יִהְיֶה יהוה אֶחָד וּשְׁמוֹ אֶחָד:

יש מוסיפים פסוקים אלה.

אַל־תִּירָא מִפַּחַד פִּתְאֹם וּמִשֹּׁאַת רְשָׁעִים כִּי תָבֹא: משלי ג

עֻצוּ עֵצָה וְתֻפָר, דַּבְּרוּ דָבָר וְלֹא יָקוּם, כִּי עִמָּנוּ אֵל: ישעיה ח

וְעַד־זִקְנָה אֲנִי הוּא, וְעַד־שֵׂיבָה אֲנִי אֶסְבֹּל ישעיה מו

אֲנִי עָשִׂיתִי וַאֲנִי אֶשָּׂא וַאֲנִי אֶסְבֹּל וַאֲמַלֵּט:

קדיש יתום

אבל: יִתְגַּדַּל וְיִתְקַדַּשׁ שְׁמֵהּ רַבָּא (קהל: אָמֵן)

בְּעָלְמָא דִּי בְרָא כִרְעוּתֵהּ

וְיַמְלִיךְ מַלְכוּתֵהּ

בְּחַיֵּיכוֹן וּבְיוֹמֵיכוֹן וּבְחַיֵּי דְכָל בֵּית יִשְׂרָאֵל

בַּעֲגָלָא וּבִזְמַן קָרִיב, וְאִמְרוּ אָמֵן. (קהל: אָמֵן)

קהל ואבל: יְהֵא שְׁמֵהּ רַבָּא מְבָרַךְ לְעָלַם וּלְעָלְמֵי עָלְמַיָּא.

אבל: יִתְבָּרַךְ וְיִשְׁתַּבַּח וְיִתְפָּאַר וְיִתְרוֹמַם וְיִתְנַשֵּׂא

וְיִתְהַדָּר וְיִתְעַלֶּה וְיִתְהַלָּל

שְׁמֵהּ דְּקֻדְשָׁא בְּרִיךְ הוּא (קהל: בְּרִיךְ הוּא)

לְעֵלָּא מִן כָּל בִּרְכָתָא וְשִׁירָתָא

תֻּשְׁבְּחָתָא וְנֶחֱמָתָא

דַּאֲמִירָן בְּעָלְמָא, וְאִמְרוּ אָמֵן. (קהל: אָמֵן)

יְהֵא שְׁלָמָא רַבָּא מִן שְׁמַיָּא

וְחַיִּים, עָלֵינוּ וְעַל כָּל יִשְׂרָאֵל, וְאִמְרוּ אָמֵן. (קהל: אָמֵן)

כורע ופוסע שלוש פסיעות לאחור. קד לשמאל, לימין ולפנים באמירת:

עֹשֶׂה שָׁלוֹם בִּמְרוֹמָיו

הוּא יַעֲשֶׂה שָׁלוֹם עָלֵינוּ וְעַל כָּל יִשְׂרָאֵל

וְאִמְרוּ אָמֵן. (קהל: אָמֵן)

שיר של יום

ליום ג׳ הַיּוֹם יוֹם שְׁלִישִׁי בְּשַׁבָּת, שֶׁבּוֹ הָיוּ הַלְוִיִּם אוֹמְרִים בְּבֵית הַמִּקְדָּשׁ:

תהלים פב מִזְמוֹר לְאָסָף, אֱלֹהִים נִצָּב בַּעֲדַת־אֵל, בְּקֶרֶב אֱלֹהִים יִשְׁפֹּט: עַד־מָתַי תִּשְׁפְּטוּ־עָוֶל, וּפְנֵי רְשָׁעִים תִּשְׂאוּ־סֶלָה: שִׁפְטוּ־דָל וְיָתוֹם, עָנִי וָרָשׁ הַצְדִּיקוּ: פַּלְּטוּ־דַל וְאֶבְיוֹן, מִיַּד רְשָׁעִים הַצִּילוּ: לֹא יָדְעוּ וְלֹא יָבִינוּ, בַּחֲשֵׁכָה יִתְהַלָּכוּ, יִמּוֹטוּ כָּל־מוֹסְדֵי אָרֶץ: אֲנִי־אָמַרְתִּי אֱלֹהִים אַתֶּם, וּבְנֵי עֶלְיוֹן כֻּלְּכֶם: אָכֵן כְּאָדָם תְּמוּתוּן, וּכְאַחַד הַשָּׂרִים תִּפֹּלוּ: ‹ קוּמָה אֱלֹהִים שָׁפְטָה הָאָרֶץ, כִּי־אַתָּה תִנְחַל בְּכָל־הַגּוֹיִם:

קדיש יתום (בעמוד הבא)

ליום ד׳ הַיּוֹם יוֹם רְבִיעִי בְּשַׁבָּת, שֶׁבּוֹ הָיוּ הַלְוִיִּם אוֹמְרִים בְּבֵית הַמִּקְדָּשׁ:

תהלים צד אֵל־נְקָמוֹת יהוה, אֵל נְקָמוֹת הוֹפִיעַ: הִנָּשֵׂא שֹׁפֵט הָאָרֶץ, הָשֵׁב גְּמוּל עַל־גֵּאִים: עַד־מָתַי רְשָׁעִים, יהוה, עַד־מָתַי רְשָׁעִים יַעֲלֹזוּ: יַבִּיעוּ יְדַבְּרוּ עָתָק, יִתְאַמְּרוּ כָּל־פֹּעֲלֵי אָוֶן: עַמְּךָ יהוה יְדַכְּאוּ, וְנַחֲלָתְךָ יְעַנּוּ: אַלְמָנָה וְגֵר יַהֲרֹגוּ, וִיתוֹמִים יְרַצֵּחוּ: וַיֹּאמְרוּ לֹא יִרְאֶה־יָּהּ, וְלֹא־יָבִין אֱלֹהֵי יַעֲקֹב: בִּינוּ בֹּעֲרִים בָּעָם, וּכְסִילִים מָתַי תַּשְׂכִּילוּ: הֲנֹטַע אֹזֶן הֲלֹא יִשְׁמָע, אִם־יֹצֵר עַיִן הֲלֹא יַבִּיט: הֲיֹסֵר גּוֹיִם הֲלֹא יוֹכִיחַ, הַמְלַמֵּד אָדָם דָּעַת: יהוה יֹדֵעַ מַחְשְׁבוֹת אָדָם, כִּי־הֵמָּה הָבֶל: אַשְׁרֵי הַגֶּבֶר אֲשֶׁר־תְּיַסְּרֶנּוּ יָּהּ, וּמִתּוֹרָתְךָ תְלַמְּדֶנּוּ: לְהַשְׁקִיט לוֹ מִימֵי רָע, עַד יִכָּרֶה לָרָשָׁע שָׁחַת: כִּי לֹא־יִטֹּשׁ יהוה עַמּוֹ, וְנַחֲלָתוֹ לֹא יַעֲזֹב: כִּי־עַד־צֶדֶק יָשׁוּב מִשְׁפָּט, וְאַחֲרָיו כָּל־יִשְׁרֵי־לֵב: מִי־יָקוּם לִי עִם־מְרֵעִים, מִי־יִתְיַצֵּב לִי עִם־פֹּעֲלֵי אָוֶן: לוּלֵי יהוה עֶזְרָתָה לִּי, כִּמְעַט שָׁכְנָה דוּמָה נַפְשִׁי: אִם־אָמַרְתִּי מָטָה רַגְלִי, חַסְדְּךָ יהוה יִסְעָדֵנִי: בְּרֹב שַׂרְעַפַּי בְּקִרְבִּי, תַּנְחוּמֶיךָ יְשַׁעַשְׁעוּ נַפְשִׁי: הַיְחָבְרְךָ כִּסֵּא הַוּוֹת, יֹצֵר עָמָל עֲלֵי־חֹק: יָגוֹדּוּ עַל־נֶפֶשׁ צַדִּיק, וְדָם נָקִי יַרְשִׁיעוּ: וַיְהִי יהוה לִי לְמִשְׂגָּב, וֵאלֹהַי לְצוּר מַחְסִי: וַיָּשֶׁב עֲלֵיהֶם אֶת־אוֹנָם, וּבְרָעָתָם יַצְמִיתֵם, יַצְמִיתֵם יהוה אֱלֹהֵינוּ:

תהלים צה ‹ לְכוּ נְרַנְּנָה לַיהוה, נָרִיעָה לְצוּר יִשְׁעֵנוּ: נְקַדְּמָה פָנָיו בְּתוֹדָה, בִּזְמִרוֹת נָרִיעַ לוֹ: כִּי אֵל גָּדוֹל יהוה, וּמֶלֶךְ גָּדוֹל עַל־כָּל־אֱלֹהִים:

קדיש יתום (בעמוד הבא)

ליום ה׳ הַיּוֹם יוֹם חֲמִישִׁי בְּשַׁבָּת, שֶׁבּוֹ הָיוּ הַלְוִיִּם אוֹמְרִים בְּבֵית הַמִּקְדָּשׁ:

לַמְנַצֵּחַ עַל־הַגִּתִּית לְאָסָף: הַרְנִינוּ לֵאלֹהִים עוּזֵּנוּ, הָרִיעוּ לֵאלֹהֵי יַעֲקֹב: תהלים פא
שְׂאוּ־זִמְרָה וּתְנוּ־תֹף, כִּנּוֹר נָעִים עִם־נָבֶל: תִּקְעוּ בַחֹדֶשׁ שׁוֹפָר, בַּכֵּסֶה
לְיוֹם חַגֵּנוּ: כִּי חֹק לְיִשְׂרָאֵל הוּא, מִשְׁפָּט לֵאלֹהֵי יַעֲקֹב: עֵדוּת בִּיהוֹסֵף
שָׂמוֹ, בְּצֵאתוֹ עַל־אֶרֶץ מִצְרָיִם, שְׂפַת לֹא־יָדַעְתִּי אֶשְׁמָע: הֲסִירוֹתִי מִסֵּבֶל
שִׁכְמוֹ, כַּפָּיו מִדּוּד תַּעֲבֹרְנָה: בַּצָּרָה קָרָאתָ וָאֲחַלְּצֶךָּ, אֶעֶנְךָ בְּסֵתֶר רַעַם,
אֶבְחָנְךָ עַל־מֵי מְרִיבָה סֶלָה: שְׁמַע עַמִּי וְאָעִידָה בָּךְ, יִשְׂרָאֵל אִם־תִּשְׁמַע־
לִי: לֹא־יִהְיֶה בְךָ אֵל זָר, וְלֹא תִשְׁתַּחֲוֶה לְאֵל נֵכָר: אָנֹכִי יהוה אֱלֹהֶיךָ,
הַמַּעַלְךָ מֵאֶרֶץ מִצְרָיִם, הַרְחֶב־פִּיךָ וַאֲמַלְאֵהוּ: וְלֹא־שָׁמַע עַמִּי לְקוֹלִי,
וְיִשְׂרָאֵל לֹא־אָבָה לִי: וָאֲשַׁלְּחֵהוּ בִּשְׁרִירוּת לִבָּם, יֵלְכוּ בְּמוֹעֲצוֹתֵיהֶם:
לוּ עַמִּי שֹׁמֵעַ לִי, יִשְׂרָאֵל בִּדְרָכַי יְהַלֵּכוּ: כִּמְעַט אוֹיְבֵיהֶם אַכְנִיעַ, וְעַל־
צָרֵיהֶם אָשִׁיב יָדִי: מְשַׂנְאֵי יהוה יְכַחֲשׁוּ־לוֹ, וִיהִי עִתָּם לְעוֹלָם: ◄ וַיַּאֲכִילֵהוּ
מֵחֵלֶב חִטָּה, וּמִצּוּר, דְּבַשׁ אַשְׂבִּיעֶךָ:

קדיש יתום

אבל: יִתְגַּדַּל וְיִתְקַדַּשׁ שְׁמֵהּ רַבָּא (קהל: אָמֵן)
בְּעָלְמָא דִּי בְרָא כִרְעוּתֵהּ
וְיַמְלִיךְ מַלְכוּתֵהּ, בְּחַיֵּיכוֹן וּבְיוֹמֵיכוֹן וּבְחַיֵּי דְכָל בֵּית יִשְׂרָאֵל
בַּעֲגָלָא וּבִזְמַן קָרִיב, וְאִמְרוּ אָמֵן. (קהל: אָמֵן)

קהל ואבל: יְהֵא שְׁמֵהּ רַבָּא מְבָרַךְ לְעָלַם וּלְעָלְמֵי עָלְמַיָּא.

אבל: יִתְבָּרַךְ וְיִשְׁתַּבַּח וְיִתְפָּאַר וְיִתְרוֹמַם וְיִתְנַשֵּׂא
וְיִתְהַדָּר וְיִתְעַלֶּה וְיִתְהַלָּל שְׁמֵהּ דְּקֻדְשָׁא בְּרִיךְ הוּא (קהל: בְּרִיךְ הוּא)
לְעֵלָּא מִן כָּל בִּרְכָתָא וְשִׁירָתָא, תֻּשְׁבְּחָתָא וְנֶחֱמָתָא
דַּאֲמִירָן בְּעָלְמָא, וְאִמְרוּ אָמֵן. (קהל: אָמֵן)

יְהֵא שְׁלָמָא רַבָּא מִן שְׁמַיָּא
וְחַיִּים, עָלֵינוּ וְעַל כָּל יִשְׂרָאֵל, וְאִמְרוּ אָמֵן. (קהל: אָמֵן)

כורע ופוסע שלוש פסיעות לאחור. קד לשמאל, לימין ולפנים באמירת:

עֹשֶׂה שָׁלוֹם בִּמְרוֹמָיו
הוּא יַעֲשֶׂה שָׁלוֹם עָלֵינוּ וְעַל כָּל יִשְׂרָאֵל, וְאִמְרוּ אָמֵן. (קהל: אָמֵן)

אֵין כֵּאלֹהֵינוּ, אֵין כַּאדוֹנֵינוּ, אֵין כְּמַלְכֵּנוּ, אֵין כְּמוֹשִׁיעֵנוּ.
מִי כֵאלֹהֵינוּ, מִי כַאדוֹנֵינוּ, מִי כְמַלְכֵּנוּ, מִי כְמוֹשִׁיעֵנוּ.
נוֹדֶה לֵאלֹהֵינוּ, נוֹדֶה לַאדוֹנֵינוּ, נוֹדֶה לְמַלְכֵּנוּ, נוֹדֶה לְמוֹשִׁיעֵנוּ.
בָּרוּךְ אֱלֹהֵינוּ, בָּרוּךְ אֲדוֹנֵינוּ, בָּרוּךְ מַלְכֵּנוּ, בָּרוּךְ מוֹשִׁיעֵנוּ.
אַתָּה הוּא אֱלֹהֵינוּ, אַתָּה הוּא אֲדוֹנֵינוּ,
אַתָּה הוּא מַלְכֵּנוּ, אַתָּה הוּא מוֹשִׁיעֵנוּ.
אַתָּה הוּא שֶׁהִקְטִירוּ אֲבוֹתֵינוּ לְפָנֶיךָ אֶת קְטֹרֶת הַסַּמִּים.

כריתות ו. פִּטּוּם הַקְּטֹרֶת: הַצֳּרִי, וְהַצִּפֹּרֶן, וְהַחֶלְבְּנָה, וְהַלְּבוֹנָה מִשְׁקַל שִׁבְעִים שִׁבְעִים מָנֶה, מֹר, וּקְצִיעָה, שִׁבֹּלֶת נֵרְדְּ, וְכַרְכֹּם מִשְׁקַל שִׁשָּׁה עָשָׂר שִׁשָּׁה עָשָׂר מָנֶה, הַקֹּשְׁטְ שְׁנֵים עָשָׂר, קִלּוּפָה שְׁלֹשָׁה וְקִנָּמוֹן תִּשְׁעָה, בֹּרִית כַּרְשִׁינָה תִּשְׁעָה קַבִּין, יֵין קַפְרִיסִין סְאִין תְּלָת וְקַבִּין תְּלָתָא, וְאִם אֵין לוֹ יֵין קַפְרִיסִין, מֵבִיא חֲמַר חִוַּרְיָן עַתִּיק. מֶלַח סְדוֹמִית רֹבַע, מַעֲלֶה עָשָׁן כָּל שֶׁהוּא. רַבִּי נָתָן הַבַּבְלִי אוֹמֵר: אַף כִּפַּת הַיַּרְדֵּן כָּל שֶׁהוּא, וְאִם נָתַן בָּהּ דְּבַשׁ פְּסָלָהּ, וְאִם חִסַּר אֶחָד מִכָּל סַמָּנֶיהָ, חַיָּב מִיתָה.

רַבָּן שִׁמְעוֹן בֶּן גַּמְלִיאֵל אוֹמֵר: הַצֳּרִי אֵינוֹ אֶלָּא שְׂרָף הַנּוֹטֵף מֵעֲצֵי הַקְּטָף. בֹּרִית כַּרְשִׁינָה שֶׁשָּׁפִין בָּהּ אֶת הַצִּפֹּרֶן כְּדֵי שֶׁתְּהֵא נָאָה, יֵין קַפְרִיסִין שֶׁשּׁוֹרִין בּוֹ אֶת הַצִּפֹּרֶן כְּדֵי שֶׁתְּהֵא עַזָּה, וַהֲלֹא מֵי רַגְלַיִם יָפִין לָהּ, אֶלָּא שֶׁאֵין מַכְנִיסִין מֵי רַגְלַיִם בַּמִּקְדָּשׁ מִפְּנֵי הַכָּבוֹד.

מגילה כח: תָּנָא דְבֵי אֵלִיָּהוּ: כָּל הַשּׁוֹנֶה הֲלָכוֹת בְּכָל יוֹם, מֻבְטָח לוֹ שֶׁהוּא בֶּן עוֹלָם
חבקוק ג הַבָּא, שֶׁנֶּאֱמַר הֲלִיכוֹת עוֹלָם לוֹ: אַל תִּקְרֵי הֲלִיכוֹת אֶלָּא הֲלָכוֹת.

ברכות סד. אָמַר רַבִּי אֶלְעָזָר, אָמַר רַבִּי חֲנִינָא: תַּלְמִידֵי חֲכָמִים מַרְבִּים שָׁלוֹם בָּעוֹלָם,
ישעיה נד שֶׁנֶּאֱמַר וְכָל־בָּנַיִךְ לִמּוּדֵי יהוה, וְרַב שְׁלוֹם בָּנָיִךְ: אַל תִּקְרֵי בָּנָיִךְ, אֶלָּא
תהלים קיט בּוֹנָיִךְ. שָׁלוֹם רָב לְאֹהֲבֵי תוֹרָתֶךָ, וְאֵין־לָמוֹ מִכְשׁוֹל: יְהִי־שָׁלוֹם בְּחֵילֵךְ,
תהלים קכב שַׁלְוָה בְּאַרְמְנוֹתָיִךְ: לְמַעַן אַחַי וְרֵעָי אֲדַבְּרָה־נָּא שָׁלוֹם בָּךְ: לְמַעַן בֵּית־
תהלים כט יהוה אֱלֹהֵינוּ אֲבַקְשָׁה טוֹב לָךְ: ‹ יהוה עֹז לְעַמּוֹ יִתֵּן, יהוה יְבָרֵךְ אֶת־
עַמּוֹ בַשָּׁלוֹם:

קדיש דרבנן

אבל: יִתְגַּדַּל וְיִתְקַדַּשׁ שְׁמֵהּ רַבָּא (קהל: אָמֵן)
בְּעָלְמָא דִּי בְרָא כִרְעוּתֵהּ
וְיַמְלִיךְ מַלְכוּתֵהּ, בְּחַיֵּיכוֹן וּבְיוֹמֵיכוֹן וּבְחַיֵּי דְכָל בֵּית יִשְׂרָאֵל
בַּעֲגָלָא וּבִזְמַן קָרִיב
וְאִמְרוּ אָמֵן. (קהל: אָמֵן)

קהל ואבל: יְהֵא שְׁמֵהּ רַבָּא מְבָרַךְ לְעָלַם וּלְעָלְמֵי עָלְמַיָּא.

אבל: יִתְבָּרַךְ וְיִשְׁתַּבַּח וְיִתְפָּאַר וְיִתְרוֹמַם וְיִתְנַשֵּׂא
וְיִתְהַדָּר וְיִתְעַלֶּה וְיִתְהַלָּל שְׁמֵהּ דְּקֻדְשָׁא בְּרִיךְ הוּא (קהל: בְּרִיךְ הוּא)
לְעֵלָּא מִן כָּל בִּרְכָתָא וְשִׁירָתָא, תֻּשְׁבְּחָתָא וְנֶחֱמָתָא
דַּאֲמִירָן בְּעָלְמָא
וְאִמְרוּ אָמֵן. (קהל: אָמֵן)

עַל יִשְׂרָאֵל וְעַל רַבָּנָן
וְעַל תַּלְמִידֵיהוֹן וְעַל כָּל תַּלְמִידֵי תַלְמִידֵיהוֹן
וְעַל כָּל מָאן דְּעָסְקִין בְּאוֹרַיְתָא
דִּי בְּאַתְרָא קַדִּישָׁא הָדֵין, וְדִי בְּכָל אֲתַר וַאֲתַר
יְהֵא לְהוֹן וּלְכוֹן שְׁלָמָא רַבָּא
חִנָּא וְחִסְדָּא, וְרַחֲמֵי, וְחַיֵּי אֲרִיכֵי, וּמְזוֹנֵי רְוִיחֵי
וּפֻרְקָנָא מִן קֳדָם אֲבוּהוֹן דִּי בִשְׁמַיָּא
וְאִמְרוּ אָמֵן. (קהל: אָמֵן)

יְהֵא שְׁלָמָא רַבָּא מִן שְׁמַיָּא
וְחַיִּים (טוֹבִים) עָלֵינוּ וְעַל כָּל יִשְׂרָאֵל
וְאִמְרוּ אָמֵן. (קהל: אָמֵן)

כורע ופוסע שלוש פסיעות לאחור. קד לשמאל, לימין ולפנים באמירת:

עֹשֶׂה שָׁלוֹם בִּמְרוֹמָיו
הוּא יַעֲשֶׂה בְרַחֲמָיו שָׁלוֹם עָלֵינוּ וְעַל כָּל יִשְׂרָאֵל
וְאִמְרוּ אָמֵן. (קהל: אָמֵן)

ביום שלא קראו בו בתורה, האומר קדיש מוסיף:

בָּרְכוּ אֶת יהוה הַמְבֹרָךְ.

הקהל עונה:

בָּרוּךְ יהוה הַמְבֹרָךְ לְעוֹלָם וָעֶד.

והאומר קדיש חוזר:

בָּרוּךְ יהוה הַמְבֹרָךְ לְעוֹלָם וָעֶד.

ושרים:

אֲנִי מַאֲמִין בֶּאֱמוּנָה שְׁלֵמָה בְּבִיאַת הַמָּשִׁיחַ
וְאַף עַל פִּי שֶׁיִּתְמַהְמֵהַּ
עִם כָּל זֶה אֲחַכֶּה לּוֹ בְּכָל יוֹם שֶׁיָּבוֹא.

אתחלתא דגאולה

"המפנה היסודי שחל בחמלת ה' עלינו להצלתנו ולפדות נפשנו עם הכרזת עצמאותנו בארץ מחייב אותנו לקיים ולקבל עלינו לדורות את יום הכרזת המדינה, הוא יום ה' באייר שבכל שנה, ליום שמחה של אתחלתא דגאולה לכלל ישראל, ולהוציא את היום שבו נעשה הנס הגדול הזה מכלל מנהגי האבלות של ימי ספירת העומר, עם מתן הוראות לתפילת הודיה ודרשות מעין המאורע". (החלטת מועצת הרבנות הראשית לישראל, ח' בניסן תש"ט)

שליחו של הקב"ה

"הרב צבי יהודה הכהן קוק הציב על שידה בחדרו את תמונתו של בנימין זאב הרצל בין תמונותיהם של גדולי הרבנים, מהגאון מוילנא ועד אביו הראי"ה קוק. פעמים רבות ראיתי את תמונות הרבנים וגם את תמונתו של הרצל, אך מעולם (ועד היום) לא ראיתי אותן יחד, רק אצל הרצי"ה. כאשר הרהבתי עוז ושאלתי אותו 'מה עושה תמונתו של הרצל בין תמונות הרבנים?' חייך, האריך זה בהסבריו, ולבסוף ענה: 'אולי זה לא מוצא חן בעיני מישהו, אבל אותו שלח ה' להתחיל להוציא אותנו מן הגלות שלנו'". (יואל בן־נון, נס קיבוץ גלויות, עמ' 251)

"קום התהלך בארץ" (בראשית יג, יז)

מנהג שראשיתו בקיבוץ הדתי ואשר חדר לחלקים נכבדים בחברה הישראלית, הוא לצאת ביום העצמאות לאחר התפילה החגיגית לטיולים ברחבי המדינה, לאתרי קרבות במלחמות ישראל על עצמאותה, לאתרי חפירות ארכאולוגיות וכן לשמורות טבע ואתרי מורשת. היסוד למסורת "קום התהלך בארץ" הוא בפסוקי קריאת התורה בפרשת עקב: "כי ה' א־להיך מביאך אל ארץ טובה, ארץ נחלי מים, עינות ותהומות יוצאים בבקעה ובהר" (דברים ח, ז).

תפילת מנחה
ליום העצמאות
וליום ירושלים

מנחה

רבים נוהגים לומר את סדר הקרבנות שלפני תפילת שחרית (עמ׳ 87–91)
פרט לפרשת תרומת הדשן ולסדר המערכה.

אַשְׁרֵי יוֹשְׁבֵי בֵיתֶךָ, עוֹד יְהַלְלְוּךָ סֶּלָה: תהלים פד
אַשְׁרֵי הָעָם שֶׁכָּכָה לּוֹ, אַשְׁרֵי הָעָם שֶׁיהוה אֱלֹהָיו: תהלים קמד
תְּהִלָּה לְדָוִד תהלים קמה
אֲרוֹמִמְךָ אֱלוֹהַי הַמֶּלֶךְ, וַאֲבָרְכָה שִׁמְךָ לְעוֹלָם וָעֶד:
בְּכָל־יוֹם אֲבָרְכֶךָּ, וַאֲהַלְלָה שִׁמְךָ לְעוֹלָם וָעֶד:
גָּדוֹל יהוה וּמְהֻלָּל מְאֹד, וְלִגְדֻלָּתוֹ אֵין חֵקֶר:
דּוֹר לְדוֹר יְשַׁבַּח מַעֲשֶׂיךָ, וּגְבוּרֹתֶיךָ יַגִּידוּ:
הֲדַר כְּבוֹד הוֹדֶךָ, וְדִבְרֵי נִפְלְאֹתֶיךָ אָשִׂיחָה:
וֶעֱזוּז נוֹרְאֹתֶיךָ יֹאמֵרוּ, וּגְדוּלָּתְךָ אֲסַפְּרֶנָּה:
זֵכֶר רַב־טוּבְךָ יַבִּיעוּ, וְצִדְקָתְךָ יְרַנֵּנוּ:
חַנּוּן וְרַחוּם יהוה, אֶרֶךְ אַפַּיִם וּגְדָל־חָסֶד:
טוֹב־יהוה לַכֹּל, וְרַחֲמָיו עַל־כָּל־מַעֲשָׂיו:
יוֹדְוּךָ יהוה כָּל־מַעֲשֶׂיךָ, וַחֲסִידֶיךָ יְבָרְכוּכָה:
כְּבוֹד מַלְכוּתְךָ יֹאמֵרוּ, וּגְבוּרָתְךָ יְדַבֵּרוּ:
לְהוֹדִיעַ לִבְנֵי הָאָדָם גְּבוּרֹתָיו, וּכְבוֹד הֲדַר מַלְכוּתוֹ:
מַלְכוּתְךָ מַלְכוּת כָּל־עֹלָמִים, וּמֶמְשַׁלְתְּךָ בְּכָל־דּוֹר וָדֹר:
סוֹמֵךְ יהוה לְכָל־הַנֹּפְלִים, וְזוֹקֵף לְכָל־הַכְּפוּפִים:
עֵינֵי־כֹל אֵלֶיךָ יְשַׂבֵּרוּ, וְאַתָּה נוֹתֵן־לָהֶם אֶת־אָכְלָם בְּעִתּוֹ:
פּוֹתֵחַ אֶת־יָדֶךָ, וּמַשְׂבִּיעַ לְכָל־חַי רָצוֹן:

צַדִּיק יהוה בְּכָל־דְּרָכָיו, וְחָסִיד בְּכָל־מַעֲשָׂיו:
קָרוֹב יהוה לְכָל־קֹרְאָיו, לְכֹל אֲשֶׁר יִקְרָאֻהוּ בֶאֱמֶת:
רְצוֹן־יְרֵאָיו יַעֲשֶׂה, וְאֶת־שַׁוְעָתָם יִשְׁמַע, וְיוֹשִׁיעֵם:
שׁוֹמֵר יהוה אֶת־כָּל־אֹהֲבָיו, וְאֵת כָּל־הָרְשָׁעִים יַשְׁמִיד:
› תְּהִלַּת יהוה יְדַבֶּר פִּי, וִיבָרֵךְ כָּל־בָּשָׂר שֵׁם קָדְשׁוֹ לְעוֹלָם וָעֶד:
תהלים קטו וַאֲנַחְנוּ נְבָרֵךְ יָהּ מֵעַתָּה וְעַד־עוֹלָם, הַלְלוּיָהּ:

חצי קדיש

ש״ץ: יִתְגַּדַּל וְיִתְקַדַּשׁ שְׁמֵהּ רַבָּא (קהל: אָמֵן)
בְּעָלְמָא דִּי בְרָא כִרְעוּתֵהּ
וְיַמְלִיךְ מַלְכוּתֵהּ
בְּחַיֵּיכוֹן וּבְיוֹמֵיכוֹן
וּבְחַיֵּי דְכָל בֵּית יִשְׂרָאֵל
בַּעֲגָלָא וּבִזְמַן קָרִיב
וְאִמְרוּ אָמֵן. (קהל: אָמֵן)

קהל וש״ץ: יְהֵא שְׁמֵהּ רַבָּא מְבָרַךְ לְעָלַם וּלְעָלְמֵי עָלְמַיָּא.

ש״ץ: יִתְבָּרַךְ וְיִשְׁתַּבַּח וְיִתְפָּאַר וְיִתְרוֹמַם וְיִתְנַשֵּׂא
וְיִתְהַדָּר וְיִתְעַלֶּה וְיִתְהַלָּל
שְׁמֵהּ דְּקֻדְשָׁא בְּרִיךְ הוּא (קהל: בְּרִיךְ הוּא)
לְעֵלָּא מִן כָּל בִּרְכָתָא וְשִׁירָתָא
תֻּשְׁבְּחָתָא וְנֶחֱמָתָא
דַּאֲמִירָן בְּעָלְמָא
וְאִמְרוּ אָמֵן. (קהל: אָמֵן)

עמידה

"המתפלל צריך שיכוין בלבו פירוש המלות שמוציא בשפתיו; ויחשוב כאלו שכינה כנגדו ויסיר כל המחשבות הטורדות אותו עד שתשאר מחשבתו וכוונתו זכה בתפלתו" (שו"ע צח, א).

פוסע שלוש פסיעות לפנים כמי שנכנס לפני המלך.

עומד ומתפלל בלחש מכאן ועד 'וּכְשָׁנִים קַדְמֹנִיּוֹת' בעמ' 183.

כורע במקומות המסומנים ב', קד לפנים במילה הבאה וזוקף בשם.

כִּי שֵׁם יהוה אֶקְרָא, הָבוּ גֹדֶל לֵאלֹהֵינוּ: דברים לב

אֲדֹנָי, שְׂפָתַי תִּפְתָּח, וּפִי יַגִּיד תְּהִלָּתֶךָ: תהלים נא

אבות

'בָּרוּךְ אַתָּה יהוה, אֱלֹהֵינוּ וֵאלֹהֵי אֲבוֹתֵינוּ

אֱלֹהֵי אַבְרָהָם, אֱלֹהֵי יִצְחָק, וֵאלֹהֵי יַעֲקֹב

הָאֵל הַגָּדוֹל הַגִּבּוֹר וְהַנּוֹרָא, אֵל עֶלְיוֹן

גּוֹמֵל חֲסָדִים טוֹבִים, וְקוֹנֵה הַכֹּל, וְזוֹכֵר חַסְדֵי אָבוֹת

וּמֵבִיא גוֹאֵל לִבְנֵי בְנֵיהֶם, לְמַעַן שְׁמוֹ בְּאַהֲבָה.

מֶלֶךְ עוֹזֵר וּמוֹשִׁיעַ וּמָגֵן.

'בָּרוּךְ אַתָּה יהוה, מָגֵן אַבְרָהָם.

גבורות

אַתָּה גִּבּוֹר לְעוֹלָם, אֲדֹנָי

מְחַיֵּה מֵתִים אַתָּה, רַב לְהוֹשִׁיעַ

מוֹרִיד הַטָּל

מְכַלְכֵּל חַיִּים בְּחֶסֶד, מְחַיֵּה מֵתִים בְּרַחֲמִים רַבִּים

סוֹמֵךְ נוֹפְלִים, וְרוֹפֵא חוֹלִים, וּמַתִּיר אֲסוּרִים

וּמְקַיֵּם אֱמוּנָתוֹ לִישֵׁנֵי עָפָר.

מִי כָמוֹךָ, בַּעַל גְּבוּרוֹת וּמִי דּוֹמֶה לָּךְ

מֶלֶךְ, מֵמִית וּמְחַיֶּה וּמַצְמִיחַ יְשׁוּעָה.

וְנֶאֱמָן אַתָּה לְהַחֲיוֹת מֵתִים.

בָּרוּךְ אַתָּה יהוה, מְחַיֵּה הַמֵּתִים.

בתפילת לחש ממשיך ׳אַתָּה קָדוֹשׁ׳ בתחתית העמוד.

קדושה

בחזרת הש״ץ הקהל עומד ואומר קדושה.
במקומות המסומנים ב*, המתפלל מתרומם על קצות אצבעותיו.

קהל ואחריו שליח הציבור:

נְקַדֵּשׁ אֶת שִׁמְךָ בָּעוֹלָם, כְּשֵׁם שֶׁמַּקְדִּישִׁים אוֹתוֹ בִּשְׁמֵי מָרוֹם

ישעיה ו כַּכָּתוּב עַל יַד נְבִיאֶךָ, וְקָרָא זֶה אֶל־זֶה וְאָמַר

קהל ואחריו שליח הציבור:

*קָדוֹשׁ, *קָדוֹשׁ, *קָדוֹשׁ, יהוה צְבָאוֹת, מְלֹא כָל־הָאָרֶץ כְּבוֹדוֹ:
לְעֻמָּתָם בָּרוּךְ יֹאמֵרוּ

קהל ואחריו שליח הציבור:

יחזקאל ג *בָּרוּךְ כְּבוֹד־יהוה מִמְּקוֹמוֹ:
וּבְדִבְרֵי קָדְשְׁךָ כָּתוּב לֵאמֹר

קהל ואחריו שליח הציבור:

תהלים קמו *יִמְלֹךְ יהוה לְעוֹלָם, אֱלֹהַיִךְ צִיּוֹן לְדֹר וָדֹר, הַלְלוּיָהּ:

שליח הציבור:

לְדוֹר וָדוֹר נַגִּיד גָּדְלֶךָ, וּלְנֵצַח נְצָחִים קְדֻשָּׁתְךָ נַקְדִּישׁ
וְשִׁבְחֲךָ אֱלֹהֵינוּ מִפִּינוּ לֹא יָמוּשׁ לְעוֹלָם וָעֶד
כִּי אֵל מֶלֶךְ גָּדוֹל וְקָדוֹשׁ אָתָּה.
בָּרוּךְ אַתָּה יהוה, הָאֵל הַקָּדוֹשׁ.

שליח הציבור ממשיך ׳אַתָּה חוֹנֵן׳ (למטה).

קדושת השם

אַתָּה קָדוֹשׁ וְשִׁמְךָ קָדוֹשׁ וּקְדוֹשִׁים בְּכָל יוֹם יְהַלְלוּךָ סֶּלָה.
בָּרוּךְ אַתָּה יהוה, הָאֵל הַקָּדוֹשׁ.

דעת

אַתָּה חוֹנֵן לְאָדָם דַּעַת, וּמְלַמֵּד לֶאֱנוֹשׁ בִּינָה.
חָנֵּנוּ מֵאִתְּךָ דֵּעָה בִּינָה וְהַשְׂכֵּל.
בָּרוּךְ אַתָּה יהוה, חוֹנֵן הַדָּעַת.

תשובה

הֲשִׁיבֵנוּ אָבִינוּ לְתוֹרָתֶךָ, וְקָרְבֵנוּ מַלְכֵּנוּ לַעֲבוֹדָתֶךָ
וְהַחֲזִירֵנוּ בִּתְשׁוּבָה שְׁלֵמָה לְפָנֶיךָ.
בָּרוּךְ אַתָּה יהוה, הָרוֹצֶה בִּתְשׁוּבָה.

סליחה

נוהגים להכות כנגד הלב במקומות המסומנים ב°.

סְלַח לָנוּ אָבִינוּ כִּי °חָטָאנוּ
מְחַל לָנוּ מַלְכֵּנוּ כִּי °פָשָׁעְנוּ
כִּי מוֹחֵל וְסוֹלֵחַ אָתָּה.
בָּרוּךְ אַתָּה יהוה, חַנּוּן הַמַּרְבֶּה לִסְלֹחַ.

גאולה

רְאֵה בְעָנְיֵנוּ, וְרִיבָה רִיבֵנוּ
וּגְאָלֵנוּ מְהֵרָה לְמַעַן שְׁמֶךָ
כִּי גוֹאֵל חָזָק אָתָּה.
בָּרוּךְ אַתָּה יהוה, גּוֹאֵל יִשְׂרָאֵל.

רפואה

רְפָאֵנוּ יהוה וְנֵרָפֵא, הוֹשִׁיעֵנוּ וְנִוָּשֵׁעָה, כִּי תְהִלָּתֵנוּ אָתָּה
וְהַעֲלֵה רְפוּאָה שְׁלֵמָה לְכָל מַכּוֹתֵינוּ

המתפלל על חולה מוסיף:
יְהִי רָצוֹן מִלְּפָנֶיךָ יהוה אֱלֹהַי וֵאלֹהֵי אֲבוֹתַי, שֶׁתִּשְׁלַח מְהֵרָה רְפוּאָה
שְׁלֵמָה מִן הַשָּׁמַיִם רְפוּאַת הַנֶּפֶשׁ וּרְפוּאַת הַגּוּף לַחוֹלֶה פלוני בֶּן פלונית/
לַחוֹלָה פלונית בַּת פלונית בְּתוֹךְ שְׁאָר חוֹלֵי יִשְׂרָאֵל

כִּי אֵל מֶלֶךְ רוֹפֵא נֶאֱמָן וְרַחֲמָן אָתָּה.
בָּרוּךְ אַתָּה יהוה, רוֹפֵא חוֹלֵי עַמּוֹ יִשְׂרָאֵל.

ברכת השנים

בָּרֵךְ עָלֵינוּ יהוה אֱלֹהֵינוּ אֶת הַשָּׁנָה הַזֹּאת
וְאֶת כָּל מִינֵי תְבוּאָתָהּ, לְטוֹבָה
וְתֵן בְּרָכָה עַל פְּנֵי הָאֲדָמָה
וְשַׂבְּעֵנוּ מִטּוּבָהּ
וּבָרֵךְ שְׁנָתֵנוּ כַּשָּׁנִים הַטּוֹבוֹת.
בָּרוּךְ אַתָּה יהוה, מְבָרֵךְ הַשָּׁנִים.

קיבוץ גלויות

תְּקַע בְּשׁוֹפָר גָּדוֹל לְחֵרוּתֵנוּ
וְשָׂא נֵס לְקַבֵּץ גָּלֻיּוֹתֵינוּ
וְקַבְּצֵנוּ יַחַד מֵאַרְבַּע כַּנְפוֹת הָאָרֶץ.
בָּרוּךְ אַתָּה יהוה, מְקַבֵּץ נִדְחֵי עַמּוֹ יִשְׂרָאֵל.

השבת המשפט

הָשִׁיבָה שׁוֹפְטֵינוּ כְּבָרִאשׁוֹנָה
וְיוֹעֲצֵינוּ כְּבַתְּחִלָּה
וְהָסֵר מִמֶּנּוּ יָגוֹן וַאֲנָחָה
וּמְלֹךְ עָלֵינוּ אַתָּה יהוה לְבַדְּךָ
בְּחֶסֶד וּבְרַחֲמִים, וְצַדְּקֵנוּ בַּמִּשְׁפָּט.
בָּרוּךְ אַתָּה יהוה, מֶלֶךְ אוֹהֵב צְדָקָה וּמִשְׁפָּט.

ברכת המינים

וְלַמַּלְשִׁינִים אַל תְּהִי תִקְוָה, וְכָל הָרִשְׁעָה כְּרֶגַע תֹּאבֵד
וְכָל אוֹיְבֵי עַמְּךָ מְהֵרָה יִכָּרֵתוּ
וְהַזֵּדִים מְהֵרָה תְעַקֵּר וּתְשַׁבֵּר וּתְמַגֵּר וְתַכְנִיעַ בִּמְהֵרָה בְיָמֵינוּ.
בָּרוּךְ אַתָּה יהוה, שׁוֹבֵר אוֹיְבִים וּמַכְנִיעַ זֵדִים.

על הצדיקים

עַל הַצַּדִּיקִים וְעַל הַחֲסִידִים, וְעַל זִקְנֵי עַמְּךָ בֵּית יִשְׂרָאֵל
וְעַל פְּלֵיטַת סוֹפְרֵיהֶם, וְעַל גֵּרֵי הַצֶּדֶק, וְעָלֵינוּ
יֶהֱמוּ רַחֲמֶיךָ יהוה אֱלֹהֵינוּ
וְתֵן שָׂכָר טוֹב לְכָל הַבּוֹטְחִים בְּשִׁמְךָ בֶּאֱמֶת
וְשִׂים חֶלְקֵנוּ עִמָּהֶם
וּלְעוֹלָם לֹא נֵבוֹשׁ כִּי בְךָ בָּטָחְנוּ.
בָּרוּךְ אַתָּה יהוה, מִשְׁעָן וּמִבְטָח לַצַּדִּיקִים.

בניין ירושלים

וְלִירוּשָׁלַיִם עִירְךָ בְּרַחֲמִים תָּשׁוּב, וְתִשְׁכֹּן בְּתוֹכָהּ כַּאֲשֶׁר דִּבַּרְתָּ
וּבְנֵה אוֹתָהּ בְּקָרוֹב בְּיָמֵינוּ בִּנְיַן עוֹלָם
וְכִסֵּא דָוִד מְהֵרָה לְתוֹכָהּ תָּכִין.
בָּרוּךְ אַתָּה יהוה, בּוֹנֵה יְרוּשָׁלָיִם.

משיח בן דוד

אֶת צֶמַח דָּוִד עַבְדְּךָ מְהֵרָה תַצְמִיחַ
וְקַרְנוֹ תָּרוּם בִּישׁוּעָתֶךָ, כִּי לִישׁוּעָתְךָ קִוִּינוּ כָּל הַיּוֹם.
בָּרוּךְ אַתָּה יהוה, מַצְמִיחַ קֶרֶן יְשׁוּעָה.

שומע תפילה

שְׁמַע קוֹלֵנוּ יהוה אֱלֹהֵינוּ
חוּס וְרַחֵם עָלֵינוּ, וְקַבֵּל בְּרַחֲמִים וּבְרָצוֹן אֶת תְּפִלָּתֵנוּ
כִּי אֵל שׁוֹמֵעַ תְּפִלּוֹת וְתַחֲנוּנִים אָתָּה
וּמִלְּפָנֶיךָ מַלְכֵּנוּ רֵיקָם אַל תְּשִׁיבֵנוּ
כִּי אַתָּה שׁוֹמֵעַ תְּפִלַּת עַמְּךָ יִשְׂרָאֵל בְּרַחֲמִים.
בָּרוּךְ אַתָּה יהוה, שׁוֹמֵעַ תְּפִלָּה.

עבודה

רְצֵה יהוה אֱלֹהֵינוּ בְּעַמְּךָ יִשְׂרָאֵל, וּבִתְפִלָּתָם
וְהָשֵׁב אֶת הָעֲבוֹדָה לִדְבִיר בֵּיתֶךָ
וְאִשֵּׁי יִשְׂרָאֵל וּתְפִלָּתָם בְּאַהֲבָה תְקַבֵּל בְּרָצוֹן
וּתְהִי לְרָצוֹן תָּמִיד עֲבוֹדַת יִשְׂרָאֵל עַמֶּךָ.
וְתֶחֱזֶינָה עֵינֵינוּ בְּשׁוּבְךָ לְצִיּוֹן בְּרַחֲמִים.
בָּרוּךְ אַתָּה יהוה, הַמַּחֲזִיר שְׁכִינָתוֹ לְצִיּוֹן.

הודאה

כורע ב׳מודים׳ ואינו זוקף עד אמירת השם (סידור השל״ה).

׳מוֹדִים אֲנַחְנוּ לָךְ
שָׁאַתָּה הוּא יהוה אֱלֹהֵינוּ
וֵאלֹהֵי אֲבוֹתֵינוּ לְעוֹלָם וָעֶד.
צוּר חַיֵּינוּ, מָגֵן יִשְׁעֵנוּ
אַתָּה הוּא לְדוֹר וָדוֹר.
נוֹדֶה לְּךָ וּנְסַפֵּר תְּהִלָּתֶךָ
עַל חַיֵּינוּ הַמְּסוּרִים בְּיָדֶךָ
וְעַל נִשְׁמוֹתֵינוּ הַפְּקוּדוֹת לָךְ
וְעַל נִסֶּיךָ שֶׁבְּכָל יוֹם עִמָּנוּ
וְעַל נִפְלְאוֹתֶיךָ וְטוֹבוֹתֶיךָ
שֶׁבְּכָל עֵת
עֶרֶב וָבֹקֶר וְצָהֳרָיִם.
הַטּוֹב, כִּי לֹא כָלוּ רַחֲמֶיךָ
וְהַמְרַחֵם, כִּי לֹא תַמּוּ חֲסָדֶיךָ
מֵעוֹלָם קִוִּינוּ לָךְ.

כששליח הציבור אומר ׳מודים׳,
הקהל אומר בלחש (סוטה מ ע״א):

׳מוֹדִים אֲנַחְנוּ לָךְ
שָׁאַתָּה הוּא יהוה אֱלֹהֵינוּ
וֵאלֹהֵי אֲבוֹתֵינוּ
אֱלֹהֵי כָל בָּשָׂר
יוֹצְרֵנוּ, יוֹצֵר בְּרֵאשִׁית.
בְּרָכוֹת וְהוֹדָאוֹת
לְשִׁמְךָ הַגָּדוֹל וְהַקָּדוֹשׁ
עַל שֶׁהֶחֱיִיתָנוּ וְקִיַּמְתָּנוּ.
כֵּן תְּחַיֵּנוּ וּתְקַיְּמֵנוּ
וְתֶאֱסֹף גָּלֻיּוֹתֵינוּ
לְחַצְרוֹת קָדְשֶׁךָ
לִשְׁמֹר חֻקֶּיךָ
וְלַעֲשׂוֹת רְצוֹנֶךָ וּלְעָבְדְּךָ
בְּלֵבָב שָׁלֵם
עַל שֶׁאֲנַחְנוּ מוֹדִים לָךְ.
בָּרוּךְ אֵל הַהוֹדָאוֹת.

הרוצה להוסיף בתפילת הלחש 'עַל הַנִּסִּים' רשאי לעשות כן בכל נוסח.
הנוסח המיוחס לרב נריה מובא כאן (נוסחים נוספים בעמ' 303-304).

עַל הַנִּסִּים וְעַל הַפֻּרְקָן וְעַל הַגְּבוּרוֹת וְעַל הַתְּשׁוּעוֹת וְעַל הַמִּלְחָמוֹת שֶׁעָשִׂיתָ לַאֲבוֹתֵינוּ בַּיָּמִים הָהֵם בַּזְּמַן הַזֶּה.

כְּשֶׁעָמְדוּ צִבְאוֹת עֲרָב עַל עַמְּךָ יִשְׂרָאֵל, וּבִקְשׁוּ לְהַשְׁמִיד לַהֲרֹג וּלְאַבֵּד אֶת יוֹשְׁבֵי אַרְצֶךָ, מִנַּעַר וְעַד זָקֵן טַף וְנָשִׁים, וּבָהֶם עִם שְׂרִידֵי חֶרֶב אֲשֶׁר נִצְּלוּ מִתֹּפֶת הָאֵשׁ שֶׁל שׂוֹנְאֶיךָ, אֶחָד מֵעִיר וּשְׁנַיִם מִמִּשְׁפָּחָה, וְשָׁבוּ לִמְצֹא מָנוֹחַ לְכַף רַגְלָם בְּאַרְצְךָ אֲשֶׁר הִבְטַחְתָּ לָהֶם. וְאַתָּה בְּרַחֲמֶיךָ הָרַבִּים עָמַדְתָּ לָנוּ בְּעֵת צָרָתֵנוּ, הֵפַרְתָּ אֶת עֲצָתָם וְקִלְקַלְתָּ אֶת מַחֲשַׁבְתָּם, זָקַפְתָּ קוֹמָתֵנוּ וְקוֹמַמְתָּ אֶת חֵרוּתֵנוּ, רַבְתָּ אֶת רִיבֵנוּ, דַּנְתָּ אֶת דִּינֵנוּ, נָקַמְתָּ אֶת נִקְמָתֵנוּ, מָסַרְתָּ רַבִּים בְּיַד מְעַטִּים, טְמֵאִים בְּיַד קְדוֹשִׁים, וְעָשִׂיתָ לְּךָ שֵׁם גָּדוֹל וְקָדוֹשׁ בְּעוֹלָמֶךָ, וּלְעַמְּךָ יִשְׂרָאֵל עָשִׂיתָ תְּשׁוּעָה גְדוֹלָה וּפֻרְקָן כְּהַיּוֹם הַזֶּה, הִדְבַּרְתָּ עַמִּים תַּחְתֵּינוּ וּלְאֻמִּים תַּחַת רַגְלֵנוּ, וְנָתַתָּ לָנוּ אֶת נַחֲלָתֵנוּ, אֶרֶץ כְּנַעַן לִגְבוּלוֹתֶיהָ, וְהֶחֱזַרְתָּנוּ אֶל מְקוֹם מִקְדַּשׁ הֵיכָלֶךָ.

(כֵּן עֲשֵׂה עִמָּנוּ נֵס וָפֶלֶא לְטוֹבָה, הָפֵר עֲצַת אוֹיְבֵינוּ, וְדַשְּׁנֵנוּ בִּנְאוֹת אַרְצֶךָ, וּנְפוּצוֹתֵינוּ מֵאַרְבַּע כַּנְפוֹת הָאָרֶץ תְּקַבֵּץ, וְנִשְׂמַח בְּבִנְיַן עִירֶךָ וּבְתִקּוּן הֵיכָלֶךָ וּבִצְמִיחַת קֶרֶן לְדָוִד עַבְדֶּךָ בִּמְהֵרָה בְיָמֵינוּ, וְנוֹדֶה לְשִׁמְךָ הַגָּדוֹל).

וממשיך 'וְעַל כֻּלָּם'.

וְעַל כֻּלָּם יִתְבָּרַךְ וְיִתְרוֹמַם שִׁמְךָ מַלְכֵּנוּ תָּמִיד לְעוֹלָם וָעֶד.
וְכֹל הַחַיִּים יוֹדוּךָ סֶּלָה, וִיהַלְלוּ אֶת שִׁמְךָ בֶּאֱמֶת
הָאֵל יְשׁוּעָתֵנוּ וְעֶזְרָתֵנוּ סֶלָה.
בָּרוּךְ אַתָּה יהוה, הַטּוֹב שִׁמְךָ וּלְךָ נָאֶה לְהוֹדוֹת.

על הנסים על אמירת "על הנסים" בתפילת לחש, ראו הערה בעמ' 42.

נסים גדולים בהקמת המדינה
"עלינו להודות על הנסים הגדולים, שעשה איתנו בראשית התייסדות המדינה, שראינו נפלאות ממש, כימי צאתנו מארץ מצרים, שהשמיע השי"ת קולות וברקים לשונאנו, ונפל עליהם פחד פתאום, בשעה האחרונה, בעת שכלה כוחנו ונשקנו".
(הרב אהרן הכהן זצ"ל, ראש ישיבת חברון, בהקדמה לספרו 'בית אהרון', עמ' 11)

שלום

שָׁלוֹם רָב עַל יִשְׂרָאֵל עַמְּךָ תָּשִׂים לְעוֹלָם
כִּי אַתָּה הוּא מֶלֶךְ אָדוֹן לְכָל הַשָּׁלוֹם.
וְטוֹב בְּעֵינֶיךָ לְבָרֵךְ אֶת עַמְּךָ יִשְׂרָאֵל
בְּכָל עֵת וּבְכָל שָׁעָה בִּשְׁלוֹמֶךָ.
בָּרוּךְ אַתָּה יהוה, הַמְבָרֵךְ אֶת עַמּוֹ יִשְׂרָאֵל בַּשָּׁלוֹם.

שליח הציבור מסיים באמירת הפסוק הבא בלחש,
ויש הנוהגים לאומרו גם בסוף תפילת לחש של יחיד.

תהלים יט יִהְיוּ לְרָצוֹן אִמְרֵי־פִי וְהֶגְיוֹן לִבִּי לְפָנֶיךָ, יהוה צוּרִי וְגֹאֲלִי:

ברכות יז. אֱלֹהַי
נְצֹר לְשׁוֹנִי מֵרָע וּשְׂפָתַי מִדַּבֵּר מִרְמָה
וְלִמְקַלְלַי נַפְשִׁי תִדֹּם, וְנַפְשִׁי כֶּעָפָר לַכֹּל תִּהְיֶה.
פְּתַח לִבִּי בְּתוֹרָתֶךָ, וּבְמִצְוֹתֶיךָ תִּרְדֹּף נַפְשִׁי.
וְכָל הַחוֹשְׁבִים עָלַי רָעָה
מְהֵרָה הָפֵר עֲצָתָם וְקַלְקֵל מַחֲשַׁבְתָּם.
עֲשֵׂה לְמַעַן שְׁמֶךָ
עֲשֵׂה לְמַעַן יְמִינֶךָ
עֲשֵׂה לְמַעַן קְדֻשָּׁתֶךָ
עֲשֵׂה לְמַעַן תּוֹרָתֶךָ.
תהלים ס לְמַעַן יֵחָלְצוּן יְדִידֶיךָ, הוֹשִׁיעָה יְמִינְךָ וַעֲנֵנִי:
תהלים יט יִהְיוּ לְרָצוֹן אִמְרֵי־פִי וְהֶגְיוֹן לִבִּי לְפָנֶיךָ, יהוה צוּרִי וְגֹאֲלִי:

כורע ופוסע שלוש פסיעות לאחור. קד לשמאל, לימין ולפנים באמירת:

עֹשֶׂה שָׁלוֹם בִּמְרוֹמָיו
הוּא יַעֲשֶׂה שָׁלוֹם עָלֵינוּ וְעַל כָּל יִשְׂרָאֵל
וְאִמְרוּ אָמֵן.

יְהִי רָצוֹן מִלְּפָנֶיךָ יהוה אֱלֹהֵינוּ וֵאלֹהֵי אֲבוֹתֵינוּ
שֶׁיִּבָּנֶה בֵּית הַמִּקְדָּשׁ בִּמְהֵרָה בְיָמֵינוּ, וְתֵן חֶלְקֵנוּ בְּתוֹרָתֶךָ
וְשָׁם נַעֲבָדְךָ בְּיִרְאָה כִּימֵי עוֹלָם וּכְשָׁנִים קַדְמֹנִיּוֹת.
וְעָרְבָה לַיהוה מִנְחַת יְהוּדָה וִירוּשָׁלָםִ כִּימֵי עוֹלָם וּכְשָׁנִים קַדְמֹנִיּוֹת: מלאכי ג

שליח הציבור חוזר על התפילה בקול רם.

קדיש שלם

ש״ץ: **יִתְגַּדַּל וְיִתְקַדַּשׁ שְׁמֵהּ רַבָּא** (קהל: אָמֵן)
בְּעָלְמָא דִּי בְרָא כִרְעוּתֵהּ
וְיַמְלִיךְ מַלְכוּתֵהּ
בְּחַיֵּיכוֹן וּבְיוֹמֵיכוֹן וּבְחַיֵּי דְכָל בֵּית יִשְׂרָאֵל
בַּעֲגָלָא וּבִזְמַן קָרִיב, וְאִמְרוּ אָמֵן. (קהל: אָמֵן)

קהל וש״ץ: **יְהֵא שְׁמֵהּ רַבָּא מְבָרַךְ לְעָלַם וּלְעָלְמֵי עָלְמַיָּא.**

ש״ץ: **יִתְבָּרַךְ וְיִשְׁתַּבַּח וְיִתְפָּאַר וְיִתְרוֹמַם וְיִתְנַשֵּׂא**
וְיִתְהַדָּר וְיִתְעַלֶּה וְיִתְהַלָּל
שְׁמֵהּ דְּקֻדְשָׁא בְּרִיךְ הוּא (קהל: בְּרִיךְ הוּא)
לְעֵלָּא מִן כָּל בִּרְכָתָא וְשִׁירָתָא, תֻּשְׁבְּחָתָא וְנֶחֱמָתָא
דַּאֲמִירָן בְּעָלְמָא, וְאִמְרוּ אָמֵן. (קהל: אָמֵן)

תִּתְקַבַּל צְלוֹתְהוֹן וּבָעוּתְהוֹן דְּכָל יִשְׂרָאֵל
קֳדָם אֲבוּהוֹן דִּי בִשְׁמַיָּא, וְאִמְרוּ אָמֵן. (קהל: אָמֵן)

יְהֵא שְׁלָמָא רַבָּא מִן שְׁמַיָּא
וְחַיִּים, עָלֵינוּ וְעַל כָּל יִשְׂרָאֵל, וְאִמְרוּ אָמֵן. (קהל: אָמֵן)

כורע ופוסע שלוש פסיעות לאחור. קד לשמאל, לימין ולפנים באמירת:

עֹשֶׂה שָׁלוֹם בִּמְרוֹמָיו
הוּא יַעֲשֶׂה שָׁלוֹם עָלֵינוּ
וְעַל כָּל יִשְׂרָאֵל, וְאִמְרוּ אָמֵן. (קהל: אָמֵן)

אומרים 'עָלֵינוּ' בעמידה ומשתחווים במקום המסומן ב*.

עָלֵינוּ לְשַׁבֵּחַ לַאֲדוֹן הַכֹּל, לָתֵת גְּדֻלָּה לְיוֹצֵר בְּרֵאשִׁית
שֶׁלֹּא עָשָׂנוּ כְּגוֹיֵי הָאֲרָצוֹת, וְלֹא שָׂמָנוּ כְּמִשְׁפְּחוֹת הָאֲדָמָה
שֶׁלֹּא שָׂם חֶלְקֵנוּ כָּהֶם וְגוֹרָלֵנוּ כְּכָל הֲמוֹנָם.
שֶׁהֵם מִשְׁתַּחֲוִים לְהֶבֶל וָרִיק וּמִתְפַּלְלִים אֶל אֵל לֹא יוֹשִׁיעַ.
*וַאֲנַחְנוּ כּוֹרְעִים וּמִשְׁתַּחֲוִים וּמוֹדִים
לִפְנֵי מֶלֶךְ מַלְכֵי הַמְּלָכִים, הַקָּדוֹשׁ בָּרוּךְ הוּא
שֶׁהוּא נוֹטֶה שָׁמַיִם וְיוֹסֵד אָרֶץ, וּמוֹשַׁב יְקָרוֹ בַּשָּׁמַיִם מִמַּעַל
וּשְׁכִינַת עֻזּוֹ בְּגָבְהֵי מְרוֹמִים.
הוּא אֱלֹהֵינוּ, אֵין עוֹד.
אֱמֶת מַלְכֵּנוּ, אֶפֶס זוּלָתוֹ
דברים ד כַּכָּתוּב בְּתוֹרָתוֹ, וְיָדַעְתָּ הַיּוֹם וַהֲשֵׁבֹתָ אֶל־לְבָבֶךָ
כִּי יהוה הוּא הָאֱלֹהִים בַּשָּׁמַיִם מִמַּעַל וְעַל־הָאָרֶץ מִתָּחַת, אֵין עוֹד:

עַל כֵּן נְקַוֶּה לְּךָ יהוה אֱלֹהֵינוּ, לִרְאוֹת מְהֵרָה בְּתִפְאֶרֶת עֻזֶּךָ
לְהַעֲבִיר גִּלּוּלִים מִן הָאָרֶץ, וְהָאֱלִילִים כָּרוֹת יִכָּרֵתוּן
לְתַקֵּן עוֹלָם בְּמַלְכוּת שַׁדַּי.
וְכָל בְּנֵי בָשָׂר יִקְרְאוּ בִשְׁמֶךָ, לְהַפְנוֹת אֵלֶיךָ כָּל רִשְׁעֵי אָרֶץ.
יַכִּירוּ וְיֵדְעוּ כָּל יוֹשְׁבֵי תֵבֵל
כִּי לְךָ תִּכְרַע כָּל בֶּרֶךְ, תִּשָּׁבַע כָּל לָשׁוֹן.
לְפָנֶיךָ יהוה אֱלֹהֵינוּ יִכְרְעוּ וְיִפֹּלוּ, וְלִכְבוֹד שִׁמְךָ יְקָר יִתֵּנוּ
וִיקַבְּלוּ כֻלָּם אֶת עֹל מַלְכוּתֶךָ
וְתִמְלֹךְ עֲלֵיהֶם מְהֵרָה לְעוֹלָם וָעֶד.
כִּי הַמַּלְכוּת שֶׁלְּךָ הִיא וּלְעוֹלְמֵי עַד תִּמְלֹךְ בְּכָבוֹד
שמות טו כַּכָּתוּב בְּתוֹרָתֶךָ, יהוה יִמְלֹךְ לְעֹלָם וָעֶד:
זכריה יד ◄ וְנֶאֱמַר, וְהָיָה יהוה לְמֶלֶךְ עַל־כָּל־הָאָרֶץ
בַּיּוֹם הַהוּא יִהְיֶה יהוה אֶחָד וּשְׁמוֹ אֶחָד:

יש מוסיפים:

אַל־תִּירָא מִפַּחַד פִּתְאֹם וּמִשֹּׁאַת רְשָׁעִים כִּי תָבֹא: משלי ג
עֻצוּ עֵצָה וְתֻפָר, דַּבְּרוּ דָבָר וְלֹא יָקוּם, כִּי עִמָּנוּ אֵל: ישעיה ח
וְעַד־זִקְנָה אֲנִי הוּא, וְעַד־שֵׂיבָה אֲנִי אֶסְבֹּל ישעיה מו
אֲנִי עָשִׂיתִי וַאֲנִי אֶשָּׂא וַאֲנִי אֶסְבֹּל וַאֲמַלֵּט:

קדיש יתום

אבל: יִתְגַּדַּל וְיִתְקַדַּשׁ שְׁמֵהּ רַבָּא (קהל: אָמֵן)
בְּעָלְמָא דִּי בְרָא כִרְעוּתֵהּ
וְיַמְלִיךְ מַלְכוּתֵהּ, בְּחַיֵּיכוֹן וּבְיוֹמֵיכוֹן וּבְחַיֵּי דְכָל בֵּית יִשְׂרָאֵל
בַּעֲגָלָא וּבִזְמַן קָרִיב
וְאִמְרוּ אָמֵן. (קהל: אָמֵן)

קהל ואבל: יְהֵא שְׁמֵהּ רַבָּא מְבָרַךְ לְעָלַם וּלְעָלְמֵי עָלְמַיָּא.

אבל: יִתְבָּרַךְ וְיִשְׁתַּבַּח וְיִתְפָּאַר וְיִתְרוֹמַם וְיִתְנַשֵּׂא
וְיִתְהַדָּר וְיִתְעַלֶּה וְיִתְהַלָּל
שְׁמֵהּ דְּקֻדְשָׁא בְּרִיךְ הוּא (קהל: בְּרִיךְ הוּא)
לְעֵלָּא מִן כָּל בִּרְכָתָא וְשִׁירָתָא
תֻּשְׁבְּחָתָא וְנֶחֱמָתָא, דַּאֲמִירָן בְּעָלְמָא
וְאִמְרוּ אָמֵן. (קהל: אָמֵן)

יְהֵא שְׁלָמָא רַבָּא מִן שְׁמַיָּא
וְחַיִּים, עָלֵינוּ וְעַל כָּל יִשְׂרָאֵל
וְאִמְרוּ אָמֵן. (קהל: אָמֵן)

כורע ופוסע שלוש פסיעות לאחור. קד לשמאל, לימין ולפנים באמירת:

עֹשֶׂה שָׁלוֹם בִּמְרוֹמָיו
הוּא יַעֲשֶׂה שָׁלוֹם עָלֵינוּ וְעַל כָּל יִשְׂרָאֵל
וְאִמְרוּ אָמֵן. (קהל: אָמֵן)

ערבית
למוצאי יום העצמאות
ולמוצאי יום ירושלים

תפילת ערבית 189

ספירת העומר 202

קריאת שמע שעל המיטה 206

ערבית למוצאי יום העצמאות ויום ירושלים · קריאת שמע וברכותיה 189

ערבית למוצאי יום העצמאות ויום ירושלים

קודם התפילה שליח הציבור אומר 'וְהוּא רַחוּם'.

וְהוּא רַחוּם, יְכַפֵּר עָוֹן וְלֹא־יַשְׁחִית תהלים עח
וְהִרְבָּה לְהָשִׁיב אַפּוֹ, וְלֹא־יָעִיר כָּל־חֲמָתוֹ:
יהוה הוֹשִׁיעָה, הַמֶּלֶךְ יַעֲנֵנוּ בְיוֹם־קָרְאֵנוּ: תהלים כ

קריאת שמע וברכותיה

שליח הציבור כורע ב'בָּרְכוּ' וזוקף בשם. הקהל כורע ב'בָּרוּךְ' וזוקף בשם, ושליח הציבור כורע שוב כאשר הוא חוזר אחריהם.

ש"ץ: **בָּרְכוּ**
אֶת יהוה הַמְבֹרָךְ.

קהל: בָּרוּךְ יהוה הַמְבֹרָךְ לְעוֹלָם וָעֶד.

ש"ץ: בָּרוּךְ יהוה הַמְבֹרָךְ לְעוֹלָם וָעֶד.

בָּרוּךְ אַתָּה יהוה אֱלֹהֵינוּ מֶלֶךְ הָעוֹלָם
אֲשֶׁר בִּדְבָרוֹ מַעֲרִיב עֲרָבִים, בְּחָכְמָה פּוֹתֵחַ שְׁעָרִים
וּבִתְבוּנָה מְשַׁנֶּה עִתִּים וּמַחֲלִיף אֶת הַזְּמַנִּים
וּמְסַדֵּר אֶת הַכּוֹכָבִים בְּמִשְׁמְרוֹתֵיהֶם בָּרָקִיעַ כִּרְצוֹנוֹ.
בּוֹרֵא יוֹם וָלָיְלָה, גּוֹלֵל אוֹר מִפְּנֵי חֹשֶׁךְ וְחֹשֶׁךְ מִפְּנֵי אוֹר
◂ וּמַעֲבִיר יוֹם וּמֵבִיא לָיְלָה, וּמַבְדִּיל בֵּין יוֹם וּבֵין לָיְלָה
יהוה צְבָאוֹת שְׁמוֹ.
אֵל חַי וְקַיָּם תָּמִיד, יִמְלֹךְ עָלֵינוּ לְעוֹלָם וָעֶד.
בָּרוּךְ אַתָּה יהוה, הַמַּעֲרִיב עֲרָבִים.

אַהֲבַת עוֹלָם בֵּית יִשְׂרָאֵל עַמְּךָ אָהָבְתָּ
תּוֹרָה וּמִצְוֹת, חֻקִּים וּמִשְׁפָּטִים, אוֹתָנוּ לִמַּדְתָּ
עַל כֵּן יהוה אֱלֹהֵינוּ בְּשָׁכְבֵנוּ וּבְקוּמֵנוּ נָשִׂיחַ בְּחֻקֶּיךָ
וְנִשְׂמַח בְּדִבְרֵי תוֹרָתֶךָ וּבְמִצְוֹתֶיךָ לְעוֹלָם וָעֶד
◂ כִּי הֵם חַיֵּינוּ וְאֹרֶךְ יָמֵינוּ, וּבָהֶם נֶהְגֶּה יוֹמָם וָלָיְלָה.
וְאַהֲבָתְךָ אַל תָּסִיר מִמֶּנּוּ לְעוֹלָמִים.
בָּרוּךְ אַתָּה יהוה, אוֹהֵב עַמּוֹ יִשְׂרָאֵל.

המתפלל ביחידות אומר:

אֵל מֶלֶךְ נֶאֱמָן

מכסה את עיניו בידו ואומר בכוונה ובקול רם:

דברים ו שְׁמַע יִשְׂרָאֵל, יהוה אֱלֹהֵינוּ, יהוה | אֶחָד:

בלחש: בָּרוּךְ שֵׁם כְּבוֹד מַלְכוּתוֹ לְעוֹלָם וָעֶד.

דברים ו וְאָהַבְתָּ אֵת יהוה אֱלֹהֶיךָ, בְּכָל־לְבָבְךָ וּבְכָל־נַפְשְׁךָ וּבְכָל־מְאֹדֶךָ:
וְהָיוּ הַדְּבָרִים הָאֵלֶּה, אֲשֶׁר אָנֹכִי מְצַוְּךָ הַיּוֹם, עַל־לְבָבֶךָ: וְשִׁנַּנְתָּם
לְבָנֶיךָ וְדִבַּרְתָּ בָּם, בְּשִׁבְתְּךָ בְּבֵיתֶךָ וּבְלֶכְתְּךָ בַדֶּרֶךְ, וּבְשָׁכְבְּךָ
וּבְקוּמֶךָ: וּקְשַׁרְתָּם לְאוֹת עַל־יָדֶךָ וְהָיוּ לְטֹטָפֹת בֵּין עֵינֶיךָ:
וּכְתַבְתָּם עַל־מְזֻזוֹת בֵּיתֶךָ וּבִשְׁעָרֶיךָ:

דברים יא וְהָיָה אִם־שָׁמֹעַ תִּשְׁמְעוּ אֶל־מִצְוֹתַי אֲשֶׁר אָנֹכִי מְצַוֶּה אֶתְכֶם
הַיּוֹם, לְאַהֲבָה אֶת־יהוה אֱלֹהֵיכֶם וּלְעָבְדוֹ, בְּכָל־לְבַבְכֶם וּבְכָל־
נַפְשְׁכֶם: וְנָתַתִּי מְטַר־אַרְצְכֶם בְּעִתּוֹ, יוֹרֶה וּמַלְקוֹשׁ, וְאָסַפְתָּ דְגָנֶךָ
וְתִירֹשְׁךָ וְיִצְהָרֶךָ: וְנָתַתִּי עֵשֶׂב בְּשָׂדְךָ לִבְהֶמְתֶּךָ, וְאָכַלְתָּ וְשָׂבָעְתָּ:
הִשָּׁמְרוּ לָכֶם פֶּן־יִפְתֶּה לְבַבְכֶם, וְסַרְתֶּם וַעֲבַדְתֶּם אֱלֹהִים אֲחֵרִים
וְהִשְׁתַּחֲוִיתֶם לָהֶם: וְחָרָה אַף־יהוה בָּכֶם, וְעָצַר אֶת־הַשָּׁמַיִם

וְלֹא־יִהְיֶה מָטָר, וְהָאֲדָמָה לֹא תִתֵּן אֶת־יְבוּלָהּ, וַאֲבַדְתֶּם מְהֵרָה מֵעַל הָאָרֶץ הַטֹּבָה אֲשֶׁר יְהוָה נֹתֵן לָכֶם: וְשַׂמְתֶּם אֶת־דְּבָרַי אֵלֶּה עַל־לְבַבְכֶם וְעַל־נַפְשְׁכֶם, וּקְשַׁרְתֶּם אֹתָם לְאוֹת עַל־יֶדְכֶם, וְהָיוּ לְטוֹטָפֹת בֵּין עֵינֵיכֶם: וְלִמַּדְתֶּם אֹתָם אֶת־בְּנֵיכֶם לְדַבֵּר בָּם, בְּשִׁבְתְּךָ בְּבֵיתֶךָ, וּבְלֶכְתְּךָ בַדֶּרֶךְ וּבְשָׁכְבְּךָ וּבְקוּמֶךָ: וּכְתַבְתָּם עַל־מְזוּזוֹת בֵּיתֶךָ וּבִשְׁעָרֶיךָ: לְמַעַן יִרְבּוּ יְמֵיכֶם וִימֵי בְנֵיכֶם עַל הָאֲדָמָה אֲשֶׁר נִשְׁבַּע יְהוָה לַאֲבֹתֵיכֶם לָתֵת לָהֶם, כִּימֵי הַשָּׁמַיִם עַל־הָאָרֶץ:

וַיֹּאמֶר יְהוָה אֶל־מֹשֶׁה לֵּאמֹר: דַּבֵּר אֶל־בְּנֵי יִשְׂרָאֵל וְאָמַרְתָּ במדבר טו
אֲלֵהֶם, וְעָשׂוּ לָהֶם צִיצִת עַל־כַּנְפֵי בִגְדֵיהֶם לְדֹרֹתָם, וְנָתְנוּ עַל־צִיצִת הַכָּנָף פְּתִיל תְּכֵלֶת: וְהָיָה לָכֶם לְצִיצִת, וּרְאִיתֶם אֹתוֹ, וּזְכַרְתֶּם אֶת־כָּל־מִצְוֹת יְהוָה וַעֲשִׂיתֶם אֹתָם, וְלֹא תָתוּרוּ אַחֲרֵי לְבַבְכֶם וְאַחֲרֵי עֵינֵיכֶם, אֲשֶׁר־אַתֶּם זֹנִים אַחֲרֵיהֶם: לְמַעַן תִּזְכְּרוּ וַעֲשִׂיתֶם אֶת־כָּל־מִצְוֹתָי, וִהְיִיתֶם קְדֹשִׁים לֵאלֹהֵיכֶם: אֲנִי יְהוָה אֱלֹהֵיכֶם, אֲשֶׁר הוֹצֵאתִי אֶתְכֶם מֵאֶרֶץ מִצְרַיִם, לִהְיוֹת לָכֶם לֵאלֹהִים, אֲנִי יְהוָה אֱלֹהֵיכֶם:

אֱמֶת

שליח הציבור חוזר ואומר:

◂ יְהוָה אֱלֹהֵיכֶם אֱמֶת

וֶאֱמוּנָה כָּל זֹאת וְקַיָּם עָלֵינוּ
כִּי הוּא יְהוָה אֱלֹהֵינוּ וְאֵין זוּלָתוֹ
וַאֲנַחְנוּ יִשְׂרָאֵל עַמּוֹ.
הַפּוֹדֵנוּ מִיַּד מְלָכִים
מַלְכֵּנוּ הַגּוֹאֲלֵנוּ מִכַּף כָּל הֶעָרִיצִים.

הָאֵל הַנִּפְרָע לָנוּ מִצָּרֵינוּ
וְהַמְשַׁלֵּם גְּמוּל לְכָל אוֹיְבֵי נַפְשֵׁנוּ.
הָעוֹשֶׂה גְדוֹלוֹת עַד אֵין חֵקֶר, וְנִפְלָאוֹת עַד אֵין מִסְפָּר
תהלים סו הַשָּׂם נַפְשֵׁנוּ בַּחַיִּים, וְלֹא־נָתַן לַמּוֹט רַגְלֵנוּ:
הַמַּדְרִיכֵנוּ עַל בָּמוֹת אוֹיְבֵינוּ
וַיָּרֶם קַרְנֵנוּ עַל כָּל שׂוֹנְאֵינוּ.
הָעוֹשֶׂה לָּנוּ נִסִּים וּנְקָמָה בְּפַרְעֹה
אוֹתוֹת וּמוֹפְתִים בְּאַדְמַת בְּנֵי חָם.
הַמַּכֶּה בְעֶבְרָתוֹ כָּל בְּכוֹרֵי מִצְרָיִם
וַיּוֹצֵא אֶת עַמּוֹ יִשְׂרָאֵל מִתּוֹכָם לְחֵרוּת עוֹלָם.
הַמַּעֲבִיר בָּנָיו בֵּין גִּזְרֵי יַם סוּף
אֶת רוֹדְפֵיהֶם וְאֶת שׂוֹנְאֵיהֶם בִּתְהוֹמוֹת טִבַּע
וְרָאוּ בָנָיו גְּבוּרָתוֹ, שִׁבְּחוּ וְהוֹדוּ לִשְׁמוֹ
◂ וּמַלְכוּתוֹ בְּרָצוֹן קִבְּלוּ עֲלֵיהֶם.
מֹשֶׁה וּבְנֵי יִשְׂרָאֵל, לְךָ עָנוּ שִׁירָה בְּשִׂמְחָה רַבָּה
וְאָמְרוּ כֻלָּם
שמות טו מִי־כָמֹכָה בָּאֵלִם יהוה
מִי כָּמֹכָה נֶאְדָּר בַּקֹּדֶשׁ
נוֹרָא תְהִלֹּת עֹשֵׂה פֶלֶא:

◂ מַלְכוּתְךָ רָאוּ בָנֶיךָ, בּוֹקֵעַ יָם לִפְנֵי מֹשֶׁה
זֶה אֵלִי עָנוּ, וְאָמְרוּ
שם יהוה יִמְלֹךְ לְעֹלָם וָעֶד:
◂ וְנֶאֱמַר
ירמיה לא כִּי־פָדָה יהוה אֶת־יַעֲקֹב, וּגְאָלוֹ מִיַּד חָזָק מִמֶּנּוּ:
בָּרוּךְ אַתָּה יהוה, גָּאַל יִשְׂרָאֵל.

הַשְׁכִּיבֵנוּ יהוה אֱלֹהֵינוּ לְשָׁלוֹם
וְהַעֲמִידֵנוּ מַלְכֵּנוּ לְחַיִּים
וּפְרֹשׂ עָלֵינוּ סֻכַּת שְׁלוֹמֶךָ
וְתַקְּנֵנוּ בְּעֵצָה טוֹבָה מִלְּפָנֶיךָ
וְהוֹשִׁיעֵנוּ לְמַעַן שְׁמֶךָ.
וְהָגֵן בַּעֲדֵנוּ, וְהָסֵר מֵעָלֵינוּ אוֹיֵב, דֶּבֶר וְחֶרֶב וְרָעָב וְיָגוֹן
וְהָסֵר שָׂטָן מִלְּפָנֵינוּ וּמֵאַחֲרֵינוּ
וּבְצֵל כְּנָפֶיךָ תַּסְתִּירֵנוּ, כִּי אֵל שׁוֹמְרֵנוּ וּמַצִּילֵנוּ אָתָּה
כִּי אֵל מֶלֶךְ חַנּוּן וְרַחוּם אָתָּה.
◂ וּשְׁמֹר צֵאתֵנוּ וּבוֹאֵנוּ לְחַיִּים וּלְשָׁלוֹם מֵעַתָּה וְעַד עוֹלָם.
בָּרוּךְ אַתָּה יהוה, שׁוֹמֵר עַמּוֹ יִשְׂרָאֵל לָעַד.

חצי קדיש

ש״ץ: יִתְגַּדַּל וְיִתְקַדַּשׁ שְׁמֵהּ רַבָּא (קהל: אָמֵן)
בְּעָלְמָא דִּי בְרָא כִרְעוּתֵהּ
וְיַמְלִיךְ מַלְכוּתֵהּ
בְּחַיֵּיכוֹן וּבְיוֹמֵיכוֹן וּבְחַיֵּי דְכָל בֵּית יִשְׂרָאֵל
בַּעֲגָלָא וּבִזְמַן קָרִיב, וְאִמְרוּ אָמֵן. (קהל: אָמֵן)

קהל וש״ץ: יְהֵא שְׁמֵהּ רַבָּא מְבָרַךְ לְעָלַם וּלְעָלְמֵי עָלְמַיָּא.

ש״ץ: יִתְבָּרַךְ וְיִשְׁתַּבַּח וְיִתְפָּאַר וְיִתְרוֹמַם וְיִתְנַשֵּׂא
וְיִתְהַדָּר וְיִתְעַלֶּה וְיִתְהַלָּל
שְׁמֵהּ דְּקֻדְשָׁא בְּרִיךְ הוּא (קהל: בְּרִיךְ הוּא)
לְעֵלָּא מִן כָּל בִּרְכָתָא וְשִׁירָתָא
תֻּשְׁבְּחָתָא וְנֶחֱמָתָא, דַּאֲמִירָן בְּעָלְמָא
וְאִמְרוּ אָמֵן. (קהל: אָמֵן)

עמידה

״המתפלל צריך שיכוין בלבו פירוש המלות שמוציא בשפתיו; ויחשוב כאלו שכינה כנגדו ויסיר כל המחשבות הטורדות אותו עד שתשאר מחשבתו וכוונתו זכה בתפלתו״ (שו״ע צח, א)

פוסע שלוש פסיעות לפנים, כמי שנכנס לפני המלך. עומד ומתפלל בלחש מכאן ועד ׳וּכְשָׁנִים קַדְמֹנִיּוֹת׳ בעמ׳ 200.

כורע במקומות המסומנים ב׳, קד לפנים במילה הבאה וזוקף בשם.

תהלים נא אֲדֹנָי, שְׂפָתַי תִּפְתָּח, וּפִי יַגִּיד תְּהִלָּתֶךָ:

אבות

בָּרוּךְ אַתָּה יהוה, אֱלֹהֵינוּ וֵאלֹהֵי אֲבוֹתֵינוּ
אֱלֹהֵי אַבְרָהָם, אֱלֹהֵי יִצְחָק, וֵאלֹהֵי יַעֲקֹב
הָאֵל הַגָּדוֹל הַגִּבּוֹר וְהַנּוֹרָא, אֵל עֶלְיוֹן
גּוֹמֵל חֲסָדִים טוֹבִים, וְקוֹנֵה הַכֹּל, וְזוֹכֵר חַסְדֵי אָבוֹת
וּמֵבִיא גוֹאֵל לִבְנֵי בְנֵיהֶם, לְמַעַן שְׁמוֹ בְּאַהֲבָה.
מֶלֶךְ עוֹזֵר וּמוֹשִׁיעַ וּמָגֵן.
בָּרוּךְ אַתָּה יהוה, מָגֵן אַבְרָהָם.

גבורות

אַתָּה גִּבּוֹר לְעוֹלָם, אֲדֹנָי
מְחַיֵּה מֵתִים אַתָּה, רַב לְהוֹשִׁיעַ
מוֹרִיד הַטָּל
מְכַלְכֵּל חַיִּים בְּחֶסֶד, מְחַיֵּה מֵתִים בְּרַחֲמִים רַבִּים
סוֹמֵךְ נוֹפְלִים, וְרוֹפֵא חוֹלִים, וּמַתִּיר אֲסוּרִים
וּמְקַיֵּם אֱמוּנָתוֹ לִישֵׁנֵי עָפָר.
מִי כָמוֹךָ, בַּעַל גְּבוּרוֹת, וּמִי דּוֹמֶה לָּךְ
מֶלֶךְ, מֵמִית וּמְחַיֶּה וּמַצְמִיחַ יְשׁוּעָה.
וְנֶאֱמָן אַתָּה לְהַחֲיוֹת מֵתִים.
בָּרוּךְ אַתָּה יהוה, מְחַיֵּה הַמֵּתִים.

קדושת השם

אַתָּה קָדוֹשׁ וְשִׁמְךָ קָדוֹשׁ
וּקְדוֹשִׁים בְּכָל יוֹם יְהַלְלוּךָ סֶּלָה.
בָּרוּךְ אַתָּה יהוה, הָאֵל הַקָּדוֹשׁ.

דעת

אַתָּה חוֹנֵן לְאָדָם דַּעַת
וּמְלַמֵּד לֶאֱנוֹשׁ בִּינָה.
חָנֵּנוּ מֵאִתְּךָ דֵּעָה בִּינָה וְהַשְׂכֵּל.
בָּרוּךְ אַתָּה יהוה, חוֹנֵן הַדָּעַת.

תשובה

הֲשִׁיבֵנוּ אָבִינוּ לְתוֹרָתֶךָ, וְקָרְבֵנוּ מַלְכֵּנוּ לַעֲבוֹדָתֶךָ
וְהַחֲזִירֵנוּ בִּתְשׁוּבָה שְׁלֵמָה לְפָנֶיךָ.
בָּרוּךְ אַתָּה יהוה, הָרוֹצֶה בִּתְשׁוּבָה.

סליחה

נוהגים להכות כנגד הלב במקומות המסומנים ב°.

סְלַח לָנוּ אָבִינוּ כִּי °חָטָאנוּ
מְחַל לָנוּ מַלְכֵּנוּ כִּי °פָשָׁעְנוּ
כִּי מוֹחֵל וְסוֹלֵחַ אָתָּה.
בָּרוּךְ אַתָּה יהוה, חַנּוּן הַמַּרְבֶּה לִסְלֹחַ.

גאולה

רְאֵה בְעָנְיֵנוּ, וְרִיבָה רִיבֵנוּ
וּגְאָלֵנוּ מְהֵרָה לְמַעַן שְׁמֶךָ
כִּי גּוֹאֵל חָזָק אָתָּה.
בָּרוּךְ אַתָּה יהוה, גּוֹאֵל יִשְׂרָאֵל.

רפואה

רְפָאֵנוּ יהוה וְנֵרָפֵא
הוֹשִׁיעֵנוּ וְנִוָּשֵׁעָה
כִּי תְהִלָּתֵנוּ אָתָּה
וְהַעֲלֵה רְפוּאָה שְׁלֵמָה לְכָל מַכּוֹתֵינוּ

המתפלל על חולה מוסיף:

יְהִי רָצוֹן מִלְּפָנֶיךָ יהוה אֱלֹהַי וֵאלֹהֵי אֲבוֹתַי, שֶׁתִּשְׁלַח מְהֵרָה רְפוּאָה שְׁלֵמָה מִן הַשָּׁמַיִם רְפוּאַת הַנֶּפֶשׁ וּרְפוּאַת הַגּוּף לַחוֹלֶה פלוני בֶּן פלונית/ לַחוֹלָה פלונית בַּת פלונית בְּתוֹךְ שְׁאָר חוֹלֵי יִשְׂרָאֵל

כִּי אֵל מֶלֶךְ רוֹפֵא נֶאֱמָן וְרַחֲמָן אָתָּה.
בָּרוּךְ אַתָּה יהוה, רוֹפֵא חוֹלֵי עַמּוֹ יִשְׂרָאֵל.

ברכת השנים

בָּרֵךְ עָלֵינוּ יהוה אֱלֹהֵינוּ אֶת הַשָּׁנָה הַזֹּאת
וְאֶת כָּל מִינֵי תְבוּאָתָהּ, לְטוֹבָה
וְתֵן בְּרָכָה עַל פְּנֵי הָאֲדָמָה
וְשַׂבְּעֵנוּ מִטּוּבָהּ
וּבָרֵךְ שְׁנָתֵנוּ כַּשָּׁנִים הַטּוֹבוֹת.
בָּרוּךְ אַתָּה יהוה, מְבָרֵךְ הַשָּׁנִים.

קיבוץ גלויות

תְּקַע בְּשׁוֹפָר גָּדוֹל לְחֵרוּתֵנוּ
וְשָׂא נֵס לְקַבֵּץ גָּלֻיּוֹתֵינוּ
וְקַבְּצֵנוּ יַחַד מֵאַרְבַּע כַּנְפוֹת הָאָרֶץ.
בָּרוּךְ אַתָּה יהוה, מְקַבֵּץ נִדְחֵי עַמּוֹ יִשְׂרָאֵל.

ערבית למוצאי יום העצמאות ויום ירושלים • עמידה

השבת המשפט

הָשִׁיבָה שׁוֹפְטֵינוּ כְּבָרִאשׁוֹנָה
וְיוֹעֲצֵינוּ כְּבַתְּחִלָּה
וְהָסֵר מִמֶּנּוּ יָגוֹן וַאֲנָחָה
וּמְלֹךְ עָלֵינוּ אַתָּה יהוה לְבַדְּךָ
בְּחֶסֶד וּבְרַחֲמִים, וְצַדְּקֵנוּ בַּמִּשְׁפָּט.
בָּרוּךְ אַתָּה יהוה, מֶלֶךְ אוֹהֵב צְדָקָה וּמִשְׁפָּט.

ברכת המינים

וְלַמַּלְשִׁינִים אַל תְּהִי תִקְוָה
וְכָל הָרִשְׁעָה כְּרֶגַע תֹּאבֵד
וְכָל אוֹיְבֵי עַמְּךָ מְהֵרָה יִכָּרֵתוּ
וְהַזֵּדִים מְהֵרָה תְעַקֵּר וּתְשַׁבֵּר וּתְמַגֵּר וְתַכְנִיעַ בִּמְהֵרָה בְיָמֵינוּ.
בָּרוּךְ אַתָּה יהוה, שׁוֹבֵר אוֹיְבִים וּמַכְנִיעַ זֵדִים.

על הצדיקים

עַל הַצַּדִּיקִים וְעַל הַחֲסִידִים
וְעַל זִקְנֵי עַמְּךָ בֵּית יִשְׂרָאֵל
וְעַל פְּלֵיטַת סוֹפְרֵיהֶם
וְעַל גֵּרֵי הַצֶּדֶק, וְעָלֵינוּ
יֶהֱמוּ רַחֲמֶיךָ יהוה אֱלֹהֵינוּ
וְתֵן שָׂכָר טוֹב לְכָל הַבּוֹטְחִים בְּשִׁמְךָ בֶּאֱמֶת
וְשִׂים חֶלְקֵנוּ עִמָּהֶם
וּלְעוֹלָם לֹא נֵבוֹשׁ כִּי בְךָ בָּטָחְנוּ.
בָּרוּךְ אַתָּה יהוה, מִשְׁעָן וּמִבְטָח לַצַּדִּיקִים.

בניין ירושלים

וְלִירוּשָׁלַיִם עִירְךָ בְּרַחֲמִים תָּשׁוּב, וְתִשְׁכֹּן בְּתוֹכָהּ כַּאֲשֶׁר דִּבַּרְתָּ
וּבְנֵה אוֹתָהּ בְּקָרוֹב בְּיָמֵינוּ בִּנְיַן עוֹלָם
וְכִסֵּא דָוִד מְהֵרָה לְתוֹכָהּ תָּכִין.
בָּרוּךְ אַתָּה יהוה, בּוֹנֵה יְרוּשָׁלָיִם.

משיח בן דוד

אֶת צֶמַח דָּוִד עַבְדְּךָ מְהֵרָה תַצְמִיחַ, וְקַרְנוֹ תָּרוּם בִּישׁוּעָתֶךָ
כִּי לִישׁוּעָתְךָ קִוִּינוּ כָּל הַיּוֹם.
בָּרוּךְ אַתָּה יהוה, מַצְמִיחַ קֶרֶן יְשׁוּעָה.

שומע תפילה

שְׁמַע קוֹלֵנוּ יהוה אֱלֹהֵינוּ
חוּס וְרַחֵם עָלֵינוּ, וְקַבֵּל בְּרַחֲמִים וּבְרָצוֹן אֶת תְּפִלָּתֵנוּ
כִּי אֵל שׁוֹמֵעַ תְּפִלּוֹת וְתַחֲנוּנִים אָתָּה
וּמִלְּפָנֶיךָ מַלְכֵּנוּ רֵיקָם אַל תְּשִׁיבֵנוּ
כִּי אַתָּה שׁוֹמֵעַ תְּפִלַּת עַמְּךָ יִשְׂרָאֵל בְּרַחֲמִים.
בָּרוּךְ אַתָּה יהוה, שׁוֹמֵעַ תְּפִלָּה.

עבודה

רְצֵה יהוה אֱלֹהֵינוּ בְּעַמְּךָ יִשְׂרָאֵל, וּבִתְפִלָּתָם
וְהָשֵׁב אֶת הָעֲבוֹדָה לִדְבִיר בֵּיתֶךָ
וְאִשֵּׁי יִשְׂרָאֵל וּתְפִלָּתָם בְּאַהֲבָה תְקַבֵּל בְּרָצוֹן
וּתְהִי לְרָצוֹן תָּמִיד עֲבוֹדַת יִשְׂרָאֵל עַמֶּךָ.
וְתֶחֱזֶינָה עֵינֵינוּ בְּשׁוּבְךָ לְצִיּוֹן בְּרַחֲמִים.
בָּרוּךְ אַתָּה יהוה, הַמַּחֲזִיר שְׁכִינָתוֹ לְצִיּוֹן.

הודאה

כורע ב׳מוֹדִים׳ ואינו זוקף עד אמירת השם.

מוֹדִים אֲנַחְנוּ לָךְ
שָׁאַתָּה הוּא יהוה אֱלֹהֵינוּ וֵאלֹהֵי אֲבוֹתֵינוּ לְעוֹלָם וָעֶד.
צוּר חַיֵּינוּ, מָגֵן יִשְׁעֵנוּ, אַתָּה הוּא לְדוֹר וָדוֹר.
נוֹדֶה לְּךָ וּנְסַפֵּר תְּהִלָּתֶךָ
עַל חַיֵּינוּ הַמְּסוּרִים בְּיָדֶךָ
וְעַל נִשְׁמוֹתֵינוּ הַפְּקוּדוֹת לָךְ
וְעַל נִסֶּיךָ שֶׁבְּכָל יוֹם עִמָּנוּ
וְעַל נִפְלְאוֹתֶיךָ וְטוֹבוֹתֶיךָ שֶׁבְּכָל עֵת, עֶרֶב וָבֹקֶר וְצָהֳרָיִם.
הַטּוֹב, כִּי לֹא כָלוּ רַחֲמֶיךָ, וְהַמְרַחֵם, כִּי לֹא תַמּוּ חֲסָדֶיךָ
מֵעוֹלָם קִוִּינוּ לָךְ.
וְעַל כֻּלָּם יִתְבָּרַךְ וְיִתְרוֹמַם שִׁמְךָ מַלְכֵּנוּ תָּמִיד לְעוֹלָם וָעֶד.
וְכֹל הַחַיִּים יוֹדוּךָ סֶּלָה, וִיהַלְלוּ אֶת שִׁמְךָ בֶּאֱמֶת
הָאֵל יְשׁוּעָתֵנוּ וְעֶזְרָתֵנוּ סֶלָה.
בָּרוּךְ אַתָּה יהוה, הַטּוֹב שִׁמְךָ וּלְךָ נָאֶה לְהוֹדוֹת.

שלום

שָׁלוֹם רָב עַל יִשְׂרָאֵל עַמְּךָ תָּשִׂים לְעוֹלָם
כִּי אַתָּה הוּא מֶלֶךְ אָדוֹן לְכָל הַשָּׁלוֹם.
וְטוֹב בְּעֵינֶיךָ לְבָרֵךְ אֶת עַמְּךָ יִשְׂרָאֵל
בְּכָל עֵת וּבְכָל שָׁעָה בִּשְׁלוֹמֶךָ.
בָּרוּךְ אַתָּה יהוה, הַמְבָרֵךְ אֶת עַמּוֹ יִשְׂרָאֵל בַּשָּׁלוֹם.

יש מוסיפים:

יִהְיוּ לְרָצוֹן אִמְרֵי־פִי וְהֶגְיוֹן לִבִּי לְפָנֶיךָ, יהוה צוּרִי וְגֹאֲלִי: תהלים יט

ברכות יז. אֱלֹהַי

נְצֹר לְשׁוֹנִי מֵרָע וּשְׂפָתַי מִדַּבֵּר מִרְמָה

וְלִמְקַלְלַי נַפְשִׁי תִדֹּם, וְנַפְשִׁי כֶּעָפָר לַכֹּל תִּהְיֶה.

פְּתַח לִבִּי בְּתוֹרָתֶךָ, וּבְמִצְוֹתֶיךָ תִּרְדֹּף נַפְשִׁי.

וְכָל הַחוֹשְׁבִים עָלַי רָעָה

מְהֵרָה הָפֵר עֲצָתָם וְקַלְקֵל מַחֲשַׁבְתָּם.

עֲשֵׂה לְמַעַן שְׁמֶךָ

עֲשֵׂה לְמַעַן יְמִינֶךָ

עֲשֵׂה לְמַעַן קְדֻשָּׁתֶךָ

עֲשֵׂה לְמַעַן תּוֹרָתֶךָ.

תהלים ס לְמַעַן יֵחָלְצוּן יְדִידֶיךָ, הוֹשִׁיעָה יְמִינְךָ וַעֲנֵנִי:

תהלים יט יִהְיוּ לְרָצוֹן אִמְרֵי־פִי וְהֶגְיוֹן לִבִּי לְפָנֶיךָ

יהוה צוּרִי וְגֹאֲלִי:

כורע ופוסע שלוש פסיעות לאחור.
קד לשמאל, לימין ולפנים באמירת:

עֹשֶׂה שָׁלוֹם בִּמְרוֹמָיו

הוּא יַעֲשֶׂה שָׁלוֹם עָלֵינוּ וְעַל כָּל יִשְׂרָאֵל

וְאִמְרוּ אָמֵן.

יְהִי רָצוֹן מִלְּפָנֶיךָ יהוה אֱלֹהֵינוּ וֵאלֹהֵי אֲבוֹתֵינוּ

שֶׁיִּבָּנֶה בֵּית הַמִּקְדָּשׁ בִּמְהֵרָה בְיָמֵינוּ

וְתֵן חֶלְקֵנוּ בְּתוֹרָתֶךָ

וְשָׁם נַעֲבָדְךָ בְּיִרְאָה כִּימֵי עוֹלָם וּכְשָׁנִים קַדְמוֹנִיּוֹת.

מלאכי ג וְעָרְבָה לַיהוה מִנְחַת יְהוּדָה וִירוּשָׁלָםִ כִּימֵי עוֹלָם וּכְשָׁנִים קַדְמֹנִיּוֹת:

ערבית למוצאי יום העצמאות ויום ירושלים • קדיש שלם

קדיש שלם

ש״ץ: יִתְגַּדַּל וְיִתְקַדַּשׁ שְׁמֵהּ רַבָּא (קהל: אָמֵן)
בְּעָלְמָא דִּי בְרָא כִרְעוּתֵהּ
וְיַמְלִיךְ מַלְכוּתֵהּ
בְּחַיֵּיכוֹן וּבְיוֹמֵיכוֹן וּבְחַיֵּי דְכָל בֵּית יִשְׂרָאֵל
בַּעֲגָלָא וּבִזְמַן קָרִיב
וְאִמְרוּ אָמֵן. (קהל: אָמֵן)

קהל וש״ץ: יְהֵא שְׁמֵהּ רַבָּא מְבָרַךְ לְעָלַם וּלְעָלְמֵי עָלְמַיָּא.

ש״ץ: יִתְבָּרַךְ וְיִשְׁתַּבַּח וְיִתְפָּאַר וְיִתְרוֹמַם וְיִתְנַשֵּׂא
וְיִתְהַדָּר וְיִתְעַלֶּה וְיִתְהַלָּל
שְׁמֵהּ דְּקֻדְשָׁא בְּרִיךְ הוּא (קהל: בְּרִיךְ הוּא)
לְעֵלָּא מִן כָּל בִּרְכָתָא וְשִׁירָתָא
תֻּשְׁבְּחָתָא וְנֶחֱמָתָא, דַּאֲמִירָן בְּעָלְמָא
וְאִמְרוּ אָמֵן. (קהל: אָמֵן)

תִּתְקַבַּל צְלוֹתְהוֹן וּבָעוּתְהוֹן דְּכָל יִשְׂרָאֵל
קֳדָם אֲבוּהוֹן דִּי בִשְׁמַיָּא
וְאִמְרוּ אָמֵן. (קהל: אָמֵן)

יְהֵא שְׁלָמָא רַבָּא מִן שְׁמַיָּא
וְחַיִּים, עָלֵינוּ וְעַל כָּל יִשְׂרָאֵל
וְאִמְרוּ אָמֵן. (קהל: אָמֵן)

כורע ופוסע שלוש פסיעות לאחור. קד לשמאל, לימין ולפנים באמירת:
עֹשֶׂה שָׁלוֹם בִּמְרוֹמָיו
הוּא יַעֲשֶׂה שָׁלוֹם עָלֵינוּ וְעַל כָּל יִשְׂרָאֵל
וְאִמְרוּ אָמֵן. (קהל: אָמֵן)

202 סדר ספירת העומר • ערבית למוצאי יום העצמאות ויום ירושלים

סדר ספירת העומר

לפני ספירת העומר יש אומרים:

לְשֵׁם יִחוּד קֻדְשָׁא בְּרִיךְ הוּא וּשְׁכִינְתֵּהּ בִּדְחִילוּ וּרְחִימוּ
לְיַחֵד שֵׁם י״ה בו״ה בְּיִחוּדָא שְׁלִים בְּשֵׁם כָּל יִשְׂרָאֵל.

הִנְנִי מוּכָן וּמְזֻמָּן לְקַיֵּם מִצְוַת עֲשֵׂה שֶׁל סְפִירַת הָעֹמֶר. כְּמוֹ שֶׁכָּתוּב בַּתּוֹרָה,
ויקרא כג וּסְפַרְתֶּם לָכֶם מִמָּחֳרַת הַשַּׁבָּת, מִיּוֹם הֲבִיאֲכֶם אֶת־עֹמֶר הַתְּנוּפָה, שֶׁבַע
שַׁבָּתוֹת תְּמִימֹת תִּהְיֶינָה: עַד מִמָּחֳרַת הַשַּׁבָּת הַשְּׁבִיעִת תִּסְפְּרוּ חֲמִשִּׁים
תהלים צ יוֹם, וְהִקְרַבְתֶּם מִנְחָה חֲדָשָׁה לַיהוה: וִיהִי נֹעַם אֲדֹנָי אֱלֹהֵינוּ עָלֵינוּ, וּמַעֲשֵׂה
יָדֵינוּ כּוֹנְנָה עָלֵינוּ, וּמַעֲשֵׂה יָדֵינוּ כּוֹנְנֵהוּ:

בָּרוּךְ אַתָּה יהוה אֱלֹהֵינוּ מֶלֶךְ הָעוֹלָם
אֲשֶׁר קִדְּשָׁנוּ בְּמִצְוֹתָיו, וְצִוָּנוּ עַל סְפִירַת הָעֹמֶר.

ד׳ באייר: הַיּוֹם תִּשְׁעָה עָשָׂר יוֹם
שֶׁהֵם שְׁנֵי שָׁבוּעוֹת וַחֲמִשָּׁה יָמִים בָּעֹמֶר. הוד שבתפארת

ה׳ באייר: הַיּוֹם עֶשְׂרִים יוֹם
שֶׁהֵם שְׁנֵי שָׁבוּעוֹת וְשִׁשָּׁה יָמִים בָּעֹמֶר. יסוד שבתפארת

ו׳ באייר: הַיּוֹם אֶחָד וְעֶשְׂרִים יוֹם
שֶׁהֵם שְׁלֹשָׁה שָׁבוּעוֹת בָּעֹמֶר. מלכות שבתפארת

ז׳ באייר: הַיּוֹם שְׁנַיִם וְעֶשְׂרִים יוֹם
שֶׁהֵם שְׁלֹשָׁה שָׁבוּעוֹת וְיוֹם אֶחָד בָּעֹמֶר. חסד שבנצח

כ״ט באייר: הַיּוֹם אַרְבָּעָה וְאַרְבָּעִים יוֹם
שֶׁהֵם שִׁשָּׁה שָׁבוּעוֹת וּשְׁנֵי יָמִים בָּעֹמֶר. גבורה שבמלכות

הָרַחֲמָן הוּא יַחֲזִיר לָנוּ עֲבוֹדַת בֵּית הַמִּקְדָּשׁ לִמְקוֹמָהּ
בִּמְהֵרָה בְיָמֵינוּ, אָמֵן סֶלָה.

יש מוסיפים (על פי סידור בעל ה'תניא'):

לַמְנַצֵּחַ בִּנְגִינֹת, מִזְמוֹר שִׁיר: אֱלֹהִים יְחָנֵּנוּ וִיבָרְכֵנוּ, יָאֵר פָּנָיו אִתָּנוּ סֶלָה: לָדַעַת תהלים סז
בָּאָרֶץ דַּרְכֶּךָ, בְּכָל־גּוֹיִם יְשׁוּעָתֶךָ: יוֹדוּךָ עַמִּים אֱלֹהִים, יוֹדוּךָ עַמִּים כֻּלָּם: יִשְׂמְחוּ
וִירַנְּנוּ לְאֻמִּים, כִּי־תִשְׁפֹּט עַמִּים מִישֹׁר, וּלְאֻמִּים בָּאָרֶץ תַּנְחֵם סֶלָה: יוֹדוּךָ עַמִּים
אֱלֹהִים, יוֹדוּךָ עַמִּים כֻּלָּם: אֶרֶץ נָתְנָה יְבוּלָהּ, יְבָרְכֵנוּ אֱלֹהִים אֱלֹהֵינוּ: יְבָרְכֵנוּ
אֱלֹהִים, וְיִירְאוּ אוֹתוֹ כָּל־אַפְסֵי־אָרֶץ:

אָנָּא, בְּכֹחַ גְּדֻלַּת יְמִינְךָ, תַּתִּיר צְרוּרָה. קַבֵּל רִנַּת עַמְּךָ, שַׂגְּבֵנוּ, טַהֲרֵנוּ, נוֹרָא. נָא גִבּוֹר, דּוֹרְשֵׁי יִחוּדְךָ כְּבָבַת שָׁמְרֵם. בָּרְכֵם, טַהֲרֵם, רַחֲמֵם, צִדְקָתְךָ תָּמִיד גָּמְלֵם. חֲסִין קָדוֹשׁ, בְּרֹב טוּבְךָ נַהֵל עֲדָתֶךָ. יָחִיד גֵּאֶה, לְעַמְּךָ פְּנֵה, זוֹכְרֵי קְדֻשָּׁתֶךָ. שַׁוְעָתֵנוּ קַבֵּל וּשְׁמַע צַעֲקָתֵנוּ, יוֹדֵעַ תַּעֲלוּמוֹת. בָּרוּךְ שֵׁם כְּבוֹד מַלְכוּתוֹ לְעוֹלָם וָעֶד.

רִבּוֹנוֹ שֶׁל עוֹלָם, אַתָּה צִוִּיתָנוּ עַל יְדֵי מֹשֶׁה עַבְדֶּךָ לִסְפֹּר סְפִירַת הָעֹמֶר, כְּדֵי
לְטַהֲרֵנוּ מִקְּלִפּוֹתֵינוּ וּמִטֻּמְאוֹתֵינוּ. כְּמוֹ שֶׁכָּתַבְתָּ בְּתוֹרָתֶךָ: וּסְפַרְתֶּם לָכֶם ויקרא כג
מִמָּחֳרַת הַשַּׁבָּת, מִיּוֹם הֲבִיאֲכֶם אֶת־עֹמֶר הַתְּנוּפָה, שֶׁבַע שַׁבָּתוֹת תְּמִימֹת
תִּהְיֶינָה: עַד מִמָּחֳרַת הַשַּׁבָּת הַשְּׁבִיעִת תִּסְפְּרוּ חֲמִשִּׁים יוֹם: כְּדֵי שֶׁיִּטָּהֲרוּ
נַפְשׁוֹת עַמְּךָ יִשְׂרָאֵל מִזֻּהֲמָתָם. וּבְכֵן יְהִי רָצוֹן מִלְּפָנֶיךָ יהוה אֱלֹהֵינוּ וֵאלֹהֵי
אֲבוֹתֵינוּ, שֶׁבִּזְכוּת סְפִירַת הָעֹמֶר שֶׁסָּפַרְתִּי הַיּוֹם, יְתֻקַּן מַה שֶּׁפָּגַמְתִּי בִּסְפִירָה
(פלונית השייכת לאותו היום) וְאֶטָּהֵר וְאֶתְקַדֵּשׁ בִּקְדֻשָּׁה שֶׁל מַעְלָה, וְעַל יְדֵי זֶה
יֻשְׁפַּע שֶׁפַע רַב בְּכָל הָעוֹלָמוֹת, לְתַקֵּן אֶת נַפְשׁוֹתֵינוּ וְרוּחוֹתֵינוּ וְנִשְׁמוֹתֵינוּ
מִכָּל סִיג וּפְגַם, וּלְטַהֲרֵנוּ וּלְקַדְּשֵׁנוּ בִּקְדֻשָּׁתְךָ הָעֶלְיוֹנָה, אָמֵן סֶלָה.

עומדים באמירת 'עָלֵינוּ' ומשתחווים במקום המסומן ב*.

עָלֵינוּ לְשַׁבֵּחַ לַאֲדוֹן הַכֹּל, לָתֵת גְּדֻלָּה לְיוֹצֵר בְּרֵאשִׁית
שֶׁלֹּא עָשָׂנוּ כְּגוֹיֵי הָאֲרָצוֹת, וְלֹא שָׂמָנוּ כְּמִשְׁפְּחוֹת הָאֲדָמָה
שֶׁלֹּא שָׂם חֶלְקֵנוּ כָּהֶם וְגוֹרָלֵנוּ כְּכָל הֲמוֹנָם.
שֶׁהֵם מִשְׁתַּחֲוִים לְהֶבֶל וָרִיק וּמִתְפַּלְּלִים אֶל אֵל לֹא יוֹשִׁיעַ.
*וַאֲנַחְנוּ כּוֹרְעִים וּמִשְׁתַּחֲוִים וּמוֹדִים
לִפְנֵי מֶלֶךְ מַלְכֵי הַמְּלָכִים, הַקָּדוֹשׁ בָּרוּךְ הוּא

שֶׁהוּא נוֹטֶה שָׁמַיִם וְיוֹסֵד אָרֶץ, וּמוֹשַׁב יְקָרוֹ בַּשָּׁמַיִם מִמַּעַל
וּשְׁכִינַת עֻזּוֹ בְּגָבְהֵי מְרוֹמִים.
הוּא אֱלֹהֵינוּ, אֵין עוֹד.
אֱמֶת מַלְכֵּנוּ, אֶפֶס זוּלָתוֹ
דברים ד כַּכָּתוּב בְּתוֹרָתוֹ, וְיָדַעְתָּ הַיּוֹם וַהֲשֵׁבֹתָ אֶל־לְבָבֶךָ
כִּי יהוה הוּא הָאֱלֹהִים בַּשָּׁמַיִם מִמַּעַל וְעַל־הָאָרֶץ מִתָּחַת
אֵין עוֹד:

עַל כֵּן נְקַוֶּה לְּךָ יהוה אֱלֹהֵינוּ, לִרְאוֹת מְהֵרָה בְּתִפְאֶרֶת עֻזֶּךָ
לְהַעֲבִיר גִּלּוּלִים מִן הָאָרֶץ, וְהָאֱלִילִים כָּרוֹת יִכָּרֵתוּן
לְתַקֵּן עוֹלָם בְּמַלְכוּת שַׁדַּי.
וְכָל בְּנֵי בָשָׂר יִקְרְאוּ בִשְׁמֶךָ לְהַפְנוֹת אֵלֶיךָ כָּל רִשְׁעֵי אָרֶץ.
יַכִּירוּ וְיֵדְעוּ כָּל יוֹשְׁבֵי תֵבֵל
כִּי לְךָ תִּכְרַע כָּל בֶּרֶךְ, תִּשָּׁבַע כָּל לָשׁוֹן.
לְפָנֶיךָ יהוה אֱלֹהֵינוּ יִכְרְעוּ וְיִפֹּלוּ, וְלִכְבוֹד שִׁמְךָ יְקָר יִתֵּנוּ
וִיקַבְּלוּ כֻלָּם אֶת עֹל מַלְכוּתֶךָ
וְתִמְלֹךְ עֲלֵיהֶם מְהֵרָה לְעוֹלָם וָעֶד.
כִּי הַמַּלְכוּת שֶׁלְּךָ הִיא וּלְעוֹלְמֵי עַד תִּמְלֹךְ בְּכָבוֹד
שמות טו כַּכָּתוּב בְּתוֹרָתֶךָ, יהוה יִמְלֹךְ לְעֹלָם וָעֶד:
◄ זכריה יד וְנֶאֱמַר, וְהָיָה יהוה לְמֶלֶךְ עַל־כָּל־הָאָרֶץ
בַּיּוֹם הַהוּא יִהְיֶה יהוה אֶחָד וּשְׁמוֹ אֶחָד:

יש מוסיפים:

משלי ג אַל־תִּירָא מִפַּחַד פִּתְאֹם וּמִשֹּׁאַת רְשָׁעִים כִּי תָבֹא:
ישעיה ח עֻצוּ עֵצָה וְתֻפָר, דַּבְּרוּ דָבָר וְלֹא יָקוּם, כִּי עִמָּנוּ אֵל:
ישעיה מו וְעַד־זִקְנָה אֲנִי הוּא, וְעַד־שֵׂיבָה אֲנִי אֶסְבֹּל
אֲנִי עָשִׂיתִי וַאֲנִי אֶשָּׂא וַאֲנִי אֶסְבֹּל וַאֲמַלֵּט:

ערבית למוצאי יום העצמאות ויום ירושלים • סיום התפילה _____ 205

קדיש יתום

אבל: יִתְגַּדַּל וְיִתְקַדַּשׁ שְׁמֵהּ רַבָּא (קהל: אָמֵן)
בְּעָלְמָא דִּי בְרָא כִרְעוּתֵהּ
וְיַמְלִיךְ מַלְכוּתֵהּ
בְּחַיֵּיכוֹן וּבְיוֹמֵיכוֹן
וּבְחַיֵּי דְכָל בֵּית יִשְׂרָאֵל
בַּעֲגָלָא וּבִזְמַן קָרִיב
וְאִמְרוּ אָמֵן. (קהל: אָמֵן)

קהל ואבל: יְהֵא שְׁמֵהּ רַבָּא מְבָרַךְ לְעָלַם וּלְעָלְמֵי עָלְמַיָּא.

אבל: יִתְבָּרַךְ וְיִשְׁתַּבַּח וְיִתְפָּאַר וְיִתְרוֹמַם וְיִתְנַשֵּׂא
וְיִתְהַדָּר וְיִתְעַלֶּה וְיִתְהַלָּל
שְׁמֵהּ דְּקֻדְשָׁא בְּרִיךְ הוּא (קהל: בְּרִיךְ הוּא)
לְעֵלָּא מִן כָּל בִּרְכָתָא וְשִׁירָתָא
תֻּשְׁבְּחָתָא וְנֶחֱמָתָא
דַּאֲמִירָן בְּעָלְמָא
וְאִמְרוּ אָמֵן. (קהל: אָמֵן)

יְהֵא שְׁלָמָא רַבָּא מִן שְׁמַיָּא
וְחַיִּים, עָלֵינוּ וְעַל כָּל יִשְׂרָאֵל
וְאִמְרוּ אָמֵן. (קהל: אָמֵן)

כורע ופוסע שלוש פסיעות לאחור. קד לשמאל, לימין ולפנים באמירת:

עֹשֶׂה שָׁלוֹם בִּמְרוֹמָיו
הוּא יַעֲשֶׂה שָׁלוֹם עָלֵינוּ וְעַל כָּל יִשְׂרָאֵל
וְאִמְרוּ אָמֵן. (קהל: אָמֵן)

קריאת שמע שעל המיטה

במגילה כח ע״א מובא שמר זוטרא, לפני שעלה על מיטתו, אמר שהוא סולח לכל מי שפגע בו באותו היום. מקורו של הנוסח שלנו בסידור השל״ה, על פי הרמ״ק.

הֲרֵינִי מוֹחֵל לְכָל מִי שֶׁהִכְעִיס וְהִקְנִיט אוֹתִי אוֹ שֶׁחָטָא כְּנֶגְדִּי, בֵּין בְּגוּפִי בֵּין בְּמָמוֹנִי בֵּין בִּכְבוֹדִי בֵּין בְּכָל אֲשֶׁר לִי, בֵּין בְּאֹנֶס בֵּין בְּרָצוֹן, בֵּין בְּשׁוֹגֵג בֵּין בְּמֵזִיד, בֵּין בְּדִבּוּר בֵּין בְּמַעֲשֶׂה, וְלֹא יֵעָנֵשׁ שׁוּם אָדָם בְּסִבָּתִי.

בברכות ס ע״ב מובא שיש לברך ברכה זו קודם השינה לאחר קריאת שמע, ובירושלמי (ברכות פ״א ה״א) מובא שאומרים את הברכה קודם קריאת שמע, וכן פסק הרמב״ם (תפילה פ״ז ה״א וה״ב).

בָּרוּךְ אַתָּה יהוה אֱלֹהֵינוּ מֶלֶךְ הָעוֹלָם, הַמַּפִּיל חֶבְלֵי שֵׁנָה עַל עֵינַי וּתְנוּמָה עַל עַפְעַפָּי. וִיהִי רָצוֹן מִלְּפָנֶיךָ, יהוה אֱלֹהַי וֵאלֹהֵי אֲבוֹתַי, שֶׁתַּשְׁכִּיבֵנִי לְשָׁלוֹם וְתַעֲמִידֵנִי לְשָׁלוֹם, וְאַל יְבַהֲלוּנִי רַעְיוֹנַי וַחֲלוֹמוֹת רָעִים וְהִרְהוּרִים רָעִים, וּתְהֵא מִטָּתִי שְׁלֵמָה לְפָנֶיךָ, וְהָאֵר עֵינַי פֶּן אִישַׁן הַמָּוֶת, כִּי אַתָּה הַמֵּאִיר לְאִישׁוֹן בַּת עָיִן. בָּרוּךְ אַתָּה יהוה, הַמֵּאִיר לָעוֹלָם כֻּלּוֹ בִּכְבוֹדוֹ.

יש נוהגים לומר את כל שלוש הפרשיות (עמ׳ 190-191),
ומקדימים באמירת ׳אֵל מֶלֶךְ נֶאֱמָן׳.

אֵל מֶלֶךְ נֶאֱמָן

מכסה את עיניו בידו ואומר בכוונה:

דברים ו **שְׁמַע יִשְׂרָאֵל, יהוה אֱלֹהֵינוּ, יהוה ׀ אֶחָד:**

בלחש: בָּרוּךְ שֵׁם כְּבוֹד מַלְכוּתוֹ לְעוֹלָם וָעֶד.

דברים ו וְאָהַבְתָּ אֵת יהוה אֱלֹהֶיךָ, בְּכָל־לְבָבְךָ וּבְכָל־נַפְשְׁךָ וּבְכָל־מְאֹדֶךָ: וְהָיוּ הַדְּבָרִים הָאֵלֶּה, אֲשֶׁר אָנֹכִי מְצַוְּךָ הַיּוֹם, עַל־לְבָבֶךָ: וְשִׁנַּנְתָּם לְבָנֶיךָ וְדִבַּרְתָּ בָּם, בְּשִׁבְתְּךָ בְּבֵיתֶךָ וּבְלֶכְתְּךָ בַדֶּרֶךְ, וּבְשָׁכְבְּךָ וּבְקוּמֶךָ: וּקְשַׁרְתָּם לְאוֹת עַל־יָדֶךָ וְהָיוּ לְטֹטָפֹת בֵּין עֵינֶיךָ: וּכְתַבְתָּם עַל־מְזֻזוֹת בֵּיתֶךָ וּבִשְׁעָרֶיךָ:

בשבועות טו ע"ב מובא שר' יהושע בן לוי נהג לומר את מזמור צא ואת מזמור ג לפני שנתו.

תהלים צ וִיהִי נֹעַם אֲדֹנָי אֱלֹהֵינוּ עָלֵינוּ וּמַעֲשֵׂה יָדֵינוּ כּוֹנְנָה עָלֵינוּ וּמַעֲשֵׂה יָדֵינוּ כּוֹנְנֵהוּ:

תהלים צא יֹשֵׁב בְּסֵתֶר עֶלְיוֹן, בְּצֵל שַׁדַּי יִתְלוֹנָן: אֹמַר לַיהוה מַחְסִי וּמְצוּדָתִי, אֱלֹהַי אֶבְטַח־בּוֹ: כִּי הוּא יַצִּילְךָ מִפַּח יָקוּשׁ, מִדֶּבֶר הַוּוֹת: בְּאֶבְרָתוֹ יָסֶךְ לָךְ, וְתַחַת־כְּנָפָיו תֶּחְסֶה, צִנָּה וְסֹחֵרָה אֲמִתּוֹ: לֹא־תִירָא מִפַּחַד לָיְלָה, מֵחֵץ יָעוּף יוֹמָם: מִדֶּבֶר בָּאֹפֶל יַהֲלֹךְ, מִקֶּטֶב יָשׁוּד צָהֳרָיִם: יִפֹּל מִצִּדְּךָ אֶלֶף, וּרְבָבָה מִימִינֶךָ, אֵלֶיךָ לֹא יִגָּשׁ: רַק בְּעֵינֶיךָ תַבִּיט, וְשִׁלֻּמַת רְשָׁעִים תִּרְאֶה: כִּי־אַתָּה יהוה מַחְסִי, עֶלְיוֹן שַׂמְתָּ מְעוֹנֶךָ: לֹא־תְאֻנֶּה אֵלֶיךָ רָעָה, וְנֶגַע לֹא־יִקְרַב בְּאָהֳלֶךָ: כִּי מַלְאָכָיו יְצַוֶּה־לָּךְ, לִשְׁמָרְךָ בְּכָל־דְּרָכֶיךָ: עַל־כַּפַּיִם יִשָּׂאוּנְךָ, פֶּן־תִּגֹּף בָּאֶבֶן רַגְלֶךָ: עַל־שַׁחַל וָפֶתֶן תִּדְרֹךְ, תִּרְמֹס כְּפִיר וְתַנִּין: כִּי בִי חָשַׁק וַאֲפַלְּטֵהוּ, אֲשַׂגְּבֵהוּ כִּי־יָדַע שְׁמִי: יִקְרָאֵנִי וְאֶעֱנֵהוּ, עִמּוֹ־אָנֹכִי בְצָרָה, אֲחַלְּצֵהוּ וַאֲכַבְּדֵהוּ: אֹרֶךְ יָמִים אַשְׂבִּיעֵהוּ, וְאַרְאֵהוּ בִּישׁוּעָתִי:
אֹרֶךְ יָמִים אַשְׂבִּיעֵהוּ, וְאַרְאֵהוּ בִּישׁוּעָתִי:

תהלים ג יהוה מָה־רַבּוּ צָרָי, רַבִּים קָמִים עָלָי: רַבִּים אֹמְרִים לְנַפְשִׁי, אֵין יְשׁוּעָתָה לּוֹ בֵאלֹהִים, סֶלָה: וְאַתָּה יהוה מָגֵן בַּעֲדִי, כְּבוֹדִי וּמֵרִים רֹאשִׁי: קוֹלִי אֶל־יהוה אֶקְרָא, וַיַּעֲנֵנִי מֵהַר קָדְשׁוֹ, סֶלָה: אֲנִי שָׁכַבְתִּי וָאִישָׁנָה, הֱקִיצוֹתִי כִּי יהוה יִסְמְכֵנִי: לֹא־אִירָא מֵרִבְבוֹת עָם, אֲשֶׁר סָבִיב שָׁתוּ עָלָי: קוּמָה יהוה, הוֹשִׁיעֵנִי אֱלֹהַי, כִּי־הִכִּיתָ אֶת־כָּל־אֹיְבַי לֶחִי, שִׁנֵּי רְשָׁעִים שִׁבַּרְתָּ: לַיהוה הַיְשׁוּעָה, עַל־עַמְּךָ בִרְכָתֶךָ סֶּלָה:

הרא"ש נהג לומר 'הַשְׁכִּיבֵנוּ' בלא ברכה (מובא בטור, רלט),
ובאבודרהם כתוב שיש לאומרו אחרי שני הפרקים מתהלים.

הַשְׁכִּיבֵנוּ, יהוה אֱלֹהֵינוּ, לְשָׁלוֹם. וְהַעֲמִידֵנוּ, מַלְכֵּנוּ, לְחַיִּים. וּפְרֹשׂ עָלֵינוּ סֻכַּת שְׁלוֹמֶךָ, וְתַקְּנֵנוּ בְּעֵצָה טוֹבָה מִלְּפָנֶיךָ, וְהוֹשִׁיעֵנוּ לְמַעַן שְׁמֶךָ. וְהָגֵן בַּעֲדֵנוּ, וְהָסֵר מֵעָלֵינוּ אוֹיֵב, דֶּבֶר וְחֶרֶב וְרָעָב וְיָגוֹן. וְהָסֵר שָׂטָן מִלְּפָנֵינוּ

וּמֵאַחֲרֵינוּ, וּבְצֵל כְּנָפֶיךָ תַּסְתִּירֵנוּ, כִּי אֵל שׁוֹמְרֵנוּ וּמַצִּילֵנוּ אָתָּה, כִּי אֵל
מֶלֶךְ חַנּוּן וְרַחוּם אָתָּה. וּשְׁמוֹר צֵאתֵנוּ וּבוֹאֵנוּ לְחַיִּים וּלְשָׁלוֹם מֵעַתָּה
וְעַד עוֹלָם.

בָּרוּךְ יהוה בַּיּוֹם, בָּרוּךְ יהוה בַּלָּיְלָה, בָּרוּךְ יהוה בְּשָׁכְבֵנוּ, בָּרוּךְ יהוה
איוב יב בְּקוּמֵנוּ. כִּי בְיָדְךָ נַפְשׁוֹת הַחַיִּים וְהַמֵּתִים. אֲשֶׁר בְּיָדוֹ נֶפֶשׁ כָּל־חָי, וְרוּחַ
תהלים לא כָּל־בְּשַׂר־אִישׁ: בְּיָדְךָ אַפְקִיד רוּחִי, פָּדִיתָה אוֹתִי יהוה אֵל אֱמֶת: אֱלֹהֵינוּ
שֶׁבַּשָּׁמַיִם, יַחֵד שִׁמְךָ וְקַיֵּם מַלְכוּתְךָ תָּמִיד, וּמְלֹךְ עָלֵינוּ לְעוֹלָם וָעֶד.

יִרְאוּ עֵינֵינוּ וְיִשְׂמַח לִבֵּנוּ, וְתָגֵל נַפְשֵׁנוּ בִּישׁוּעָתְךָ בֶּאֱמֶת, בֶּאֱמֹר לְצִיּוֹן
מָלַךְ אֱלֹהָיִךְ. יהוה מֶלֶךְ, יהוה מָלָךְ, יהוה יִמְלֹךְ לְעוֹלָם וָעֶד. כִּי הַמַּלְכוּת
שֶׁלְּךָ הִיא, וּלְעוֹלְמֵי עַד תִּמְלֹךְ בְּכָבוֹד, כִּי אֵין לָנוּ מֶלֶךְ אֶלָּא אָתָּה.

בראשית מח הַמַּלְאָךְ הַגֹּאֵל אֹתִי מִכָּל־רָע יְבָרֵךְ אֶת־הַנְּעָרִים, וְיִקָּרֵא בָהֶם שְׁמִי וְשֵׁם
אֲבֹתַי אַבְרָהָם וְיִצְחָק, וְיִדְגּוּ לָרֹב בְּקֶרֶב הָאָרֶץ:

שמות טו וַיֹּאמֶר אִם־שָׁמוֹעַ תִּשְׁמַע לְקוֹל יהוה אֱלֹהֶיךָ, וְהַיָּשָׁר בְּעֵינָיו תַּעֲשֶׂה,
וְהַאֲזַנְתָּ לְמִצְוֺתָיו וְשָׁמַרְתָּ כָּל־חֻקָּיו, כָּל־הַמַּחֲלָה אֲשֶׁר־שַׂמְתִּי בְמִצְרַיִם
זכריה ג לֹא־אָשִׂים עָלֶיךָ, כִּי אֲנִי יהוה רֹפְאֶךָ: וַיֹּאמֶר יהוה אֶל־הַשָּׂטָן, יִגְעַר יהוה
בְּךָ הַשָּׂטָן, וְיִגְעַר יהוה בְּךָ הַבֹּחֵר בִּירוּשָׁלָםִ, הֲלוֹא זֶה אוּד מֻצָּל מֵאֵשׁ:
שיר השירים ג הִנֵּה מִטָּתוֹ שֶׁלִּשְׁלֹמֹה, שִׁשִּׁים גִּבֹּרִים סָבִיב לָהּ, מִגִּבֹּרֵי יִשְׂרָאֵל: כֻּלָּם
אֲחֻזֵי חֶרֶב, מְלֻמְּדֵי מִלְחָמָה, אִישׁ חַרְבּוֹ עַל־יְרֵכוֹ מִפַּחַד בַּלֵּילוֹת:

אומר שלוש פעמים (סידור רש״י):

במדבר ו יְבָרֶכְךָ יהוה וְיִשְׁמְרֶךָ:
יָאֵר יהוה פָּנָיו אֵלֶיךָ וִיחֻנֶּךָּ:
יִשָּׂא יהוה פָּנָיו אֵלֶיךָ וְיָשֵׂם לְךָ שָׁלוֹם:

אומר שלוש פעמים:

תהלים קכא הִנֵּה לֹא־יָנוּם וְלֹא יִישָׁן שׁוֹמֵר יִשְׂרָאֵל:

אומר שלוש פעמים:

לִישׁוּעָתְךָ קִוִּיתִי יהוה: בראשית מט
קִוִּיתִי יהוה לִישׁוּעָתְךָ, יהוה לִישׁוּעָתְךָ קִוִּיתִי

אומר שלוש פעמים:

בְּשֵׁם יהוה אֱלֹהֵי יִשְׂרָאֵל, מִימִינִי מִיכָאֵל, וּמִשְּׂמֹאלִי גַּבְרִיאֵל
וּמִלְּפָנַי אוּרִיאֵל, וּמֵאֲחוֹרַי רְפָאֵל, וְעַל רֹאשִׁי שְׁכִינַת אֵל.

נוהגים לומר מזמור זה (מטה משה):

שִׁיר הַמַּעֲלוֹת, אַשְׁרֵי כָּל־יְרֵא יהוה, הַהֹלֵךְ בִּדְרָכָיו: יְגִיעַ כַּפֶּיךָ כִּי תהלים קכח
תֹאכֵל, אַשְׁרֶיךָ וְטוֹב לָךְ: אֶשְׁתְּךָ כְּגֶפֶן פֹּרִיָּה בְּיַרְכְּתֵי בֵיתֶךָ, בָּנֶיךָ כִּשְׁתִלֵי
זֵיתִים, סָבִיב לְשֻׁלְחָנֶךָ: הִנֵּה כִי־כֵן יְבֹרַךְ גָּבֶר יְרֵא יהוה: יְבָרֶכְךָ יהוה
מִצִּיּוֹן, וּרְאֵה בְּטוּב יְרוּשָׁלָםִ, כֹּל יְמֵי חַיֶּיךָ: וּרְאֵה־בָנִים לְבָנֶיךָ, שָׁלוֹם
עַל־יִשְׂרָאֵל:

אומר שלוש פעמים:

רִגְזוּ וְאַל־תֶּחֱטָאוּ, אִמְרוּ בִלְבַבְכֶם עַל־מִשְׁכַּבְכֶם, וְדֹמּוּ סֶלָה: תהלים ד

נוהגים לחתום את היום בפיוט זה, המסתיים במילים ׳בְּיָדוֹ אַפְקִיד רוּחִי׳ (שם):

אֲדוֹן עוֹלָם אֲשֶׁר מָלַךְ בְּטֶרֶם כָּל־יְצִיר נִבְרָא.
לְעֵת נַעֲשָׂה בְחֶפְצוֹ כֹּל אֲזַי מֶלֶךְ שְׁמוֹ נִקְרָא.
וְאַחֲרֵי כִּכְלוֹת הַכֹּל לְבַדּוֹ יִמְלֹךְ נוֹרָא.
וְהוּא הָיָה וְהוּא הֹוֶה וְהוּא יִהְיֶה בְּתִפְאָרָה.
וְהוּא אֶחָד וְאֵין שֵׁנִי לְהַמְשִׁיל לוֹ לְהַחְבִּירָה.
בְּלִי רֵאשִׁית בְּלִי תַכְלִית וְלוֹ הָעֹז וְהַמִּשְׂרָה.
וְהוּא אֵלִי וְחַי גּוֹאֲלִי וְצוּר חֶבְלִי בְּעֵת צָרָה.
וְהוּא נִסִּי וּמָנוֹס לִי מְנָת כּוֹסִי בְּיוֹם אֶקְרָא.
בְּיָדוֹ אַפְקִיד רוּחִי בְּעֵת אִישַׁן וְאָעִירָה.
וְעִם רוּחִי גְּוִיָּתִי יהוה לִי וְלֹא אִירָא.

יום ירושלים

ערבית
ליום ירושלים

קבלת החג	215
תפילת ערבית	217
ספירת העומר	233

ערבית ליום ירושלים

לפני תפילת ערבית יש נוהגים לומר מזמורים אלה במנגינה של יום טוב.
שליח הציבור והקהל אומרים פסוק פסוק.

שִׁיר הַמַּעֲלוֹת לְדָוִד תהלים קכב
שָׂמַחְתִּי בְּאֹמְרִים לִי בֵּית יהוה נֵלֵךְ:
עֹמְדוֹת הָיוּ רַגְלֵינוּ, בִּשְׁעָרַיִךְ יְרוּשָׁלָםִ:
יְרוּשָׁלַםִ הַבְּנוּיָה, כְּעִיר שֶׁחֻבְּרָה־לָּהּ יַחְדָּו:
שֶׁשָּׁם עָלוּ שְׁבָטִים שִׁבְטֵי־יָהּ, עֵדוּת לְיִשְׂרָאֵל, לְהוֹדוֹת לְשֵׁם יהוה:
כִּי שָׁמָּה יָשְׁבוּ כִסְאוֹת לְמִשְׁפָּט, כִּסְאוֹת לְבֵית דָּוִד:
שַׁאֲלוּ שְׁלוֹם יְרוּשָׁלָםִ, יִשְׁלָיוּ אֹהֲבָיִךְ:
יְהִי־שָׁלוֹם בְּחֵילֵךְ, שַׁלְוָה בְּאַרְמְנוֹתָיִךְ:
לְמַעַן אַחַי וְרֵעָי, אֲדַבְּרָה־נָּא שָׁלוֹם בָּךְ:
לְמַעַן בֵּית־יהוה אֱלֹהֵינוּ, אֲבַקְשָׁה טוֹב לָךְ:

שִׁיר הַמַּעֲלוֹת לְדָוִד תהלים קכד
לוּלֵי יהוה שֶׁהָיָה לָנוּ, יֹאמַר־נָא יִשְׂרָאֵל:
לוּלֵי יהוה שֶׁהָיָה לָנוּ, בְּקוּם עָלֵינוּ אָדָם:
אֲזַי חַיִּים בְּלָעוּנוּ, בַּחֲרוֹת אַפָּם בָּנוּ:
אֲזַי הַמַּיִם שְׁטָפוּנוּ, נַחְלָה עָבַר עַל־נַפְשֵׁנוּ:
אֲזַי עָבַר עַל־נַפְשֵׁנוּ, הַמַּיִם הַזֵּידוֹנִים:
בָּרוּךְ יהוה, שֶׁלֹּא נְתָנָנוּ טֶרֶף לְשִׁנֵּיהֶם:
נַפְשֵׁנוּ כְּצִפּוֹר נִמְלְטָה מִפַּח יוֹקְשִׁים, הַפַּח נִשְׁבָּר וַאֲנַחְנוּ נִמְלָטְנוּ:
עֶזְרֵנוּ בְּשֵׁם יהוה, עֹשֵׂה שָׁמַיִם וָאָרֶץ:

שִׁיר הַמַּעֲלוֹת תהלים קלב
זְכוֹר־יהוה לְדָוִד אֵת כָּל־עֻנּוֹתוֹ:
אֲשֶׁר נִשְׁבַּע לַיהוה, נָדַר לַאֲבִיר יַעֲקֹב:
אִם־אָבֹא בְּאֹהֶל בֵּיתִי, אִם־אֶעֱלֶה עַל־עֶרֶשׂ יְצוּעָי:
אִם־אֶתֵּן שְׁנַת לְעֵינָי, לְעַפְעַפַּי תְּנוּמָה:

עַד־אֶמְצָא מָקוֹם לַיהוה, מִשְׁכָּנוֹת לַאֲבִיר יַעֲקֹב:
הִנֵּה־שְׁמַעֲנוּהָ בְאֶפְרָתָה, מְצָאנוּהָ בִּשְׂדֵי־יָעַר:
נָבוֹאָה לְמִשְׁכְּנוֹתָיו, נִשְׁתַּחֲוֶה לַהֲדֹם רַגְלָיו:
קוּמָה יהוה לִמְנוּחָתֶךָ, אַתָּה וַאֲרוֹן עֻזֶּךָ:
כֹּהֲנֶיךָ יִלְבְּשׁוּ־צֶדֶק, וַחֲסִידֶיךָ יְרַנֵּנוּ:
בַּעֲבוּר דָּוִד עַבְדֶּךָ, אַל־תָּשֵׁב פְּנֵי מְשִׁיחֶךָ:
נִשְׁבַּע־יהוה לְדָוִד
אֱמֶת לֹא־יָשׁוּב מִמֶּנָּה, מִפְּרִי בִטְנְךָ אָשִׁית לְכִסֵּא־לָךְ:
אִם־יִשְׁמְרוּ בָנֶיךָ בְּרִיתִי, וְעֵדֹתִי זוֹ אֲלַמְּדֵם
גַּם־בְּנֵיהֶם עֲדֵי־עַד, יֵשְׁבוּ לְכִסֵּא־לָךְ:
כִּי־בָחַר יהוה בְּצִיּוֹן, אִוָּהּ לְמוֹשָׁב לוֹ:
זֹאת־מְנוּחָתִי עֲדֵי־עַד, פֹּה אֵשֵׁב כִּי אִוִּתִיהָ:
צֵידָהּ בָּרֵךְ אֲבָרֵךְ, אֶבְיוֹנֶיהָ אַשְׂבִּיעַ לָחֶם:
וְכֹהֲנֶיהָ אַלְבִּישׁ יֶשַׁע, וַחֲסִידֶיהָ רַנֵּן יְרַנֵּנוּ:
שָׁם אַצְמִיחַ קֶרֶן לְדָוִד, עָרַכְתִּי נֵר לִמְשִׁיחִי:
אוֹיְבָיו אַלְבִּישׁ בֹּשֶׁת, וְעָלָיו יָצִיץ נִזְרוֹ:

נוהגים לשיר את 'שִׁיר הַמַּעֲלוֹת' במנגינת 'התקווה'.

תהלים קכו

שִׁיר הַמַּעֲלוֹת
בְּשׁוּב יהוה אֶת־שִׁיבַת צִיּוֹן, הָיִינוּ כְּחֹלְמִים:
אָז יִמָּלֵא שְׂחוֹק פִּינוּ וּלְשׁוֹנֵנוּ רִנָּה
אָז יֹאמְרוּ בַגּוֹיִם הִגְדִּיל יהוה לַעֲשׂוֹת עִם־אֵלֶּה:
הִגְדִּיל יהוה לַעֲשׂוֹת עִמָּנוּ, הָיִינוּ שְׂמֵחִים:
שׁוּבָה יהוה אֶת־שְׁבִיתֵנוּ, כַּאֲפִיקִים בַּנֶּגֶב:
הַזֹּרְעִים בְּדִמְעָה בְּרִנָּה יִקְצֹרוּ:
הָלוֹךְ יֵלֵךְ וּבָכֹה נֹשֵׂא מֶשֶׁךְ־הַזָּרַע, בֹּא־יָבֹא בְרִנָּה נֹשֵׂא אֲלֻמֹּתָיו:

היינו כחולמים "כחלום יעוף יהיה בעינינו צרת הגלות מרוב השמחה שתהיה לנו בשובנו לארצנו, כן פירשו אדוני אבי ז״ל, והחכם ראב״ע פירש, כן יאמרו ישראל בשוב האל יתברך שבותם. אין אדם רואה בעיניו כפלא הזה רק בחלום". (רד״ק לתהלים קכו, א)

יש שאינם אומרים ׳וְהוּא רַחוּם׳.

וְהוּא רַחוּם, יְכַפֵּר עָוֹן וְלֹא־יַשְׁחִית תהלים עח
וְהִרְבָּה לְהָשִׁיב אַפּוֹ, וְלֹא־יָעִיר כָּל־חֲמָתוֹ:
יהוה הוֹשִׁיעָה, הַמֶּלֶךְ יַעֲנֵנוּ בְיוֹם־קָרְאֵנוּ: תהלים כ

קריאת שמע וברכותיה

שליח הציבור ממשיך במנגינה של יום טוב.

שליח הציבור כורע ב׳בָּרְכוּ׳ וזוקף בשם.

הקהל כורע ב׳בָּרוּךְ׳ וזוקף בשם, ושליח הציבור כורע שוב כאשר הוא חוזר אחריהם.

ש״ץ: בָּרְכוּ

אֶת יהוה הַמְבֹרָךְ.

קהל: בָּרוּךְ יהוה הַמְבֹרָךְ לְעוֹלָם וָעֶד.

ש״ץ: בָּרוּךְ יהוה הַמְבֹרָךְ לְעוֹלָם וָעֶד.

בָּרוּךְ אַתָּה יהוה אֱלֹהֵינוּ מֶלֶךְ הָעוֹלָם
אֲשֶׁר בִּדְבָרוֹ מַעֲרִיב עֲרָבִים
בְּחָכְמָה פּוֹתֵחַ שְׁעָרִים
וּבִתְבוּנָה מְשַׁנֶּה עִתִּים וּמַחֲלִיף אֶת הַזְּמַנִּים
וּמְסַדֵּר אֶת הַכּוֹכָבִים בְּמִשְׁמְרוֹתֵיהֶם בָּרָקִיעַ כִּרְצוֹנוֹ.
בּוֹרֵא יוֹם וָלָיְלָה, גּוֹלֵל אוֹר מִפְּנֵי חֹשֶׁךְ וְחֹשֶׁךְ מִפְּנֵי אוֹר
◄ וּמַעֲבִיר יוֹם וּמֵבִיא לָיְלָה, וּמַבְדִּיל בֵּין יוֹם וּבֵין לָיְלָה
יהוה צְבָאוֹת שְׁמוֹ.
אֵל חַי וְקַיָּם תָּמִיד, יִמְלֹךְ עָלֵינוּ לְעוֹלָם וָעֶד.
בָּרוּךְ אַתָּה יהוה, הַמַּעֲרִיב עֲרָבִים.

אַהֲבַת עוֹלָם בֵּית יִשְׂרָאֵל עַמְּךָ אָהָבְתָּ
תּוֹרָה וּמִצְוֹת, חֻקִּים וּמִשְׁפָּטִים, אוֹתָנוּ לִמַּדְתָּ
עַל כֵּן יהוה אֱלֹהֵינוּ בְּשָׁכְבֵנוּ וּבְקוּמֵנוּ נָשִׂיחַ בְּחֻקֶּיךָ
וְנִשְׂמַח בְּדִבְרֵי תוֹרָתֶךָ וּבְמִצְוֹתֶיךָ לְעוֹלָם וָעֶד
◂ כִּי הֵם חַיֵּינוּ וְאֹרֶךְ יָמֵינוּ
וּבָהֶם נֶהְגֶּה יוֹמָם וָלָיְלָה.
וְאַהֲבָתְךָ אַל תָּסִיר מִמֶּנּוּ לְעוֹלָמִים.
בָּרוּךְ אַתָּה יהוה, אוֹהֵב עַמּוֹ יִשְׂרָאֵל.

המתפלל ביחידות אומר:

אֵל מֶלֶךְ נֶאֱמָן

מכסה את עיניו בידו ואומר בכוונה ובקול רם:

דברים ו **שְׁמַע יִשְׂרָאֵל, יהוה אֱלֹהֵינוּ, יהוה ׀ אֶחָד:**

בלחש: בָּרוּךְ שֵׁם כְּבוֹד מַלְכוּתוֹ לְעוֹלָם וָעֶד.

דברים ו וְאָהַבְתָּ אֵת יהוה אֱלֹהֶיךָ, בְּכָל־לְבָבְךָ וּבְכָל־נַפְשְׁךָ וּבְכָל־מְאֹדֶךָ:
וְהָיוּ הַדְּבָרִים הָאֵלֶּה, אֲשֶׁר אָנֹכִי מְצַוְּךָ הַיּוֹם, עַל־לְבָבֶךָ: וְשִׁנַּנְתָּם
לְבָנֶיךָ וְדִבַּרְתָּ בָּם, בְּשִׁבְתְּךָ בְּבֵיתֶךָ וּבְלֶכְתְּךָ בַדֶּרֶךְ, וּבְשָׁכְבְּךָ
וּבְקוּמֶךָ: וּקְשַׁרְתָּם לְאוֹת עַל־יָדֶךָ וְהָיוּ לְטֹטָפֹת בֵּין עֵינֶיךָ:
וּכְתַבְתָּם עַל־מְזֻזוֹת בֵּיתֶךָ וּבִשְׁעָרֶיךָ:

דברים יא וְהָיָה אִם־שָׁמֹעַ תִּשְׁמְעוּ אֶל־מִצְוֺתַי אֲשֶׁר אָנֹכִי מְצַוֶּה אֶתְכֶם
הַיּוֹם, לְאַהֲבָה אֶת־יהוה אֱלֹהֵיכֶם וּלְעָבְדוֹ, בְּכָל־לְבַבְכֶם וּבְכָל־
נַפְשְׁכֶם: וְנָתַתִּי מְטַר־אַרְצְכֶם בְּעִתּוֹ, יוֹרֶה וּמַלְקוֹשׁ, וְאָסַפְתָּ דְגָנֶךָ
וְתִירֹשְׁךָ וְיִצְהָרֶךָ: וְנָתַתִּי עֵשֶׂב בְּשָׂדְךָ לִבְהֶמְתֶּךָ, וְאָכַלְתָּ וְשָׂבָעְתָּ:
הִשָּׁמְרוּ לָכֶם פֶּן־יִפְתֶּה לְבַבְכֶם, וְסַרְתֶּם וַעֲבַדְתֶּם אֱלֹהִים אֲחֵרִים

וְהִשְׁתַּחֲוִיתֶם לָהֶם: וְחָרָה אַף־יהוה בָּכֶם, וְעָצַר אֶת־הַשָּׁמַיִם וְלֹא־יִהְיֶה מָטָר, וְהָאֲדָמָה לֹא תִתֵּן אֶת־יְבוּלָהּ, וַאֲבַדְתֶּם מְהֵרָה מֵעַל הָאָרֶץ הַטֹּבָה אֲשֶׁר יהוה נֹתֵן לָכֶם: וְשַׂמְתֶּם אֶת־דְּבָרַי אֵלֶּה עַל־לְבַבְכֶם וְעַל־נַפְשְׁכֶם, וּקְשַׁרְתֶּם אֹתָם לְאוֹת עַל־יֶדְכֶם, וְהָיוּ לְטוֹטָפֹת בֵּין עֵינֵיכֶם: וְלִמַּדְתֶּם אֹתָם אֶת־בְּנֵיכֶם לְדַבֵּר בָּם, בְּשִׁבְתְּךָ בְּבֵיתֶךָ, וּבְלֶכְתְּךָ בַדֶּרֶךְ וּבְשָׁכְבְּךָ וּבְקוּמֶךָ: וּכְתַבְתָּם עַל־מְזוּזוֹת בֵּיתֶךָ וּבִשְׁעָרֶיךָ: לְמַעַן יִרְבּוּ יְמֵיכֶם וִימֵי בְנֵיכֶם עַל הָאֲדָמָה אֲשֶׁר נִשְׁבַּע יהוה לַאֲבֹתֵיכֶם לָתֵת לָהֶם, כִּימֵי הַשָּׁמַיִם עַל־הָאָרֶץ:

במדבר טו וַיֹּאמֶר יהוה אֶל־מֹשֶׁה לֵּאמֹר: דַּבֵּר אֶל־בְּנֵי יִשְׂרָאֵל וְאָמַרְתָּ אֲלֵהֶם, וְעָשׂוּ לָהֶם צִיצִת עַל־כַּנְפֵי בִגְדֵיהֶם לְדֹרֹתָם, וְנָתְנוּ עַל־צִיצִת הַכָּנָף פְּתִיל תְּכֵלֶת: וְהָיָה לָכֶם לְצִיצִת, וּרְאִיתֶם אֹתוֹ, וּזְכַרְתֶּם אֶת־כָּל־מִצְוֺת יהוה וַעֲשִׂיתֶם אֹתָם, וְלֹא תָתוּרוּ אַחֲרֵי לְבַבְכֶם וְאַחֲרֵי עֵינֵיכֶם, אֲשֶׁר־אַתֶּם זֹנִים אַחֲרֵיהֶם: לְמַעַן תִּזְכְּרוּ וַעֲשִׂיתֶם אֶת־כָּל־מִצְוֺתָי, וִהְיִיתֶם קְדֹשִׁים לֵאלֹהֵיכֶם: אֲנִי יהוה אֱלֹהֵיכֶם, אֲשֶׁר הוֹצֵאתִי אֶתְכֶם מֵאֶרֶץ מִצְרַיִם, לִהְיוֹת לָכֶם לֵאלֹהִים, אֲנִי יהוה אֱלֹהֵיכֶם:

אֱמֶת

שליח הציבור חוזר ואומר:

‹ יהוה אֱלֹהֵיכֶם אֱמֶת

וֶאֱמוּנָה כָּל זֹאת וְקַיָּם עָלֵינוּ
כִּי הוּא יהוה אֱלֹהֵינוּ וְאֵין זוּלָתוֹ
וַאֲנַחְנוּ יִשְׂרָאֵל עַמּוֹ.
הַפּוֹדֵנוּ מִיַּד מְלָכִים
מַלְכֵּנוּ הַגּוֹאֲלֵנוּ מִכַּף כָּל הֶעָרִיצִים.

הָאֵל הַנִּפְרָע לָנוּ מִצָּרֵינוּ
וְהַמְשַׁלֵּם גְּמוּל לְכָל אוֹיְבֵי נַפְשֵׁנוּ.
הָעוֹשֶׂה גְדוֹלוֹת עַד אֵין חֵקֶר, וְנִפְלָאוֹת עַד אֵין מִסְפָּר.
תהלים סו הַשָּׂם נַפְשֵׁנוּ בַּחַיִּים, וְלֹא־נָתַן לַמּוֹט רַגְלֵנוּ:
הַמַּדְרִיכֵנוּ עַל בָּמוֹת אוֹיְבֵינוּ
וַיָּרֶם קַרְנֵנוּ עַל כָּל שׂוֹנְאֵינוּ.
הָעוֹשֶׂה לָּנוּ נִסִּים וּנְקָמָה בְּפַרְעֹה
אוֹתוֹת וּמוֹפְתִים בְּאַדְמַת בְּנֵי חָם.
הַמַּכֶּה בְעֶבְרָתוֹ כָּל בְּכוֹרֵי מִצְרָיִם
וַיּוֹצֵא אֶת עַמּוֹ יִשְׂרָאֵל מִתּוֹכָם לְחֵרוּת עוֹלָם.
הַמַּעֲבִיר בָּנָיו בֵּין גִּזְרֵי יַם סוּף
אֶת רוֹדְפֵיהֶם וְאֶת שׂוֹנְאֵיהֶם בִּתְהוֹמוֹת טִבַּע
וְרָאוּ בָנָיו גְּבוּרָתוֹ, שִׁבְּחוּ וְהוֹדוּ לִשְׁמוֹ
▸ וּמַלְכוּתוֹ בְּרָצוֹן קִבְּלוּ עֲלֵיהֶם.
מֹשֶׁה וּבְנֵי יִשְׂרָאֵל, לְךָ עָנוּ שִׁירָה בְּשִׂמְחָה רַבָּה
וְאָמְרוּ כֻלָּם
שמות טו מִי־כָמֹכָה בָּאֵלִם יהוה
מִי כָּמֹכָה נֶאְדָּר בַּקֹּדֶשׁ
נוֹרָא תְהִלֹּת עֹשֵׂה פֶלֶא:

▸ מַלְכוּתְךָ רָאוּ בָנֶיךָ, בּוֹקֵעַ יָם לִפְנֵי מֹשֶׁה
זֶה אֵלִי עָנוּ, וְאָמְרוּ
שם יהוה יִמְלֹךְ לְעֹלָם וָעֶד:
▸ וְנֶאֱמַר
ירמיה לא כִּי־פָדָה יהוה אֶת־יַעֲקֹב, וּגְאָלוֹ מִיַּד חָזָק מִמֶּנּוּ:
בָּרוּךְ אַתָּה יהוה, גָּאַל יִשְׂרָאֵל.

הַשְׁכִּיבֵנוּ יהוה אֱלֹהֵינוּ לְשָׁלוֹם
וְהַעֲמִידֵנוּ מַלְכֵּנוּ לְחַיִּים
וּפְרֹשׂ עָלֵינוּ סֻכַּת שְׁלוֹמֶךָ
וְתַקְּנֵנוּ בְּעֵצָה טוֹבָה מִלְּפָנֶיךָ
וְהוֹשִׁיעֵנוּ לְמַעַן שְׁמֶךָ.
וְהָגֵן בַּעֲדֵנוּ, וְהָסֵר מֵעָלֵינוּ אוֹיֵב, דֶּבֶר וְחֶרֶב וְרָעָב וְיָגוֹן
וְהָסֵר שָׂטָן מִלְּפָנֵינוּ וּמֵאַחֲרֵינוּ
וּבְצֵל כְּנָפֶיךָ תַּסְתִּירֵנוּ, כִּי אֵל שׁוֹמְרֵנוּ וּמַצִּילֵנוּ אָתָּה
כִּי אֵל מֶלֶךְ חַנּוּן וְרַחוּם אָתָּה.
◂ וּשְׁמֹר צֵאתֵנוּ וּבוֹאֵנוּ לְחַיִּים וּלְשָׁלוֹם מֵעַתָּה וְעַד עוֹלָם.
בָּרוּךְ אַתָּה יהוה, שׁוֹמֵר עַמּוֹ יִשְׂרָאֵל לָעַד.

חצי קדיש

ש״ץ: יִתְגַּדַּל וְיִתְקַדַּשׁ שְׁמֵהּ רַבָּא (קהל: אָמֵן)
בְּעָלְמָא דִּי בְרָא כִרְעוּתֵהּ
וְיַמְלִיךְ מַלְכוּתֵהּ
בְּחַיֵּיכוֹן וּבְיוֹמֵיכוֹן וּבְחַיֵּי דְכָל בֵּית יִשְׂרָאֵל
בַּעֲגָלָא וּבִזְמַן קָרִיב, וְאִמְרוּ אָמֵן. (קהל: אָמֵן)

קהל וש״ץ: יְהֵא שְׁמֵהּ רַבָּא מְבָרַךְ לְעָלַם וּלְעָלְמֵי עָלְמַיָּא.

ש״ץ: יִתְבָּרַךְ וְיִשְׁתַּבַּח וְיִתְפָּאַר וְיִתְרוֹמַם וְיִתְנַשֵּׂא
וְיִתְהַדָּר וְיִתְעַלֶּה וְיִתְהַלָּל
שְׁמֵהּ דְּקֻדְשָׁא בְּרִיךְ הוּא (קהל: בְּרִיךְ הוּא)
לְעֵלָּא מִן כָּל בִּרְכָתָא וְשִׁירָתָא
תֻּשְׁבְּחָתָא וְנֶחֱמָתָא, דַּאֲמִירָן בְּעָלְמָא
וְאִמְרוּ אָמֵן. (קהל: אָמֵן)

עמידה

"המתפלל צריך שיכוין בלבו פירוש המלות שמוציא בשפתיו; ויחשוב כאלו שכינה כנגדו ויסיר כל המחשבות הטורדות אותו עד שתשאר מחשבתו וכוונתו זכה בתפלתו".

פוסע שלוש פסיעות לפנים, כמי שנכנס לפני המלך.

עומד ומתפלל בלחש מכאן ועד 'וּכְשָׁנִים קַדְמֹנִיּוֹת' בעמ' 229.

כורע במקומות המסומנים ב', קד לפנים במילה הבאה וזוקף בשם.

תהלים נא אֲדֹנָי, שְׂפָתַי תִּפְתָּח, וּפִי יַגִּיד תְּהִלָּתֶךָ:

אבות

ׄבָּרוּךְ אַתָּה יהוה, אֱלֹהֵינוּ וֵאלֹהֵי אֲבוֹתֵינוּ
אֱלֹהֵי אַבְרָהָם, אֱלֹהֵי יִצְחָק, וֵאלֹהֵי יַעֲקֹב
הָאֵל הַגָּדוֹל הַגִּבּוֹר וְהַנּוֹרָא, אֵל עֶלְיוֹן
גּוֹמֵל חֲסָדִים טוֹבִים, וְקוֹנֵה הַכֹּל, וְזוֹכֵר חַסְדֵי אָבוֹת
וּמֵבִיא גוֹאֵל לִבְנֵי בְנֵיהֶם, לְמַעַן שְׁמוֹ בְּאַהֲבָה.
מֶלֶךְ עוֹזֵר וּמוֹשִׁיעַ וּמָגֵן.
ׄבָּרוּךְ אַתָּה יהוה, מָגֵן אַבְרָהָם.

גבורות

אַתָּה גִּבּוֹר לְעוֹלָם, אֲדֹנָי
מְחַיֵּה מֵתִים אַתָּה, רַב לְהוֹשִׁיעַ
מוֹרִיד הַטָּל
מְכַלְכֵּל חַיִּים בְּחֶסֶד, מְחַיֵּה מֵתִים בְּרַחֲמִים רַבִּים
סוֹמֵךְ נוֹפְלִים, וְרוֹפֵא חוֹלִים, וּמַתִּיר אֲסוּרִים
וּמְקַיֵּם אֱמוּנָתוֹ לִישֵׁנֵי עָפָר.
מִי כָמוֹךָ, בַּעַל גְּבוּרוֹת, וּמִי דּוֹמֶה לָּךְ
מֶלֶךְ, מֵמִית וּמְחַיֶּה וּמַצְמִיחַ יְשׁוּעָה.
וְנֶאֱמָן אַתָּה לְהַחֲיוֹת מֵתִים.
בָּרוּךְ אַתָּה יהוה, מְחַיֵּה הַמֵּתִים.

ערבית ליום ירושלים · עמידה

קדושת השם

אַתָּה קָדוֹשׁ וְשִׁמְךָ קָדוֹשׁ
וּקְדוֹשִׁים בְּכָל יוֹם יְהַלְלוּךָ סֶּלָה.
בָּרוּךְ אַתָּה יהוה, הָאֵל הַקָּדוֹשׁ.

דעת

אַתָּה חוֹנֵן לְאָדָם דַּעַת, וּמְלַמֵּד לֶאֱנוֹשׁ בִּינָה.

במוצאי שבת:

אַתָּה חוֹנַנְתָּנוּ לְמַדַּע תּוֹרָתֶךָ, וַתְּלַמְּדֵנוּ לַעֲשׂוֹת חֻקֵּי רְצוֹנֶךָ, וַתַּבְדֵּל
יהוה אֱלֹהֵינוּ בֵּין קֹדֶשׁ לְחֹל, בֵּין אוֹר לְחֹשֶׁךְ, בֵּין יִשְׂרָאֵל לָעַמִּים, בֵּין
יוֹם הַשְּׁבִיעִי לְשֵׁשֶׁת יְמֵי הַמַּעֲשֶׂה. אָבִינוּ מַלְכֵּנוּ, הָחֵל עָלֵינוּ הַיָּמִים
הַבָּאִים לִקְרָאתֵנוּ לְשָׁלוֹם, חֲשׂוּכִים מִכָּל חֵטְא וּמְנֻקִּים מִכָּל עָוֹן
וּמְדֻבָּקִים בְּיִרְאָתֶךָ. וְ

חָנֵּנוּ מֵאִתְּךָ דֵּעָה בִּינָה וְהַשְׂכֵּל.
בָּרוּךְ אַתָּה יהוה, חוֹנֵן הַדָּעַת.

תשובה

הֲשִׁיבֵנוּ אָבִינוּ לְתוֹרָתֶךָ, וְקָרְבֵנוּ מַלְכֵּנוּ לַעֲבוֹדָתֶךָ
וְהַחֲזִירֵנוּ בִּתְשׁוּבָה שְׁלֵמָה לְפָנֶיךָ.
בָּרוּךְ אַתָּה יהוה, הָרוֹצֶה בִּתְשׁוּבָה.

סליחה

נוהגים להכות כנגד הלב במקומות המסומנים ב°.

סְלַח לָנוּ אָבִינוּ כִּי °חָטָאנוּ
מְחַל לָנוּ מַלְכֵּנוּ כִּי °פָשָׁעְנוּ
כִּי מוֹחֵל וְסוֹלֵחַ אָתָּה.
בָּרוּךְ אַתָּה יהוה, חַנּוּן הַמַּרְבֶּה לִסְלֹחַ.

גאולה

רְאֵה בְעָנְיֵנוּ, וְרִיבָה רִיבֵנוּ
וּגְאָלֵנוּ מְהֵרָה לְמַעַן שְׁמֶךָ, כִּי גּוֹאֵל חָזָק אָתָּה.
בָּרוּךְ אַתָּה יהוה, גּוֹאֵל יִשְׂרָאֵל.

רפואה

רְפָאֵנוּ יהוה וְנֵרָפֵא
הוֹשִׁיעֵנוּ וְנִוָּשֵׁעָה, כִּי תְהִלָּתֵנוּ אָתָּה
וְהַעֲלֵה רְפוּאָה שְׁלֵמָה לְכָל מַכּוֹתֵינוּ

המתפלל על חולה מוסיף:

יְהִי רָצוֹן מִלְּפָנֶיךָ יהוה אֱלֹהַי וֵאלֹהֵי אֲבוֹתַי, שֶׁתִּשְׁלַח מְהֵרָה רְפוּאָה
שְׁלֵמָה מִן הַשָּׁמַיִם רְפוּאַת הַנֶּפֶשׁ וּרְפוּאַת הַגּוּף לַחוֹלֶה פלוני בֶּן פלונית/
לַחוֹלָה פלונית בַּת פלונית בְּתוֹךְ שְׁאָר חוֹלֵי יִשְׂרָאֵל

כִּי אֵל מֶלֶךְ רוֹפֵא נֶאֱמָן וְרַחֲמָן אָתָּה.
בָּרוּךְ אַתָּה יהוה, רוֹפֵא חוֹלֵי עַמּוֹ יִשְׂרָאֵל.

ברכת השנים

בָּרֵךְ עָלֵינוּ יהוה אֱלֹהֵינוּ אֶת הַשָּׁנָה הַזֹּאת
וְאֶת כָּל מִינֵי תְבוּאָתָהּ, לְטוֹבָה, וְתֵן בְּרָכָה עַל פְּנֵי הָאֲדָמָה
וְשַׂבְּעֵנוּ מִטּוּבָהּ, וּבָרֵךְ שְׁנָתֵנוּ כַּשָּׁנִים הַטּוֹבוֹת.
בָּרוּךְ אַתָּה יהוה, מְבָרֵךְ הַשָּׁנִים.

קיבוץ גלויות

תְּקַע בְּשׁוֹפָר גָּדוֹל לְחֵרוּתֵנוּ, וְשָׂא נֵס לְקַבֵּץ גָּלֻיּוֹתֵינוּ
וְקַבְּצֵנוּ יַחַד מֵאַרְבַּע כַּנְפוֹת הָאָרֶץ.
בָּרוּךְ אַתָּה יהוה, מְקַבֵּץ נִדְחֵי עַמּוֹ יִשְׂרָאֵל.

ערבית ליום ירושלים • עמידה

השבת המשפט

הָשִׁיבָה שׁוֹפְטֵינוּ כְּבָרִאשׁוֹנָה
וְיוֹעֲצֵינוּ כְּבַתְּחִלָּה
וְהָסֵר מִמֶּנּוּ יָגוֹן וַאֲנָחָה
וּמְלֹךְ עָלֵינוּ אַתָּה יהוה לְבַדְּךָ
בְּחֶסֶד וּבְרַחֲמִים, וְצַדְּקֵנוּ בַּמִּשְׁפָּט.
בָּרוּךְ אַתָּה יהוה, מֶלֶךְ אוֹהֵב צְדָקָה וּמִשְׁפָּט.

ברכת המינים

וְלַמַּלְשִׁינִים אַל תְּהִי תִקְוָה
וְכָל הָרִשְׁעָה כְּרֶגַע תֹּאבֵד
וְכָל אוֹיְבֵי עַמְּךָ מְהֵרָה יִכָּרֵתוּ
וְהַזֵּדִים מְהֵרָה תְעַקֵּר וּתְשַׁבֵּר וּתְמַגֵּר וְתַכְנִיעַ
בִּמְהֵרָה בְיָמֵינוּ.
בָּרוּךְ אַתָּה יהוה, שׁוֹבֵר אוֹיְבִים וּמַכְנִיעַ זֵדִים.

על הצדיקים

עַל הַצַּדִּיקִים וְעַל הַחֲסִידִים
וְעַל זִקְנֵי עַמְּךָ בֵּית יִשְׂרָאֵל
וְעַל פְּלֵיטַת סוֹפְרֵיהֶם
וְעַל גֵּרֵי הַצֶּדֶק, וְעָלֵינוּ
יֶהֱמוּ רַחֲמֶיךָ יהוה אֱלֹהֵינוּ
וְתֵן שָׂכָר טוֹב לְכָל הַבּוֹטְחִים בְּשִׁמְךָ בֶּאֱמֶת
וְשִׂים חֶלְקֵנוּ עִמָּהֶם
וּלְעוֹלָם לֹא נֵבוֹשׁ כִּי בְךָ בָּטָחְנוּ.
בָּרוּךְ אַתָּה יהוה, מִשְׁעָן וּמִבְטָח לַצַּדִּיקִים.

עמידה · ערבית ליום ירושלים

בניין ירושלים

וְלִירוּשָׁלַיִם עִירְךָ בְּרַחֲמִים תָּשׁוּב
וְתִשְׁכֹּן בְּתוֹכָהּ כַּאֲשֶׁר דִּבַּרְתָּ
וּבְנֵה אוֹתָהּ בְּקָרוֹב בְּיָמֵינוּ בִּנְיַן עוֹלָם
וְכִסֵּא דָוִד מְהֵרָה לְתוֹכָהּ תָּכִין.
בָּרוּךְ אַתָּה יהוה, בּוֹנֵה יְרוּשָׁלָיִם.

משיח בן דוד

אֶת צֶמַח דָּוִד עַבְדְּךָ מְהֵרָה תַצְמִיחַ
וְקַרְנוֹ תָּרוּם בִּישׁוּעָתֶךָ כִּי לִישׁוּעָתְךָ קִוִּינוּ כָּל הַיּוֹם.
בָּרוּךְ אַתָּה יהוה, מַצְמִיחַ קֶרֶן יְשׁוּעָה.

שומע תפילה

שְׁמַע קוֹלֵנוּ יהוה אֱלֹהֵינוּ
חוּס וְרַחֵם עָלֵינוּ, וְקַבֵּל בְּרַחֲמִים וּבְרָצוֹן אֶת תְּפִלָּתֵנוּ
כִּי אֵל שׁוֹמֵעַ תְּפִלּוֹת וְתַחֲנוּנִים אָתָּה
וּמִלְּפָנֶיךָ מַלְכֵּנוּ רֵיקָם אַל תְּשִׁיבֵנוּ
כִּי אַתָּה שׁוֹמֵעַ תְּפִלַּת עַמְּךָ יִשְׂרָאֵל בְּרַחֲמִים.
בָּרוּךְ אַתָּה יהוה, שׁוֹמֵעַ תְּפִלָּה.

עבודה

רְצֵה יהוה אֱלֹהֵינוּ בְּעַמְּךָ יִשְׂרָאֵל, וּבִתְפִלָּתָם
וְהָשֵׁב אֶת הָעֲבוֹדָה לִדְבִיר בֵּיתֶךָ
וְאִשֵּׁי יִשְׂרָאֵל וּתְפִלָּתָם בְּאַהֲבָה תְקַבֵּל בְּרָצוֹן
וּתְהִי לְרָצוֹן תָּמִיד עֲבוֹדַת יִשְׂרָאֵל עַמֶּךָ.
וְתֶחֱזֶינָה עֵינֵינוּ בְּשׁוּבְךָ לְצִיּוֹן בְּרַחֲמִים.
בָּרוּךְ אַתָּה יהוה, הַמַּחֲזִיר שְׁכִינָתוֹ לְצִיּוֹן.

הודאה

כורע ב׳מוֹדִים׳ ואינו זוקף עד אמירת השם.

מוֹדִים אֲנַחְנוּ לָךְ
שָׁאַתָּה הוּא יהוה אֱלֹהֵינוּ וֵאלֹהֵי אֲבוֹתֵינוּ לְעוֹלָם וָעֶד.
צוּר חַיֵּינוּ, מָגֵן יִשְׁעֵנוּ, אַתָּה הוּא לְדוֹר וָדוֹר.
נוֹדֶה לְּךָ וּנְסַפֵּר תְּהִלָּתֶךָ עַל חַיֵּינוּ הַמְּסוּרִים בְּיָדֶךָ
וְעַל נִשְׁמוֹתֵינוּ הַפְּקוּדוֹת לָךְ וְעַל נִסֶּיךָ שֶׁבְּכָל יוֹם עִמָּנוּ
וְעַל נִפְלְאוֹתֶיךָ וְטוֹבוֹתֶיךָ שֶׁבְּכָל עֵת, עֶרֶב וָבֹקֶר וְצָהֳרָיִם.
הַטּוֹב, כִּי לֹא כָלוּ רַחֲמֶיךָ, וְהַמְרַחֵם, כִּי לֹא תַמּוּ חֲסָדֶיךָ
מֵעוֹלָם קִוִּינוּ לָךְ.

הרוצה להוסיף בתפילת הלחש ׳עַל הַנִּסִּים׳ רשאי לעשות כן בכל נוסח.
הנוסח המיוחס לרב נריה מובא כאן (נוסחים נוספים בעמ׳ 303-304).

עַל הַנִּסִּים וְעַל הַפֻּרְקָן וְעַל הַגְּבוּרוֹת וְעַל הַתְּשׁוּעוֹת וְעַל הַמִּלְחָמוֹת שֶׁעָשִׂיתָ לַאֲבוֹתֵינוּ בַּיָּמִים הָהֵם בִּזְּמַן הַזֶּה.

כְּשֶׁעָמְדוּ צִבְאוֹת עֲרָב עַל עַמְּךָ יִשְׂרָאֵל, וּבִקְשׁוּ לְהַשְׁמִיד לַהֲרֹג וּלְאַבֵּד אֶת יוֹשְׁבֵי אַרְצֶךָ, מִנַּעַר וְעַד זָקֵן טַף וְנָשִׁים, וּבָהֶם עִם שְׂרִידֵי חֶרֶב אֲשֶׁר נִצְּלוּ מִתֹּפֶת הָאֵשׁ שֶׁל שׂוֹנְאֶיךָ, אֶחָד מֵעִיר וּשְׁנַיִם מִמִּשְׁפָּחָה, וְשִׁבְרוּ לִמְצֹא מָנוֹחַ לְכַף רַגְלָם בְּאַרְצְךָ אֲשֶׁר הִבְטַחְתָּ לָהֶם. וְאַתָּה בְּרַחֲמֶיךָ הָרַבִּים עָמַדְתָּ לָנוּ בְּעֵת צָרָתֵנוּ, הֵפַרְתָּ אֶת עֲצָתָם וְקִלְקַלְתָּ אֶת מַחְשַׁבְתָּם, זָקַפְתָּ קוֹמָתֵנוּ וְקוֹמַמְתָּ אֶת חֵרוּתֵנוּ, רַבְתָּ אֶת רִיבֵנוּ, דַּנְתָּ אֶת דִּינֵנוּ, נָקַמְתָּ אֶת נִקְמָתֵנוּ, מָסַרְתָּ רַבִּים בְּיַד מְעַטִּים, טְמֵאִים בְּיַד קְדוֹשִׁים, וְעָשִׂיתָ לְּךָ שֵׁם גָּדוֹל וְקָדוֹשׁ בְּעוֹלָמֶךָ, וּלְעַמְּךָ יִשְׂרָאֵל עָשִׂיתָ תְּשׁוּעָה גְדוֹלָה וּפֻרְקָן כְּהַיּוֹם הַזֶּה, הִדְבַּרְתָּ עַמִּים תַּחְתֵּינוּ וּלְאֻמִּים תַּחַת רַגְלֵנוּ, וְנָתַתָּ לָנוּ אֶת נַחֲלָתֵנוּ, אֶרֶץ כְּנַעַן לִגְבוּלוֹתֶיהָ, וְהֶחֱזַרְתָּנוּ אֶל מְקוֹם מִקְדַּשׁ הֵיכָלֶךָ.

(כֵּן עֲשֵׂה עִמָּנוּ נֵס וָפֶלֶא לְטוֹבָה, הָפֵר עֲצַת אוֹיְבֵינוּ, וְדַשְּׁנֵנוּ בִּנְאוֹת אַרְצֶךָ, וּנְפוּצוֹתֵינוּ מֵאַרְבַּע כַּנְפוֹת הָאָרֶץ תְּקַבֵּץ, וְנִשְׂמַח בְּבִנְיַן עִירֶךָ וּבְתִקּוּן הֵיכָלֶךָ וּבִצְמִיחַת קֶרֶן לְדָוִד עַבְדֶּךָ בִּמְהֵרָה בְיָמֵינוּ, וְנוֹדֶה לְשִׁמְךָ הַגָּדוֹל).

וממשיך ׳וְעַל כֻּלָּם׳ בעמוד הבא.

על הנסים על אמירת ״על הנסים״ בתפילת לחש, ראו הערה בעמ׳ 42.

וְעַל כֻּלָּם יִתְבָּרַךְ וְיִתְרוֹמַם שִׁמְךָ מַלְכֵּנוּ תָּמִיד לְעוֹלָם וָעֶד.
וְכֹל הַחַיִּים יוֹדוּךָ סֶּלָה וִיהַלְלוּ אֶת שִׁמְךָ בֶּאֱמֶת
הָאֵל יְשׁוּעָתֵנוּ וְעֶזְרָתֵנוּ סֶלָה.
בָּרוּךְ אַתָּה יהוה
הַטּוֹב שִׁמְךָ וּלְךָ נָאֶה לְהוֹדוֹת.

שלום

שָׁלוֹם רָב עַל יִשְׂרָאֵל עַמְּךָ תָּשִׂים לְעוֹלָם
כִּי אַתָּה הוּא מֶלֶךְ אָדוֹן לְכָל הַשָּׁלוֹם.
וְטוֹב בְּעֵינֶיךָ לְבָרֵךְ אֶת עַמְּךָ יִשְׂרָאֵל
בְּכָל עֵת וּבְכָל שָׁעָה בִּשְׁלוֹמֶךָ.
בָּרוּךְ אַתָּה יהוה
הַמְבָרֵךְ אֶת עַמּוֹ יִשְׂרָאֵל בַּשָּׁלוֹם.

יש מוסיפים:

תהלים יט יִהְיוּ לְרָצוֹן אִמְרֵי־פִי וְהֶגְיוֹן לִבִּי לְפָנֶיךָ, יהוה צוּרִי וְגֹאֲלִי:

ברכות יז אֱלֹהַי

נְצֹר לְשׁוֹנִי מֵרָע וּשְׂפָתַי מִדַּבֵּר מִרְמָה
וְלִמְקַלְלַי נַפְשִׁי תִדֹּם, וְנַפְשִׁי כֶּעָפָר לַכֹּל תִּהְיֶה.
פְּתַח לִבִּי בְּתוֹרָתֶךָ, וּבְמִצְוֹתֶיךָ תִּרְדֹּף נַפְשִׁי.
וְכָל הַחוֹשְׁבִים עָלַי רָעָה
מְהֵרָה הָפֵר עֲצָתָם וְקַלְקֵל מַחֲשַׁבְתָּם.
עֲשֵׂה לְמַעַן שְׁמֶךָ, עֲשֵׂה לְמַעַן יְמִינֶךָ
עֲשֵׂה לְמַעַן קְדֻשָּׁתֶךָ, עֲשֵׂה לְמַעַן תּוֹרָתֶךָ.

לְמַעַן יֵחָלְצוּן יְדִידֶיךָ, הוֹשִׁיעָה יְמִינְךָ וַעֲנֵנִי: תהלים ס
יִהְיוּ לְרָצוֹן אִמְרֵי־פִי וְהֶגְיוֹן לִבִּי לְפָנֶיךָ תהלים יט
יהוה צוּרִי וְגֹאֲלִי:

כורע ופוסע שלוש פסיעות לאחור.
קד לשמאל, לימין ולפנים באמירת:

עֹשֶׂה שָׁלוֹם בִּמְרוֹמָיו
הוּא יַעֲשֶׂה שָׁלוֹם עָלֵינוּ וְעַל כָּל יִשְׂרָאֵל
וְאִמְרוּ אָמֵן.

יְהִי רָצוֹן מִלְּפָנֶיךָ יהוה אֱלֹהֵינוּ וֵאלֹהֵי אֲבוֹתֵינוּ
שֶׁיִּבָּנֶה בֵּית הַמִּקְדָּשׁ בִּמְהֵרָה בְיָמֵינוּ
וְתֵן חֶלְקֵנוּ בְּתוֹרָתֶךָ
וְשָׁם נַעֲבָדְךָ בְּיִרְאָה כִּימֵי עוֹלָם וּכְשָׁנִים קַדְמֹנִיּוֹת.
וְעָרְבָה לַיהוה מִנְחַת יְהוּדָה וִירוּשָׁלָםִ כִּימֵי עוֹלָם וּכְשָׁנִים קַדְמֹנִיּוֹת: מלאכי ג

אחרי תפילת עמידה יש שרים:

שֶׁיִּבָּנֶה בֵּית הַמִּקְדָּשׁ בִּמְהֵרָה בְיָמֵינוּ
וְתֵן חֶלְקֵנוּ בְּתוֹרָתֶךָ.
וְתֶחֱזֶינָה עֵינֵינוּ בְּשׁוּבְךָ לְצִיּוֹן בְּרַחֲמִים.
עֹמְדוֹת הָיוּ רַגְלֵינוּ תהלים קכב
בִּשְׁעָרַיִךְ יְרוּשָׁלָםִ:
יְרוּשָׁלַםִ הַבְּנוּיָה
כְּעִיר שֶׁחֻבְּרָה־לָּהּ יַחְדָּו:

כשליל יום ירושלים חל במוצאי שבת ממשיכים בעמוד הבא.
בשאר השנים ממשיכים בקדיש שלם (עמ׳ 232).

חצי קדיש

ש״ץ: יִתְגַּדַּל וְיִתְקַדַּשׁ שְׁמֵהּ רַבָּא (קהל: אָמֵן)
בְּעָלְמָא דִּי בְרָא כִרְעוּתֵהּ
וְיַמְלִיךְ מַלְכוּתֵהּ, בְּחַיֵּיכוֹן וּבְיוֹמֵיכוֹן וּבְחַיֵּי דְכָל בֵּית יִשְׂרָאֵל
בַּעֲגָלָא וּבִזְמַן קָרִיב, וְאִמְרוּ אָמֵן. (קהל: אָמֵן)

קהל וש״ץ: יְהֵא שְׁמֵהּ רַבָּא מְבָרַךְ לְעָלַם וּלְעָלְמֵי עָלְמַיָּא.

ש״ץ: יִתְבָּרַךְ וְיִשְׁתַּבַּח וְיִתְפָּאַר וְיִתְרוֹמַם וְיִתְנַשֵּׂא
וְיִתְהַדָּר וְיִתְעַלֶּה וְיִתְהַלָּל
שְׁמֵהּ דְּקֻדְשָׁא בְּרִיךְ הוּא (קהל: בְּרִיךְ הוּא)
לְעֵלָּא מִן כָּל בִּרְכָתָא וְשִׁירָתָא
תֻּשְׁבְּחָתָא וְנֶחֱמָתָא, דַּאֲמִירָן בְּעָלְמָא, וְאִמְרוּ אָמֵן. (קהל: אָמֵן)

׳וִיהִי נֹעַם׳ אומרים בעמידה, ׳וְאַתָּה קָדוֹשׁ׳ בישיבה.

תהלים צ וִיהִי נֹעַם אֲדֹנָי אֱלֹהֵינוּ עָלֵינוּ וּמַעֲשֵׂה יָדֵינוּ כּוֹנְנָה עָלֵינוּ וּמַעֲשֵׂה יָדֵינוּ כּוֹנְנֵהוּ:

תהלים צא יֹשֵׁב בְּסֵתֶר עֶלְיוֹן, בְּצֵל שַׁדַּי יִתְלוֹנָן: אֹמַר לַיהוה מַחְסִי וּמְצוּדָתִי, אֱלֹהַי אֶבְטַח־בּוֹ: כִּי הוּא יַצִּילְךָ מִפַּח יָקוּשׁ, מִדֶּבֶר הַוּוֹת: בְּאֶבְרָתוֹ יָסֶךְ לָךְ, וְתַחַת־כְּנָפָיו תֶּחְסֶה, צִנָּה וְסֹחֵרָה אֲמִתּוֹ: לֹא־תִירָא מִפַּחַד לָיְלָה, מֵחֵץ יָעוּף יוֹמָם: מִדֶּבֶר בָּאֹפֶל יַהֲלֹךְ, מִקֶּטֶב יָשׁוּד צָהֳרָיִם: יִפֹּל מִצִּדְּךָ אֶלֶף, וּרְבָבָה מִימִינֶךָ, אֵלֶיךָ לֹא יִגָּשׁ: רַק בְּעֵינֶיךָ תַבִּיט, וְשִׁלֻּמַת רְשָׁעִים תִּרְאֶה: כִּי־אַתָּה יהוה מַחְסִי, עֶלְיוֹן שַׂמְתָּ מְעוֹנֶךָ: לֹא־תְאֻנֶּה אֵלֶיךָ רָעָה, וְנֶגַע לֹא־יִקְרַב בְּאָהֳלֶךָ: כִּי מַלְאָכָיו יְצַוֶּה־לָּךְ, לִשְׁמָרְךָ בְּכָל־דְּרָכֶיךָ: עַל־כַּפַּיִם יִשָּׂאוּנְךָ, פֶּן־תִּגֹּף בָּאֶבֶן רַגְלֶךָ: עַל־שַׁחַל וָפֶתֶן תִּדְרֹךְ, תִּרְמֹס כְּפִיר וְתַנִּין: כִּי בִי חָשַׁק וַאֲפַלְּטֵהוּ, אֲשַׂגְּבֵהוּ כִּי־יָדַע שְׁמִי: יִקְרָאֵנִי וְאֶעֱנֵהוּ, עִמּוֹ אָנֹכִי בְצָרָה, אֲחַלְּצֵהוּ וַאֲכַבְּדֵהוּ:
◂ אֹרֶךְ יָמִים אַשְׂבִּיעֵהוּ, וְאַרְאֵהוּ בִּישׁוּעָתִי:
אֹרֶךְ יָמִים אַשְׂבִּיעֵהוּ, וְאַרְאֵהוּ בִּישׁוּעָתִי:

‣ וְאַתָּה קָדוֹשׁ יוֹשֵׁב תְּהִלּוֹת יִשְׂרָאֵל: וְקָרָא זֶה אֶל־זֶה וְאָמַר תהלים כב ישעיה ו
קָדוֹשׁ, קָדוֹשׁ, קָדוֹשׁ, יהוה צְבָאוֹת, מְלֹא כָל־הָאָרֶץ כְּבוֹדוֹ:
וּמְקַבְּלִין דֵּין מִן דֵּין וְאָמְרִין, קַדִּישׁ בִּשְׁמֵי מְרוֹמָא עִלָּאָה בֵּית שְׁכִינְתֵהּ תרגום יונתן ישעיה ו
קַדִּישׁ עַל אַרְעָא עוֹבַד גְּבוּרְתֵהּ, קַדִּישׁ לְעָלַם וּלְעָלְמֵי עָלְמַיָּא יהוה צְבָאוֹת
מַלְיָא כָל אַרְעָא זִיו יְקָרֵהּ.

‣ וַתִּשָּׂאֵנִי רוּחַ, וָאֶשְׁמַע אַחֲרַי קוֹל רַעַשׁ גָּדוֹל, בָּרוּךְ כְּבוֹד־יהוה מִמְּקוֹמוֹ: יחזקאל ג
וּנְטָלַתְנִי רוּחָא, וּשְׁמָעִית בַּתְרַי קָל זִיעַ סַגִּיא, דִּמְשַׁבְּחִין וְאָמְרִין תרגום יונתן יחזקאל ג
בְּרִיךְ יְקָרָא דַיהוה מֵאֲתַר בֵּית שְׁכִינְתֵהּ.

יהוה יִמְלֹךְ לְעֹלָם וָעֶד: שמות טו
יהוה מַלְכוּתֵהּ קָאֵם לְעָלַם וּלְעָלְמֵי עָלְמַיָּא. תרגום אונקלוס שמות טו

יהוה אֱלֹהֵי אַבְרָהָם יִצְחָק וְיִשְׂרָאֵל אֲבֹתֵינוּ, שָׁמְרָה־זֹּאת לְעוֹלָם לְיֵצֶר דברי הימים א׳ כט
מַחְשְׁבוֹת לְבַב עַמֶּךָ, וְהָכֵן לְבָבָם אֵלֶיךָ: וְהוּא רַחוּם יְכַפֵּר עָוֹן וְלֹא־יַשְׁחִית, תהלים עח
וְהִרְבָּה לְהָשִׁיב אַפּוֹ, וְלֹא־יָעִיר כָּל־חֲמָתוֹ: כִּי־אַתָּה אֲדֹנָי טוֹב וְסַלָּח, תהלים פו
וְרַב־חֶסֶד לְכָל־קֹרְאֶיךָ: צִדְקָתְךָ צֶדֶק לְעוֹלָם וְתוֹרָתְךָ אֱמֶת: תִּתֵּן אֱמֶת תהלים קיט מיכה ז
לְיַעֲקֹב, חֶסֶד לְאַבְרָהָם, אֲשֶׁר־נִשְׁבַּעְתָּ לַאֲבֹתֵינוּ מִימֵי קֶדֶם: בָּרוּךְ אֲדֹנָי תהלים סח
יוֹם יוֹם יַעֲמָס־לָנוּ, הָאֵל יְשׁוּעָתֵנוּ סֶלָה: יהוה צְבָאוֹת עִמָּנוּ, מִשְׂגָּב לָנוּ תהלים מו
אֱלֹהֵי יַעֲקֹב סֶלָה: יהוה צְבָאוֹת, אַשְׁרֵי אָדָם בֹּטֵחַ בָּךְ: יהוה הוֹשִׁיעָה, תהלים פד תהלים כ
הַמֶּלֶךְ יַעֲנֵנוּ בְיוֹם־קָרְאֵנוּ:

בָּרוּךְ הוּא אֱלֹהֵינוּ שֶׁבְּרָאָנוּ לִכְבוֹדוֹ, וְהִבְדִּילָנוּ מִן הַתּוֹעִים, וְנָתַן לָנוּ תּוֹרַת אֱמֶת, וְחַיֵּי עוֹלָם נָטַע בְּתוֹכֵנוּ. הוּא יִפְתַּח לִבֵּנוּ בְּתוֹרָתוֹ, וְיָשֵׂם בְּלִבֵּנוּ אַהֲבָתוֹ וְיִרְאָתוֹ וְלַעֲשׂוֹת רְצוֹנוֹ וּלְעָבְדוֹ בְּלֵבָב שָׁלֵם, לְמַעַן לֹא נִיגַע לָרִיק וְלֹא נֵלֵד לַבֶּהָלָה.

יְהִי רָצוֹן מִלְּפָנֶיךָ יהוה אֱלֹהֵינוּ וֵאלֹהֵי אֲבוֹתֵינוּ, שֶׁנִּשְׁמֹר חֻקֶּיךָ בָּעוֹלָם
הַזֶּה, וְנִזְכֶּה וְנִחְיֶה וְנִרְאֶה וְנִירַשׁ טוֹבָה וּבְרָכָה, לִשְׁנֵי יְמוֹת הַמָּשִׁיחַ וּלְחַיֵּי
הָעוֹלָם הַבָּא. לְמַעַן יְזַמֶּרְךָ כָבוֹד וְלֹא יִדֹּם, יהוה אֱלֹהַי, לְעוֹלָם אוֹדֶךָּ: תהלים ל
בָּרוּךְ הַגֶּבֶר אֲשֶׁר יִבְטַח בַּיהוה, וְהָיָה יהוה מִבְטַחוֹ: בִּטְחוּ בַיהוה עֲדֵי־ ירמיה יז ישעיה כו
עַד, כִּי בְּיָהּ יהוה צוּר עוֹלָמִים: ‣ וְיִבְטְחוּ בְךָ יוֹדְעֵי שְׁמֶךָ, כִּי לֹא־עָזַבְתָּ תהלים ט
דֹרְשֶׁיךָ, יהוה: יהוה חָפֵץ לְמַעַן צִדְקוֹ, יַגְדִּיל תּוֹרָה וְיַאְדִּיר: ישעיה מב

קדיש שלם

ש״ץ: יִתְגַּדַּל וְיִתְקַדַּשׁ שְׁמֵהּ רַבָּא (קהל: אָמֵן)
בְּעָלְמָא דִּי בְרָא כִרְעוּתֵהּ
וְיַמְלִיךְ מַלְכוּתֵהּ
בְּחַיֵּיכוֹן וּבְיוֹמֵיכוֹן וּבְחַיֵּי דְכָל בֵּית יִשְׂרָאֵל
בַּעֲגָלָא וּבִזְמַן קָרִיב
וְאִמְרוּ אָמֵן. (קהל: אָמֵן)

קהל וש״ץ: יְהֵא שְׁמֵהּ רַבָּא מְבָרַךְ לְעָלַם וּלְעָלְמֵי עָלְמַיָּא.

ש״ץ: יִתְבָּרַךְ וְיִשְׁתַּבַּח וְיִתְפָּאַר וְיִתְרוֹמַם וְיִתְנַשֵּׂא
וְיִתְהַדָּר וְיִתְעַלֶּה וְיִתְהַלָּל
שְׁמֵהּ דְּקֻדְשָׁא בְּרִיךְ הוּא (קהל: בְּרִיךְ הוּא)
לְעֵלָּא מִן כָּל בִּרְכָתָא וְשִׁירָתָא
תֻּשְׁבְּחָתָא וְנֶחֱמָתָא
דַּאֲמִירָן בְּעָלְמָא
וְאִמְרוּ אָמֵן. (קהל: אָמֵן)

תִּתְקַבַּל צְלוֹתְהוֹן וּבָעוּתְהוֹן דְּכָל יִשְׂרָאֵל
קֳדָם אֲבוּהוֹן דִּי בִשְׁמַיָּא
וְאִמְרוּ אָמֵן. (קהל: אָמֵן)

יְהֵא שְׁלָמָא רַבָּא מִן שְׁמַיָּא
וְחַיִּים, עָלֵינוּ וְעַל כָּל יִשְׂרָאֵל
וְאִמְרוּ אָמֵן. (קהל: אָמֵן)

כורע ופוסע שלוש פסיעות לאחור. קד לשמאל, לימין ולפנים באמירת:

עֹשֶׂה שָׁלוֹם בִּמְרוֹמָיו
הוּא יַעֲשֶׂה שָׁלוֹם עָלֵינוּ וְעַל כָּל יִשְׂרָאֵל
וְאִמְרוּ אָמֵן. (קהל: אָמֵן)

סדר ספירת העומר

לפני ספירת העומר יש אומרים:

לְשֵׁם יִחוּד קֻדְשָׁא בְּרִיךְ הוּא וּשְׁכִינְתֵּהּ בִּדְחִילוּ וּרְחִימוּ
לְיַחֵד שֵׁם י״ה בו״ה בְּיִחוּדָא שְׁלִים
בְּשֵׁם כָּל יִשְׂרָאֵל.

הִנְנִי מוּכָן וּמְזֻמָּן לְקַיֵּם מִצְוַת עֲשֵׂה שֶׁל סְפִירַת הָעֹמֶר.
כְּמוֹ שֶׁכָּתוּב בַּתּוֹרָה
וּסְפַרְתֶּם לָכֶם מִמָּחֳרַת הַשַּׁבָּת ויקרא כג
מִיּוֹם הֲבִיאֲכֶם אֶת־עֹמֶר הַתְּנוּפָה
שֶׁבַע שַׁבָּתוֹת תְּמִימֹת תִּהְיֶינָה:
עַד מִמָּחֳרַת הַשַּׁבָּת הַשְּׁבִיעִת תִּסְפְּרוּ חֲמִשִּׁים יוֹם
וְהִקְרַבְתֶּם מִנְחָה חֲדָשָׁה לַיהוה:
וִיהִי נֹעַם אֲדֹנָי אֱלֹהֵינוּ עָלֵינוּ תהלים צ
וּמַעֲשֵׂה יָדֵינוּ כּוֹנְנָה עָלֵינוּ
וּמַעֲשֵׂה יָדֵינוּ כּוֹנְנֵהוּ:

בָּרוּךְ אַתָּה יהוה אֱלֹהֵינוּ מֶלֶךְ הָעוֹלָם
אֲשֶׁר קִדְּשָׁנוּ בְּמִצְוֹתָיו, וְצִוָּנוּ עַל סְפִירַת הָעֹמֶר.

הַיּוֹם שְׁלֹשָׁה וְאַרְבָּעִים יוֹם
שֶׁהֵם שִׁשָּׁה שָׁבוּעוֹת וְיוֹם אֶחָד בָּעֹמֶר. חסד שבמלכות

הָרַחֲמָן הוּא יַחֲזִיר לָנוּ עֲבוֹדַת בֵּית הַמִּקְדָּשׁ לִמְקוֹמָהּ
בִּמְהֵרָה בְיָמֵינוּ, אָמֵן סֶלָה.

יש מוסיפים:

לַמְנַצֵּחַ בִּנְגִינֹת, מִזְמוֹר שִׁיר: אֱלֹהִים יְחָנֵּנוּ וִיבָרְכֵנוּ, יָאֵר פָּנָיו אִתָּנוּ סֶלָה: תהלים סז
לָדַעַת בָּאָרֶץ דַּרְכֶּךָ, בְּכָל־גּוֹיִם יְשׁוּעָתֶךָ: יוֹדוּךָ עַמִּים אֱלֹהִים, יוֹדוּךָ עַמִּים
כֻּלָּם: יִשְׂמְחוּ וִירַנְּנוּ לְאֻמִּים, כִּי־תִשְׁפֹּט עַמִּים מִישֹׁר, וּלְאֻמִּים בָּאָרֶץ תַּנְחֵם

סֶלָה: יוֹדוּךָ עַמִּים אֱלֹהִים, יוֹדוּךָ עַמִּים כֻּלָּם: אֶרֶץ נָתְנָה יְבוּלָהּ, יְבָרְכֵנוּ אֱלֹהִים אֱלֹהֵינוּ: יְבָרְכֵנוּ אֱלֹהִים, וְיִירְאוּ אוֹתוֹ כָּל־אַפְסֵי־אָרֶץ:

אָנָּא, בְּכֹחַ גְּדֻלַּת יְמִינְךָ, תַּתִּיר צְרוּרָה.
קַבֵּל רִנַּת עַמְּךָ, שַׂגְּבֵנוּ, טַהֲרֵנוּ, נוֹרָא.
נָא גִבּוֹר, דּוֹרְשֵׁי יִחוּדְךָ כְּבָבַת שָׁמְרֵם.
בָּרְכֵם, טַהֲרֵם, רַחֲמֵם, צִדְקָתְךָ תָּמִיד גָּמְלֵם.
חֲסִין קָדוֹשׁ, בְּרֹב טוּבְךָ נַהֵל עֲדָתֶךָ.
יָחִיד גֵּאֶה, לְעַמְּךָ פְּנֵה, זוֹכְרֵי קְדֻשָּׁתֶךָ.
שַׁוְעָתֵנוּ קַבֵּל וּשְׁמַע צַעֲקָתֵנוּ, יוֹדֵעַ תַּעֲלוּמוֹת.
בָּרוּךְ שֵׁם כְּבוֹד מַלְכוּתוֹ לְעוֹלָם וָעֶד.

רִבּוֹנוֹ שֶׁל עוֹלָם, אַתָּה צִוִּיתָנוּ עַל יְדֵי מֹשֶׁה עַבְדְּךָ לִסְפֹּר סְפִירַת הָעֹמֶר,
ויקרא כג כְּדֵי לְטַהֲרֵנוּ מִקְּלִפּוֹתֵינוּ וּמִטֻּמְאוֹתֵינוּ. כְּמוֹ שֶׁכָּתַבְתָּ בְּתוֹרָתֶךָ: וּסְפַרְתֶּם
לָכֶם מִמָּחֳרַת הַשַּׁבָּת, מִיּוֹם הֲבִיאֲכֶם אֶת־עֹמֶר הַתְּנוּפָה, שֶׁבַע שַׁבָּתוֹת
תְּמִימֹת תִּהְיֶינָה: עַד מִמָּחֳרַת הַשַּׁבָּת הַשְּׁבִיעִת תִּסְפְּרוּ חֲמִשִּׁים יוֹם:
כְּדֵי שֶׁיִּטָּהֲרוּ נַפְשׁוֹת עַמְּךָ יִשְׂרָאֵל מִזֻּהֲמָתָם. וּבְכֵן יְהִי רָצוֹן מִלְּפָנֶיךָ
יהוה אֱלֹהֵינוּ וֵאלֹהֵי אֲבוֹתֵינוּ, שֶׁבִּזְכוּת סְפִירַת הָעֹמֶר שֶׁסָּפַרְתִּי הַיּוֹם,
יְתֻקַּן מַה שֶּׁפָּגַמְתִּי בִּסְפִירָה (פלונית השייכת לאותו היום) וְאֶטָּהֵר וְאֶתְקַדֵּשׁ
בִּקְדֻשָּׁה שֶׁל מַעְלָה, וְעַל יְדֵי זֶה יֻשְׁפַּע שֶׁפַע רַב בְּכָל הָעוֹלָמוֹת, לְתַקֵּן
אֶת נַפְשׁוֹתֵינוּ וְרוּחוֹתֵינוּ וְנִשְׁמוֹתֵינוּ מִכָּל סִיג וּפְגָם, וּלְטַהֲרֵנוּ וּלְקַדְּשֵׁנוּ
בִּקְדֻשָּׁתְךָ הָעֶלְיוֹנָה, אָמֵן סֶלָה.

כשחל ליל יום ירושלים במוצאי שבת ממשיכים בעמוד הבא.
בשאר השנים ממשיכים ׳עָלֵינוּ׳ (עמ׳ 238).

פסוקי ברכה

יש מקהילות מערב אירופה שאמרו נוסח מקוצר ודילגו על חלק מהפסקאות –
אלו הכתובות באות קטנה.

וְיִתֶּן־לְךָ הָאֱלֹהִים מִטַּל הַשָּׁמַיִם וּמִשְׁמַנֵּי הָאָרֶץ, וְרֹב דָּגָן וְתִירֹשׁ: בראשית כז
יַעַבְדוּךָ עַמִּים וְיִשְׁתַּחֲווּ לְךָ לְאֻמִּים, הֱוֵה גְבִיר לְאַחֶיךָ וְיִשְׁתַּחֲווּ לְךָ
בְּנֵי אִמֶּךָ, אֹרְרֶיךָ אָרוּר וּמְבָרְכֶיךָ בָּרוּךְ:

וְאֵל שַׁדַּי יְבָרֵךְ אֹתְךָ וְיַפְרְךָ וְיַרְבֶּךָ, וְהָיִיתָ לִקְהַל עַמִּים: וְיִתֶּן־לְךָ בראשית כח
אֶת־בִּרְכַּת אַבְרָהָם, לְךָ וּלְזַרְעֲךָ אִתָּךְ, לְרִשְׁתְּךָ אֶת־אֶרֶץ מְגֻרֶיךָ
אֲשֶׁר־נָתַן אֱלֹהִים לְאַבְרָהָם: מֵאֵל אָבִיךָ וְיַעְזְרֶךָּ וְאֵת שַׁדַּי וִיבָרְכֶךָּ, בראשית מט
בִּרְכֹת שָׁמַיִם מֵעָל בִּרְכֹת תְּהוֹם רֹבֶצֶת תָּחַת, בִּרְכֹת שָׁדַיִם וָרָחַם:
בִּרְכֹת אָבִיךָ גָּבְרוּ עַל־בִּרְכֹת הוֹרַי עַד־תַּאֲוַת גִּבְעֹת עוֹלָם, תִּהְיֶיןָ
לְרֹאשׁ יוֹסֵף וּלְקָדְקֹד נְזִיר אֶחָיו: וַאֲהֵבְךָ וּבֵרַכְךָ וְהִרְבֶּךָ, וּבֵרַךְ פְּרִי־ דברים ז
בִטְנְךָ וּפְרִי־אַדְמָתֶךָ, דְּגָנְךָ וְתִירֹשְׁךָ וְיִצְהָרֶךָ, שְׁגַר־אֲלָפֶיךָ וְעַשְׁתְּרֹת
צֹאנֶךָ, עַל הָאֲדָמָה אֲשֶׁר־נִשְׁבַּע לַאֲבֹתֶיךָ לָתֶת לָךְ: בָּרוּךְ תִּהְיֶה
מִכָּל־הָעַמִּים, לֹא־יִהְיֶה בְךָ עָקָר וַעֲקָרָה וּבִבְהֶמְתֶּךָ: וְהֵסִיר יהוה
מִמְּךָ כָּל־חֹלִי, וְכָל־מַדְוֵי מִצְרַיִם הָרָעִים אֲשֶׁר יָדַעְתָּ, לֹא יְשִׂימָם
בָּךְ, וּנְתָנָם בְּכָל־שֹׂנְאֶיךָ:

הַמַּלְאָךְ הַגֹּאֵל אֹתִי מִכָּל־רָע יְבָרֵךְ אֶת־הַנְּעָרִים, וְיִקָּרֵא בָהֶם שְׁמִי וְשֵׁם בראשית מח
אֲבֹתַי אַבְרָהָם וְיִצְחָק, וְיִדְגּוּ לָרֹב בְּקֶרֶב הָאָרֶץ: יהוה אֱלֹהֵיכֶם הִרְבָּה דברים א
אֶתְכֶם, וְהִנְּכֶם הַיּוֹם כְּכוֹכְבֵי הַשָּׁמַיִם לָרֹב: יהוה אֱלֹהֵי אֲבוֹתֵכֶם יֹסֵף
עֲלֵיכֶם כָּכֶם אֶלֶף פְּעָמִים, וִיבָרֵךְ אֶתְכֶם כַּאֲשֶׁר דִּבֶּר לָכֶם:

בָּרוּךְ אַתָּה בָּעִיר, וּבָרוּךְ אַתָּה בַּשָּׂדֶה: בָּרוּךְ אַתָּה בְּבֹאֶךָ, וּבָרוּךְ דברים כח
אַתָּה בְּצֵאתֶךָ: בָּרוּךְ טַנְאֲךָ וּמִשְׁאַרְתֶּךָ: בָּרוּךְ פְּרִי־בִטְנְךָ וּפְרִי
אַדְמָתְךָ וּפְרִי בְהֶמְתֶּךָ, שְׁגַר אֲלָפֶיךָ וְעַשְׁתְּרוֹת צֹאנֶךָ: יְצַו יהוה אִתְּךָ

אֶת־הַבְּרָכָה בַּאֲסָמֶיךָ וּבְכֹל מִשְׁלַח יָדֶךָ, וּבֵרַכְךָ בָּאָרֶץ אֲשֶׁר־יהוה
אֱלֹהֶיךָ נֹתֵן לָךְ: יִפְתַּח יהוה לְךָ אֶת־אוֹצָרוֹ הַטּוֹב אֶת־הַשָּׁמַיִם,
לָתֵת מְטַר־אַרְצְךָ בְּעִתּוֹ, וּלְבָרֵךְ אֵת כָּל־מַעֲשֵׂה יָדֶךָ, וְהִלְוִיתָ

דברים טו
גוֹיִם רַבִּים וְאַתָּה לֹא תִלְוֶה: כִּי־יהוה אֱלֹהֶיךָ בֵּרַכְךָ כַּאֲשֶׁר דִּבֶּר־
לָךְ, וְהַעֲבַטְתָּ גּוֹיִם רַבִּים וְאַתָּה לֹא תַעֲבֹט, וּמָשַׁלְתָּ בְּגוֹיִם רַבִּים

דברים לג
וּבְךָ לֹא יִמְשֹׁלוּ: אַשְׁרֶיךָ יִשְׂרָאֵל, מִי כָמוֹךָ, עַם נוֹשַׁע בַּיהוה, מָגֵן
עֶזְרֶךָ וַאֲשֶׁר־חֶרֶב גַּאֲוָתֶךָ, וְיִכָּחֲשׁוּ אֹיְבֶיךָ לָךְ, וְאַתָּה עַל־בָּמוֹתֵימוֹ
תִדְרֹךְ:

ישעיה מד
מָחִיתִי כָעָב פְּשָׁעֶיךָ וְכֶעָנָן חַטֹּאותֶיךָ, שׁוּבָה אֵלַי כִּי גְאַלְתִּיךָ: רָנּוּ שָׁמַיִם
כִּי־עָשָׂה יהוה, הָרִיעוּ תַּחְתִּיּוֹת אָרֶץ, פִּצְחוּ הָרִים רִנָּה, יַעַר וְכָל־עֵץ

ישעיה מז
בּוֹ, כִּי־גָאַל יהוה יַעֲקֹב וּבְיִשְׂרָאֵל יִתְפָּאָר: גֹּאֲלֵנוּ, יהוה צְבָאוֹת שְׁמוֹ,
קְדוֹשׁ יִשְׂרָאֵל:

ישעיה מה
יִשְׂרָאֵל נוֹשַׁע בַּיהוה תְּשׁוּעַת עוֹלָמִים, לֹא־תֵבֹשׁוּ וְלֹא־תִכָּלְמוּ

יואל ב
עַד־עוֹלְמֵי עַד: וַאֲכַלְתֶּם אָכוֹל וְשָׂבוֹעַ, וְהִלַּלְתֶּם אֶת־שֵׁם יהוה
אֱלֹהֵיכֶם אֲשֶׁר־עָשָׂה עִמָּכֶם לְהַפְלִיא, וְלֹא־יֵבֹשׁוּ עַמִּי לְעוֹלָם:
וִידַעְתֶּם כִּי בְקֶרֶב יִשְׂרָאֵל אָנִי, וַאֲנִי יהוה אֱלֹהֵיכֶם וְאֵין עוֹד, וְלֹא־

ישעיה נה
יֵבֹשׁוּ עַמִּי לְעוֹלָם: כִּי־בְשִׂמְחָה תֵצֵאוּ וּבְשָׁלוֹם תּוּבָלוּן, הֶהָרִים

ישעיה יב
וְהַגְּבָעוֹת יִפְצְחוּ לִפְנֵיכֶם רִנָּה, וְכָל־עֲצֵי הַשָּׂדֶה יִמְחֲאוּ־כָף: הִנֵּה
אֵל יְשׁוּעָתִי אֶבְטַח, וְלֹא אֶפְחָד, כִּי־עָזִּי וְזִמְרָת יָהּ יהוה, וַיְהִי־לִי
לִישׁוּעָה: וּשְׁאַבְתֶּם־מַיִם בְּשָׂשׂוֹן, מִמַּעַיְנֵי הַיְשׁוּעָה: וַאֲמַרְתֶּם בַּיּוֹם
הַהוּא, הוֹדוּ לַיהוה קִרְאוּ בִשְׁמוֹ, הוֹדִיעוּ בָעַמִּים עֲלִילֹתָיו, הַזְכִּירוּ
כִּי נִשְׂגָּב שְׁמוֹ: זַמְּרוּ יהוה כִּי גֵאוּת עָשָׂה, מוּדַעַת זֹאת בְּכָל־הָאָרֶץ:

ישעיה כה
צַהֲלִי וָרֹנִּי יוֹשֶׁבֶת צִיּוֹן, כִּי־גָדוֹל בְּקִרְבֵּךְ קְדוֹשׁ יִשְׂרָאֵל: וְאָמַר בַּיּוֹם
הַהוּא, הִנֵּה אֱלֹהֵינוּ זֶה קִוִּינוּ לוֹ וְיוֹשִׁיעֵנוּ, זֶה יהוה קִוִּינוּ לוֹ, נָגִילָה
וְנִשְׂמְחָה בִּישׁוּעָתוֹ:

בֵּית יַעֲקֹב לְכוּ וְנֵלְכָה בְּאוֹר יהוה: וְהָיָה אֱמוּנַת עִתֶּיךָ, חֹסֶן יְשׁוּעֹת חָכְמַת ישעיה ב ישעיה לב
וָדָעַת, יִרְאַת יהוה הִיא אוֹצָרוֹ: וַיְהִי דָוִד לְכָל־דְּרָכָו מַשְׂכִּיל, וַיהוה עִמּוֹ: שמואל א׳ יח

פָּדָה בְשָׁלוֹם נַפְשִׁי מִקְּרָב־לִי, כִּי־בְרַבִּים הָיוּ עִמָּדִי: וַיֹּאמֶר הָעָם אֶל־ תהלים נה שמואל א׳ יד
שָׁאוּל, הֲיוֹנָתָן יָמוּת אֲשֶׁר עָשָׂה הַיְשׁוּעָה הַגְּדוֹלָה הַזֹּאת בְּיִשְׂרָאֵל,
חָלִילָה, חַי־יהוה אִם־יִפֹּל מִשַּׂעֲרַת רֹאשׁוֹ אַרְצָה, כִּי־עִם־אֱלֹהִים עָשָׂה
הַיּוֹם הַזֶּה, וַיִּפְדּוּ הָעָם אֶת־יוֹנָתָן וְלֹא־מֵת: וּפְדוּיֵי יהוה יְשֻׁבוּן וּבָאוּ ישעיה לה
צִיּוֹן בְּרִנָּה, וְשִׂמְחַת עוֹלָם עַל־רֹאשָׁם, שָׂשׂוֹן וְשִׂמְחָה יַשִּׂיגוּ, וְנָסוּ יָגוֹן
וַאֲנָחָה:

הָפַכְתָּ מִסְפְּדִי לְמָחוֹל לִי, פִּתַּחְתָּ שַׂקִּי, וַתְּאַזְּרֵנִי שִׂמְחָה: וְלֹא־אָבָה יהוה תהלים ל דברים כג
אֱלֹהֶיךָ לִשְׁמֹעַ אֶל־בִּלְעָם, וַיַּהֲפֹךְ יהוה אֱלֹהֶיךָ לְּךָ אֶת־הַקְּלָלָה לִבְרָכָה,
כִּי אֲהֵבְךָ יהוה אֱלֹהֶיךָ: אָז תִּשְׂמַח בְּתוּלָה בְּמָחוֹל, וּבַחֻרִים וּזְקֵנִים יַחְדָּו, ירמיה לא
וְהָפַכְתִּי אֶבְלָם לְשָׂשׂוֹן, וְנִחַמְתִּים, וְשִׂמַּחְתִּים מִיגוֹנָם:

בּוֹרֵא נִיב שְׂפָתָיִם, שָׁלוֹם שָׁלוֹם לָרָחוֹק וְלַקָּרוֹב אָמַר יהוה, וּרְפָאתִיו: ישעיה נז
וְרוּחַ לָבְשָׁה אֶת־עֲמָשַׂי רֹאשׁ הַשָּׁלִישִׁים, לְךָ דָוִיד וְעִמְּךָ בֶן־יִשַׁי, דברי הימים א׳ יב
שָׁלוֹם שָׁלוֹם לְךָ וְשָׁלוֹם לְעֹזְרֶךָ, כִּי עֲזָרְךָ אֱלֹהֶיךָ, וַיְקַבְּלֵם דָּוִיד
וַיִּתְּנֵם בְּרָאשֵׁי הַגְּדוּד: וַאֲמַרְתֶּם כֹּה לֶחָי, וְאַתָּה שָׁלוֹם וּבֵיתְךָ שמואל א׳ כה
שָׁלוֹם וְכֹל אֲשֶׁר־לְךָ שָׁלוֹם: יהוה עֹז לְעַמּוֹ יִתֵּן, יהוה יְבָרֵךְ אֶת־ תהלים כט
עַמּוֹ בַשָּׁלוֹם:

אָמַר רַבִּי יוֹחָנָן: בְּכָל מָקוֹם שֶׁאַתָּה מוֹצֵא גְּדֻלָּתוֹ שֶׁל הַקָּדוֹשׁ בָּרוּךְ מגילה לא.
הוּא, שָׁם אַתָּה מוֹצֵא עַנְוְתָנוּתוֹ. דָּבָר זֶה כָּתוּב בַּתּוֹרָה, וְשָׁנוּי בַּנְּבִיאִים,
וּמְשֻׁלָּשׁ בַּכְּתוּבִים. כָּתוּב בַּתּוֹרָה: כִּי יהוה אֱלֹהֵיכֶם הוּא אֱלֹהֵי הָאֱלֹהִים דברים י
וַאֲדֹנֵי הָאֲדֹנִים, הָאֵל הַגָּדֹל הַגִּבֹּר וְהַנּוֹרָא, אֲשֶׁר לֹא־יִשָּׂא פָנִים וְלֹא
יִקַּח שֹׁחַד: וּכְתִיב בָּתְרֵהּ: עֹשֶׂה מִשְׁפַּט יָתוֹם וְאַלְמָנָה, וְאֹהֵב גֵּר לָתֶת
לוֹ לֶחֶם וְשִׂמְלָה: שָׁנוּי בַּנְּבִיאִים, דִּכְתִיב: כִּי כֹה אָמַר רָם וְנִשָּׂא שֹׁכֵן ישעיה נז
עַד וְקָדוֹשׁ שְׁמוֹ, מָרוֹם וְקָדוֹשׁ אֶשְׁכּוֹן, וְאֶת־דַּכָּא וּשְׁפַל־רוּחַ, לְהַחֲיוֹת

תהלים סח רְוּחַ שְׁפָלִים וּלְהַחֲיוֹת לֵב נִדְכָּאִים: מְשֻׁלָּשׁ בַּכְּתוּבִים, דִּכְתִיב: שִׁירוּ
לֵאלֹהִים, זַמְּרוּ שְׁמוֹ, סֹלּוּ לָרֹכֵב בָּעֲרָבוֹת בְּיָהּ שְׁמוֹ, וְעִלְזוּ לְפָנָיו: וּכְתִיב
בַּתְרֵהּ: אֲבִי יְתוֹמִים וְדַיַּן אַלְמָנוֹת, אֱלֹהִים בִּמְעוֹן קָדְשׁוֹ:

מלכים א׳ ח יְהִי יהוה אֱלֹהֵינוּ עִמָּנוּ כַּאֲשֶׁר הָיָה עִם־אֲבֹתֵינוּ, אַל־יַעַזְבֵנוּ וְאַל־יִטְּשֵׁנוּ:
דברים ד וְאַתֶּם הַדְּבֵקִים בַּיהוה אֱלֹהֵיכֶם, חַיִּים כֻּלְּכֶם הַיּוֹם: כִּי־נִחַם יהוה צִיּוֹן,
ישעיה נא נִחַם כָּל־חָרְבֹתֶיהָ, וַיָּשֶׂם מִדְבָּרָהּ כְּעֵדֶן וְעַרְבָתָהּ כְּגַן־יהוה, שָׂשׂוֹן וְשִׂמְחָה
ישעיה מב יִמָּצֵא בָהּ, תּוֹדָה וְקוֹל זִמְרָה: יהוה חָפֵץ לְמַעַן צִדְקוֹ, יַגְדִּיל תּוֹרָה
וְיַאְדִּיר:

תהלים קכח שִׁיר הַמַּעֲלוֹת, אַשְׁרֵי כָּל־יְרֵא יהוה, הַהֹלֵךְ בִּדְרָכָיו: יְגִיעַ כַּפֶּיךָ כִּי
תֹאכֵל, אַשְׁרֶיךָ וְטוֹב לָךְ: אֶשְׁתְּךָ כְּגֶפֶן פֹּרִיָּה בְּיַרְכְּתֵי בֵיתֶךָ, בָּנֶיךָ
כִּשְׁתִלֵי זֵיתִים, סָבִיב לְשֻׁלְחָנֶךָ: הִנֵּה כִי־כֵן יְבֹרַךְ גָּבֶר יְרֵא יהוה:
יְבָרֶכְךָ יהוה מִצִּיּוֹן, וּרְאֵה בְּטוּב יְרוּשָׁלָיִם, כֹּל יְמֵי חַיֶּיךָ: וּרְאֵה־בָנִים
לְבָנֶיךָ, שָׁלוֹם עַל־יִשְׂרָאֵל:

אומרים ׳עָלֵינוּ׳ בעמידה, ומשתחווים במקום המסומן ב׳.

עָלֵינוּ לְשַׁבֵּחַ לַאֲדוֹן הַכֹּל, לָתֵת גְּדֻלָּה לְיוֹצֵר בְּרֵאשִׁית
שֶׁלֹּא עָשָׂנוּ כְּגוֹיֵי הָאֲרָצוֹת, וְלֹא שָׂמָנוּ כְּמִשְׁפְּחוֹת הָאֲדָמָה
שֶׁלֹּא שָׂם חֶלְקֵנוּ כָּהֶם וְגוֹרָלֵנוּ כְּכָל הֲמוֹנָם.
שֶׁהֵם מִשְׁתַּחֲוִים לְהֶבֶל וָרִיק וּמִתְפַּלְלִים אֶל אֵל לֹא יוֹשִׁיעַ.
׳וַאֲנַחְנוּ כּוֹרְעִים וּמִשְׁתַּחֲוִים וּמוֹדִים
לִפְנֵי מֶלֶךְ מַלְכֵי הַמְּלָכִים, הַקָּדוֹשׁ בָּרוּךְ הוּא
שֶׁהוּא נוֹטֶה שָׁמַיִם וְיוֹסֵד אָרֶץ
וּמוֹשַׁב יְקָרוֹ בַּשָּׁמַיִם מִמַּעַל
וּשְׁכִינַת עֻזּוֹ בְּגָבְהֵי מְרוֹמִים.
הוּא אֱלֹהֵינוּ, אֵין עוֹד.

אֱמֶת מַלְכֵּנוּ, אֶפֶס זוּלָתוֹ
כַּכָּתוּב בְּתוֹרָתוֹ
וְיָדַעְתָּ הַיּוֹם וַהֲשֵׁבֹתָ אֶל־לְבָבֶךָ דברים ד
כִּי יהוה הוּא הָאֱלֹהִים בַּשָּׁמַיִם מִמַּעַל וְעַל־הָאָרֶץ מִתָּחַת
אֵין עוֹד:

עַל כֵּן נְקַוֶּה לְּךָ יהוה אֱלֹהֵינוּ, לִרְאוֹת מְהֵרָה בְּתִפְאֶרֶת עֻזֶּךָ
לְהַעֲבִיר גִּלּוּלִים מִן הָאָרֶץ, וְהָאֱלִילִים כָּרוֹת יִכָּרֵתוּן
לְתַקֵּן עוֹלָם בְּמַלְכוּת שַׁדַּי.
וְכָל בְּנֵי בָשָׂר יִקְרְאוּ בִשְׁמֶךָ
לְהַפְנוֹת אֵלֶיךָ כָּל רִשְׁעֵי אָרֶץ.
יַכִּירוּ וְיֵדְעוּ כָּל יוֹשְׁבֵי תֵבֵל
כִּי לְךָ תִּכְרַע כָּל בֶּרֶךְ, תִּשָּׁבַע כָּל לָשׁוֹן.
לְפָנֶיךָ יהוה אֱלֹהֵינוּ יִכְרְעוּ וְיִפֹּלוּ, וְלִכְבוֹד שִׁמְךָ יְקָר יִתֵּנוּ
וִיקַבְּלוּ כֻלָּם אֶת עֹל מַלְכוּתֶךָ
וְתִמְלֹךְ עֲלֵיהֶם מְהֵרָה לְעוֹלָם וָעֶד.
כִּי הַמַּלְכוּת שֶׁלְּךָ הִיא וּלְעוֹלְמֵי עַד תִּמְלֹךְ בְּכָבוֹד
כַּכָּתוּב בְּתוֹרָתֶךָ
יהוה יִמְלֹךְ לְעֹלָם וָעֶד: שמות טו
◂ וְנֶאֱמַר, וְהָיָה יהוה לְמֶלֶךְ עַל־כָּל־הָאָרֶץ זכריה יד
בַּיּוֹם הַהוּא יִהְיֶה יהוה אֶחָד וּשְׁמוֹ אֶחָד:

יש מוסיפים:
אַל־תִּירָא מִפַּחַד פִּתְאֹם וּמִשֹּׁאַת רְשָׁעִים כִּי תָבֹא: משלי ג
עֻצוּ עֵצָה וְתֻפָר, דַּבְּרוּ דָבָר וְלֹא יָקוּם, כִּי עִמָּנוּ אֵל: ישעיה ח
וְעַד־זִקְנָה אֲנִי הוּא, וְעַד־שֵׂיבָה אֲנִי אֶסְבֹּל ישעיה מו
אֲנִי עָשִׂיתִי וַאֲנִי אֶשָּׂא וַאֲנִי אֶסְבֹּל וַאֲמַלֵּט:

קדיש יתום

אבל: יִתְגַּדַּל וְיִתְקַדַּשׁ שְׁמֵהּ רַבָּא (קהל: אָמֵן)
בְּעָלְמָא דִּי בְרָא כִרְעוּתֵהּ
וְיַמְלִיךְ מַלְכוּתֵהּ, בְּחַיֵּיכוֹן וּבְיוֹמֵיכוֹן וּבְחַיֵּי דְכָל בֵּית יִשְׂרָאֵל
בַּעֲגָלָא וּבִזְמַן קָרִיב, וְאִמְרוּ אָמֵן. (קהל: אָמֵן)

קהל
ואבל: יְהֵא שְׁמֵהּ רַבָּא מְבָרַךְ לְעָלַם וּלְעָלְמֵי עָלְמַיָּא.

אבל: יִתְבָּרַךְ וְיִשְׁתַּבַּח וְיִתְפָּאַר וְיִתְרוֹמַם וְיִתְנַשֵּׂא
וְיִתְהַדָּר וְיִתְעַלֶּה וְיִתְהַלָּל
שְׁמֵהּ דְּקֻדְשָׁא בְּרִיךְ הוּא (קהל: בְּרִיךְ הוּא)
לְעֵלָּא מִן כָּל בִּרְכָתָא וְשִׁירָתָא
תֻּשְׁבְּחָתָא וְנֶחֱמָתָא
דַּאֲמִירָן בְּעָלְמָא, וְאִמְרוּ אָמֵן. (קהל: אָמֵן)

יְהֵא שְׁלָמָא רַבָּא מִן שְׁמַיָּא
וְחַיִּים, עָלֵינוּ וְעַל כָּל יִשְׂרָאֵל, וְאִמְרוּ אָמֵן. (קהל: אָמֵן)

כורע ופוסע שלוש פסיעות לאחור. קד לשמאל, לימין ולפנים באמירת:
עֹשֶׂה שָׁלוֹם בִּמְרוֹמָיו
הוּא יַעֲשֶׂה שָׁלוֹם עָלֵינוּ וְעַל כָּל יִשְׂרָאֵל, וְאִמְרוּ אָמֵן. (קהל: אָמֵן)

האומר קדיש מוסיף: בָּרְכוּ אֶת יהוה הַמְבֹרָךְ.

הקהל עונה: בָּרוּךְ יהוה הַמְבֹרָךְ לְעוֹלָם וָעֶד.

והאומר קדיש חוזר: בָּרוּךְ יהוה הַמְבֹרָךְ לְעוֹלָם וָעֶד.

מסיימים את התפילה בשירת אמונה בביאת המשיח:
אֲנִי מַאֲמִין בֶּאֱמוּנָה שְׁלֵמָה בְּבִיאַת הַמָּשִׁיחַ
וְאַף עַל פִּי שֶׁיִּתְמַהְמֵהַּ
עִם כָּל זֶה אֲחַכֶּה לּוֹ בְּכָל יוֹם שֶׁיָּבוֹא.

שחרית
ליום ירושלים

מתפללים מתפילת השחר עד אחרי הלל (עמ׳ 69-135).

חצי קדיש

ש״ץ: **יִתְגַּדַּל וְיִתְקַדַּשׁ שְׁמֵהּ רַבָּא** (קהל: אָמֵן)
בְּעָלְמָא דִּי בְרָא כִרְעוּתֵהּ
וְיַמְלִיךְ מַלְכוּתֵהּ
בְּחַיֵּיכוֹן וּבְיוֹמֵיכוֹן וּבְחַיֵּי דְכָל בֵּית יִשְׂרָאֵל
בַּעֲגָלָא וּבִזְמַן קָרִיב, וְאִמְרוּ אָמֵן. (קהל: אָמֵן)

קהל וש״ץ: **יְהֵא שְׁמֵהּ רַבָּא מְבָרַךְ לְעָלַם וּלְעָלְמֵי עָלְמַיָּא.**

ש״ץ: **יִתְבָּרַךְ וְיִשְׁתַּבַּח וְיִתְפָּאַר וְיִתְרוֹמַם וְיִתְנַשֵּׂא**
וְיִתְהַדָּר וְיִתְעַלֶּה וְיִתְהַלָּל
שְׁמֵהּ דְּקֻדְשָׁא בְּרִיךְ הוּא (קהל: בְּרִיךְ הוּא)
לְעֵלָּא מִן כָּל בִּרְכָתָא וְשִׁירָתָא, תֻּשְׁבְּחָתָא וְנֶחֱמָתָא
דַּאֲמִירָן בְּעָלְמָא, וְאִמְרוּ אָמֵן. (קהל: אָמֵן)

בשנים שבהן חל יום ירושלים ביום שני, קוראים בתורה.
בשאר השנים ממשיכים בעמ׳ 256.

הוצאת ספר תורה

לפני קריאת התורה יש אומרים:

אֵין־כָּמוֹךָ בָאֱלֹהִים, אֲדֹנָי, וְאֵין כְּמַעֲשֶׂיךָ: תהלים פו
מַלְכוּתְךָ מַלְכוּת כָּל־עֹלָמִים, וּמֶמְשַׁלְתְּךָ בְּכָל־דּוֹר וָדֹר: תהלים קמה

יהוה מֶלֶךְ, יהוה מָלָךְ, יהוה יִמְלֹךְ לְעֹלָם וָעֶד.
יהוה עֹז לְעַמּוֹ יִתֵּן, יהוה יְבָרֵךְ אֶת־עַמּוֹ בַשָּׁלוֹם: תהלים כט

אַב הָרַחֲמִים, הֵיטִיבָה בִרְצוֹנְךָ אֶת־צִיּוֹן תִּבְנֶה חוֹמוֹת יְרוּשָׁלָםִ: תהלים נא
כִּי בְךָ לְבַד בָּטָחְנוּ, מֶלֶךְ אֵל רָם וְנִשָּׂא, אֲדוֹן עוֹלָמִים.

פותחים את ארון הקודש. הקהל עומד על רגליו.

במדבר י וַיְהִי בִּנְסֹעַ הָאָרֹן וַיֹּאמֶר מֹשֶׁה
קוּמָה יהוה וְיָפֻצוּ אֹיְבֶיךָ וְיָנֻסוּ מְשַׂנְאֶיךָ מִפָּנֶיךָ:
ישעיה ב כִּי מִצִּיּוֹן תֵּצֵא תוֹרָה וּדְבַר־יהוה מִירוּשָׁלָֽםִ:
בָּרוּךְ שֶׁנָּתַן תּוֹרָה לְעַמּוֹ יִשְׂרָאֵל בִּקְדֻשָּׁתוֹ.

תרגום לִ'בְרִיךְ שְׁמֵהּ' מתחת לקו.

זוהר ויקהל בְּרִיךְ שְׁמֵהּ דְּמָרֵא עָלְמָא, בְּרִיךְ כִּתְרָךְ וְאַתְרָךְ. יְהֵא רְעוּתָךְ עִם עַמָּךְ יִשְׂרָאֵל לְעָלַם, וּפֻרְקַן יְמִינָךְ אַחֲזֵי לְעַמָּךְ בְּבֵית מַקְדְּשָׁךְ, וּלְאַמְטוּיֵי לַנָא מִטּוּב נְהוֹרָךְ, וּלְקַבֵּל צְלוֹתַנָא בְּרַחֲמִין. יְהֵא רַעֲוָא קֳדָמָךְ דְּתוֹרִיךְ לַן חַיִּין בְּטִיבוּ, וְלֶהֱוֵי אֲנָא פְקִידָא בְּגוֹ צַדִּיקַיָּא, לְמִרְחַם עֲלַי וּלְמִנְטַר יָתִי וְיַת כָּל דִּי לִי וְדִי לְעַמָּךְ יִשְׂרָאֵל. אַנְתְּ הוּא זָן לְכֹלָּא וּמְפַרְנֵס לְכֹלָּא, אַנְתְּ הוּא שַׁלִּיט עַל כֹּלָּא, אַנְתְּ הוּא דְּשַׁלִּיט עַל מַלְכַיָּא, וּמַלְכוּתָא דִּילָךְ הִיא. אֲנָא עַבְדָּא דְקֻדְשָׁא בְּרִיךְ הוּא, דְּסָגֵדְנָא קַמֵּהּ וּמִקַּמֵּי דִּיקַר אוֹרַיְתֵהּ בְּכָל עִדָּן וְעִדָּן. לָא עַל אֱנָשׁ רָחִיצְנָא וְלָא עַל בַּר אֱלָהִין סָמִיכְנָא, אֶלָּא בֶּאֱלָהָא דִשְׁמַיָּא, דְּהוּא אֱלָהָא קְשׁוֹט, וְאוֹרַיְתֵהּ קְשׁוֹט, וּנְבִיאוֹהִי קְשׁוֹט, וּמַסְגֵּא לְמֶעְבַּד טַבְוָן וּקְשׁוֹט. ◂ בֵּהּ אֲנָא רָחִיץ, וְלִשְׁמֵהּ קַדִּישָׁא יַקִּירָא אֲנָא אֵמַר תֻּשְׁבְּחָן. יְהֵא רַעֲוָא קֳדָמָךְ דְּתִפְתַּח לִבַּאי בְּאוֹרַיְתָא, וְתַשְׁלִים מִשְׁאֲלִין דְּלִבַּאי וְלִבָּא דְכָל עַמָּךְ יִשְׂרָאֵל לְטָב וּלְחַיִּין וְלִשְׁלָם.

תרגום
ברוך שמו של אדון העולם, ברוך כתרך ומקומך. יהי רצונך עם עמך ישראל לעולם, וישועת ימינך הראה לעמך בבית מקדשך, ולהביא לנו מטוב אורך, ולקבל תפילותינו ברחמים. יהי רצון מלפניך שתאריך לנו חיים בטוב, ואהיה אני נמנה בתוך הצדיקים, לרחם עלי ולשמור אותי ואת כל אשר לי ואשר לעמך ישראל. אתה הוא זן לכול ומפרנס לכול, אתה הוא שליט על הכול, אתה הוא השליט על המלכים, והמלכות שלך היא. אני עבדו של הקדוש ברוך הוא, משתחוה לפניו ולפני כבוד תורתו בכל עת ועת. לא על אדם אני בטוח ולא על מלאך אני סמוך, אלא באלהי השמים, שהוא אלהים אמת, ותורתו אמת, ונביאיו אמת, ומרבה לעשות חסד ואמת. בו אני בטוח, ולשמו הקדוש הנכבד אני אומר תשבחות. יהי רצון מלפניך שתפתח לבי בתורה, ותמלא משאלות לבי ולב כל עמך ישראל לטובה ולחיים ולשלום.

שליח הציבור מקבל את ספר התורה בימינו, פונה לקהל ואומר ׳שְׁמַע יִשְׂרָאֵל׳, ואחריו הקהל.

שְׁמַע יִשְׂרָאֵל, יהוה אֱלֹהֵינוּ, יהוה אֶחָד: דברים ו

שליח הציבור ואחריו הקהל:

אֶחָד אֱלֹהֵינוּ, גָּדוֹל אֲדוֹנֵינוּ, קָדוֹשׁ שְׁמוֹ.

שליח הציבור פונה לעבר ארון הקודש, קד, מגביה את ספר התורה ואומר:

גַּדְּלוּ לַיהוה אִתִּי וּנְרוֹמְמָה שְׁמוֹ יַחְדָּו: תהלים לד

סוגרים את ארון הקודש. כאשר שליח הציבור הולך אל הבימה, והקהל אומר:

לְךָ יהוה הַגְּדֻלָּה וְהַגְּבוּרָה וְהַתִּפְאֶרֶת וְהַנֵּצַח וְהַהוֹד, כִּי־כֹל בַּשָּׁמַיִם דברי הימים א׳ כט
וּבָאָרֶץ, לְךָ יהוה הַמַּמְלָכָה וְהַמִּתְנַשֵּׂא לְכֹל לְרֹאשׁ:
רוֹמְמוּ יהוה אֱלֹהֵינוּ וְהִשְׁתַּחֲווּ לַהֲדֹם רַגְלָיו, קָדוֹשׁ הוּא: רוֹמְמוּ יהוה תהלים צט
אֱלֹהֵינוּ וְהִשְׁתַּחֲווּ לְהַר קָדְשׁוֹ, כִּי־קָדוֹשׁ יהוה אֱלֹהֵינוּ:

אַב הָרַחֲמִים הוּא יְרַחֵם עַם עֲמוּסִים, וְיִזְכֹּר בְּרִית אֵיתָנִים, וְיַצִּיל נַפְשׁוֹתֵינוּ מִן הַשָּׁעוֹת הָרָעוֹת, וְיִגְעַר בְּיֵצֶר הָרָע מִן הַנְּשׂוּאִים, וְיָחֹן אוֹתָנוּ לִפְלֵיטַת עוֹלָמִים, וִימַלֵּא מִשְׁאֲלוֹתֵינוּ בְּמִדָּה טוֹבָה יְשׁוּעָה וְרַחֲמִים.

מניח את ספר התורה על הבימה, והגבאי מכריז:

וְתִגָּלֶה וְתֵרָאֶה מַלְכוּתוֹ עָלֵינוּ בִּזְמַן קָרוֹב, וְיָחֹן פְּלֵיטָתֵנוּ וּפְלֵיטַת עַמּוֹ בֵּית יִשְׂרָאֵל לְחֵן וּלְחֶסֶד וּלְרַחֲמִים וּלְרָצוֹן וְנֹאמַר אָמֵן. הַכֹּל הָבוּ גֹדֶל לֵאלֹהֵינוּ וּתְנוּ כָבוֹד לַתּוֹרָה. *כֹּהֵן קְרַב, יַעֲמֹד (פלוני בֶּן פלוני) הַכֹּהֵן.

*אם אין כוהן, הגבאי קורא ללוי או לישראל ואומר:

/אֵין כָּאן כֹּהֵן, יַעֲמֹד (פלוני בֶּן פלוני) בִּמְקוֹם כֹּהֵן./

בָּרוּךְ שֶׁנָּתַן תּוֹרָה לְעַמּוֹ יִשְׂרָאֵל בִּקְדֻשָּׁתוֹ.

הקהל ואחריו הגבאי:

וְאַתֶּם הַדְּבֵקִים בַּיהוה אֱלֹהֵיכֶם חַיִּים כֻּלְּכֶם הַיּוֹם: דברים ד

קריאת התורה • שחרית ליום ירושלים _____ 246

קריאת התורה בעמ' 249.

קודם הברכה על העולה לראות היכן קוראים ולנשק את ספר התורה.
בשעת הברכה אוחז בעמודי הספר.

עולה: בָּרְכוּ אֶת יהוה הַמְבֹרָךְ.

קהל: בָּרוּךְ יהוה הַמְבֹרָךְ לְעוֹלָם וָעֶד.

עולה: בָּרוּךְ יהוה הַמְבֹרָךְ לְעוֹלָם וָעֶד.
בָּרוּךְ אַתָּה יהוה, אֱלֹהֵינוּ מֶלֶךְ הָעוֹלָם
אֲשֶׁר בָּחַר בָּנוּ מִכָּל הָעַמִּים
וְנָתַן לָנוּ אֶת תּוֹרָתוֹ.
בָּרוּךְ אַתָּה יהוה, נוֹתֵן הַתּוֹרָה.

לאחר הקריאה העולה מנשק את ספר התורה ומברך:

עולה: בָּרוּךְ אַתָּה יהוה אֱלֹהֵינוּ מֶלֶךְ הָעוֹלָם
אֲשֶׁר נָתַן לָנוּ תּוֹרַת אֱמֶת
וְחַיֵּי עוֹלָם נָטַע בְּתוֹכֵנוּ.
בָּרוּךְ אַתָּה יהוה, נוֹתֵן הַתּוֹרָה.

מי שהיה בסכנה וניצל, מברך 'הַגּוֹמֵל':

בָּרוּךְ אַתָּה יהוה אֱלֹהֵינוּ מֶלֶךְ הָעוֹלָם
הַגּוֹמֵל לְחַיָּבִים טוֹבוֹת
שֶׁגְּמָלַנִי כָּל טוֹב.

והקהל עונה:

אָמֵן.
מִי שֶׁגְּמָלְךָ כָּל טוֹב
הוּא יִגְמָלְךָ כָּל טוֹב, סֶלָה.

כאשר נער עולה לתורה בפעם הראשונה במלאות לו שלוש עשרה שנה, אביו מברך:

בָּרוּךְ שֶׁפְּטָרַנִי מֵעָנְשׁוֹ שֶׁלָּזֶה.

מי שברך לעולה לתורה

מִי שֶׁבֵּרַךְ אֲבוֹתֵינוּ אַבְרָהָם יִצְחָק וְיַעֲקֹב, הוּא יְבָרֵךְ אֶת (פלוני בֶּן פלוני), בַּעֲבוּר שֶׁעָלָה לִכְבוֹד הַמָּקוֹם וְלִכְבוֹד הַתּוֹרָה וְלִכְבוֹד יוֹם יְרוּשָׁלַיִם. בִּשְׂכַר זֶה הַקָּדוֹשׁ בָּרוּךְ הוּא יִשְׁמְרֵהוּ וְיַצִּילֵהוּ מִכָּל צָרָה וְצוּקָה וּמִכָּל נֶגַע וּמַחֲלָה, וְיִשְׁלַח בְּרָכָה וְהַצְלָחָה בְּכָל מַעֲשֵׂה יָדָיו עִם כָּל יִשְׂרָאֵל אֶחָיו, וְנֹאמַר אָמֵן.

מי שברך לחולֶה

מִי שֶׁבֵּרַךְ אֲבוֹתֵינוּ אַבְרָהָם יִצְחָק וְיַעֲקֹב, מֹשֶׁה וְאַהֲרֹן דָּוִד וּשְׁלֹמֹה הוּא יְבָרֵךְ וִירַפֵּא אֶת הַחוֹלֶה (פלוני בֶּן פלונית) בַּעֲבוּר שֶׁ(פלוני בֶּן פלוני) נוֹדֵר צְדָקָה בַּעֲבוּרוֹ. בִּשְׂכַר זֶה הַקָּדוֹשׁ בָּרוּךְ הוּא יִמָּלֵא רַחֲמִים עָלָיו לְהַחֲלִימוֹ וּלְרַפְּאתוֹ וּלְהַחֲזִיקוֹ וּלְהַחֲיוֹתוֹ וְיִשְׁלַח לוֹ מְהֵרָה רְפוּאָה שְׁלֵמָה מִן הַשָּׁמַיִם לִרְמַ״ח אֵבָרָיו וּשְׁסָ״ה גִּידָיו בְּתוֹךְ שְׁאָר חוֹלֵי יִשְׂרָאֵל, רְפוּאַת הַנֶּפֶשׁ וּרְפוּאַת הַגּוּף. שַׁבָּת הִיא מִלִּזְעֹק וּרְפוּאָה קְרוֹבָה לָבוֹא, הַשְׁתָּא בַּעֲגָלָא וּבִזְמַן קָרִיב, וְנֹאמַר אָמֵן.

מי שברך לחולָה

מִי שֶׁבֵּרַךְ אֲבוֹתֵינוּ אַבְרָהָם יִצְחָק וְיַעֲקֹב, מֹשֶׁה וְאַהֲרֹן דָּוִד וּשְׁלֹמֹה הוּא יְבָרֵךְ וִירַפֵּא אֶת הַחוֹלָה (פלונית בַּת פלונית) בַּעֲבוּר שֶׁ(פלוני בֶּן פלוני) נוֹדֵר צְדָקָה בַּעֲבוּרָהּ. בִּשְׂכַר זֶה הַקָּדוֹשׁ בָּרוּךְ הוּא יִמָּלֵא רַחֲמִים עָלֶיהָ לְהַחֲלִימָהּ וּלְרַפְּאתָהּ וּלְהַחֲזִיקָהּ וּלְהַחֲיוֹתָהּ וְיִשְׁלַח לָהּ מְהֵרָה רְפוּאָה שְׁלֵמָה מִן הַשָּׁמַיִם לְכָל אֵבָרֶיהָ וּלְכָל גִּידֶיהָ בְּתוֹךְ שְׁאָר חוֹלֵי יִשְׂרָאֵל, רְפוּאַת הַנֶּפֶשׁ וּרְפוּאַת הַגּוּף. שַׁבָּת הִיא מִלִּזְעֹק וּרְפוּאָה קְרוֹבָה לָבוֹא, הַשְׁתָּא בַּעֲגָלָא וּבִזְמַן קָרִיב, וְנֹאמַר אָמֵן.

מי שברך ליולדת בן

מִי שֶׁבֵּרַךְ אֲבוֹתֵינוּ אַבְרָהָם יִצְחָק וְיַעֲקֹב, מֹשֶׁה וְאַהֲרֹן דָּוִד וּשְׁלֹמֹה, שָׂרָה רִבְקָה רָחֵל וְלֵאָה הוּא יְבָרֵךְ אֶת הָאִשָּׁה הַיּוֹלֶדֶת (פלונית בַּת פלוני) וְאֶת בְּנָהּ שֶׁנּוֹלַד לָהּ לְמַזָּל טוֹב בַּעֲבוּר שֶׁבַּעְלָהּ וְאָבִיו נוֹדֵר צְדָקָה בַּעֲדָם. בִּשְׂכַר זֶה יִזְכּוּ אָבִיו וְאִמּוֹ לְהַכְנִיסוֹ בִּבְרִיתוֹ שֶׁל אַבְרָהָם אָבִינוּ וּלְגַדְּלוֹ לְתוֹרָה וּלְחֻפָּה וּלְמַעֲשִׂים טוֹבִים, וְנֹאמַר אָמֵן.

מי שברך ליולדת בת

מִי שֶׁבֵּרַךְ אֲבוֹתֵינוּ אַבְרָהָם יִצְחָק וְיַעֲקֹב, מֹשֶׁה וְאַהֲרֹן דָּוִד וּשְׁלֹמֹה, שָׂרָה רִבְקָה רָחֵל וְלֵאָה הוּא יְבָרֵךְ אֶת הָאִשָּׁה הַיּוֹלֶדֶת (פלונית בַּת פלוני) וְאֶת בִּתָּהּ שֶׁנּוֹלְדָה לָהּ לְמַזָּל טוֹב וְיִקָּרֵא שְׁמָהּ בְּיִשְׂרָאֵל (פלונית בַּת פלוני), בַּעֲבוּר שֶׁבַּעְלָהּ וְאָבִיהָ נוֹדֵר צְדָקָה בַּעֲדָן. בִּשְׂכַר זֶה יִזְכּוּ אָבִיהָ וְאִמָּהּ לְגַדְּלָהּ לְתוֹרָה וּלְחֻפָּה וּלְמַעֲשִׂים טוֹבִים, וְנֹאמַר אָמֵן.

מי שברך לבר מצווה

מִי שֶׁבֵּרַךְ אֲבוֹתֵינוּ אַבְרָהָם יִצְחָק וְיַעֲקֹב הוּא יְבָרֵךְ אֶת (פלוני בֶּן פלוני) שֶׁמָּלְאוּ לוֹ שְׁלֹשׁ עֶשְׂרֵה שָׁנָה וְהִגִּיעַ לְמִצְוֹת, וְעָלָה לַתּוֹרָה, לָתֵת שֶׁבַח וְהוֹדָיָה לְהַשֵּׁם יִתְבָּרַךְ עַל כָּל הַטּוֹבָה שֶׁגָּמַל אִתּוֹ. יִשְׁמְרֵהוּ הַקָּדוֹשׁ בָּרוּךְ הוּא וִיחַיֵּהוּ, וִיכוֹנֵן אֶת לִבּוֹ לִהְיוֹת שָׁלֵם עִם יהוה וְלָלֶכֶת בִּדְרָכָיו וְלִשְׁמֹר מִצְוֹתָיו כָּל הַיָּמִים, וְנֹאמַר אָמֵן.

מי שברך לבת מצווה

מִי שֶׁבֵּרַךְ אֲבוֹתֵינוּ אַבְרָהָם יִצְחָק וְיַעֲקֹב, שָׂרָה רִבְקָה רָחֵל וְלֵאָה, הוּא יְבָרֵךְ אֶת (פלונית בַּת פלוני) שֶׁמָּלְאוּ לָהּ שְׁתֵּים עֶשְׂרֵה שָׁנָה וְהִגִּיעָה לְמִצְוֹת, וְנוֹתֶנֶת שֶׁבַח וְהוֹדָיָה לְהַשֵּׁם יִתְבָּרַךְ עַל כָּל הַטּוֹבָה שֶׁגָּמַל אִתָּהּ. יִשְׁמְרֶהָ הַקָּדוֹשׁ בָּרוּךְ הוּא וִיחַיֶּהָ, וִיכוֹנֵן אֶת לִבָּהּ לִהְיוֹת שָׁלֵם עִם יהוה וְלָלֶכֶת בִּדְרָכָיו וְלִשְׁמֹר מִצְוֹתָיו כָּל הַיָּמִים, וְנֹאמַר אָמֵן.

במדבר

וַיְדַבֵּר יְהוָה אֶל־מֹשֶׁה בְּמִדְבַּר סִינַי בְּאֹהֶל מוֹעֵד בְּאֶחָד לַחֹדֶשׁ הַשֵּׁנִי במדבר א,א-יט
בַּשָּׁנָה הַשֵּׁנִית לְצֵאתָם מֵאֶרֶץ מִצְרַיִם לֵאמֹר: שְׂאוּ אֶת־רֹאשׁ כָּל־
עֲדַת בְּנֵי־יִשְׂרָאֵל לְמִשְׁפְּחֹתָם לְבֵית אֲבֹתָם בְּמִסְפַּר שֵׁמוֹת כָּל־זָכָר
לְגֻלְגְּלֹתָם: מִבֶּן עֶשְׂרִים שָׁנָה וָמַעְלָה כָּל־יֹצֵא צָבָא בְּיִשְׂרָאֵל תִּפְקְדוּ
אֹתָם לְצִבְאֹתָם אַתָּה וְאַהֲרֹן: וְאִתְּכֶם יִהְיוּ אִישׁ אִישׁ לַמַּטֶּה אִישׁ
רֹאשׁ לְבֵית־אֲבֹתָיו הוּא: *וְאֵלֶּה שְׁמוֹת הָאֲנָשִׁים אֲשֶׁר יַעַמְדוּ אִתְּכֶם לוי
לִרְאוּבֵן אֱלִיצוּר בֶּן־שְׁדֵיאוּר: לְשִׁמְעוֹן שְׁלֻמִיאֵל בֶּן־צוּרִישַׁדָּי: לִיהוּדָה
נַחְשׁוֹן בֶּן־עַמִּינָדָב: לְיִשָּׂשכָר נְתַנְאֵל בֶּן־צוּעָר: לִזְבוּלֻן אֱלִיאָב בֶּן־
חֵלֹן: לִבְנֵי יוֹסֵף לְאֶפְרַיִם אֱלִישָׁמָע בֶּן־עַמִּיהוּד לִמְנַשֶּׁה גַּמְלִיאֵל בֶּן־
פְּדָהצוּר: לְבִנְיָמִן אֲבִידָן בֶּן־גִּדְעֹנִי: לְדָן אֲחִיעֶזֶר בֶּן־עַמִּישַׁדָּי: לְאָשֵׁר
פַּגְעִיאֵל בֶּן־עָכְרָן: לְגָד אֶלְיָסָף בֶּן־דְּעוּאֵל: לְנַפְתָּלִי אֲחִירַע בֶּן־עֵינָן:
אֵלֶּה קְרִיאֵי הָעֵדָה נְשִׂיאֵי מַטּוֹת אֲבוֹתָם רָאשֵׁי אַלְפֵי יִשְׂרָאֵל הֵם: קְרוּאֵי
*וַיִּקַּח מֹשֶׁה וְאַהֲרֹן אֵת הָאֲנָשִׁים הָאֵלֶּה אֲשֶׁר נִקְּבוּ בְּשֵׁמוֹת: וְאֵת ישראל
כָּל־הָעֵדָה הִקְהִילוּ בְּאֶחָד לַחֹדֶשׁ הַשֵּׁנִי וַיִּתְיַלְדוּ עַל־מִשְׁפְּחֹתָם לְבֵית
אֲבֹתָם בְּמִסְפַּר שֵׁמוֹת מִבֶּן עֶשְׂרִים שָׁנָה וָמַעְלָה לְגֻלְגְּלֹתָם: כַּאֲשֶׁר צִוָּה
יְהוָה אֶת־מֹשֶׁה וַיִּפְקְדֵם בְּמִדְבַּר סִינָי:

נשא

וַיְדַבֵּר יְהוָה אֶל־מֹשֶׁה לֵּאמֹר: נָשֹׂא אֶת־רֹאשׁ בְּנֵי גֵרְשׁוֹן גַּם־הֵם לְבֵית במדבר ד,כא-לו
אֲבֹתָם לְמִשְׁפְּחֹתָם: מִבֶּן שְׁלֹשִׁים שָׁנָה וָמַעְלָה עַד בֶּן־חֲמִשִּׁים שָׁנָה
תִּפְקֹד אוֹתָם כָּל־הַבָּא לִצְבֹא צָבָא לַעֲבֹד עֲבֹדָה בְּאֹהֶל מוֹעֵד: זֹאת
עֲבֹדַת מִשְׁפְּחֹת הַגֵּרְשֻׁנִּי לַעֲבֹד וּלְמַשָּׂא: *וְנָשְׂאוּ אֶת־יְרִיעֹת הַמִּשְׁכָּן לוי
וְאֶת־אֹהֶל מוֹעֵד מִכְסֵהוּ וּמִכְסֵה הַתַּחַשׁ אֲשֶׁר־עָלָיו מִלְמָעְלָה וְאֶת־מָסַךְ
פֶּתַח אֹהֶל מוֹעֵד: וְאֵת קַלְעֵי הֶחָצֵר וְאֶת־מָסַךְ ׀ פֶּתַח ׀ שַׁעַר הֶחָצֵר
אֲשֶׁר עַל־הַמִּשְׁכָּן וְעַל־הַמִּזְבֵּחַ סָבִיב וְאֵת מֵיתְרֵיהֶם וְאֶת־כָּל־כְּלֵי
עֲבֹדָתָם וְאֵת כָּל־אֲשֶׁר יֵעָשֶׂה לָהֶם וְעָבָדוּ: עַל־פִּי אַהֲרֹן וּבָנָיו תִּהְיֶה
כָּל־עֲבֹדַת בְּנֵי הַגֵּרְשֻׁנִּי לְכָל־מַשָּׂאָם וּלְכֹל עֲבֹדָתָם וּפְקַדְתֶּם עֲלֵהֶם

בְּמִשְׁמֶרֶת אֵת כָּל־מַשָּׂאָם׃ זֹאת עֲבֹדַת מִשְׁפְּחֹת בְּנֵי הַגֵּרְשֻׁנִּי בְּאֹהֶל
ישראל מוֹעֵד וּמִשְׁמַרְתָּם בְּיַד אִיתָמָר בֶּן־אַהֲרֹן הַכֹּהֵן׃ *בְּנֵי מְרָרִי
לְמִשְׁפְּחֹתָם לְבֵית־אֲבֹתָם תִּפְקֹד אֹתָם׃ מִבֶּן שְׁלֹשִׁים שָׁנָה וָמַעְלָה וְעַד
בֶּן־חֲמִשִּׁים שָׁנָה תִּפְקְדֵם כָּל־הַבָּא לַצָּבָא לַעֲבֹד אֶת־עֲבֹדַת אֹהֶל מוֹעֵד׃
וְזֹאת מִשְׁמֶרֶת מַשָּׂאָם לְכָל־עֲבֹדָתָם בְּאֹהֶל מוֹעֵד קַרְשֵׁי הַמִּשְׁכָּן וּבְרִיחָיו
וְעַמּוּדָיו וַאֲדָנָיו׃ וְעַמּוּדֵי הֶחָצֵר סָבִיב וְאַדְנֵיהֶם וִיתֵדֹתָם וּמֵיתְרֵיהֶם
לְכָל־כְּלֵיהֶם וּלְכֹל עֲבֹדָתָם וּבְשֵׁמֹת תִּפְקְדוּ אֶת־כְּלֵי מִשְׁמֶרֶת מַשָּׂאָם׃
זֹאת עֲבֹדַת מִשְׁפְּחֹת בְּנֵי מְרָרִי לְכָל־עֲבֹדָתָם בְּאֹהֶל מוֹעֵד בְּיַד אִיתָמָר
בֶּן־אַהֲרֹן הַכֹּהֵן׃

יש המאריכים את הקריאה לשלישי כדי לסיים בסוף פרשייה.

וַיִּפְקֹד מֹשֶׁה וְאַהֲרֹן וּנְשִׂיאֵי הָעֵדָה אֶת־בְּנֵי הַקְּהָתִי לְמִשְׁפְּחֹתָם וּלְבֵית
אֲבֹתָם׃ מִבֶּן שְׁלֹשִׁים שָׁנָה וָמַעְלָה וְעַד בֶּן־חֲמִשִּׁים שָׁנָה כָּל־הַבָּא לַצָּבָא
לַעֲבֹדָה בְּאֹהֶל מוֹעֵד׃ וַיִּהְיוּ פְקֻדֵיהֶם לְמִשְׁפְּחֹתָם אַלְפַּיִם שְׁבַע מֵאוֹת
וַחֲמִשִּׁים׃ אֵלֶּה פְקוּדֵי מִשְׁפְּחֹת הַקְּהָתִי כָּל־הָעֹבֵד בְּאֹהֶל מוֹעֵד אֲשֶׁר
פָּקַד מֹשֶׁה וְאַהֲרֹן עַל־פִּי יהוה בְּיַד־מֹשֶׁה׃

חצי קדיש

לאחר קריאת התורה בעל הקורא אומר חצי קדיש:

בעל קורא: יִתְגַּדַּל וְיִתְקַדַּשׁ שְׁמֵהּ רַבָּא (קהל: אָמֵן)
בְּעָלְמָא דִּי בְרָא כִרְעוּתֵהּ
וְיַמְלִיךְ מַלְכוּתֵהּ
בְּחַיֵּיכוֹן וּבְיוֹמֵיכוֹן וּבְחַיֵּי דְכָל בֵּית יִשְׂרָאֵל
בַּעֲגָלָא וּבִזְמַן קָרִיב, וְאִמְרוּ אָמֵן. (קהל: אָמֵן)

בעל קורא וקהל: יְהֵא שְׁמֵהּ רַבָּא מְבָרַךְ לְעָלַם וּלְעָלְמֵי עָלְמַיָּא.

בעל קורא: יִתְבָּרַךְ וְיִשְׁתַּבַּח וְיִתְפָּאַר וְיִתְרוֹמַם וְיִתְנַשֵּׂא
וְיִתְהַדָּר וְיִתְעַלֶּה וְיִתְהַלָּל
שְׁמֵהּ דְּקֻדְשָׁא בְּרִיךְ הוּא (קהל: בְּרִיךְ הוּא)
לְעֵלָּא מִן כָּל בִּרְכָתָא וְשִׁירָתָא, תֻּשְׁבְּחָתָא וְנֶחֱמָתָא
דַּאֲמִירָן בְּעָלְמָא, וְאִמְרוּ אָמֵן. (קהל: אָמֵן)

הגבהה וגלילה

כאשר מגביהים את ספר התורה הקהל אומר:

וְזֹאת הַתּוֹרָה אֲשֶׁר־שָׂם מֹשֶׁה לִפְנֵי בְּנֵי יִשְׂרָאֵל׃ דברים ד

עַל־פִּי יהוה בְּיַד־מֹשֶׁה׃ במדבר ט

ויש מוסיפים:

עֵץ־חַיִּים הִיא לַמַּחֲזִיקִים בָּהּ וְתֹמְכֶיהָ מְאֻשָּׁר׃ משלי ג
דְּרָכֶיהָ דַרְכֵי־נֹעַם וְכָל־נְתִיבֹתֶיהָ שָׁלוֹם׃
אֹרֶךְ יָמִים בִּימִינָהּ, בִּשְׂמֹאולָהּ עֹשֶׁר וְכָבוֹד׃
יהוה חָפֵץ לְמַעַן צִדְקוֹ יַגְדִּיל תּוֹרָה וְיַאְדִּיר׃ ישעיה מב

הפטרה (לפרשת ניצבים)

אין מברכים את ברכות ההפטרה.

שׂוֹשׂ אָשִׂישׂ בַּיהוה תָּגֵל נַפְשִׁי בֵּאלֹהַי כִּי הִלְבִּישַׁנִי בִּגְדֵי־יֶשַׁע ישעיה סא,י–סג,ט
מְעִיל צְדָקָה יְעָטָנִי כֶּחָתָן יְכַהֵן פְּאֵר וְכַכַּלָּה תַּעְדֶּה כֵלֶיהָ׃ כִּי כָאָרֶץ
תּוֹצִיא צִמְחָהּ וּכְגַנָּה זֵרוּעֶיהָ תַצְמִיחַ כֵּן ׀ אֲדֹנָי יֱהֹוִה יַצְמִיחַ צְדָקָה
וּתְהִלָּה נֶגֶד כָּל־הַגּוֹיִם׃ לְמַעַן צִיּוֹן לֹא אֶחֱשֶׁה וּלְמַעַן יְרוּשָׁלִַם
לֹא אֶשְׁקוֹט עַד־יֵצֵא כַנֹּגַהּ צִדְקָהּ וִישׁוּעָתָהּ כְּלַפִּיד יִבְעָר׃ וְרָאוּ
גוֹיִם צִדְקֵךְ וְכָל־מְלָכִים כְּבוֹדֵךְ וְקֹרָא לָךְ שֵׁם חָדָשׁ אֲשֶׁר פִּי יְהוָה
יִקֳּבֶנּוּ׃ וְהָיִית עֲטֶרֶת תִּפְאֶרֶת בְּיַד־יְהוָה וּצְנוֹף מְלוּכָה בְּכַף־ וּצְנִיף
אֱלֹהָיִךְ׃ לֹא־יֵאָמֵר לָךְ עוֹד עֲזוּבָה וּלְאַרְצֵךְ לֹא־יֵאָמֵר עוֹד שְׁמָמָה
כִּי לָךְ יִקָּרֵא חֶפְצִי־בָהּ וּלְאַרְצֵךְ בְּעוּלָה כִּי־חָפֵץ יהוה בָּךְ וְאַרְצֵךְ
תִּבָּעֵל׃ כִּי־יִבְעַל בָּחוּר בְּתוּלָה יִבְעָלוּךְ בָּנָיִךְ וּמְשׂוֹשׂ חָתָן עַל־
כַּלָּה יָשִׂישׂ עָלַיִךְ אֱלֹהָיִךְ׃ עַל־חוֹמֹתַיִךְ יְרוּשָׁלִַם הִפְקַדְתִּי שֹׁמְרִים

למרות הכל – ארץ ישראל

"ואף על פי כן, ולמרות הכל — ארץ ישראל, וכל עוד דופק בעולם לב ישראל, וכל עוד נשמע בעולם 'שמע ישראל' – אז ארץ ישראל". (דוד שמעוני, בעקבות מאורעות תרפ"ט)

חביבותה של ארץ ישראל

"ר' יחזקאל הלברשטם היה אומר: מי שאוהב את ארץ ישראל – נעשית לו הארץ לאוהב. ארץ ישראל היא המאחדת את כל עם ישראל".

כָּל־הַיּוֹם וְכָל־הַלַּיְלָה תָּמִיד לֹא יֶחֱשׁוּ הַמַּזְכִּרִים אֶת־יְהוָה אַל־
דֳּמִי לָכֶם: וְאַל־תִּתְּנוּ דֳמִי לוֹ עַד־יְכוֹנֵן וְעַד־יָשִׂים אֶת־יְרוּשָׁלִַם
תְּהִלָּה בָּאָרֶץ: נִשְׁבַּע יְהוָה בִּימִינוֹ וּבִזְרוֹעַ עֻזּוֹ אִם־אֶתֵּן אֶת־דְּגָנֵךְ
עוֹד מַאֲכָל לְאֹיְבַיִךְ וְאִם־יִשְׁתּוּ בְנֵי־נֵכָר תִּירוֹשֵׁךְ אֲשֶׁר יָגַעַתְּ בּוֹ:
כִּי מְאַסְפָיו יֹאכְלֻהוּ וְהִלְלוּ אֶת־יְהוָה וּמְקַבְּצָיו יִשְׁתֻּהוּ בְּחַצְרוֹת
קָדְשִׁי: עִבְרוּ עִבְרוּ בַּשְּׁעָרִים פַּנּוּ דֶּרֶךְ הָעָם סֹלּוּ סֹלּוּ
הַמְסִלָּה סַקְּלוּ מֵאֶבֶן הָרִימוּ נֵס עַל־הָעַמִּים: הִנֵּה יְהוָה הִשְׁמִיעַ
אֶל־קְצֵה הָאָרֶץ אִמְרוּ לְבַת־צִיּוֹן הִנֵּה יִשְׁעֵךְ בָּא הִנֵּה שְׂכָרוֹ אִתּוֹ
וּפְעֻלָּתוֹ לְפָנָיו: וְקָרְאוּ לָהֶם עַם־הַקֹּדֶשׁ גְּאוּלֵי יְהוָה וְלָךְ יִקָּרֵא
דְרוּשָׁה עִיר לֹא נֶעֱזָבָה: מִי־זֶה ׀ בָּא מֵאֱדוֹם חֲמוּץ בְּגָדִים
מִבָּצְרָה זֶה הָדוּר בִּלְבוּשׁוֹ צֹעֶה בְּרֹב כֹּחוֹ אֲנִי מְדַבֵּר בִּצְדָקָה רַב
לְהוֹשִׁיעַ: מַדּוּעַ אָדֹם לִלְבוּשֶׁךָ וּבְגָדֶיךָ כְּדֹרֵךְ בְּגַת: פּוּרָה ׀ דָּרַכְתִּי
לְבַדִּי וּמֵעַמִּים אֵין־אִישׁ אִתִּי וְאֶדְרְכֵם בְּאַפִּי וְאֶרְמְסֵם בַּחֲמָתִי
וְיֵז נִצְחָם עַל־בְּגָדַי וְכָל־מַלְבּוּשַׁי אֶגְאָלְתִּי: כִּי יוֹם נָקָם בְּלִבִּי וּשְׁנַת
גְּאוּלַי בָּאָה: וְאַבִּיט וְאֵין עֹזֵר וְאֶשְׁתּוֹמֵם וְאֵין סוֹמֵךְ וַתּוֹשַׁע לִי
זְרֹעִי וַחֲמָתִי הִיא סְמָכָתְנִי: וְאָבוּס עַמִּים בְּאַפִּי וַאֲשַׁכְּרֵם בַּחֲמָתִי
וְאוֹרִיד לָאָרֶץ נִצְחָם: חַסְדֵי יְהוָה ׀ אַזְכִּיר תְּהִלֹּת
יְהוָה כְּעַל כֹּל אֲשֶׁר־גְּמָלָנוּ יְהוָה וְרַב־טוּב לְבֵית יִשְׂרָאֵל אֲשֶׁר־
גְּמָלָם כְּרַחֲמָיו וּכְרֹב חֲסָדָיו: וַיֹּאמֶר אַךְ־עַמִּי הֵמָּה בָּנִים לֹא
יְשַׁקֵּרוּ וַיְהִי לָהֶם לְמוֹשִׁיעַ: בְּכָל־צָרָתָם ׀ לֹא צָר וּמַלְאַךְ פָּנָיו לוֹ
הוֹשִׁיעָם בְּאַהֲבָתוֹ וּבְחֶמְלָתוֹ הוּא גְאָלָם וַיְנַטְּלֵם וַיְנַשְּׂאֵם כָּל־
יְמֵי עוֹלָם:

אחרית הימים

"והיה באחרית הימים, נכון יהיה הר בית ה' בראש ההרים, ונשא מגבעות ונהרו אליו כל הגוים. והלכו עמים רבים ואמרו לכו ונעלה אל הר ה' אל בית א־להי יעקב, ויורנו מדרכיו, ונלכה בארחתיו, כי מציון תצא תורה, ודבר ה' מירושלם". (ישעיה ב, ב-ג)

תפילה לשלום המדינה

אָבִינוּ שֶׁבַּשָּׁמַיִם, צוּר יִשְׂרָאֵל וְגוֹאֲלוֹ, בָּרֵךְ אֶת מְדִינַת יִשְׂרָאֵל,
רֵאשִׁית צְמִיחַת גְּאֻלָּתֵנוּ. הָגֵן עָלֶיהָ בְּאֶבְרַת חַסְדֶּךָ וּפְרֹשׂ עָלֶיהָ
סֻכַּת שְׁלוֹמֶךָ וּשְׁלַח אוֹרְךָ וַאֲמִתְּךָ לְרָאשֶׁיהָ, שָׂרֶיהָ וְיוֹעֲצֶיהָ, וְתַקְּנֵם
בְּעֵצָה טוֹבָה מִלְּפָנֶיךָ.

חַזֵּק אֶת יְדֵי מְגִנֵּי אֶרֶץ קָדְשֵׁנוּ, וְהַנְחִילֵם אֱלֹהֵינוּ יְשׁוּעָה וַעֲטֶרֶת
נִצָּחוֹן תְּעַטְּרֵם, וְנָתַתָּ שָׁלוֹם בָּאָרֶץ וְשִׂמְחַת עוֹלָם לְיוֹשְׁבֶיהָ.

וְאֶת אַחֵינוּ כָּל בֵּית יִשְׂרָאֵל, פְּקָד נָא בְּכָל אַרְצוֹת פְּזוּרֵיהֶם,
וְתוֹלִיכֵם מְהֵרָה קוֹמְמִיּוּת לְצִיּוֹן עִירֶךָ וְלִירוּשָׁלַיִם מִשְׁכַּן שְׁמֶךָ,
כַּכָּתוּב בְּתוֹרַת מֹשֶׁה עַבְדֶּךָ: אִם־יִהְיֶה נִדַּחֲךָ בִּקְצֵה הַשָּׁמָיִם, דברים ל
מִשָּׁם יְקַבֶּצְךָ יהוה אֱלֹהֶיךָ וּמִשָּׁם יִקָּחֶךָ: וֶהֱבִיאֲךָ יהוה אֱלֹהֶיךָ
אֶל־הָאָרֶץ אֲשֶׁר־יָרְשׁוּ אֲבֹתֶיךָ וִירִשְׁתָּהּ, וְהֵיטִבְךָ וְהִרְבְּךָ
מֵאֲבֹתֶיךָ: וּמָל יהוה אֱלֹהֶיךָ אֶת־לְבָבְךָ וְאֶת־לְבַב זַרְעֶךָ, לְאַהֲבָה
אֶת־יהוה אֱלֹהֶיךָ בְּכָל־לְבָבְךָ וּבְכָל־נַפְשְׁךָ, לְמַעַן חַיֶּיךָ:

וְיַחֵד לְבָבֵנוּ לְאַהֲבָה וּלְיִרְאָה אֶת שְׁמֶךָ, וְלִשְׁמֹר אֶת כָּל דִּבְרֵי
תוֹרָתֶךָ, וּשְׁלַח לָנוּ מְהֵרָה בֶּן דָּוִד מְשִׁיחַ צִדְקֶךָ, לִפְדּוֹת מְחַכֵּי קֵץ
יְשׁוּעָתֶךָ.

וְהוֹפַע בַּהֲדַר גְּאוֹן עֻזֶּךָ עַל כָּל יוֹשְׁבֵי תֵבֵל אַרְצֶךָ וְיֹאמַר כֹּל אֲשֶׁר
נְשָׁמָה בְאַפּוֹ, יהוה אֱלֹהֵי יִשְׂרָאֵל מֶלֶךְ וּמַלְכוּתוֹ בַּכֹּל מָשָׁלָה,
אָמֵן סֶלָה.

תפילה לשלום המדינה

לפירוש לתפילה לשלום המדינה, ראו עמ׳ 152.

מי שברך לחיילי צה"ל

מִי שֶׁבֵּרַךְ אֲבוֹתֵינוּ אַבְרָהָם יִצְחָק וְיַעֲקֹב הוּא יְבָרֵךְ אֶת חַיָּלֵי
צְבָא הַהֲגָנָה לְיִשְׂרָאֵל וְאַנְשֵׁי כֹּחוֹת הַבִּטָּחוֹן, הָעוֹמְדִים עַל מִשְׁמַר
אַרְצֵנוּ וְעָרֵי אֱלֹהֵינוּ, מִגְּבוּל הַלְּבָנוֹן וְעַד מִדְבַּר מִצְרַיִם וּמִן הַיָּם
הַגָּדוֹל עַד לְבוֹא הָעֲרָבָה וּבְכָל מָקוֹם שֶׁהֵם, בַּיַּבָּשָׁה, בָּאֲוִיר וּבַיָּם.
יִתֵּן יהוה אֶת אוֹיְבֵינוּ הַקָּמִים עָלֵינוּ נִגָּפִים לִפְנֵיהֶם. הַקָּדוֹשׁ בָּרוּךְ
הוּא יִשְׁמֹר וְיַצִּיל אֶת חַיָּלֵינוּ מִכָּל צָרָה וְצוּקָה וּמִכָּל נֶגַע וּמַחֲלָה,
וְיִשְׁלַח בְּרָכָה וְהַצְלָחָה בְּכָל מַעֲשֵׂי יְדֵיהֶם. יַדְבֵּר שׂוֹנְאֵינוּ תַּחְתֵּיהֶם
וִיעַטְּרֵם בְּכֶתֶר יְשׁוּעָה וּבַעֲטֶרֶת נִצָּחוֹן. וִיקֻיַּם בָּהֶם הַכָּתוּב: כִּי
דברים כ
יהוה אֱלֹהֵיכֶם הַהֹלֵךְ עִמָּכֶם לְהִלָּחֵם לָכֶם עִם־אֹיְבֵיכֶם לְהוֹשִׁיעַ
אֶתְכֶם: וְנֹאמַר אָמֵן.

מי שברך לשבויים ולנעדרים

מִי שֶׁבֵּרַךְ אֲבוֹתֵינוּ אַבְרָהָם יִצְחָק וְיַעֲקֹב, יוֹסֵף מֹשֶׁה וְאַהֲרֹן,
דָּוִד וּשְׁלֹמֹה, הוּא יְבָרֵךְ וְיִשְׁמֹר וְיִנְצֹר אֶת נֶעְדְּרֵי צְבָא הַהֲגָנָה
לְיִשְׂרָאֵל וּשְׁבוּיָו, וְאֶת כָּל אַחֵינוּ הַנְּתוּנִים בְּצָרָה וּבְשִׁבְיָה, בַּעֲבוּר
שֶׁכָּל הַקָּהָל הַקָּדוֹשׁ הַזֶּה מִתְפַּלֵּל בַּעֲבוּרָם. הַקָּדוֹשׁ בָּרוּךְ הוּא
יִמָּלֵא רַחֲמִים עֲלֵיהֶם, וְיוֹצִיאֵם מֵחֹשֶׁךְ וְצַלְמָוֶת, וּמוֹסְרוֹתֵיהֶם
יְנַתֵּק, וּמִמְּצוּקוֹתֵיהֶם יוֹשִׁיעֵם, וִישִׁיבֵם מְהֵרָה לְחֵיק מִשְׁפְּחוֹתֵיהֶם.
יוֹדוּ לַיהוה חַסְדּוֹ וְנִפְלְאוֹתָיו לִבְנֵי אָדָם: וִיקֻיַּם בָּהֶם מִקְרָא
תהלים קז
שֶׁכָּתוּב: וּפְדוּיֵי יהוה יְשֻׁבוּן, וּבָאוּ צִיּוֹן בְּרִנָּה, וְשִׂמְחַת עוֹלָם
ישעיה לה
עַל־רֹאשָׁם, שָׂשׂוֹן וְשִׂמְחָה יַשִּׂיגוּ, וְנָסוּ יָגוֹן וַאֲנָחָה: וְנֹאמַר אָמֵן.

כשאין קוראים בתורה, ממשיכים 'אַשְׁרֵי' (עמ' 256).

הכנסת ספר תורה

פותחים את ארון הקודש.

שליח הציבור לוקח את ספר התורה בימינו ואומר:

יְהַלְלוּ אֶת־שֵׁם יהוה, כִּי־נִשְׂגָּב שְׁמוֹ, לְבַדּוֹ תהלים קמח

הקהל עונה:

הוֹדוֹ עַל־אֶרֶץ וְשָׁמָיִם:
וַיָּרֶם קֶרֶן לְעַמּוֹ, תְּהִלָּה לְכָל־חֲסִידָיו
לִבְנֵי יִשְׂרָאֵל עַם קְרֹבוֹ, הַלְלוּיָהּ:

מלווים את ספר התורה לארון הקודש באמירת:

לְדָוִד מִזְמוֹר, לַיהוה הָאָרֶץ וּמְלוֹאָהּ, תֵּבֵל וְיֹשְׁבֵי בָהּ: כִּי־הוּא עַל־יַמִּים תהלים כד
יְסָדָהּ, וְעַל־נְהָרוֹת יְכוֹנְנֶהָ: מִי־יַעֲלֶה בְהַר־יהוה, וּמִי־יָקוּם בִּמְקוֹם
קָדְשׁוֹ: נְקִי כַפַּיִם וּבַר־לֵבָב, אֲשֶׁר לֹא־נָשָׂא לַשָּׁוְא נַפְשִׁי וְלֹא נִשְׁבַּע
לְמִרְמָה: יִשָּׂא בְרָכָה מֵאֵת יהוה, וּצְדָקָה מֵאֱלֹהֵי יִשְׁעוֹ: זֶה דּוֹר דֹּרְשָׁו,
מְבַקְשֵׁי פָנֶיךָ, יַעֲקֹב, סֶלָה: שְׂאוּ שְׁעָרִים רָאשֵׁיכֶם, וְהִנָּשְׂאוּ פִּתְחֵי
עוֹלָם, וְיָבוֹא מֶלֶךְ הַכָּבוֹד: מִי זֶה מֶלֶךְ הַכָּבוֹד, יהוה עִזּוּז וְגִבּוֹר, יהוה
גִּבּוֹר מִלְחָמָה: שְׂאוּ שְׁעָרִים רָאשֵׁיכֶם, וּשְׂאוּ פִּתְחֵי עוֹלָם, וְיָבֹא מֶלֶךְ
הַכָּבוֹד: מִי הוּא זֶה מֶלֶךְ הַכָּבוֹד, יהוה צְבָאוֹת הוּא מֶלֶךְ הַכָּבוֹד, סֶלָה:

מכניסים את ספר התורה לארון הקודש ואומרים:

וּבְנֻחֹה יֹאמַר, שׁוּבָה יהוה רִבְבוֹת אַלְפֵי יִשְׂרָאֵל: במדבר י
קוּמָה יהוה לִמְנוּחָתֶךָ, אַתָּה וַאֲרוֹן עֻזֶּךָ: תהלים קלב
כֹּהֲנֶיךָ יִלְבְּשׁוּ־צֶדֶק, וַחֲסִידֶיךָ יְרַנֵּנוּ:
בַּעֲבוּר דָּוִד עַבְדֶּךָ אַל־תָּשֵׁב פְּנֵי מְשִׁיחֶךָ:
כִּי לֶקַח טוֹב נָתַתִּי לָכֶם, תּוֹרָתִי אַל־תַּעֲזֹבוּ: משלי ד
◂ עֵץ־חַיִּים הִיא לַמַּחֲזִיקִים בָּהּ, וְתֹמְכֶיהָ מְאֻשָּׁר: משלי ג
דְּרָכֶיהָ דַרְכֵי־נֹעַם וְכָל־נְתִיבוֹתֶיהָ שָׁלוֹם:
הֲשִׁיבֵנוּ יהוה אֵלֶיךָ וְנָשׁוּבָה, חַדֵּשׁ יָמֵינוּ כְּקֶדֶם: איכה ה

סוגרים את ארון הקודש.

סיום התפילה

יש הנוהגים למשמש בתפילין של יד במקום המסומן ב°, ובתפילין של ראש במקום המסומן ב°°.

תהלים פד אַשְׁרֵי יוֹשְׁבֵי בֵיתֶךָ, עוֹד יְהַלְלוּךָ סֶּלָה:
תהלים קמד אַשְׁרֵי הָעָם שֶׁכָּכָה לּוֹ, אַשְׁרֵי הָעָם שֶׁיהוה אֱלֹהָיו:
תהלים קמה תְּהִלָּה לְדָוִד

אֲרוֹמִמְךָ אֱלוֹהַי הַמֶּלֶךְ, וַאֲבָרְכָה שִׁמְךָ לְעוֹלָם וָעֶד:
בְּכָל־יוֹם אֲבָרְכֶךָּ, וַאֲהַלְלָה שִׁמְךָ לְעוֹלָם וָעֶד:
גָּדוֹל יהוה וּמְהֻלָּל מְאֹד, וְלִגְדֻלָּתוֹ אֵין חֵקֶר:
דּוֹר לְדוֹר יְשַׁבַּח מַעֲשֶׂיךָ, וּגְבוּרֹתֶיךָ יַגִּידוּ:
הֲדַר כְּבוֹד הוֹדֶךָ, וְדִבְרֵי נִפְלְאֹתֶיךָ אָשִׂיחָה:
וֶעֱזוּז נוֹרְאֹתֶיךָ יֹאמֵרוּ, וּגְדוּלָּתְךָ אֲסַפְּרֶנָּה:
זֵכֶר רַב־טוּבְךָ יַבִּיעוּ, וְצִדְקָתְךָ יְרַנֵּנוּ:
חַנּוּן וְרַחוּם יהוה, אֶרֶךְ אַפַּיִם וּגְדָל־חָסֶד:
טוֹב־יהוה לַכֹּל, וְרַחֲמָיו עַל־כָּל־מַעֲשָׂיו:
יוֹדוּךָ יהוה כָּל־מַעֲשֶׂיךָ, וַחֲסִידֶיךָ יְבָרְכוּכָה:
כְּבוֹד מַלְכוּתְךָ יֹאמֵרוּ, וּגְבוּרָתְךָ יְדַבֵּרוּ:
לְהוֹדִיעַ לִבְנֵי הָאָדָם גְּבוּרֹתָיו, וּכְבוֹד הֲדַר מַלְכוּתוֹ:
מַלְכוּתְךָ מַלְכוּת כָּל־עֹלָמִים, וּמֶמְשַׁלְתְּךָ בְּכָל־דּוֹר וָדֹר:
סוֹמֵךְ יהוה לְכָל־הַנֹּפְלִים, וְזוֹקֵף לְכָל־הַכְּפוּפִים:
עֵינֵי־כֹל אֵלֶיךָ יְשַׂבֵּרוּ, וְאַתָּה נוֹתֵן־לָהֶם אֶת־אָכְלָם בְּעִתּוֹ:
°פּוֹתֵחַ אֶת־יָדֶךָ, °°וּמַשְׂבִּיעַ לְכָל־חַי רָצוֹן:
צַדִּיק יהוה בְּכָל־דְּרָכָיו, וְחָסִיד בְּכָל־מַעֲשָׂיו:
קָרוֹב יהוה לְכָל־קֹרְאָיו, לְכֹל אֲשֶׁר יִקְרָאֻהוּ בֶאֱמֶת:
רְצוֹן־יְרֵאָיו יַעֲשֶׂה, וְאֶת־שַׁוְעָתָם יִשְׁמַע, וְיוֹשִׁיעֵם:
שׁוֹמֵר יהוה אֶת־כָּל־אֹהֲבָיו, וְאֵת כָּל־הָרְשָׁעִים יַשְׁמִיד:
◂ תְּהִלַּת יהוה יְדַבֶּר פִּי, וִיבָרֵךְ כָּל־בָּשָׂר שֵׁם קָדְשׁוֹ לְעוֹלָם וָעֶד:
תהלים קטו וַאֲנַחְנוּ נְבָרֵךְ יָהּ מֵעַתָּה וְעַד־עוֹלָם, הַלְלוּיָהּ:

שחרית ליום ירושלים · סיום התפילה

ישעיה נט

וּבָא לְצִיּוֹן גּוֹאֵל, וּלְשָׁבֵי פֶשַׁע בְּיַעֲקֹב, נְאֻם יהוה:
וַאֲנִי זֹאת בְּרִיתִי אוֹתָם, אָמַר יהוה, רוּחִי אֲשֶׁר עָלֶיךָ וּדְבָרַי אֲשֶׁר־
שַׂמְתִּי בְּפִיךָ, לֹא־יָמוּשׁוּ מִפִּיךָ וּמִפִּי זַרְעֲךָ וּמִפִּי זֶרַע זַרְעֲךָ, אָמַר יהוה,
מֵעַתָּה וְעַד־עוֹלָם:

תהלים כב
ישעיה ו

◄ וְאַתָּה קָדוֹשׁ יוֹשֵׁב תְּהִלּוֹת יִשְׂרָאֵל: וְקָרָא זֶה אֶל־זֶה וְאָמַר ◄
קָדוֹשׁ, קָדוֹשׁ, קָדוֹשׁ, יהוה צְבָאוֹת, מְלֹא כָל־הָאָרֶץ כְּבוֹדוֹ:

תרגום
יונתן
ישעיה ו

וּמְקַבְּלִין דֵּין מִן דֵּין וְאָמְרִין, קַדִּישׁ בִּשְׁמֵי מְרוֹמָא עִלָּאָה בֵּית שְׁכִינְתֵּהּ, קַדִּישׁ
עַל אַרְעָא עוֹבַד גְּבוּרְתֵּהּ, קַדִּישׁ לְעָלַם וּלְעָלְמֵי עָלְמַיָּא, יהוה צְבָאוֹת, מַלְיָא
כָל אַרְעָא זִיו יְקָרֵהּ.

יחזקאל ג

◄ וַתִּשָּׂאֵנִי רוּחַ, וָאֶשְׁמַע אַחֲרַי קוֹל רַעַשׁ גָּדוֹל ◄
בָּרוּךְ כְּבוֹד־יהוה מִמְּקוֹמוֹ:

תרגום
יונתן
יחזקאל ג

וּנְטָלַתְנִי רוּחָא, וּשְׁמָעִית בַּתְרַי קָל זִיעַ סַגִּיא, דִּמְשַׁבְּחִין וְאָמְרִין, בְּרִיךְ יְקָרָא
דַיהוה מֵאֲתַר בֵּית שְׁכִינְתֵּהּ.

שמות טו
תרגום
אונקלוס
שמות טו

יהוה יִמְלֹךְ לְעֹלָם וָעֶד:
יהוה מַלְכוּתֵהּ קָאֵם לְעָלַם וּלְעָלְמֵי עָלְמַיָּא.

דברי הימים
א כט
תהלים עח

יהוה אֱלֹהֵי אַבְרָהָם יִצְחָק וְיִשְׂרָאֵל אֲבֹתֵינוּ, שָׁמְרָה־זֹּאת לְעוֹלָם לְיֵצֶר
מַחְשְׁבוֹת לְבַב עַמֶּךָ, וְהָכֵן לְבָבָם אֵלֶיךָ: וְהוּא רַחוּם יְכַפֵּר עָוֹן וְלֹא־

תהלים פו

יַשְׁחִית, וְהִרְבָּה לְהָשִׁיב אַפּוֹ, וְלֹא־יָעִיר כָּל־חֲמָתוֹ: כִּי־אַתָּה אֲדֹנָי טוֹב

תהלים קיט

וְסַלָּח, וְרַב־חֶסֶד לְכָל־קֹרְאֶיךָ: צִדְקָתְךָ צֶדֶק לְעוֹלָם וְתוֹרָתְךָ אֱמֶת:

מיכה ז

תִּתֵּן אֱמֶת לְיַעֲקֹב, חֶסֶד לְאַבְרָהָם, אֲשֶׁר־נִשְׁבַּעְתָּ לַאֲבֹתֵינוּ מִימֵי קֶדֶם:

תהלים סח
תהלים מו
תהלים פד
תהלים כ

בָּרוּךְ אֲדֹנָי יוֹם יוֹם יַעֲמָס־לָנוּ, הָאֵל יְשׁוּעָתֵנוּ סֶלָה: יהוה צְבָאוֹת עִמָּנוּ,
מִשְׂגָּב לָנוּ אֱלֹהֵי יַעֲקֹב סֶלָה: יהוה צְבָאוֹת, אַשְׁרֵי אָדָם בֹּטֵחַ בָּךְ: יהוה
הוֹשִׁיעָה, הַמֶּלֶךְ יַעֲנֵנוּ בְיוֹם־קָרְאֵנוּ:

בָּרוּךְ הוּא אֱלֹהֵינוּ שֶׁבְּרָאָנוּ לִכְבוֹדוֹ, וְהִבְדִּילָנוּ מִן הַתּוֹעִים, וְנָתַן לָנוּ
תּוֹרַת אֱמֶת, וְחַיֵּי עוֹלָם נָטַע בְּתוֹכֵנוּ. הוּא יִפְתַּח לִבֵּנוּ בְּתוֹרָתוֹ, וְיָשֵׂם
בְּלִבֵּנוּ אַהֲבָתוֹ וְיִרְאָתוֹ וְלַעֲשׂוֹת רְצוֹנוֹ וּלְעָבְדוֹ בְּלֵבָב שָׁלֵם, לְמַעַן לֹא
נִיגַע לָרִיק וְלֹא נֵלֵד לַבֶּהָלָה.

יְהִי רָצוֹן מִלְּפָנֶיךָ יהוה אֱלֹהֵינוּ וֵאלֹהֵי אֲבוֹתֵינוּ, שֶׁנִּשְׁמֹר חֻקֶּיךָ בָּעוֹלָם
הַזֶּה, וְנִזְכֶּה וְנִחְיֶה וְנִרְאֶה וְנִירַשׁ טוֹבָה וּבְרָכָה, לִשְׁנֵי יְמוֹת הַמָּשִׁיחַ וּלְחַיֵּי
תהלים ל הָעוֹלָם הַבָּא. לְמַעַן יְזַמֶּרְךָ כָבוֹד וְלֹא יִדֹּם, יהוה אֱלֹהַי, לְעוֹלָם אוֹדֶךָּ:
ירמיה יז ישעיה כו בָּרוּךְ הַגֶּבֶר אֲשֶׁר יִבְטַח בַּיהוה, וְהָיָה יהוה מִבְטַחוֹ: בִּטְחוּ בַיהוה עֲדֵי־
תהלים ט עַד, כִּי בְּיָהּ יהוה צוּר עוֹלָמִים: › וְיִבְטְחוּ בְךָ יוֹדְעֵי שְׁמֶךָ, כִּי לֹא־עָזַבְתָּ
ישעיה מב דֹרְשֶׁיךָ, יהוה: יהוה חָפֵץ לְמַעַן צִדְקוֹ, יַגְדִּיל תּוֹרָה וְיַאְדִּיר:

קדיש שלם

ש״ץ: יִתְגַּדַּל וְיִתְקַדַּשׁ שְׁמֵהּ רַבָּא (קהל: אָמֵן)
בְּעָלְמָא דִּי בְרָא כִרְעוּתֵהּ
וְיַמְלִיךְ מַלְכוּתֵהּ, בְּחַיֵּיכוֹן וּבְיוֹמֵיכוֹן וּבְחַיֵּי דְכָל בֵּית יִשְׂרָאֵל
בַּעֲגָלָא וּבִזְמַן קָרִיב, וְאִמְרוּ אָמֵן. (קהל: אָמֵן)

קהל וש״ץ: יְהֵא שְׁמֵהּ רַבָּא מְבָרַךְ לְעָלַם וּלְעָלְמֵי עָלְמַיָּא.

ש״ץ: יִתְבָּרַךְ וְיִשְׁתַּבַּח וְיִתְפָּאַר וְיִתְרוֹמַם וְיִתְנַשֵּׂא
וְיִתְהַדָּר וְיִתְעַלֶּה וְיִתְהַלָּל
שְׁמֵהּ דְּקֻדְשָׁא בְּרִיךְ הוּא (קהל: בְּרִיךְ הוּא)
לְעֵלָּא מִן כָּל בִּרְכָתָא וְשִׁירָתָא
תֻּשְׁבְּחָתָא וְנֶחֱמָתָא
דַּאֲמִירָן בְּעָלְמָא, וְאִמְרוּ אָמֵן. (קהל: אָמֵן)

תִּתְקַבַּל צְלוֹתְהוֹן וּבָעוּתְהוֹן דְּכָל יִשְׂרָאֵל
קֳדָם אֲבוּהוֹן דִּי בִשְׁמַיָּא, וְאִמְרוּ אָמֵן. (קהל: אָמֵן)

יְהֵא שְׁלָמָא רַבָּא מִן שְׁמַיָּא
וְחַיִּים, עָלֵינוּ וְעַל כָּל יִשְׂרָאֵל, וְאִמְרוּ אָמֵן. (קהל: אָמֵן)

כורע ופוסע שלוש פסיעות לאחור. קד לשמאל, לימין ולפנים באמירת:
עֹשֶׂה שָׁלוֹם בִּמְרוֹמָיו
הוּא יַעֲשֶׂה שָׁלוֹם עָלֵינוּ וְעַל כָּל יִשְׂרָאֵל, וְאִמְרוּ אָמֵן. (קהל: אָמֵן)

עומדים באמירת 'עָלֵינוּ' ומשתחווים במקום המסומן ב°.

עָלֵינוּ לְשַׁבֵּחַ לַאֲדוֹן הַכֹּל, לָתֵת גְּדֻלָּה לְיוֹצֵר בְּרֵאשִׁית
שֶׁלֹּא עָשָׂנוּ כְּגוֹיֵי הָאֲרָצוֹת, וְלֹא שָׂמָנוּ כְּמִשְׁפְּחוֹת הָאֲדָמָה
שֶׁלֹּא שָׂם חֶלְקֵנוּ כָּהֶם וְגוֹרָלֵנוּ כְּכָל הֲמוֹנָם.
שֶׁהֵם מִשְׁתַּחֲוִים לְהֶבֶל וָרִיק וּמִתְפַּלְּלִים אֶל אֵל לֹא יוֹשִׁיעַ.
°וַאֲנַחְנוּ כּוֹרְעִים וּמִשְׁתַּחֲוִים וּמוֹדִים
לִפְנֵי מֶלֶךְ מַלְכֵי הַמְּלָכִים, הַקָּדוֹשׁ בָּרוּךְ הוּא
שֶׁהוּא נוֹטֶה שָׁמַיִם וְיוֹסֵד אָרֶץ, וּמוֹשַׁב יְקָרוֹ בַּשָּׁמַיִם מִמַּעַל
וּשְׁכִינַת עֻזּוֹ בְּגָבְהֵי מְרוֹמִים.
הוּא אֱלֹהֵינוּ, אֵין עוֹד.
אֱמֶת מַלְכֵּנוּ, אֶפֶס זוּלָתוֹ
כַּכָּתוּב בְּתוֹרָתוֹ
וְיָדַעְתָּ הַיּוֹם וַהֲשֵׁבֹתָ אֶל־לְבָבֶךָ דברים ד
כִּי יהוה הוּא הָאֱלֹהִים בַּשָּׁמַיִם מִמַּעַל וְעַל־הָאָרֶץ מִתָּחַת
אֵין עוֹד:

עַל כֵּן נְקַוֶּה לְּךָ יהוה אֱלֹהֵינוּ, לִרְאוֹת מְהֵרָה בְּתִפְאֶרֶת עֻזֶּךָ
לְהַעֲבִיר גִּלּוּלִים מִן הָאָרֶץ, וְהָאֱלִילִים כָּרוֹת יִכָּרֵתוּן
לְתַקֵּן עוֹלָם בְּמַלְכוּת שַׁדַּי.
וְכָל בְּנֵי בָשָׂר יִקְרְאוּ בִשְׁמֶךָ, לְהַפְנוֹת אֵלֶיךָ כָּל רִשְׁעֵי אָרֶץ.
יַכִּירוּ וְיֵדְעוּ כָּל יוֹשְׁבֵי תֵבֵל
כִּי לְךָ תִּכְרַע כָּל בֶּרֶךְ, תִּשָּׁבַע כָּל לָשׁוֹן.
לְפָנֶיךָ יהוה אֱלֹהֵינוּ יִכְרְעוּ וְיִפֹּלוּ, וְלִכְבוֹד שִׁמְךָ יְקָר יִתֵּנוּ
וִיקַבְּלוּ כֻלָּם אֶת עֹל מַלְכוּתֶךָ, וְתִמְלֹךְ עֲלֵיהֶם מְהֵרָה לְעוֹלָם וָעֶד.
כִּי הַמַּלְכוּת שֶׁלְּךָ הִיא וּלְעוֹלְמֵי עַד תִּמְלֹךְ בְּכָבוֹד
כַּכָּתוּב בְּתוֹרָתֶךָ, יהוה יִמְלֹךְ לְעֹלָם וָעֶד: שמות טו
◂ וְנֶאֱמַר, וְהָיָה יהוה לְמֶלֶךְ עַל־כָּל־הָאָרֶץ זכריה יד
בַּיּוֹם הַהוּא יִהְיֶה יהוה אֶחָד וּשְׁמוֹ אֶחָד:

סיום התפילה · שחרית ליום ירושלים _____ 260

יש מוסיפים פסוקים אלה.

משלי-ג   אַל־תִּירָא מִפַּחַד פִּתְאֹם וּמִשֹּׁאַת רְשָׁעִים כִּי תָבֹא:

ישעיה-ח   עֻצוּ עֵצָה וְתֻפָר, דַּבְּרוּ דָבָר וְלֹא יָקוּם, כִּי עִמָּנוּ אֵל:

ישעיה-מו   וְעַד־זִקְנָה אֲנִי הוּא, וְעַד־שֵׂיבָה אֲנִי אֶסְבֹּל אֲנִי עָשִׂיתִי וַאֲנִי אֶשָּׂא וַאֲנִי אֶסְבֹּל וַאֲמַלֵּט:

קדיש יתום

אבל: יִתְגַּדַּל וְיִתְקַדַּשׁ שְׁמֵהּ רַבָּא (קהל: אָמֵן)
בְּעָלְמָא דִּי בְרָא כִרְעוּתֵהּ
וְיַמְלִיךְ מַלְכוּתֵהּ
בְּחַיֵּיכוֹן וּבְיוֹמֵיכוֹן וּבְחַיֵּי דְכָל בֵּית יִשְׂרָאֵל
בַּעֲגָלָא וּבִזְמַן קָרִיב
וְאִמְרוּ אָמֵן. (קהל: אָמֵן)

קהל ואבל: יְהֵא שְׁמֵהּ רַבָּא מְבָרַךְ לְעָלַם וּלְעָלְמֵי עָלְמַיָּא.

אבל: יִתְבָּרַךְ וְיִשְׁתַּבַּח וְיִתְפָּאַר וְיִתְרוֹמַם וְיִתְנַשֵּׂא
וְיִתְהַדָּר וְיִתְעַלֶּה וְיִתְהַלָּל
שְׁמֵהּ דְּקֻדְשָׁא בְּרִיךְ הוּא (קהל: בְּרִיךְ הוּא)
לְעֵלָּא מִן כָּל בִּרְכָתָא וְשִׁירָתָא
תֻּשְׁבְּחָתָא וְנֶחֱמָתָא, דַּאֲמִירָן בְּעָלְמָא
וְאִמְרוּ אָמֵן. (קהל: אָמֵן)

יְהֵא שְׁלָמָא רַבָּא מִן שְׁמַיָּא
וְחַיִּים, עָלֵינוּ וְעַל כָּל יִשְׂרָאֵל
וְאִמְרוּ אָמֵן. (קהל: אָמֵן)

כורע ופוסע שלוש פסיעות לאחור. קד לשמאל, לימין ולפנים באמירת:

עֹשֶׂה שָׁלוֹם בִּמְרוֹמָיו
הוּא יַעֲשֶׂה שָׁלוֹם עָלֵינוּ וְעַל כָּל יִשְׂרָאֵל
וְאִמְרוּ אָמֵן. (קהל: אָמֵן)

שִׁיר שֶׁל יוֹם

ליום א׳ הַיּוֹם יוֹם רִאשׁוֹן בְּשַׁבָּת, שֶׁבּוֹ הָיוּ הַלְוִיִּם אוֹמְרִים בְּבֵית הַמִּקְדָּשׁ:

תהלים כד
לְדָוִד מִזְמוֹר, לַיהוה הָאָרֶץ וּמְלוֹאָהּ, תֵּבֵל וְיֹשְׁבֵי בָהּ: כִּי־הוּא עַל־
יַמִּים יְסָדָהּ, וְעַל־נְהָרוֹת יְכוֹנְנֶהָ: מִי־יַעֲלֶה בְהַר־יהוה, וּמִי־יָקוּם
בִּמְקוֹם קָדְשׁוֹ: נְקִי כַפַּיִם וּבַר־לֵבָב, אֲשֶׁר לֹא־נָשָׂא לַשָּׁוְא נַפְשִׁי,
וְלֹא נִשְׁבַּע לְמִרְמָה: יִשָּׂא בְרָכָה מֵאֵת יהוה, וּצְדָקָה מֵאֱלֹהֵי יִשְׁעוֹ:
זֶה דּוֹר דֹּרְשָׁו, מְבַקְשֵׁי פָנֶיךָ יַעֲקֹב סֶלָה: שְׂאוּ שְׁעָרִים רָאשֵׁיכֶם,
וְהִנָּשְׂאוּ פִּתְחֵי עוֹלָם, וְיָבוֹא מֶלֶךְ הַכָּבוֹד: מִי זֶה מֶלֶךְ הַכָּבוֹד, יהוה
עִזּוּז וְגִבּוֹר, יהוה גִּבּוֹר מִלְחָמָה: שְׂאוּ שְׁעָרִים רָאשֵׁיכֶם, וּשְׂאוּ פִּתְחֵי
עוֹלָם, וְיָבֹא מֶלֶךְ הַכָּבוֹד: › מִי הוּא זֶה מֶלֶךְ הַכָּבוֹד, יהוה צְבָאוֹת
הוּא מֶלֶךְ הַכָּבוֹד סֶלָה:

קדיש יתום בעמ׳ 263

ליום ב׳ הַיּוֹם יוֹם שֵׁנִי בְּשַׁבָּת, שֶׁבּוֹ הָיוּ הַלְוִיִּם אוֹמְרִים בְּבֵית הַמִּקְדָּשׁ:

תהלים מח
שִׁיר מִזְמוֹר לִבְנֵי־קֹרַח: גָּדוֹל יהוה וּמְהֻלָּל מְאֹד, בְּעִיר אֱלֹהֵינוּ,
הַר־קָדְשׁוֹ: יְפֵה נוֹף מְשׂוֹשׂ כָּל־הָאָרֶץ, הַר־צִיּוֹן יַרְכְּתֵי צָפוֹן, קִרְיַת
מֶלֶךְ רָב: אֱלֹהִים בְּאַרְמְנוֹתֶיהָ נוֹדַע לְמִשְׂגָּב: כִּי־הִנֵּה הַמְּלָכִים
נוֹעֲדוּ, עָבְרוּ יַחְדָּו: הֵמָּה רָאוּ כֵּן תָּמָהוּ, נִבְהֲלוּ נֶחְפָּזוּ: רְעָדָה
אֲחָזָתַם שָׁם, חִיל כַּיּוֹלֵדָה: בְּרוּחַ קָדִים תְּשַׁבֵּר אֳנִיּוֹת תַּרְשִׁישׁ:
כַּאֲשֶׁר שָׁמַעְנוּ כֵּן רָאִינוּ, בְּעִיר־יהוה צְבָאוֹת, בְּעִיר אֱלֹהֵינוּ, אֱלֹהִים
יְכוֹנְנֶהָ עַד־עוֹלָם סֶלָה: דִּמִּינוּ אֱלֹהִים חַסְדֶּךָ, בְּקֶרֶב הֵיכָלֶךָ:
כְּשִׁמְךָ אֱלֹהִים כֵּן תְּהִלָּתְךָ עַל־קַצְוֵי־אֶרֶץ, צֶדֶק מָלְאָה יְמִינֶךָ:
יִשְׂמַח הַר־צִיּוֹן, תָּגֵלְנָה בְּנוֹת יְהוּדָה, לְמַעַן מִשְׁפָּטֶיךָ: סֹבּוּ צִיּוֹן
וְהַקִּיפוּהָ, סִפְרוּ מִגְדָּלֶיהָ: שִׁיתוּ לִבְּכֶם לְחֵילָה, פַּסְּגוּ אַרְמְנוֹתֶיהָ,
לְמַעַן תְּסַפְּרוּ לְדוֹר אַחֲרוֹן: › כִּי זֶה אֱלֹהִים אֱלֹהֵינוּ עוֹלָם וָעֶד,
הוּא יְנַהֲגֵנוּ עַל־מוּת:

קדיש יתום בעמ׳ 263

ליום ד׳ הַיּוֹם יוֹם רְבִיעִי בְּשַׁבָּת, שֶׁבּוֹ הָיוּ הַלְוִיִּם אוֹמְרִים בְּבֵית הַמִּקְדָּשׁ:

תהלים צד אֵל־נְקָמוֹת יהוה, אֵל נְקָמוֹת הוֹפִיעַ: הִנָּשֵׂא שֹׁפֵט הָאָרֶץ, הָשֵׁב גְּמוּל עַל־גֵּאִים: עַד־מָתַי רְשָׁעִים, יהוה, עַד־מָתַי רְשָׁעִים יַעֲלֹזוּ: יַבִּיעוּ יְדַבְּרוּ עָתָק, יִתְאַמְּרוּ כָּל־פֹּעֲלֵי אָוֶן: עַמְּךָ יהוה יְדַכְּאוּ, וְנַחֲלָתְךָ יְעַנּוּ: אַלְמָנָה וְגֵר יַהֲרֹגוּ, וִיתוֹמִים יְרַצֵּחוּ: וַיֹּאמְרוּ לֹא יִרְאֶה־יָּהּ, וְלֹא־יָבִין אֱלֹהֵי יַעֲקֹב: בִּינוּ בֹּעֲרִים בָּעָם, וּכְסִילִים מָתַי תַּשְׂכִּילוּ: הֲנֹטַע אֹזֶן הֲלֹא יִשְׁמָע, אִם־יֹצֵר עַיִן הֲלֹא יַבִּיט: הֲיֹסֵר גּוֹיִם הֲלֹא יוֹכִיחַ, הַמְלַמֵּד אָדָם דָּעַת: יהוה יֹדֵעַ מַחְשְׁבוֹת אָדָם, כִּי־הֵמָּה הָבֶל: אַשְׁרֵי הַגֶּבֶר אֲשֶׁר־תְּיַסְּרֶנּוּ יָּהּ, וּמִתּוֹרָתְךָ תְלַמְּדֶנּוּ: לְהַשְׁקִיט לוֹ מִימֵי רָע, עַד יִכָּרֶה לָרָשָׁע שָׁחַת: כִּי לֹא־יִטֹּשׁ יהוה עַמּוֹ, וְנַחֲלָתוֹ לֹא יַעֲזֹב: כִּי־עַד־צֶדֶק יָשׁוּב מִשְׁפָּט, וְאַחֲרָיו כָּל־יִשְׁרֵי־לֵב: מִי־יָקוּם לִי עִם־מְרֵעִים, מִי־יִתְיַצֵּב לִי עִם־פֹּעֲלֵי אָוֶן: לוּלֵי יהוה עֶזְרָתָה לִּי, כִּמְעַט שָׁכְנָה דוּמָה נַפְשִׁי: אִם־אָמַרְתִּי מָטָה רַגְלִי, חַסְדְּךָ יהוה יִסְעָדֵנִי: בְּרֹב שַׂרְעַפַּי בְּקִרְבִּי, תַּנְחוּמֶיךָ יְשַׁעַשְׁעוּ נַפְשִׁי: הַיְחָבְרְךָ כִּסֵּא הַוּוֹת, יֹצֵר עָמָל עֲלֵי־חֹק: יָגוֹדּוּ עַל־נֶפֶשׁ צַדִּיק, וְדָם נָקִי יַרְשִׁיעוּ: וַיְהִי יהוה לִי לְמִשְׂגָּב, וֵאלֹהַי לְצוּר מַחְסִי: וַיָּשֶׁב עֲלֵיהֶם אֶת־אוֹנָם, וּבְרָעָתָם יַצְמִיתֵם, יַצְמִיתֵם יהוה אֱלֹהֵינוּ:

תהלים צה ‹ לְכוּ נְרַנְּנָה לַיהוה, נָרִיעָה לְצוּר יִשְׁעֵנוּ: נְקַדְּמָה פָנָיו בְּתוֹדָה, בִּזְמִרוֹת נָרִיעַ לוֹ: כִּי אֵל גָּדוֹל יהוה, וּמֶלֶךְ גָּדוֹל עַל־כָּל־אֱלֹהִים:

קדיש יתום (בעמוד הבא)

ליום ו׳ הַיּוֹם יוֹם שִׁשִּׁי בְּשַׁבָּת, שֶׁבּוֹ הָיוּ הַלְוִיִּם אוֹמְרִים בְּבֵית הַמִּקְדָּשׁ:

תהלים צג יהוה מָלָךְ, גֵּאוּת לָבֵשׁ, לָבֵשׁ יהוה עֹז הִתְאַזָּר, אַף־תִּכּוֹן תֵּבֵל בַּל־תִּמּוֹט: נָכוֹן כִּסְאֲךָ מֵאָז, מֵעוֹלָם אָתָּה: נָשְׂאוּ נְהָרוֹת יהוה, נָשְׂאוּ נְהָרוֹת קוֹלָם, יִשְׂאוּ נְהָרוֹת דָּכְיָם: מִקֹּלוֹת מַיִם רַבִּים, אַדִּירִים מִשְׁבְּרֵי־יָם, אַדִּיר בַּמָּרוֹם יהוה: ‹ עֵדֹתֶיךָ נֶאֶמְנוּ מְאֹד, לְבֵיתְךָ נַאֲוָה־קֹדֶשׁ, יהוה לְאֹרֶךְ יָמִים:

שחרית ליום ירושלים • סיום התפילה

קדיש יתום

אבל: יִתְגַּדַּל וְיִתְקַדַּשׁ שְׁמֵהּ רַבָּא (קהל: אָמֵן)
בְּעָלְמָא דִּי בְרָא כִרְעוּתֵהּ
וְיַמְלִיךְ מַלְכוּתֵהּ
בְּחַיֵּיכוֹן וּבְיוֹמֵיכוֹן
וּבְחַיֵּי דְכָל בֵּית יִשְׂרָאֵל
בַּעֲגָלָא וּבִזְמַן קָרִיב
וְאִמְרוּ אָמֵן. (קהל: אָמֵן)

קהל ואבל: יְהֵא שְׁמֵהּ רַבָּא מְבָרַךְ לְעָלַם וּלְעָלְמֵי עָלְמַיָּא.

אבל: יִתְבָּרַךְ וְיִשְׁתַּבַּח וְיִתְפָּאַר וְיִתְרוֹמַם וְיִתְנַשֵּׂא
וְיִתְהַדָּר וְיִתְעַלֶּה וְיִתְהַלָּל
שְׁמֵהּ דְּקֻדְשָׁא בְּרִיךְ הוּא (קהל: בְּרִיךְ הוּא)
לְעֵלָּא מִן כָּל בִּרְכָתָא
וְשִׁירָתָא
תֻּשְׁבְּחָתָא וְנֶחֱמָתָא
דַּאֲמִירָן בְּעָלְמָא
וְאִמְרוּ אָמֵן. (קהל: אָמֵן)

יְהֵא שְׁלָמָא רַבָּא מִן שְׁמַיָּא
וְחַיִּים, עָלֵינוּ וְעַל כָּל יִשְׂרָאֵל
וְאִמְרוּ אָמֵן. (קהל: אָמֵן)

כורע ופוסע שלוש פסיעות לאחור. קד לשמאל, לימין ולפנים באמירת:

עֹשֶׂה שָׁלוֹם בִּמְרוֹמָיו
הוּא יַעֲשֶׂה שָׁלוֹם עָלֵינוּ וְעַל כָּל יִשְׂרָאֵל
וְאִמְרוּ אָמֵן. (קהל: אָמֵן)

אֵין כֵּאלֹהֵֽינוּ, אֵין כַּאדוֹנֵֽינוּ, אֵין כְּמַלְכֵּֽנוּ, אֵין כְּמוֹשִׁיעֵֽנוּ.
מִי כֵאלֹהֵֽינוּ, מִי כַאדוֹנֵֽינוּ, מִי כְמַלְכֵּֽנוּ, מִי כְמוֹשִׁיעֵֽנוּ.
נוֹדֶה לֵאלֹהֵֽינוּ, נוֹדֶה לַאדוֹנֵֽינוּ, נוֹדֶה לְמַלְכֵּֽנוּ, נוֹדֶה לְמוֹשִׁיעֵֽנוּ.
בָּרוּךְ אֱלֹהֵֽינוּ, בָּרוּךְ אֲדוֹנֵֽינוּ, בָּרוּךְ מַלְכֵּֽנוּ, בָּרוּךְ מוֹשִׁיעֵֽנוּ.
אַתָּה הוּא אֱלֹהֵֽינוּ, אַתָּה הוּא אֲדוֹנֵֽינוּ,
אַתָּה הוּא מַלְכֵּֽנוּ, אַתָּה הוּא מוֹשִׁיעֵֽנוּ.
אַתָּה הוּא שֶׁהִקְטִֽירוּ אֲבוֹתֵֽינוּ לְפָנֶֽיךָ אֶת קְטֹֽרֶת הַסַּמִּים.

כריתות ו. פִּטּוּם הַקְּטֹֽרֶת: הַצֳּרִי, וְהַצִּפֹּֽרֶן, וְהַחֶלְבְּנָה, וְהַלְּבוֹנָה מִשְׁקַל שִׁבְעִים שִׁבְעִים
מָנֶה, מֹר, וּקְצִיעָה, שִׁבֹּֽלֶת נֵרְדְּ, וְכַרְכֹּם מִשְׁקַל שִׁשָּׁה עָשָׂר שִׁשָּׁה עָשָׂר
מָנֶה, הַקֹּשְׁטְ שְׁנֵים עָשָׂר, קִלּוּפָה שְׁלֹשָׁה וְקִנָּמוֹן תִּשְׁעָה, בֹּרִית כַּרְשִׁינָה
תִּשְׁעָה קַבִּין, יֵין קַפְרִיסִין סְאִין תְּלָת וְקַבִּין תְּלָתָא, וְאִם אֵין לוֹ יֵין קַפְרִיסִין,
מֵבִיא חֲמַר חִוַּרְיָן עַתִּיק. מֶֽלַח סְדוֹמִית רֹֽבַע, מַעֲלֶה עָשָׁן כָּל שֶׁהוּא. רַבִּי
נָתָן הַבַּבְלִי אוֹמֵר: אַף כִּפַּת הַיַּרְדֵּן כָּל שֶׁהוּא, וְאִם נָתַן בָּהּ דְּבַשׁ פְּסָלָהּ,
וְאִם חִסַּר אֶחָד מִכָּל סַמָּנֶֽיהָ, חַיָּב מִיתָה.

רַבָּן שִׁמְעוֹן בֶּן גַּמְלִיאֵל אוֹמֵר: הַצֳּרִי אֵינוֹ אֶלָּא שְׂרָף הַנּוֹטֵף מֵעֲצֵי הַקְּטָף.
בֹּרִית כַּרְשִׁינָה שֶׁשָּׁפִין בָּהּ אֶת הַצִּפֹּֽרֶן כְּדֵי שֶׁתְּהֵא נָאָה, יֵין קַפְרִיסִין
שֶׁשּׁוֹרִין בּוֹ אֶת הַצִּפֹּֽרֶן כְּדֵי שֶׁתְּהֵא עַזָּה, וַהֲלֹא מֵי רַגְלַֽיִם יָפִין לָהּ, אֶלָּא
שֶׁאֵין מַכְנִיסִין מֵי רַגְלַֽיִם בַּמִּקְדָּשׁ מִפְּנֵי הַכָּבוֹד.

מגילה כח: תָּנָא דְבֵי אֵלִיָּֽהוּ: כָּל הַשּׁוֹנֶה הֲלָכוֹת בְּכָל יוֹם, מֻבְטָח לוֹ שֶׁהוּא בֶּן עוֹלָם
חבקוק ג הַבָּא, שֶׁנֶּאֱמַר הֲלִיכוֹת עוֹלָם לוֹ: אַל תִּקְרֵי הֲלִיכוֹת אֶלָּא הֲלָכוֹת.

ברכות סד. אָמַר רַבִּי אֶלְעָזָר, אָמַר רַבִּי חֲנִינָא: תַּלְמִידֵי חֲכָמִים מַרְבִּים שָׁלוֹם בָּעוֹלָם,
ישעיה נד שֶׁנֶּאֱמַר וְכָל־בָּנַֽיִךְ לִמּוּדֵי יהוה, וְרַב שְׁלוֹם בָּנָֽיִךְ: אַל תִּקְרֵי בָּנָֽיִךְ, אֶלָּא
תהלים קיט / תהלים קכב בּוֹנָֽיִךְ. שָׁלוֹם רָב לְאֹהֲבֵי תוֹרָתֶֽךָ, וְאֵין־לָֽמוֹ מִכְשׁוֹל: יְהִי־שָׁלוֹם בְּחֵילֵךְ,
שַׁלְוָה בְּאַרְמְנוֹתָֽיִךְ: לְמַֽעַן אַחַי וְרֵעָי אֲדַבְּרָה־נָּא שָׁלוֹם בָּךְ: לְמַֽעַן בֵּית־
תהלים כט יהוה אֱלֹהֵֽינוּ אֲבַקְשָׁה טוֹב לָךְ: ◂ יהוה עֹז לְעַמּוֹ יִתֵּן, יהוה יְבָרֵךְ אֶת־
עַמּוֹ בַשָּׁלוֹם:

שחרית ליום ירושלים • סיום התפילה

קדיש דרבנן

אבל: יִתְגַּדַּל וְיִתְקַדַּשׁ שְׁמֵהּ רַבָּא (קהל: אָמֵן)
בְּעָלְמָא דִּי בְרָא כִרְעוּתֵהּ
וְיַמְלִיךְ מַלְכוּתֵהּ, בְּחַיֵּיכוֹן וּבְיוֹמֵיכוֹן וּבְחַיֵּי דְכָל בֵּית יִשְׂרָאֵל
בַּעֲגָלָא וּבִזְמַן קָרִיב
וְאִמְרוּ אָמֵן. (קהל: אָמֵן)

קהל
ואבל: יְהֵא שְׁמֵהּ רַבָּא מְבָרַךְ לְעָלַם וּלְעָלְמֵי עָלְמַיָּא.

אבל: יִתְבָּרַךְ וְיִשְׁתַּבַּח וְיִתְפָּאַר וְיִתְרוֹמַם וְיִתְנַשֵּׂא
וְיִתְהַדָּר וְיִתְעַלֶּה וְיִתְהַלָּל שְׁמֵהּ דְּקֻדְשָׁא בְּרִיךְ הוּא (קהל: בְּרִיךְ הוּא)
לְעֵלָּא מִן כָּל בִּרְכָתָא וְשִׁירָתָא, תֻּשְׁבְּחָתָא וְנֶחֱמָתָא
דַּאֲמִירָן בְּעָלְמָא
וְאִמְרוּ אָמֵן. (קהל: אָמֵן)

עַל יִשְׂרָאֵל וְעַל רַבָּנָן
וְעַל תַּלְמִידֵיהוֹן וְעַל כָּל תַּלְמִידֵי תַלְמִידֵיהוֹן
וְעַל כָּל מָאן דְּעָסְקִין בְּאוֹרַיְתָא
דִּי בְּאַתְרָא קַדִּישָׁא הָדֵין, וְדִי בְּכָל אֲתַר וַאֲתַר
יְהֵא לְהוֹן וּלְכוֹן שְׁלָמָא רַבָּא
חִנָּא וְחִסְדָּא, וְרַחֲמֵי, וְחַיֵּי אֲרִיכֵי, וּמְזוֹנֵי רְוִיחֵי
וּפֻרְקָנָא מִן קֳדָם אֲבוּהוֹן דִּי בִשְׁמַיָּא
וְאִמְרוּ אָמֵן. (קהל: אָמֵן)

יְהֵא שְׁלָמָא רַבָּא מִן שְׁמַיָּא
וְחַיִּים (טוֹבִים) עָלֵינוּ וְעַל כָּל יִשְׂרָאֵל
וְאִמְרוּ אָמֵן. (קהל: אָמֵן)

כורע ופוסע שלוש פסיעות לאחור. קד לשמאל, לימין ולפנים באמירת:

עֹשֶׂה שָׁלוֹם בִּמְרוֹמָיו
הוּא יַעֲשֶׂה בְרַחֲמָיו שָׁלוֹם עָלֵינוּ וְעַל כָּל יִשְׂרָאֵל
וְאִמְרוּ אָמֵן. (קהל: אָמֵן)

ביום שלא קראו בו בתורה, האומר קדיש מוסיף:

בָּרְכוּ אֶת יהוה הַמְבֹרָךְ.

הקהל עונה:

בָּרוּךְ יהוה הַמְבֹרָךְ לְעוֹלָם וָעֶד.

והאומר קדיש חוזר:

בָּרוּךְ יהוה הַמְבֹרָךְ לְעוֹלָם וָעֶד.

ושרים:

אֲנִי מַאֲמִין בֶּאֱמוּנָה שְׁלֵמָה
בְּבִיאַת הַמָּשִׁיחַ
וְאַף עַל פִּי שֶׁיִּתְמַהְמֵהַּ
עִם כָּל זֶה אֲחַכֶּה לּוֹ
בְּכָל יוֹם שֶׁיָּבוֹא.

ירושלים כליל תפארת

"כאלפים שנה היה הר הבית אסור ליהודים. עד אשר באתם, אתם הצנחנים, והחזרתם אותו לחיק האומה. הכותל המערבי – אליו פועם כל לב – שוב בידינו.

יהודים רבים שמו נפשם בכפם, לאורך ההיסטוריה הארוכה שלנו, על מנת להגיע לירושלים ולחיות בה. שירי געגועים לאין ספור הביעו את הכמיהה העמוקה הפועמת בלב היהודי כלפי ירושלים.

במלחמת השחרור נעשו מאמצים עצומים להחזיר לאומה את לבה – העיר העתיקה והכותל המערבי. בידכם נפלה הזכות הגדולה להשלים את המעגל, להחזיר לעם את בירתו ומרכז קודשו. צנחנים רבים, מחברינו הותיקים והטובים ביותר, נפלו במערכה הקשה. היה זה קרב עז ונמרץ, בו פעלתם כגוף המועך כל אשר לפניו מבלי משים לפצעיו הוא. לא טענתם, לא התאוננתם, לא צווחתם. רק קדימה חתרתם – וכבשתם.

ירושלים היא שלכם לנצח".

(מוטה גור, יוני 1967)

ברכות

ברכת המזון	269
ברכה מעין שלוש	276
סדר ברית מילה	277
סדר פדיון הבן	283
סדר תפילה ליולדת	285
סדר זבד הבת	286
סדר קידושין ונישואין	288

ברכת המזון

יש נוהגים לשיר במנגינה של 'התקווה':

שִׁיר הַמַּעֲלוֹת, בְּשׁוּב יהוה אֶת־שִׁיבַת צִיּוֹן, הָיִינוּ כְּחֹלְמִים: אָז יִמָּלֵא תהלים קכו
שְׂחוֹק פִּינוּ וּלְשׁוֹנֵנוּ רִנָּה, אָז יֹאמְרוּ בַגּוֹיִם הִגְדִּיל יהוה לַעֲשׂוֹת
עִם־אֵלֶּה: הִגְדִּיל יהוה לַעֲשׂוֹת עִמָּנוּ, הָיִינוּ שְׂמֵחִים: שׁוּבָה יהוה
אֶת־שְׁבִיתֵנוּ, כַּאֲפִיקִים בַּנֶּגֶב: הַזֹּרְעִים בְּדִמְעָה בְּרִנָּה יִקְצֹרוּ: הָלוֹךְ
יֵלֵךְ וּבָכֹה נֹשֵׂא מֶשֶׁךְ־הַזָּרַע, בֹּא־יָבֹא בְרִנָּה נֹשֵׂא אֲלֻמֹּתָיו:

יש נוהגים להוסיף פסוקים אלה שהם פתיחה לברכת המזון, בעקבות דברי הארי״:

תְּהִלַּת יהוה יְדַבֶּר פִּי, וִיבָרֵךְ כָּל־בָּשָׂר שֵׁם קָדְשׁוֹ לְעוֹלָם וָעֶד: וַאֲנַחְנוּ נְבָרֵךְ תהלים קמה תהלים קטו
יָהּ מֵעַתָּה וְעַד־עוֹלָם, הַלְלוּיָהּ: הוֹדוּ לַיהוה כִּי־טוֹב, כִּי לְעוֹלָם חַסְדּוֹ: מִי תהלים קלו תהלים קו
יְמַלֵּל גְּבוּרוֹת יהוה, יַשְׁמִיעַ כָּל־תְּהִלָּתוֹ:

סדר הזימון

שלושה שאכלו כאחד חייבים לזמן. אם עשרה אכלו יחד, מזכירים את השם בזימון.
זימון בסעודת ברית מילה בעמ׳ 280, ובסעודת שבע ברכות בעמ׳ 290.

המזמן אומר: רַבּוֹתַי, נְבָרֵךְ.

המסובין: יְהִי שֵׁם יהוה מְבֹרָךְ מֵעַתָּה וְעַד־עוֹלָם: תהלים קיג

המזמן חוזר: יְהִי שֵׁם יהוה מְבֹרָךְ מֵעַתָּה וְעַד־עוֹלָם:

בִּרְשׁוּת (אָבִי מוֹרִי / אִמִּי מוֹרָתִי / כֹּהֲנִים / מוֹרֵנוּ הָרַב / בַּעַל הַבַּיִת הַזֶּה / בַּעֲלַת הַבַּיִת הַזֶּה)

מָרָנָן וְרַבָּנָן וְרַבּוֹתַי, נְבָרֵךְ (במניין: אֱלֹהֵינוּ) שֶׁאָכַלְנוּ מִשֶּׁלּוֹ.

המסובין: בָּרוּךְ (במניין: אֱלֹהֵינוּ) שֶׁאָכַלְנוּ מִשֶּׁלּוֹ וּבְטוּבוֹ חָיִינוּ.

מי שלא אכל, אומר: בָּרוּךְ וּמְבֹרָךְ שְׁמוֹ תָּמִיד לְעוֹלָם וָעֶד.

המזמן חוזר: בָּרוּךְ (במניין: אֱלֹהֵינוּ) שֶׁאָכַלְנוּ מִשֶּׁלּוֹ וּבְטוּבוֹ חָיִינוּ.
בָּרוּךְ הוּא וּבָרוּךְ שְׁמוֹ.

ברכת הזן

בָּרוּךְ אַתָּה יהוה אֱלֹהֵינוּ מֶלֶךְ הָעוֹלָם
הַזָּן אֶת הָעוֹלָם כֻּלּוֹ בְּטוּבוֹ
בְּחֵן בְּחֶסֶד וּבְרַחֲמִים
הוּא נוֹתֵן לֶחֶם לְכָל בָּשָׂר כִּי לְעוֹלָם חַסְדּוֹ.
וּבְטוּבוֹ הַגָּדוֹל, תָּמִיד לֹא חָסַר לָנוּ
וְאַל יֶחְסַר לָנוּ מָזוֹן לְעוֹלָם וָעֶד
בַּעֲבוּר שְׁמוֹ הַגָּדוֹל.
כִּי הוּא אֵל זָן
וּמְפַרְנֵס לַכֹּל
וּמֵטִיב לַכֹּל
וּמֵכִין מָזוֹן לְכָל בְּרִיּוֹתָיו אֲשֶׁר בָּרָא.
בָּרוּךְ אַתָּה יהוה, הַזָּן אֶת הַכֹּל.

ברכת הארץ

נוֹדֶה לְךָ, יהוה אֱלֹהֵינוּ
עַל שֶׁהִנְחַלְתָּ לַאֲבוֹתֵינוּ אֶרֶץ חֶמְדָּה טוֹבָה וּרְחָבָה
וְעַל שֶׁהוֹצֵאתָנוּ יהוה אֱלֹהֵינוּ מֵאֶרֶץ מִצְרַיִם
וּפְדִיתָנוּ מִבֵּית עֲבָדִים
וְעַל בְּרִיתְךָ שֶׁחָתַמְתָּ בִּבְשָׂרֵנוּ
וְעַל תּוֹרָתְךָ שֶׁלִּמַּדְתָּנוּ
וְעַל חֻקֶּיךָ שֶׁהוֹדַעְתָּנוּ
וְעַל חַיִּים חֵן וָחֶסֶד שֶׁחוֹנַנְתָּנוּ
וְעַל אֲכִילַת מָזוֹן שָׁאַתָּה זָן וּמְפַרְנֵס אוֹתָנוּ תָּמִיד
בְּכָל יוֹם וּבְכָל עֵת וּבְכָל שָׁעָה.

הרוצה להוסיף בתפילת הלחש 'עַל הַנִּסִּים' רשאי לעשות כן בכל נוסח.
הנוסח המיוחס לרב נריה מובא כאן (נוסחים נוספים בעמ' 303-304).

עַל הַנִּסִּים וְעַל הַפֻּרְקָן וְעַל הַגְּבוּרוֹת וְעַל הַתְּשׁוּעוֹת וְעַל הַמִּלְחָמוֹת שֶׁעָשִׂיתָ לַאֲבוֹתֵינוּ בַּיָּמִים הָהֵם בַּזְּמַן הַזֶּה.

כְּשֶׁעָמְדוּ צִבְאוֹת עֲרָב עַל עַמְּךָ יִשְׂרָאֵל, וּבִקְּשׁוּ לְהַשְׁמִיד לַהֲרֹג וּלְאַבֵּד אֶת יוֹשְׁבֵי אַרְצֶךָ, מִנַּעַר וְעַד זָקֵן טַף וְנָשִׁים, וּבָהֶם עַם שְׂרִידֵי חֶרֶב אֲשֶׁר נִצְּלוּ מִתֹּפֶת הָאֵשׁ שֶׁל שׂוֹנְאֶיךָ, אֶחָד מֵעִיר וּשְׁנַיִם מִמִּשְׁפָּחָה, וְשָׁבוּ לִמְצֹא מָנוֹחַ לְכַף רַגְלָם בְּאַרְצְךָ אֲשֶׁר הִבְטַחְתָּ לָהֶם. וְאַתָּה בְּרַחֲמֶיךָ הָרַבִּים עָמַדְתָּ לָנוּ בְּעֵת צָרָתֵנוּ, הֵפַרְתָּ אֶת עֲצָתָם וְקִלְקַלְתָּ אֶת מַחֲשַׁבְתָּם, זָקַפְתָּ קוֹמָתֵנוּ וְקוֹמַמְתָּ אֶת חֵרוּתֵנוּ, רַבְתָּ אֶת רִיבֵנוּ, דַּנְתָּ אֶת דִּינֵנוּ, נָקַמְתָּ אֶת נִקְמָתֵנוּ, מָסַרְתָּ רַבִּים בְּיַד מְעַטִּים, טְמֵאִים בְּיַד קְדוֹשִׁים, וְעָשִׂיתָ לְךָ שֵׁם גָּדוֹל וְקָדוֹשׁ בְּעוֹלָמֶךָ, וּלְעַמְּךָ יִשְׂרָאֵל עָשִׂיתָ תְּשׁוּעָה גְדוֹלָה וּפֻרְקָן כְּהַיּוֹם הַזֶּה, הִדְבַּרְתָּ עַמִּים תַּחְתֵּנוּ וּלְאֻמִּים תַּחַת רַגְלֵנוּ, וְנָתַתָּ לָנוּ אֶת נַחֲלָתֵנוּ, אֶרֶץ כְּנַעַן לִגְבוּלוֹתֶיהָ, וְהֶחֱזַרְתָּנוּ אֶל מְקוֹם מִקְדַּשׁ הֵיכָלֶךָ.

(כֵּן עֲשֵׂה עִמָּנוּ נֵס וָפֶלֶא לְטוֹבָה, הָפֵר עֲצַת אוֹיְבֵינוּ, וְדַשְּׁנֵנוּ בִּנְאוֹת אַרְצֶךָ, וּנְפוּצוֹתֵינוּ מֵאַרְבַּע כַּנְפוֹת הָאָרֶץ תְּקַבֵּץ, וְנִשְׂמַח בְּבִנְיַן עִירֶךָ וּבְתִקּוּן הֵיכָלֶךָ וּבִצְמִיחַת קֶרֶן לְדָוִד עַבְדֶּךָ בִּמְהֵרָה בְיָמֵינוּ, וְנוֹדֶה לְשִׁמְךָ הַגָּדוֹל).

וממשיך 'וְעַל הַכֹּל'.

וְעַל הַכֹּל, יהוה אֱלֹהֵינוּ, אֲנַחְנוּ מוֹדִים לָךְ וּמְבָרְכִים אוֹתָךְ
יִתְבָּרַךְ שִׁמְךָ בְּפִי כָּל חַי תָּמִיד לְעוֹלָם וָעֶד
כַּכָּתוּב: וְאָכַלְתָּ וְשָׂבָעְתָּ, וּבֵרַכְתָּ אֶת־יהוה אֱלֹהֶיךָ דברים ח
עַל־הָאָרֶץ הַטֹּבָה אֲשֶׁר נָתַן־לָךְ:
בָּרוּךְ אַתָּה יהוה, עַל הָאָרֶץ וְעַל הַמָּזוֹן.

ברכת ירושלים

רַחֵם נָא, יהוה אֱלֹהֵינוּ
עַל יִשְׂרָאֵל עַמֶּךָ, וְעַל יְרוּשָׁלַיִם עִירֶךָ
וְעַל צִיּוֹן מִשְׁכַּן כְּבוֹדֶךָ, וְעַל מַלְכוּת בֵּית דָּוִד מְשִׁיחֶךָ
וְעַל הַבַּיִת הַגָּדוֹל וְהַקָּדוֹשׁ שֶׁנִּקְרָא שִׁמְךָ עָלָיו.

אֱלֹהֵינוּ, אָבִינוּ
רְעֵנוּ, זוּנֵנוּ, פַּרְנְסֵנוּ וְכַלְכְּלֵנוּ
וְהַרְוִיחֵנוּ, וְהַרְוַח לָנוּ
יהוה אֱלֹהֵינוּ מְהֵרָה מִכָּל צָרוֹתֵינוּ.
וְנָא אַל תַּצְרִיכֵנוּ, יהוה אֱלֹהֵינוּ
לֹא לִידֵי מַתְּנַת בָּשָׂר וָדָם
וְלֹא לִידֵי הַלְוָאָתָם
כִּי אִם לְיָדְךָ הַמְּלֵאָה, הַפְּתוּחָה, הַקְּדוֹשָׁה וְהָרְחָבָה
שֶׁלֹּא נֵבוֹשׁ וְלֹא נִכָּלֵם לְעוֹלָם וָעֶד.
וּבְנֵה יְרוּשָׁלַיִם עִיר הַקֹּדֶשׁ בִּמְהֵרָה בְיָמֵינוּ.
בָּרוּךְ אַתָּה יהוה, בּוֹנֵה בְרַחֲמָיו יְרוּשָׁלָיִם, אָמֵן.

ברכת הטוב והמטיב

בָּרוּךְ אַתָּה יהוה אֱלֹהֵינוּ מֶלֶךְ הָעוֹלָם
הָאֵל אָבִינוּ, מַלְכֵּנוּ, אַדִּירֵנוּ
בּוֹרְאֵנוּ, גּוֹאֲלֵנוּ, יוֹצְרֵנוּ, קְדוֹשֵׁנוּ, קְדוֹשׁ יַעֲקֹב
רוֹעֵנוּ, רוֹעֵה יִשְׂרָאֵל, הַמֶּלֶךְ הַטּוֹב וְהַמֵּטִיב לַכֹּל
שֶׁבְּכָל יוֹם וָיוֹם
הוּא הֵיטִיב, הוּא מֵטִיב, הוּא יֵיטִיב לָנוּ
הוּא גְמָלָנוּ, הוּא גוֹמְלֵנוּ, הוּא יִגְמְלֵנוּ לָעַד
לְחֵן וּלְחֶסֶד וּלְרַחֲמִים, וּלְרֶוַח, הַצָּלָה וְהַצְלָחָה
בְּרָכָה וִישׁוּעָה, נֶחָמָה, פַּרְנָסָה וְכַלְכָּלָה
וְרַחֲמִים וְחַיִּים וְשָׁלוֹם וְכָל טוֹב
וּמִכָּל טוּב לְעוֹלָם אַל יְחַסְּרֵנוּ.

בקשות נוספות

הָרַחֲמָן הוּא יִמְלֹךְ עָלֵינוּ לְעוֹלָם וָעֶד.

הָרַחֲמָן הוּא יִתְבָּרַךְ בַּשָּׁמַיִם וּבָאָרֶץ.

הָרַחֲמָן הוּא יִשְׁתַּבַּח לְדוֹר דּוֹרִים
וְיִתְפָּאַר בָּנוּ לָעַד וּלְנֵצַח נְצָחִים
וְיִתְהַדַּר בָּנוּ לָעַד וּלְעוֹלְמֵי עוֹלָמִים.

הָרַחֲמָן הוּא יְפַרְנְסֵנוּ בְּכָבוֹד.

הָרַחֲמָן הוּא יִשְׁבֹּר עֻלֵּנוּ מֵעַל צַוָּארֵנוּ
וְהוּא יוֹלִיכֵנוּ קוֹמְמִיּוּת לְאַרְצֵנוּ.

הָרַחֲמָן הוּא יִשְׁלַח לָנוּ בְּרָכָה מְרֻבָּה בַּבַּיִת הַזֶּה
וְעַל שֻׁלְחָן זֶה שֶׁאָכַלְנוּ עָלָיו.

הָרַחֲמָן הוּא יִשְׁלַח לָנוּ אֶת אֵלִיָּהוּ הַנָּבִיא זָכוּר לַטּוֹב
וִיבַשֶּׂר לָנוּ בְּשׂוֹרוֹת טוֹבוֹת יְשׁוּעוֹת וְנֶחָמוֹת.

הָרַחֲמָן הוּא יְבָרֵךְ אֶת מְדִינַת יִשְׂרָאֵל
רֵאשִׁית צְמִיחַת גְּאֻלָּתֵנוּ.

הָרַחֲמָן הוּא יְבָרֵךְ אֶת חַיָּלֵי צְבָא הַהֲגָנָה לְיִשְׂרָאֵל
הָעוֹמְדִים עַל מִשְׁמַר אַרְצֵנוּ.

ברכת האורח:

יְהִי רָצוֹן שֶׁלֹּא יֵבוֹשׁ בַּעַל הַבַּיִת בָּעוֹלָם הַזֶּה, וְלֹא יִכָּלֵם לָעוֹלָם הַבָּא, וְיִצְלַח מְאֹד בְּכָל נְכָסָיו, וְיִהְיוּ נְכָסָיו וּנְכָסֵינוּ מֻצְלָחִים וּקְרוֹבִים לָעִיר, וְאַל יִשְׁלוֹט שָׂטָן לֹא בְּמַעֲשֵׂה יָדָיו וְלֹא בְּמַעֲשֵׂה יָדֵינוּ. וְאַל יִזְדַּקֵּק לֹא לְפָנָיו וְלֹא לְפָנֵינוּ שׁוּם דְּבַר הִרְהוּר חֵטְא, עֲבֵירָה וְעָוֹן, מֵעַתָּה וְעַד עוֹלָם.

הָרַחֲמָן הוּא יְבָרֵךְ

אם סמוך על שולחן עצמו, אומר:

אוֹתִי (וְאֶת אִשְׁתִּי / וְאֶת בַּעֲלִי / וְאֶת אָבִי מוֹרִי / וְאֶת אִמִּי מוֹרָתִי /
וְאֶת זַרְעִי) וְאֶת כָּל אֲשֶׁר לִי.

אורח אומר:

אֶת בַּעַל הַבַּיִת הַזֶּה
אוֹתוֹ (וְאֶת אִשְׁתּוֹ בַּעֲלַת הַבַּיִת הַזֶּה / וְאֶת זַרְעוֹ)
וְאֶת כָּל אֲשֶׁר לוֹ.

אם אכל על שולחן הוריו אומר:

אֶת אָבִי מוֹרִי (בַּעַל הַבַּיִת הַזֶּה)
וְאֶת אִמִּי מוֹרָתִי (בַּעֲלַת הַבַּיִת הַזֶּה)
אוֹתָם וְאֶת בֵּיתָם וְאֶת זַרְעָם וְאֶת כָּל אֲשֶׁר לָהֶם

אם יש אורחים נוספים, מוסיף:

וְאֶת כָּל הַמְסֻבִּין כָּאן

אוֹתָנוּ וְאֶת כָּל אֲשֶׁר לָנוּ כְּמוֹ שֶׁנִּתְבָּרְכוּ אֲבוֹתֵינוּ
אַבְרָהָם יִצְחָק וְיַעֲקֹב, בַּכֹּל, מִכֹּל, כֹּל
כֵּן יְבָרֵךְ אוֹתָנוּ כֻּלָּנוּ יַחַד בִּבְרָכָה שְׁלֵמָה
וְנֹאמַר אָמֵן.

בַּמָּרוֹם יְלַמְּדוּ עֲלֵיהֶם וְעָלֵינוּ זְכוּת
שֶׁתְּהֵא לְמִשְׁמֶרֶת שָׁלוֹם
וְנִשָּׂא בְרָכָה מֵאֵת יהוה
וּצְדָקָה מֵאֱלֹהֵי יִשְׁעֵנוּ
וְנִמְצָא חֵן וְשֵׂכֶל טוֹב בְּעֵינֵי אֱלֹהִים וְאָדָם.

בסעודת ברית מוסיפים: 'הָרַחֲמָן הוּא יְבָרֵךְ אֲבִי הַיֶּלֶד' בעמ' 281.

הָרַחֲמָן הוּא יְזַכֵּנוּ לִימוֹת הַמָּשִׁיחַ וּלְחַיֵּי הָעוֹלָם הַבָּא
מַגְדִּל יְשׁוּעוֹת מַלְכּוֹ, וְעֹשֶׂה־חֶסֶד לִמְשִׁיחוֹ שמואל ב׳ כב
לְדָוִד וּלְזַרְעוֹ עַד־עוֹלָם:
עֹשֶׂה שָׁלוֹם בִּמְרוֹמָיו
הוּא יַעֲשֶׂה שָׁלוֹם עָלֵינוּ וְעַל כָּל יִשְׂרָאֵל
וְאִמְרוּ אָמֵן.

יְראוּ אֶת־יהוה קְדֹשָׁיו, כִּי־אֵין מַחְסוֹר לִירֵאָיו: תהלים לד
כְּפִירִים רָשׁוּ וְרָעֵבוּ, וְדֹרְשֵׁי יהוה לֹא־יַחְסְרוּ כָל־טוֹב:
הוֹדוּ לַיהוה כִּי־טוֹב, כִּי לְעוֹלָם חַסְדּוֹ: תהלים קלו
פּוֹתֵחַ אֶת־יָדֶךָ, וּמַשְׂבִּיעַ לְכָל־חַי רָצוֹן: תהלים קמה
בָּרוּךְ הַגֶּבֶר אֲשֶׁר יִבְטַח בַּיהוה, וְהָיָה יהוה מִבְטַחוֹ: ירמיה יז
נַעַר הָיִיתִי גַּם־זָקַנְתִּי, וְלֹא־רָאִיתִי צַדִּיק נֶעֱזָב תהלים לז
וְזַרְעוֹ מְבַקֶּשׁ־לָחֶם:
יהוה עֹז לְעַמּוֹ יִתֵּן, יהוה יְבָרֵךְ אֶת־עַמּוֹ בַשָּׁלוֹם: תהלים כט

אם בירך ברכת המזון על כוס יין, מברך אחריה ׳בּוֹרֵא פְּרִי הַגָּפֶן׳,
שותה רביעית ומברך ברכה מעין שלוש בעמוד הבא.

בסעודת נישואין או בשבעת ימי המשתה
מברכים אחר ברכת המזון ׳שבע ברכות׳ (עמ׳ 288).

ברכה מעין שלוש

אחרי אכילת מזונות מחמשת מיני דגן, שתיית יין או אכילת פירות משבעת המינים מברך:

בָּרוּךְ אַתָּה יהוה אֱלֹהֵינוּ מֶלֶךְ הָעוֹלָם, עַל

על פירות משבעת המינים:	על יין:	על מזונות:
הָעֵץ וְעַל פְּרִי הָעֵץ	הַגֶּפֶן וְעַל פְּרִי הַגֶּפֶן	הַמִּחְיָה וְעַל הַכַּלְכָּלָה

על יין ומזונות יחד:

הַמִּחְיָה וְעַל הַכַּלְכָּלָה וְעַל הַגֶּפֶן וְעַל פְּרִי הַגֶּפֶן

וְעַל תְּנוּבַת הַשָּׂדֶה וְעַל אֶרֶץ חֶמְדָּה טוֹבָה וּרְחָבָה, שֶׁרָצִיתָ וְהִנְחַלְתָּ לַאֲבוֹתֵינוּ לֶאֱכֹל מִפִּרְיָהּ וְלִשְׂבֹּעַ מִטּוּבָהּ. רַחֵם נָא יהוה אֱלֹהֵינוּ עַל יִשְׂרָאֵל עַמֶּךָ וְעַל יְרוּשָׁלַיִם עִירֶךָ וְעַל צִיּוֹן מִשְׁכַּן כְּבוֹדֶךָ וְעַל מִזְבַּחֲךָ וְעַל הֵיכָלֶךָ. וּבְנֵה יְרוּשָׁלַיִם עִיר הַקֹּדֶשׁ בִּמְהֵרָה בְיָמֵינוּ, וְהַעֲלֵנוּ לְתוֹכָהּ וְשַׂמְּחֵנוּ בְּבִנְיָנָהּ וְנֹאכַל מִפִּרְיָהּ וְנִשְׂבַּע מִטּוּבָהּ, וּנְבָרֶכְךָ עָלֶיהָ בִּקְדֻשָּׁה וּבְטָהֳרָה. כִּי אַתָּה יהוה טוֹב וּמֵטִיב לַכֹּל, וְנוֹדֶה לְּךָ עַל הָאָרֶץ

על פירות משבעת המינים:	על יין:	על מזונות:
וְעַל פֵּרוֹתֶיהָ.**	וְעַל פְּרִי גַפְנָהּ.*	וְעַל הַמִּחְיָה.
בָּרוּךְ אַתָּה יהוה עַל	בָּרוּךְ אַתָּה יהוה עַל	בָּרוּךְ אַתָּה יהוה עַל
הָאָרֶץ וְעַל פֵּרוֹתֶיהָ.**	הָאָרֶץ וְעַל פְּרִי גַפְנָהּ.*	הָאָרֶץ וְעַל הַמִּחְיָה.

על יין ומזונות יחד:

וְעַל הַמִּחְיָה וְעַל פְּרִי גַפְנָהּ.*

בָּרוּךְ אַתָּה יהוה, עַל הָאָרֶץ וְעַל הַמִּחְיָה וְעַל פְּרִי גַפְנָהּ.*

*על יין מחו"ל אומרים: הַגָּפֶן.

**על פירות מחו"ל אומרים: הַפֵּרוֹת.

בורא נפשות

אחרי אכילת פירות האדמה, פירות העץ שאינם משבעת המינים
או מזון שאינו מן הצומח, וכן אחרי שתיית משקה חוץ מיין מברך:

בָּרוּךְ אַתָּה יהוה אֱלֹהֵינוּ מֶלֶךְ הָעוֹלָם, בּוֹרֵא נְפָשׁוֹת רַבּוֹת וְחֶסְרוֹנָן עַל כָּל מַה שֶּׁבָּרֵאתָ לְהַחֲיוֹת בָּהֶם נֶפֶשׁ כָּל חָי. בָּרוּךְ חֵי הָעוֹלָמִים.

סדר ברית מילה

כשמביאים את הילד, הקהל עומד על רגליו ואומר:

בָּרוּךְ הַבָּא.

המוהל: **אַשְׁרֵי תִּבְחַר וּתְקָרֵב** תהלים סה
יִשְׁכֹּן חֲצֵרֶיךָ

הקהל: **נִשְׂבְּעָה בְּטוּב בֵּיתֶךָ**
קְדֹשׁ הֵיכָלֶךָ:

האב לוקח את בנו ואומר בלחש:

אִם־אֶשְׁכָּחֵךְ יְרוּשָׁלָםִ, תִּשְׁכַּח יְמִינִי: תהלים קלז
תִּדְבַּק לְשׁוֹנִי לְחִכִּי אִם־לֹא אֶזְכְּרֵכִי
אִם־לֹא אַעֲלֶה אֶת־יְרוּשָׁלַםִ
עַל רֹאשׁ שִׂמְחָתִי:

מנהג ארץ ישראל הוא שהאב אומר את הפסוקים הבאים בקול רם,
והקהל אחריו:

שְׁמַע יִשְׂרָאֵל, יהוה אֱלֹהֵינוּ, יהוה אֶחָד: דברים ו

פעמיים: **יהוה מֶלֶךְ, יהוה מָלָךְ, יהוה יִמְלֹךְ לְעוֹלָם וָעֶד.**

פעמיים: **אָנָּא יהוה הוֹשִׁיעָה נָּא** תהלים קיח

פעמיים: **אָנָּא יהוה הַצְלִיחָה נָא:**

מניחים את הילד על כיסא אליהו, והמוהל אומר:

זֶה הַכִּסֵּא שֶׁל אֵלִיָּהוּ הַנָּבִיא זָכוּר לַטּוֹב.

בראשית מט המוהל: לִישׁוּעָתְךָ קִוִּיתִי יהוה:

תהלים קיט שִׂבַּרְתִּי לִישׁוּעָתְךָ יהוה, וּמִצְוֹתֶיךָ עָשִׂיתִי:

אֵלִיָּהוּ מַלְאַךְ הַבְּרִית

הִנֵּה שֶׁלְּךָ לְפָנֶיךָ, עֲמֹד עַל יְמִינִי וְסָמְכֵנִי.

תהלים קיט שִׂבַּרְתִּי לִישׁוּעָתְךָ יהוה:

שָׂשׂ אָנֹכִי עַל־אִמְרָתֶךָ, כְּמוֹצֵא שָׁלָל רָב:

שָׁלוֹם רָב לְאֹהֲבֵי תוֹרָתֶךָ, וְאֵין־לָמוֹ מִכְשׁוֹל:

תהלים סה אַשְׁרֵי תִּבְחַר וּתְקָרֵב, יִשְׁכֹּן חֲצֵרֶיךָ

הקהל: נִשְׂבְּעָה בְּטוּב בֵּיתֶךָ, קְדֹשׁ הֵיכָלֶךָ:

הסנדק מקבל את הילד על ברכיו, והמוהל מברך:

בָּרוּךְ אַתָּה יהוה אֱלֹהֵינוּ מֶלֶךְ הָעוֹלָם

אֲשֶׁר קִדְּשָׁנוּ בְּמִצְוֹתָיו וְצִוָּנוּ עַל הַמִּילָה.

ומיד אבי הבן מברך:

בָּרוּךְ אַתָּה יהוה אֱלֹהֵינוּ מֶלֶךְ הָעוֹלָם

אֲשֶׁר קִדְּשָׁנוּ בְּמִצְוֹתָיו

וְצִוָּנוּ לְהַכְנִיסוֹ בִּבְרִיתוֹ שֶׁל אַבְרָהָם אָבִינוּ.

בארץ ישראל נוהגים שהאב מברך 'שֶׁהֶחֱיָנוּ' (רמב"ם):

בָּרוּךְ אַתָּה יהוה אֱלֹהֵינוּ מֶלֶךְ הָעוֹלָם

שֶׁהֶחֱיָנוּ וְקִיְּמָנוּ וְהִגִּיעָנוּ לַזְּמַן הַזֶּה.

הקהל עונה:

אָמֵן. כְּשֵׁם שֶׁנִּכְנַס לַבְּרִית

כֵּן יִכָּנֵס לְתוֹרָה וּלְחֻפָּה וּלְמַעֲשִׂים טוֹבִים.

אחר המילה מברך (שבת קלז ע״ב):

בָּרוּךְ אַתָּה יהוה אֱלֹהֵינוּ מֶלֶךְ הָעוֹלָם, בּוֹרֵא פְּרִי הַגָּפֶן.

בָּרוּךְ אַתָּה יהוה אֱלֹהֵינוּ מֶלֶךְ הָעוֹלָם, אֲשֶׁר קִדַּשׁ יְדִיד מִבֶּטֶן, וְחֹק בִּשְׁאֵרוֹ שָׂם, וְצֶאֱצָאָיו חָתַם בְּאוֹת בְּרִית קֹדֶשׁ. עַל כֵּן בִּשְׂכַר זֹאת, אֵל חַי חֶלְקֵנוּ צוּרֵנוּ צַוֵּה לְהַצִּיל יְדִידוּת שְׁאֵרֵנוּ מִשַּׁחַת, לְמַעַן בְּרִיתוֹ אֲשֶׁר שָׂם בִּבְשָׂרֵנוּ. בָּרוּךְ אַתָּה יהוה, כּוֹרֵת הַבְּרִית. (קהל: אָמֵן)

המברך אומר:

אֱלֹהֵינוּ וֵאלֹהֵי אֲבוֹתֵינוּ, קַיֵּם אֶת הַיֶּלֶד הַזֶּה לְאָבִיו וּלְאִמּוֹ, וְיִקָּרֵא שְׁמוֹ בְּיִשְׂרָאֵל (פלוני בֶּן פלוני)**. יִשְׂמַח הָאָב בְּיוֹצֵא חֲלָצָיו**
וְתָגֵל אִמּוֹ בִּפְרִי בִטְנָהּ, כַּכָּתוּב: יִשְׂמַח־אָבִיךָ וְאִמֶּךָ, וְתָגֵל משלי כג
יוֹלַדְתֶּךָ: וְנֶאֱמַר: וָאֶעֱבֹר עָלַיִךְ וָאֶרְאֵךְ מִתְבּוֹסֶסֶת בְּדָמָיִךְ, יחזקאל טז
וָאֹמַר לָךְ בְּדָמַיִךְ חֲיִי, וָאֹמַר לָךְ בְּדָמַיִךְ חֲיִי: וְנֶאֱמַר: זָכַר לְעוֹלָם תהלים קה
בְּרִיתוֹ, דָּבָר צִוָּה לְאֶלֶף דּוֹר: אֲשֶׁר כָּרַת אֶת־אַבְרָהָם, וּשְׁבוּעָתוֹ לְיִשְׂחָק: וַיַּעֲמִידֶהָ לְיַעֲקֹב לְחֹק, לְיִשְׂרָאֵל בְּרִית עוֹלָם: וְנֶאֱמַר:
וַיָּמָל אַבְרָהָם אֶת־יִצְחָק בְּנוֹ בֶּן־שְׁמֹנַת יָמִים, כַּאֲשֶׁר צִוָּה אֹתוֹ בראשית כא
אֱלֹהִים: הוֹדוּ לַיהוה כִּי־טוֹב, כִּי לְעוֹלָם חַסְדּוֹ: תהלים קיח

הקהל עונה:

הוֹדוּ לַיהוה כִּי־טוֹב, כִּי לְעוֹלָם חַסְדּוֹ:

המברך ממשיך:

(פלוני בֶּן פלוני) **זֶה הַקָּטָן גָּדוֹל יִהְיֶה, כְּשֵׁם שֶׁנִּכְנַס לַבְּרִית, כֵּן יִכָּנֵס לְתוֹרָה וּלְחֻפָּה וּלְמַעֲשִׂים טוֹבִים. אָמֵן.**

נותנים מעט מהיין לתינוק, לסנדק ולאם.

ביום העצמאות אומרים ׳עָלֵינוּ׳ (עמ׳ 164), ואחריו קדיש יתום (עמ׳ 165)
וביום ירושלים אומרים ׳עָלֵינוּ׳ (עמ׳ 259), ואחריו קדיש יתום (עמ׳ 260).

ברכת המזון לברית מילה

המזמן אומר: רַבּוֹתַי, נְבָרֵךְ.

תהלים קיג — המסובין: יְהִי שֵׁם יהוה מְבֹרָךְ מֵעַתָּה וְעַד־עוֹלָם:

המזמן חוזר: יְהִי שֵׁם יהוה מְבֹרָךְ מֵעַתָּה וְעַד־עוֹלָם:

המזמן ואחריו המסובין: נוֹדֶה לְשִׁמְךָ בְּתוֹךְ אֱמוּנַי, בְּרוּכִים אַתֶּם לַיהוה.

המזמן: בִּרְשׁוּת אֵל אָיֹם וְנוֹרָא
מִשְׂגָּב לְעִתּוֹת בַּצָּרָה
אֵל נֶאְזָר בִּגְבוּרָה
אַדִּיר בַּמָּרוֹם יהוה.

המסובין: נוֹדֶה לְשִׁמְךָ בְּתוֹךְ אֱמוּנַי, בְּרוּכִים אַתֶּם לַיהוה.

המזמן: בִּרְשׁוּת הַתּוֹרָה הַקְּדוֹשָׁה
טְהוֹרָה הִיא וְגַם פְּרוּשָׁה
צִוָּה לָנוּ מוֹרָשָׁה
מֹשֶׁה עֶבֶד יהוה.

המסובין: נוֹדֶה לְשִׁמְךָ בְּתוֹךְ אֱמוּנַי, בְּרוּכִים אַתֶּם לַיהוה.

המזמן: בִּרְשׁוּת הַכֹּהֲנִים וְהַלְוִיִּם
אֶקְרָא לֵאלֹהֵי הָעִבְרִיִּים
אֲהוֹדֶנּוּ בְּכָל אִיִּים
אֲבָרְכָה אֶת יהוה.

המסובין: נוֹדֶה לְשִׁמְךָ בְּתוֹךְ אֱמוּנַי, בְּרוּכִים אַתֶּם לַיהוה.

המזמן: בִּרְשׁוּת מָרָנָן וְרַבָּנָן וְרַבּוֹתַי
אֶפְתְּחָה בְּשִׁיר פִּי וּשְׂפָתַי
וְתֹאמַרְנָה עַצְמוֹתַי
בָּרוּךְ הַבָּא בְּשֵׁם יהוה.

המסובין: נוֹדֶה לְשִׁמְךָ בְּתוֹךְ אֱמוּנַי, בְּרוּכִים אַתֶּם לַיהוה.

המזמן אומר: בִּרְשׁוּת מָרָנָן וְרַבָּנָן וְרַבּוֹתַי
נְבָרֵךְ (במניין: אֱלֹהֵינוּ) שֶׁאָכַלְנוּ מִשֶּׁלּוֹ.

המסובין: בָּרוּךְ (במניין: אֱלֹהֵינוּ) שֶׁאָכַלְנוּ מִשֶּׁלּוֹ וּבְטוּבוֹ חָיִינוּ.

המזמן חוזר: בָּרוּךְ (במניין: אֱלֹהֵינוּ) שֶׁאָכַלְנוּ מִשֶּׁלּוֹ וּבְטוּבוֹ חָיִינוּ.
בָּרוּךְ הוּא וּבָרוּךְ שְׁמוֹ.

מברכים ברכת המזון (עמ׳ 270) עד ׳בְּעֵינֵי אֱלֹהִים וְאָדָם׳ בעמ׳ 274, וממשיכים:

הָרַחֲמָן הוּא יְבָרֵךְ אֲבִי הַיֶּלֶד וְאִמּוֹ
וְיִזְכּוּ לְגַדְּלוֹ וּלְחַנְּכוֹ וּלְחַכְּמוֹ
מִיּוֹם הַשְּׁמִינִי וָהָלְאָה יֵרָצֶה דָמוֹ
וִיהִי יהוה אֱלֹהָיו עִמּוֹ.

הָרַחֲמָן הוּא יְבָרֵךְ בַּעַל בְּרִית הַמִּילָה
אֲשֶׁר שָׂשׂ לַעֲשׂוֹת צֶדֶק בְּגִילָה
וִישַׁלֵּם פָּעֳלוֹ וּמַשְׂכֻּרְתּוֹ כְּפוּלָה
וְיִתְּנֵהוּ לְמַעְלָה לְמָעְלָה.

הָרַחֲמָן הוּא יְבָרֵךְ רַךְ הַנִּמּוֹל לִשְׁמוֹנָה
וְיִהְיוּ יָדָיו וְלִבּוֹ לָאֵל אֱמוּנָה
וְיִזְכֶּה לִרְאוֹת פְּנֵי הַשְּׁכִינָה
שָׁלֹשׁ פְּעָמִים בַּשָּׁנָה.

הָרַחֲמָן הוּא יְבָרֵךְ הַמָּל בְּשַׂר הָעָרְלָה
וּפָרַע וּמָצַץ דְּמֵי הַמִּילָה
אִישׁ הַיָּרֵא וְרַךְ הַלֵּבָב עֲבוֹדָתוֹ פְּסוּלָה
אִם שְׁלָשׁ אֵלֶּה לֹא יַעֲשֶׂה לָהּ.

הָרַחֲמָן הוּא יִשְׁלַח לָנוּ מְשִׁיחוֹ הוֹלֵךְ תָּמִים
בִּזְכוּת חֲתַן לַמּוּלוֹת דָּמִים
לְבַשֵּׂר בְּשׂוּרוֹת טוֹבוֹת וְנִחוּמִים
לְעַם אֶחָד מְפֻזָּר וּמְפֹרָד בֵּין הָעַמִּים.

הָרַחֲמָן הוּא יִשְׁלַח לָנוּ כֹּהֵן צֶדֶק אֲשֶׁר לֻקַּח לְעֵילֹם
עַד הוּכַן כִּסְאוֹ כַּשֶּׁמֶשׁ וְיַהֲלֹם
וַיָּלֶט פָּנָיו בְּאַדַּרְתּוֹ וַיִּגְלֹם
בְּרִיתִי הָיְתָה אִתּוֹ הַחַיִּים וְהַשָּׁלוֹם.

ממשיכים 'הָרַחֲמָן הוּא יְזַכֵּנוּ' בעמ' 275 עד סוף הברכה.

סדר פדיון הבן

האב מביא את הבכור לכוהן ואומר:

זֶה בְּנִי בְכוֹרִי הוּא פֶּטֶר רֶחֶם לְאִמּוֹ
וְהַקָּדוֹשׁ בָּרוּךְ הוּא צִוָּה לִפְדּוֹתוֹ
שֶׁנֶּאֱמַר
וּפְדוּיָו מִבֶּן־חֹדֶשׁ תִּפְדֶּה במדבר יח
בְּעֶרְכְּךָ כֶּסֶף חֲמֵשֶׁת שְׁקָלִים בְּשֶׁקֶל הַקֹּדֶשׁ
עֶשְׂרִים גֵּרָה הוּא:
וְנֶאֱמַר
קַדֶּשׁ־לִי כָל־בְּכוֹר פֶּטֶר כָּל־רֶחֶם שמות יג
בִּבְנֵי יִשְׂרָאֵל בָּאָדָם וּבַבְּהֵמָה
לִי הוּא:

הכוהן שואל את אם הילד, שמא ילדה או הפילה קודם.
אם אמרה לא, שואל את האב:

*מַאי בָּעֵית טְפֵי
לִתֵּן לִי בִּנְךָ בְּכוֹרְךָ שֶׁהוּא פֶּטֶר רֶחֶם לְאִמּוֹ
אוֹ בָּעֵית לִפְדּוֹתוֹ בְּעַד חָמֵשׁ סְלָעִים
כְּדִמְחֻיַּבְתְּ מִדְּאוֹרַיְתָא.

*יש אומרים:

אֵיזֶה תִּרְצֶה יוֹתֵר, בִּנְךָ בְּכוֹרְךָ זֶה,
אוֹ חֲמִשָּׁה סְלָעִים, שֶׁנִּתְחַיַּבְתָּ בְּפִדְיוֹנוֹ.

האב אומר:

חָפֵץ אֲנִי לִפְדּוֹת אֶת בְּנִי
וְהֵילָךְ דְּמֵי פִדְיוֹנוֹ כְּדִמְחֻיַּבְנָא מִדְּאוֹרַיְתָא.

האב נוטל את כסף הפדיון ומברך:

בָּרוּךְ אַתָּה יהוה אֱלֹהֵינוּ מֶלֶךְ הָעוֹלָם
אֲשֶׁר קִדְּשָׁנוּ בְּמִצְוֹתָיו וְצִוָּנוּ עַל פִּדְיוֹן הַבֵּן.

בָּרוּךְ אַתָּה יהוה אֱלֹהֵינוּ מֶלֶךְ הָעוֹלָם
שֶׁהֶחֱיָנוּ וְקִיְּמָנוּ וְהִגִּיעָנוּ לַזְּמַן הַזֶּה.

האב מוסר את הכסף לכוהן ומקבל ממנו את הילד.
הכוהן מברך על הכוס:

בָּרוּךְ אַתָּה יהוה אֱלֹהֵינוּ מֶלֶךְ הָעוֹלָם
בּוֹרֵא פְּרִי הַגָּפֶן.

הכוהן מניח את ידיו על ראש הילד ומברכו:

בראשית מח יְשִׂמְךָ אֱלֹהִים כְּאֶפְרַיִם וְכִמְנַשֶּׁה:
במדבר ו יְבָרֶכְךָ יהוה וְיִשְׁמְרֶךָ:
יָאֵר יהוה פָּנָיו אֵלֶיךָ וִיחֻנֶּךָּ:
יִשָּׂא יהוה פָּנָיו אֵלֶיךָ וְיָשֵׂם לְךָ שָׁלוֹם:
תהלים קכא יהוה שֹׁמְרֶךָ, יהוה צִלְּךָ עַל־יַד יְמִינֶךָ:
יהוה יִשְׁמָרְךָ מִכָּל־רָע, יִשְׁמֹר אֶת־נַפְשֶׁךָ:
משלי ג כִּי אֹרֶךְ יָמִים וּשְׁנוֹת חַיִּים וְשָׁלוֹם יוֹסִיפוּ לָךְ:

סדר תפילה ליולדת 285

סדר תפילה ליולדת

כשהיולדת באה לבית הכנסת, היא אומרת:

וַאֲנִי בְּרֹב חַסְדְּךָ אָבוֹא בֵיתֶךָ תהלים ה
אֶשְׁתַּחֲוֶה אֶל־הֵיכַל־קָדְשְׁךָ בְּיִרְאָתֶךָ:

אָהַבְתִּי, כִּי־יִשְׁמַע יהוה, אֶת־קוֹלִי תַּחֲנוּנָי: תהלים קטז
כִּי־הִטָּה אָזְנוֹ לִי, וּבְיָמַי אֶקְרָא:
אֲפָפוּנִי חֶבְלֵי־מָוֶת, וּמְצָרֵי שְׁאוֹל מְצָאוּנִי, צָרָה וְיָגוֹן אֶמְצָא:
וּבְשֵׁם־יהוה אֶקְרָא, אָנָּה יהוה מַלְּטָה נַפְשִׁי:
חַנּוּן יהוה וְצַדִּיק, וֵאלֹהֵינוּ מְרַחֵם:
שֹׁמֵר פְּתָאִים יהוה, דַּלּוֹתִי וְלִי יְהוֹשִׁיעַ:
שׁוּבִי נַפְשִׁי לִמְנוּחָיְכִי, כִּי־יהוה גָּמַל עָלָיְכִי:
כִּי חִלַּצְתָּ נַפְשִׁי מִמָּוֶת, אֶת־עֵינִי מִן־דִּמְעָה, אֶת־רַגְלִי מִדֶּחִי:
אֶתְהַלֵּךְ לִפְנֵי יהוה, בְּאַרְצוֹת הַחַיִּים:
הֶאֱמַנְתִּי כִּי אֲדַבֵּר, אֲנִי עָנִיתִי מְאֹד:
אֲנִי אָמַרְתִּי בְחָפְזִי, כָּל־הָאָדָם כֹּזֵב:
מָה־אָשִׁיב לַיהוה, כָּל־תַּגְמוּלוֹהִי עָלָי:
לְךָ־אֶזְבַּח זֶבַח תּוֹדָה, וּבְשֵׁם יהוה אֶקְרָא:
נְדָרַי לַיהוה אֲשַׁלֵּם, נֶגְדָה־נָּא לְכָל־עַמּוֹ:
בְּחַצְרוֹת בֵּית יהוה, בְּתוֹכֵכִי יְרוּשָׁלָםִ, הַלְלוּיָהּ:

היולדת מברכת במניין:

בָּרוּךְ אַתָּה יהוה אֱלֹהֵינוּ מֶלֶךְ הָעוֹלָם
הַגּוֹמֵל לְחַיָּבִים טוֹבוֹת, שֶׁגְּמָלַנִי כָּל טוֹב.

והקהל עונה:

אָמֵן. מִי שֶׁגְּמָלֵךְ כָּל טוֹב, הוּא יִגְמְלֵךְ כָּל טוֹב, סֶלָה.

סדר זבד הבת

לסעודת הודיה לכבוד הולדת בת לא נתקבל נוסח אחיד.
את הנוסח שלהלן הציע הרב זקס.

אחד ההורים אומר:

שיר השירים ב
יוֹנָתִי בְּחַגְוֵי הַסֶּלַע, בְּסֵתֶר הַמַּדְרֵגָה
הַרְאִינִי אֶת־מַרְאַיִךְ, הַשְׁמִיעִנִי אֶת־קוֹלֵךְ
כִּי־קוֹלֵךְ עָרֵב וּמַרְאֵיךְ נָאוֶה:

אם הבת בכורה לאמה, מוסיפים:

שיר השירים ו
אַחַת הִיא יוֹנָתִי תַמָּתִי
אַחַת הִיא לְאִמָּהּ, בָּרָה הִיא לְיוֹלַדְתָּהּ
רָאוּהָ בָנוֹת וַיְאַשְּׁרוּהָ, מְלָכוֹת וּפִילַגְשִׁים וַיְהַלְלוּהָ:

מי שברך ליולדת:

מִי שֶׁבֵּרַךְ אֲבוֹתֵינוּ אַבְרָהָם יִצְחָק וְיַעֲקֹב
מֹשֶׁה וְאַהֲרֹן דָּוִד וּשְׁלֹמֹה, שָׂרָה רִבְקָה רָחֵל וְלֵאָה
הוּא יְבָרֵךְ אֶת הָאִשָּׁה הַיּוֹלֶדֶת (פלונית בַּת פלונית)

וְאֶת בִּתָּהּ (פלונית בַּת פלוני) שֶׁנּוֹלְדָה לָהּ בְּמַזָּל טוֹב.

אם עדיין לא קראו לילדה שם, אומרים:

וְאֶת בִּתָּהּ שֶׁנּוֹלְדָה לָהּ בְּמַזָּל טוֹב
וְיִקָּרֵא שְׁמָהּ בְּיִשְׂרָאֵל (פלונית בַּת פלוני).

אָנָּא בָּרֵךְ אֶת אָבִיהָ וְאֶת אִמָּהּ
וְיִזְכּוּ לְגַדְּלָהּ לְתוֹרָה וּלְחֻפָּה וּלְמַעֲשִׂים טוֹבִים
וְנֹאמַר אָמֵן.

האב מברך את בתו:

יְשִׂמֵךְ אֱלֹהִים כְּשָׂרָה רִבְקָה רָחֵל וְלֵאָה.

יְבָרֶכְךָ יהוה וְיִשְׁמְרֶךָ: במדבר ו

יָאֵר יהוה פָּנָיו אֵלֶיךָ וִיחֻנֶּךָּ:

יִשָּׂא יהוה פָּנָיו אֵלֶיךָ, וְיָשֵׂם לְךָ שָׁלוֹם:

נוסח 'ברכת הבנים' לערב יום הכיפורים (חיי אדם):

וִיהִי רָצוֹן מִלִּפְנֵי אָבִינוּ שֶׁבַּשָּׁמַיִם

שֶׁיִּתֵּן בְּלִבֵּךְ אַהֲבָתוֹ וְיִרְאָתוֹ

וְתִהְיֶה יִרְאַת יהוה עַל פָּנַיִךְ כָּל יָמַיִךְ שֶׁלֹּא תֶחֶטָאִי

וִיהִי חֶשְׁקֵךְ בַּתּוֹרָה וּבַמִּצְוֹת.

עֵינַיִךְ לְנֹכַח יַבִּיטוּ

פִּיךְ יְדַבֵּר חָכְמוֹת וְלִבֵּךְ יֶהְגֶּה אֵימוֹת

יָדַיִךְ יַעַסְקוּ בְּמִצְוֹת

וְרַגְלַיִךְ יָרוּצוּ לַעֲשׂוֹת רְצוֹן אָבִיךְ שֶׁבַּשָּׁמַיִם.

אם הסבים או הסבתות נוכחים, הם אומרים:

הָאֱלֹהִים אֲשֶׁר הִתְהַלְּכוּ אֲבֹתַי לְפָנָיו, אַבְרָהָם וְיִצְחָק בראשית מח

הָאֱלֹהִים הָרֹעֶה אֹתִי, מֵעוֹדִי עַד־הַיּוֹם הַזֶּה:

הַמַּלְאָךְ הַגֹּאֵל אֹתִי מִכָּל־רָע, יְבָרֵךְ אֶת־הַנְּעָרִים

וְיִקָּרֵא בָהֶם שְׁמִי, וְשֵׁם אֲבֹתַי אַבְרָהָם וְיִצְחָק

וְיִדְגּוּ לָרֹב בְּקֶרֶב הָאָרֶץ:

הקהל אומר:

אֲחֹתֵנוּ, אַתְּ הֲיִי לְאַלְפֵי רְבָבָה: בראשית כד

סדר קידושין ונישואין

ברכות האירוסין

מסדר הקידושין נוטל כוס יין בידו ומברך:

בָּרוּךְ אַתָּה יהוה אֱלֹהֵינוּ מֶלֶךְ הָעוֹלָם, בּוֹרֵא פְּרִי הַגָּפֶן.

בָּרוּךְ אַתָּה יהוה אֱלֹהֵינוּ מֶלֶךְ הָעוֹלָם
אֲשֶׁר קִדְּשָׁנוּ בְּמִצְוֹתָיו וְצִוָּנוּ עַל הָעֲרָיוֹת
וְאָסַר לָנוּ אֶת הָאֲרוּסוֹת
וְהִתִּיר לָנוּ אֶת הַנְּשׂוּאוֹת לָנוּ עַל יְדֵי חֻפָּה וְקִדּוּשִׁין.
בָּרוּךְ אַתָּה יהוה, מְקַדֵּשׁ עַמּוֹ יִשְׂרָאֵל עַל יְדֵי חֻפָּה וְקִדּוּשִׁין.

החתן והכלה שותים מן היין.

החתן אומר:

הֲרֵי אַתְּ מְקֻדֶּשֶׁת לִי בְּטַבַּעַת זוֹ כְּדַת מֹשֶׁה וְיִשְׂרָאֵל.

החתן עונד את הטבעת על אצבע הכלה.

הרב (או אחד המוזמנים) קורא את הכתובה והחתן מוסר אותה לכלה.
אחר כך מברכים שבע ברכות.

שבע ברכות הנישואין

בָּרוּךְ אַתָּה יהוה אֱלֹהֵינוּ מֶלֶךְ הָעוֹלָם
בּוֹרֵא פְּרִי הַגָּפֶן.

בָּרוּךְ אַתָּה יהוה אֱלֹהֵינוּ מֶלֶךְ הָעוֹלָם
שֶׁהַכֹּל בָּרָא לִכְבוֹדוֹ.

בימי ספירת העומר אין מתחתנים ואין מסתפרים, אך רבים מהאחרונים כתבו להקל במקום מצווה או צורך גדול. ויש מהאחרונים שהתירו לשאת אישה או להסתפר גם בימים מיוחדים שנעשה בהם נס. לפיכך, מותר להתחתן ביום העצמאות וביום ירושלים, שהם ימים שנעשה בהם נס (שו"ת 'יין הטוב', או"ח ח"ב, יא).

בָּרוּךְ אַתָּה יהוה אֱלֹהֵינוּ מֶלֶךְ הָעוֹלָם
יוֹצֵר הָאָדָם.

בָּרוּךְ אַתָּה יהוה אֱלֹהֵינוּ מֶלֶךְ הָעוֹלָם
אֲשֶׁר יָצַר אֶת הָאָדָם בְּצַלְמוֹ, בְּצֶלֶם דְּמוּת תַּבְנִיתוֹ
וְהִתְקִין לוֹ מִמֶּנּוּ בִּנְיַן עֲדֵי עַד.
בָּרוּךְ אַתָּה יהוה, יוֹצֵר הָאָדָם.

שׂוֹשׂ תָּשִׂישׂ וְתָגֵל הָעֲקָרָה בְּקִבּוּץ בָּנֶיהָ לְתוֹכָהּ בְּשִׂמְחָה.
בָּרוּךְ אַתָּה יהוה, מְשַׂמֵּחַ צִיּוֹן בְּבָנֶיהָ.

שַׂמֵּחַ תְּשַׂמַּח רֵעִים הָאֲהוּבִים כְּשַׂמֵּחֲךָ יְצִירְךָ בְּגַן עֵדֶן מִקֶּדֶם.
בָּרוּךְ אַתָּה יהוה, מְשַׂמֵּחַ חָתָן וְכַלָּה.

בָּרוּךְ אַתָּה יהוה אֱלֹהֵינוּ מֶלֶךְ הָעוֹלָם
אֲשֶׁר בָּרָא שָׂשׂוֹן וְשִׂמְחָה, חָתָן וְכַלָּה
גִּילָה, רִנָּה, דִּיצָה וְחֶדְוָה, אַהֲבָה וְאַחֲוָה וְשָׁלוֹם וְרֵעוּת.
מְהֵרָה יהוה אֱלֹהֵינוּ
יִשָּׁמַע בְּעָרֵי יְהוּדָה וּבְחוּצוֹת יְרוּשָׁלָיִם
קוֹל שָׂשׂוֹן וְקוֹל שִׂמְחָה, קוֹל חָתָן וְקוֹל כַּלָּה
קוֹל מִצְהֲלוֹת חֲתָנִים מֵחֻפָּתָם וּנְעָרִים מִמִּשְׁתֵּה נְגִינָתָם.
בָּרוּךְ אַתָּה יהוה, מְשַׂמֵּחַ הֶחָתָן עִם הַכַּלָּה.

החתן והכלה שותים מן היין.

לפני שבירת הכוס נוהגים שהחתן אומר:

אִם־אֶשְׁכָּחֵךְ יְרוּשָׁלָםִ, תִּשְׁכַּח יְמִינִי: תהלים קלז
תִּדְבַּק לְשׁוֹנִי לְחִכִּי אִם־לֹא אֶזְכְּרֵכִי
אִם־לֹא אַעֲלֶה אֶת־יְרוּשָׁלַםִ עַל רֹאשׁ שִׂמְחָתִי:

זימון לסעודת שבע ברכות

המזמן נוטל את כוס היין בידו ואומר:

רַבּוֹתַי, נְבָרֵךְ.

תהלים קיג המסובין: יְהִי שֵׁם יהוה מְבֹרָךְ מֵעַתָּה וְעַד־עוֹלָם:

המזמן חוזר: יְהִי שֵׁם יהוה מְבֹרָךְ מֵעַתָּה וְעַד־עוֹלָם:

דְּוַי הָסֵר וְגַם חָרוֹן   וְאָז אִלֵּם בְּשִׁיר יָרֹן.
נְחֵנוּ בְּמַעְגְּלֵי צֶדֶק   שְׁעֵה בִּרְכַּת בְּנֵי אַהֲרֹן.

בִּרְשׁוּת
(אָבִי מוֹרִי / אִמִּי מוֹרָתִי / כֹּהֲנִים / מוֹרֵנוּ הָרַב /
בַּעַל הַבַּיִת הַזֶּה / בַּעֲלַת הַבַּיִת הַזֶּה)
מָרָנָן וְרַבָּנָן וְרַבּוֹתַי
נְבָרֵךְ אֱלֹהֵינוּ שֶׁהַשִּׂמְחָה בִּמְעוֹנוֹ, וְשֶׁאָכַלְנוּ מִשֶּׁלּוֹ.

המסובין: בָּרוּךְ אֱלֹהֵינוּ שֶׁהַשִּׂמְחָה בִּמְעוֹנוֹ
שֶׁאָכַלְנוּ מִשֶּׁלּוֹ וּבְטוּבוֹ חָיִינוּ.

המזמן: בָּרוּךְ אֱלֹהֵינוּ שֶׁהַשִּׂמְחָה בִּמְעוֹנוֹ
שֶׁאָכַלְנוּ מִשֶּׁלּוֹ וּבְטוּבוֹ חָיִינוּ.
בָּרוּךְ הוּא וּבָרוּךְ שְׁמוֹ.

מברכים ברכת המזון (עמ׳ 269),
אחריה מברכים שבע ברכות (עמ׳ 288) על כוס יין שנייה ומתחילים ׳שֶׁהַכֹּל בָּרָא לִכְבוֹדוֹ׳.
אחר כך מברכים ׳בּוֹרֵא פְּרִי הַגָּפֶן׳ על הכוס שזימנו עליה,
ונותנים לחתן ולכלה לשתות מהיין.

זמירות
ליום העצמאות
וליום ירושלים

זמירות
ליום העצמאות וליום ירושלים

והאר עינינו
מן התפילה

וְהָאֵר עֵינֵינוּ בְּתוֹרָתֶךָ
וְדַבֵּק לִבֵּנוּ בְּמִצְוֹתֶיךָ
וְיַחֵד לְבָבֵנוּ לְאַהֲבָה
וּלְיִרְאָה אֶת שְׁמֶךָ
וְלֹא נֵבוֹשׁ לְעוֹלָם וָעֶד.

והביאותים
ישעיה נו, ז

וַהֲבִיאוֹתִים אֶל־הַר קָדְשִׁי
וְשִׂמַּחְתִּים בְּבֵית תְּפִלָּתִי
עוֹלֹתֵיהֶם וְזִבְחֵיהֶם
לְרָצוֹן עַל־מִזְבְּחִי
כִּי בֵיתִי בֵּית־תְּפִלָּה יִקָּרֵא
לְכָל־הָעַמִּים:

ויהודה לעולם תשב
יואל ד, כ

וִיהוּדָה לְעוֹלָם תֵּשֵׁב
וִירוּשָׁלַיִם לְדוֹר וָדוֹר:

ולירושלים עירך
מן התפילה

וְלִירוּשָׁלַיִם עִירְךָ בְּרַחֲמִים תָּשׁוּב
וְתִשְׁכֹּן בְּתוֹכָהּ כַּאֲשֶׁר דִּבַּרְתָּ
וּבְנֵה אוֹתָהּ בְּקָרוֹב בְּיָמֵינוּ.

ונזכה
מן התפילה

וְנִזְכֶּה וְנִחְיֶה וְנִרְאֶה וְנִירַשׁ
טוֹבָה וּבְרָכָה

ונשגב
ישעיה ב, ז
בראשית לב, כה

וְנִשְׂגַּב ה׳ לְבַדּוֹ בַּיּוֹם הַהוּא:
וַיִּוָּתֵר יַעֲקֹב לְבַדּוֹ, וַיֵּאָבֵק אִישׁ עִמּוֹ
עַד עֲלוֹת הַשָּׁחַר:

וקרב פזורינו
מן התפילה

וְקָרֵב פְּזוּרֵינוּ מִבֵּין הַגּוֹיִם
וּנְפוּצוֹתֵינוּ כַּנֵּס מִיַּרְכְּתֵי אָרֶץ
וַהֲבִיאֵנוּ לְצִיּוֹן עִירְךָ בְּרִנָּה
וְלִירוּשָׁלַיִם בֵּית מִקְדָּשְׁךָ
בְּשִׂמְחַת עוֹלָם

ותחזינה עינינו
מן התפילה

וְתֶחֱזֶינָה עֵינֵינוּ
בְּשׁוּבְךָ לְצִיּוֹן בְּרַחֲמִים

זה היום
תהלים קיח, כד-כה

זֶה־הַיּוֹם עָשָׂה ה׳
נָגִילָה וְנִשְׂמְחָה בוֹ:

טוב להודות לה׳
תהלים צב, ב-ג

טוֹב לְהֹדוֹת לַה׳
וּלְזַמֵּר לְשִׁמְךָ עֶלְיוֹן:
לְהַגִּיד בַּבֹּקֶר חַסְדֶּךָ
וֶאֱמוּנָתְךָ בַּלֵּילוֹת:

ייבנה המקדש
מתוך ׳צור משלו׳
שיר הפתיחה לברכת המזון

יִבָּנֶה הַמִּקְדָּשׁ, עִיר צִיּוֹן תְּמַלֵּא
וְשָׁם נָשִׁיר שִׁיר חָדָשׁ וּבִרְנָנָה נַעֲלֶה

יברכך
תהלים קכח, ה-ו

יְבָרֶכְךָ ה׳ מִצִּיּוֹן
וּרְאֵה בְּטוּב יְרוּשָׁלָםִ כֹּל יְמֵי חַיֶּיךָ:
וּרְאֵה־בָנִים לְבָנֶיךָ
שָׁלוֹם עַל־יִשְׂרָאֵל

כה אמר ה׳
ירמיה לא, א

כֹּה אָמַר ה׳
מָצָא חֵן בַּמִּדְבָּר
עַם שְׂרִידֵי חָרֶב
הָלוֹךְ לְהַרְגִּיעוֹ יִשְׂרָאֵל:

כי לא ייטוש ה׳ עמו
תהלים צד, יד; כ, י

כִּי לֹא־יִטֹּשׁ ה׳ עַמּוֹ
וְנַחֲלָתוֹ לֹא יַעֲזֹב:
ה׳ הוֹשִׁיעָה
הַמֶּלֶךְ יַעֲנֵנוּ בְיוֹם־קָרְאֵנוּ:

כי מציון תצא תורה
ישעיה ב, ג

כִּי מִצִּיּוֹן תֵּצֵא תוֹרָה
וּדְבַר־ה׳ מִירוּשָׁלָםִ:

כל העולם כולו
רבי נחמן מברסלב

כָּל הָעוֹלָם כֻּלּוֹ גֶּשֶׁר צַר מְאֹד
וְהָעִקָּר לֹא לְפַחֵד כְּלָל

כל ישראל
סנהדרין צ

כָּל יִשְׂרָאֵל
יֵשׁ לָהֶם חֵלֶק לָעוֹלָם הַבָּא

לולי תורתך
תהלים קיט, צב

לוּלֵי תוֹרָתְךָ שַׁעֲשֻׁעָי
אָז אָבַדְתִּי בְעָנְיִי:

למען אחיי ורעיי
תהלים קכב, ח-ט

לְמַעַן אַחַי וְרֵעָי
אֲדַבְּרָה־נָּא שָׁלוֹם בָּךְ:
לְמַעַן בֵּית־ה׳ אֱלֹהֵינוּ
אֲבַקְשָׁה טוֹב לָךְ:

מה נאוו
ישעיה נב, ז

מַה־נָּאווּ עַל־הֶהָרִים
רַגְלֵי מְבַשֵּׂר
מַשְׁמִיעַ שָׁלוֹם
מַשְׁמִיעַ יְשׁוּעָה:

מי האיש
תהלים לד, יג-טו

מִי־הָאִישׁ הֶחָפֵץ חַיִּים
אֹהֵב יָמִים לִרְאוֹת טוֹב:
נְצֹר לְשׁוֹנְךָ מֵרָע
וּשְׂפָתֶיךָ מִדַּבֵּר מִרְמָה:
סוּר מֵרָע וַעֲשֵׂה־טוֹב
בַּקֵּשׁ שָׁלוֹם וְרָדְפֵהוּ:

ממקומך מלכנו
מן התפילה

מִמְּקוֹמְךָ מַלְכֵּנוּ תוֹפִיעַ
וְתִמְלֹךְ עָלֵינוּ
כִּי מְחַכִּים אֲנַחְנוּ לָךְ
מָתַי תִּמְלֹךְ בְּצִיּוֹן
בְּקָרוֹב בְּיָמֵינוּ לְעוֹלָם וָעֶד תִּשְׁכֹּן

מן המצר
תהלים קיח, ה

מִן־הַמֵּצַר קָרָאתִי יָּהּ
עָנָנִי בַמֶּרְחָב יָהּ:

עוּרִי צִיּוֹן, הוֹי
עוּרִי לִבְשִׁי עֻזֵּךְ
עוּרִי צִיּוֹן, הוֹי, עוּרִי

עורי ציון
על פי ישעיה נב, א-ב

לִבְשִׁי בִּגְדֵי תִּפְאַרְתֵּךְ
יְרוּשָׁלַם עִיר הַקֹּדֶשׁ
כִּי לֹא יוֹסִיף יָבֹא־בָךְ
עוֹד עָרֵל וְטָמֵא

עוּרִי צִיּוֹן...

עוּרִי הִתְנַעֲרִי מֵעָפָר
הִתְנַעֲרִי יְרוּשָׁלַם

עוּרִי צִיּוֹן...

עַל־חוֹמֹתַיִךְ יְרוּשָׁלַם
הִפְקַדְתִּי שֹׁמְרִים
כָּל־הַיּוֹם וְכָל־הַלַּיְלָה

על חומתייך ירושלים
ישעיה סב, ו

עֹשֶׂה שָׁלוֹם בִּמְרוֹמָיו
הוּא יַעֲשֶׂה שָׁלוֹם עָלֵינוּ
וְעַל כָּל יִשְׂרָאֵל
וְאִמְרוּ אָמֵן

עושה שלום
מן התפילה

קוֹל צֹפַיִךְ נָשְׂאוּ קוֹל
יַחְדָּו יְרַנֵּנוּ
כִּי עַיִן בְּעַיִן יִרְאוּ
בְּשׁוּב ה' צִיּוֹן:

קול צופייך
ישעיה נב, ח

רחם בחסדך
מתוך 'צור משלו'
שיר הפתיחה לברכת המזון

רַחֵם בְּחַסְדֶּךָ עַל עַמְּךָ צוּרֵנוּ
עַל צִיּוֹן מִשְׁכַּן כְּבוֹדֶךָ
זְבוּל בֵּית תִּפְאַרְתֵּנוּ
בֶּן דָּוִד עַבְדֶּךָ יָבוֹא וְיִגְאָלֵנוּ
רוּחַ אַפֵּינוּ מְשִׁיחַ ה'.

שייבנה בית המקדש
מן התפילה

שֶׁיִּבָּנֶה בֵּית הַמִּקְדָּשׁ בִּמְהֵרָה בְיָמֵינוּ
וְתֵן חֶלְקֵנוּ בְּתוֹרָתֶךָ.

שישו את ירושלים
על פי פסוקים מישעיה וירמיה

שִׂישׂוּ אֶת יְרוּשָׁלַיִם גִּילוּ בָהּ
גִּילוּ בָהּ כָּל אֹהֲבֶיהָ.

עַל חוֹמוֹתַיִךְ עִיר דָּוִד הִפְקַדְתִּי שׁוֹמְרִים
כָּל הַיּוֹם וְכָל הַלַּיְלָה.
שִׂישׂוּ אֶת יְרוּשָׁלַיִם...

אַל תִּירָא וְאַל תֵּחַת עַבְדִּי יַעֲקֹב
כִּי יָפוּצוּ מְשַׂנְאֶיךָ מִפָּנֶיךָ.
שִׂישׂוּ אֶת יְרוּשָׁלַיִם...

שְׂאִי סָבִיב עֵינַיִךְ וּרְאִי כֻּלָּם
נִקְבְּצוּ וּבָאוּ לָךְ.
שִׂישׂוּ אֶת יְרוּשָׁלַיִם...

שמח תשמח
מתוך שבע ברכות

שַׂמֵּחַ תְּשַׂמַּח רֵעִים הָאֲהוּבִים
כְּשַׂמֵּחֲךָ יְצִירְךָ בְּגַן עֵדֶן מִקֶּדֶם.

תהא השעה הזאת
מתוך 'אבינו מלכנו'

תְּהֵא הַשָּׁעָה הַזֹּאת שְׁעַת רַחֲמִים
וְעֵת רָצוֹן מִלְּפָנֶיךָ.

תניא
ברכות ז ע״א

תַּנְיָא אָמַר רַבִּי יִשְׁמָעֵאל בֶּן אֱלִישָׁע
פַּעַם אַחַת נִכְנַסְתִּי לְהַקְטִיר קְטֹרֶת
לִפְנַי וְלִפְנִים
וְרָאִיתִי אַכְתְּרִיאֵל יָהּ ה׳ צְבָאוֹת
שֶׁהוּא יוֹשֵׁב עַל כִּסֵּא רָם וְנִשָּׂא.
אָמַר לִי: יִשְׁמָעֵאל בְּנִי, בָּרְכֵנִי.
אָמַרְתִּי לוֹ: יְהִי רָצוֹן מִלְּפָנֶיךָ
שֶׁיִּכְבְּשׁוּ רַחֲמֶיךָ אֶת כַּעַסְךָ
וְיִגֹּלּוּ רַחֲמֶיךָ עַל מִדּוֹתֶיךָ
וְתִתְנַהֵג עִם בָּנֶיךָ בְּמִדַּת הָרַחֲמִים
וְתִכָּנֵס לָהֶם לִפְנִים מִשּׁוּרַת הַדִּין
וְנִעְנַע לִי בְּרֹאשׁוֹ.

תקע בשופר
מן התפילה

תְּקַע בְּשׁוֹפָר גָּדוֹל לְחֵרוּתֵנוּ
וְשָׂא נֵס לְקַבֵּץ גָּלֻיּוֹתֵינוּ
וְקָרֵב פְּזוּרֵינוּ מִבֵּין הַגּוֹיִם
וּנְפוּצוֹתֵינוּ כַּנֵּס מִיַּרְכְּתֵי אָרֶץ
וַהֲבִיאֵנוּ לְצִיּוֹן עִירְךָ בְּרִנָּה
וְלִירוּשָׁלַיִם בֵּית מִקְדָּשְׁךָ בְּשִׂמְחַת עוֹלָם.

נספח

הצעות לנוסח 'על הנסים' 303

זהותו של מחבר התפילה לשלום המדינה 305

התקווה 312

המנורה – סמל יהודי 316

דגל כחול-לבן 319

הגדה של יום העצמאות 326

על עיצוב דמותו הרוחנית של יום העצמאות 329

החזרת השלטון היהודי וקיבוץ נידחי ישראל - הם קיום חזון הנביאים 337

כי גדול יום ירושלים 340

ירושלים בסידור התפילה 345

ירושלים בתפארתה 351

הצעות לנוסח 'על הנסים'
ליום העצמאות וליום ירושלים

יש המוסיפים 'על הנסים' בתפילה שמונה-עשרה ובברכת המזון.

הנוסח המקובל לתפילת 'על הנסים'

על פי מחזור הקיבוץ הדתי

עַל הַנִּסִּים וְעַל הַפֻּרְקָן וְעַל הַגְּבוּרוֹת וְעַל הַתְּשׁוּעוֹת וְעַל הַמִּלְחָמוֹת שֶׁעָשִׂיתָ לַאֲבוֹתֵינוּ בַּיָּמִים הָהֵם בַּזְּמַן הַזֶּה.

אַתָּה הָאֵל עוֹרַרְתָּ אֶת לֵב אֲבוֹתֵינוּ לָשׁוּב לְהַר נַחֲלָתְךָ, לָשֶׁבֶת בָּהּ וּלְקוֹמֵם אֶת הֲרִיסוֹתֶיהָ, אֶת אַדְמָתָהּ.

וּבְקוּם עָלֵינוּ אוֹיְבִים וַיִּתְנַכְּלוּ לָנוּ לְהַשְׁמִידֵנוּ, אַתָּה בִּגְבוּרָתְךָ הִפַּלְתָּ עֲלֵיהֶם אֵימָתָה וָפַחַד וַיַּעַזְבוּ אֶת כָּל אֲשֶׁר לָהֶם, וַיָּנוּסוּ בְּבֶהָלָה וּבְחִפָּזוֹן אֶל מִחוּץ לִגְבוּלוֹת אַרְצֵנוּ. וּבְבוֹא עָלֵינוּ שִׁבְעָה גּוֹיִם לִכְבֹּשׁ אֶת אַרְצֵנוּ וּלְשִׂימֵנוּ לְמַס עוֹבֵד, אַתָּה בְּרַחֲמֶיךָ עָמַדְתָּ לִימִין צְבָא הַהֲגָנָה לְיִשְׂרָאֵל וּמָסַרְתָּ גִּבּוֹרִים בְּיַד חַלָּשִׁים, וְרַבִּים בְּיַד מְעַטִּים, וּרְשָׁעִים בְּיַד צַדִּיקִים. וּבִזְרוֹעֲךָ הַנְּטוּיָה עָזַרְתָּ לְבַחוּרֵי יִשְׂרָאֵל לְהַרְחִיב אֶת גְּבוּלוֹת מוֹשְׁבוֹתֵינוּ, וּלְהַעֲלוֹת אֶת אַחֵינוּ מִמַּחֲנוֹת הַהֶסְגֵּר.

עַל הַכֹּל אֲנַחְנוּ מוֹדִים לָךְ.

בְּנֵה נָא אֶת עִיר קָדְשְׁךָ יְרוּשָׁלַיִם בִּירַת יִשְׂרָאֵל וּבָהּ תְּכוֹנֵן אֶת בֵּית מִקְדָּשְׁךָ כִּימֵי שְׁלֹמֹה, וְכַאֲשֶׁר זִכִּיתָנוּ לִרְאוֹת אֶת רֵאשִׁית גְּאֻלָּתֵנוּ וּפְדוּת נַפְשֵׁנוּ, כֵּן תְּחַיֵּנוּ וְתֶחֱזֶינָה עֵינֵינוּ בִּגְאֻלַּת יִשְׂרָאֵל הַשְּׁלֵמָה, וְחַדֵּשׁ יָמֵינוּ כְּקֶדֶם, אָמֵן.

נוסח לתפילת 'על הנסים' כביטוי לתקומתנו

מקור: ע"צ מלמד, פרקי מנהג הלכה, ירושלים תש"ך

עַל הַנִּסִּים וְעַל הַפֻּרְקָן וְעַל הַגְּבוּרוֹת וְעַל הַתְּשׁוּעוֹת וְעַל הַמִּלְחָמוֹת שֶׁעָשִׂיתָ לַאֲבוֹתֵינוּ בַּיָּמִים הָהֵם בַּזְּמַן הַזֶּה.

אַתָּה הָאֵל עוֹרַרְתָּ אֶת לֵב אֲבוֹתֵינוּ לָשׁוּב לְהַר נַחֲלָתֶךָ לָשֶׁבֶת בָּהּ וּלְקוֹמֵם

אֶת הֲרִיסוֹתֶיהָ וְלַעֲבֹד אֶת אַדְמָתָהּ. וּבַעֲמֹד עָלֵינוּ שִׁלְטוֹן רֶשַׁע וַיִּסְגֹּר אֶת שַׁעֲרֵי אַרְצֵנוּ בִּפְנֵי אַחֵינוּ הַנִּמְלָטִים מֵחֶרֶב אוֹיֵב אַכְזָרִי, וַיְשִׁיבֵם בָּאֳנִיּוֹת לְאִיֵּי הַיָּם וּלְחוֹפִים נִדָּחִים, אַתָּה בְּעֻזְּךָ מִגַּרְתָּ אֶת כִּסְאוֹ וַתְּשַׁחְרֵר אֶת הָאָרֶץ מִיָּדוֹ. וּבְקוּם עָלֵינוּ אוֹיְבִים מִבַּיִת וַיִּתְנַכְּלוּ לָנוּ לְהַשְׁמִידֵנוּ אַתָּה בִּגְבוּרָתְךָ הִפַּלְתָּ עֲלֵיהֶם אֵימָתָה וָפַחַד וַיַּעַזְבוּ אֶת כָּל אֲשֶׁר לָהֶם, וַיָּנוּסוּ בְּבֶהָלָה וּבְחִפָּזוֹן אֶל מִחוּץ לִגְבוּלוֹת אַרְצֵנוּ. וּבְבוֹא עָלֵינוּ שִׁבְעָה גּוֹיִים לִכְבֹּשׁ אֶת אַרְצֵנוּ וּלְשׂוּמֵנוּ לְמַס עוֹבֵד, אַתָּה בְּרַחֲמֶיךָ עָמַדְתָּ לִימִין צְבָא הַהֲגָנָה לְיִשְׂרָאֵל וּמָסַרְתָּ גִּבּוֹרִים בְּיַד חַלָּשִׁים וְרַבִּים בְּיַד מְעַטִּים וּרְשָׁעִים בְּיַד צַדִּיקִים. וּבִזְרוֹעֲךָ הַנְּטוּיָה עָזַרְתָּ לְבַחוּרֵי יִשְׂרָאֵל לְהַרְחִיב אֶת גְּבוּלוֹת מוֹשְׁבוֹתֵינוּ, וּלְהַעֲלוֹת אֶת אַחֵינוּ מִמַּחֲנוֹת הַהֶסְגֵּר.

עַל הַכֹּל אֲנַחְנוּ מוֹדִים לְךָ יהוה אֱלֹהֵינוּ בִּכְפִיפַת רֹאשׁ. וּבְיוֹם זֶה, יוֹם חַגֵּנוּ וְשִׂמְחָתֵנוּ, אֲנַחְנוּ פּוֹרְשִׂים אֶת כַּפֵּינוּ לְפָנֶיךָ וּמִתְחַנְּנִים עַל אַחֵינוּ הַפְּזוּרִים וְאוֹמְרִים: אָנָּא אָבִינוּ רוֹעֵנוּ. קַבְּצֵם בִּמְהֵרָה לִנְוֵה קָדְשְׁךָ וְהַשְׁכֵּן אוֹתָם בּוֹ בְּשָׁלוֹם וְשַׁלְוָה וּבְהַשְׁקֵט וָבֶטַח. הַרְחֵב נָא אֶת גְּבוּלוֹת אַרְצֵנוּ כַּאֲשֶׁר הִבְטַחְתָּ לַאֲבוֹתֵינוּ. לָתֵת לְזַרְעָם מִנְּהַר פְּרָת וְעַד נַחַל מִצְרָיִם. בְּנֵה נָא אֶת עִיר קָדְשְׁךָ יְרוּשָׁלַיִם בִּירַת יִשְׂרָאֵל וּבָהּ תְּכוֹנֵן אֶת בֵּית מִקְדָּשְׁךָ כִּימֵי שְׁלֹמֹה. וְכַאֲשֶׁר זִכִּיתָנוּ לִרְאוֹת אֶת רֵאשִׁית גְּאֻלָּתֵנוּ וּפְדוּת נַפְשֵׁנוּ, כֵּן תְּחַיֵּנוּ וְתֶחֱזֶינָה עֵינֵינוּ בִּגְאֻלַּת יִשְׂרָאֵל הַשְּׁלֵמָה וְחַדֵּשׁ יָמֵינוּ כְּקֶדֶם, אָמֵן.

זהותו של מחבר התפילה לשלום המדינה

ד"ר יואל רפל

במוצאי שבת, כ"ט בנובמבר 1947, אישרה עצרת האו"ם את הצעותיה של ועדת אונסקו"פ לגבי עתידה המדיני של ארץ ישראל. עצרת האו"ם הצביעה בעד הקמת שתי מדינות בארץ ישראל, יהודית וערבית, וקבעה את גבולותיהן. היהודים הסכימו להצעה וקיבלו אותה בריקודי שמחה עד השעות הקטנות של אותו לילה. הערבים דחו את ההצעה, וכבר למחרת נפתחה סדרת התקפות ערביות על התחבורה העברית ועל יישובים יהודיים, ובכך החלה מלחמת העצמאות.

בעת שהמוני יהודים בכל רחבי הארץ יצאו לחגוג את ההכרה הבין־לאומית ברעיון הקמת מדינה יהודית בארץ ישראל, ישב בפתח תקווה רב העיר, הרב ראובן כץ, וניסח את התפילה הראשונה שנועדה לתת ביטוי ליטורגי לעצמאות יהודית בארץ ישראל. את נוסח התפילה מיהר לשלוח בבוקר שלמחרת אל הרב הראשי הרב הרצוג. כך, ביוזמה אישית, במושבת העלייה הראשונה, החלה הדרך הארוכה של כתיבת תפילה למדינה היהודית.

בשלב זה לא היה מדובר ביצירה מקורית באופן מוחלט, כי אם בעיבוד ושכתוב תפילה קיימת — תפילת "הנותן תשועה למלכים", שבה התפללו יהודים לשלום השלטון המקומי, המלך או הקיסר, במאות בתי כנסת בגלות. תפילה זו חוברה בספרד בשלהי המאה החמש־עשרה, שנים ספורות לפני גירוש היהודים (א' ארנד, פרקי מחקר ליום העצמאות, רמת גן תשנ"ח, עמ' 182, הע' 15).

בנוסח התפילה החדשה נאמר:

הנותן תשועה למלכים וממשלה לנסיכים, מלכותו מלכות כל העולמים, הפוצה את דוד עבדו מחרב רעה, הנותן בים דרך ובמים עזים נתיבה, הוא יברך וישמור וינצור ויעזור וירומם ויגדל וינשא למעלה את מלכות ישראל המכוננת בארץ ישראל, ואת כל עם ישראל הנושא בעול הקמתה ובטחונה. מלך מלכי המלכים ברחמיו יחינו וישמרנו, ומכל צרה ונזק יצילנו, וידבר עמים תחת רגלינו ויפיל שונאינו לפנינו, ובכל אשר נפנה נצליח.

מלך מלכי המלכים ברחמיו ייתן בלב כל הממלכות, יועציהם ושריהם, חסד

והכרה בצדקת מפעלנו, לעשות טובה עמנו ועם מלכות ישראל בארץ ישראל, ולגמול רחמים על כל פזורי ונידחי ישראל בכל ארצות מושבותיהם. ובימינו תיוושע יהודה וישראל תשועת עולמים, עם ישראל ישכון לבטח בארצנו הקדושה, ונזכה במהרה לקיבוץ גלויות ישראל לירושלים ולציון בית חיינו ברינת עולם, ועינינו תחזינה בביאת משיח צדקנו ובבניין בית מקדשנו, וכן יהי רצון ונאמר אמן.

בעוד התפילה המקורית מבקשת לנשא ולרומם את אישיותו של הוד מלכותו, עקר הרב כץ מהנוסח שלו כל סממן אישי, ובמקומו העמיד סממנים לאומיים מובהקים. במכתב שצירף הרב כץ לתפילה הוא מציע, "שהרבנות הראשית תורה לומר תפילה זו בכל העולם היהודי, בכל שבת ושבת. דבר זה יעשה רושם גדול בכל העולם, מה שאין כן באמירת הלל, בו אין כל חידוש" (הרב שמואל כץ, 'הרבנות הראשית ויום העצמאות', הרבנות הראשית – שבעים שנה לייסודה, ירושלים תשס"ב, עמ' 804-959). למרות רצונו של הרב כץ גורלה של התפילה לא שפר. היא נגנזה, ונאמרת עד היום בשינויים רק בבית כנסת אחד בפתח תקווה.

מה שהתרחש בלילה שבו קיבלה עצרת האו"ם את ההחלטה על הקמת מדינה יהודית בארץ ישראל, חזר והתרחש פעם נוספת. בעת שדוד בן גוריון עמד במוזיאון תל אביב וקרא את מגילת העצמאות של מדינת ישראל, ביום שישי ה' באייר תש"ח בשעה 16.00, ישב בביתו בתל אביב הרב הראשי של העיר, הרב איסר יהודה אונטרמן, לימים הרב הראשי לישראל, וכתב תפילת 'מי שבירך' למדינת ישראל שזה עתה נולדה.

מי שבירך אבותינו אברהם יצחק ויעקב הוא יברך את חברי ההנהלה והמועצה של מדינת ישראל, בעבור שכל הקהל הקדוש הזה מתפלל לשלומם. הקדוש ברוך הוא ישמרם ויצילם מכל צרה וצוקה ויתן בלבם חכמה ובינה לנהל את ענייני האומה בצדק ובמישרים, להשכין שלום במדינה ולהגן עליה מכל צר ואויב. בימיהם ובימינו יקבץ אבינו שבשמים את כל נדחי ישראל בארצנו וימלוך עלינו בציון ובירושלים ונאמר אמן ('הצופה' ג' באייר תשנ"ב).

הרב אונטרמן דאג שכבר ביום שלמחרת, בשבת, היא תיאמר על ידי החזן יהושע דלין בבית הכנסת הגדול בתל אביב. אלא שתפילה זו נאמרה פעם אחת ולא יותר.

תפילה נוספת למדינת ישראל שזה עתה קמה, כתב יום לאחר מכן, במוצאי שבת ו' באייר תש"ח, החוקר והסופר פרופ' דב סדן. את התפילה, שלא נאמרה מעולם בבית כנסת כלשהו, הכתיר סדן בכותרת 'תפילה לשלום ישראל'. תפילה זו נגנזה על ידו, והוא נתן לה פרסום רק כעבור עשרים שנה, לקראת יום העצמאות העשרים למדינת ישראל ('מעריב' ב' באייר תשכ"ח).

תפילה רביעית לכבוד מדינת ישראל נכתבה בדיוק חודש לאחר הקמת המדינה. לקראת חג השבועות של שנת תש"ח נכתבה־שוכתבה תפילת "הנותן תשועה"

הגלותית, ובנוסח החדש מתברכים נשיא ישראל, שריו וצבאותיו. זהותו של מחבר התפילה ונסיבות חיבורה אינן ידועות כלל. תפילה זו זכתה להיאמר פעם אחת בחג השבועות תש״ח בבית הכנסת ׳ישורון׳ בירושלים. לאחר מכן אף היא נגנזה ולא נאמרה ולו פעם אחת נוספת.

אלא שבתחתית הפרסום של תפילה זו (׳ההד׳ אייר תש״ח, ב) נמסר מידע חשוב ביותר, ״עדיין אין זה הנוסח הסופי, שעוד דנים עליו״. כלומר, כבר בראשית חודש סיוון תש״ח עסקו — ואין ידוע מי — בחיבור תפילה לשלום מדינת ישראל. מכאן שבחודש הראשון לעצמאות ישראל נוסחו לפחות ארבע תפילות שונות שנועדו לתת ביטוי אמוני להקמת מדינה יהודית בארץ ישראל. ייתכן שחוברו תפילות נוספות שנעלמו לחלוטין וזכרן אבד.

מתוכן התפילות המוכרות לנו עולה בבירור הרצון להעניק משמעות דתית למאורע הגדול, המעבר משואה לתקומה, מעבר שפתח פרק חדש בהיסטוריה היהודית, בעצם הגשמת החזון של דורות רבים — הקמת מדינה יהודית בארץ ישראל.

״העתיקה ותיקנה בכתב ידו״

בעיתון ׳הצופה׳ מט״ז באלול תש״ח (20 בספטמבר 1948) ובעיתון ׳הארץ׳ מי״ז באלול תש״ח (21 בספטמבר 1948) פורסמה לראשונה התפילה לשלום המדינה בנוסח המוכר לנו היום. שתי הערות, מקדימה וסוגרת, נלוו לפרסום הראשון בעיתונות היומית, הערות שהיו במרוצת השנים לאבני יסוד בוויכוח ער וסוער בשאלה מיהו מחבר התפילה. התפילה החדשה פורסמה בצנעה בעיתונים היומיים שהיקפם לא עלה על ארבעה עמודים, אך פורסמה גם בפרסומים נוספים, ובהם ׳ההד׳ (שנה כה, ג-ד, טבת תש״ט) ו׳קול תורה׳ (אדר ב׳ - אלול תש״ח), ושם הכיתוב שקדם לתפילה היה שונה.

ב׳הצופה׳ וב׳הארץ׳ נכתב: ״הרבנים הראשיים לארץ ישראל א״י הרצוג ורב״צ עוזיאל יִסדו ותִקנו, בהסכמת חברי המועצה וראשי הרבנים של ת״א, חיפה ופתח תקווה, את התפילה הזאת להיאמר בכל בתי הכנסת, בארץ ובתפוצות, על־ידי הרב או הש״ץ, בשבתות ובמועדים אחרי קריאת התורה״. פרטי המידע המובאים בהקדמה זו הם רבים ומשמעותיים, והם מקבלים יתר משמעות אם משווים אותם להקדמה שנכתבה לפני התפילה במקורות אחרים. בירחון ׳ההד׳ נכתב: ״תפילה לשלום מדינת ישראל לשבתות וחגים נתחברה על־ידי הרבנים הראשיים הרצוג ועוזיאל שליט״א״. משמע, ״יִסדו ותִקנו״ בהקדמה של העיתונות היומית זהה ל״נתחברה״ ב׳ההד׳. העולה מכך הוא שהרבנים הראשיים הם מחברי התפילה. ולא נחה דעתנו אלא למקרא הכתוב ב׳קול תורה׳, ירחון תורני שערך הרב שזורי מזכיר הרבנות הראשית, אשר כתב כך: ״תפילה לשלום מדינת ישראל, יִסדוה ותיקנוה רבותינו שבארץ ישראל הגרי״א הלוי הרצוג והרב״צ עוזיאל שליט״א״.

מהיכן, אפוא, עלה הרעיון בדבר חיבור התפילה על־ידי הסופר הדגול ש"י עגנון? המקור לדעה זו, שהעלה החוקר הירושלמי ד"ר דוד תמר ז"ל בשנת תשמ"ד ('מעריב' 4 במאי 1984), מצוי בהערה הסוגרת שנלוותה לפרסום התפילה בעיתונות היומית. בעיתון 'הארץ' נכתב: "מוסרים לנו, שעל פי הרב הראשי ר' א"י הרצוג, השתתף גם הסופר ש"י עגנון בניסוח התפילה". ההערה ב'הצופה' דומה אך אינה זהה. עדותו של הרב הרצוג היא עדות בעל דבר ועל כן ראוי לברר מה היה חלקו של ש"י עגנון כמשתתף בכתיבה.

כאשר פרסם ד"ר תמר את מאמרו, לקראת יום העצמאות הל"ו של מדינת ישראל, הוא צירף תצלום קטע מכתב ידו של ש"י עגנון לתפילה לשלום המדינה. בין נימוקיו לדעתו כי עגנון הוא המחבר, כתב תמר, כי "הסופר לא היה מעתיק, בעצם כתב ידו, תפילה שנתחברה לא על ידו. לא הייתה זו דרכו של עגנון להעתיק בכתב ידו יצירות של אחרים". משמע, צילום כתב היד היה ההוכחה הבלעדית והמכרעת לשאלת זהות מחבר התפילה. לא נתקררה דעתו של המלומד הירושלמי, עד שגייס לעזרתו כתנא דמסייע את בתו של עגנון, אמונה ירון. "דברי נראים לה ומתקבלים על דעתה", כתב, "והיא אישרה את הנחתי".

אלא שההנחה והסיוע היו מבוססים על נתונים שהתבררו כשגויים לחלוטין. חמש־עשרה שנה לאחר פרסום מאמרו הראשון של תמר, בעת שעסקתי באיסוף חומר למחקר מקיף על התפילה, קיבלתי הזמנה מידידי הטוב הרב שמואל אבידור הכהן ז"ל לביקור ערב בביתו בקבוצת שילר. לקראת חצות נשלפה משולחן הכתיבה ההפתעה שלמענה הוזמנתי. מעטפה מיוחדת ממשרד הרב הראשי לישראל ועליה כתוב בכתב ידו של הרב הרצוג: "תפילת המדינה, כפי שהעתיקהּ ותיקנהּ מר עגנון בכתב ידו". בתוך המעטפה היה מונח כתב ידו של עגנון, שאת תצלומו הביא תמר במאמרו בשנת תשמ"ד. עתה היה ברור שבארכיון עגנון מצוי צילום בלבד, ואילו המקור נשמר שנים רבות בידי הרב אבידור הכהן. משנמצא כתב היד של עגנון, שעל פי עדות הרב הרצוג רק העתיק את התפילה, עמדו בפניי שתי שאלות: הראשונה, היכן התפילה המקורית? השנייה, מדוע העתיק עגנון את התפילה?

התשובה לשאלה הראשונה נמצאה מהר באופן יחסי. בשונה מגורל כתב היד של עגנון, שנתגלגל והגיע לרב אבידור הכהן בעת שכתב את הביוגרפיה של הרב הרצוג, הרי כתב ידו של הרב הרצוג נשמר כל השנים בחדר עבודתו של מי שהיה הרב הראשי, חדר מיוחד ב'היכל שלמה', הבניין ששימש משכנה של הרבנות הראשית עשרות שנים. כתב היד המקורי שמור היום במוזיאון 'היכל שלמה'.

השוואת כתבי היד אימתה באופן מוחלט את עדותו של הרב יעקב גולדמן, שהיה מזכירו של הרב הרצוג שנים רבות, והוא אשר בתשל"ד השיב לפניית הגב' אמונה ירון, בתו של עגנון, וכתב לה כיצד היה סדר הדברים.

אני מעביר לך צלום של תפילת המדינה בכ"י (=כתב יד) של אביך ז"ל. ומעשה שהיה כך היה, עליתי יום אחד להרב הרצוג זצ"ל ומצאתיו נרגז. הוא סיפר לי כי מבקשים ממנו לחבר תפילה למדינה במשך ימים אחדים, שכן בעוד ימים ספורים יתקיים טכס לאומי חשוב ורוצים להתפלל תפילת המדינה. אמר לי הרב, איני רגיל בכאלה, לחבר תפילות ומה עוד בזמן קצר.

רציתי להרגיע את הרב ועל כן אמרתי לו, אין הדבר נורא. תחבר תפילה במיטב יכולתך ואני אביא את הנוסח לפני מר עגנון שישים עינו עליו ויעיר את הערותיו, כלומר יתקן מה שדרוש תיקון.

הרב הסכים להצעתי בשמחה, ומיד ישב וכתב תפילה. אני הבאתי אותה לאבא ז"ל (עגנון, י"ר) והוא ביקשני לחזור למחרת היום וימציא לי את הערותיו. למיטב זכרוני, אבא לא שינה הרבה, רק קיצר ושיפר פה ושם.

בעקבות מכתבו של הרב גולדמן ועובדת הימצאותם של שני כתבי היד, הן של הרב הרצוג הן של ש"י עגנון, ניתן לערוך השוואת נוסחים. ההשוואה חשפה, כי אין כמעט שינויים ותיקוניו־שיפוריו של עגנון הם קלים וחסרי משמעות. יתר על כן, שגיאה בציטוט מחומש דברים ששילב הרב הרצוג בטקסט התפילה — חזר עליה עגנון, מבלי שבדק את המקור. שגיאה זו נשארה בטקסט התפילה תקופה לא קצרה.

מדוע העתיק הסופר ש"י עגנון את התפילה שכתב הרב הרצוג?

התשובה לכך מצויה בתחומי ההלכה ובצורה הקליגרפית של כתב היד. לעניין ההלכה, נראה שסיבת ההעתקה נובעת מ'איסור מחיקה' שחל על כל תפילה, במקרה זה תפילה שנכתבה על ידי הרב הרצוג. שלא למחוק ספרי הקודש והשמות של הקב"ה הכתובים שם, וכן בתי עבודת הקודש; שלא נאבד ונמחה הדברים, אשר הקב"ה נקרא עליהם, כגון: בית המקדש וספרי קודש (על איסור מחיקה ראו: תוספתא, מכות ה, ט; תלמוד בבלי ,יומא פח ע"א; ספר החינוך, מצווה תלז; שו"ע, יו"ד רע, ביאור הגר"א שם, טז; לדיון נרחב ראו: ב' המבורגר, שורשי מנהג אשכנז, ב, בני ברק תשס"ד, עמ' 250-228).

סיבה נוספת, פרוזאית ומשנית, היא צורת כתבי היד של שני האנשים הדגולים. תצלומי כתבי היד מגלים כתבי יד קשים מאוד לקריאה. כתב ידו של הרב הרצוג בלתי ניתן לתיקון — האותיות מחוברות, השורות אינן ישרות והרווח ביניהן קטן מכדי להכניס בו תיקונים.

תצלום — ולא מקור — כתב היד של עגנון, שהיה העתק כתב היד של הרב הרצוג — הוא שהגיע לד"ר תמר. כאשר פרסם המלומד הירושלמי את דעתו שעגנון הוא מחבר התפילה, הוא לא היה מודע כלל לעובדת קיומו של כתב היד המקורי של התפילה שנכתב על ידי הרב הראשי לישראל הראי"ה הרצוג.

ראשית צמיחת הביטוי

הדעה כי עגנון הוא מחבר התפילה, נתקלה במתנגדים חריפים ובראשם ידידו של עגנון, החכם הירושלמי מאיר חובב, וההיסטוריון ד"ר מ' נכון (חן מרחביה). חרף זאת, קטע אחד במכתבו של הרב גולדמן עדיין השאיר זיק תקווה בידי תומכי הדעה כי עגנון הוא המחבר. במכתבו לאמונה ירון כותב הרב גולדמן, כי "למיטב זכרוני הכניס אבא את הביטוי 'ראשית צמיחת גאולתנו'". בעטיו של ביטוי זה הפכה אמירת התפילה לנייר הלקמוס לבחינת יחס המתפלל למדינה, ומשמעותו של הביטוי היא מאבני היסוד של התפילה.

אלא שגם במקרה זה הובהרו העובדות עד תום. רבים חיפשו אחר מקורות הביטוי בכתבי הרב קוק זצ"ל אך הגיעו למבוי סתום. הפתרון לחידת מקורו של הביטוי "ראשית צמיחת גאולתנו" נמצא במאמר שפרסם הרב הרצוג בתשי"ז ובו כתב: "ת"ל [תהילה לאל] זכינו לכך שבמדינת ישראל — שהיא כמו שכיניתיה בנוסח התפילה שיסדתי 'ראשית צמיחת גאולתנו' — יש צמיחת קרן למשפט תוה"ק [תורתנו הקדושה]". תשע שנים לאחר שכתב את התפילה, מאשר הרב הרצוג את הטקסט המקורי שנמצא בכתב ידו ואת העובדה שהוא בעל הצירוף "ראשית צמיחת גאולתנו".

בין הכותבים בנושא היו שתבעו את חלקו של הרב הראשי הרב"צ עוזיאל שהיה ידוע ומנוסה מאוד בכתיבת תפילות. אין ספק שלאחר כתיבת הטיוטה הראשונה,

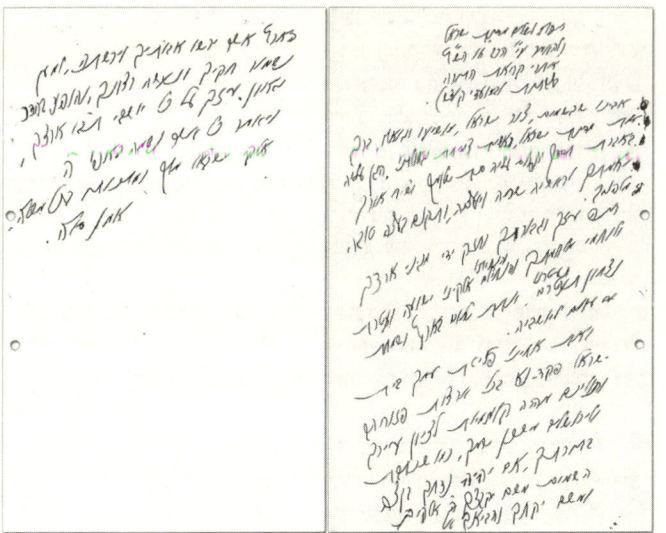

"התפילה לשלום המדינה" בכתב ידו של הרב א"י הרצוג
אוסף מוזיאון היכל שלמה לאמנות יהודית על שם וולפסון, ירושלים.

שעברה את עינו של עגנון, התייעץ הרב הרצוג עם עמיתו, כפי שעשה במקרים נוספים. העובדה שבכתבי הרב עוזיאל, שנודע בהשקפותיו הציוניות, מצויות ארבע תפילות שונות לשלום המדינה ואף לא אחת מהן זהה לתפילה שאנו מתפללים, היא רק אחת העדויות, ויש רבות נוספות, כי היה שני בתרומתו ולא הראשון.

ולבסוף אנקדוטה קטנה. כאשר סיימתי את אחת מהרצאותיי על התפילה לשלום המדינה, פנה אליי אחד המשתתפים ואמר בנוכחות עשרות מאזינים, "אני בנו של ש"י עגנון. סוף סוף מישהו אומר את האמת ומפריך את השמועה שאבי כתב את התפילה", אמר ולא יסף.

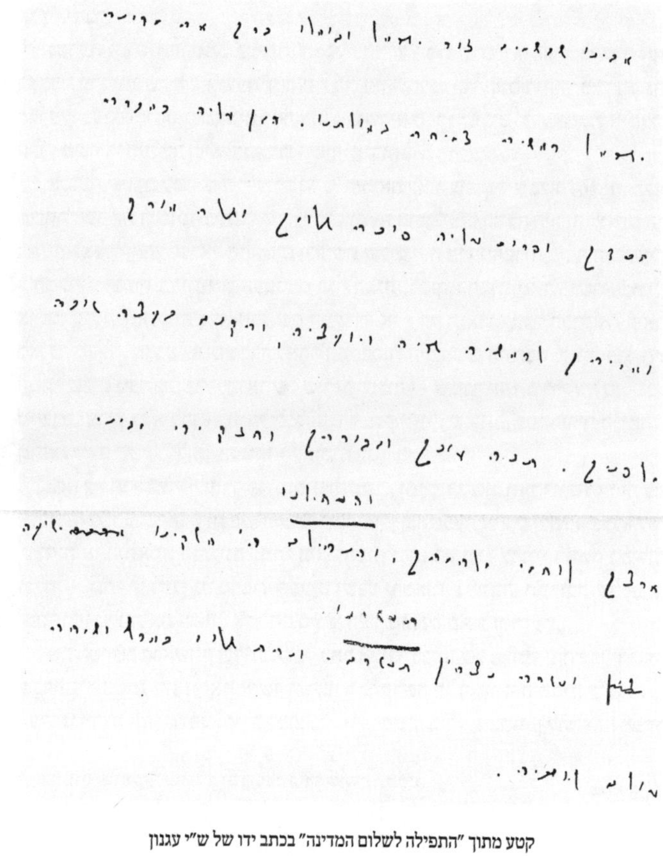

קטע מתוך "התפילה לשלום המדינה" בכתב ידו של ש"י עגנון

התקווה

אליהו הכהן*

”למדפיסים חובבי ציון! ספר אתי בכתובים אשר קראתיו בשם ׳ברקאי׳ ותוכנו שירים שונים אשר שרתים על אדמת הקודש, על ישראל ועל ישוב ארץ ישראל ועל המושבות כולם ברוח הלאומי. מי המדפיס החפץ לקנותם ממני, יפנה אלי על פי תוי — נפתלי הרץ אימבר, ירושלים”.

מודעה זו, שנתפרסמה בעיתון ׳הצבי׳ בחודש תמוז תרמ”ו (1886), בישרה את ראשית פרסומו של השיר שעתיד להיות ההמנון הלאומי של העם היהודי ושל מדינת ישראל. כעבור חודשים מעטים ראה אור בירושלים ספר השירים ׳ברקאי׳ של אימבר, חלוץ משוררי העלייה הראשונה, ובו השיר ׳תקוותנו׳.

אסופת שירים עבריים של ׳עולה חדש׳ היוצאת לאור בירושלים בשנת 1886 — לא קשה לשער את רישומה בעם היהודי. לכל אגודות חובבי־ציון בגולה היה זה יום חג: הד ראשון לצלילי ארץ ישראל החדשים ודרישת שלום חיה מן המושבות ביהודה ובגליל. ב׳המליץ׳, הנפוץ בעיתונים העבריים בגולה, נתפרסמו כתבות מארץ ישראל ובהן צוטטו פסוקי ׳התקווה׳. לא נזכר שם המשורר אלא רק תוארו, ׳בעל הברקאי׳, כיאה לאנשי מעלה. ארבע שנים בלבד לאחר התפרסות היישובים החדשה בארץ, כבר היו המתיישבים מצוידים ברפרטואר של שירי מושבות — אימבר ייחד ב׳ברקאי׳ שיר לכל מושבה, עדיין ללא לחן — ומעל לכל, השיר ׳תקוותנו׳, שנכתב, לפי הערת המשורר מתחת לשם השיר, ”לבקשת אחד הלאומים הנודע”.

מאז לא חדל השיר לעורר פולמוסים והשגות. ותיקי היישוב וחוקריו נחלקו זה עם זה כמעט בכל פרטי תולדות השיר: מתי חובר, היכן ובהשפעת איזו יצירה? אימתי והיכן הולחנה או הותאמה המנגינה? מתי היה להמנון העם היהודי? שינויי הנוסח במילים ובלחן — מתי ועל־ידי מי נעשו? שבעים ושבע גרסאות שיש בהן תערובת של אגדה ומסתורין מלוות את השיר. אלה הם סימני היכר מובהקים של זמר־עם.

את הטיוטה הראשונה של ׳התקווה׳ כתב אימבר בביתו של מלומד יהודי בעיר יאסי שברומניה בשנת 1877. זאת אישר המשורר בהקדשה על תמונתו ובמסמכים אחרים. בעלותו ארצה (1882) נהג לסובב במושבות ודפי השיר בידיו. כשהוזמן להתארח מפעם

* חתן פרס ישראל על מפעל חיים בתחום הזמר העברי, תשע”ג.

לפעם בבתי המתיישבים היה מתכבד תחילה במשקה, ואחר כך שולף את ניירותיו וקורא בהתלהבות בתים אחדים מ׳התקווה׳. בנסיבות שכאלו נחה עליו לעתים רוח היצירה, והיה משלים בו־במקום קטעים נוספים לשיר – עד שהרחיבו לכדי תשעה בתים. מאז מתחרות ביניהן מושבות אחדות על הכבוד לשמש אכסניה להולדת ההמנון. אימבר עיצב סופית את השיר בחדרו שבירושלים, שכל קירותיו היו מכוסים שברירי פסוקים ופניני לשון. כל פעם שהבריק חרוז במוחו – כך מספרים עדי ראייה – היה ממהר להנציחו בעיפרון עלי קיר, עד לגובה שידו הייתה מגעת.

האם הושפע אימבר משירת נכר? – השפעה חיצונית אפשר שכן. התכנית השירית של ׳התקווה׳, עם החזרות ״כל עוד...כל עוד...״ בראש כל בית, מזכירה שיר שהתפרסם בשנתון ׳ביכורי העתים החדשים׳ (1845). היה זה שירו של מנדל שטרן ׳מענה׳ – תרגום ׳שירי הריין׳ של ניקלאוס בקר. מותר גם להניח שכיליד גליציה לא נעלם מאימבר משפט הפתיחה של ההמנון הפולני – ״עוד לא אבדה פולין״. אלא שהשפעות מסגרתיות־צורניות אלו, יש בהן רק כדי לרמוז על ׳הכוונות ההמנוניות׳ של אימבר, ואין להן ולא כלום עם תוכן ׳התקווה׳, שהוא מקורי ואופייני לסגנונו של אימבר.

הניסיון הראשון להלחין את ׳התקווה׳ לא עלה יפה. וזה סיפור המעשה (א׳ בלצן, ׳התקווה׳ – עבר, הווה, עתיד, ירושלים 2009, עמ׳ 45): הביל״ואי ישראל בלקינד מראשון לציון קיבל מכתב מידידו בזכרון יעקב, לאון איגלי, ובו בקשה לסייע לו להשתחרר מעבודה פיזית ולאפשר לו להתרכז בהלחנת שירים. איגלי, שבמקצועו היה זמר ובעל הכשרה מוזיקלית, היה אחד משש הבחורים שנשלחו ארצה על ידי הברון כדי להכשירם לעבודה חקלאית. בזכרון יעקב הועסק בעבודות יזומות ובסבלות והתקשה להסתגל אליהן. פקיד הברון המקומי השתכנע שיש כאן כישרון מוזיקלי מבוזבז ועד מהרה קיבל להלחין את שיריו של אימבר. לא עברו ימים רבים ולחן ראשון, מקורי, ל׳התקווה׳ יצא מתחת ידו. תשעה בתים היו לשיר ואיגלי הלחין כל בית בלחן שונה. בני המושבה התקשו לעכל את הלחן הארוך והמורכב, ובלקינד היה מעניק שי, פרוסות שוקולד – מעדן נדיר באותם ימים – לכל נער שידע לזמר את השיר בשלמותו.

חלפה שנה ובראשון לציון נשמעה לראשונה מנגינה חדשה לשיר ׳התקווה׳. ״נעימה נוחה ונעימה״. אין איש שואל מאין באה וכיצד. בביתו של לבונטין, מרכז הנוער במושבה, נלמד השיר מפה לאוזן בלחן המוכר לנו עד היום.

׳מולדבה׳ שנאסרה

ביישוב נתקבל הרושם שהמנגינה הושאלה מתוך הפואמה הסימפונית ׳מולדבה׳ (׳ולטבה׳) של המלחין הצ׳כי סמטנה. אולם גלגולו הקודם של לחן ׳התקווה׳ היה לחן־עם רומני ממחוז מולדאביה. על נסיבות התאמתו למילותיו של אימבר העיד שמואל

כהן, איש העלייה הראשונה, שביצע את מלאכת ההרכבה לאחר שינויים לא מעטים בצלילים ובקצב. וכך כתב בזיכרונותיו:

"בשנת תרמ"ז (1887), עשה אחי הגדול ממני, צבי, ניסיון לזרוע חיטים באדמת המושבה יסוד־המעלה. בימים ההם נמצא בראש פינה נפתלי הרץ אימבר. הוא נתן לאחי את קובץ שיריו 'ברקאי' עם כתובת חמה למזכרת, ואחי שלח לי את החוברת הזאת לגולה. מכל השירים מצא חן בעיני שיר 'התקווה'. כעבור זמן קצר עליתי לארץ. במולדתי רגילים היינו לשיר במקהלה את השיר הרומני 'אויס־ציא'. בבואי לראשון לציון והנה אין שרים את 'התקווה' כמו שלא שרו את יתר שירי 'ברקאי'. החילותי אני הראשון לשיר את התקווה על פי המנגינה הזרה שידעתי, זו המושרה כיום בכל תפוצות ישראל...ויורשה לי להגיד כי פעם בפעם מדי השתתפי באספות, בוועידות ובנשפים ושיר 'התקווה' מושר באופן רשמי, עולה על לבי זכר השיר הזה כשהושר ראשונה, ואני חושב את עצמי למאושר כי זכיתי להיות ראשון השרים את השיר 'התקווה'".[1]

בקונגרסים הציוניים הראשונים אין זכר לשירת המנון. לקראת הקונגרס הרביעי בלונדון בשנת 1900, נערכה בעיר זו אספה ציונית רבת משתתפים בנוכחות הרצל, נורדאו, זנגוויל (מתרגם 'התקווה' לאנגלית) ואחרים. בסיומה שר הקהל את ההמנון האנגלי ואחריו פרצה לפתע שירה ספונטנית של 'התקווה'. צמרת המנהיגות הציונית למדה לדעת כי 'התקווה' מתבקשת כהמנון. ואכן לקונגרס הציוני הרביעי הובאה קריאה להכריז על תחרות לחיבור המנון, והפעם הודגש: בעברית ועם מנגינה. התחרות לא יצאה אל הפועל, אך העובדות בשטח דיברו בעד עצמן: בגרמניה ערכה חברת 'עזרא' כינוס ומפגן למען רעיון ישוב ארץ ישראל. בסיומו הראה השיר 'עוד לא אבדה' את פעולתו המעוררת והמלהיבה. בווילנה התכנסה באותה שנה אספת צירים רבת משתתפים ובסיומה: "איש לאחיו נתן את ידו באהבה ובקול אחד שרו את השיר הלאומי 'עוד לא אבדה'". איצי פרנהוף, המשורר והסופר בן עירו של עגנון, פירסם אוטופיה בשם 'שני דמיונות' ובה הוא חזה שמדינת היהודים של הרצל נקראת 'מדינת ישראל', על דגלה רקום מגן דוד, והמנונה ("מנגינתה הלאומית") הוא 'התקווה', והוא משבץ בין ארבעת דפי היצירה בתים מתוך 'התקווה'.

לקראת הקונגרס הציוני החמישי התעורר אימבר ופנה במכתב אל הקונגרס ואל צירי הקונגרס, ובו הזכיר להם, כי מלאו חצי יובל שנים ל'התקווה'. "אני מאושר לראות את חלומי מתגשם" — כתב, בציפייה להכרה רשמית ב'התקווה'. אך זו עדיין התמהמהה. בין הקונגרס ה־5 לקונגרס ה־6 התכנס 'קונגרס זוטא' של ציוני רוסיה, והוא הסתיים "בפרוץ מאלף פיות הניגון 'עוד לא אבדה', השיר הלאומי של הלאום

1. בוסתנאי, שנה 9, גיליון ל, 17.11.1937

החדש־ישן. הרגע הזה, מי ישכחנו, לו־גם נרבה כחול ימים ולו־גם כסף זיקנה יכסה את ראשינו הצעירים". הקונגרס הציוני ה־6 (1903) היה הראשון שהסתיים בשירה אדירה של 'התקווה'. היה זה קונגרס אוגנדה, שבו המלים "עין לציון צופיה" קיבלו משמעות מיוחדת. מכאן ואילך יסתיימו כל הקונגרסים בשירת 'התקווה'. זו הייתה ההכרעה הבלתי רשמית של העם, ללא מכרז, ללא משאל וללא החלטה של ההסתדרות הציונית.

בארץ ישראל יצא לאור באותה שנה שירונו של לונץ 'כינור ציון' ובו הופיעה 'התקווה' לראשונה כשיר השער בין 31 השירים שבו. העיתונים מסרו על חגיגות בבתי־הספר, שנסתיימו בנגינת "המזמור הלאומי".

בשנת 1905 חל השינוי האחרון בנוסח 'התקווה'. ד"ר י"ל מטמן כהן, מורה בבית־הספר בראשון לציון, החליף את המשפט "לשוב לארץ אבותינו לעיר בה דוד חנה" ב"להיות עם חופשי בארצנו ארץ ציון וירושלים". ובמקום "התקווה הנושנה" שינה ל"התקווה שנות אלפים". התיקון הזה התקבל רק בארץ. יהודי הגולה המשיכו לשיר במשך יובל שנים ויותר את הנוסח המקורי של השיר.

פשוטי עם אהבו את 'התקווה', אך מנהיגים ומוזיקאים החלו להילחם בה. אוסישקין קבל על הרפיון המוזיקלי שלה, והמוזיקאי יואל אנגל טען שהיא "המנון מאוס".

העלייה השנייה הביאה עמה את שירו של ביאליק 'ברכת עם' ('תחזקנה') ולרגע נדמה היה כי קם יורש ל'התקווה'. ביאליק עצמו לא נקט עמדה, אך מיאן לקום בשירת 'תחזקנה'. כל אספת פועלים הסתיימה בשיר 'תחזקנה' וברל כצנלסון נזעק והפציר שלא לזנוח את 'התקווה'. בעיתונות התפשט פולמוס: 'התקווה' או 'תחזקנה'.

ניסיונות נוספים נכשלים

צצים ועולים ניסיונות להכניס למעגל הוויכוח המנונים נוספים. בצל הפולמוס הציבורי הביא י"ל מוצקין לפני 'הפרלמנט היהודי', הקונגרס הציוני השמונה־עשרה בשנת 1933 – את הצעת ההחלטה הבאה: "הקונגרס קובע שלפי מסורת רבת שנים הדגל הכחול־לבן הוא הדגל של ההסתדרות הציונית, וההמנון 'התקווה' הוא ההמנון הלאומי של העם היהודי".

הוויכוח לא תם. בשנת 1947 פנה משה הלוי, מנהל תיאטרון 'אהל', אל דוד בן־גוריון בהצעה לבחור המנון חדש. ארגונים דתיים הציעו לקבוע את "שיר המעלות בשוב ה' את שיבת ציון" כהמנון המדינה. כשקמה המדינה לא עיגנה את 'התקווה' בחוק כהמנון. עד היום מושרת התקווה בתוקף המסורת ולא מכוחו של חוק.

המנורה - סמל יהודי

ד"ר יואל רפל

"קומי אורי כי בא אורך" (ישעיה ס, א). "אמר רבי יוחנן: אמרו ישראל לפני הקדוש־ברוך־הוא: עשינו לך מנורה בימי משה — וכבתה; בימי שלמה — וכבתה; מכאן ואילך אין אנו ממתינים אלא לאורך, שנאמר (תהלים לו, י): 'כי עמך מקור חיים, באורך נראה אור'" (ילקוט שמעוני תצט). הגאולה העתידה תתבטא בחידוש המנורה ובהדלקת שבעת נרותיה.

במרכז סמל המדינה — מנורה ובה שבעה קנים, המעוטרת משני צדדיה בענפי עץ הזית. מתחת למנורה מופיעה המילה 'ישראל'. המקור לשילוב המנורה וענפי הזית[1] הוא חזון המנורה של הנביא זכריה (ד, א-יד):

"ראיתי והנה מנורת זהב כולה וְגֻלָּהּ על ראשה
ושבעה נרותיה עליה...
ושניים זיתים עליה,
אחד מימין...ואחד על שמאלה
ואען ואומר אל המלאך הדובר בי לאמר:
מה אלה אדני?
מה שתי שִׁבְּלֵי הזיתים אשר ביד שני צנתרות הזהב...?
ויאמר: אלה שני בני היצהר
העֹמדים על אדון כל הארץ".

ענפי הזית שסביב המנורה הם המקור לאורה. נבואת זכריה מדמה את שני ענפי הזית לדמותם של שני מנהיגי עם ישראל באותם ימים. הכהן הגדול מבית אהרון והמלך מבית דוד. את שניהם, הכוהן הגדול והמלך, היו מושחים בשמן זית בטקס שבו הוכתרו לתפקידם (הוריות יא ע"ב). אפשר גם לראות בענפי הזית ביטוי של כמיהה לשלום. יונה הנושאת עלה זית היא סמל השלום (בעקבות בראשית ח, יא). עצמאות ישראל בארצו היא "ראשית צמיחת גאולתנו", וביטויה החיצוני הוא סמל המנורה.

מנורת שבעת הקנים, שדלקה במקדש וכבתה, מופיעה כסמל יהודי בשרידי בתי כנסת עתיקים רבים בארץ ישראל ומחוצה לה, במקומות שבהם חיו יהודים: רומא,

1. מקורות לזיתים שהם ענפי זית: א' מישורי, מנורה וענפי זית, י' רפל (עורך), 'לאור המנורה — תולדותיו של סמל', ירושלים תשנ"ח, עמ' 20; ר' צרפתי, הבטחה לגאולה, שם, עמ' 78-81.

מצרים, סוריה, קרתגו, סיציליה ופרובינציות רומיות נוספות. המנורה הייתה גם הסמל האומנותי היהודי הראשון במעלה, הן בבית הן בבית הכנסת, ואפשר למוצאה חקוקה על קברים עתיקים, זכוכית אומנותית, מטבעות, מדליות ועיטורים. ממתי הייתה המנורה לסמל?

מקור המנורה

התיאור הראשון של המנורה שדלקה במשכן ובבית המקדש מופיע בספר שמות (כב, לא-לז): "ועשית מנֹרת זהב טהור מקשה תיעשה המנורה...וששה קנים יֹצאים מצדיה, שלשה קני מנֹרה מצדה האחד ושלשה קני מנֹרה מצדה השני...כפתֹריהם וקנֹתם ממנה יהיו כֻּלה מקשה אחת זהב טהור...ועשית את נרֹתיה שבעה". בהמשך תיאור המנורה נאמר (שם כה, מ): "וראה ועשה בתבניתם אשר־אתה מראה בהר".

בתיאור זה של המנורה כפי שהוא מופיע במקרא, ניכר שימוש רב במונחים מעולם הצומח. מציאות זו היא שהמריצה את חוקרי הטבע ד"ר אפרים וחנה הראובני לחפש אחר צמח ששימש, ככל הנראה, מקור השראה לתיאור המנורה ויצירתה. התברר, כי אמנם גדלים בארץ צמחי בושם ממינים שונים שדמותם והשתקפותם טובה להדגים את פסוקי תיאור המנורה, כפי שהם כתובים בספר שמות, דהיינו, את השילוב של כפתור ופרח על הענף. צמחים אלה — מרביתם מכונים בספרות הבוטנית 'מרווה', וד"ר הראובני הדגיש, כי לדעתו השם המקורי הוא 'מוריה' אשר נשתבש ל'מרווה'.

במאמר שפרסם ד"ר הראובני על "כפתורי המנורה והתפוחים הכרתיים" הוא כותב, כי לא מצא את הצמח הדומה למנורה ברחבי ארץ ישראל, לעומת זאת הוא מצא אותו בכמה ארצות שכנות ובעיקר באי כרתים. בשנים שלאחר פרסום המאמר נמשכו הסיורים והמחקרים והתברר, כי אכן גדלים בארץ צמחים שענפיהם הם כצורת כפתור ופרח העשויים מקשה אחת עם הגבעול. עתה הובהר לחוקרי המקרא ולחוקרי הטבע אותו פסוק בספר שמות: "אשר אתה מראה בהר", דהיינו, צמח המרווה הדומה למנורה גדל על הרי דרום חצי האי סיני.

המנורה ככלי קודש

המנורה בערה באש תמיד במשכן ובבית המקדש, ואסור היה לחקותה. כאשר בנה שלמה המלך את בית המקדש בירושלים הציב בו עשר מנורות (מלכים א' ז, מט): "ואת המנֹרות חמש מימין וחמש משמאל לפני הדביר זהב סגור". המנורות הללו וכן מנורת הקודש של המקדש נהרסו בעת חורבן בית המקדש הראשון בשנת 586 לפנה"ס. בשנת 516 לפנה"ס נחנך בית המקדש השני, ובו הוצבה רק מנורה אחת. בשנת 168 לפנה"ס, לאחר ששב ממסעו במצרים, שלח אנטיוכוס אפיפאנס יד בכלי המקדש ושדד את המנורה. מיד לאחר שטיהר את המקדש, החזיר יהודה המקבי את המנורה למקדש.

הגדול והמפואר שבמקדשים היה בית המקדש שבנה הורדוס המלך, עד שאמרו חכמים כי "מי שלא ראה את בית המקדש בבנינו לא ראה בנין מפואר מעולם" (סוכה נא ע"ב). במקדש הורדוס היו כמה מנורות ואחת עיקרית של זהב. אחת מהמנורות, או אולי אף יותר, נפלה בידי המצביא הרומאי טיטוס בעת שהחריב את ירושלים בשנת שבעים לספה"נ. מנורה זו נלקחה עם כלים אחרים מהמקדש במסע ניצחון לרומא, והונצחה בתמונה החקוקה על 'קשת טיטוס' שבעיר. נפילתה של המנורה בידי זרים הייתה בעיני חכמים לסמל למצבו של העם היהודי שיצא לגלות. סמל הגאולה יהא, אפוא, בחידוש המנורה ובהדלקת האש.

המנורה באומנות

האומנם המנורה החקוקה על קשת טיטוס ברומא היא מנורת המקדש? מבט מהיר מגלה כי הבסיס במנורת קשת טיטוס העטור דרקונים חייתיים ושאר דמויות שונה לחלוטין מבסיסי המנורות שנחשפו בבתי הכנסת העתיקים. במחקר מקיף שפרסם הפרופ' דניאל שפרבר הוא מוכיח, כי מנורת קשת טיטוס ששימשה מודל לסמל מדינת ישראל, אינה זהה כלל ועיקר למנורה שניצבה שנים רבות בבית המקדש ואשר תאמה את התיאור המקראי. בסיס המנורה החקוקה בקשת טיטוס, שונה לחלוטין מבסיס המנורה שדלקה בבית המקדש ואשר עמדה על שלוש רגליים (כפי שניכר ממנורות שנחשפו בחפירות ארכיאולוגיות שונות בארץ). ההבדל היסודי בין מנורת המקדש שעמדה על שלוש רגליים, לבין מנורת קשת טיטוס הניצבת על שלושה מתומנים, הביא את הרב הראשי הריא"ה הרצוג להתנגד לרעיון שמנורת קשת טיטוס תשמש סמל מדינת ישראל: "לא טוב עושה ממשלתנו היום הזה, כשזכינו שוב לאורה של ציון המסומלת במנורה, שהיא מחקה דווקא את תמונת המנורה בקשת טיטוס, אשר חלו בה ידי זרים ושאינה כולה על טהרת הקודש".

דעה שונה, שהתקבלה, ביטא הפרופ' מיכאל אבי־יונה ז"ל: "המנורה היא, בלי ספק, הסמל היהודי העתיק ביותר, שאפשר לזהותו בוודאות גמורה כסמל יהודי, ויש לשבח את מי שהחליט על קבלת הסמל הזה...סמל המנורה יש בו התנאי הראשון של כל סמל — ההיכרות שבו. זאת ועוד, הוא יוצר מיד את הקשר בין הסמל לבין הנושא".

דבריו של פרופ' אבי־יונה נותנים את ההסבר הממצה ביותר להחלטת מועצת המדינה הזמנית מחודש פברואר 1949, לקבוע את המנורה לסמלה הרשמי של מדינת ישראל — סמל היהדות, בשני ענפי זית כביטוי לשאיפה לשלום.

דגל כחול-לבן

ד"ר יואל רפל

"דגל, מה זה? כלונס ומטלית אריג? לא אדוני! דגל הוא למעלה מזה. בדגל מוליכים בני אדם לאשר רוצים, ואפילו לארץ היעודה. למען דגל הם חיים ומתים; זהו הדבר היחיד אשר למענו הם מוכנים למות בהמוניהם, אם מחנכים אותם לכך". דברים אלה כתב חוזה המדינה בנימין זאב הרצל במכתב תשובה לברון הירש (6 במרץ 1895), והם מבטאים בצורה היפה ביותר את הצורך בדגל לאומי שהיה קיים בתנועה הציונית בימי ראשיתה.

הרצל לא רק הכיר בצורך בדגל אלא אף חשב על צורתו. בספרו 'מדינת היהודים' הוא מתאר את הדגל העברי — "דגל לבן עם שבעה כוכבי זהב. היריעה הלבנה מסמלת את החיים החדשים, הטהורים; הכוכבים הם שבע שעות העבודה שלנו, שכן בסימן העבודה הולכים היהודים אל הארץ החדשה".

הצעתו של הרצל לא התקבלה. הצעה אחרת שלו לדגל לא נתקבלה גם היא, אך הפכה לבסוף לסמלו של הקונגרס הציוני. בדגל הזה, השני, הציע הרצל מגן דוד שבקצה כל אחד משֵשת המשולשים הקטנים המרכיבים אותו ישכון כוכב. כוכב שביעי יתנשא מעל המשולש העליון. מסתבר כי לא הרצל הגה את צורת הדגל הלאומי וצבעיו. מאליה עולה השאלה: כיצד הגענו לדגל הכחול-לבן ומגן דוד במרכזו?

סוף מעשה במחשבה תחילה

בספר במדבר (ב, ב) אנו מוצאים "איש על דגלו באֹתֹת לבית אבֹתם יחנו בני ישראל". אין ספק כי השימוש המקראי במילה "דגל" אינו זה המקובל בענייני מדינה של ימינו, והוא נועד לשמש כינוי אסטרטגי. פרשני המקרא בימי הביניים העידו שחיו בארצות שבהן הצבאות היו צועדים ודגל מתנוסס בראשם, "אין דגלים אלא צבאות" (שמות רבה טו, ו).

במדרש תנחומא (במדבר י) נאמר: "'איש על דגלו' — חיבה גדולה חיבב הקדוש־ברוך־הוא את ישראל שעשאן דגלים כמלאכי השרת כדי שיהיו ניכרין בני ראובן לעצמם ובני שמעון לעצמם". מדברי המדרש עולה ייעוד הדגל — סמל הזדהות חברתית. אך לדגל יש חשיבות לא רק כלפי פנים, אלא אף כלפי חוץ (תנחומא שם, יא):

'מי זאת הנשקפה כמו שחר יפה כלבנה' (שיר השירים ו, י) — קדושים וגדולים היו ישראל בדגליהם וכל אומות העולם היו מסתכלין בהן ותמיהין ואומרים: מי זאת הנשקפה כמו שחר? אמרו להם האומות: 'שובי שובי השולמית' (שם ז, א) מהו שובי

> שובי השולמית? הדבקי לנו ובואי לך אצלנו, ואנו עושים אתכם שלטונין ודוכסין והגמונים...וישראל אומרים להם 'מה תחזו בשולמית' ומה גדולה אתם נותנים לנו?
> שמא 'כמחולת המחניים' (שם). שמא אתם יכולים ליתן לנו כגדולה שנתן לנו א־לוהינו במדבר, בדגל מחנה יהודה, דגל מחנה ראובן, דגל מחנה אפרים, דגל מחנה דן, יכולים אתם לעשות כך לנו...? ועוד כשאנו חוטאים והוא מוחל לנו...מכאן למדנו שהיו הדגלים גדולה וכבוד.

הרב י"ד סולובייצ'יק נתן לדגל משמעות נוספת, הלכתית, הנקשרת בהקמת מדינת ישראל:[1]

> אם תשאלוני איך אני כיהודי תלמודי, מביט על דגל מדינת ישראל ואם יש לו בכלל ערך הלכתי, אענה לכם פשוט: אינני גורס בכלל מקסם של דגל וסמלים טקסיים כמותו. היהדות שוללת פולחן עצמים גשמיים. ברם, אל נא נתעלם מדין בשולחן ערוך (ש"ך יו"ד שסד, יא) כי הרוג שנהרג בידי עכו"ם, קוברין אותו בבגדיו, כדי שיראה את דמו ויקום, שנאמר: 'ונקיתי דמם לא ניקיתי' (יואל ד, כא). במילים אחרות, בגדי יהודי מקבלים קדושה מסוימת כשהם מוכתמים בדם קדוש. והדברים קל וחומר בן בנו של קל וחומר לדגל הכחול לבן, שטבול בדמם של אלפי צעירים יהודים (דתיים ולא דתיים) שנפלו במלחמת השחרור בהגנתם על הארץ והישוב.

הרב סולובייצ'יק קובע לדגל מעמד עליון — מעמד של קדושה! לוחמי מערכות ישראל, לוחמי המחתרות וחיילי צה"ל שנפלו על הקמת מדינת ישראל, קידשו בדמם את הדגל הכחול-לבן שמגן דוד במרכזו.

ראשיתו של הדגל

היכן היא ראשיתו של דגל מדינת ישראל הכחול-לבן? בשנות התשעים של המאה התשע־עשרה ישב בנימין זאב הרצל בפריז, והיה עד לפרשת דרייפוס שעוררה בקרבו את הרעיון הציוני ואת הדחף להקמת מדינה יהודית. זמן קצר לאחר מכתבו לברון הירש כתב הרצל את ספרו 'מדינת היהודים' שפורסם בשנת תרנ"ו (1896). בספרו מפרט הרצל את הצעותיו לדגל כיוון שהאמין שסביב הדגל תתגבש הגשמה לאומית בטריטוריה מדינית. הוא הבין כי עם שאינו לאום ואשר אין לו טריטוריה — הוא עם שמתפרק, מתבולל ונעלם. בחושו המדיני זיהה הרצל את הצורך ליצור דגל, סיסמה, שלאורם העם ילך ולמענם יהיה מוכן להיאבק כדי להשיג לעצמו מדינה וזהות. שנה וחצי לאחר מכן, במוצאי שבת, 31 באוגוסט 1897, נפתח בעיר באזל שבשוויץ, הקונגרס הציוני הראשון. לפי המסופר, ביום שישי אחר הצהריים עדיין לא הוחלט מה יהיה הדגל שיונף למחרת

1. הרי"ד סולובייצ'יק, חמש דרשות, ירושלים תשל"ד, עמ' 89

מעל בניין הקזינו בבאזל, שהיה אולם קונצרטים מפואר ויפהפה במרכז העיר. בסוגיית הדגל טיפל עוזרו של הרצל דוד וולפסון, שהציע כי:[2]

הטלית בה אנו מתעטפים לתפילה יום יום, בחול ובשבת, בימי המעשה ובימי המועד — לבנה היא ופסי תכלת עוטרים אותה. יהי נא דגלנו לבן עם פסי תכלת... עלינו להוציא את דגלנו המקופל מתיקו והיה לנו לנס וגאון, לעיני כל ישראל ולעיני כל העמים. ציוויתי לעשות דגל לבן תכלת ולציין בו מגן דוד. כך נברא דגלנו הלאומי.

צבעי הדגל

צבעי הכחול-לבן הם צבעי ארץ ישראל, כפי שנראתה במאה התשע-עשרה: שמים כחולים, אדמה שברובה היא חול לבן ושממה. לודוויג פרנקל, משורר יהודי אוסטרי, ביקר בארץ מטעם המשפחה הווינאית למל בשנת תרט"ו (1856) ויזם, בין השאר, את הקמת בית ספר 'למל' בירושלים. בספרו ירושלימה[3] הוא כותב את השיר הבא שהוא המקור הראשון המציין, שהצבעים המסמלים את ארץ ישראל הם צבעי הכחול-לבן:

צבעי ארץ יהודה

ועת רחשי רוממות לבו מלא
עוטר הוא צבעי ארצו;
עומד הוא בתפילה ועטוף הוא
גלימה לבנה מהירה.
שולי הגלימה הלבנה
פסי תכלת רחבים יכתירו;
כמו מעילו של כוהן גדול
עטור סרטים של חוטי תכלת.
צבעי הארץ האהובה הם
תכלת-לבן הם גבולות יהודה;
לבן הוא זיו הכהונה
וכחולים זוהרי הרקיע.

בזיכרונותיו של מרדכי בן הלל הכהן על מסיבה שנערכה בקייב בשנת 1884 לכבוד

2. זיכרונות דוד וולפסון מהקונגרס הציוני הראשון, ספר הקונגרס לציון עשרים וחמש שנים לקונגרס הציוני הראשון, ירושלים תרפ"ב

3. ל' פרנקל, ירושלימה (מהדורה מצולמת), ירושלים 1864

מלאת מאה שנה למשה מונטיפיורי מסופר:[4] "בפעם הראשונה גילינו לפני הקהל הרחב את צבעינו הלאומיים — כי רבים, רבים לא ידעו כי תכלת ולבן הם צבעי עמנו".

כעבור שנה, בתרמ"ה (1885), כותב הרב הרפורמי ד"ר אדולף ילינק, בעקבות ועידת קטוביץ, שהוא נמנה עם ראשי מתנגדיה: "מוכרחים להתנגד בהחלט לכל אשר יאמר להעמיד את יישובה של ארץ ישראל על יסודות לאומיים...ואשר הדגל לבן־כחול יורם על אונייה, שתביא את הגולים לארץ הקודש".

מעדויות אלה, ואחרות עולה כי שתים־עשרה שנים לפני הקונגרס הציוני הראשון היה מוסכם בקרב חובבי ציון שבגולה מראהו של הדגל העברי.

אך לא רק בגולה, אף במושבות יהודה. ביוזמתו של ישראל בלקינד מונף בראשון לציון בקיץ תרמ"ה (1885) דגל כחול־לבן. במכתבו אל זאב דובנוב מספר בלקינד כיצד הוכן הדגל:[5] "יריעת אריג לבנה: שתיים שתיים רצועות של תכלת משני קצוותיה, דוגמת הטלית שלנו, ומגן דוד של תכלת באמצע".

שש שנים לאחר מכן, בחורף תרנ"א (1891), נערך טקס הנחת אבן יסוד למושבת הפועלים בוואדי חנין, היא נס ציונה. בעת הטקס הופיע מיכאל הלפרין בראש פלוגת רוכבים, כולם לבושים תכלת־לבן וחמושים בחרבות וברובים.[6] "לא בכסף וזהב נגאל את ארצנו", אמר מיכאל הלפרין, "בדם ואש יהודה נפלה, בדם ואש יהודה תקום". ובאותה עת שלף מתחת אדרתו מוט עץ ארוך ובד כרוך סביבו. "אחים", קרא מיכאל, "הדגל הכחול־לבן הוא הדגל העברי שלנו. צבע התכלת הוא כצבע השמים של ארצנו, והצבע הלבן הוא כטוהר אמונתנו. כאן תקום מדינה עברית וזה יהיה דגלה".

שנים רבות הניפו את הדגל הכחול־לבן אך לא הוענק לו מעמד רשמי. התנועה הציונית הקדישה לשאלת הדגל דיון מיוחד רק בקונגרס השמונה־עשר שנערך ב־1933. למעמד רשמי ומחייב זכה הדגל רק בעת החלטת מועצת המדינה הזמנית.[7] באותה ישיבה אמר שר הדתות הרב יהודה ל' הכהן פישמן (מימון): "לדידי נתקדש דגל זה במסורת עתיקה מאז — תכלת ולבן...דוד וולפסון הציע זאת (את הדגל) על יסוד צבע הטלית שהיא תכלת ולבן, ואני חושב שיש לקבל את ההצעה עם התוספת של מגן דוד, שנתקדש גם הוא במסורת ישראל". דגל הכחול־לבן ומגן דוד במרכזו היו מוכרים שנים לא מעטות לפני הקונגרס הציוני הראשון.

פסי הדגל

מהו מקור הפסים בטלית, שעברו מהטלית אל הדגל הלאומי.

4. מ' בן הלל הכהן, עולמי, ב, תל אביב 1929, עמ' 63
5. י' בלקינד, במכתב לז' דובנוב, מימים ראשונים, א' דרויאנוב (עורך), א, עמ' 41-42
6. מ' סמילנסקי, נס ציונה — שבעים שנות חייה, תל אביב 1953, עמ' 40
7. פרוטוקול מועצת המדינה הזמנית 28.10.1948

בספרו 'הסידור והתפילה' כותב הרב עדין אבן־ישראל (שטיינזלץ):[8] "מבחינת המבנה והשימוש דומה הטלית לבגדים שהיו מצויים באותה עת (ימי שלטון רומא בא"י) בעמים אחרים בארצות הים התיכון". הרב פרופ' דניאל שפרבר התחקה אחר מקור הפסים בטלית. לדעתו, "מקור הפס הצבעוני הוא בטוגה של הסנטורים — Latus — ברומא. אף היהודים היו מעטרים את בגדיהם בפסים אלה, כפי שידוע לנו — Cavus ממממצאי מערות מדבר יהודה ופרסקו של בית הכנסת בדורה ארופוס".[9]

הממצאים במדבר יהודה הם מהימים שלאחר מרד בר כוכבא. 'דורה ארופוס' הוא בית כנסת מהמאה השלישית ששרידיו נמצאו במדבר הסורי. סביר להניח שהנוהג ללכת בבגד שעליו שני פסים היה מקובל בקרב האוכלוסייה היהודית שחייתה ברומא באותה עת, ואף בקרב האוכלוסייה היהודית שחייתה בארץ ישראל, שהייתה תחת שלטון רומא ואחר כך ביזנטיון. הקרבה לשלטון השפיעה אף על סגנון הלבוש, ומכאן, לדעת שפרבר, מקור הפסים שעל הטלית.

מגן דוד

מגן דוד הוא הסמל הלאומי של עם ישראל ומדינת ישראל. במקורו אין זה סמל יהודי כלל והוא מוכר בתרבויות שונות בתקופות שונות. פרסום רב קיבל המגן דוד בתקופת השואה, כאשר מיליוני יהודים בערים, בגטאות, במחנות העבודה ובמחנות ההשמדה חויבו לשאת על בגדם אות קלון שהיה סימן זיהוי מיוחד, מגן דוד צהוב — הטלאי הצהוב. עם הקמת המדינה נבחר המגן דוד כסמל צה"ל — צבא הגנה לישראל. מגן דוד הצבוע בצבע אדום הוא סמל ארגון ההצלה של מדינת ישראל.

מגן דוד הנו מבנה שבו מונחים שני משולשים שווי צלעות זה על גבי זה, ויוצרים דמות של כוכב בעל שישה קודקודים (Hexagram). המשולש העליון — חודו כלפי מעלה, והמשולש התחתון — חודו כלפי מטה. המבנה הפנימי של הכוכב הוא של שישה משולשים שווי צלעות המחוברים לצלעות המשושה. צורתו של המגן דוד נתגלתה גם בטבע — בכתר פרי הרימון, אחד משבעת המינים שנשתבחה בהם ארץ ישראל, וכן במבנה עלי הכותרת של פרח השושן הצחור.

המושג והשם מגן דוד מוזכר לראשונה בתלמוד הבבלי (פסחים קיז ע"ב) כשם של תפילה לאחר ההפטרה, "ברוך אתה ה' מגן דוד". המסורת היהודית מספרת, כי המלך דוד נשא מגן דוד על בגדיו. בימים עברו נודע המגן דוד בשם "חותם שלמה"[10] וייחסו

8. ע' שטיינזלץ, הסידור והתפילה, תל אביב 1994, עמ' 429
9. ד' שפרבר, מנהגי ישראל, ה, ירושלים תשנ"ה, עמ' רז
10. על הקשר בין חותם שלמה ומגן דוד ראו: ג' שלום, מגן דוד: תולדותיו של סמל, עמ' 27, 33-34 (וכן במקומות רבים נוספים בספרו); ר' מילשטיין (עורכת), קטלוג תערוכת 'חותם שלמה', ירושלים תשנ"ה, עמ' 55-58

אותו לשלמה המלך, שהורישו לחכמים המבקשים להגן על הבריות מפני רוחות רעות. דעה אחרת, המבקשת לקשור את דוד המלך ואת המגן דוד, מוצאת סימוכין בנבואת ישעיהו למלך ישראל "חוטר מגזע ישי" (ישעיה יא, א). על פי דעה זו ששת הקצוות מסמלים את ששת התארים שנתן ישעיהו (יא, ב) למשיח בן דוד "רוח חכמה ובינה, רוח עצה וגבורה, רוח דעת ויראת ה'".

דורות רבים שימש המגן דוד בתור קישוט הן אצל לא־יהודים והן אצל יהודים. מגני דוד[11] חקוקים על אבן נמצאו מתקופות קדומות כמו בתל מגידו המקראי ובירושלים של תקופת בית שני. בתקופות מאוחרות יותר שימש המגן דוד אצל היהודים לעיטור בית הכנסת וכליו, על הקירות החיצוניים והדלת וכן היה רקום על פרוכת ארון הקודש ומפת הדוכן, והופיע על מצבות וסמלי משפחה.

ציורי מגן דוד נמצאו על כתבי יד מהגניזה הקהירית. ידוע מכולם הוא 'קודקס לנינגרד' (כתב היד העתיק ביותר שכולל את כל התנ"ך) משנת 1008 ובו מצויר מגן דוד. גם בספרי קבלה מימי הביניים הופיע המגן דוד.[12]

הרמב"ם במאה השתים־עשרה פוסק שאסור לצייר מגן דוד בין המילים שבמזוזה. מעצם ההערה ניתן ללמוד כי מנהג כזה היה קיים באותם ימים.[13]

במאה הארבע־עשרה (1354) התיר הקיסר קארל הרביעי לקהילת פראג לקבוע מגן דוד על דגלה.[14] הייתה זו הפעם הראשונה שהמגן דוד שימש סמל יהודי מובהק. עם התפתחותם של בתי הוצאה לאור יהודיים היה המגן דוד סמל מסחרי של רבים מהם בערים השונות של אירופה. במאות השש־עשרה והשבע־עשרה אפשר למצוא מגן דוד בהקשר לנושאים יהודיים שונים. כך, למשל, על מצבתו של אדם בשם דוד צויר מגן דוד. ידועה מצבתו של האסטרונום, הגאוגרף וההיסטוריון דוד גנז (1613-1541) בבית הקברות העתיק בפראג שעליה נחקק מגן דוד כשם אחד מספריו. התקבלותו של המגן דוד כסמל לעולם היהודי נמשכה מאות שנים ובמאה התשע־עשרה הוא היה לסמל היהודי המוכר ביותר. על משמעותו של המגן דוד כותב חוקר הקבלה הנודע, פרופ' גרשום שלום שהרבה לעסוק בתולדותיו של סמל זה. במחקר שפרסם בתש"ט (1949) כתב:[15]

יהודי תקופת האמנציפציה ביקשו סמל ליהדות, כשם שראו לעיניהם 'סמל הנצרות' בכל מקום. אם היהדות אינה אלא 'דת בני משה' ראוי שגם לה יהיה סימן

11. אנציקלופדיה עברית, ערך: מגן דוד, כב, תשכ"ט 1969, עמ' 150
12. ראו אצל פרופ' ג' שלום על הוויכוח סביב המגן דוד בספר 'אשכול הכופר' לקראי יהודה בן אליהו הדסי
13. (ג' שלום, שם, עמ' 36)
14. ג' שלום, מגן דוד: תולדותיו של סמל, עמ' 49
15. ג' שלום, תולדותיו של סמל, לוח הארץ, תש"ט 1949. מחקרו של פרופ' שלום ראה אור במהדורה חדשה, בשם — מגן דוד: תולדותיו של סמל, עריכה מדעית: ג' חזן־רוקם, הערות: ש' צוקר, עין חרוד 2008

הכר בולט ופשוט כלשאר הדתות. הקריֵרה הנהדרת והריקנית של המגן דוד במאה התשע־עשרה מסימני ההגיון היהודי יש בה. כאשר נבחר המגן דוד הוא הפך להיות מוסכם על הכל. מצד אחד היה נפוץ ומצד אחר היה חסר משמעות דתית. חסרונו נעשה מעלתו ואין בו זכר לעבר אלא תקווה לעתיד.

בסוף מאמרו שבו סיכם את תולדות המגן דוד, כתב גרשום שלום:

יותר משעשתה הציונות להקנות קדושה של סמל אמיתי למגן דוד, עשה אותו רשע שקבעו לאות קלון למיליוני בני עמנו...בסימן זה נהרגו ובסימן זה עלו. ואם אמנם יש קרקע המצמיחה משמעות לסמלים, הריהי כאן. אפשר לטעון: הסימן בו הלכו אל הכליה ואל חדרי הגזים, ראוי להחליפו בסימן של חיים. ואפשר לטעון להפך: הסימן שנתקדשו בימינו ביסורים ועינויים, ראוי הוא שיאיר דרך החיים והבניין. ירידה צורך עלייה היא, ובמום שפלותו שם אתה מוצא גדולתו.

הגדה של יום העצמאות

ד"ר יואל רפל

לקראת יום העצמאות של שנת תשי"ב (1952) הדפיס צה"ל כעשרת אלפים עותקים של 'הגדת יום העצמאות' שכתב הסופר אהרון מגד ואשר חיילי צה"ל היו אמורים לקרוא בארוחת ליל יום העצמאות. אלא שההגדה שהייתה, ככל הנראה, ההגדה הראשונה ליום העצמאות לא נקראה מעולם בשום מחנה צה"ל. עוד טרם החג נגנזה ההגדה בלחץ הרבנות הצבאית שנדהמה לגלות כי בטקסט הדומה לזה של הגדת ליל הסדר של פסח תפס הצבא בכמה מקרים את מקומו של הקב"ה. כך, למשל, בישרה ההגדה כי "לא על ידי מלאך, ולא על ידי שרף, ולא על ידי שליח הִכינו את האויב ויכולנו לו, כי אם על ידי צבא ההגנה לישראל שרוחו דרוכה וזרועו עזה".

'הגדת העצמאות' פורסמה במלואה בעיתון 'מעריב' ורבים קראו בה, אך יוזמת שילובה בתכני החג נחלה כישלון.

השימוש במושג 'הגדה' ביקש לקשר את ליל הסדר של פסח עם הסעודה החגיגית של ערב יום העצמאות, בשני המקרים התחולל שינוי מפליג במצבו של עם ישראל כאומה וכלאום בין העמים.

ניסיון ממלכתי נוסף לעצב הגדה לליל יום העצמאות נעשה בתשט"ו (1955) ביוזמתו של שר החינוך בן ציון דינור ונקרא: "מקראי חג לסעודת יום העצמאות". מבנה הגדה זו, שנכתבה על ידי הסופר והמשורר יצחק שלו, הועתק ממבנה ההגדה של סדר פסח. ובצד התוכן שנבנה בתבנית סיפורית של מלחמת העצמאות וזיכרון הנופלים, שולבו גם תפריט סעודת החג וטקסט דידקטי שהסביר כיצד לקיים את סעודת החג והבליט את מסריה החינוכיים והלאומיים. שנתיים לאחר מכן בתשי"ז (1957) פרסם הרב מרדכי הכהן, מיקירי ירושלים, "אגדת זה היום ליום העצמאות" כך, למשל, מובא בהגדה זו: "מיד עלו נבחרי העם בזה אחר זה וחתמו שמותיהם במגילה. לפי סדר האלף בית חתמו, כדי שלא לחלוק כבוד לחותמים, אלא לכ"ב האותיות". לשנת העשרים לעצמאות מדינת ישראל תשכ"ח (1968) כתב המחנך הד"ר ישראל צבי כנר "הגדה ליום העצמאות" שדמתה אף היא להגדה של פסח, אך העמידה במרכז תוכנה את יום העצמאות למדינת ישראל. בפסח אנו נזכרים כיצד שוחררו אבותינו מבית עבדים, ביום העצמאות אנו נזכרים כיצד שוחררנו אנו עצמנו. כך, למשל, את הפיוט "אחד מי יודע" שינה הד"ר כנר ל"אחד מי יודע?, אחד

אני יודע, אחד הוא צבא הגנה לישראל". את הקטע "והיא שעמדה" שינה ל"והוא שעמד לאבותינו ולנו, שלא פעם אחת בלבד קמו הערבים לכלותינו והקדוש ברוך הוא וצה"ל הצילנו מידם".

הגדות רבות ליום העצמאות נערכו והודפסו על ידי קיבוצים החל מהשנה הראשונה לעצמאות המדינה, היסוד להגדות (ומקראות) אלו היה הצורך לצקת תוכן של ממש לחג הצעיר שאין לו מקורות קדומים. סעודת החג בקיבוצים שדמתה לליל הסדר של פסח שבו התכנסו כל חברי הקיבוץ וילדיו לסעודה חגיגית משותפת, הביאה לדמיון במבנה של הגדת ליל הסדר של פסח והגדת יום העצמאות.

בשישים וחמש שנות המדינה נערכו והודפסו עשרות הגדות שונות לליל יום העצמאות וראוי להזכיר את שתי המהדורות הגדולות של "הגדת יום העצמאות לחיילי צה"ל", שפרסמה מפקדת קצין חינוך ראשי בשנים תשס"ב (2002), תשס"ד (2004), הגדה זו נבנתה סביב שני סמלי היסוד של התקומה הלאומית — מגילת העצמאות וסמל המדינה, המנורה. תוכן ההגדה נועד להעניק ידע בתולדות המפעל הציוני, צה"ל, המאבק לביסוס חברה דמוקרטית והתקווה לשלום.

במאמר שכתב הפרופ' אסא כשר על 'הגדות יום העצמאות' ביקש להבליט את הקשר בין ההגדה של פסח לזו של יום העצמאות:

לטעמי, יש רק דרך אחת לעצב את יום העצמאות כחג של ממש, המשתלב באופן טבעי בתוך ההיסטוריה של העם היהודי, כעם ה'עומד ברשות עצמו', בכל ממד חשוב של קיומו. זוהי דרך הטקס והטקסט שיהיו בעלי זיקה מובהקת להגדה של פסח, המוכרת מליל הסדר. שלושה יתרונות ניתן למנות ברעיון של יצירת 'הגדת יום העצמאות', במתכונת שיש בה דמיון מובהק לזו של ההגדה של פסח. ראשית, למרות שכל נוסח כזה של הגדה ליום העצמאות יכלול, מטבע הדברים, חידושים משמעותיים בחלקים מרכזיים של תוכנו, הוא יהיה מיד עם כינונו גם בעל שורשים היסטוריים עמוקים בשל הדמיון המובהק להגדה של פסח.

הגדה ליום העצמאות תהיה טקסט חדש בעל שורשים עתיקים ולא יהיה בכך פרדוקס כלשהו, אלא דווקא הישג תרבותי מיוחד. שנית, מרכיב טבעי של הדמיון בין ההגדה של פסח לבין הגדה סבירה ליום העצמאות יהיה בהקשר השימוש בטקסט. כשם שההגדה של פסח היא טקסט המכונן טקס, כך הגדה דומה ליום העצמאות תוכל להיות טקסט המיועד לטקס, אם במתכונת של ליל הסדר ואם במתכונת אחרת, במוצאי יום העצמאות, לדוגמה. שלישית, מרכיב טבעי של השוני בין ההגדה של פסח לבין הגדה סבירה ליום העצמאות יהיה בתכונות מרכזיות של הטקסט; בעוד ההגדה המסורתית של פסח מאירה פנים לחידושים, אולם רק אם הם פירושים של עצמה או דרשות הנאמרות בשוליה, הרי הגדה מוצלחת ליום

העצמאות תוכל להאיר פנים לחידושים, אפילו מדי שנה בשנה, ובלבד שיבואו
בנוסף לדברים הנאמרים בה שוב ושוב, מדי שנה בשנה, כראוי לטקסט שנועד
לחיות בתוך מסורת.

הגדת יום העצמאות שיש לקוות כי תתגבש, עשויה ליצוק תוכן של ממש ליום
החג הלאומי עד שכל חוגג בעתיד הקרוב והרחוק יחוש כאילו הוא עצמו היה בהולדת
מדינת ישראל.

על עיצוב דמותו הרוחנית של יום העצמאות בידי הרבנות הראשית בשנת ה'תש"ט – שיקולים, נימוקים והחלטות*

הרב שמואל כ"ץ

אחת ההחלטות החשובות, המשמעותיות והנועזות ביותר שקיבלה הרבנות הראשית מאז היווסדה, בט"ז באדר א' תרפ"א (1921), הייתה ההחלטה שהתקבלה בחודש ניסן תש"ט (1949), ולפיה יום העצמאות של מדינת ישראל החוגגת שנה לקיומה הוא יום בעל משמעות דתית, החייב בהלל והודיה לקב"ה, וחובה זו היא לדורות!

בעת קבלת החלטה זו, הרבנים הראשיים לישראל היו הרב יצחק אייזיק הלוי הרצוג והראשון לציון הרב בן ציון מאיר חי עוזיאל. שניהם תפקדו בהרמוניה מלאה ובהערכה הדדית רבה. השקפת עולמם על תהליך הגאולה בדורות האחרונים, על הערך הרוחני שיש בהקמת המדינה ועל החובה להיות שותפים עם האומה בכאבה ובשמחתה אפשרו להם להוביל את המהלך המשמעותי הזה.

שאלות יסוד

הרבנות הראשית לא יכולה הייתה להתייחס ולהביע את דעתה בקשר ליום העצמאות, אלא רק לאחר קבלת ההחלטות בנדון בממשלה ובכנסת. בי"ג באדר תש"ט (1949) החליטה הממשלה שיום ה' באייר ייקבע כ"יום המדינה", שיוחג מדי שנה כחג לאומי רשמי. החלטה זו התפרסמה בעיתונות, והייתה ידועה לכול. בי"ב בניסן הביאה הממשלה את "חוק יום הקוממיות" לדיון בכנסת. היה זה למעשה הדיון הראשון על עיצוב דמותו של היום. חברי הכנסת הפגינו אחדות כמעט מלאה ברצון שיום זה לא יהא יום חולין, אלא בעל צביון יהודי מסורתי כשאר חגי ישראל. בסוף היום הוחלט להעביר את ההכרעה בנדון לוועדת הכנסת, אך מקוצר זמן זו החליטה למסור את ארגון החג לממשלה, בתוספת הצעה החשובה לענייננו: "נשמעה בוועדה גם הצעה בקשר להכרזת החג ותוכנו, ושיתייעצו בעניין זה עם **כבוד הרבנים הראשיים**" (ההדגשה שלי, ש"כ).

החוק העניק אפוא את ארגון אירועי החג הלאומי לדרג השלטוני הבכיר ביותר –

* פורסם במוסף שבת, 'מקור ראשון' ב' באייר תשע"א.

הממשלה. בכ"ז בניסן פרסמה ה"ועדה הממשלתית" את תוכנית יום העצמאות, ובה לא הוזכר דבר הקשור לסדר היום בבית הכנסת ולמנהגי הסעודה בבית. למחרת פרסם ראש הממשלה דוד בן־גוריון הוראות מיוחדות, טכניות בלבד, בדבר הפעלת שירותי תחבורה ודואר ופתיחת בתי אוכל, בתי קפה ובתי שעשועים. לא היה בכך כל תרומה ליצירת אווירת חג מסורתית בחוג המשפחה ובחוצות הערים. גם במנשר המיוחד שפרסמה הממשלה ליום העצמאות הראשון הייתה התעלמות מוחלטת מהעצמאות הרוחנית, ובלט בה חסרון שם ה' או פסוק כלשהו. כיצד הרבנים הראשיים התכוננו לרגע היסטורי זה? מה היה להם להציע ל"ועדה הממשלתית" שהוזכרה לעיל? אילו הנחיות הם הוציאו לרבנים ולציבור הרחב לקראת החג הממשמש ובא?

בפני הרב הרצוג והרב עוזיאל עמדו שאלות הלכתיות חדשות וקשות, ששום רב בארץ ובגולה לא התמודד איתן, וזאת פחות מחודש ימים לפני יום העצמאות הראשון של המדינה. כאן ניתנה ביד הרבנות הראשית ההזדמנות להגשים לפחות חלק מחזונה – לעצב את דמותה הרוחנית של מדינת היהודים, בנתינת גושפנקא הלכתית־דתית לחג חדש בישראל – דבר שלא עשתה רבנות לפניה מאז חורבן בית שני!

הרבנים הראשיים והרבנות הראשית היו צריכים לתת פתרונות למספר שאלות עקרוניות:

א. האם בסמכותה של הרבנות הראשית לקבוע בזמן הזה יום טוב לדורות? אם כן – האם בכוחה לחייב בכך גם את הקהילות היהודיות בתפוצות?

ב. האם יש משמעות דתית לאירוע היסטורי חד־פעמי כהקמת מדינה יהודית, אפילו אם היא לא מתנהלת על פי תורת ישראל וראשיה אינם שומרים תורה ומצוות?

ג. האם ראוי מבחינה הלכתית להצטרף להחלטת הכנסת, ולקבוע דווקא את יום ה' באייר כיום חג? אולי היה מקום לקבוע את יום סיום מלחמת השחרור?

ד. אילו קטעי תפילה יעטרו יום זה – האם מותר לומר בו הלל, עם ברכה או בלעדיה?

ה. האם ניתן לחבר ולתקן תפילות חדשות ליום חגיגי זה, כדי שיבטאו טוב יותר את רחשי הלב?

ו. האם בכוחו של יום העצמאות לבטל את אמירת ה"תחנון" בתפילה, את אמירת הסליחות שנהוג לומר בימי בה"ב לאחר חג הפסח, ואת מנהגי האבלות של ימי ספירת העומר?

כבר בשנה הראשונה רבו הדעות והמחלוקות בשאלות אלו. ננסה בדברים הבאים לחשוף את השיקולים, את ההתלבטויות ואת אופן קבלת ההחלטות של הרב הרצוג, של עמיתו הרב עוזיאל ושל מועצת הרבנות הראשית, שהובילו לעיצוב דמותו הרוחנית של יום העצמאות ולקביעת סדר התפילות הנאמרות בו עד עצם היום הזה.

הנחיות ראשונות

המסמך הראשון שמצאתי בעניין החלטת הרבנות ביחס לאופיו של יום העצמאות הוא מכתב ששלחו הרב הרצוג והרב עוזיאל בח' בניסן תש"ט (1949) לחברי מועצת הרבנות הראשית המורחבת. במכתב, שנשלח רק אחרי שלושה שבועות מיום פרסום החלטת הממשלה לקבוע את ה' באייר כיום חג, הביעו הרבנים הראשיים את דעתם הברורה כמענה לשאלות הרבות שהופנו אליהם:

> המפנה היסודי שחל בחמלת ה' עלינו להצלתנו ולפדות נפשנו עם הכרזת עצמאותנו בארץ מחייב אותנו **לקיים ולקבל עלינו לדורות את יום הכרזת מדינת ישראל, הוא יום ה' באייר שבכל שנה, ליום שמחה של אתחלתא דגאולה לכלל ישראל**, ולהוציא את היום שבו נעשה הנס הגדול הזה מכלל מנהגי האבלות של ימי ספירת העומר, עם מתן הוראות לתפילת הודיה ודרשות מעין המאורע בבתי הכנסת בתפילת מנחה (ההדגשות שלי, ש"כ).

כנראה שההכנות לחג הפסח הקשו על כינוס חברי המועצה לירושלים לדיון מעמיק בנושא, ולכן ביקשו הרבנים הראשיים לקבל מיידית את הסכמתם, כדי להספיק להוציא בזמן כרוז והודעה לציבור הרחב. יש לשים לב:

א. יום ההכרזה על הקמת המדינה – ה' באייר – נתפס כבר אז על ידי הרבנים הראשיים כ"אתחלתא דגאולה". נקודה עקרונית זו הניעה אותם בכל פעילותם בקשר ליום זה, למרות שלא כל חברי המועצה הסכימו להשקפת עולם זו.

ב. החג חייב להיקבע לדורות ולכלל ישראל, אף לאלו בתפוצות, ללא התניה מה יהיה אופייה הרוחני של המדינה בשנים הבאות, וכמה תורה ומצוות יקיימו תושביה בעתיד.

ג. כדי שגדולתו ואופיו הרוחני המיוחד של יום העצמאות – כיום שבו חל מפנה גדול בתולדות עם ישראל – יובלטו גם בפרהסיה, ברשות הרבים, סברו הרבנים הראשיים שיש לבטל את מנהגי האבלות הנהוגים בתקופה זו, ימי ספירת העומר. נושא זה יעמוד במרכזו של ויכוח סוער במשך שנים רבות.

ד. הרבנים הראשיים לא הציעו לחברי המועצה סדר תפילה מיוחד ומפורט. בשלב זה הם התכוונו רק לחגיגיות יתר בתפילת מנחה.

לא מצאתי כל מסמך שילמד מה השיבו חברי המועצה; ייתכן שהתשובות ניתנו בטלפון. לעומת זאת, מצאתי כרוז שהכינה הרבנות הראשית עבור הציבור הרחב: "בידיעת המועצה המורחבת ולשכות הרבנות בארץ", לקראת "יום המדינה" (עדיין לא נקבע השם הרשמי של החג). ההנחיות שנתנה הרבנות הראשית היו הפעם יותר מפורטות:

א. אין אומרים "תחנון" בשחרית ובמנחה, ואין מספידים ביום זה.

ב. בתפילת מנחה: לפני "אשרי", בעת פתיחת ארון הקודש, נושא הש"ץ תפילת אזכרה לעילוי נשמות חיילי צה"ל שנפלו במלחמה. אחרי חזרת הש"ץ, הלל ללא הברכות לפניו ולאחריו, והרבנים דורשים מעניין היום.

ג. יש להרבות בצדקה לעניים כמו בפורים.

ד. מרבים בסעודות בשילוב זמירות ושירי קודש של משוררים כר' יהודה הלוי, בין מנה למנה, ופרקי תהלים: ל, קמד, קמו, קמט, קנ.

ה. לסעודות אלו יש דין של סעודת מצווה.

ממסמך זה ניתן ללמוד מספר פרטים חשובים:

א. אין כל התייחסות לתפילה בליל החג.

ב. אמירת ההלל נקבעה לתפילת מנחה – דבר שלא נהוג בשום חג! אני משער שהנחיה מפתיעה זו נבעה מהרצון לאפשר גם למי שעובדים במשך היום להשתתף בתפילה החגיגית אחר הצהריים.

ג. אין כל התייחסות למנהגי האבלות הנהוגים בימי ספירת העומר.

ד. נעשה כאן ניסיון לשוות ליום זה סטטוס הלכתי בדומה לחגים מדרבנן – חנוכה ופורים.

ה. יש פירוט מדויק אילו פרקי תהלים יש לומר בסעודת החג. כרוז זה, כנראה, לא פורסם ברבים.

התנגדות חרדית

בי"א בניסן התפרסמה בעיתונות ידיעה קצרה ומפתיעה בשמה של הרבנות הראשית, וזאת מבלי להמתין להחלטה הרשמית של הכנסת, שהתכנסה לדיון בנושא זה רק למחרת:

'יום המדינה', ה' אייר, שחל בימי הספירה, שלפי דיני ישראל נוהגים בהם אבלות, יהא דינו כיום ל"ג בעומר, ולפי החלטת הרבנות הראשית יותרו כל השמחות, חגיגות נישואין, תספורת וכו' (ההדגשות שלי – ש"כ).

ידיעה זו שימחה רבים מבין אלה שהעריכו את פועלה של הרבנות הראשית, עד שהיה מי שהגדירה כך: "פסק הלכה זה הוא מאורע בחייה של תורה. הוא מוכיח באיזו מידה היהדות התורנית וסמכותה הגבוהה ביותר, הרבנות הראשית, תופסת את המאורע של יום הקמת המדינה". אך השמחה לא ארכה זמן רב. כנראה שלהחלטה גורפת ונועזת זו – השוואה מוחלטת לל"ג בעומר – קמו מתנגדים בתוך המועצה ומחוצה לה, בעיקר בציבור החרדי. בביטאונה של אגודת ישראל, לאחר בירור ברבנות הראשית של תל

אביב ואחר כך אצל הרב הרצוג, נמסר שהידיעה אינה מדויקת ושהעניין עדיין נתון בדיון. הובעה שם הדרישה שלפני ההכרעה הסופית תתקבל חוות דעתם והסכמתם של כל רבני ארץ ישראל ורבני הגולה, כדי למנוע פילוג ביהדות שומרת התורה וחילול השם. דבר זה לא נעשה מקוצר זמן, ומתוך ידיעה ברורה שהסכמה כללית לא תינתן. הרב הרצוג והרב עוזיאל סברו שלרבנות הראשית, בהיותה המוסד ההלכתי העליון במדינה, יש סמכות להחליט בעצמה בנושא זה, אף על פי שהוא בעל משמעות כה גדולה לכל הציבור על פלגיו השונים, בארץ ובתפוצות.

מועצת הרבנות הראשית המורחבת התכנסה לדיון דחוף רק בי"ח בניסן, חול המועד פסח (בדרך כלל לא התקיימו ישיבות בחול המועד). מעיון בפרוטוקול הישיבה מתברר שהייתה נסיגה מההחלטה הנ"ל, תוך הבהרה שלפיה, כשירושלים העתיקה תחזור לריבונות ישראל, תדון הרבנות הראשית אם יש לבטל ביום זה את מנהגי האבלות. לגבי אופיו החגיגי של היום וסדר תפילת ההודיה בו הוחלט:

א. אין אומרים "תחנון" ביום זה.

ב. בתפילת שחרית אומרים הלל ללא ברכה, עורכים אזכרה לחללי מלחמת השחרור ו"מי שבירך" למדינה.

ג. מרבים בסעודה וזמרה ונותנים מתנות לאביונים.

אם כן, חל כאן שינוי עקרוני. את ההלל (ללא הברכות) והאזכרה לחיילי צה"ל יש לומר **בתפילת שחרית**, ויש הוספה חשובה – ה"תפילה לשלום המדינה". כאשר הוראות אלו התפרסמו בעיתונות שוב חל שינוי: ה"תפילה לשלום המדינה" הושמטה; האזכרה לחללי צה"ל הועברה לתפילת מנחה, ונוספה הדגשה – לסעודת היום יש דין של סעודת מצווה. בנוגע לנישואין ותספורת ביום זה, נאמר שבכך "תדון הרבנות הראשית **כאשר ירושלים עיר קודשנו העתיקה והחדשה כאחת תוחזר לישראל**".

עיצוב התפילה

ההוראות לעיל כלליות ומעטות מדיי מכדי לשוות לבית הכנסת אווירת חג מיוחדת. ואכן, בל' בניסן התפרסם בעיתונות סדר מפורט של "תפילה והודיה ביום העצמאות", שבו מפורטים קטעי התפילה הנוספים ליום זה והמנהגים החגיגיים המיוחדים המתקיימים בו. בסדר זה נעשה ניסיון לשלב קטעי תפילה המוכרים לציבור ממועדים אחרים, כדי שהם יקרינו על החג החדש מאווירת ימי מועד אלו ויבהירו למתפללים שיום זה מבטא רק את "אתחלתא דגאולה" ויש להמשיך להאמין בביאת המשיח. בסדר זה לא נקבעו ברכות, כדי לא להיכנס לספק באמירת שם ה'.

מהודעה זו, שהתפרסמה תחת שמה של הרבנות הראשית, היה ניתן להבין שהיא זו שקבעה את סדר התפילות הנ"ל, אך לא כך היו פני הדברים! גילינו ומצאנו שרבנים

מ"חבר הרבנים של הפועל המזרחי", שלא הסתפקו בהנחיות שפרסמה הרבנות הראשית לאחר חג הפסח, הם שערכו את סדר התפילה. במכתב אל הרבנות הראשית הם ביקשו שתסמוך את ידה על סדר התפילה המוצע כסדר יום קבוע לכל הציבור בארץ. במידה שקוצר הזמן לא יאפשר דיון וקבלת החלטה בנידון, הם מסתפקים בהסכמת הרבנים הראשיים לאשרה כתוכנית רשות, כך שהרבנים המקומיים יוכלו לפרסמה במקומם.

רבה של כפר הרא"ה, הרב שאול ישראלי, ושכנו, הרב משה צבי נריה, ראש ישיבת בני עקיבא במקום, הם, כנראה, שהציעו את עיקרו של סדר התפילה הנ"ל. הרב ישראלי נפגש למחרת בירושלים עם הרב עוזיאל כדי לקבל את הסכמתו. הרב עוזיאל מחק על הטופס המקורי שהוגש לעיונו מספר קטעים, והם: "הריני מוכן ומזומן לשמוע קול שופר ביום עצמאות ישראל"; "תקע בשופר גדול לחירותנו... ברוך מקבץ נידחי עמו ישראל"; ברכה בשם ומלכות "שעשה לנו נסים בימים ההם ובזמן הזה"; קריאה בתורה לשלושה עולים בספר דברים פרק ל, א-כ. הרב ישראלי הוסיף בכתב ידו שני קטעי תפילה שיש להוסיף לסדר היום: בתפילת ערבית – "מי שעשה נסים לאבותינו **ולנו**" וכו', ובתפילת שחרית – "אנחנו חייבים להודות ולהלל... ונאמר לפניו שירה חדשה הללויה". לאחר שהנוסח תוקן והושלם הוא נשלח לפרסום בעיתונות.

תוקפו של יום

כדי שהציבור הדתי יקבל את החלטת הרבנות הראשית להצטרף להחלטת הכנסת לקבוע את יום ה' באייר כיום חג היה צורך להסביר מבחינה הלכתית ואמונית את החשיבות הגדולה לדורות דווקא של יום ה' באייר תש"ח – יום שבו לכאורה לא אירע כל ניצחון. אדרבה, למחרת פרצו צבאות ערב כדי להכחיד את המדינה שזה עתה נולדה. הרב הרצוג היה באותה העת בארצות הברית, ולכן הרב עוזיאל נטל על עצמו משימה חשובה זו. הוא פרסם מנשר מיוחד לכבוד יום העצמאות הראשון למדינה, ואלו עיקרי דבריו:

> דבר זה ראוי לאמרו ביום זה, הוא יום הכרזת מדינתנו העצמאית מדינת ישראל – "**היום הזה נהיית לעם לה' א-להיך**"! כי ביום הזה התפרקנו מעול שעבוד מלכות זרה בצורה מנדטורית בארץ ישראל שרצתה להחניק אותנו עד מוות, ומאימת מלחמת ממלכות שמסביבנו שדימו לשעבדנו שעבוד עולם. הכרזה נועזת זאת, שלא האמינו לה כל מלכי ארץ, עשתה את כל עם ישראל, שבארץ ובתפוצות, לעם עצמאי וריבוני בארצו ובכל משטרי חייו, נתנה אומץ וגבורה לצבאות ה', הם צבאות ישראל במלחמת גאולתו כאריות והצליחו נגד כל הקמים עלינו מסביב, והיא אשר פתחה שערי ארץ לפני עם ישראל מכל פזורי הגולה אל ארץ נחלת ה', והיא אשר

> נתנה לעם ישראל את מקומו המכובד בין כל העמים...**יום זה הוא יום טוב לישראל היושב בארצו ובכל תפוצות פזוריו לדורותינו ולדורות עולם** (ההדגשות שלי, ש"כ) להודות לה' חסדו ולהגיד בקול זמרה וצהלה הלל ותהילה – "זה היום עשה ה' נגילה ונשמחה בו".

דברים מרוממים אלו של הרב עוזיאל מבהירים כמה נקודות חשובות ויסודיות בהבנת מהות היום. לדעתו, התוקף ההלכתי וחשיבותו של יום העצמאות – שנקבע דווקא לה' באייר – נובעים מהסיבות הבאות:

א. פריקת עול שעבוד מלכויות וקבלת הריבונות על ארץ ישראל, יחד עם סיום שלטון המנדט הבריטי בארץ בחצות ליל אותה שבת.
ב. בניצחון במלחמה הקשה שהתנהלה בארץ, של מעטים מול רבים, הייתה הצלה ממוות לחיים ומסכנת כליה.
ג. האומץ שהיה למנהיגי האומה להכריז על הקמת המדינה באותו היום למרות הסיכון הרב שהיה בכך, הפך את עם ישראל – גם את אלו שבתפוצות – לעם עצמאי וריבוני.
ד. ביום זה נפתחו שערי הארץ לעלייה חופשית של יהודים לארץ אבותם, במיוחד לניצולי השואה, ובכך יש מעין סיום הגלות.
ה. עם ישראל קיבל מקום מכובד במשפחת העמים, לאחר שנות השפלה בגלות הארוכה ולאחר השואה הנוראית בסופה.
ו. יום העצמאות הוא יום חג השייך גם ליהודי התפוצות, כי מאותו היום יש באפשרותם לעלות לארץ בכל עת שיחפצו, במיוחד בעת צרה.
ז. יום העצמאות הוא יום טוב לדורות!

דברים מרוממים אלו נכתבו על ידי הרב עוזיאל כבר בכ"ח בניסן, אך משום מה הם התפרסמו בעיתונות באיחור רב, רק בה' באייר בבוקר! אם היו מתפרסמים מספר ימים קודם, היה בהם כדי לרומם את רוח הציבור הרחב, ולהבהיר לכול, לפני תפילות ההודיה, את גדולת היום. על מנשר זה היה חתום הרב עוזיאל ולא הרבנות הראשית, והוא למעשה היווה משקל נגד למנשר שפרסמה הממשלה, שבו הייתה התעלמות גמורה מהממד הרוחני־דתי של היום.

חגיגה ראשונה

תפילות הודיה חגיגיות התקיימו בליל החג בכל רחבי הארץ. בתי הכנסת היו מלאים באלפי מתפללים. טקס מיוחד התקיים בירושלים, בארגון הרבנות הצבאית, השירות הדתי בצה"ל ומשרד הדתות. אירוע זה נפתח בטקס הודיה "לתקומת ישראל ושיבת הארון משדה המערכה לירושלים". תהלוכה מיוחדת של רבנים צבאיים וחיילים

נעה כאשר בראשה נראו למרחוק שני ספרי תורה, סמל ענק של מדינת ישראל, דגל מלכות – שעליו נכתבו כל שמות מלכי יהודה – דגל המדינה ודגלי שנים עשר השבטים. רבבות חוגגים ליוו את התהלוכה בשירה וריקודים ברחובות העיר עד בית הכנסת "ישורון", שם התכנסו אלפים לתפילת ההודיה.

התפילה נפתחה בפתיחת ארון הקודש על ידי הרב עוזיאל, שענד על בגדו את אות הכבוד מזהב שקיבל ביום הכתרתו לראשון לציון. לאחר תפילת ערבית חגיגית קרא הרב הצבאי הראשי, הרב שלמה גורונצ'יק (גורן), את "דבר התקומה" – הייתה זו מגילת קלף שעליה נכתבה תפילה מיוחדת, שחוברה במיוחד ליום העצמאות הראשון. הרב עוזיאל נאם בענייני דיומא, הוקראו הפסוקים: "וכי תבואו מלחמה" (במדבר י, ט-י) ו"עוד היום בנוב" (ישעיה י-יב), ונערכה תפילת אזכרה לחללי מלחמת השחרור. סדר זה שונה במעט מהסדר שהרבנות הראשית עצמה הציעה לציבור.

למחרת, בשעות הבוקר, התקיים מצעד צבאי מרשים בירושלים, כשעל בימת הכבוד יושב גם הרב עוזיאל. מצעד צה"ל הגדול, שתוכנן לצעוד בתל אביב, בוטל בגלל הדוחק הרב ובשל התפרצות הקהל העצום לרחובות. הרב הרצוג היה הנואם המרכזי באספת המונים לכבוד יום העצמאות שהתקיימה במדיסון סקוור גארדן שבניו יורק. נאומו בפני מאתיים אלף איש השאיר רושם עז על השומעים.

החזרת השלטון היהודי וקיבוץ נידחי ישראל - הם קיום חזון הנביאים

הראשון לציון הרה"ר לישראל הרב יצחק נסים

חג העצמאות צריך לשמש ראש השנה לחשבון המדינה. ככל אשר הוא נעשה ותיק יכולים אנו לסכם ביתר בהירות את הישגינו ולהתוות הדרכים לעתיד. הניסיונות גדלים, הבעיות מתלבנות, האופק מתרחב והתמונה מתבהרת יותר ויותר.

מדינת ישראל הולכת וגדלה, מספר תושביה מתרבה, מוקמים בה יישובים חדשים, נוסדים בה מוסדות תורה ותרבות והחרושת מתפתחת. אבל עלינו לשאול: האם התפתחות זאת עולה בקנה אחד עם תהליך הגאולה לפי הרוח שניבאו עליה נביאינו ודיברו עליה חכמינו?

לשם כך עלינו להקדים ולשאול עוד שאלה: אנו מאמינים שגאולת ישראל אינה יכולה לבוא אלא בידי שמים. אבל האם הייתה דרושה התעוררות מלתתא שנתגלתה בדורות האחרונים למציאת דרכים מעשיות לגאולת הארץ והחייאת השלטון היהודי בה? דומני שתשובה על שאלה זו יכולים אנו למצוא בדבריהם של שניים מגדולי חכמי ארץ ישראל שלפני ארבעה ושלפני חמישה יובלות. האחד הוא המקובל החסיד ר' רפאל טריווס, שבספרו הנפלא 'צח ואדום' (ה ע"א) הוא משיב על שאלה זו: "ואף שנבין שאין לנו תקומה אלא בְּעִתָּהּ, חובה עלינו ככל הבא מידינו לעשות. אולי יחנן ה' צבאות על חרבן נוה עם נדברות, ויושבו הערים ונבנו החרבות".

ולפניו ר' משה חאג'יז, שליחה הנאמן של ציון, שבעת שהיה בהולנד ראה שהיהודים הנמצאים בה משתעשעים בתקווה, שמשום הטוב והחירות שיש להם בארצם אין להם עוד צורך בירושלים. ונמצאו גם שטענו: "כי אין חפץ לה' בישיבת בני ישראל בארצות החיים ההמה עד שהוא יתברך יקבץ נדחינו, וגם מחזיקים דברי צפצופם באומרם רבותינו ז"ל: 'שלש שבועות השביע הקב"ה את ישראל שלא יעלו בחומה וכו'"" (כתובות קיא ע"א). נתעורר אז ר' משה חאג'יז לחבר את ספרו 'שפת אמת', בו השיב בדרך תבונה ובמילים נמרצות כנגד אלה, ועליהם הוא אומר כאיוב לא בדעת ידבר, ומוכיח דבריו מן הפסוקים ומדברי חז"ל (שפת אמת, ז ע"ב).

והנה התופעות הגדולות של תקומת מדינת ישראל: הראשונה – עצם החזרת השלטון היהודי על חלק מארצו ובניין ארצו ופיתוחה; והשנייה – קיבוצם של נידחי

ישראל בתוכה; הם לפי אמונתנו קיום החזון הנבואי על ימי הגאולה. רוצה אני לפרש את הפסוק: "בונה ירושלם ה' נדחי ישראל יכנס" (תהלים קמז, ב). נאמר תחילה בניין הארץ, זהו השלב הראשון שבו כרוך השלב השני של כינוס נידחי ישראל ולכך אנו מתכוננים. אבל בבניין בלבד לא סגי, "בונה ירושלם ה'" נאמר, והכוונה גם לבניינה הרוחני שיהיה ברוח תורת ה', ברוח היהדות, ויסוד זה אנו צריכים לחזק בל ייסעו יתדותיו. והן כך הוא דרך הטבע שקודם מתחילה לבוא הגאולה ואחר־כך פדות הנפש, וכך אנו מברכים בליל הפסח: "על גאולתנו ועל פדות נפשנו". אם הגיעה שעתם של גאולים לבוא ודאי שתגיע גם שעת פדות הנפש.

התופעה של קיבוץ שבטי ישראל היא מפליאה אותנו מאוד. לפני שנים אחדות רחוקים היינו מלהעלות על דעתנו שגלויות שלמות יחוסלו ויועתקו למדינת ישראל, והנה דווקא באותה שעה שמדינות ערב היו אתנו במצב מלחמה עלו בני גלויות אלו. הלוא תופעה בלתי מובנה היא זו ואנו מוצאים אותה רמוזה בדברי המדרש (תנחומא, מהד' בובר, בשלח, ג): "ברצות ה' דרכי איש גם אויביו ישלים אתו" (משלי טז, ז) – אלו ישראל, שכתיב בהם "כל איש ישראל" (דברים כט, ט), כשהיו במצרים, כיוון שבאתה השעה להיגאל, "גם אויביו ישלים אתו" – זה פרעה, שכתיב בו: "אמר אויב ארדוף אשיג אחלק שלל" (שמות טו, ט). כלומר, בשעה שמתגלה רצון ה' לחונן את עמו, אז יתקבצו בני ישראל לארצם, גם אלה הנמצאים מאחורי הרי החושך ומסך הברזל. וחזיון זה ראינו בעינינו עם חיסול גלויות בבל ותימן.

והנס הזה הוא נס בתוך נס. כי אילמלא שילוב המאורעות האלו שגרמו לרצון הגלויות לעלות כחומה לישראל, מי יודע אם היו עולים העולים. הן כשהיו המדינות פתוחות, רוב רובם של בני הגולה לא עלו. חוסר הנוחיות בארץ, והתנאים שנראו להם טובים יותר בארצותיהם גרמו לכך. החיבה והמצווה לעלות לארץ לא הדליקה בהם את הניצוץ הקדוש לגאולה, כי אין ארץ ישראל נקנית אלא על־ידי ייסורין. וכאן רוצה אני לחזור ולהביא מדברי ר' משה חאגיז שאומר על הפסוק (במדבר יד, כג): "אם יראו את הארץ אשר נשבעתי לאבתם, וכל מנאצי לא יראוה". "'מנאצי' – שאינם רוצים לעלות לארץ כי אם בעגלות ומרכבת סוסים, ועוד באים בטענות שוא ומדוחים ומוציאים שם רע כדי להיות מואסים ביושבי הארץ שהם פירות הארץ, לאלו אני גוזר עליהם שלא יראוה... וגם מה שאתם אומרים מה לנו ולא"י, מאחר שכבר ה' השליך אותנו משם אין לנו עוד ארץ ישראל... על זה דעו 'כי יום לה' צבאות על כל גאה ורם וגו' (ישעיה ב, יב). 'חי אני נְאֻם ה' א־להים, אם לא ביד חזקה ובזרוע נטויה ובחמה שפוכה אמלוך עליכם. והוצאתי אתכם מן העמים וקבצתי אתכם מן הארצות אשר נפוצותם בם' (יחזקאל כ, לג-לד). פסוק זה מורה, שהמשפט הזה אשר לעתיד יהיה נשפט עם בית ישראל, הוא על הוצאת דיבת הארץ ויושביה רעה אל אביהם, כמו שפירשנו שהנוגע בכבוד הארץ ההיא

מחלל כבוד אביו שבשמים" (שפת אמת ט, טז ע"ב). וכן הוא אומר: "כל מי שיוציא שם רע על הארץ ילקה בגופו... והיינו וכל מנאצי לעתיד גם כן יהיו תחת עונש גזרה זו שלא יראוה, כי המוציא שם רע על הארץ הטובה הנה מורה היותו לא מבני ישראל" (טו ע"א). ויותר מזה כותב ר' רפאל טריוויס (צח ואדום, ו ע"א): "והוי זהיר מלעקם פיך לדבר ולבך להרהר על ארץ ישראל, אף בדבר של גנות ח"ו הנראה בה לעיני רואי השמש, ששגגתה עולה זדון, והבט וראה במרגלים מה הגיע עליהם ומה גרמו".

ואף־על־פי שלדאבונינו הננו רואים מכשולים ופרצות בחומת היהדות, עם כל זאת אנו בטוחים שזהו תהליך כור ההיתוך של התרקמות צורת החיים במדינה, ובסופו של דבר יהיו זכים ומזוקקים על טהרת אמונתנו.

שום אומה ולשון אין דתה ואמונתה כרוכים בארצה כאומה הישראלית. עם ישראל אין הארץ קדושה לו בגלל מקומות קדושים בלבד, אלא משום שהיא מקום השכינה, ארץ שה' דר בה ועיניו פקוחות עליה מראשית השנה ועד אחרית שנה. הרבה מצוות אינן נוהגות אלא בארץ. הארץ היא הדת והדת היא הארץ, ואין עם ישראל נקרא עם בלי ארצו. ואין יסוד שמשתף אותנו עם אחינו שבגולה אלא הדת והארץ, אשר בה, כדברי ר' רפאל טריוויס: "תלוי אמונת ישראל... היא הירושה והנחלה היא בית א־להים ושער השמים... ארץ אשר ה' א־להיך דורש אותה תמיד, עיני ה' א־להיך בה מראשית השנה ועד אחרית שנה, ולבו שם כל הימים אף בגלות לא זז מחבבה, מקום השלמות, מקום הקדושה והטהרה... מקום המנוחה והקוממיות... מקום הישועה, מקום התחיה והגאולה, מקום הנקמה להמשעבדים בניו, מקום שמלך מלכי המלכים הקב"ה אִוָּהּ למושב לו, מקום השלום".

וכדברי ר' משה חאגיז: "כל מעלת ישראל היא תלויה בארץ ההיא, כמו שנאמר: "גוי אחד בארץ" (שמואל ב' ג, כג), להורות שכשישראל על אדמתן אז דווקא נקראו גוי אחד בארץ" (ד, ה ע"ב). הנה כי כן אנו רואים במדינת ישראל את כור ההיתוך של כל הגלויות וההשקפות. אנו צריכים להשתדל שבסופו של דבר ייווצר עם אחד בארץ עם השקפת עולם אחידה ומגובשת היונקת את מקורותיה מתורת ישראל.

יום העצמאות תשט"ו

מתוך 'לדור ולדורות' מבחר מאמרים ונאומים של הרב יצחק נסים, (הרב שמואל כ"ץ), ירושלים תשע"ג, עמ' צט-קא.

כי גדול יום ירושלים

הראשון לציון הרה"ר לישראל הרב יצחק נסים

למן היום שגלינו מארצנו לא היה לה לאומתנו זמן שנתייחד בחשיבותו, ושמצבו של עם ישראל שונה מן הקצה אל הקצה, כמו בשנה האחרונה. ה׳ נתן כוח ותבונה, עוז ותושייה לצבאות ישראל, שיצאו להגן על בית חייה של האומה. הם הדפו את הקמים עלינו, וגאלו את החלק של ארץ ישראל שהיה בידי זרים. מכלול ההתרחשויות והמעשים, גם של אויבינו, כיצד נרקמו וכיצד נעשו במקום ובזמן שנעשו, וכיצד נתגלתה האחדות בעם המפוזר והמפורד, כל אלה שום כוח אנושי לא יכול היה לתכננם ולכוונם – אלא מסבב הסיבות.

ניתוקנו מירושלים הביא לנו יתמות, ודומה שהדבר השפיע לא מעט גם על ההתרחקות מערכי היהדות, כי שוב לא ינקנו ממקור השפע היורד על העם בירושלים. מסרנו את נפשנו, וכאילו כל הדורות שעברו והדורות שעתידים לבוא, מסרו נפשם עמנו כדי לנתק מוסרות עיר הקודש. ונתקיימו דברי הנביא ירמיהו: "כי כה אמר ה׳ קול חרדה שמענו, פחד ואין שלום...הוי כי גדול היום ההוא מאין כמוהו, ועת צרה היא ליעקב וממנה יִוָּשֵׁעַ. והיה ביום ההוא נאם ה׳ צבאות אשבר עלו מעל צוארך ומוסרותיך אנתק, ולא יעבדו בו עוד זרים...ואתה אל תירא עבדי יעקב נאם ה׳ ואל תחת ישראל כי הנני מושיעך מרחוק ואת זרעך מארץ שבים, ושב יעקב ושקט ושאנן ואין מחריד" (ירמיהו ל, ה-י). מן השמים נלחמו לנו וזכינו. הר הבית בידינו ולא בידינו. הוא שוב בתחום מדינת ישראל, אבל מנגד אנו רואים את ההר ואליו לא נבוא. ולא שאין אנו יכולים לעשות זאת, אלא אנו מונעים עצמנו מכך ומדירים רגלינו מן המקום המקודש ביותר.

בית המקדש הוא שולחנו של אבינו שבשמים, וציון בית חיינו היא הטרקלין. נכנסנו לטרקלין, הגענו לשולחן אבל אין אנו מתראים לפניו. עשינו כל אשר ניתן לעשות בידי אדם. עתה נותר דבר זה אשר אין הוא אלא בידי שמים. שכך מקובלנו: בית שלישי הקדוש ברוך הוא בעצמו ובכבודו בונהו. ואין צער גדול מזה, שבנים שגלו מעל שולחן אביהם, הגיעו אליו ורואים אותו, אך לא באים אליו. עתה אחרי הניצחון גדולה הרגשת הצער, כי היא יותר מוחשית ויותר גלויה.

העיר אשר העם נתן אל לבו עליה ושפך את דמו הטהור, היא העיר אשר עיני ה׳ בה ואשר היא מאחדת את לב כל ישראל, לא זו בלבד שהיא מחזקת ומבצרת את מלכות ישראל, אלא היא מסמלת התרוממות רוח ישראל, היא עשויה להחדיר בלבבות אמונה

צרופה, ותשפיע על כל יהודי שפע קדושה וטהרה מכל אשר זוכך ונאצר בכל הדורות, ואשר נסתמל בעיר זו שלא זזה ממנה שכינה. ציון היא מקום משכן השכינה לעולם. בזמן חורבנה, ובייחוד כשלא היינו יכולים לעלות ולֵראות בה, ירד כאילו מסך והפריד בינינו לבין השכינה. ועתה, ששבה וחזרה ירושלים לבניה, הרי זה כאילו הוסרו המסכים. אווירת הקודש יכול שתנשב מירושלים על העם ותפיח בו רוח חדשה, על מאמינים ועל לא מאמינים. ניכר שינוי ערכין במהלך חיינו, אשר דומה שיותר משהוא בא לידי מעשה הוא גורם לשיכרון מסוים, לתהייה, למחשבה שעוד לא נתבהרה ולא נתגלתה בכל עומקה. עצם עניין זה פותח את הלבבות להאזין ולשמוע, לשאול ולהקשיב לדברים שעד כה ספק אם רצו לשומעם או להודות בהם.

שינוי ערכין זה הוא המשך למה שקדם לו. היו ימים שרבים לא מצאו חפץ ביהדות. ניתוק ובריחה, התבוללות ובעיטה במורשת ישראל, ונהייה אחרי ערכים אנושיים כלליים כביכול. ברבות הימים נקהה חודם של אלו ורפה כוח ההתנגדות, ולא זו בלבד, אלא שגבר כוח הרצון להשתלב במערך היהדות, אם כי תוך פזילה לצדדים. התפנית הגדולה ביותר באה בימים הגדולים של מלחמת ששת הימים.

הלהבה הגדולה של ששת ימי המעשה, הדליקה לבבות כל ישראל ונעשו כשלהבת הקשורה בגחלת. אותה מגמה של ניתוק הגולה מישראל והקמת שני מרכזים שונים לעם שהחלה להסתמן לפני כן, רוצה לומר להעמיד מרכז ליהודי הגולה ככוח מקביל למרכז בירושלים וללא התחשבות עמו, דבר שיכול היה חלילה לחלק את העם ליהודים ולישראלים, בכיוון הבלתי רצוי שהפורשים מעול היהדות ביקשו לעשות במדינת ישראל, דומה שלפי שעה בטלה מן העולם. מכוח הנס הגדול נעשה נס בתוך נס והדבר לא קם ולא היה, ולא זו בלבד, כל אלה שרצו לפסוח על ירושלים וביקשו להתוועד בירִיבתה של ירושלים, קמו ועלו לירושלים, ובזה נתגלה לשמחתנו שזכאים הם שלא נתגלגלה תקלה על ידם. היחס לירושלים כמרכז לתורה וליהדות היה, אפוא, מקרי וניתן לשינוי, ברצותו מקבל וברצותו דוחה, וכל אחד דן בו לפי הצורך והשעה. אין ספק שעתה נשתנה הדבר מעיקרו. עוד לא הייתה שעה שבה ראו עצמם רבני ישראל המכהנים היום במשרות רבנות בגולה, כל כך קשורים, אחוזים ודבוקים בירושלים כמו בימים הללו. וזהו מן הדברים הגדולים של התמורה שהתחוללה בששת הימים.

לא זו בלבד שעתה הם מרגישים שבחובתם להיות קשורים יותר ויותר לירושלים ברוחם ולהימלך בדעת חכמיה, אלא גם לבקר בה ולקבל השראה ממנה. רחוקים נתקרבו וקרובים נתקרבו עוד יותר. הם עצמם חשים בכובד האחריות ובצורך של שיבה לציון ומרגישים שניתוק ממרכזה של האומה הריהו בבחינת ניתוק הגוף מן הלב.

ולאותם השואלים – כיצד ירושלים תישאר בידינו והרי כל האומות מתדיינים עמנו עליה, מחליטים החלטות, ומאיימים ומגזמים בכל מיני דרכים? תשובה ברורה ימצאו

בפירושו של הרד"ק על הפסוק בתהלים (קכה, ב): "ירושלם הרים סביב לה וה' סביב לעמו, מעתה ועד עולם". ואלה הם דבריו: "ירושלים אעפ"י שהרים סביב לה, אין לה חוזק וישלטו הגויים בה וילכדו אותה אלה מאלה. ולא יהיה לה חוזק עד שיהיה עם ה' בתוכה, שיהיה הוא סביב לעמו ושמו יהיה להם חוזק יותר מן ההרים, ולא ישלוט בהם האויב מעתה ועד עולם". הפתרון המובהק הוא, אפוא, בעלייה לירושלים, בריכוז גדול של ישראל שיהיה בה, בבניינה מכל רוחותיה, ובייחוד אותו חלק שהיה שבוי ביד צר שמנועים היינו לבוא בו, שהוא לבה ונשמתה של האומה.

לפיכך, שומה עלינו לומר דברים בכל חריפותם: אין הניצחון ניצחון בלא יישובה של ירושלים והרחבת תחום ישראל לשאר ערי אבותינו שהוגלינו מהן.

הקריאה "לשנה הבאה בירושלים", הייתה עד למלחמת ששת הימים אמיתית וטהורה. כל שאמר זאת קיווה לכך בכל לבבו ובכל נפשו, ועתה שבאה שעת גאולתה של ירושלים, שגבולותיה של ארץ ישראל נתרחבו, כשהדרך סלולה ופתוחה בפני כל אדם מישראל בארצות החופשיות, האם יכולה להיות לאמירה זאת אותה משמעות, אותה אמת גדולה, אותה ערגה שהייתה לה קודם או פועמת בלב אחינו שבארצות השעבוד שאין לאל ידם?

כשאמרנו זאת עד לשחרורה של ירושלים, לא היה בפנינו דבר אלא הרצון הגדול לשוב אל ציון בית חיינו, אל מקום משכן השכינה, לא חשבנו על עיכובים ומכשולים, התכוונו שכל קורבן לא יהיה יקר למענה, שבכל התנאים ובכל הדרכים עלה נעלה. ועתה הרצון והשאיפה נדחקים מפני התנאים שבדרכי הביצוע, כיצד נעזוב רכושנו ובני משפחותינו? מה נאכל, מה נשתה והיכן נלין?

וכיצד יהיו אורחות חיינו? הנוכל לצמצם עצמנו כפי צורך המקום והשעה? הנסתגל לתנאי החיים החדשים? שאלות אלו וכיוצא בהן תפשו את מקום הערגה, הפכו הן עיקר ודחו מפניהן הדבר שבעיקר.

נשאל נא לימים ראשונים, של גאולת העם משעבוד מצרים. העם המשועבד במצרים צעק והתפלל למען שחרורו, ביקש לצאת מבית עבדים. דרך גאולתו כרוכה הייתה בכמה ניסיונות, עשר מכות הביא הקב"ה על פרעה מלך מצרים עד שהסכים לשלח את העם – ואף גם לבסוף הפך פרעה את לבבו. המעשה הגדול של התשועה הוא קריעת ים סוף – בני ישראל הלכו בחרבה בתוך הים והמים להם חומה מימינם ומשמאלם, ואילו פרעה וכל חילו ירדו במצולות. ניסיונות אלה היו קשורים עם האויב, עם מי שעיכב את הגאולה. לאחר שנשלמו, באו ניסיונות הקשורים בעם עצמו. העם רצה להימצא גאול בלא תהליך של גאולה. לא לעבור בדרכי המדבר הקשות, אלא לבוא מיד אל המנוחה ואל הנחלה בלא שיעבור תהליך זיקוק וצירוף עצמי, בלא שיקנה לעצמו זכות להיות גאול.

זהו הדמיון בין מה שאירע בימי אבותינו בצאתו ממצרים וימינו.

אך אין לנו גם להתעלם משוני מהותי גדול הקיים בין דור המדבר, הדור שיצא ממצרים, לדור הזה שההשגחה הועידה אותו לגאול את הארץ. לא הייתה תקופה שבה נתגלתה מסירות נפש, גבורה ועוז, כמו בדור הזה, חיילי צבא ישראל לא היה דבר יקר בעיניהם, לא רכושם ולא חייהם זולתי הרצון להגן על נפשות ישראל שבארץ הקודש, לסכל מזימות אויבינו, לגאול את הארץ ולהחזיר את עטרת מלכות ישראל ליושנה. מי ידמה ומי ישווה להם בעוז תושייתם ובגבורת נפשם? שלוחי המקום אלה זיכו את העם במה שהיו שלולים ממנו באלפיים שנות הגלות. מה גמול טוב יהיה להם אם לא בשומרנו על המורשה שלהם, על הארץ שהנחילו לנו בגבורת נפשם, לבנות את ההריסות ולנטוע את הנשמה, להתיישב בכל חלקי הארץ, שאין פינה שאינה קדושה ויקרה לנו וחזרה ונתקדשה במלחמתם.

יש דברים גדולים שלשמם צריך רוב מניין ורוב בניין. אין הקמת הסנהדרין יכולה להיעשות אלא כשרוב מניין ורוב בניין חכמי ישראל יימצאו יחד בארץ ישראל, כפי שהורה לנו הרמב"ם (הל' סנהדרין פ"ד הי"א), והשבת השופטים כבראשונה שלב קודם הוא לגאולה, שהלוא נאמר: "ואשיבה שפטיך כבראשנה ויעציך כבתחלה, אחרי כן יקרא לך עיר הצדק קריה נאמנה. ציון במשפט תִּפָּדה ושביה בצדקה" (ישעיה א, כו-כז).

בניינה של ארץ ישראל לא יהיה שלם עד קיבוץ הגלויות, כשרוב בני האומה יימצאו בה, ולפחות שיהיה בה הקיבוץ הגדול ביותר של העם.

האם נצטרך חלילה עוד פעם להיות ארבעים שנה במדבר עד שניישב את הארץ? האם עם ישראל יצטרך שוב לעבור ניסיונות ארוכים וקשים עד שישוב אל ארצו? נשבע ה' בימינו ובזרוע עוזו, שישיב את הארץ לעם ישראל. אכן נתן לנו הקדוש ברוך הוא את הארץ, הנרצה לשוב אליה בעל כורחנו ולא מתוך רצון ושמחה? הלוא נכספים אנו לחזון ישעיה: "ופדויי ה' ישובון ובאו ציון ברנה ושמחת עולם על ראשם, ששון ושמחה ישיגון נסו יגון ואנחה" (ישעיה נא, יא). מציאותו של רוב העם במקום אחד תעורר בו תסיסה רוחנית, תהא בה משום התכחשות לשם ליבון, לשם החייאת הערכים המוסריים של האמונה הישראלית. המאורעות והנסים שנעשו ושייעשו, הגבירו ויגבירו את כוח האמונה, ויקרבו את הלבבות לעניינים שברוח על פני הנהייה אחרי הגשמיות שהיא נראית וצפה על פני המים, אבל אינה עמוקה כפי שדימינו, והוכח הדבר בימי מסה ומבחן, כאשר לב האומה כולו היה לאחד, כאשר נתגלה ונראה הכוח המוסרי הגדול האצור אפילו בריקנים שבישראל, שעליהם אמרו חכמינו (מגילה ו, א) שאף הם מלאים מצוות כרימון.

במצבנו החדש ספק אם אפשר יהיה לומר על אדם שהוא שלם ביהדותו, אם אינו חוזר לארץ ישראל ומקיים בעצמו מצוות יישובה. עתה אין דבר המונע זאת מאתנו.

השערים נפתחו והדרכים נסללו. והדברים קל וחומר למנהיגים הרוחניים, שאם הם לא יעשו זאת, עליהם ייאמרו דברי רבותינו: "ואשמם בראשיכם" (דברים א, יג), כי הם ישמשו דוגמה ומופת לרבים. ובל יאמרו על מי ניטוש הצאן? הן אנו רואים שבשעה שמציעים להם משרות נכבדות עוברים הם ממקום למקום, ולא אלמן ישראל.

גאולת ירושלים היא גאולת העם, ונס ששת הימים הוא נס העם בכללו, גם של בני הגולה. לו היו אויבינו מפיקים, חלילה, את זממם, היו כל אויביהם של ישראל[1] בכל מקום שהם ניזוקים. אחינו שבגולה ידעו זאת ושיתפו עצמם בצרתנו, ויש להם חלק בניצחון. כמונו גם הם חבים אפוא בחוב הקדוש של יישובה של ירושלים והארץ בכללה.

אנחנו אומרים שלוש פעמים ביום לקדוש ברוך הוא: "לדור ודור נודה לך ונספר תהלתך, על חיינו המסורים בידך, ועל נשמותינו הפקודות לך, ועל נסיך שבכל יום עמנו, ועל נפלאותיך וטובותיך שבכל עת ערב ובוקר וצהרים". נסים אלה שבכל יום הם נסתרים, והנס שזכינו לו בגאולת ירושלים הוא גלוי וידוע לכל.

על נס שנעשה בגלוי לכלל ישראל מחויבים אנו לברך, ונס שחרורה של ירושלים הוא גדול לכלל, לכן אנו שמחים עליו במיוחד וחוגגים אותו ומשבחים, ומפארים לא־להינו על הנסים והנפלאות שעשה עמנו יותר מכל דבר אחר. לפיכך מצווה להרבות בו השמחה ולחוג אותו בהלל והודיה. ואין לנו אלא לומר בלשון תפילתנו: "ואלו פינו מלא שירה כים ולשוננו רנה כהמון גליו ושפתותינו שבח כמרחבי רקיע...אין אנו מספיקין להודות לך ה' א־להינו ולברך את שמך מלכנו על...נסים ונפלאות שעשית עמנו...ממצרים גאלתנו ה' א־להינו מבית עבדים פדיתנו...מחרב הצלתנו...עד הנה עזרונו רחמיך". אל יעזבונו חסדיך גם להבא, ביישובה של ירושלים וקיבוץ בניה לתוכה. וכשם שזכינו שחלק מדבו' החזון של נביאינו נתקיים, כן נזכה שיתר דבריהם יתקיימו. הלוא כה דברי הנביא זכריה (ח, ג-ח): "כה אמר ה' שבתי אל ציון ושכנתי בתוך ירושלם, ונקראה ירושלם עיר האמת והר ה' צבאות הר הקֹדש...כי יִפָּלא בעינֵי שארית העם הזה בימים ההם, גם בעינַי יפלא נְאֻם ה' צבאות. כה אמר ה' צבאות הנני מושיע את עמי מארץ מזרח, ומארץ מבוא השמש. והבאתי אֹתם ושכנו בתוך ירושלם, והיו לי לעם ואני אהיה להם לא־להים באמת ובצדקה".

יהי רצון שיתקיים בנו חזונו של ישעיה הנביא (מ, ט-יא): "על הר גבֹה עלי לך מבשרת ציון הרימי בכח קולך מבשרת ירושלם, הרימי אל תיראי אמרי לערי יהודה הנה א־להיכם...כרֹעה עדרו ירעה, בזרעו יקבץ טלאים ובחיקו ישא, עלות ינהל".

יום ירושלים תשכ"ח

מתוך 'לדור ולדורות' מבחר מאמרים ונאומים של הרב יצחק נסים,
(הרב שמואל כ"ץ), ירושלים תשע"ג, עמ' קטז-קכא.

1. הכוונה לעם ישראל עצמו, אך כדי לא לדבר על עם ישראל בלשון כליה, נוסח כך.

ירושלים בסידור התפילה

הרב פרופ׳ דב רפל

לא בזכות בית המקדש נתקדשה ירושלים, אלא בשל קדושתה מימי קדם, בעת שהייתה "המקום אשר יבחר". ואמנם בכל ימי השופטים ובכל ימי שמואל ושאול לא הובא ארון הברית אל עיר מושב השלטון. אפילו דוד — כל עוד הייתה חברון עיר מלכותו — לא ראה לנכון להביא אליה את הארון. רק עם כיבושה של ירושלים בידי דוד, התעורר הצורך להביא אליה את הארון. מכאן שהארון לא הובא אל עיר המלוכה, אלא אל ירושלים, העיר הנושאת הילת קדושה מימי מלכי צדק, כהן לאל עליון (בראשית יד, יח), מאז העקדה בהר המוריה (בראשית כב, ב; דברי הימים ב׳ ג, א). העובדה שבירושלים נבנו שני בתי המקדש, וכי הייתה לזירת התרחשויות, שחרצו את גורל העם היהודי, הוסיפה נדבכים להערצה האופפת אותה. את הערצתו לירושלים, שימי הגלות זיככוה והגבירוה, ביטא עם ישראל כבר בימי בית שני בספר האהבה הלאומי — סידור התפילות.

ריבוי אזכורים

אין אנו יודעים מה היה נוסח התפילות בימי בית שני. יש הרואים בתפילה שבפרק נא בספר בן סירא את אב־הנוסח של תפילת העמידה, ׳שמונה־עשרה׳. באותו פרק, שנתחבר בדומה לספר כולו, בימי בית שני, ישנם שני שבחים: "הודו לבונה עירו ומקדשו, כי לעולם חסדו; הודו לבוחר בציון, כי לעולם חסדו". עם החורבן הפכו שבחים אלה ללעג לרש, והיה צורך להחליף את השבח בבקשת חידוש העבודה. ואכן חכמי יבנה, "חסידים ראשונים", כפי שקרא להם ר׳ שמעון בר יוחאי, שקדו על נוסח התפילה. הם התקינו את הנוסח "אנא רחום ברחמיך הרבים השב שכינתך לציון וסדר העבודה לירושלים", ותיקנו "בונה ירושלים" ברכה בפני עצמה בתפילה ובברכת המזון (מדרש תהלים יז, ד). בדור מאוחר יותר מפרט ר׳ אבון, אמורא ארץ ישראלי, את אזכורי ירושלים בתפילה. הוא דורש את המילים "בנוי לתלפיות" (שיר השירים ד, ד) — "תל שכל הפיות מתפללין עליו, בברכה, בקרית שמע ובתפילה. בברכה [בברכת המזון] — ׳בונה ירושלים׳; בתפילה [בעמידה, ׳שמונה־עשרה׳] — ׳א־להי דוד ובונה ירושלים׳; בקרית שמע [בקריאת שמע בתפילת ערבית] — ׳פורש סוכת שלום עלינו ועל עמו ישראל ועל ירושלים׳" (ירושלמי, ברכות פ"ד ה"ה).[1]

1. ראו דיון מיוחד על ברכת "בונה ירושלים", יוסף היינמן, התפילה בתקופת התנאים והאמוראים, מאגנס, ירושלים תשל"ח (מהדורה ג).

דבריהם של ר' שמעון בר יוחאי ושל ר' אבון הם מהעדויות הראשונות למעמדה המיוחד של ירושלים בתודעה הקולקטיבית של העם היהודי, אשר מצאה את ביטויה בסידור התפילות. אם נעיין בברכות העמידה ונשאל, אילו מהן ראויות להיכנס גם לברכת המזון, הדעת הייתה מחייבת לכלול גם את הברכות העוסקות בצרכיו החומריים של האדם, ביטחונו הפיזי ["ראה בעניינו"] ובריאות ["רפאנו"]. והנה שני נושאים אלה אינם נזכרים כלל בברכת המזון, לעומתם כוללת הברכה משאלות הקשורות בגאולה ["רחם"], ובהדגשה מיוחדת, כי רק היא נזכרת בחתימת הברכה — בקשה לבניין ירושלים.

כך אנו מוצאים גם בקריאת שמע של ערבית. גם כאן ישנו דבר מתמיה: הפרק האחרון של תפילת ערבית פותח ב"השכיבנו ה' א־להינו לשלום", וחותם בשלום, "ופרוש עלינו סוכת שלומך". על כן אין תימה, שגם החתימה של הברכה, המילים שאחרי "ברוך אתה ה'", מזכירות את השלום, "הפורש סוכת שלום עלינו ועל עמו ישראל ועל ירושלים" — אבל מה עניין להזכיר כאן במיוחד את ירושלים? אין זה אלא שאהבת ציון מביאה את היהודי להזכיר את ירושלים בכל הזדמנות, לעניין ושלא לעניין.

עירוב עניינים ונוסחים

עניין ירושלים מורכב מארבעה נושאי משנה, שכל אחד מהם תובע וקובע ברכה לעצמו: בניין העיר ירושלים, חידוש מלכות בית דוד, השראת השכינה בציון, וחידוש העבודה בבית המקדש. כפי שאפשר לראות באמצעות השוואת הנוסח של ברכות שונות הנוגעות לירושלים, לא כל הברכות כוללות את אותם הרכיבים.

בתפילת עמידה בנוסח ארץ ישראל, כפי שנתגלה בגניזה הקהירית, נוסח ברכת ירושלים הוא כדלקמן:

רחם ה' א־להינו ברחמיך הרבים על ישראל עמך ועל ירושלים עירך [=בניין העיר], ועל ציון משכן כבודך [=שכינה], ועל היכלך ועל מעונך [=בית המקדש], ועל מלכות בית דוד משיח צדקך [=חידוש מלכות בית דוד].

לעומת זאת בברכת העבודה בנוסח ארץ ישראל יש הדגשה על חידוש העבודה בבית המקדש ואין אזכור בניין העיר וחידוש המלוכה:

רצה ה' א־להינו ושכון בציון [=שכינה] ויעבדוך עבדיך בירושלים [=חידוש העבודה בבית המקדש].

לא כן בנוסח התפילה הבבלי, כפי שהוא מופיע בסדר רב עמרם גאון, וכפי שהוא מקובל כיום בכל העדות. בנוסח זה הסיום הוא "המחזיר שכינתו לציון". כלומר, מבין שני הרכיבים של גוף הברכה, הדגישו בארץ ישראל את חידוש העבודה, ובבבל — את שיבת השכינה.

לפי ר' שמעון בר יוחאי ירושלים נזכרת בשתי ברכות של תפילת העמידה. מוסיף עליו ר' אבון את קריאת שמע בערבית ואת ברכת המזון. אף אחד מהם אינו מציין את אזכור ירושלים בברכת ההפטרה ובברכת חתנים. אזכור ירושלים בברכת חתנים מבוסס על הכתוב "תדבק לשוני לחכי אם לא אזכרכי, אם לא אעלה את ירושלם על ראש שמחתי" (תהלים קלז, ו). נוסח הברכה מתאים לשמחה משפחתית: "שוש תשיש ותגל העקרה, בקיבוץ בניה לתוכה בשמחה, ברוך אתה ה', משמח ציון בבניה". מתמיה, שאותה חתימה "משמח ציון בבניה" ישנה גם בברכת ההפטרה: "רחם על ציון כי היא בית חיינו, ולעלובת נפש תושיע במהרה בימינו, ברוך אתה ה', משמח ציון בבניה". לשמחה מה זו עושה? אכן בנוסח של ברכות ההפטרה במסכת סופרים (יג, יב), חיבור מתקופת הגאונים המייצג את מנהגי ארץ ישראל, הנוסח הוא "מנחם ציון בבניה". נראה שזהו הנוסח הנכון, כי הוא מתאים הן לפתיחת הברכה "רחם על ציון" והן לעניין ההפטרות, שרבות מהן הן נבואות נחמה.[2]

ברכת ירושלים בשבתות, במועדים ובימות החול

שלוש־עשרה הברכות האמצעיות של תפילת עמידה, מ"חונן הדעת" ואילך, הן בקשות, וכדי לא להעציב את הבריות בהזכירם צורכיהם ומצוקתם, הן אינן נאמרות בתפילה של שבת. יוצאת מן הכלל היא ירושלים. כל כולה של תפילת מוסף בשבתות ובחגים לא נתקנה אלא כזכר לקרבנות שהיו מקריבים בבית המקדש, ומאחר שעלה זכרונו של בית המקדש, נתלווה אליו זכרון ירושלים וזכרון ארץ ישראל כולה. ולא רק זיכרון, אלא גם בקשה. בקשה זאת מנוסחת בשלושה נוסחים, הנבדלים זה מזה בעניין העומד במרכזם: בנוסח של תפילת מוסף למועדים העניין המרכזי הוא בית המקדש — "יהי רצון מלפניך...שתשוב ותרחם עלינו ועל מקדשך ברחמיך הרבים ותבנהו במהרה ותגדל כבודו"; במוסף של שבת עומדת ארץ ישראל במרכז — "יהי רצון מלפניך...שתעלנו בשמחה לארצנו ותטענו בגבולנו"; במוסף של ראש חודש הדגש הוא בירושלים — "והביאנו לציון עירך ברנה ולירושלים בית מקדשך בשמחת עולם".

חשיבותה של ירושלים ניכרת בשלוש דרכים: בריבוי האזכורים, בקביעת ברכה מיוחדת לירושלים ובהוספת אזכורים לברכות ולתפילות. ריבוי האזכורים היה קיים בעמידה כאשר ברכות תפילה זו עדיין לא קיבלו את גיבושן הסופי. בנוסח העמידה מן הגניזה, שכבר הזכרנו, ירושלים נזכרת לא רק בברכת "בונה ירושלים" ובברכת העבודה, כבסידורי התפילה של זמננו, אלא גם בברכת השלום. ברכה מיוחדת לירושלים נקבעה בעמידה. הנוסח המקורי הארץ ישראלי של חתימת הברכה היה "א־להי דוד

2. להרחבה ראו יצחק משה אלבוגן, התפילה בישראל בהתפתחותה ההיסטורית. המהדורה העברית של הספר, שיצא במקורו בגרמנית בשנת 1913, עודכנה בידי פרופ' יוסף היינמן, דביר, תל אביב תשל"ב.

ובונה ירושלים". נוסח זה נשתמר בנוסחי התפילה מהגניזה, שהיו, כאמור, לפי מנהג ארץ ישראל. בבבל הפרידו את שני העניינים, והייתה ברכה מיוחדת לירושלים. כפי שניתן לשער, אהבת ירושלים גברה על הדבקות במנהגי אבות, והנוסח הבבלי נתקבל בכל ישראל. הוספת אזכור ירושלים לברכה קיימת ניכרת בנוסח של "ברכה אחרונה", "ברכה מעין שלוש". לברכה זאת נוסחים רבים. במקור אחד בן המאה השתים־עשרה, מחזור ויטרי, ישנם אפילו שלושה נוסחים. הקצר שבהם, כנראה העתיק מכולם, לשונו היא כדלהלן: "רחם ה' א־להינו על ישראל עמך ועל עירך ונחלתך, והעלינו לתוכה ושמחנו בה כי אתה טוב ומטיב לכל". בנוסח אחר, לאחר המילים "על ישראל עמך" באה תוספת: "ועל ירושלים עירך ועל ציון משכן כבודך ועל מזבחך ועל היכלך. ובנה ירושלים עיר הקודש במהרה בימינו, והעלינו לתוכה ושמחנו בבנינה, ונאכל מפריה ונשבע מטובה ונברכך עליה בקדושה ובטהרה". ההיגד "ונאכל מפריה ונשבע מטובה" אינו יכול להתייחס אלא לארץ ישראל, הוא משתלב יפה בנוסח הקצר: "[והעלינו לתוכה ושמחנו בה] ונאכל מפריה ונשבע מטובה ונברכך עליה בקדושה ובטהרה". אולם בנוסח, שבו "ושמחנו בבנינה" מוסב על ירושלים, גם "ונאכל מפריה" מוסב על ירושלים, וזה לא ייתכן. מילים אלה הן סימן מובהק של "תפר"; ואכן הגאון מווילנה השמיט את המילים "ונאכל מפריה".

"ופרוש עלינו סוכת שלומך"

גלגולי הנוסח של ברכה זו מדגימים יפה את תהליך ההתרחבות של ברכת ירושלים בתפילה. כבר הזכרנו למעלה, בדברי ר' אבון, את אזכור ירושלים בקריאת שמע של ערבית. ר' אבון אינו מציין, שאזכור זה נהוג רק בקריאת שמע של ערבית בלילי שבתות וחגים, כמקובל כיום בכל העדות. ואכן היה מנהג בארץ ישראל שלפיו היו מזכירים את ירושלים גם בימות החול. ר' יהושע דסכנין שבגליל התחתון, אף הוא מזכיר את "ופרוש" בלי לציין, שזהו נוסח של שבת ויום טוב (במדבר רבה כא, א). לפי מנהג אחר, שהיה מקובל בבבל, לא הזכירו כלל את ירושלים וסיימו תמיד "שומר עמו ישראל". כך מעיד מר רב שר שלום גאון (אמצע המאה התשיעית, לפני רב עמרם גאון): "בלילי שבתות ובלילי ימים טובים נמי במעריב נהגו לומר 'שומר עמו ישראל'". ראוי לשים לב למילה "נמי" [=גם כן]. היא באה להדגיש, שלא רק בימות החול אין מזכירים את ירושלים, כמקובל ברוב הקהילות, אלא גם בשבת וביום טוב. ר' נטורונאי גאון, שפעל אחרי מר רב שר שלום, מביא נוסח מורחב: "פורש סוכת שלום עלינו ועל כל עדות בני ישראל", ואף בו אין אזכור של ירושלים. אולם באותה עת כבר היה נוסח מורחב יותר ובו נכללה ירושלים, ור' נטרונאי גאון התנגד לנוסח זה. הוא כותב בפירוש, "ואין לחתום 'ברוך אתה ה' פורס סוכת שלום עלינו ועל עמו ישראל, מנחם ציון ובניה ובונה ירושלים', לפי שאין חותמין בשתים" [=אין מבקשים שתי בקשות בברכה אחת]. מכלל לאו אתה

שומע הן, דבריו מעידים, שהיו קהילות שבהן הזכירו את ירושלים. העובדה שנוסח זה, שגאונים קדמונים פסלוהו, נתקבל בכל קהילות ישראל, היא עדות נוספת לערגה לציון, שביקשו ליתן לה ביטוי בתפילה.

הקדושה בתפילת עמידה

הפסוק "קדוש, קדוש, קדוש ה' מלוא כל הארץ כבודו" (ישעיה ו, ג) עומד במרכז שלושה פרקי תפילה, הקרויים 'קדושה'. אחד מהם בתפילת שחרית, הוא חלק של הברכה הקרויה 'יוצר' על שם המילה הפותחת את הברכה: "יוצר אור ובורא חושך". השני נמצא בתפילת העמידה כפתיחה לברכה השלישית, "אתה קדוש", והשלישי — בחלק האחרון של התפילה, בפרק "ובא לציון גואל". לבד מהפסוק מישעיה מופיעות בכל שלושת המקומות גם המילים "ברוך כבוד ה' ממקומו" (יחזקאל ג, יב). שני הפסוקים קשורים למה שקרוי בספרות ההלכה והקבלה "מעשה מרכבה". הקשר שבין ברכת הקדושה שבעמידה ובין הפסוק בישעיה אינו דורש הסבר. הפסוק מיחזקאל הוא בבחינת "מעניין לעניין באותו עניין". לא כן הפסוק השלישי, "ימלוך ה' לעולם, א־להיך ציון — לדור ודור, הללויה" (תהלים קמו, י). פסוק זה אינו קשור לא לקדושה ולא למעשה מרכבה — הוא קשור לירושלים. כדי ליצור קשר בין פסוקי מעשה מרכבה ובין עניין ירושלים הוסיפו הפייטנים קטע, הנמצא בסידורי האשכנזים והתימנים, ואינו בסידורי התפילה של הספרדים והאיטליאנים, "ממקומך מלכנו תופיע... מתי תמלוך בציון?". המילה "ממקומך" מתקשרת אל "ברוך כבוד ה' ממקומו", ובדרך זו נוצר קשר בין ה"קדושה" ובין האזכור של ירושלים. ראיה לזרותו של הפסוק "ימלוך" לעניין הקדושה, היא העובדה שפסוק זה מופיע רק בקדושה שבעמידה ולא בשתי הקדושות האחרות.

אם כי אין אנו עוסקים באזכורי ירושלים בפיוט שבמחוץ לסידור התפילות, נצביע על פיוט עממי המקובל כזמר של שבת בעדה האשכנזית ובו, כבקדושה, שולב אזכור ירושלים במקום בלתי צפוי. הזמר "צור משלו אכלנו" ערוך כנגד ארבע הברכות של ברכת המזון: הבית הפותח בתיבות "הזן את עולמו" הוא כנגד ברכת "הזן את הכל"; הבית הפותח בתיבות "שיר וקול תודה" הוא כנגד ברכת "נודה לך"; הבית "רחם בחסדך על עמך צורנו, על ציון משכן כבודך זבול בית תפארתנו" הוא כנגד "רחם ה' א־להינו על ירושלים עירך"; הבית הרביעי של הזמר הוא כנגד ברכת "הטוב והמטיב" שבברכת המזון. והנה במקום מילים אלה או דומיהן נאמר שם "יבנה המקדש, עיר ציון תמלא" — אזכור נוסף של ירושלים.

"אור חדש על ציון תאיר"

מעין זה המשפט "אור חדש על ציון תאיר ונזכה כולנו מהרה לאורו" נמצא בסידורי האשכנזים ורק בהם, בסיומה של ברכת "יוצר", לפני החתימה "ברוך אתה ה', יוצר

המאורות". המחלוקת בדבר מקומו של משפט זה בתפילה היא מחלוקת עתיקה. כבר בימי רב סעדיה גאון (במאה העשירית) נמצאו קהילות, אשר שיבצו אותו בנוסח התפילה, ורב סעדיה גאון הסביר, שברכת "יוצר" לא נתקנה על האור של אחרית הימים, אלא על האור שאנו רואים בכל יום. בדעה זאת היו גם הגאונים האחרונים, כעדות רב שרירא גאון, וגם רש"י כתב שאין לאומרו. העדות הלא־אשכנזיות ויתרו על המשפט השנוי במחלוקת, והאשכנזים החזיקו בו, ותלמידיו ותלמידי תלמידיו של רש"י מעידים שהוא נתקבל בכל הציבור האשכנזי.

עד כמה עניין ירושלים מתחייב שלא בכורח נושא התפילה, אלא על ידי רחשי לבו של הפייטן־המתפלל אפשר ללמוד מהשוואת שני קטעי תפילה בעלי תוכן דומה. הפיוט "על כן נקווה", והפיוט "ותמלֹך אתה ה' א־להינו על כל מעשיך" הם בעלי נושא משותף — ציפייה וערגה למלכות ה' בעולם. והנה ב"על כן נקווה" אין כל קשר בין "תיקן עולם במלכות שדי" ובין ארץ ישראל או ירושלים. ולעומת זאת ב"ותמלֹך אתה ה' לבדך" מיד אחרי הבקשה באה ההשלמה "בהר ציון משכן כבודך ובירושלים עיר קדשך".

לבסוף, עלינו להצביע על תפילה אחת, שאף על פי שיש בה עשרים ושניים אזכורים של ירושלים ושל בית המקדש, אין המילים "ירושלם" ו"בית המקדש" נמצאות בה. הכוונה לפיוט אבן שתייה מאת רבי אלעזר הקליר. הפיוט הוא אחד מפיוטי ה"הושע נא" של חג הסוכות, והוא ערוך בסדר א"ב: "אבן שתִיָּה, בית הבחירה... שכינת כבודך, תל תלפיות", כולם כינויים, מן המקרא ומן המדרש, לירושלים "משוש כל הארץ".

מתוך ג' ברקאי וא' שילר (עורכים), "אריאל" גיליון ה־100 (102-103), ירושלים תשנ"ד, עמ' 26-31

ירושלים בתפארתה

ד"ר יואל רפל

קשר נפשי וקשר רגשי, קשר אמוני וקשר היסטורי, קשר ספרותי וקשר שירי קושרים את העם היהודי אל עיר ציון, ירושלים. נביאים ומשוררים, פרשנים וסופרים, דרשנים ועולי רגל, תלמידי חכמים וחוקרים נתנו ביטוי בכתיבתם למרכזיותה של ירושלים ולכמיהתם וערגתם של יהודים בכל קצוות תבל אל העיר כלילת היופי. הגדיל לכתוב משורר ספר תהילים המתאר את ירושלים בשלושת מועדי השנה,בימים שמאות אלפים פקדו את העיר ובית המקדש שבמרכזה.

שיר המעלות לדוד,
שמחתי באומרים לי,
בית ה' נלך,
עומדות היו רגלינו
בשעריך, ירושלים.
ירושלים הבנויה,
כעיר שחוברה לה יחדיו,
ששם עלו שבטים
שבטי יה עדות לישראל,
להודות לשם ה'. (תהילים קכב)

'יום ירושלים' – הוא מועד חדש בלוח השנה שבו נשבעים העולים: "אם אשכחך ירושלים תשכח ימיני" (תהלים קלז). אל שבועת הנאמנות העתיקה מצטרפת התפילה: "ולירושלים עירך ברחמים תשוב, ותשכון בתוכה כאשר דברת ובנה אותה בקרוב בימינו בנין עולם" (תפילת עמידה, ברכת בניין ירושלים). אלפיים ומאה שנים אחרי שדוד המלך קבע את ירושלים כבירת ממלכתו, מגיע אל העיר גדול משוררי ספרד, רבי יהודה הלוי, ובשירו 'כבל ערב' שר לה:

יְפֵה נוֹף מְשׂוֹשׂ תֵּבֵל קִרְיָה לְמֶלֶךְ רָב.
לָךְ נִכְסְפָה נַפְשִׁי מִפַּאֲתֵי מַעֲרָב!

מעמדה העליון של ירושלים ביצירה היהודית על כל גווניה מקבל ביטוי נאמן בדבריו של היימן הירושלמי (ניצוצות הגאולה, ירושלים תש"י): "כל עיר ועיר, משורר השר לה

את יופייה, חִנהּ וכבודה. וירושלים, כל משורר שר עליה, ומי שאינו שר על ירושלים – אינו משורר".

ירושלים של זמננו היא 'עיר בתפארתה' ועליה אומר משורר ספר תהלים: "משוש כל הארץ הר ציון ירכתי צפון קריית מלך רב". במפת העולם עיר הקודש היא נקודה קטנה, קטנה מגלגל עינו של אדם. עיניו של כל יהודי, בכל מקום בעולם 'לציון צופיה'.

אבא איסי משום שמואל הקטן אומר:

העולם הזה דומה לגלגל עינו של אדם,
לבן שבו – זה האוקינוס שמקיף את כל העולם,
שחור שבו – זה העולם,
קומט (=מרכז האישון) שבשחור – זה ירושלים,
פרצוף שבקומט – זה בית המקדש,
שייבנה במהרה בימינו ובימי כל ישראל, אמן. (מסכת דרך ארץ זוטא, ט)

בכל הדורות ובכל מקום שבו חיו יהודים, הם הקפידו לשמר את זכרה של ירושלים בחיי המעשה ובעניינים שבתפילה ובקדושה. הנאמנות והדבקות בירושלים קיבלו ביטוי בתפילות, במנהגים ובטקסים המלווים את האדם מיום לידתו ועד יומו האחרון.

שלוש פעמים ביום מתפלל היהודי את התפילה "ולירושלים עירך ברחמים תשוב ותשכון בתוכה כאשר דיברת ובנה אותה בקרוב בימינו בניין עולם" (תפילת עמידה, שם), ופניו אל ירושלים. לאחר כל סעודה, בעת אמירת ברכת המזון וברכה מעין שלוש, אומרים: "ובנה ירושלים עיר הקודש במהרה בימינו". בתום צום יום הכיפורים ובסיומו של סדר פסח עולה מכל בית יהודי השירה "לשנה הבאה בירושלים הבנויה". בשעת החופה החתן שובר כוס לזכר חורבן ירושלים ובית המקדש. יש הנוהגים שהחתן שם לראשו כוס של אפר, כדברי הכתוב: "לשום לאבלי ציון, לתת להם פאר תחת אפר" (ישעיה סא, ג). בברכה האחרונה משבע הברכות מברכים: "עוד יישמע בערי יהודה ובחוצות ירושלים".

ועוד מצינו "סד אדם בסיד ומשייר (=משאיר) דבר מועט – זכר (=לחורבנה של) ירושלים, עושה אישה כל תכשיטיה ומשיירת דבר מועט – זכר לירושלים, שנאמר (תהלים קלז): 'אם אשכחך ירושלים תשכח ימיני'" (משנה, בבא בתרא ב, ו). פניהם של ישראל בעת תפילתם אל ירושלים (ברכות ל ע"א):

היה עומד בחוץ לארץ – יכוון את לבו כנגד ארץ ישראל, שנאמר: "והתפללו אליך דרך ארצם" (מלכים א' ח, מח). היה עומד בארץ ישראל – יכוון את לבו כנגד ירושלים, שנאמר: "והתפללו אל ה' דרך העיר אשר בחרת" (שם, פסוק מד). היה עומד בירושלים – יכוון את לבו כנגד בית המקדש, שנאמר: "והתפללו אל הבית הזה" (דברי הימים ב' ו, לב). היה עומד בבית המקדש – יכוון את לבו כנגד בית

קדשי הקדשים, שנאמר: "והתפללו אל המקום הזה" (מלכים א' ח, לה). היה עומד בבית קדשי הקדשים - יכוון את לבו כנגד בית הכפורת. היה עומד אחורי בית הכפורת - יראה עצמו כאילו לפני הכפורת. נמצא עומד במזרח - מחזיר פניו למערב, במערב - מחזיר פניו למזרח, בדרום - מחזיר פניו לצפון, בצפון - מחזיר פניו לדרום, נמצאו כל ישראל מכוונים את לבם למקום אחד.

ומי שמתקיים בו חלומם של דורות והוא זוכה, כדורנו, לשאת תפילה בירושלים, מתקיימים בו דברי המדרש: "כל מי שהוא מתפלל בירושלים כאילו מתפלל לפני כסא הכבוד, ששער השמים הוא שם, ופתח פתוח לשמוע תפילה (מדרש שוחר טוב, צא).

השבועה לירושלים הייתה טבועה בנפשם, בהגותם ובמעשי היום־יום של מיליוני יהודים בכל הגלויות. מיליוני יהודים בכל הדורות חלמו להגיע לירושלים, לחונן את עפרה ולראות בבנייתה ובהתחדשותה. חוזה מדינת היהודים, בנימין זאב הרצל, זכה לכך. בעת ביקורו בארץ ישראל בשנת תרנ"ח (1898), עבר בעיר. המראות שראה דיכאו אותו עד מאוד, וביומנו הוא כתב:

אם יבוא יום וירושלים לנו תהיי, ואם עוד יהיה את לאל ידי לפעול מה, והיה מעשי הראשון לטהרך, כל אשר לא קדוש הוא אצווה לפנות...את קיני הסחי אריק, אהרוס, את החורבות אשר לא קדושות הן אשרוף באש ואת החנויות אעתיק למקום אחר...על צלעות הגבעות בחוג רחב מסביב, תשכון לה ירושלים חדשה כליל תפארת, יד מטפחת תהפוך את ירושלים לאבן חן.

שבעים שנה לאחר ביקורו של הרצל בירושלים כבשו חיילי חטיבת הצנחנים של צה"ל את ירושלים המזרחית והביאו לאיחוד מחודש של שני חלקי העיר. "העם כולו היה נפעם ורבים אף בכו לשמע הבשורה על כיבוש העיר העתיקה", אמר הרמטכ"ל יצחק רבין בנאום בטקס קבלת תואר דוקטור לשם כבוד מהאוניברסיטה העברית בירושלים. על לחימתם של הצנחנים הוסיף: "תחושת הישועה והנגיעה שנגעו הלוחמים היישר לתוך לב לבה של ההיסטוריה היהודית, הבקיעו את קליפת הבושה והנוקשות ועוררו מעיינות של רגש והתעלות".

עשרים וחמש שנים לאחר שאוחדה העיר והייתה לעיר אחת נחתמה 'אמנת ירושלים'. מנהיגי העם והמדינה כרתו ברית עם ירושלים כאמנה שחתמו ראשי העם וכל איש ישראל בימי שיבת ציון בשוב עם ישראל מגלותו בבבל.

באמנה שחתמו עליה ראשי מדינת ישראל הם התחייבו:

אנחנו כורתים אמנה וכותבים, וארשנוך לנו לעולם, וארשנוך באמונה בצדק ובמשפט בחסד וברחמים. אהבת עולם אהבנוך ירושלים, אהבה בלי מצרים, בין המצרים, ובעת שחרור מעול צרים. עלייך הורגנו, אליך ערגנו, ובך דבקנו. ואמונתנו לך, לבנינו אחרינו הנחלנו, לעולמי עד, בך ביתנו.